KB069578

2판

학교폭력의
예방과 상담

-이론과 실제-

한국초등상담교육학회 편
송재홍 · 김광수 · 박성희 · 안이환 · 오익수
은혁기 · 정종진 · 조붕환 · 홍종관 · 황매향 공저

학지사

2012년 정부의 관계부처합동으로 학교폭력근절 종합대책이 발표된 이후, 정부에서는 초·중등학교 교원자격검정에 관한 관련 규정을 개정하여 '학교폭력의 예방 및 대책' 교과를 교직소양과목으로 부과하면서 이 책을 비롯하여 몇 권의 강의용 교재가 출간되었다. 그러나 정부는 2013년 7월 현장중심 학교폭력 대책을 발표하면서 기존의 정책 방향에 수정을 가하고 관련 법규를 보완하는 등 후속 대책을 내놓았다. 이에 이러한 현실이 반영될 수 있도록 책의 내용을 개정할 필요성이 발생하게 되었다.

우선 교원자격을 취득하기 위해 부과되는 교직소양과목의 명칭이 '학교폭력 예방의 이론과 실제'로 변경되면서 책의 제목을 '학교폭력의 예방과 상담'으로 수정하였다. 또한 책의 구성은 초판의 형식을 그대로 유지하되, 초판 출간 이후에 발표된 정부의 정책 방향과 새롭게 수집된 자료를 반영하기 위해 책의 일부 내용을 개정하였다.

제1부 '학교폭력의 이해'에서는 많은 내용이 변경되거나 보완되었다. 제1장 '학교폭력의 현 주소'에서는 학교 현장에서 발생한 학교폭력 사례를 추가하고 학교폭력 실태조사 결과를 최신 자료로 대치하였으며, 제3장 '학교폭력의 대책'에서는 학교폭력 해결을 위한 회복적 정의 모형을 새롭게 소개하고 현장중심 학교폭력 대책 등 초판 이후 발표된 정부의 후속 대책에 부합하도록 관련 내용을 수정하였다.

제2부 '학교폭력의 예방'에서는 학교폭력 예방을 위해 추진되고 있는 구체적인 내용을 포함하였다. 제5장 '학교폭력 예방을 위한 인성교육'에서는 새롭게 제정된 「인성교육진흥법」의 기본 취지와 주요 내용을 소개하였으며, 제6장 '학교폭력의 조기 감지와 예방'에

서는 어울림 프로그램을 새롭게 첨가하였다.

제3부 '학교폭력의 개입과 대처'에서는 「학교폭력 예방 및 대책에 관한 법률」의 개정에 따라 변화된 부분이 반영되도록 관련 내용을 수정하였다. 제7장 '학교폭력 상담'에서는 최근 개정된 『학교폭력 사안처리 가이드북』(교육부, 2014)의 내용이 추가되었고, 제9장 '학교폭력에 대한 법적 조치'에서는 관련 법령의 개정 내용을 반영하여 내용의 보완이 이루어졌다.

제4부 '학교폭력의 대응 사례'에서는 초판에서 국내의 학교폭력 대응 사례에 포함되었던 KEDI 학교폭력 예방 프로그램을 삭제하고, 그 대신 어울림 프로그램을 새롭게 소개하였다. 끝으로 부록에서는 학교폭력 조기 감지를 위한 척도로 아동·청소년 정신건강 체크리스트를 포함하였다. 또한 학교폭력 예방을 위한 교육용 영상 자료를 삭제하고, 그 대신 학교폭력 예방 관련 인터넷 사이트를 소개하여 독자로 하여금 학교폭력의 예방 및 개입을 위해 좀 더 폭넓은 자료를 공유할 수 있도록 안내하였다.

이 책은 일차적으로 교육대학교에서 '학교폭력 예방의 이론과 실제' 과목을 수강하는 학생들을 대상으로 집필된 것이지만, 중·고등학교 교사를 양성하는 사범대학이나 기타 교직과정을 이수하는 학생들도 유용한 학습 자료로 활용할 수 있을 것이다. 또한 일선 학교현장에서 학교폭력에 대한 예방과 개입을 마련하기 위해 체계적인 지식을 학습하기를 희망하는 초등학교 교사는 물론 중·고등학교 교사에게도 유용한 정보가 될 수 있기를 바란다. 모쪼록 이 책이 학교폭력의 예방과 개입을 위해 고심하는 교사지망생과 현직교사들에게 조금이나마 도움이 되기를 기원하면서 독자들의 아낌없는 비판과 질책을 바란다. 마지막으로 초판이 출간된 지 2년 남짓한 시점에서 책의 개정을 독려하고 지원한 학지사의 김진환 사장님과 편집부 여러분께 진심으로 감사드린다.

2016년 2월
저자 일동

최근 학교 친구들의 괴롭힘을 견디지 못해 스스로 목숨을 끊은 청소년의 자살이 급증하면서 학교폭력에 대한 사회적 관심이 고조되고 있다. 지난해 폭행, 집단 따돌림, 금품갈취, 사이버폭력 등 학교폭력이 직접적인 원인으로 밝혀진 자살 건수가 10여 건에 이르고 있으며, 그 밖에도 상당수 자살 건수가 학교폭력과 직간접적으로 관련되는 것으로 추정되고 있다. 전국 학교폭력대책자치위원회에서 심의한 학교폭력 처리 건수는 2008년 8,813건, 2009년 5,605건, 2010년 7,823건으로 증가 추세에 있으며, 국민신문고를 통해 접수된 학교폭력 관련 민원 건수 역시 2009년 2,017건, 2010년 3,237건, 2011년 4,269건으로 근래에 들어와서 급증하는 현상을 보이고 있다.

　　「학교폭력 예방 및 대책에 관한 법률」에 따르면, 학교폭력은 학교 내외에서 학생을 대상으로 발생한 상해, 폭행, 감금, 협박, 약취·유인, 명예훼손·모욕, 공갈, 강요·강제적인 심부름 및 성폭력, 따돌림, 사이버 따돌림, 정보통신망을 이용한 음란·폭력 정보 등에 의하여 신체·정신 또는 재산상의 피해를 수반하는 행위를 말한다. 그러나 학교폭력의 개념은 연구자에 따라 다양하게 정의되고 있다(김종미, 1997; 김준호, 2006; 노순규, 2012; 정종진, 2012; Astor et al., 1997; Astor & Meyer, 2001; Thomas, 2006). 학생들의 신체적·정신적 안전을 위협하고 학업을 방해하는 폭력은 비단 학생들 사이에서만 일어나는 것은 아니며, 교사와 학생, 교사와 학부모 등 다양한 양상으로 전개되게 마련이다.

　　학교폭력의 실태를 조사한 몇몇 연구 결과(박효정, 정미경, 박종효, 2006; 청예단, 2008~2012)를 살펴보면, 초등학교에서 학교폭력에 노출되는 학생의 비율이 지속적으로 증가하여 학교폭력의 발생 연령이 낮아지고 있으며, 학교폭력의 피해를 입은 학생이 보복을 가하거나 다른 학생을 괴롭히는 등 가해자가 되면서 가해학생과 피해학생의 구분이 모호해지고 있다. 또한 정서적 폭력과 사이버폭력이 증가하고 있고, 일진 문화가 광범하게 영향을 미치면서 집단화 경향과 잔인성이 증대하고 있다. 그러면서 학교폭력의 현장을 목격하고도 그냥 지나치거나 외면하는 둔감화 현상도 두드러지고 있다.

이처럼 학교폭력으로 인한 청소년 자살이 급증하는 등 커다란 사회적 문제로 대두되고 학교교육의 위기를 초래할 정도로 그 심각성이 고조되었다. 이에 따라 지난해 2월 정부에서는 관계부처합동회의를 개최하고 학교폭력근절 종합대책을 수립하여 발표하였다. 그 대책에서는 학교폭력의 예방 및 대책을 위한 7대 정책 과제와 62개 세부 추진 과제를 제시하고 있는데, 그중 교사양성과정에서 예비교사들에게 학교폭력의 예방 및 대책에 관한 강좌를 이수하도록 하는 방안이 포함되어 있다. 이에 교육과학기술부에서는 초·중등학교 교원자격검정에 관한 관련 규정을 개정하여 '학교폭력의 예방 및 대책' 교과를 교직소양과목으로 부과하고 있다.

이 책은 이처럼 '학교폭력의 예방 및 대책' 교과를 교직소양과목으로 부과할 경우를 대비하여 전국 교육대학교에서 활용할 교재 개발을 목적으로 완성된 것이다. 이 책은 전체 4부로 구분하여 12장으로 구성되어 있다. 제1부 '학교폭력의 이해'는 학교폭력의 현 주소, 학교폭력의 개념, 학교폭력의 대책으로 구성되어 있고, 제2부 '학교폭력의 예방'은 학생의 이해와 학교교육의 변화, 학교폭력의 예방을 위한 인성교육, 학교폭력의 조기 감지와 예방으로 구성되어 있다. 그리고 제3부 '학교폭력의 개입과 대처'에서는 학교폭력 상담, 유형별 학교폭력 개입 전략, 학교폭력에 대한 법적 조처, 학교폭력과 교사에 대해 다루고 있으며, 제4부 '학교폭력의 대응 사례'는 두 장으로 나누어 각각 국내의 학교폭력 대응 사례와 외국의 학교폭력 대응 사례를 포함하고 있다. 또한 이 책은 학교폭력의 예방 및 대책에 관한 교과 내용을 학습하는 데 도움이 될 만한 내용을 부록으로 제공하고 있다.

이 책은 일차적으로 교육대학교에서 '학교폭력의 예방 및 대책' 교과를 수강하는 학생들을 대상으로 구성한 것이지만, 중 · 고등학교 교사를 양성하는 사범대학에 재학하거나 기타 교직과정을 이수하는 학생들도 유용한 학습 자료로 활용할 수 있을 것이다. 또한 일선 학교현장에서 학교폭력에 대한 예방과 대책을 마련하기 위해 체계적인 지식을 학습하기를 희망하는 초등학교 교사는 물론 중 · 고등학교 교사에게도 유용한 정보를 제공할 수 있을 것이다. 모쪼록 이 책이 학교폭력에 대한 예방과 대책을 마련하기 위해 고심하는 교사지망생과 현직교사들에게 유용한 정보로 활용되기를 기원하면서 독자들의 아낌없는 비판과 질책을 바란다.

마지막으로 이 책이 나오기까지 도움을 주신 분들께 감사드린다. 먼저 이 책을 집필하기 위한 연구를 수행할 기회를 마련하고 행정적 · 재정적 지원을 제공한 한국연구재단에 감사드린다. 또한 연구수행에 필요한 각종 자료를 수집하고 정리해 준 안연선 선생님과 김경환 선생님을 비롯한 대학원생들, 초고를 읽고 조언을 주신 한국여성정책연구원 민무숙 박사님과 청소년폭력예방재단 유형우 소장님, 학교폭력 사안에 대한 법적 조치와 관련하여 자문을 주신 서울교육대학교 허종렬 교수님과 제주대학교 고전 교수님께 진심으로 감사드린다. 그리고 이 책의 출판을 맡아 준 학지사의 김진환 사장님과 김순호 편집부장님께도 진심으로 감사드린다.

2013년 2월
저자 일동

제2부 ✎ 학교폭력의 예방

제4장 학생 이해와 학교교육의 변화 _ 139 　　　　오익수(광주교대)

제3부 학교폭력의 개입과 대처

제7장 학교폭력 상담 _ 231
은혁기(전주교대)

제8장 유형별 학교폭력 개입 전략 _ 259

박성희(청주교대)

제4부　학교폭력의 대응 사례

제11장　국내의 학교폭력 대응 사례 _ 357

제12장　외국의 학교폭력 대응 사례 _ 391

부 록

제1부

학교폭력의 이해

제1장
학교폭력의 현 주소

학교폭력의 현실을 제대로 이해하기 위해서는 학교폭력의 구체적인 사례를 중심으로 학교폭력의 실태와 경향성을 파악하고, 가해학생과 피해학생은 물론 그것을 목격한 학생과 가족 등 학교폭력 당사자들이 겪고 있는 신체적·정신적 고통을 살펴보아야 한다. 이 장에서는 학교폭력의 구체적인 사례와 실태조사 결과를 토대로 학교폭력의 실상과 그로 인해 발생하는 여러 가지 부수적인 현상을 고찰하고, 학교폭력에 대한 교사와 학교 당국의 인식과 대응 자세를 살펴본다.

자살, 집단 괴롭힘과 따돌림, 강요와 금품갈취, 성추행, 사이버폭력 등 학교폭력과 관련되어 나타나는 일련의 사건은 우리 시대 교육의 일그러진 모습을 단적으로 보여 주고 있다. 신문, 방송, 인터넷 등 각종 매체에 등장하는 학교폭력의 구체적인 사례를 중심으로 학교폭력의 현실을 파악하는 데 도움이 될 만한 몇 가지 현상을 살펴본다.

1) 학교폭력, 죽음의 그림자

1995년 6월 평소 동료 학생들의 집단 괴롭힘에 시달려 오던 한 고등학생의 자살 사건은 '더 이상 자식과 같은 불행한 청소년이 나와서는 안 된다.'는 아버지의 외침과 함께 사회적으로 큰 파장을 몰고 왔다. 대기업 지사장으로 근무하던 아버지를 따라 외국에서 살다가 초등학교 6학년 때 귀국한 그는 중학교에 진학하면서 학교 주변 폭력배들의 계속되는 폭행과 협박을 더 이상 견디지 못하고 목숨을 끊었고, 아버지는 그 후 회사를 그만두고 뜻있는 사람들의 힘을 결집하여 청소년폭력예방재단(청예단)을 설립하였다. 이듬해 다른 고등학생이 동료 학생들의 괴롭힘을 견디다 못해 급우를 살해하는 사건과 또 다른 자살 사건이 연이어 발생하면서, 자라나는 아이들에게 드리운 죽음의 그림자가 우리 사회 곳곳에서 그 모습을 드러내기 시작했다.

2005년 전국 초·중·고등학교에서 학교폭력 예방활동을 하고 있는 '배움터 지킴이'를 대상으로 실시한 워크숍에서 경찰청은 학교폭력의 심각성을 알리기 위해 학교폭력 피해학생들의 유서와 일기 내용을 공개하였다. 그 내용의 일부를 소개하면 다음과 같다.

이와 같이 학교폭력 피해학생들의 죽음이 잇따라 발생하면서 학교폭력에 대한 사회적 관심이 증대되고 학교폭력 근절을 위한 정부의 대책과 노력이 이어져 왔으나, 학교폭력에 대한 사회적 관심은 시간이 지나면서 점차 멀어지는 듯하였다. 그러나 2011년 연말 대구의 한 아파트에서 자살한 중학교 2학년 ㄷ군(당시 14세)의 유서 내용이 세상에 공개되고 4개월 전에 같은 학교에서 유사한 사건이 발생했다는 사실이 알려지면서 사회적으로 커다란 충격을 안겨 주었고, 학교폭력에 대해 관심이 다시 부각되었다. A4용지 4쪽 분량의 ㄷ군의 유서에는 '(친구들이) 컴퓨터 게임을 할 때 쓴다며 통장의 돈을 가져갔고 물로 고문하고 온갖 심부름과 숙제를 시켰다.' '매일 우리 집에 와 단소로 때리

- 2002년 4월 경남 △△에서 친구들의 집단 따돌림과 폭력에 시달리다가 자살한 ㄱ군(당시 15세, 중2)은 '내가 귀신이 되면 너희를 가만두지 않겠다.'는 유서를 남겼다. 그는 '남이 자는데 먼지 묻은 과자를 입에다 넣고······, ×새끼 사람 좀 괴롭히지 마라. 힘세면 다냐.'며 끔찍한 고통을 안겨 준 학교 친구들에 대한 원망과 분노의 심정을 토로하고 있다.

- 2005년 1월 말을 더듬는다는 이유만으로 친구들에게 집단 따돌림과 폭력에 시달리다가 자살한 경기 △△시 ㄴ군(당시 19세, 고3)의 유서에는 '마음속엔 언제나 증오의 감정과 상처뿐. 이 속에서 헤어나기란 목숨을 끊는 것보다 더 힘들지도 모르겠다······.'고 적혀 있다. 그는 '친구 하나 없고 난 너무 바보인가 보다.' '멸시받는 것이 내 운명인가 보다.'며 자신의 처지를 비관했다.

- 2005년 4월 집단 따돌림과 학교폭력에 시달리다가 안방 장롱에서 목을 매 숨진 ㄱ양(당시 12세, 초6)은 '오늘만이라도 학교에 가기 싫다. 이 세상 모든 게 싫다.'는 호소를 일기장에 남겼다. 그는 '학교 복도든 다른 곳이든 어떤 애가 나를 만나기만 하면 욕을 한다. 막(마구) 때리기도 한다. 흉보기도 하고 협박도 했다.'며 두려움과 괴로움을 혼자 삭여야 했던 절박한 상황을 전하고 있다.

이처럼 학교폭력에 시달린 학생들이 목숨을 끊기 전 남긴 글의 내용에는 외로움과 절망감이 곳곳에 배어 있다. 이들이 남긴 글은 이들이 겪는 폭력이 얼마나 심각한 수준인지 뚜렷하게 보여 주고 있다.

출처: D일보 2005년 11월 26일자, K신문 / H신문 2005년 11월 25일자.

고 문제집을 가져갔다.' 등의 내용이 적혀 있었으며, 또한 '부모님이나 선생님 등에게 도움을 구하려 했지만 보복이 두려웠다.'고 신고하지 못한 이유를 함께 밝히고 있었다. 이 사건이 발생한 후 2, 3년 동안 학교폭력에 시달리던 중·고등학교 학생들의 자살 사건이 잇따라 밝혀지면서 학교폭력이 더 이상 방치할 수 없는 심각한 상태로 발전했다는 인식이 확산되어 왔다.

2011년 12월 26일자 연합뉴스 보도에 따르면, 교육과학기술부와 16개 시·도 교육청이 파악한 결과 2006~2010년 5년간 자살한 학생은 총 735명이며, 이 가운데 남학생은 390명, 여학생은 345명이고, 학교과정별로는 초

ㄷ군이 남긴 유서

등학생 17명, 중학생 224명, 고등학생 494명이다. 원인별로는 가정불화가 33.3%(245명)로 가장 많았고, 염세비관 13.9%(102명), 성적 불량 12.2%(90명) 등이 그 뒤를 이었으며, 학교폭력으로 인한 자살 학생 수는 8명으로 나타났다. 그러나 학교폭력으로 인한 자살 사건이 성적 비관 등 단순한 사건으로 처리되는 경우가 많아 실제 학교폭력에 의한 자살 건수는 발표된 것보다 훨씬 많을 것으로 추정된다.

실제 2011년 후반기와 2012년 전반기에 걸쳐 1년 동안 특정 지역에서만 학교폭력으로 인해 목숨을 끊은 학생 수가 10여 명에 이르고, 전국 곳곳에서 점점 더 많은 학생이 학교폭력으로 인해 자살을 시도하고 있어 학교폭력에 의한 죽음의 그림자가 점점 빠른 속도로 확산되고 있음을 알 수 있다. 이와 같은 기간에 학교폭력으로 인해 발생한 주요 자살 사건과 피해 사례를 간추려 제시하면 〈표 1-1〉과 같다.

표 1-1 학교폭력으로 인해 발생한 자살 및 피해 사례

시기	학생	사건 내용	비고
2011. 7. 11.	대구광역시 중2 박모양(14세)	'반에 왕따가 있다.'는 사실을 담임에게 알렸다가 반 친구들에게 추궁당한 후 자살	경향신문 2011. 12. 31.
2011. 11. 18.	서울 △△ 중2 김모양(14세)	동급생 8명에게 집단 괴롭힘을 당하다가 수면제 다량 복용 후 아파트에서 투신자살	news1.kr 2012. 6. 27.
2011. 12. 2.	대전광역시 고1 송모양(17세)	친구들과 싸운 뒤 따돌림당하고 아파트에서 투신자살 (집단 따돌림 의혹 제기)	chosun.com 2011. 12. 22.
2011. 12. 20.	대구광역시 중2 권모군(14세)	같은 학교 학생들에게 폭행과 물고문, 갈취 등 괴롭힘을 당하다가 긴 유서를 남기고 투신자살	중앙일보 2011. 12. 23.
2011. 12. 25.	제주자치도 고1 한모양(17세)	성탄절 제주시 이호 해변에서 숨진 채 발견됨(단순자살로 종결했으나 유족 고발로 재수사)	제주일보 2012. 2. 22.
2011. 12. 28.	광주광역시 중2 송모군(14세)	같은 학교 일진 3명에게 29차례 폭행, 금품 갈취, 담배 심부름 등 괴롭힘을 당하다가 아파트 옥상 계단에서 목을 매 자살	동아일보 2011. 12. 30. 2012. 1. 2.
2012. 1. 16.	대전광역시 고1 박모양(17세)	'친구(송모양)의 죽음을 막지 못했다.'는 괴로움으로 심리상담을 받아 오던 중 투신자살	세계일보 2012. 1. 17.
2012. 4. 16.	경북 △△ 중2 이모군(14세)	'지속적으로 폭력과 괴롭힘을 당해 왔다.'는 유서를 남기고 아파트에서 투신자살	chosun.com 2012. 7. 15.
2012. 5.	부산광역시 중3 민모군(15세)	집착 증세를 보이던 같은 학교 학생에게 노끈으로 살해됨(피의학생은 자살)	chosun.com 2012. 6. 4.
2012. 6. 2.	대구광역시 고1 김모군(15세)	2년간 괴롭힘과 폭력을 당해 오다 유서를 남기고 자살 (자살 직전 승강기에 찍힌 모습 공개됨)	chosun.com 2012. 6. 4.

이처럼 학교폭력에 시달리다가 고통을 견디지 못하고 목숨을 끊거나 오히려 가해자가 되는 학생들이 점점 늘어나고 있을 뿐만 아니라, 그 대상이 고등학교에서 중학교로 낮아지고 심지어는 초등학생들에게도 죽음의 그림자가 드리워지고 있다. 이는 물질만능주의에 사로잡혀 인간의 심리적 안녕과 공동체 복지를 외면하는 현 우리 사회의 비인간화 현상, 그리고 무엇보다도 학력지상주의에 매몰된 채 자라나는 학생들의 정신건강을 외면해 온 학교 교육의 모순과 한계를 여실히 보여 주고 있는 것이다. 그리고 우리가 지향하는 학교 교육의 전반에 대한 진지한 반성과 성찰, 그리고 무엇보다 근본적인 대책 마련을 함께 요구한다고 볼 수 있다.

2) 일진 문화와 '빵 셔틀'

일진은 학교폭력과 그로 인한 사회 문제의 심각성을 대변하는 하나의 시대 아이콘이 되어 왔다. 경찰청 학교폭력T/F팀(2012)에 따르면, 일진이란 "폭행, 갈취, 집단 따돌림 등 학교폭력을 범하였거나 범할 것이 우려되고 또래 학생들로부터 두려움의 대상이 되는 학생들의 무리 또는 집단"(p. 129)을 말하며, 아이들 사이에서 '~일진회' '~연합' '~팸' '~패거리' '~짱'이라고 쓰이는 모든 표현을 포괄하는 단어라고 할 수 있다. 일진이란 말이 처음 사용된 것은 1980년대 후반으로 추정된다. 그 당시 '일진'은 학생들 간에 패싸움을 할 때 최전방에 나설 수 있을 정도로 싸움을 가장 잘하는 아이들을 말한다. 일진 다음으로 싸움에 나설 수 있는 아이들은 '이진'이라고 하며, 소위 '짱'은 일진 가운데에서 싸움을 가장 잘하는 아이를 지칭하는 말로 쓰이고 있다.

오늘날 아이들 사이에서 일진은 '노는 아이들' '잘 나가는 아이들'로 불린다. 즉, 일진회는 '공부도 잘하고 싸움도 잘하고 잘 노는 아이들의 모임'을 일컫는다(문재현 외, 2012, 165). 일진 문화는 이미 20여 년의 역사를 가지고 있어서 청소년 하위문화를 실질적으로 주도하고 있으며 학생들의 생활문화에 광범위한 영향을 끼치고 있다. 유행과 성에 관한 기준을 정하고 아이들에게 강요할 수 있는 힘을 가지고 있다. 소위 '일진'에 가담한 아이들은 학급 내에서 귀족(일진), 평민, 노예(왕따)로 구분되는 계급을 나누어 일종의 신분사회를 형성하고 자신들만이 옷이나 신발, 장신구에 대한 취향을 자유롭게 선택할 수 있도록 한다.

또한 인증 샷 놀이, 동전 놀이, 기절 놀이, 컴퍼스 놀이, 왕따 놀이 등 다양한 형태의 놀이를 통해서 학교 안에서 위계질서를 세우며, 소위 빵 셔틀, 절도, 상납 등과 같은 방법으로 놀이 비용을 마련하기 위해 또래 아이들을 끊임없이 괴롭히고 심지어 죽음으로 몰아넣기도 한다. 특히 '빵 셔틀'이란 말은 '빵'에 스타크래프트라는 게임에 등장하는 수송비행선 이름인 '셔틀'이 합쳐진 신조어로, 중·고등학교에서 힘이 센 학생들에게 빵 심부름을 강요당하는 학교폭력 피해학생들을 가리킨다(문재현 외, 2012, 39). 이제 셔틀은 돈 셔틀, 가방 셔틀, 숙제 셔틀, 안마 셔틀, 스타킹 셔틀, 우산 셔틀, 화장실 셔틀, 야동 셔틀, 핸드폰 셔틀, 와이파이 셔틀 등 다양한 형태로 발전하고 있다. 이렇게 자신의 의지와 관계없이 남의 이용 대상이 되는 것은 인간의 자부심과 존엄성을 근본적으로 침해당하는 행위로 학생들의 자존감에 치명적인 손상을 입힐 수 있다.

일진은 또한 폭력조직에 버금가는 강령을 만들어 놓고, 입회 시 일명 '물갈이 의식'이라는 엄격한 신고식을 치르며, 만일 탈퇴할 경우 가혹행위를 서슴지 않고 있다. 일진회 강령은 ① 선배 말에 무조건 복종한다, ② 일진회를 위해서는 무슨 일이든 한다, ③ 싸움에서는 어떠한 방법을 써서라도 무조건 이긴다, ④ 탈퇴 시 '줄 빳다'를 100대 이상 맞거나 죽기 직전까지 맞는다, ⑤ 선배가 돈이 필요할 때 후배는 무조건 상납해야 한다는 내용으로 되어 있다(문재현 외, 2012, 43). 이 뿐만 아니라 선후배 사이에 소위 '양관계'(주: 자신보다 학년이 높은 일진과 의형제, 의자매, 의남매를 맺는 행위)를 맺고 폭력의 위협으로부터 신체적 안전을 보장받는 대가로 온갖 종류의 심부름은 물론이고 심지어 성상납, 원조교제 등 반인륜적인 성적 착취를 강요받고 있다.

사례 피해 아동들이 인터넷 사이트에 털어놓은 빵 셔틀 피해 사례

• 싸움을 잘하고 험악하게 생긴 애랑 짝이 된 거야. 그 애가 첨에 툭툭 시비 걸면서 때리더라고. 어느 날 수업시간에 배가 고프다면서 '나중에 돈 줄 테니 빵하고 초코우유 좀 사 와라.' 이러는 거야. 난 안 된다고 했는데, 무섭게 째려보면서 '좋은 말 할 때 사 와.' 이래서 수업시간에 선생님한테 화장실 간다고 뻥 치고 사 왔어.

• 빵 셔틀이랑 학생증 빌려 주는 셔틀 아니면 점심시간에 신발 갖다 주는 셔틀, 이거 세 개가 내 셔틀로 지정되었는데, 오늘 하나 더 생겼어. 일진이 나한테 '비 올 때마다 우산 들고 와라. 아니면 우산 막대기로 맞는다.'고 말하기에…… 알았다고 했어.

출처: 오마이뉴스 2010년 9월 13일자.

사례에서 보듯이, 일진 아이들은 학교에서 힘이 약한 학생들을 상대로 신체적·언어적 폭력을 행사할 뿐만 아니라 집단 괴롭힘과 따돌림, 강요와 금품갈취, 성추행, 사이버

폭력 등 온갖 폭력과 착취 행동을 감행하여 수많은 학생을 불안에 떨게 하고 있다. 또한 자신들의 잘못을 뉘우치기는커녕 학교에서 초법적인 권한을 행사하면서 학교의 규칙과 질서를 파괴하며 공포 분위기를 조성하고 있다. 아이들은 홀로 남겨진 외로움에서 벗어나거나 폭력의 두려움으로부터 자신을 보호하기 위해 일진에 가담하고 뒤늦게 후회하기도 하지만 벗어나기가 쉽지 않다. 더욱이 문제가 되는 것은 적지 않은 수의

사례 | **일진 선후배의 끈질긴 상납 고리**

　중학교 1학년 ㄹ군은 초등학교 5학년 때 중학교 일진들이 싸움 잘하는 애들을 찾는다는 말에 솔깃해 일진에 들어갔다. 처음에는 형과 누나들이 노래방, 오락실, PC방에도 데려가서 함께 놀아 줬다. 그러나 어울려 놀러 다닌 것도 잠시, 초등학교 6학년 때에는 도둑질하는 법과 또래들에게 '삥(돈)' 뜯는 법을 배웠으며, 중학교 입학 후 열린 신고식에서는 일진 형들에게 무자비하게 맞았고 선배들의 강요로 친구들과 맞장을 떠서 짱이 되었다. 짱이 되자 선배 형들은 상납금을 요구해 왔고, ㄹ군은 초등학교 때 배운 방법으로 약한 동급생이나 후배들에게 삥 뜯기를 하여 1주일 만에 10만 원을 채웠고, 그 후 5일, 7일, 10일 주기로 상납을 요구받으면서 후배들에게 5~10만 원씩 뜯어내 상납했다. 상납은 선배 일진들의 연애기념일인 투투데이(만난 지 11일, 22일 등)나 50일, 100일, 200일 등 각종 기념일마다 지속되었다. 또한 ㄹ군은 이 기간에 '일락'(주: 일진들이 록카페를 하루 통째로 빌려서 노는 것을 말하며, 주로 티켓을 팔아서 비용을 충당한다)에 참가하여 남친과 여친이 없는 애들이 노예팅을 즐기고 성행위를 강요당하는 것을 목격하였다.

출처: K신문 2011년 12월 29일자.

사례 | **교사의 권력에 대한 일진의 도전**

　충북 △△ 소재 한 중학교 2학년 교실에서 영어 보충수업시간에 일진 3명 중 1명이 마스크 팩을 하고 있었다. 젊은 교사가 떼라고 했지만, 일진은 "이거 피부 좋아지게 하려고 하는 거예요. 안 돼요."라며 버텼다. 화가 난 교사가 큰 소리로 다그치자 일진은 "에이 씨~!"라고 반발하면서 교사가 보는 앞에서 마스크 팩을 떼어 창밖에 던졌다. 다른 일진들은 킥킥 웃고 또 다른 학생들은 아무 말도 못하고 그 상황을 지켜보기만 했다. 이 교사는 학생에게 수업이 끝난 후 교무실로 오라고 했지만 그 일진은 가지 않았다. 일진들은 이처럼 '교사 길들이기'(흔히 '교사 간 보기'라고 함)를 시도한다. 아이들에게는 자신들이 교사와 맞먹을 수 있는 힘이 있음을 과시하고, 교사들에게는 자신들이 힘들게 할 수 있는 존재임을 인식시키려는 의도가 깔려 있다.

출처: K신문 2011년 12월 29일자.

초등학교 아이들이 일진회에 가입하고 싶은 유혹을 경험한다는 사실이다.

이제 학교폭력의 시대적 아이콘이 된 일진은 교육당국의 잇따른 '척결' 의지를 비웃은 채 이미 학교 내의 권력 집단으로 자리 잡고 있다. 실제 교내에서 교사는 공식적 권력으로서 위치하고 있지만 일진은 아이들 사이에서 서열 구조의 상위를 차지하면서 영향을 미치는 비공식적 권력이 되었다. 더욱이 이 두 권력이 충돌하면서 아이들은 혼란을 겪는다.

3) 학교폭력의 현장, 위기의 아이들

오늘날 학교폭력은 단순히 청소년기 학생들 사이에서 발생하는 일시적인 현상이 아니라 우리 사회에 만연한 인간 소외와 공동체 와해의 신호탄으로 볼 수 있기 때문에 심각한 사회문제의 하나로 대두되고 있다. 이제 학교폭력은 점입가경으로 치닫고 있다. 수많은 학생이 학력지상주의에 매몰된 채 부모와 교사 등 기성세대의 애정 어린 보살핌을 받지 못하고 집을 뛰쳐나와 거리를 방황하고 있고, 폭력서클을 만들어 학교를 공포의 도가니로 몰아가고 있다. 그런가 하면 눈앞에서 벌어지고 있는 학교폭력의 현장을 목격하고도 모른 채 외면하거나 동조하는 학생들이 늘고 있다. 위기에 처한 아이들이 방황하는 모습과 학교폭력에 내몰리는 현장을 좀 더 자세히 살펴보자.

2012년 3월 18일 한 TV 방송사는 〈교실 속 '거짓말 같은 이야기'〉라는 제목으로 학교폭력의 현장을 생생하게 고발하였다. 한 유명가수의 해설로 진행된 이 프로그램에서는 밤늦은 시간까지 무리지어 추운 거리를 배회하고 있는 아이들의 모습과 함께 담당 PD가 그들과 인터뷰하고 있는 장면이 방영되었다. 다음은 그 내용의 일부다.

> P D: 왜 집에 안 들어가고 애들이랑 놀기만 해요?
> 아이: 집에 늦게 들어가도 부모님들이 뭐라고 안 하니까.
> P D: 부모님은 집에서 기다리고 계신 것 아니에요?
> 아이: 부모님은 일 나가시는데요. 그냥 집 환경이 싫어요.
> P D: 왜요? 무슨 일 있어요?
> 아이: 집에 아무도 없어요. 세 식구밖에 없으니까. 어머니가 일을 하러 나가세요. 저희 엄마가 집을 안 들어와요. 엄마도 없고 언니도 일 나가고 없어서 집에 들어가면 아무도 없어요, 항상. 가족이 나에게 무관심할 때는 정말 집에 들어가기 싫어서 그때는 가출도 몇 번 했었어요.

우리 사회에는 이와 같이 오갈데 없이 방황하는 아이들을 유혹하는 위해 요소가 많다. 그중에서도 인터넷 게임의 급속한 보급은 학교 폭력의 또 다른 온상이 되고 있다. 게임물등급위원회의 통계에 따르면, 일주일에 하루도 빠짐없이 매일 게임을 하는 학생이 11.4%에 달할 정도로 우리나라 학생들 사이에

KBS 스페셜 〈교실 속 '거짓말 같은 이야기'〉의 한 장면
출처: KBS TV 2012년 3월 18일 방영.

서는 게임이 유행이다. 상당수 학생이 현실 세계와 온라인 세계에서 동시에 살고 있는 것이다. 그만큼 현실 세계 못지않게 게임 세계에서의 왕따 폭력 피해 역시 심각해지고 있다. 한 일간지의 보도 내용에 따르면, 최근에는 소셜네트워크(SNS) 등 인터넷 환경을 기반으로 한 '사이버 왕따'가 확산되고 있다(동아일보 2011년 12월 24일자). 특정 학생에 대한 험담을 인터넷에 퍼뜨리거나 안티카페를 만들어 괴롭히는 것이다. 한 학생을 지목해 메신저 접속을 단체로 차단하거나 일촌 신청을 집단 거부하는 방법도 사용한다. 게임 속 왕따 폭력의 특징은 잘 알지도 못하는 상대방을 대상으로 한다는 점이다. 더욱이 게임 폭력은 학교폭력과 깊은 연관성을 가진다고 볼 수 있다. 서울대학교 곽금주 교수는 한 일간지와의 인터뷰에서 "게임 속에서 쉽게 상대방에게 욕을 하고 차별하고 무시한 학생들이 학교에서도 남을 괴롭히는 경우가 많다."며 "학생들 사이에 만연한 게임 속 왕따 폭력이 학교폭력의 불씨가 되는 것"이라고 말했다(http:// news.chosun.com/20120711).

이와 같이 아이들은 어른들의 무관심 속에 방치된 채 길거리를 배회하거나 PC방, 노래방 등을 전전하면서 학교폭력의 유혹에 빠지거나 그 희생양으로 전락한다. 그들에게는 집이 더 이상 따뜻한 곳도 편안하게 쉴 수 있는 곳도 아니며, 학교 역시 친구들과 마음 놓고 놀거나 공부할 수 있는 곳이 아니다. 그들은 외로움과 소외감을 이기지 못하고 학교폭력의 온상이 되고 있는 일진의 유혹에 넘어가 선배 학생들로부터 온갖 시달림을 당하거나 힘이 약한 동료 학생들을 괴롭히는 일에 가담하기도 한다. 일부 학생들은 전혀 죄의식을 느끼지 못하고 친구를 괴롭히는 것이 그저 장난이라고 생각하고, 심지어는 친구와 싸우는 모습을 동영상으로 찍어 승리의 전유물인 양 간직하며 자랑스러워한다.

- 서울의 한 초등학교 5학년생인 ㅁ군(12세)은 2011년부터 학교 친구들에게 '메이플스토리' '테일즈러너' '던전앤파이터'의 게임 아이템을 상납하고, 친구의 아이디로 접속해 게임 레벨을 올려 주고 있었다. ㅁ군은 게임 아이템을 친구들에게 빼앗기는 게 화가 났지만 안 그러면 친구들이 괴롭히기 때문에 어쩔 수 없었다.

- 2011년 대구의 한 PC방에서 '던파(던전앤파이터)'를 하던 초등학생들이 채팅창에서 욕설을 주고받다가 돌연 한쪽 아이들이 "어디 사냐? '현피' 뜨자." 했다[현피: '현실'과 '플레이어킬(player kill)'의 합성어로, 게임 상대와 실제로 만나 싸우는 것을 말함]. 그리하여 양측 아이들은 시내에서 만나 10 대 10으로 패싸움을 벌였다. ……패싸움에 참여했던 한 초등학생은 게임 속 폭력을 흉내 내 다른 학생을 폭행하고, 게임과 관련된 갈취와 협박을 하는 친구들이 많다고 했다.

출처: 정종진(2012). pp. 32-33.

- 2014년 대구의 한 중학교에 다니는 ㅂ군(13세)은 동급생 2명과 함께 어울리게 되고 인터넷 게임에서 그들의 캐릭터 레벨을 올려 주면서 가까워졌지만 그들 사이의 관계는 점점 '주종관계'로 변질되기 시작했다. 친구들은 ㅂ군에게 "너, 오늘까지 캐릭터 레벨 올려놔. 안 그러면 죽어."라면서 협박했고, ㅂ군이 게임을 열심히 참여하지 않는 날에는 주먹질과 발길질이 이어졌다. 그뿐만 아니라 두 사람의 반성문이나 숙제도 모두 ㅂ군의 몫이 되었고, 거절하거나 싫은 표정을 지으면 곧바로 보복이 이어졌다. …… (중략) …… 하지만 ㅂ군은 이미 한계에 부딪쳤고 다른 친구들에게 "너무 힘들어서 자살하고 싶다."는 말을 공공연하게 했으며, 폭행과 가혹행위를 견디다 못해 결국 스스로 목숨을 끊는 선택을 하고 말았다.

출처: 오마이뉴스 2015년 6월 15일자.

다음은 2012년 1월 4일 한 TV 방송사가 신년기획 특집으로 방영한 〈행복한 교실〉 제1부에서 담당 PD가 아이들과 대화하는 장면을 글로 옮겨 놓은 것이다.

    아이 1: 죄의식, 하나도 못 느껴요. 애들이 맞는 거 보면 재밌으니까.

    P   D: 일주일에 몇 번이나 돈을 빼앗나요?

    아이 1: 틈날 때마다 하는데요.

P　　D: 피해학생 입장에서 생각 안 해 봤어요?

아이 1: 그 학생들은 나랑 다르니까.

(한 아이가 스마트폰을 이용하여 다른 친구를 괴롭히는 장면을 촬영하고 있다.)

P　　D: 싸움 동영상은 누가 찍은 거예요?

아이 2: 제가요. 제가 찍었어요.

P　　D: 싸움할 때 동영상을 찍어요? 왜 찍어요?

아이 2: 그냥요. 재밌잖아요. 맞는 걸 보면요…….

KBS 스페셜 신년기획 4부작 〈행복한 교실〉의 한 장면

출처: KBS TV 2012년 1월 4일 방영.

　더욱이 문제가 되는 것은 이처럼 학교 내에서 무질서하고 초법적인 권한을 행사하는 무리를 보고도 보복이 두려워 모른 채 외면하는 학생들이 적지 않고, 심지어는 그들에게 동조하여 또래 학생들을 괴롭히는 일에 가담하는 아이들이 늘어가고 있다는 것이다. 그뿐만 아니라 우리 아이들이 학교폭력의 위험에 노출되어 고통을 당하면서도 아무런 도움을 구하지 못하는 것이 더욱 안타까운 현실이 되고 있다. 교육부가 발표한 2014년 2차 학교폭력 실태조사에서는 학교폭력 피해 후 신고 비율이 78.3%로 나타난 반면, 청예단(2015)이 발표한 2014년 전국 학교폭력 실태조사에서는 학교폭력 피해 후 아무런 도움을 요청하지 않은 응답자가 38.5%에 이르고 있다. 이는 청예단(2011)이 2010년에 조사하여 발표한 58.0%보다는 크게 감소한 것이지만, 여전히 상당수 피해 학생은 보복에 대한 두려움과 자기 자신의 무능 같은 자괴감, 그리고 아무도 해결해 줄 수 없을 거라는 공포 속에서 홀로 고통을 받고 있다.

괴롭힘을 당하면서도 고민을 털어놓지 못하는 아이

한 일간지가 청소년폭력예방재단에서 입수한 상담 자료집을 보면, 교실에서 집단 괴롭힘을 당하는 10대들의 절규가 그대로 녹아 있다.

평소 괴롭힘을 당해 온 고등학교 1학년 남학생은 한 폭행사건의 가해자로 억울하게 몰리고도 "결백을 주장하면 더 큰 보복을 당한다."며 별다른 항변을 하지 못했다. 초등학교 때부터 급우에게 매주 3만 원씩 상납했던 한 중학생은 "돈을 안 가져오면 죽도록 때리겠다."는 협박에 부모 지갑에서 수십만 원의 돈을 훔치기도 했다. 이 학생은 5년 넘게 괴롭힘을 당하고도 "괜히 걱정만 끼치고 보복을 당할까 봐." 가족에게 고민을 털어놓지 못했다.

출처: D일보 2011년 12월 24일자.

4) 그러나 희망은 있다. 해법을 찾아서……

학교폭력이 심각한 사회문제이긴 하지만 해법이 전혀 없는 것은 아니다. 2014년 12월 13일 한 TV 방송사에서 연말 특집으로 방영한 다큐멘터리 〈침묵의 아이들, 이제는 말해줘!〉는 가해자나 피해자보다는 방관자에 초점을 맞추어 학교폭력에 대한 해법의 실마리를 제공하고 있다. 이 특집을 연출한 담당 기자는 프로그램 기획 취지를 다음과 같이 설명하였다.

학교폭력으로 10일 동안 학생 2명이 숨진 △△고, 2차 사망 사고 당시 2학년 가해 학생이 1학년을 훈육하던 중 우발적으로 일어난 사고라는 당국의 설명……. 하지만 조사 결과 사고 현장에는 4명의 목격자가 더 있었던 것으로 드러났다. 사망 사고가 있기 전부터 1년 동안 기숙사 안에서 관행처럼 폭력이 대물림되었다. 학교 측의 소극적인 대응, 교육 당국의 무관심이 지니는 더 큰 문제는 우리 아이들을 제2, 제3의 방관자로 키운다는 점이다.

그 기자는 이처럼 친구가 맞고 있어도 멀뚱멀뚱 구경만 하는 아이들을 '침묵의 아이들'이라고 부르고, 그들이 학교폭력을 방관하는 이유와 그 해법의 실마리를 실험을 통해 보여 주었다. 첫 번째 실험에서는 중·고등학생들이 많이 찾는 식당에서 연기자 3명이 일방적인 폭력 상황을 연출하였는데, 바로 옆에서 그 장면을 지켜보던 피실험자 3명은 서로 눈치만 볼 뿐 가만히 있었다. 그러나 두 번째 실험에서는 같은 폭력 상황에서 이미 실험 내용을 알고 있던 다른 1명의 연기자가 나서서 적극적으로 폭력을 제지하였고, 이를 지켜보던 피실험자 3명 중 1명이 이에 동참했으며 잠시 후 나머지 2명도 자리를 박차고 일어나 폭력 저지에 가담하였다.

연출자는 이 프로그램을 통해 "사람의 행동을 결정짓는 것은 개인의 인성보다 상황의 힘이 크다."고 결론짓고, 학교폭력을 방관하는 개인의 인성보다 폭력에 대해 방관하는 행위를 부추기는 사회 구조를 먼저 바라볼 것을 제안하였다. 그는 프로그램을 마무리하면서 캐나다에서 시작해 전 세계로 확산되고 있는 '공감의 뿌리' 프로그램과 이를 한국 토양에 맞게 개발한 '평화 샘 프로젝트'를 소개하면서 다음과 같은 해법을 제시하였다.

> 학교를 평화적인 공간으로 바꾸어 나가는 과정에서 학교 사회의 구성원들이 폭력에 대해 성찰하고 그에 대한 감수성을 높이기 위한 사적 · 공적 기회를 만들어 내는 것은 매우 중요하다. 학교폭력의 해법은 '개인의 인성'을 강조하거나 '폭력은 나쁘다.'라는 번지르르한 도덕률이 아니라 집단을 이끄는 가치와 문화를 바꾸는 일에서 찾아야 한다.

이 프로그램은 학교폭력의 문제를 해결하기 위해서는 단순히 피해학생을 보호하고 가해학생을 선도하는 식의 대증요법이 아니라 무엇보다 학교폭력에 대한 방관을 조장하는 사회적 무관심을 극복하고 사회적 감수성을 키워 나가기 위한 집단적 노력이 선행되어야 함을 역설한다고 볼 수 있다.

2 학교폭력의 발생 경향

1990년대만 해도 학교폭력은 주로 고등학교 수준에서 발생하였으나, 2000년 이후에는 중학교와 초등학교로 확산되면서 그 심각성을 더해 가고 있다. 한국청소년폭력예방재단(청예단)의 실태조사에 의하면, 2011년 현재 720만 전국 초 · 중 · 고등학교 학생 중 약 30만 명이 집단 따돌림을 당하고 있으며 그 외에 각종 학교폭력 피해자는 약 70만 명에서 최대 120만 명에 달하는 것으로 추정되고 있는데, 이는 학생 5명 중 1명꼴에 해당한다. 청예단(2011, 2012, 2015)과 교육부(2014b)에서 발표한 학교폭력 실태조사 결과를 토대로 학교폭력의 실태와 발생 경향을 살펴본다.

1) 학교폭력의 발생 추이

학교폭력의 발생 추이를 알아보기 위해 학교폭력대책자치위원회에서 연도별 실시한 학교폭력 심의건수와 가해 및 피해학생 수를 살펴보면(〈표 1-2〉 참조), 2010년 7,823건 (1천 명당 1.08건)이었던 학교폭력 심의건수가 2012년 이후 획기적으로 증가하여 2014년도에는 19,521건(1천 명당 3.09건)으로 3배 가까이 증가하였다. 이에 연루된 가해학생 수와 피해학생 수는 각각 28,949명(1천 명당 4.58명)과 26,073명(1천 명당 4.13명)으로 2010년의 19,949명(1천 명당 2.75명)과 13,748명(1천 명당 1.90명)에 비해 1만 명이나 증가하였다. 또한 학교 급별로 보면(〈표 1-3〉 참조), 전체 심의건수 중 중학교의 심의건수가 차지하는 비율은 60% 안팎으로 여전히 높게 나타났으며 특히 초등학교의 심의건수는 2010년 213건(3.0%)이었던 것이 2014년에는 2,792건(14.3%)으로 현저하게 증가하였음을 확인할 수 있다.

표 1-2 연도별 학교폭력대책자치위원회의 학교폭력 심의건수와 가해 및 피해학생 수

구분	심의건수	가해학생 수	피해학생 수	전체 학생 수
2012년[a]	24,677(3.64) 16,411(2.42)	42,192(6.23) 30,477(4.50)	41,303(6.10) 28,910(4.27)	6,771,039
2013년[b]	17,749(2.72)	29,325(4.50)	25,704(3.95)	6,514,510
2014년[b]	19,521(3.09)	28,949(4.58)	26,073(4.13)	6,319,465

* ( ) 안의 숫자는 학생 1천 명당 심의건수와 가해/피해학생 수를 나타냄.
출처: a. 2013년 국회위원 정진후 보도자료에서 발췌함.
　　　 (상단은 교육부 통계, 하단은 시도교육청 통계로 상당한 차이를 보임)
　　　 b. 2015년 국회위원 정진후 보도자료에서 발췌함.

표 1-3 학교 급별에 따른 연도별 학교폭력대책자치위원회의 학교폭력 심의건수

구분	초등학교	중학교	고등학교	기타	전체
2012년[a]	2,438(9.9%) 1,099(6.7%)	15,437(62.6%) 11,012(67.1%)	6,741(27.3%) 4,243(25.9%)	61(0.2%) 57(0.3%)	24,677(100.0%) 16,411(100.0%)
2013년[b]	2,136(12.0%)	10,875(61.3%)	4,648(26.2%)	90(0.5%)	17,749(100.0%)
2014년[b]	2,792(14.3%)	11,322(58.0%)	5,266(27.0%)	141(0.7%)	19,521(100.0%)

출처: a. 2013년 국회위원 정진후 보도자료에서 발췌함.
　　　 (상단은 교육부 통계, 하단은 시도교육청 통계로 상당한 차이를 보임)
　　　 b. 2015년 국회위원 정진후 보도자료에서 발췌함.

더욱이 학교폭력의 발생 경향은 학교 급별에 따라 상이한 양상으로 나타난다. 초등학교에서는 아이들이 장난과 폭력을 구별하지 못하는 경우가 많고 기절놀이, 수술놀이, 노예놀이 등 놀이의 형태로 학교폭력의 흉내를 내는 경향이 있다. 그러나 중학교에서는 욕설 등 언어적 폭력으로 시작해 신체적 폭력으로 진행되는 경우가 많고 성폭력, 금품갈취, 사이버폭력 등 다양한 형태의 학교폭력이 등장하여 점점 심각한 양상으로 발전하며, 고등학교에서는 학교폭력이 좀 더 조직적 형태로 운영되는 것을 볼 수 있다. 학교 급별 학교폭력의 주요 양상을 비교하여 제시하면 〈표 1-4〉와 같다.

표 1-4 학교 급별 학교폭력 특징 비교

학교 급별	학교폭력의 특징
초등학교	• 장난과 폭력을 구별하지 못하는 경우가 많음 • 성과 관련된 폭력이 많아 체계적인 성교육이 필요함 • 특별활동, 급식, 방과 후 등 담임교사가 없을 때 학교폭력이 자주 발생함 • 기절놀이, 수술놀이, 노예놀이, 왕따 대물림 등 새로운 유형의 폭력이 등장함 • 선후배 관계를 이용한 폭력 및 금품갈취가 심각함
중학교	• 성폭력 사건(성희롱, 성추행)이 자주 발생함 • 욕설 등 언어폭력으로 시작해 신체폭력으로 진행되는 사례가 많음 • 빵 셔틀, 금품상납 요구 등 금품갈취 사례가 많음 • 장애인에 대한 괴롭힘 및 외모로 인한 집단 따돌림이 심각함 • 폭력서클을 통한 금품상납 등 금품갈취 및 신체폭행이 이루어짐 • 사이버폭력이 심각함
고등학교	• 선후배 간 군기 잡기, 금품갈취 등 학교폭력을 행사함 • 집단 따돌림 및 성폭력(성희롱) 사례가 많음 • 조직적으로 운영되는 폭력서클이 존재함 • 남학생은 금품갈취와 폭행 등 겉으로 드러나는 폭력 사례가 많고, 여학생은 따돌림, 욕설과 같은 은근한 폭력 사례가 많음 • 기숙사 생활을 하는 학생들의 경우 기숙사 내 금품갈취, 괴롭힘, 심부름과 같은 사례가 드러남

출처: 교육부(2012). p. 36.

한편 교육부(2014b)가 발표한 학교폭력 실태조사 결과에 따르면, 학교폭력의 피해 및 가해 응답 비율은 각각 2012년 321,000명(8.5%)과 156,000명(4.1%)에서 48,000명(1.2%)과 23,000명(0.6%)으로 대폭 감소한 것으로 나타났다. 그러나 이러한 자료는 청예단(2015)의 조사 결과와는 상당한 차이가 있는 것을 확인할 수 있다. 청예단(2012, 2015)에서 발표한 학교폭력 실태조사 결과에서 전국 초·중·고등학교 학생들의 피해율, 가해율 및 심각성 인식도의 연도별 추세를 정리하여 제시하면 〈표 1-5〉와 같다.

표 1-5 연도별 학교폭력의 피해율, 가해율 및 심각성 인식도(%)

구분	피해율	가해율	심각성 인식도	비고
2008년[a]	10.5	8.5	28.6	
2009년[a]	9.4	12.4	32.8	
2010년[a]	11.8	11.4	38.1	
2011년[a]	18.3	15.7	41.7	
2012년[b]	12.0	12.6	35.8	
2013년[b]	6.3	5.6	12.9	
2014년[b]	3.8	3.3	6.7	

출처: a. 청예단(2012). 2011년도 전국학교폭력 실태조사. p. 138.
　　　b. 청예단(2015). 2014년도 전국학교폭력 실태조사 주요 결과 보도자료.

〈표 1-5〉에서 보는 바와 같이, 학교폭력의 피해율은 2008~2010년에는 10% 안팎이었던 것이 2011년 18.3%로 정점을 이루었고 2012년 12.0%로 감소하였으며, 2013년과 2014년에는 각각 6.3%와 3.8%로 크게 감소하였다. 가해율 또한 2008년 8.5%에서 점차 증가하여 2011년에 15.7%로 정점을 이루었고 2012년 이후 피해율과 비슷한 수준으로 감소하였다. 이에 따라 학교폭력의 심각성에 대한 학생들의 인식도 역시 2008년 28.6%에서 꾸준히 증가하여 2011년에 41.7%로 최고치를 나타냈으며 2012년 이후 지속적으로 감소하여 가해율 및 피해율과 비슷한 패턴을 보이고 있다. 이처럼 학교폭력에 대한 피해 응답률이 조사 기관에 따라 차이가 나고 있으며, 아직도 적지 않은 학생들이 학교 폭력을 심각하게 인식하고 있는 것으로 볼 수 있다.

2) 학교폭력의 발생 특징

앞에서 살펴본 바와 같이, 최근 학교폭력의 발생 경향을 보면 중학교의 학교폭력 심의건수가 상당한 비율을 차지하고 있고 초등학교의 학교폭력 심의건수가 차지하는 비율이 획기적으로 증가하고 있어 학교폭력의 발생 연령이 낮아지고 있음을 알 수 있다. 학교폭력은 피해 후유증으로 인해 정신적 치료는 물론 청소년 자살과 범죄 등 사회적 문제로 이어지고, 가해학생의 무감각과 목격학생의 방관 등 학교폭력이 일상화되고 있어 단순히 학교 내의 문제이기보다는 우리 모두가 관심을 기울여야 할 사회적 책임이 요구되는 문제다. 학교폭력의 주요 발생 특징을 살펴보면 다음과 같다(곽금주, 2006; 박효정, 2012; 정종진, 2012).

(1) 학교폭력 발생의 저연령화 추세

전체 학교폭력 건수 중에서 중학생이 차지하는 비율이 가장 높은 상황에서, 학교폭력을 최초로 경험한 연령 또한 낮아지고 있는 추세로 초등학교 단계에서 학교폭력에 대한 집중적인 대책 마련이 시급하다고 볼 수 있다. 청예단(2011, 2015)의 조사 결과에 따르면, 2010년도 피해학생 중 53.4%와 가해학생 중 58.0%가 초등학교 때 최초로 학교폭력을 경험하는 것으로 나타났으며, 2014년도에는 이와 같은 추세가 더욱 두드러져

사례 초등학교 5, 6학년의 일진 가입 문의 글

- 5학년: 저희 반에 제가 며칠 같이 끼워 놀아 주니까 지가 잘나가는 줄 알고 나대는 외동 여자애가 하나 있어요. 되게 성격 더러운데 나대기까지 해요. 더러워서 걔 찍으려고 하는데 일진 되는 법 알려 주세요.
- 6학년: 제 친구가 사춘기까지 겹쳐서 그런지 갑자기 일진이 되고 싶대요. 누굴 괴롭히고 이러고 싶지는 전혀 않대요. 왜냐하면 자신도 그 고통을 알 테니까……. 하지만 일진이 되면 아이들과 더 많이 친해질 수 있을 테니까. 제 친구는 공부도 꽤 잘하고 맡은 바 임무는 완전 열심히 해요.

출처: 임지영(2012). p. 229.

사례 일진에 발을 들여놓은 초등학생의 고백

지난해 일진에 들어간 초등학교 6학년인 ㄴ양은 처음에는 언니들과 문자도 주고받고 선물도 챙겨 줘서 특별한 존재가 된 기분이었다. 하지만 언니들한테 삥 뜯기고 알(휴대전화) 빼앗기고 노래방에 불려 다니면서 공부와는 담을 쌓았다. ㄴ양은 우울증에 걸린 것처럼 답답하고 심한 스트레스를 받았으며 한때는 왕따까지 당하면서 자살충동도 느꼈다고 한다.

출처: K신문 2012년 1월 4일자.

피해학생 중 79.6%와 가해학생 중 77.1%가 초등학교 때 최초로 학교폭력을 경험하는 것으로 나타났다. 이와 같이 많은 학생이 또래 형성을 위한 친밀감과 사회적 기술을 습득해야 하는 초등학교 시기에 학교폭력의 피해자 또는 가해자가 됨으로써 심리적 위축과 불안, 분노 등 피해 후유증을 앓거나 왜곡된 대인관계 양식이 발달되어 건강한 사회 구성원으로 성장하는 데 심각한 지장이 초래될 수 있다(곽금주, 2006).

더욱이 문제가 되는 것은 적지 않은 수의 초등학교 아이들이 일진회에 가입하고 싶은 유혹을 경험한다는 사실이다. 인터넷 검색창에 '일진'이라고 입력을 하면 수많은 글이 올라오는데, 그중에서 상당수가 어떻게 하면 일진에 가입할 수 있는지를 문의하는 글이다. 여기서 특히 주목되고 있는 점은 초등학교 아이들이 일진에 가입하려는 이유인데, 그것은 동료 아이들 사이에서 발생하는 개인적인 질투나 시기심에서 대상 학생을 괴롭히기 위해 일진의 힘을 이용하거나 아니면 소외감에서 벗어나고자 하는 갈망이 강하게 작용하고 있다는 것이다. 이처럼 상당수 아이는 초등학교 때부터 개인적인 호기심에서 일진에 발그리 시작하여 은연중에 서서히 학교폭력의 피해자 또는 가해자가 되고 돌이킬 수 없는 길을 가게 되는 것이다.

(2) 가해자와 피해자 구분의 모호성 증대

최근 학교폭력의 발생 경향을 보면, 가해자와 피해자의 구분이 불분명하고 그 원인이 복합적인 경우가 많아 문제 해결에 전문적인 조사와 상담이 필요하다. 학교폭력 피해 경험이 있는 학생은 다시 폭력을 당하지 않기 위하여 다른 학생에게 폭력을 행사하는, 악순환이 발생하고 있다. 청예단(2011, 2012)의 조사 결과에 따르면, 학교폭력을 경험한 학생 중에서 피해와 가해를 모두 경험한 학생의 비율은 2010년에는 10.3%, 2011년에는 8.6%로 나타났다. 특히 이들의 절반 정도는 학교폭력의 피해 경험과 가해 경험이 '셀 수 없이(6회 이상) 많다.'고 응답하여 학교폭력이 또 다른 학교폭력을 부르고 있음을 보여 주고 있다. 이들 중에는 선배들의 강요와 협박에 의해서 어쩔 수 없이 자신보다 힘이 약한 아이들에게 폭력을 행사하는 경우도 있지만 '자신이 피해를 당했기 때문에 피해를 줘도 된다.'고 생각하여 자신의 가해 행동을 정당화하면서 지속적으로 폭력을 행사하는 경우도 적지 않다(박효정, 2012). 따라서 학교폭력으로 인한 마음의 상처를 타인에게 부당하게 전이하지 않도록 상담이나 심리치료 등을 포함하여 다각적인 예방과 개입 방안을 강구해야 한다.

수도권의 한 중학교에 다니는 B군(15)은 교내 '일진'들의 '군기반장'으로 악명이 높았다. 유난히 큰 덩치를 이용해 수시로 주먹을 휘둘렀고 경찰 조사도 여러 차례 받았다. 상담 결과 B군은 교내에서 '잘나가는' 친구들에게 잘 보여야 따돌림을 당하지 않는다는 강박관념을 가지고 있었다. 특히 어린 시절 의붓어머니가 데려온 자녀들 틈에서 자라면서 '버림받을 수 있다.'는 불안심리가 컸던 것으로 파악되었다. B군은 상담 과정에서 "내가 나서서 싸움을 걸고 대드는 아이들을 정리해 주면 친구들이 '역시 넌 의리 있고 박력 있어.'라며 인정을 해 줬다."고 말했다. 초등학교 시절 '뚱뚱하고 둔하다'는 이유로 자주 놀림을 당했던 B군은 해결사로 인정을 받기 위해 친구들 앞에서 더 혹독하게 주먹을 휘둘렀다. '왕따'의 고통을 잘 알기 때문에 더는 그런 상황에 놓이지 않기 위해 자기보다 약한 친구들을 앞장서서 따돌리고 괴롭히는 것이다.

출처: D일보 2011년 12월 30일자.

(3) 언어적·정서적 폭력의 증가

최근 학교폭력의 또 다른 경향은 단순한 신체적 폭력이 아닌 강제적인 심부름, 신체적 모욕이나 성적 학대, 사이버폭력 및 따돌림과 같은 언어적·정서적 폭력이 증가하고 있다는 것이다. 특히 언어적·정서적 폭력의 경우, 휴대전화 문자나 SNS 등을 통해 손쉽게 반복적으로 이루어지고 있어 문제가 더욱 심각해지고 있다. 예를 들면, 피해자에 대한 '뒷담화'를 하거나 나쁜 소문을 퍼뜨려 자연스레 따돌림을 시키거나 친구들 활동에 끼워 주지 않고 은근히 따돌리거나, 이유는 알려 주지 않은 채 갑자기 말을 안 하고 무시하거나 비꼬는 말을 은근히 해 심리적으로 고통을 주는 것이다. 또는 심한 농담을 하고 '농담이었어!'라며 웃어넘기거나 과거 친한 사이일 때 알게 된 사생활을 누설하기도 한다. 최근 교육부(2014b)가 조사하여 발표한 피해유형별 학교폭력 현황을 보면, 언어폭력과 집단 따돌림이 각각 35.6%와 16.8%로 1, 2위를 차지하였으며 전체 학교폭력 피해의 50%가 넘는 것으로 나타났다. 특히 언어적·정서적 폭력은 여학생들에게 좀더 높게 나타나고 있으며, 특히 집단 따돌림을 당한 여학생의 비율은 22.3%로 남학생(13.8%)의 2배에 달한다.

언어적·정서적 폭력은 당사자가 겪는 스트레스는 무척 크지만 겉으로 드러나지 않기 때문에 주변에서는 그 심각성을 알기 힘들다는 것이 특징이다. 또한 반복적으로 되풀이되고 지속적으로 유지되는 경향이 있기 때문에 피해학생에게 심리적 모멸감과 자괴감을 안겨 주고 심각한 정신적 상처를 입혀 자칫 삶의 의욕을 상실하게 할 수도 있다(박효정, 2012). 특히 외모나 관계에 예민한 사춘기 여학생들에게는 스트레스로 인한 악몽이나 자살생각과 같은 심각한 후유증을 야기할 수도 있다. 청예단(2015)의 조사 결과에 따르면, 학교폭력의 피해를 입은 학생의 절반 이상이 학교폭력 피해로 인해 고통스러움을 경험했다고 보고하였고, 피해학생의 42.9%가 학교폭력의 고통으로 인해 자살을 생각해 본 적이 있으며 그중 41.8%는 직접 자살을 시도한 것으로 나타났다.

사례 터무니없는 소문으로 고통받는 여학생

서울의 한 중학교 3학년 ㄷ양은 지난해부터 단짝이었던 ㄹ양이 자기에 대한 거짓말을 다른 학생들에게 퍼뜨려 어느 날 갑자기 학급에서 왕따가 됐다. 수업시간에 그룹 활동을 하는데 그 누구도 ㄷ양을 끼워 주지 않았다. 아무 영문도 모른 채 왕따를 당했던 ㄷ양은 억울한 마음과 스트레스가 심해 집에서 실신하고 정신과 치료를 받기도 했다. 그러나 가해학생은 "난 그런 소문을 낸 적이 없다."고 부인했고, 학교 측은 "ㄷ양이 원래 나약한 학생이라서 그렇다." "증거가 없어서 규명하기 힘들다."는 반응을 보였다.

출처: C일보 2012년 6월 20일자.

---

(4) 학교폭력의 집단화와 범죄화 경향

학교폭력의 집단화 경향 또한 최근에 더욱 두드러지고 있으며 단순한 탈선의 차원을 넘어 심각한 범죄 단계에 이르고 있다. 청예단(2015)의 조사 결과에 따르면, 학교폭력의 피해학생 중 70.6%가 2명 이상의 학생에게 폭력을 당하고, 가해학생의 수가 '5명 이상'인 경우도 28.1%에 이르고 있다. 더욱이 가해학생들은 일반적 집단 괴롭힘은 물론 강요와 협박, 성폭행, 살인 등 범죄를 서슴지 않고 있으며, 그 수법도 더욱 대담하고 잔혹해지고 있다(정종진, 2012). 특히 '일진' 등 학교폭력서클의 학교 내 영향력이 증가하면서 학생들이 피해를 입지 않기 위해 폭력서클에 가입하고, 학교별 일진이 정보를 공유하여 피해학생을 지속적으로 괴롭히는 문제가 발생하고 있다.

2011년 5월 중순 경기도 △△ A중학교 ㅅ군(15) 등 3학년 10여 명이 2학년 15명을 야산에 집합시켜 놓고 다짜고짜 후배들을 폭행하기 시작했다. 학교 '짱'인 ㅅ군 등 3명이 유독 모질게 주먹과 발을 날렸다. 뺨을 때리다 배를 발로 차고 쓰러지면 무릎으로 얼굴을 쳤다. ㅅ군은 나중에 경찰에서 '공포를 조성해 금품을 갈취하기 위해서'라고 밝혔다. 코뼈가 어긋나는 등 크게 다친 학생들이 적지 않았지만 보복이 두려워 아무도 학교와 부모에게 말하지 못했다. 이 날을 시발점으로 ㅅ군 등의 집단폭행과 성추행, 금품 갈취는 끝없이 계속되어 2011년 11월까지 확인된 것만 61차례 260만 원에 달했다.

출처: C일보 2012년 1월 6일자.

(5) 학교폭력의 둔감화와 일상화 경향

최근 가해학생들의 학교폭력에 대한 인식이 둔감해지고 일상화되어 폭력으로 인식하지 못하는 경향이 있다. 청예단(2012)의 조사 결과에 따르면, 원하지 않는 행동을 강요하거나 온라인에서 특정인을 욕하는 것이 학교폭력이라고 응답한 학생은 72.0%이고, 인터넷에 동영상을 유포하는 것과 유사 성행위를 취하는 것을 학교폭력으로 인식하는 학생은 각각 73.9%와 80.4%로, 그 외 20%가 넘는 학생들이 학교폭력을 제대로 인식하지 못하고 있는 것으로 나타났다. 특히 집단에 의해 이루어지는 폭력의 경우 동조 현상으로 인하여 가해학생은 자신의 가해 행동을 반성하기보다는 정당한 행동으로 인식하는 경우가 강하고 죄책감 또한 덜하여 가해 행동에 대한 선도 및 치료를 더욱 어렵게 한다(정종진, 2012).

또한 폭력행위가 비행학생에 의해서만 일어나는 것이 아니라 학생들의 일상 속에 만연되어 보통의 학생에게서도 쉽게 발견되고 있다. 처음 피해를 당한 학생이 보복 폭행을 하거나 처음 피해를 준 학생이 친한 주위 학생과 함께 폭력을 행사하고, 학교폭력의 가해 경험이 있는 학생 중 2회 이상의 비율이 61.1%에 달하고 있어 지속적으로 괴롭힐 가능성이 증가하고 있다. 이처럼 폭력행위가 일상화되고 있는 주된 이유는 학교폭력에 대한 그릇된 인식과 통념에서 비롯된다고 할 수 있다. 일부 교사와 학부모는 '학생들 간의 사소한 싸움은 학교폭력이 아니며 애들 싸움은 애들끼리 해결해야 한다.'고 생각하는 경향이 있으며, 나아가 '학생들은 원래 싸우면서 크고 어른이 되면 싸우는 행동도 없어진다.'고 생각하여 안일하게 대처하는 경향이 있다.

3 사례로 드러난 가해학생과 피해학생의 삶

학교에서 다른 학생들에게 폭력을 가하는 학생 중 상당수가 한때 선배나 동료 학생들로부터 피해를 당했던 학생이다. 따라서 가해학생과 피해학생을 엄격하게 구분하는 것이 쉽지 않으며, 어떤 면에서는 학교폭력 장면에서 순수한 가해자는 없고 관련 당사자들은 물론 그들의 부모와 교사, 그리고 학교폭력을 목격하는 학생들 모두가 피해자라고 볼 수 있다. 학교폭력의 사례를 중심으로 학교폭력이 가해학생과 피해학생의 삶과 정신건강에 미치는 영향을 살펴보고, 학교폭력 당사자들의 부모와 교사, 그리고 학교폭력을 목격하는 주변 학생들의 삶에 미치는 영향을 함께 알아본다.

1) 가해학생의 삶과 행동

학교폭력의 가해학생은 대개 일진과 같은 폭력서클에 가입하여 집단적으로 힘이 약한 후배나 동료 학생들을 괴롭힌다. 그들은 피해학생들에게 이유 없이 폭행을 가하고 부당한 심부름을 시키거나 상납을 요구하여 금품을 갈취하는 등 지속적으로 협박과 강요를 일삼는다. 또한 일진의 후배 학생들은 선배의 협박과 강요에 굴복하여 다른 학생들에게 똑같은 폭력을 가하는 대물림 현상이 발생하고 있다. 가해학생 중 상당수가 초등학교 5, 6학년 때 일진에 발을 들여놓고 중학생이 되면서 선배들의 강요와 협박으로 후배나 동료 학생들을 괴롭히는 경우가 많다. 이러한 대물림 현상은 학교폭력을 점점 더 가혹하고 잔인하게 만든다. 일부 학생은 일진에 가입한 것을 뒤늦게 후회하여 일진에서 탈퇴하려 하지만, 선배와 동료 학생들의 가혹한 보복이 뒤따르기 때문에 쉽지 않다. 결국 그들은 자신의 의지와는 상관없이 학교폭력의 가해자가 되고 점차 자신들의 행동에 대해 반성하기보다는 무감각해진다. 결국 학업에 소홀하여 성적이 저하되고 남을 배려하거나 규칙을 따르지 못해 행동 및 품행 장애를 드러낸다.

이처럼 가해학생은 피해학생들에게 갖가지 폭력을 행사하면서도 아무런 죄의식을 느끼지 못한 채 도덕적 불감증을 드러내고 있다. 교육부(2014a)의 발표 자료에 따르면, 학교폭력 가해학생들은 가해 행동을 한 이유에 대해 '장난삼아서'(28.4%), '마음에 안 들어서'(21.1%), '상대방이 먼저 괴롭혀서'(18.9%), '특별한 이유 없음'(9.5%) 등으로 반응하였다. 여기서 심각하게 문제가 되는 것은 상당수 가해학생이 타인에게 피해를 입혔으면서도 죄의식을 느끼지 않고 자신의 가해 행동을 정당하다고 생각하고 있다는 것

사례	일진의 유혹에 빠져 학교를 그만둔 한 여학생의 삶

　ㅁ양(14)은 초등학교 6학년 때 친하게 지내던 이른바 '잘 노는' 친구들을 따라 일진에 가입했고 중학교에 입학한 지 1주일 뒤에 있었던 신고식(일명 '물갈이' 의식) 자리에서 '1찐'이 되어 쌈장으로 이름을 날렸다. ㅁ양은 7개월 전 부모님이 이혼을 하자 집을 나와 버렸다. 그녀는 서울 시내 여관을 전전하다 경찰의 원조교제 단속에 걸려 퇴학을 당했다. 이후 일진 친구들과 연락을 끊고 서울 시내 한 커피숍에서 아르바이트를 하며 검정고시 학원을 다니고 있다. 그녀는 "학교로 돌아가면 다시 빠져나오지 못할 것 같아 대입까지 독학으로 공부할 생각"이라며 "지난 일은 모두 잊고 평범하게 살고 싶다."고 말했다.

출처: H일보 2003년 3월 10일자.

사례	가해학생의 때늦은 눈물, 면회 온 엄마에게 "너무 미안해요."

• 같은 반 친구를 상습 폭행한 혐의로 지난해 12월 31일 대구지방법원에서 구속영장이 발부된 ㅇ군(14)과 ㅈ군(14)은 경찰서 유치장에 수감되기 직전 "자살한 ㄷ군에게 하고 싶은 말이 있느냐?"는 질문에 대답 없이 소리 내어 엉엉 울기 시작했다. 경찰 관계자는 "법원에서 유치장까지 가는 10여 분 내내 눈물을 쏟았다. 법원의 영장 실질심사 이전까지만 해도 담담한 표정이었는데, 영장이 발부된 이후 난생 처음 수갑을 찬 뒤 구속이라는 현실을 직감하면서 그런 것 같다."고 말했다.

• 새해 첫날 오후 3시 반경 경찰서 유치장 면회실엔 구멍 뚫린 투명한 아크릴 창문과 창살을 사이에 두고 ㅇ군과 그의 가족 5명이 마주 서 있었다. ㅇ군 가족은 이날 아침 면회했지만 몇 시간이 안 돼 또 다시 찾아왔다. "할머니와 엄마, 동생에게 하고 싶은 말 없어?"라는 어머니의 물음에도 창살 너머에서는 아무 말이 없었다. 또다시 같은 질문을 되풀이하자, "네."라고 짧은 답이 돌아왔다. " '네' '아니요' 말고 다른 말 좀 해 봐." 어머니가 다시 얘기하자, 아들은 그제야 "너무 미안해서……."라며 말끝을 흐렸다. 창살 너머에 갇힌 손자를 바라보며 한참을 소리 내 울던 할머니는 "네가 왜 여기 있느냐. 빨리 집에서 보자."며 눈물을 훔쳤다. ㅇ군도 흐느꼈다.

출처: D일보 2011년 12월 30일자 / D일보 2012년 1월 2일자.

이다.

　더욱이 가해학생은 피해학생들에게 심리적 모멸감과 자괴감을 심어 주어 죽음으로 내몰고 자신도 모르게 피의자가 되어 경찰 조사를 받고 범죄자가 되기도 한다. 결국 성인이 되어서도 건전한 사회생활을 영위하지 못하고 실업, 범죄, 자살 등 사회적 부적응을 초래하기 쉽다(Tremblay, 2000). 이처럼 가해학생들은 자신들의 인생 목표를 설정하고 미래의 삶을 준비해야 할 중요한 시기에 갖가지 폭력의 유혹에서 헤어나지 못하고 자신은 물론 가족과 친구들의 삶을 불행하게 만든다.

2) 피해학생의 삶과 행동

학교폭력으로부터 가장 깊은 상처를 받는 사람들은 피해학생과 그들의 가족이다. 학교폭력의 피해학생들은 선배나 동년배의 가해학생들에게 부당하게 폭행과 협박을 당하고 금품 갈취와 심부름을 강요당하면서 자존감에 심각한 상처를 받고 폭력에 대한 불안에 떨면서도 보복의 두려움 때문에 아무런 도움을 청하지 못한 채 정신적으로 피폐한 삶을 살아간다(Flaherty, 2001). 결국 선배나 동료 학생의 지속적인 괴롭힘과 폭력에 시달리는 일부 학생은 자괴감과 무력감을 이기지 못하고 삶을 포기하거나 억눌린 분노를 가해학생에게 되갚아 주는 경우가 발생하며, 자신은 물론 부모, 형제 등 가족들과 친구들에게 씻을 수 없는 깊은 상처를 남기게 된다.

앞에서 살펴본 바와 같이, 피해학생의 상당수는 2명 이상에게 집단적으로, 그리고 2회 이상 지속적으로 피해를 경험하는 것으로 나타났다. 또한 학교폭력의 피해학생은 신체적 폭행뿐만 아니라 언어적 폭력(욕설이나 모욕적인 말), 협박과 위협, 집단 괴롭힘과 따돌림, 성적 놀림과 사이버폭력 등 다양한 형태의 폭력으로부터 피해를 경험하고 있다. 특히 여학생은 남학생보다 상대적으로 언어적 · 정서적 폭력에 취약하여 피해의 심각성이 더욱 커지고 있다. 더욱이 문제가 되고 있는 것은 상당수 학생이 학교폭력의 피해를 경험하고도 보복이 두려워 피해 사실을 알리지 않고 혼자서 고통을 감내하고 있다는 것이다. 교육부(2014a)의 발표 자료에 따르면, 학교폭력 피해를 당하고도 알리지 않는 이유에 대해서 '별일이 아니라고 생각해서'(21.7%), '해결되지 않을 것 같아서'(20.0%), '스스로 해결하고자'(19.7%), '보복을 당할 것 같아서'(15.0%) 등이었다.

학교폭력의 피해학생 중 상당수는 심리적인 고통으로 정신치료를 받거나 자살을 선택한다. 학교폭력을 당한 피해학생은 처음에는 학교 가는 것을 꺼리고 식욕이 줄어들고 무기력증을 호소하는 경우가 많다(최태진 외, 2006; Cohen, 2001). 그러나 점점 폭력을 당하는 기간이 길어질수록 '외상 후 스트레스 장애(PTSD)'와 우울증, 불면증에 시달리게 되고, 또 가해학생들이 꿈에 나타내서 괴롭히는 악몽을 꾸거나 헛소리를 하며 머리, 배 등의 신체적 고통을 호소한다. 결국 잦은 결석과 집중력 저하로 학업성적이 떨어지고 대인기피 증상으로 사회적 적응이 쉽지 않게 된다(곽금주, 2006; Litz et al., 1990). 서울대 의대 김붕년 교수는 2012년 6월 5일 대한소아청소년정신의학회가 주최한 '학교폭력 근절을 위한 정신건강 대책 공청회'에서 "지속적인 학교폭력은 피해아동에게 우울증과 불면증, 학업 집중력 저하, 자살충동 및 공격 성향의 증대와 같이 장기적으로 정신적인 후유증을 안겨 주며, 뇌 발달에도 영향을 줄 수 있다."고 말했다(http://news.chosun.com/20120626). 특히 학교폭력으로 자살한 학생을 살펴보면, 가해학생의 지속적이고 반복적이며 의도적으로 계획된 교묘한 가해 행위로 인해 극단적인 선택을 하여 사회적인 문제점으로 부각되었다.

사례 **지속적인 폭력 피해로 고통받는 여고생**

경기도의 한 고등학교 3학년 ㅂ양(18)은 집 창문이 흔들리는 소리만 나도 소스라치게 놀란다. 학교 동급생 6명이 종종 각목이나 벽돌을 들고 찾아와 창문을 두드리기 때문이다. 이들의 폭행이 무서워 학교에 빠진 날이면 그 6명은 어김없이 ㅂ양의 집을 찾았다.

출처: D일보 2011년 12월 24일자.

사례 **심리 폭력으로 정신치료를 받고 있는 중학생**

• 지방의 한 중학교 2학년 ㅊ군(15)은 2008년부터 친구들의 괴롭힘과 폭력으로 5년째 정신과 치료를 받고 있다. ㅊ군은 '외상 후 스트레스 장애' 증세로 사람들을 기피하며 집 밖에 나가려 하지 않는다. 자신이 살고 있는 아파트에서 뛰어내리려 했으나 집에 놀러온 친척이 그 장면을 보고 가까스로 막았다. ㅊ군은 정신과 치료를 받고 있으며, 지금도 왕따와 폭력을 당하고 있다.

• 경기도 △△의 한 중학교 1학년 ㅅ양(15)은 학교에서 8개월간 집단 따돌림을 당하다 '외상 후 스트레스 장애'를 앓고 한 달 동안 정신병원 폐쇄병동에 입원했다. ㅅ양의 어머니는 입원한 딸을 간호하느라 직장을 그만두었고 신용불량자가 되었다. 그녀는 딸 생각만 하면 스트레스가 심해져 손톱으로 꼬집거나 바늘로 찔러 셀 수 없는 상처가 생겼다. 그녀는 "그날 이후 나는 딸을 잃었고, 우리 가족은 망가졌습니다. 2011년 11월 8일을 결코 잊을 수 없어요."라고 말했다. 그날은 여학생 5명이 ㅅ양을 둘러싸고 머리, 등, 발을 수없이 때려 정신병원에 입원한 날이다. ㅅ양은 당시 고3 언니에게 "왜 나를 지켜주지 않았냐?"라고 울부짖었고, 그 일로 충격을 받은 언니는 동생을 지켜주지 못했다는 죄책감에 공부를 할 수 없어 수능시험을 제대로 보지 못했다. ㅅ양은 퇴원 후에도 키우던 고슴도치를 벽에 던지는 등 폭력적으로 변했다.

출처: 정종진(2012). pp. 18-19, 92-93.

청예단(2012)의 조사 결과에 따르면, 피해학생들은 피해 경험 이후 '고통스러웠다' (63.4%), '등교거부'(50.7%), '자살충동'(31.4%) 등 심리적 고통을 호소했으며, 특히 피해학생의 76.0%는 가해학생에게 복수하고 싶은 충동을 느꼈다고 응답하였다. 특히 자살충동을 느낀 피해학생 중 1/3 정도는 '일주일에 한두 번' 또는 '지속적으로' 자살을 생각한다고 응답하였으며, 복수 충동을 느낀 피해학생의 절반 이상이 '일주일에 한두 번' 또는 '지속적으로' 복수 충동을 느낀다고 응답하여 심리적 상처가 심각한 수준에 이르고 있음을 시사하고 있다. 강원도 광역정신보건센터와 춘천국립병원 등이 2012년 도내 초·중·고등학교 학생을 대상으로 정서·행동발달검사를 실시한 결과, 10명 중 1명이 정서불안, 자살충동, 폭력, 왕따 등으로 인해 치료가 필요하고 100명 중 1명은 중세가 심각한 '고위험군'인 것으로 나타났다(http://news.chosun.com/20120528). 반면에 학교폭력의 피해를 당하고도 피해학생의 절반 이상이 도움을 요청하지 않은 것으로 응답하여 보복에 대한 두려움이나 '도움을 청해도 해결할 수 없다.'는 무기력을 드러내고 있다. 더욱이 피해를 경험한 후 자살을 생각하고도 도움을 요청하지 않은 경우가 적지 않고, 학교폭력의 피해를 당하고 도움을 요청하였지만 여전히 죽고 싶다는 생각을 하는 경우가 상당수에 달하고 있어 이들에 대한 위기개입이 시급한 것으로 지적되고 있다.

3) 목격학생의 삶과 행동

학교폭력은 가해학생과 피해학생만이 아니라 그 장면을 목격한 다른 학생들의 삶에도 좋지 않은 영향을 미친다. 2004년 미국 펜실베이니아 주립대학교 리처드 해즐러 박사와 오하이오 대학교 그레고리 젠슨 박사가 과거 집단 괴롭힘을 지켜본 대학생 77명을 설문조사한 결과, 이들이 받는 심리적 충격은 천재지변이나 생명의 위협을 경험했을 때와 비슷한 것으로 나타났다. 예를 들면, 이들의 스트레스 수준은 지진이 발생했을 때 경찰이나 소방관이 받는 스트레스 수준과 비슷했다는 것이다.

2011년 12월 친구들의 괴롭힘 때문에 자살한 권 모(14)군과 같은 중학교에 다닌 학생들에게서도 비슷한 현상이 나타났다. 대구광역시교육청이 2011년 12월 이 학교 전교생 982명의 심리를 조사한 결과, 약 12%인 116명이 불안 증세를 겪고 있는 것으로 나타났다(조선일보 2012년 1월 18일자). 집단 괴롭힘을 목격한 학생들은 '혹시 나도 왕따를 당하지 않을까.' 하는 불안감을 느끼게 되고, 또 주변 친구가 고통을 받고 목숨을 끊은 소식을 접한 것 자체가 '트라우마(외상 후 스트레스 장애)'가 될 수 있다. 이들은 말이 없어지고 가슴이 두근거리며 구토와 소화 장애, 불면증, 우울증, 자살충동 등 이상 증세가 나타날 수 있으므로, 심리상담 등 신속한 조치가 필요하다.

학교폭력을 목격하는 학생 중에는 피해학생의 편에 서서 교사나 경찰 등 주변의 도움을 요청하기도 하지만, 대부분은 폭력 장면을 모른 채 지나치거나 의도적으로 피하는 경우가 많다. 더욱이 일부 학생은 분위기에 동조하여 피해학생을 괴롭히는 일에 가담하기도 한다. 교육부(2014b)의 조사 결과에 따르면, 전국 초·중·고등학교 학생 중 학교폭력을 목격한 적이 있다고 응답한 학생의 비율은 2012년 17.5%에서 2014년 3.5%로 현저하게 감소했으나, 여전히 많은 학생들이 학교폭력을 목격한 이후 방관하는 것으로 나타났다. 또한 학교폭력을 목격하고도 모른 척하는 이유에 대해서는 '나와 관계없는 일이라서'(23.6%), '어떻게 해야 할지 몰라서'(22.5%), '같이 피해를 당할 것 같아서'(19.3%), '해결되지 않을 것 같아서'(15.8%) 등으로 응답하여 같은 공간에서 생활하는 또래의 학교폭력을 보고도 모른 척하고 있으며 '괴롭힘의 대상자가 자신만 아니면 된다.'라는 생각으로 인한 개인화가 심각함을 알 수 있다. 그러므로 학교폭력을 모른 척하는 것 또한 제2의 학교폭력임을 교육하고 목격학생에 대해 보호할 수 있는 안전조치가 필요하다.

(이 편지는 집단 괴롭힘에 시달리다가 자살한 친구를 둔 한 여학생이 아무런 도움을 주지 못한 자신을 질책하면서 자살한 친구에게 쓴 편지다)

○○아, 네가 차가운 아스팔트 바닥으로 몸을 던진 지 벌써 1년 반이 지났다. 난 이번에 대학에 들어간다. 요즘 네 생각이 부쩍 간절해. 그동안 너무 힘들었어. 네가 이 땅에 없다는 게 아직도 실감이 안 나. 가끔 혼자 있을 땐 흐느껴 운단다.

너를 지켜 주지 못한 죄책감 때문에 너무 힘들어. 네가 뛰어내리기 이틀 전, 못된 것들이 너를 둘러싼 채 얼굴을 때리고 발로 차고 머리채를 끌고 다니던 모습이 자꾸 생각 나. (중략) 장례를 치른 뒤 난 △△를 떠나 서울로 전학했어. 널 그렇게 보낸 못된 애들이 활개치고 다니는 꼴을 보기 싫어 재수사를 촉구하는 진정서를 돌렸는데 선생님들이 쓸데없는 짓 하지 말라며 혼내더라.

○○아, 지옥 같은 세상은 모두 잊고 천국에선 행복하길 기도할게.

출처: S일보 2007년 3월 1일자.

4 학교폭력에 대한 교사 및 학교의 인식과 대처

지금까지 신문, 방송 등 언론매체와 인터넷 자료 그리고 실태조사 결과를 토대로 학교폭력의 실상과 발생 경향을 살펴보았다. 학교폭력의 현실에 대한 교사나 학교 당국의 인식과 그에 따른 대처는 학교폭력의 예방과 대책을 마련하는 과정에서 가장 핵심적인 요소다. 이제부터는 이러한 학교폭력의 실상과 발생 경향에 대한 교사와 학교 등 교육 당국의 인식과 대응 수준을 살펴본다.

1) 학교폭력에 대한 교사의 인식과 대처

학교폭력은 학교현장에서 가장 가까이 그것을 느끼고 경험하는 교사들에게 가장 절박한 문제다. 송재홍 등(2012)의 조사 결과에 따르면, 교대생과 초등교사 중 절반 이상이 학창 시절 학교폭력을 목격하거나 직접 경험한 적이 있으며, 그중에서 10% 정도는 피해 경험과 가해 경험을 함께 경험한 것으로 나타났다([그림 1-1] 참조). 또한 교대생과 초등교사의 절반 정도는 교육실습이나 학교 재직 중에 초등학생의 학교폭력을 목격하거나 직접 연루된 경험이 있으며, 10명 중 5, 6명은 학교폭력이 상당히 심각하다고 인식하고 있는 것으로 나타났다. 그들은 특히 언어폭력과 집단 따돌림을 학교현장에서 자주 발생하고 있는 심각한 문제로 인식하고 있었다.

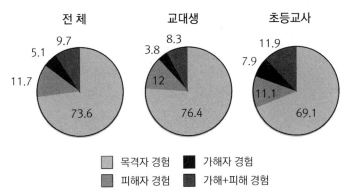

전 체   교대생   초등교사

[그림 1-1] 교대생과 초등교사의 학창 시절 학교폭력 경험에 대한 유형별 분포(%)

출처: 송재홍 외(2012). p. 490.

이와 같이 교대생과 초등교사의 상당수가 학교폭력의 심각성에 대해서는 공감하면서도 그에 대한 대처 요령은 상당히 미흡한 수준으로 보이고 있다. 송재홍 등(2012)의 조사 결과에 따르면, 학생들의 학교폭력을 경험하거나 목격할 때 교대생과 초등교사는 대체로 관련 학생의 학부모와 면담하여 협조를 구하거나 관련 학생을 적당히 타일러 지도하고 마무리한다고 응답하였으며, 소수만이 학교폭력 신고센터에 신고하거나 지역상담센터에서 상담을 받도록 조치한다고 응답한 것으로 나타났다. 그러나 그들은 또한 학교폭력의 예방 및 대책을 마련하는 과정에서 관련 학생들을 상담하거나 선도·보호하는 일과 그들의 학부모를 설득하고 협조를 구하는 일을 주된 어려움으로 인식하고 있다.

이처럼 학교폭력에 대한 교사의 역할과 문제점에 대한 인식은 학교폭력 사태에 대한 미숙한 대처로 자칫 불행한 결과를 초래할 수도 있다. 더욱이 일부 교사는 학교에서 발생하는 학생들의 폭력을 성장 과정에서 흔히 있을 수 있는 일시적인 행동으로 간주하여 미온적으로 대처하고, 심지어 외상이 발견되더라도 양쪽 학부모를 불러 합의를 유도하거나 가해학생에게 진술서를 작성하게 한 뒤 훈계하는 정도에서 그칠 뿐 피해학생이나 학부모의 요청을 받아들여 가해학생에 대한 상담이나 처벌을 의뢰하는 경우는 극히 드물다. 그러나 이런 일이 반복되면 가해학생은 병적 우월감에 빠져 다른 학생들에게 공포의 대상으로 각인되고 성인이 되어도 습관적으로 폭력을 행사하는 상습폭력범이 될 수 있고, 반면에 피해학생은 심리적으로 더욱 위축되어 병적 열등감과 복수심을 갖거나 우울증에 빠져 삶의 의욕을 상실할 수도 있다.

2) 학교폭력에 대한 학교 당국의 인식과 대처

최근 화제를 불러일으키고 있는 다큐멘터리 영화 〈Bully〉를 보면, 학교폭력의 피해를 당하는 학생들과 학부모의 목소리에 자신의 귀를 막고 아무런 예방 조치도 취하지 않으며 정치적인 게임을 일삼는 학교장의 모습을 볼 수 있다. 청소년들을 안전하게 지켜 주어야 할 학교 교직원이 고통받고 있는 아이들에게 구원의 손길을 내밀기보다는 오히려 학생들의 따돌림을 방관하고 묵인함으로써 그들의 따돌림에 동조하면서 학교에서 사회악을 더욱 키워 가는 역할을 하고 있는 것을 보게 된다.

정부 당국에서는 학교장과 교사가 학교폭력 근절의 중심에 설 수 있도록 학교폭력 대응을 위한 학교장의 권한과 책무성을 강화하고 변화하는 학교폭력의 양상을 정확히 파악하여 적기에 대응할 수 있도록 교원의 생활지도 여건을 조성하는 것을 중요한 정책 과제로 제시하였다(관계부처합동, 2012). 그러나 학교폭력에 대한 학교 당국의 인식과 대처 수준은 여전히 미흡한 것으로 지적되고 있다. 한 예로 2011년 12월에 중학생 자살 사건이 발생한 직후 정부에서는 각종 대책을 쏟아 놓고 있지만 해당 학교에서는 '일진'으로 통하는 한 학생이 수업을 빼먹은 채 오토바이를 타고 거리를 누비는 일이 매일같이 반복되었고, 다른 학교에서는 숨진 학생이 '자살 고위험군' 판정을 받았다는 사실조차 파악하지 못한 채 교사들에게 수업 중 소위 학생 '입단속'을 시키고 있었던 것으로 드러났다(http://news.chosun.com/20120423).

또한 우리는 학교폭력의 주요 원인으로 의심되는 자살 사건에 대해 '학교 측이 사건의 진실을 은폐하려고 한다.'고 주장하는 피해자 가족의 항의 내용을 게재한 신문 기사를 종종 접하게 된다. 이처럼 학교폭력으로 희생된 피해학생의 가족은 사건이 터지고 난 후에 학교 측이 보여 준 무성의한 태도 때문에 더욱 가슴이 아프다고 입을 모은다. 다음 내용은 이러한 사실을 잘 보여 주고 있다.

학교폭력 사건에 대한 학교의 안일한 대처에 대한 증언들

- 2004년부터 2008년까지 지속되어 오던 집단 성폭행사건이 드러나면서 해당 지역 주민은 충격에 휩싸였다. 한 지역의 초등학교 교사는 교실에서 아이들이 성적 행동을 흉내 내는 것을 발견하고 이 사실을 교장에게 보고했으나 묵살당했다. 또 다른 지역의 전교조 소속 교사는 "성폭력 범죄는 AI처럼 전염성이 있다."라고 하며 초기의 미온적 대응이 사건을 키웠다고 하였다.

- 2012년 7월 15일 대구학교폭력 예방센터 2층 강당에서 학교폭력으로 자식을 잃은 부모 10명이 모였다. 그들은 자녀들이 세상을 떠난 후 '학교랑 싸우는 것이 가장 힘들다.'고 입을 모았다. 한 어머니는 "양과 늑대가 있으면 늑대를 잡아 양을 안전하게 보살피는 게 상식인데, 우리는 지금 '양한테 피하라.' 하고 '네가 피하지 못해 물렸다.'며 양을 탓하고 있다."라고 했다.

출처: http://news.chosun.com/20080516, http://news.chosun.com/20120716.

그뿐만 아니라 학교가 학교폭력 사건에 대한 처리 절차를 제대로 모르는 경우도 적지 않다. 경북의 한 고등학교에서는 같은 반 학생들에게 집단 괴롭힘을 당해 오던 한 학생이 자신을 놀리는 친구에게 욕을 하다가 얼굴을 얻어맞아 전치 4주의 진단을 받고 병원에 입원한 사건이 발생했다. 이 사건을 계기로 피해학생의 부모는 학교폭력대책자치위원회에 '자녀를 전학시켜 달라.'고 요청했으나 '학교폭력법이 바뀌어 가해자는 전학을 갈 수 있지만 피해자는 전학을 갈 수 없다.'며 거절을 당하였다(http://news.chosun.com/20120713).

학교는 학교폭력 사건에 대해 외면하거나 회피하는 전략에서부터 그것을 적극적으로 예방하고 개입하는 전략에 이르기까지 다양한 선택이 가능하다(Peterson & Morgan, 2012). 그러나 학교폭력에 대처하는 우리 학교의 현실은 피해자 입장에서 사건을 바라보지 못하고 학교 명예를 먼저 의식하여 사건을 은폐ㆍ축소하려는 사례가 허다하며 피해학생 구제나 가해학생 징계 등 법적 처리 절차를 제대로 알지 못하는 경우도 적지 않다. 급기야 학교폭력에 대한 학교의 미온적인 대처와 관련하여 정부 관련 부처의 장관은 국회 상임위원회에 학교폭력을 주요 현안으로 보고하면서 학교의 사안처리 능력 부족과 소극적인 자세를 학교폭력 대책의 한계로 지적하였다(http://news.chosun.com/20120713). 이러한 현실은 자칫 학교폭력 등 교육문제 해법을 둘러싼 정부 당국과 학교의 불신과 갈등으로 비칠 수도 있으나, 학교폭력의 예방과 대책 마련을 위해 학교 측의 인식 전환이 요구되는 대목이다.

3) 학교폭력의 예방 및 극복을 위한 교사의 노력과 요구

학교폭력에 대한 학교 당국의 미온적인 대응 자세와는 달리, 일부 의식 있는 교사들은 학교폭력의 심각성을 수용하고 예방과 대책 마련을 위해 적극적인 노력을 기울이고 있으며, 학교폭력의 예방 및 대책 수립을 위한 자기역량 개발의 필요성을 강하게 인식하고 있다. 앞에서 소개한 적이 있는 한 TV 프로그램에서는 학생들과 소통을 강조하며 학교폭력의 예방과 극복을 위해 헌신적으로 노력하는 일선 교사들의 본보기를 방영하였다(KBS TV 2012년 3월 18일 방영). 수십 년 교직생활을 하는 동안 '우정의 편지쓰기'를 꾸준히 실천하고 있는 전직 교장선생님, 아이들과 함께 학교폭력 UCC 동영상을 제작하여 평화로운 교실 만들기 운동에 앞장서고 있는 인천의 한 초등학교 교사, 익명의 메시지로 교내외의 폭력과 비행 등의 제보를 받고 바로잡기 위해 '1004 지킴이' 제도를 운영하고 있는 경남의 한 중학교 교사 등이 대표적인 사례다. 이 가운데 초등학교 교사는 자신이 담임을 맡은 교실에 퍼져 있는 아이들의 폭력 문화를 목격하고 충격을 받은 후, 친구를 괴롭히는 일곱 가지 방법을 선정하여 아이들에게 직접 시나리오를 작성하고 역할극을 연출하여 학교폭력의 피해를 직접 체험하게 함으로써 학교폭력 피해의 심각성을 인식하고 피해학생의 심정을 이해하고 공감하며 학급에서 발생하는 여러 가지 갈등을 해결하기 위한 학생들의 역량을 키워 주고 있다.

교대생과 초등교사의 상당수는 학생들의 학교폭력 문제를 자신들이 직접 해결해야 하는 과제로 인식하지만 그 해결을 위한 대처 능력에 대해서는 낮은 자신감을 드러내고 있다(송재홍 외, 2012). 그들은 학교폭력의 예방 및 대책을 마련하는 과정에서 학생과 학부모 그리고 교사와 학교 당국이 주도적 역할을 수행해야 한다고 인식하였으며, 전문상담교사와 담임교사가 학교폭력 예방교육 프로그램 및 위기개입 상담을 주로 담당해야 한다고 지적하였다. 그러나 그들은 학교폭력의 예방 및 대책을 마련하는 과정에서 학교폭력에 연루된 학생들을 상담하거나 선도·보호하는 일과 그들의 학부모를 설득하고 협조를 구하는 일을 주된 어려움으로 인식하였으며, 학교폭력 예방 및 대책에 관한 지식과 기술 부족도 어려움의 하나로 지적하였다. 또한 그들은 학교폭력의 예방 및 대책 마련을 위한 노력이 효과를 거두지 못하는 주된 요인으로 피해학생이 보복을 우려해 신고를 꺼려하거나 다수의 학생이 또래집단의 분위기에 동조하기 때문이라고 지적하였고, 학교폭력 신고에 따른 조사와 처벌 과정이 미흡한 것도 또 다른 요인으로 인식하였다.

따라서 학교폭력에 대한 이해 증진과 학교폭력 예방을 위한 교육 프로그램 운영은 물론 학교폭력 관련 당사자에 대한 기술적 개입과 조처 등 구체적인 대처 기술을 익힐 수 있는 교육과정의 개발과 적용이 요구된다. 특히 교대생과 초등교사는 교사양성기관에서 '학교폭력의 예방 및 대책' 교과를 개설하는 방안에 대해 대체로 찬성하고 있으며, 피해학생과 가해학생에 대한 보호·조치 및 사후관리, 학부모 상담 및 조정, 학교폭력 예방을 위한 개인 및 집단 상담, 그리고 학교폭력 위기개입 상담 등 '학교폭력의 예방 및 대책' 교과에서 다루어야 할 주요 교육내용에 대해 전반적으로 중요하다고 인식하면서도 그것의 실천적 적용을 위한 자기역량에 대해서는 비교적 낮게 평정하였다(송재홍 외, 2012). 더욱이 학교폭력에 대한 정부 정책과 「학교폭력 예방 및 대책에 관한 법률」을 이해하고 적용하는 일에 대해서는 중요도와 역량 지각 모두 낮게 평정하여 상대적으로 관심이 적고, 낮은 자신감을 드러내고 있다. 이러한 결과는 학교폭력의 예방과 대책에 관한 정부 당국의 설득력 있는 정책 수립과 더불어 학교폭력 예방과 대처를 위해 노력하는 초등교사의 성공 사례를 발굴하여 보급하기 위한 체계적이고 지속적인 노력을 요구한다.

■■◘ 연구 과제

1 신문 기사 및 방송 보도 내용을 조사하여 학교폭력에 관한 사회적 인식의 변화 과정을 분석하시오.

2 학교폭력에 관한 학교현장의 사례를 수집하여 가해학생과 피해학생의 행동양식은 물론 그들의 가족이나 친구 등 주변 인물의 삶에 미치는 심리적·사회적 영향력을 분석하시오.

3 학교 및 사회 구성원들에게 학교폭력의 구체적인 사례를 제시하고 그들의 의식 구조를 조사하여 분석하시오.

 참고문헌

경찰청 학교폭력T/F팀(2012). 미안해……. 서울: 상상나눔.
곽금주(2006). 학교폭력과 왕따의 구조적 특징. 문용린 외. 학교폭력 예방과 상담(pp. 67-90). 서울: 학지사.
관계부처합동(2012). 학교폭력근절 종합대책. 서울: 관계부처합동.
교육부(2012). 학교폭력 사안처리 가이드북. 서울: 교육부.

교육부(2014a). 학교폭력 사안처리 가이드북(개정판). 세종시: 교육부.

교육부(2014b). 2014년 1, 2차 학교폭력 실태조사 분석결과 발표. 세종시: 교육부.

문재현 외(2012). 학교폭력, 어떻게 만들어지는가. 서울: 살림터.

박효정(2012). 학교폭력의 원인과 극복 방안. 서울교육 제206호. 서울특별시교육연구정보원.

박효정, 정미경, 박종효(2006). 학교폭력 실태조사(연구보고 RR 2006-8-4). 서울: 한국교육개발원.

송재홍, 김광수, 박성희, 안이환, 오익수, 은혁기, 정종진, 조붕환, 홍종관, 황매향(2012). 학교폭력의 예방 및 대책에 관한 교대생과 초등교사의 인식 비교. 초등상담연구, 12(3), 485-504.

임지영(2012). 세상에서 가장 길었던 하루. 서울: 형설라이프.

정종진(2012). 제대로 알고 대처하는 학교폭력 상담. 서울: 학지사.

청예단(2011). 전국 학교폭력 실태조사 연구. 청소년폭력연구, 1(2), 63-90.

청예단(2012). 2011년 전국 학교폭력 실태조사 연구(청예발간 12-001). 서울: 청예단.

청예단(2015). 2014년 전국 학교폭력 실태조사(http://blog.naver.com/PostPrint.nhn?blogId=bakbht&logNo=220367002005).

최태진, 허승희, 박성미, 이희영(2006). 초등학교폭력 양상 및 과정 분석. 상담학연구, 7(2), 613-632.

Cohen, G. T. (2001). Prevention of firearm fatalities and injuries: Public health approach. In M. Shafii, & S. L. Shafii (Eds.), *School violence: Assessment, management, and prevention*(pp. 219-230). Washington, DC: American Psychiatric Publishing, Inc.

Flaherty, L. T. (2001). School violence and the school environment. In M. Shafii, & S. L. Shafii (Eds.), *School violence: Assessment, management, and prevention*(pp. 25-52). Washington, DC: American Psychiatric Publishing, Inc.

Litz, B. T., Blake, D. D., Gerardi, R. J., & Keane, T. M. (1990). Decision making guidelines for use of direct therapeutic eposure in the treatment of posttraumatic stress disorder. *Behavior Therapy, 13*, 91-99.

Peterson, D., & Morgan, K. A. (2012). Toward an understanding of youth gang involvement: Implications for schools. In S. R. Jimerson, A. B. Nickerson, M. J. Mayer, & M. J. Furlong (Eds.), *Handbook of school violence and school safety: International research and practice*(pp. 117-127). New York: Routledge.

Tremblay, R. E. (2000). The development of aggressive behavior during childhood: What have we learned in the past century. *International Journal of Behavioral Development, 24*(2), 129-141.

제2장
학교폭력의 개념

이 장에서는 학교폭력에 대한 개념적 이해의 지평을 열기
위해서 먼저 학교폭력에 대한 정의를 살펴보고, 학교폭력의
유형을 사례와 함께 알아본 다음, 학교폭력을 초래하는 원인
에 대한 여러 이론적 관점과 학교폭력에 영향을 미치는 요인
에 대해서 살펴본다.

1 학교폭력의 정의

일반적으로 학교폭력의 개념은 학교에서 일어나는 폭력을 의미하지만, 연구자에 따라 학교폭력이 발생하는 장소, 가해와 피해의 대상, 학교폭력의 내용에 대한 시각이 조금씩 다르다.

첫째, 폭력이 일어나는 장소다. 학생들이 학교에서 경험하는 폭력뿐만 아니라 가정이나 학교 밖에서 일어나는 폭력도 그것이 학생들에게 영향을 미치는 것이라면 학교폭력으로 보아야 한다는 광의적인 개념 규정이 있는가 하면, 학교폭력의 범위를 학교 내에서 발생하는 폭력이나 학교 주변과 등하굣길에서 발생하는 폭력으로 한정하기도 한다(Astor et al., 1997).

둘째, 학교폭력의 주체가 되는 가해자와 피해자다. 우리나라보다 학교폭력 문제가 더욱 심각한 미국의 경우에는 학생들 간의 폭력뿐만 아니라 교직원들에 대한 학생의 폭력도 학교폭력의 범위에 포함하는 경향이 있지만(Michael et al., 1996), 우리나라의 경우에는 교사에 대한 학생의 폭력 빈도가 상대적으로 적기 때문에 학교폭력에 관한 대부분의 연구에서는 이를 포함하지 않고 있다. 그러나 최근에 들어서면서 학생에 대한 교사의 폭력을 학교폭력의 유형에 포함하는 경우도 있다.

셋째, 어떤 행위를 학교폭력으로 간주할 것인가의 문제다. 일반적으로 폭력은 타인 또는 타인의 재산에 해를 입히기 위한 물리적인 힘의 행사(Archer & Browne, 1989), 또는 타인에게 극심한 신체적인 고통이나 상해를 가할 의도나 그러한 의도를 인식하고 행한 행위(Berkowitz, 1974)라고 정의하고 있지만, 학교폭력의 경우에는 가해자가 타인에게 해를 끼치려는 의도를 가진 어떠한 행동도 폭력으로 간주할 수 있다.

이처럼 학교폭력에 대한 개념 정의는 상당한 논란이 있어 왔고, 연구자에 따라 다양하게 정의되고 있다. 학교폭력이란 신체적·심리적 상해나 재산상의 피해를 가져오는 의도적이고 부주의한 행동(Astor & Meyer, 2001; Thomas, 2006)으로 정의되기도 하고, 학교를 중심으로 발생하는 것으로서 정신적·신체적으로 나약하여 외부의 압력에 대해 스스로 방어할 능력이 없는 아동에 대하여 힘이 강한 개인이나 집단이 고의적으로 단기간 또는 장기간에 걸쳐 가하는 물리적·심리적 공격(김종미, 1997), 혹은 학교 교내, 주변, 등하굣길, 집 주변, 학원 주변 등 물리적인 장소는 물론이고, 교육과 관련된 장소 및 현장에서 부모와 교사를 제외한 모든 사람이 학생에게 행사한 정도가 심각한 유형·무형의 모든 폭력(김준호, 2006; 노순규, 2012)으로 정의하기도 한다.

대체로 학교폭력으로 규정할 수 있는 행동에는 세 가지 성립 요건이 있다. 다음의 세 가지 항목 중 하나 이상의 요건이 성립된다면, 그 행동은 학교폭력이라고 볼 수 있다(Coloroso, 2003).

- 고의성(intentional): 실수가 아닌 고의적으로 해를 입히거나 괴롭히는 말과 행동
- 반복성(repeated): 어쩌다 한 번 일어난 행동이 아니고, 반복적으로 되풀이되는 행동
- 힘의 불균형(imbalance): 힘이 더 센 학생이 약한 학생을, 상급생이 하급생을, 다수의 학생이 한두 명 소수의 학생을 괴롭히는 것

한편, 현재 우리나라에서 법률적으로 규정하고 있는 학교폭력의 정의는 "학교 내외에서 학생을 대상으로 발생한 상해, 폭행, 감금, 협박, 약취·유인, 명예훼손·모욕, 공갈, 강요·강제적인 심부름 및 성폭력, 따돌림, 사이버 따돌림, 정보통신망을 이용한 음란·폭력 정보 등에 의하여 신체·정신 또는 재산상의 피해를 수반하는 행위"(「학교폭력 예방 및 대책에 관한 법률」, 제2조 제1항)다. 이 법률에서 규정하고 있는 학교폭력의 관련 개념에 대한 의미를 살펴보면 다음과 같다.

- 상해: 신체의 완전성을 해하는 것으로 남의 몸에 상처를 내어 해를 입히는 것
- 폭행: 학생 간 발생하는 폭행으로 해당 사안은 교원이 해결해야 하고, 당사자 간 분쟁을 교육적 차원에서 조정하기 위해서는 다소 구체성을 띠어야 하기 때문에 형법상 협의의 개념인 '사람의 신체에 대한 유형력의 행사'로 해석(형법상 폭행죄에 해당하는 협의의 개념)
- 감금: 장소 이전의 자유를 침해하는 행위를 말하는 것으로 신체 그 자체를 구속하지 않고, 다만 일정한 장소에서 나오지 못하게 하는 일이 그 성립 요건임
- 협박: 상대방의 반항을 불가능하게 하거나 곤란하게 할 정도는 아니라도 상대방이 현실로 공포심을 느낄 수 있을 정도의 해악의 고지가 있는 경우(형법상 협의의 개념)

- 약취: 폭행 또는 협박으로 사람의 현재의 상태에서 자기 또는 제3자의 실력적 지배 하에 두는 것
- 유인: 허위의 사실을 가지고 상대방을 착오에 빠뜨리게 하거나 감언이설(甘言利說)로 상대방을 현혹시켜 판단을 바르게 할 수 없게 된 사람을 자기 또는 제3자의 실력적 지배 내에 옮기는 행위
- 명예훼손: 특정 또는 불특정 다수가 인식할 수 있는 상태에서 진실한 사실이나 허위의 사실을 적시하여 그 사람의 평판이나 사회적 가치를 떨어뜨리는 행위
- 모욕: 공연히(불특정 또는 다수인이 인식할 수 있는 상태) 사실을 적시하지 아니하고 사람에 대하여 경멸의 의사 표시를 하는 행위
- 공갈: 재물을 교부받거나 재산상의 이득을 취득하기 위하여 폭행 또는 협박으로 공포심을 일으키는 행위
- 강요: 특정인에게 하기 싫은 일을 억지로 또는 강제로 요구하는 행위
- 강제적인 심부름: 특정인에게 강제적으로 심부름을 시키는 행위
- 성폭력: 성욕의 흥분, 자극 또는 만족을 목적으로 하는 행위로서 상대방에게 폭행과 협박을 하면서 신체적인 접촉을 하거나 성행위를 강제로 하는 것
- 따돌림: 특정인이나 특정 집단의 학생들을 대상으로 지속적이거나 반복적으로 신체적 또는 심리적 공격을 가하여 상대방이 고통을 느끼도록 하는 일체의 행위
- 사이버 따돌림: 인터넷, 휴대전화 등 정보통신기기를 이용하여 학생들이 특정 학생을 대상으로 지속적·반복적으로 심리적 공격을 가하거나, 특정 학생과 관련된 개인 정보 또는 허위 사실을 유포하여 상대방이 고통을 느끼도록 하는 일체의 행위
- 재물손괴: 「민법」상 재물은 유체물(동산, 부동산) 또는 전기, 기타 관리 가능한 자연력을 말하며, 「형법」상으로는 유체물 및 관리할 수 있는 동력을 말하고, 손괴제는 재물만을 객체로 함(손괴란 재물에 직접 유형력을 행사하여 그 이용 가능성을 침해하는 것임)
- 정보통신망을 이용한 음란·폭력 정보: 특정인에 대하여 모욕적인 언사나 욕설·허위의 글이나 사생활에 관한 사실을 인터넷 게시판에 올리거나 인터넷상이나 휴대전화를 통해 성적 수치심을 주는 음란한 대화를 강요하거나 위협이 되는 문자나 동영상을 보내어 정신적 피해를 주는 일체의 행위

이상에서 몇 가지 학교폭력에 대한 정의를 살펴본 것처럼, 학교폭력이란 학생과 학

생 간, 그리고 학생을 대상으로 일어나는 신체적 · 언어적 폭력을 의미하며, 학생 간의 폭력 중에서도 처음에는 학생 개인 대 개인 싸움, 학교 대 학교, 또는 학교 내 집단 패싸움 등 신체적인 가해 행위를 학교폭력으로 간주했지만, 이후 심리적 위협과 집단 따돌림을 포함한 다양한 형태의 폭력을 포함하는 것으로 학교폭력을 정의하고 있다. 다시 말하면, 힘의 우위에 있는 개인 또는 패거리들이 주위 학생들에 대해 언어적 위협, 놀림, 소지품 은닉, 따돌림, 집단에 의한 무시, 신체적 폭력, 성추행, 금품갈취는 물론 기물손괴 등의 행동을 하고, 공포분위기를 조성함으로써 주위 학생들이 심리적인 소외감과 극도의 불안감을 겪고, 신체적인 상처와 물리적인 손해를 감수하고 있는 상태라면 학교폭력이 발생된 것으로 볼 수 있다. 비록 타인의 입장에서 볼 때 하찮은 놀림이나 대수롭지 않은 행동일지라도 그것을 당하는 사람이 그로 인해 심리적 또는 행동적 불편함을 느끼면 그것 역시 엄연한 폭력행위가 된다.

요컨대, 학교폭력이란 교내 또는 교외에서 학생을 대상으로 발생하는 부정적인 의도를 지닌 신체적 · 물리적 · 심리적 공격 및 폭력행동으로, 한 명 또는 여러 명의 학생이 힘의 불균형 상황하에서 자기보다 약한 상대나 집단의 암묵적인 규칙을 어긴 자를 폭행, 협박, 따돌림 등에 의하여 신체적 · 정신적 또는 재산상의 피해를 수반하는 행위라 정의할 수 있다.

2 학교폭력의 유형

학교폭력의 유형을 구분하는 것은 이를 지도하는 데 있어서 매우 의미가 있다. 학교폭력은 크게 신체적 유형과 심리적 유형으로 구분할 수 있다(Rigby, 1996). 신체적 유형에는 때리기, 발로 차기 등이 포함되고, 심리적 유형에는 언어적 학대, 별명 부르기, 위협적인 몸짓, 몰래 따라다니는 행동, 악의적인 전화 걸기, 반복적으로 다른 사람의 물건 감추기, 단체활동에서 따돌리기, 악의적인 소문을 퍼뜨리기 등이 포함된다. 이것을 다시 세 가지 유형으로 구분하면 〈표 2-1〉과 같다(Horne, Bartolomucci, & Newman-Carson, 2003).

우리나라에서 많이 발생하고 있는 학교폭력의 유형을 크게 구분해 보면 신체폭력, 언어폭력, 금품갈취, 강요, 따돌림, 성폭행, 사이버 및 매체 폭력, 폭력서클 등이다. 여기서는 이러한 유형의 학교폭력에 대해서 간단히 살펴보기로 한다.

표 2-1 학교폭력의 유형별 정의와 예

유형	정의	예
신체적 폭력	신체적으로 해를 가하거나 재산상의 손실을 가져오는 행동	때리기, 발 걸기, 밀기, 치기, 찌르기, 침 뱉기, 가혹행위, 옷/물건 망가뜨리기 등
언어적 폭력	말이나 글을 사용하여 심리적인 괴로움을 주는 행동	놀리기, 모함하기, 비난하기, 협박 메일 보내기, 욕하기, 고함치기, 모욕하기, 위협하기(말/쪽지/이메일), 거짓 소문 퍼뜨리기 등
관계적 폭력 (따돌림)	친구관계를 깨뜨리거나 사회적으로 고립시키는 행동	소외시키기, 거부하기, 무시하기, 대답 안 하기, 째려보기, 비웃기, 코웃음 치기 등

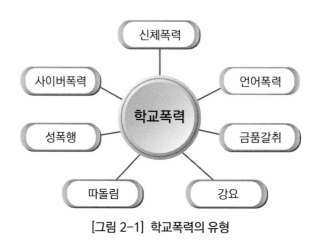

[그림 2-1] 학교폭력의 유형

1) 신체폭력

신체를 손, 발로 때리는 등 고통을 주는 행위(상해죄, 폭행죄에 해당), 강제로 일정한 장소로 데리고 가는 행위(약취죄에 해당), 일정한 장소에서 쉽게 나오지 못하게 하는 행위(감금죄에 해당), 상대방을 속이거나 유혹해서 일정한 장소로 데리고 가는 행위(유인죄에 해당)를 말한다. 때리기(머리, 뺨 등), 발 걸기, 밀치기, 도구나 흉기로 때리기, 가혹행위, 장난을 가장한 때리기, 감금 등이 이에 속한다.

신체폭력의 사례

초등학교 6학년인 ㄱ군은 한 해 동안 같은 반의 학생들을 수시로 때려 학생들을 두려움에 떨게 했다. 학교에서 가장 싸움을 잘하는 학생을 뜻하는 '일진'으로 불렸던 ㄱ군은 친구의 뒤통수를 치거나 다리를 걸어 넘어뜨리는 등 가벼운 폭력은 물론 자신이 시키는 말을 따르지 않는 학생들에 대해서 주먹을 휘두르고 발길질을 해 대며 폭행했다. 같은 반의 한 학생은 ㄱ군으로부터 여러 차례 매를 맞기도 했다.

2) 언어폭력

여러 사람 앞에서 상대방의 명예를 훼손하는 구체적인 말(성격, 능력 등)을 하거나 그런 내용의 글을 인터넷, SNS(Social Networking Service, 온라인 인맥 구축을 목적으로 개설된 커뮤니티형 웹사이트로 미국의 트위터, 페이스북, 한국의 싸이월드와 같은 1인 미디어와 정보공유 등을 포괄하는 개념) 등으로 퍼뜨리는 행위(명예훼손, 내용이 진실이어도 명예훼손죄이고 허위인 경우 가중 처벌을 받음), 여러 사람 앞에서 모욕적인 용어(외모 놀림, 병신 바보 등 비하하는 내용)를 지속적으로 말하거나 그런 내용의 글을 인터넷, SNS 등으로 퍼뜨리는 행위(모욕죄에 해당)를 말한다. 욕설, 비웃기, 은어로 놀리기, 겁주기 · 위협 · 협박, 별명 부르기, 신체의 일부분을 장난삼아 놀리기 등이 언어폭력에 속한다.

언어폭력의 사례

초등학교 5학년인 ㄴ양은 담임선생님과 친하게 지낸다며 급우들로부터 '고자질쟁이'라고 놀림을 받았다. ㄴ양이 교실에 들어가면 급우들은 하던 이야기를 멈추고 ㄴ양의 뒤에서 비아냥거리는 웃음을 짓곤 했다. 또 ㄴ양과 그의 가족에 대해 '닿기만 해도 피부병이 옮는다.'는 근거 없는 이야기가 돌아 아무도 ㄴ양과 가까이 지내려 하지 않았다. 이로 인해 ㄴ양은 등교거부와 대인기피를 하고 있고, 불안과 우울 증세로 정신과 치료를 받고 있다.

3) 금품갈취

금전을 뜯거나 옷이나 문구류 등을 빼앗는 행위(공갈죄에 해당)를 말한다. 상대방의 물건을 일부러 망가뜨리기, 학교 내외에서 물건이나 돈을 억지로 빌리기, 물건이나 돈을 뺏기 등이 금품갈취에 속한다.

사례 | **금품갈취의 사례**

　중학교 2학년인 ㄷ군은 학생들 사이에선 '짱 중의 짱'으로 통했다. ㄷ군은 자신이 다니는 학교 주변 일대를 중심으로 인근 초등학교와 중학교의 학생 10여 명을 모아 이들을 조직원으로 삼아 폭력조직의 왕초 행세를 했다. ㄷ군은 조직원과 함께 초등학생과 중학생을 상대로 돈, 티셔츠, 시계, 운동화, 휴대전화 등을 빼앗도록 하고 저항하면 가차 없이 폭력을 휘둘렀다.

---

4) 강요

　폭행 또는 협박으로 상대방의 권리 행사를 방해하거나 의무 없는 일을 하게 하는 행위(강요, 강요죄에 해당)를 말한다. 강제적인 심부름, 빵 셔틀, 와이파이 셔틀이 이에 속한다. 여기서 빵 셔틀이란 힘센 학생들의 강요에 의해 빵을 사다 주는 등의 잔심부름을 하는 학생이나 그 행위 자체를 일컫는 말이다. 이는 '빵 셔틀'이 그 명령을 거부하면 폭력적인 보복이 뒤따르기 때문에 단순히 빵을 사 오는 개념이 아닌 일종의 학교폭력이다. 와이파이 셔틀이란 학교 일진 학생들이 괴롭힘의 대상이 된 학생에게 무선데이터 무제한 요금제에 가입하게 한 뒤 스마트폰 '테더링'이나 '핫스팟' 기능을 통해 공짜로 인터넷을 사용하는 것을 말한다. 와이파이 셔틀이 된 학생은 자신의 의도와는 상관없이 일진들에게 무선 와이파이 인터넷을 제공해야 하고, 어떠한 이유로 와이파이가 끊기게 되면 폭행을 당하기도 한다.

사례 | **강요의 사례**

　초등학교 6학년 ㄹ군은 같은 반 학생 3명에게 강제로 끌려가 황당한 게임을 해야 했다. 일대일로 가위바위보를 한 뒤 진 사람은 반드시 담배를 피워야만 하는 게임이었다. ㄹ군은 이를 거부했지만, 친구들은 죽을 때까지 때리겠다고 협박했다. 게임은 딱 한 번만 하겠다는 친구들의 약속과는 달리 가위바위보 게임은 ㄹ군이 질 때까지 계속됐고, 결국 ㄹ군은 원치 않게 담배를 피울 수밖에 없었다. 그날 이후 가해학생들은 담배 피운 사실을 부모에게 알리겠다고 협박하며 ㄹ군에게 자신들의 숙제를 맡기는 등 심부름꾼으로 만들었다.

---

5) 따돌림

학교 내외에서 2명 이상의 학생들이 특정인이나 특정 집단의 학생들을 대상으로 지속적이거나 반복적으로 신체적 또는 심리적 공격을 가하여 상대방이 고통을 느끼도록 하는 일체의 행위를 말한다. 싫어하는 말로 바보 취급하기, 빈정거림, 면박이나 핀잔주기, 다른 학생들과 어울리지 못하도록 막기, 말을 따라 하며 놀리기 등이 따돌림에 속한다.

> **사례** **따돌림의 사례**
>
> 초등학교 5학년 ㅁ양은 '욕설을 섞어 쓰지 않는다.'는 이유로 같은 반의 친구들로부터 심한 집단 따돌림을 당했다. 가해학생들은 물건을 숨겨 두고 ㅁ양에게 도둑 누명을 씌우는 장난을 하고, '멍청이'라고 놀리며, 다른 학생들에게 ㅁ양과 놀지 말라고 선동을 했다. 이 사실을 알게 된 ㅁ양의 부모가 가해학생을 만나 조용히 타일렀지만 아무 소용이 없었다. 오히려 가해학생들은 그 이후 스마트폰 채팅에서 "(ㅁ양) 부모 별것 아니더라ㅋㅋ", "너는 안 괴롭힌 걸로 해 줄게." 같은 말을 태연히 주고받았다.

6) 성폭력

강제적인 성행위, 신체적 접촉행위, 수치심을 주는 행위(성폭력 범죄에 해당) 등을 말한다. 성적인 말과 행동으로 성적 굴욕감과 수치감을 느끼도록 하는 것(성희롱), 폭행과 협박을 하면서 신체적인 접촉을 하는 것(성추행), 폭행과 협박을 하여 성행위를 강제로 하는 것(성폭력), 음란전화, 성기 노출 등이 성폭력에 속한다.

> **사례** **성폭력의 사례**
>
> 새 학년을 맞아 새로운 친구들과 선생님을 만날 기대에 부풀었던 초등학교 6학년 ㅂ군은 이날부터 한 학기 동안 같은 반의 키 크고 덩치가 큰 일진 ㅅ군으로부터 성추행을 당했다. ㅅ군은 하굣길에 ㅂ군을 학교 인근 골목길로 끌고 가 바지를 벗기고 성기를 잡아당기고 다른 남학생들이 지켜보는 가운데 성행위를 흉내 내기도 했으며, ㅂ군이 성추행을 거부하면 주먹질을 해 댔다. ㅅ군은 복도와 운동장에서 여학생들의 바지를 벗기거나 치마를 들추어 보는 장난을 일삼기도 했다.

7) 사이버 및 매체 폭력

특정인에 대한 모욕적인 말이나 욕설 등을 인터넷 게시판, 채팅, 문자 카페 등에 올리는 행위(모욕죄에 해당), 특정인에 대한 허위 내용의 글이나 사생활에 관한 사실을 인터넷이나 SNS 등으로 불특정 다수에 공개하는 행위(명예훼손죄에 해당), 위협·조롱·성적 수치심을 주는 글이나 그림 혹은 동영상 등을 정보통신망을 통하여 유포하는 행위(정보통신망 관련 범죄에 해당), 공포심이나 불안감을 유발하는 문자나 음향 혹은 영상 등을 휴대전화 등 정보통신망으로 반복적으로 전송하는 행위(정보통신망 관련 범죄에 해당)를 말한다. 인터넷이나 휴대전화 등으로 협박·비난·위협하기, 헛소문 퍼뜨리기, 사이버 머니나 아이템 훔치기, 악성 댓글 달기, 원치 않는 사진이나 동영상을 찍거나 유포시키기 등이 사이버 및 매체 폭력에 속한다.

사례 | **사이버 및 매체 폭력의 사례**

초등학교 5학년 ○양은 귀갓길에 스마트폰으로 문자 메시지를 확인했다가 깜짝 놀라 길거리에서 한참을 울었다. 메시지에 첨부사진이 있어서 무심코 열어 보았더니 피투성이가 돼 쓰러진 시체 사진들이 차례로 열렸기 때문이다. 잠시 뒤 도착한 메시지에는 "ㅎ 까불면 죽는다."라는 글자가 찍혀 있었다. 같은 반 일진이 보낸 메시지였다.

---

8) 폭력서클

사례 | **폭력서클의 사례**

초등학교 6학년 ㅈ양은 4학년 때부터 일진회 회원이었다. ㅈ양의 학교엔 각 반마다 '짱'이 존재하고 이들 짱이 모여서 '전교짱'을 뽑았다고 한다. 주로 오락실이나 노래방에 몰려다녔고 인근 중·고교 1진들과 함께 모임을 갖기도 했다. 학원폭력조직인 이 모임에서는 1~3진의 서열이 확실해 6학년 짱이 4학년 짱한테 욕하고 때려도 아무 소리도 못했다. ㅈ양은 학교 안팎에서 초등학교 학생들을 대상으로 폭력과 '삥 뜯기(돈 뺏기)' 등을 일삼아 초등학생들에게 공포의 대상이었다. ㅈ양은 중·고교 1진 선배들로부터 학기 중에는 1주일에 3만 원, 방학 때는 2만 원을 모아 오라고 지시를 받기도 했다. 선배들에게 인사를 잘 안 한다거나 연락이 안 되면 어김없이 구타가 뒤따랐다.

신입생에게 서클에 가입하도록 강요하는 것, 다른 학교 일진들과 정기적으로 모이고 세력다툼을 하는 것, ××파 이름을 붙이고 몰려다니면서 위화감을 조성하는 것 등이 이에 속한다.

3 학교폭력의 이론적 관점

그동안 학교폭력이 유발되는 원인에 관하여 다양한 이론적 논의가 이루어져 왔다. 여기서는 학교폭력의 원인에 대한 몇 가지 이론적 관점을 살펴보기로 한다(정종진, 2012b).

1) 생물학적 관점

생물학적 관점은 학교폭력과 같은 공격 성향이 유전된다는 점을 강조하고 신경학과 호르몬 요인, 각성 수준, 신경심리적 결함 등에 초점을 둔다. 즉각적으로 어떤 위협을 지각하거나 욕구 만족을 위한 기회를 만나면, 2개의 뇌 구조인 편도핵과 시상하부가 개인에게 주장이 강한 반응을 하도록 미리 대비하여 즉각적인 위협을 지각하게 되면 먼저 행동하고 나서 나중에 사고하는 경향이 많다. 이 뿐만 아니라 남성 호르몬인 테스토스테론 수준이 상승하고 신경전달물질인 세로토닌 수준이 하강하게 되면 주장적 행동을 공격적 행동으로 전환할 수 있다(Sylwester, 1999). 그래서 남성 호르몬인 테스토스테론에 의해 야기된 높은 에너지와 활동 수준을 드러내려는 경향성은 타인에 대한 공격성의 형태로 표출될 수 있다는 것이다. 이러한 사실은 남학생이 여학생보다 좀 더 공격적이라는 연구 결과(Gropper & Froschl, 2000; Paquette & Underwood, 1999)에 의해서 뒷받침되기도 한다.

각성이론은 각성 수준이 낮으면 상과 벌에 대한 반응력이 떨어져 친사회적 행동을 학습하거나 반사회적 행동에 따른 벌을 피하는 것을 학습하는 데 어려움이 있다고 주장한다. 신경심리적 결함이론은 언어적 추리와 수행 기능상의 신경심리적 결함이 자기조절을 어렵게 하여 공격행동과 비행 등의 품행문제를 일으키며, 또한 신경심리적 결함으로 인해 학업성취도가 떨어지고 욕구 좌절을 경험하게 하여 결국 공격행동과 같은 폭력행위를 유발한다고 주장한다.

이와 같이 생물학적 관점에서는 폭력 성향이란 인간이 유전적으로 갖고 태어나는 것으로 가정하고, 폭력적인 사람들은 유전적 폭력 성향을 통제해야 하는 뇌신경체계의 장애로 인해 학교폭력과 같은 공격행위를 보이는 것으로 설명하고 있다.

2) 정신분석학적 관점

정신분석학적 관점은 인간에게는 모두 폭력적 충동이나 본능이 있다고 가정하고, 자아(ego)와 초자아(superego)와 같은 내부 심리기제의 작용과 관련하여 학교폭력과 같은 폭력행위의 유발 과정을 설명한다. 즉, 생활 과정에서 폭력충동은 계속적으로 생성되는데 자아나 초자아와 같은 내부 심리기제가 이를 적절히 통제하고 관리하지 못할 경우에 학교폭력과 같은 폭력행위가 유발된다는 것이다. Freud는 자아와 초자아의 통제력이 너무 약해서 원초아(id)의 본능적이고 반사회적인 충동을 저지하지 못할 때, 인간행동에 영향을 끼치는 무의식 속에 미해결된 갈등과 문제가 많을 때, 그리고 원초아의 본능적 욕망과 초자아의 이상을 중재하고 조정하며 현실적 · 객관적 정신기능을 하는 자아기능이 약할 때, 인간의 공격행동과 비행행동이 나타난다고 보았다. 즉, 현실적이고 이성적 · 객관적 기능을 하는 자아가 건강하게 발달하지 못할 때 공격행동과 같은 폭력행위가 발생한다고 보았다.

Erikson은 아동이 후기 아동기나 청소년기로 접어들면서 현실세계에서 자신이 누구이고 무엇을 하면서 살아가야 할 것인가와 관련된 자기정체성(self-identity)을 제대로 확립하지 못하면 부적응 현상이 나타나 역할 혼란과 좌절감에 빠지거나 기존의 사회적 기대 또는 가치관에 정반대되는 부정적인 정체감이나 무규범적인 자아개념을 갖게 된다고 보았다. 이러한 정체성 혼란이 내적 위기를 동반하여 가출, 공격성, 반사회적 행동 등과 같은 폭력행위로 나타난다고 보았다(김진화 외, 2003; 김준호 외, 2003).

한편, Freud의 정신분석의 한계를 인식하고 그에 대한 반동으로 형성된 Fairbairn 등의 대상관계이론에서는 폭력행위를 분열된 애착에 초점을 두고 있다. 애착이론(attachment theory)은 생의 초기에 일차적인 보호자와 격리된 아동은 안전한 애착관계를 발달시키지 못하여 도덕적인 사회적 상호관계를 하는 내면적 작동모델이 형성되지 않아(Carr, 1999) 학교폭력과 같은 폭력행위를 유발할 수 있다고 본다.

Freud가 공격성을 자아와 초자아의 통제에 의해 다스려야 하는 인간의 기본적 본능으로 보았던 반면, 많은 정신분석학자는 이제 공격성을 잘못된 사고와 과대망상에 가까운 보복 성향에서 연유하는 것으로 보고 있다. 최근의 일부 연구 결과는 학교폭력은 심한 열등감을 보상하기 위한 행위라는 Adler의 견해에 고무되고 있다. Lochman은 "학교폭력자들은 다른 사람들을 통제하고자 하는 욕구가 강하고, 남을 지배하고자 하는 그들의 욕구는 통제받고 싶지 않은 근원적 두려움을 감추고 있는 것이며, 또한 학교 폭력을 행사함으로써 부적절감을 감추고 있는 것이다."라고 말했다. 새로운 정신분석 학적 연구들은 눈에 띄게 다른 사람들을 못살게 괴롭히는 학교폭력자는 자기패배적인 공격성의 양상과 거기에서 벗어나지 못함으로써 자기 자신을 희생시키고 있다는 것을 밝혀 주고 있다(Thomas, 2011에서 재인용).

이와 같이 정신분석학적 관점에서는 폭력충동이란 행위자 내부에서 지속적으로 생성되고, 자아나 초자아의 통제가 결핍되거나 부모와의 애착관계가 형성되지 못하면 비합리적 폭력으로 표출되며, 열등감을 보상하기 위한 행위로 폭력행위가 유발되기도 한다는 것이다.

3) 학습이론적 관점

학습이론적 관점은 아동의 폭력행동을 강화와 관찰 혹은 모방을 통해 학습된 결과라고 보는 입장이다. 폭력에 대한 연구는 직접적이건 간접적이건 어느 정도 학습의 영향을 가정하고 있다. 학습이론가들은 학습 과정을 크게 고전적 조건형성과 조작적 조건형성으로 구분한다. 중성적 자극이 어떤 특정한 반응을 일으키는 자극과 반복적으로 짝지움이 있게 되면 중성적인 자극도 특정한 반응을 유발한다는 것이 고전적 조건형성이다. 어떤 반응 후에 강화 혹은 보상이 제공되면 그 반응의 빈도와 강도를 높여 준다는 것이 조작적 조건형성이다. 학교폭력의 경우에 폭력에 대한 규범, 가치관, 신념, 태도 들은 고전적 조건형성과 조작적 조건형성을 통해 부모나 교사, 친구로부터 학습될 수 있다. 만약 부모가 폭력행위에 대해 호의적으로 말한다면 폭력행위는 자녀에게 긍정적 가치를 가지게 할 것이며, 또한 주위 사람들이 아동에게 폭력행위를 부추기든지 그런 행위를 했을 때 보상을 준다면 그 아동은 차후 다른 사람과의 관계에서 폭력행위를 할 가능성이 높아지게 될 것이다.

Bandura(1986)의 사회인지이론(social cognitive theory)에서는 폭력행위가 단순히 짝지움과 강화에 의해서만이 아니라 관찰학습과 모델링을 통한 대리적 학습기제를 통해서도 학습될 수 있다고 주장한다. 관찰학습이란 주위 사람의 행동이나 언어를 모방함으로써 언어, 관심, 태도, 행위 습관 등을 학습하는 것이고, 모델링이란 관찰자에게 길잡이가 되는 모델의 행동을 통해 학습하는 과정이다.

사회인지이론에 따르면, 아동의 폭력행동은 TV나 영상매체, 만화나 서적 등에 나타나는 폭력물에 의하여 학습될 수도 있고, 부모나 기성세대의 폭력행위를 모방함으로써 발생할 수도 있다. 아동들은 다른 사람의 폭력행동을 관찰하고 모방함으로써 새로운 폭력행동 기술을 습득하기도 하고, 폭력행동에 대한 억제력이 둔화되거나 감퇴되어 양심의 가책이나 별 문제의식 없이 폭력행동을 모방할 수 있다. 대담하고 끔찍한 폭력이나 공격행동을 일으킨 아동과 청소년들이 영화나 TV에서 본 것을 그대로 시험해 보았다고 태연하게 말하는 경우가 있는데, 이것이 폭력행동의 사회인지이론의 예가 된다. 학생이 폭력적인 행동을 할 때 부모나 교사로부터 처벌을 받게 되면 폭력행동이 용납될 수 없다는 것을 처벌을 통해 학습한다. 또한 학생들은 자신이 모델로 삼고 있는 부모나 교사의 폭력행동을 관찰하게 되면, 다른 사람의 행동을 고치기 위해서 폭력행동을 사용할 수 있다는 것을 학습하게 된다. 여러 경험적 연구에서 폭력이나 학대를 경험한 아이들이 다른 아이들에 비해 공감 능력이 부족하고, 충동적으로 행동하거나 비합리적 신념과 반사회적 행동을 표출하는 경향이 강한 것으로 조사되었다(이순래, 2002).

한편, 폭력행동을 저지르게 되는 과정에 초점을 두고 있는 Sutherland와 Cressy(1978)의 차별접촉이론(differential association theory)에서는 다른 사람, 특히 친밀한 친구들과의 차별적 접촉을 통해서 학교폭력과 같은 폭력행동이 학습되며, 이런 접촉이 얼마나 강하게, 자주, 그리고 오래 이루어졌느냐에 따라서 폭력행동의 정도가 달라진다고 보았다. 이 이론은 폭력이나 범죄와 같은 비행은 사람들 사이의 상호작용에 의해 학습되는 행위로서 폭력 혹은 비행학생의 집단과 접촉한 경험이 오래되고 그 집단의 학생들하고만 계속 관계를 갖는다면 폭력 혹은 범죄행동의 학습이 빨리 일어나고, 그 집단에서 벗어나지 않는 한 폭력이나 범죄 행동은 계속 강화되고 지속될 수 있다고 주장한다.

이와 같이 학습이론적 관점에서는 부모나 교사, 친구와 같이 일상적으로 접하는 사람들과 생활하면서 강화, 관찰, 모방에 의해 학교폭력과 같은 폭력행위는 학습할 수 있고, 또한 친밀한 집단 내의 사람들 간의 상호작용을 통해 폭행이나 범죄에 대한 허용적 가치와 태도를 학습할 수 있다.

4) 사회통제적 관점

사회통제적 관점은 사람들이 사회 안에 있는 학교, 교회, 지역사회 조직과 같은 전통적인 기관과 관계를 이루면서 나쁜 행동은 덜하고 적절한 품행 규범을 더욱 내면화한다고 가정한다. 학생이 학교와 이루는 긍정적 유대관계는 물질 남용, 무단 결석, 기타 불량행위를 하게 될 위험이 낮고, 부정적 유대관계는 그러한 행위를 할 위험이 높다. 이 이론을 지지하는 연구자들은 학생과 학생 간, 교사와 학생 간 갈등 수준이 높은 학교에 다니는 학생은 적대적 문제, 주의집중 문제, 비행과 공격성의 품행문제를 더 많이 하게 되는 반면, 학습을 강조하며 잘 조직되어 있고 조화로운 학교에 다니는 학생은 이런 부정적 결과를 적게 보인다는 것이다. 또한 학교에서 교사와 성인의 감독이 소홀하면 운동장이나 복도, 학교 식당과 같은 장소에서 폭력 비율이 증가한다는 것이다(정종진, 2012a).

폭력행동의 원인을 주로 개인 바깥의 사회환경에 귀인시키고 폭력행동을 상황적 조건과 함께 고려하여 분석하는 사회통제적 관점의 대표적인 이론으로 Hirschi(1969)의 사회유대이론(social bond theory)를 들 수 있다. 이 이론에서는 사람들이 폭력과 같은 나쁜 행동을 하지 않는 이유는 사회로부터 법을 어기지 않도록 통제받기 때문이라고 본다. Hirschi는 가정에서 사회기관에 이르기까지 개인이 가지고 있는 유대가 통제력이 되어 아동들이 법과 규범이나 규칙을 지키게 한다고 보았다. 즉, 사회와의 유대가 강하면 비행 성향을 통제하여 비행을 저지르지 않지만, 사회유대가 약하면 비행 성향을 통제할 수가 없어 비행으로 이어진다는 것이다.

Hirschi는 사회통제로 작용하는 개인과 사회와의 유대를 애착(attachment), 관여(commitment), 참여(involvement), 신념(belief)의 네 가지 요인으로 분류하였다. 애착이란 애정과 정서적 관심을 통하여 개인이 사회와 맺고 있는 유대관계를, 관여란 일반적인 사회적 목표나 수단을 존중하고 그에 순응하는 것을, 참여란 일상적인 활동에 적극적으로 참여하는 것을, 그리고 신념이란 개인이 관습적인 규범이나 가치를 어느 정도 내면화하고 있는가를 의미한다. 이러한 사회통제를 담당하는 네 가지 유대관계가 적절히 형성되지 못하면 개인이 폭력행동이나 비행에 빠져들 개연성이 그만큼 높아진다는 것이다(이순래, 2002에서 재인용).

이와 같이 사회통제적 관점에서는 아동이 가정, 학교, 사회와의 유대가 없고, 그 통제력이 약화되어 아동에게 어떤 영향력도 미치지 못하며, 아동도 부모나 교사 등 의미 있는 사람들에 대해 아무 관심(유대, 결속)이 없으면, 아동의 학교폭력과 같은 폭력행위는 더욱 자유롭게 이루어질 수 있다는 것이다.

5) 긴장이론적 관점

긴장이론적 관점은 학교생활에서 학생들은 부모가 갖는 기대와 자기 능력과의 격차, 그리고 성적과 시험으로 인해 많은 압력과 긴장에 시달리고 있으며, 이러한 학생들이 겪는 긴장이 폭력과 같은 반사회적 행동의 원인이라는 입장이다.

긴장이론적 관점의 대표적인 학자로 아노미 이론(anomie theory)을 발전시켜 문제행동을 사회학적으로 설명하고 있는 Merton을 들 수 있다. Merton은 사회의 문화 구조는 문화적 목표와 이를 성취하는 수단에 관한 제도화된 규범이라는 두 가지 기본 요소로 구성되어 있다고 가정하였다. 그리고 사회에서 문화적 목표에 대해서 이를 성취할 수 있는 제도적 수단이 차별적으로 배분되었거나 문화적 목표와 제도화된 수단에서 목표만이 차별적으로 강조되는 경우에 사회적 긴장이 유발된다고 보았다. 특히 문화적 목표에 대한 제도화된 수단의 결핍으로 사회적 긴장을 겪는 사람들 중에는 비제도화된 수단을 통해서라도 문화적 목표를 달성하려고 하는데, 이러한 과정에서 비행과 범죄가 유발된다는 것이다.

거시사회적 환경과 범죄와의 관계에 초점을 둔 Merton의 이론과는 달리 Cohen (1955)은 보다 직접적으로 학교에서의 긴장이 학생들의 비행에 미치는 영향을 분석하였다. Cohen의 긴장이론(strain theory)에 의하면, 학교는 학생들의 부적응 문제로 비행을 유발할 뿐만 아니라 비행하위문화가 형성될 수 있는 사회적 공간이다. 학교에서는 다양한 수준의 학생들이 모여서 중산층의 기준에 따른 지위를 성취하기 위하여 경쟁한다. 이 과정에서 하류계층 출신의 학생들은 기본적으로 불리한 위치에 있으며, 이들이 겪는 긴장과 좌절은 중산층 출신의 학생들보다 클 수밖에 없다. 이들은 학교 안팎에서 중산층의 척도에 의해서 평가된다. 그러나 상대적으로 유리한 위치를 점하고 있는 중산층 이상의 학생들과 좋은 성적을 얻기 위해서 또는 좋은 직업을 얻기 위해서 경쟁하지만, 그들의 열망은 여러 가지 장애 요인과 사회적인 배경 때문에 성취하기 힘들다. 이러한 사실을 인식했을 때 하류계층 출신의 학생들은 깊은 좌절을 체험하게 되며, 이를 극복하기 위하여 일탈을 일삼거나 비행 하위문화에 참여한다는 것이 Cohen의 주장이다. 즉, 하류계층 출신의 학생들도 중산층 학생들과 마찬가지로 중산층의 기준에서 말하는 지위 상승의 열망을 갖고 있지만 여러 가지 여건상 불리한 위치로 말미암아 긴장과 분노, 좌절을 경험하게 되고 나름대로의 지위 확보와 인정을 받기 위해서 중산층의 가치와는 상반되는 폭력과 같은 반사회적 행동을 시도하거나 비행을 옹호하는 이들만의 비행하위문화를 형성한다는 것이다(이순래, 2002).

이와 같이 긴장이론적 관점에서는 부모의 지나친 학업에 대한 기대와 압력으로 긴장을 갖고 있는 학생들 혹은 사회 구조적으로 불리한 위치에 있어 좌절과 긴장을 겪는 하류계층 출신의 학생들이 이러한 긴장을 극복하기 위하여 학교폭력을 비롯한 일탈행동에 탐닉하게 만든다는 것이다.

6) 모멸극복적 관점

모멸극복적 관점은 자기보다 신체적으로나 정신적으로 취약한 학생에게 폭력을 가함으로써 자기보다 강한 사람으로부터의 모멸감을 극복하기 위해서 폭력행동을 한다는 입장이다. 인간의 내부에서 형성되는 폭력 성향에 관심을 두었던 Katz(1988)는 그동안의 폭력 연구들이 주로 개인적 혹은 사회적 배경과 같은 외부적 조건에 치중함으로써 행위자 내부에서 형성되는 폭행과 비행의 동기를 충분히 고려하지 못했다고 비난하면서 행위자가 겪는 모멸감(humiliated feeling)이 폭행과 비행의 주요 원인이라고 주장하였다. Katz에 의하면, 행위자는 자신의 인간적 가치가 무시되거나 제대로 인정받지 못하면 모멸감을 느끼고, 훼손된 자기 가치를 복원하려는 동기에서 분노심이나 폭력행위에 의존한다는 것이다. 다시 말하면, 분노심을 가짐으로써 자기를 모멸한 주위 상황에 지배력을 가질 수 있고, 이를 공격행동과 같은 폭력행위로 표출함으로써 자신의 모멸감을 극복한다는 것이다. 이때 폭력행위의 주요 동기가 모멸된 자기 가치의 복원이기 때문에 폭력행위는 자기가 볼 때에 도덕적으로 문제가 있고, 부당하고, 불결하며, 유치한 사람이 피해자가 되는 경향이 있다. 흔히 학교폭력에 있어서 피해학생이 가해학생보다 약한 처지에 있는 경우가 많다. 이것은 Katz의 관점에서 보면 가해학생이 자기보다 신체적으로나 정신적으로 취약한 학생에게 폭력을 행사함으로써 자기보다 강한 사람에게 받은 모멸감을 극복하려고 하기 때문이다.

이와 유사한 맥락에서 Goldstein(1984)은 피해자 평가절하는 가해자가 폭력대상을 선정하는 과정뿐만 아니라 폭력행위 이후에도 이루어진다고 지적하였다. 폭력을 행사한 이후에 가해자들은 일반적으로 피해자를 그럴 만하다고 평가절하하는 경향이 있다. 이처럼 가해자는 피해자를 평가절하함으로써 자신의 모멸된 가치를 복원할 뿐만 아니라 폭력행위를 정당화함으로써 죄책감이나 수치심을 느끼지 않는다는 것이다.

이와 같이 모멸극복적 관점에서는 주위로부터 인정과 칭찬을 받지 못하고 모멸감을 당한 학생이 모멸된 자기 가치를 회복하기 위해서 자기보다 못한 학생을 대상으로 학교폭력과 같은 폭력행위를 함으로써 자신의 비참함을 잊으려 한다는 것이다.

7) 생태학적 관점

생태학적 관점은 학생들이 경험하는 학교폭력의 피해가 개인적 특성, 학교와 지역사회의 특성, 학생들의 가정 배경, 학생들의 문화적 맥락과 같은 보다 넓은 사회적 맥락의 상호작용에 의해서 영향을 받는다는 것을 강조한다. Brofenbrenner(1979)는 아동과 청소년의 사회적 발달은 성격 특성과 이러한 특성이 보다 큰 하위체계나 사회적 맥락 속에서 어떻게 상호작용하는지의 결과에 따라 나타나며, 유지되고 수정된다고 보는 생태학적 발달이론(ecological developmental theory)을 제시하였다. 이 이론에 따르면, 네 가지의 상호 관련 체계, 즉 미시체계(microsystem), 중간체계(mesosystem), 외체계(exosystem), 거시체계(macrosystem)를 포함한다.

미시체계는 아동 및 청소년이 직접 접촉하고 있는 체계로 아주 가까운 주변에서 일어나는 활동과 상호작용을 나타내며 부모, 형제, 또래 및 학교를 포함한다. 중간체계는 아동과 청소년의 가정, 학교, 또래집단과 같은 미시체계 간의 연결이나 상호관계를 나타낸다. 예를 들면, 부모에 대한 강한 애착관계는 학교에서 친구관계의 형성을 위해 위험을 감수할 의지에 영향을 미칠 수 있다. 외체계는 아동과 청소년이 그 맥락의 부분을 이루고 있지는 않지만 그들의 발달에 영향을 줄 수 있는 맥락들로 구성되며, 부모의 학교 참여 등과 같이 다른 체계들의 영향을 나타낸다. 마지막으로 거시체계는 아동과 청소년에게 영향을 미치는 사회 및 문화적 영향력을 포함한다.

이러한 생태학적 체계이론은 괴롭힘을 비롯한 학교폭력을 예측하는 관점으로 확장되어 왔다. 학교폭력은 고립되어 일어나지 않으며 개인과 그의 가족, 또래집단, 학교, 지역사회 및 사회적 규범 간의 복잡한 상호작용의 결과라는 것이다. 다시 말해서, 우울·불안·충동성·문제 해결 부족과 같은 개인 변인, 자녀에 대한 감독 부족·학대·가족 내 공격성·부모 관여 부족과 같은 가족 변인, 또래 간 폭력의 수용·개인 및 집단 폭력과 같은 또래 변인, 성인의 폭력·성인의 무관심·학교의 무처벌·학교의 부정적 분위기와 같은 학교 변인, 지역사회 내 공격성·지역사회의 자원 부족·지역사회와 학교 간의 연대 부족과 같은 지역사회 변인이 상호 복합적으로 작용하여 학교폭력에 기여한다는 것이다.

이러한 생태학적 관점에서 학교폭력을 유발하는 원인에 대해서 실제적이고 구체적으로 다루고 있는 모형으로 Benbenishty와 Astor(2005)의 학교폭력 다중계층구조 경로모형을 들 수 있다. Benbenishty와 Astor는 학교폭력을 학교에 있는 사람들과 그들 및 학교의 자산을 물리적 혹은 정서적으로 해치고자 의도한 행동이라고 정의하면서 [그림 2-2]에서 보는 바와 같이 다중계층구조(nested structure) 맥락에서 학교폭력을 나타내는 경로모형(heuristic model)을 개발하였다. 이 모형은 폭력을 여러 관련 있는 하위체계들 간의 상호작용으로 이해하는 Brofenbrenner(1979)의 생태학적 발달이론의 영향을 많이 받은 것이다. Benbenishty와 Astor의 경로모형은 학교폭력이 여러 하위체계들, 예컨대 학교, 학생들의 가정, 지역사회 및 보다 더 큰 사회적 맥락과 같은 요인들의 영향과 어떻게 관련이 되는가를 보여 주고 있다.

이 모형에 따르면, 학교 외부적 요인들뿐만 아니라 학교정책, 제반 절차, 학교풍토, 교사 반응, 또래집단 등과 같은 학교 내부적 요인들이 학생들의 학교폭력 수준에 직접 혹은 간접으로 영향을 주고 있다. 학교는 사회생태학적 다중계층구조 맥락(학교환경을 둘러싸고 있는 원들) 내에서 구체화된다. 학생들이 경험하는 학교폭력의 피해는 개인적

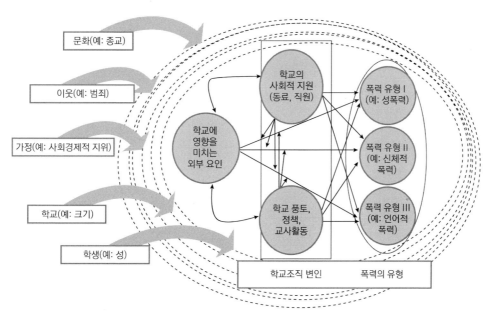

[그림 2-2] 학교폭력 관련 요인들에 대한 생태학적 경로모형

특성(예: 성)과 학교와 지역사회의 특성(예: 범죄, 빈곤), 학생들의 가정 배경(예: 교육 수준, 사회경제적 지위), 학생들의 문화적 맥락(예: 인종, 종교)과 같은 보다 넓은 사회적 맥락에 의해서 영향을 받는다. 그리고 학교 외부적 요인들의 영향은 학교 내부적 요인들에 의해서 조정되고 직접적인 영향을 받는다. 예를 들어, 폭력에 관한 일관되고 적절한 학교정책은 폭력적인 지역사회의 영향을 조정할 수 있다.

이와 같이 생태학적 관점에서는 학교폭력이 여러 하위체계, 즉 개인, 가정, 학교, 사회 관련 요인들의 상호작용 산물로 개인적 특성과 지역사회의 특성, 학생들의 가정 배경과 같은 보다 넓은 사회적 맥락의 학교 외부적 요인들뿐만 아니라 학교정책, 제반 절차, 학교풍토, 교사 반응, 또래집단 등과 같은 학교 내부적 요인들이 학생들의 학교폭력 수준에 직접 혹은 간접으로 영향을 주고 있다는 것이다.

4 학교폭력에 영향을 미치는 요인

학교폭력은 그 정도나 양상이 갈수록 다양해지고 예측할 수 없는 상황에서 돌발적으로 발생하고 있는 경우가 많아 그 원인을 정확하게 밝혀내기가 어렵다. 또한 앞에서 학교폭력의 원인에 대한 여러 이론적 관점을 살펴본 바와 같이 학교폭력은 한 가지 요인에 의해서 발생한다기보다는 여러 가지 요인이 복합적으로 작용하여 발생한다고 보아야 한다. 따라서 학교폭력을 예방하고 대처하기 위해서는 학교폭력에 영향을 미치는 다양한 요인을 통합적으로 염두에 두고 접근해야 한다. 여기서는 학교폭력에 영향을 미칠 수 있는 요인을 학교 요인, 개인 요인, 가정 요인, 지역사회 요인으로 구분하여 이들 요인이 학교폭력을 유발하는 데 어떻게 관련이 있는지 선행연구를 통해 살펴보기로 한다(정종진, 2012c).

1) 학교 요인

학교는 또래집단을 사귀고 자신의 학문적 · 사회적 능력과 한계를 경험하는 장소이자 학생들이 가장 많은 시간을 보내는 곳이며, 또한 폭력이 발생하는 가장 위험한 장소이기도 하다. 학교폭력의 관련 요인에 대한 Benbenishty와 Astor의 생태학적 모형에서 개인보다 학교를 모형의 중앙에 위치시키고 있는 것은 학교폭력의 진원지가 바로 학교이기 때문이다.

먼저, 학교와 관련해서 교사와 학교 당국의 폭력에 대한 인식과 반응이 학교폭력 유발에 영향을 미치는 요인으로 지적되고 있다. Olweus(1991, 1993)는 폭력 문제에 대한 학교 전반의 인식 없이는 학교폭력 예방과 대책에 관한 개입 방법들이 대부분 효과가 없을 것이라고 말하고 있다. 학교폭력에 대한 중요한 비전이나 이데올로기의 부재는 학교를 폭력행동의 위험성에 빠지게 할 수 있다. 폭력 문제에 대한 지속적인 관심과 인식을 갖는 것이 폭력 예방의 중요한 열쇠가 된다.

교사와 교장의 태도와 행동은 폭력적 행동을 감소시키는 데에 매우 중요한 역할을 한다(Olweus et al., 1999). 여러 나라에서 행한 연구들에 따르면, 폭력사건에 대해 학교 당국이 어떻게 반응하느냐에 따라 피해학생과 가해학생뿐만 아니라 다른 학생들도 큰 영향을 받는다(Smith et al., 1999). 그리고 교사들이 학교폭력의 유형과 그것이 미치는 장기적 효과에 대한 구체적인 인식이 없거나 연수를 받지 않는다면 계속해서 발생하는 학교폭력 문제에 대해서 아무런 대처를 하지 못하는 경향이 있으며, 학생들은 학교폭력에 대해 아무런 반응을 하지 않는 교사들의 영향을 많이 받는다. 예를 들어, 중학생과 고등학생의 상당수가 교사들이 개별 학생이나 전체 반 학생들에게 학교폭력에 대해 언급한 바가 거의 없다고 보고하였다. 그리고 85%의 학생들이 학교폭력사건이 발생하였을 때 이에 대해 교사들이 거의 아무런 반응을 보이지 않았다고 말했다(Olweus, 1993).

또한 학교폭력행동에 대한 또래집단의 부정적 반응과 피해학생에 대한 그들의 지원은 학교폭력 발생을 감소시키는 데에 중요하다는 것을 연구 결과들은 밝히고 있다(Olweus, 1993). 또래 학생들이 폭력적 행동을 조장하고 격려하느냐, 아니면 폭력적 행동에 대해 부정적 반응을 보이거나 말리려고 개입하느냐 하는 것은 서로 매우 다른 영향을 미칠 수 있다(Besag, 1989; Olweus, 1993). 이처럼 교사와 또래집단의 학교폭력에 대한 반응의 결여는 폭력행동을 지속시키는 위험 요인으로 확인되고 있다.

학교 관련 폭력의 위험 요인으로 학교풍토를 들 수 있는데, Welsh(2000)를 비롯한 많은 연구자는 긍정적인 학교풍토를 조성하는 것이 학교폭력을 감소시키는 데에 중요하다는 점을 강조하고 있다. Astor 등(2002)은 학교폭력 문제에 대한 학생들의 판단은 학교풍토와 직접적으로 관계가 있고, 또한 학교폭력으로 인해 학교에 가는 것을 두려워하는 것은 학교풍토와 간접적으로 관계가 있다는 것을 발견하였다.

부정적인 학교풍토는 학교폭력에 기여하는 위험 요인으로 제시되어 왔다. 다른 학교에 비해 폭력 문제가 더 많이 발생하는 학교들은 전반적인 학교풍토가 부정적인 특징을 가지고 있는 경향이 있다(Rigby, 1996). 일반적으로 학교풍토가 부정적인 학교들은 학업적인 면에 초점을 덜 두는 경향이 있고, 이들 학교의 학생들은 학교생활에 대한 만족감이 덜하며, 교사들은 학교폭력 사건에 대한 그들의 역할이나 따라야 할 절차에 대해서 잘 모르는 경향이 있다(Olweus et al., 1999; Sullivan, 2000). 폭력에 대한 명확하고, 일관되며, 공정한 규칙을 포함한 정책들을 갖고 있는 학교들은 폭력을 감소시킬 수 있고(Adams, 2000; Olweus, 1991; Smith & Sharp, 1994), 학생과 교사의 지지적인 관계는 학교에 대한 학생들의 소외 의식을 감소시키고, 학생들의 정서적·행동적 문제를 극복하도록 지원하고 상담하며 도와주는 성인들과의 긍정적 관계를 형성할 기회를 줄 수 있다(Dwyer, Osher, & Hoffman, 2000).

폭력에 대한 학교의 정책과 학생들에 대한 교사의 지원은 학교폭력 예방에 관한 개입 방안을 논의하거나 모색하는 과정에서 학생들을 참여시킨다면 매우 효과적일 수 있다. 이러한 참여는 학생들의 학교에 대한 연대 의식을 고양시킬 수 있고 평화로운 학교에 대한 관심을 증진시킬 수 있는 반면, 학교에 관여되지 않는 학생들은 학교에서 적절하게 행동하는 경우가 드물다(Flannery, 1997).

다음으로 학교폭력과 관련이 있는 학교 요인으로서 학교 규모와 학급의 학생 수를 들 수 있다. 교사들의 공통된 견해에 따르면, 학교폭력 문제는 학교 규모가 크고 학급당 학생 수가 많을수록 더 많이 발생한다는 것이다(Olweus, 1993). Bowen, Bowen 및 Richman(2000)은 개인적 안전감은 규모가 큰 학교일수록 낮고 규모가 작은 학교일수록 높다는 것을 발견하였다. Walker와 Greshman(1997)에 따르면, 규모가 큰 학교와 학생 수가 많은 학급일수록 보다 많은 문제와 도전에 직면하게 된다. 규모와 학생 수가 많은 학교와 학급의 교사들은 학생들, 특히 보다 많은 주의와 개입을 필요로 하는 위험군의 학생들과 의미 있는 관계를 형성하고 유지하는 데 어려움을 가진다. 교사 1인당 담당해야 할 학생 수가 많은 학교와 학급의 교사들은 학생들의 행동을 효과적으로 점검하기 어렵다. 따라서 학생들의 문제행동과 비행에 더 자주 직면하게 된다(Hellman & Beaton, 1986). 많은 학생이 모이는 장소에서 성인 감독의 부재는 괴롭힘, 싸움, 성희롱, 언어적 공격 등 여러 유형의 학교폭력과 밀접한 관계를 보이는 경향이 있다.

이 밖에 학교폭력을 유발하는 학교 관련 요인으로 또래집단을 들 수 있다. 학생들은 학교폭력의 행동을 옹호하고 지지하거나 촉진하는 학교의 또래집단 속에서 상호작용할 수 있다. 학생들 중에는 또래집단에 어울리거나 적응하기 위한 노력으로 학교폭력의 행동을 하기도 한다. 학생들 사이에서 또래들과의 관계는 매우 중요하기 때문에 학생들은 또래들과 원만하게 생활하고 더 나은 지지를 얻기 위해 노력한다. 일반적으로 인기 있는 학생은 또래들로부터 수용되고 지지를 받지만, 인기가 없는 학생은 거부되고 배척되어 따돌림과 괴롭힘을 당하기 쉽다. 그리하여 학생들은 또래집단에 동조하려는 경향을 갖게 되고, 다른 학생들에 대해 힘을 과시하려고 노력하기도 한다. 이처럼 학생들은 또래집단으로부터 따돌림이나 괴롭힘을 당하지 않기 위해 동조하고자 학교폭력에 가담하기도 한다(정종진, 2012a).

또래관계를 형성하는 데 있어 품행에 문제가 있거나, 협동심이 부족하고 충동적인 행동을 스스로 통제하지 못하거나, 원만하지 않은 또래관계로 인해 학교생활을 좋아하지 않고 교사들에게도 인기가 없는 가해학생들과 가깝게 지내거나 어울릴 경우 학교폭력에 연루될 가능성이 높아진다. 그리고 많은 연구(예컨대, Barkin, Kreiter, & Durant, 2001; Lee & Kim, 2003)는 비행 또래와의 접촉과 친밀한 관계를 형성하는 것이 학교폭력과 밀접한 관련이 있다고 보고하고 있다. 또한 Fraser(1996)는 폭력조직에 가입했거나 폭력행동에 대해 긍정적 태도를 갖고 있는 또래와 친구관계를 형성하고 있으면 학교폭력 유발 위험 요인이 된다고 보았다. 그 이유는 정상적인 또래집단과 어울리지 못할 경우 갈등 상황에서 협동과 타협과 같은 바람직한 문제 해결 방법을 학습할 기회를 갖지 못하고 폭력적인 방법으로 문제를 해결할 가능성이 높기 때문이다.

이상에서 살펴본 바와 같이 교사와 학교 당국의 폭력문제에 대한 관심과 인식 부족, 학교폭력에 대한 미온적 반응, 안전하고 평화롭지 못한 부정적인 학교풍토, 과밀한 학교와 학급의 학생 수, 폭력 가해 또래집단과의 접촉 등이 학교폭력을 유발할 수 있는 학교 위험 요인으로 확인되고 있다.

2) 개인 요인

학교폭력에 영향을 미칠 수 있는 개인 요인으로는 먼저 성별 원인을 들 수 있다. 학교폭력에 관한 많은 연구에서 여학생보다는 남학생이 훨씬 더 공격적이고 폭력적인 행동에 관여할 위험이 높은 것으로 나타났다(Borg, 1999; Everett & Price, 1995; Fizpatrick, 1997; Gropper & Froschl, 2000; Paquette & Underwood, 1999). 예를 들어, 청소년 위험행동 감시 조사[Youth Risk Behavior Surveillance Survey(YRBS), Kann et al., 1995]에서 학생

들에게 전(前) 학년도에 학교에서의 신체적 싸움에 대해서 질문한 결과, 남학생들 (23.5%)이 여학생들(8.6%)보다 거의 3배나 더 많이 싸운 것으로 나타났다. 또한 남학생들은 여학생들보다 다른 학생들의 폭력 피해를 훨씬 더 많이 당하는 것으로 밝혀지고 있다(Benbenishty, Zeira, & Astor, 2000). 우리나라에서 실시된 학교폭력 실태 조사(청소년폭력예방재단, 2011)에서도 학교폭력 피해와 가해를 모두 경험한 학생의 비율이 여학생(28.8%)보다 남학생(71.2%)이 더 높은 것으로 나타났다.

대체로 남학생들은 직접적인 폭력의 유형(예컨대, 때리기, 싸우기 등)에 의해서, 그리고 여학생들은 간접적이고 관계적인 폭력의 유형(예컨대, 나쁜 소문 내기, 집단 따돌림 등)에 의해서 보다 자주 피해를 당하는 경향이 있다(Nansel et al., 2001; Olweus et al., 1999; Pellegrini & Long, 2002; Sullivan, 2000).

남학생과 여학생의 폭력 유형이 다른 이유는 남학생과 여학생의 우정 패턴이 다르기 때문이다(Owens & MacMullin, 1995; Owens, Slee, & Shute, 2000). 여학생들은 친밀성과 소속감에 기초한 밀착 집단(closer-knit group)을 가지는 경향이 있기 때문에 집단 따돌림과 사회적 고립 형태의 학교폭력이 여학생들에게 지대한 영향을 미친다. 이에 비해 십대 남학생들은 보다 크고 보다 비조직적인 우정 집단을 형성하는 경향이 있기 때문에 집단 따돌림과 같은 간접적인 폭력 유형은 직접적인 공격 방법만큼 효과적이지는 않다(Owens & MacMullin, 1995). 공격행동과 같은 직접적인 폭력 유형(예컨대, 발로 차기, 주먹으로 때리기, 신체적 위협 등)은 간접적인 폭력 유형보다 훨씬 더 가시적이어서 확인하고 벌하기 쉽다. Olweus(1993, 59)는 여학생들은 '전형적으로 눈에 띄지 않는 폭력을 사용하고 몰래 괴롭히는 방법으로' 폭력을 행사한다고 보고하였다. 이러한 간접적인 폭력행동은 교사, 부모, 심지어는 다른 학생들도 모르고 넘어가는 경우가 많다(Owens & MacMullin, 1995). 폭력 피해학생들은 수치심이나 보복에 대한 두려움 때문에 이러한 간접적인 유형의 폭력을 보고하지 않을 수 있다(Baldry & Winkel, 2003). 그러나 보다 은밀하게 이루어지는 이러한 간접적인 유형의 공격성과 폭력은 피해학생들에게 지속적으로 부정적인 영향을 미칠 수 있다(Owens et al., 2000; Rigby & Slee, 1999).

Baldry와 Winkel(2003)은 자살생각은 직접적인 폭력 피해보다 학교에서 관계적인 피해와 좀 더 강하게 연관되어 있다는 것을 발견하였다. 폭력 피해 여학생들에 의해 보고되는 부정적인 심리적 영향으로는 '당황, 분노, 걱정, 두려움, 창피, 외로움, 자의식, 배신, 슬픔'(Owens & MacMullin, 1995, 367) 등을 들 수 있다. 더욱이 Owens, Slee 및 Shute(2000)는 폭력 피해 여학생들은 간접적인 폭력 유형이 눈에 띄지 않기 때문에 교사와 부모로부터 필요한 지원을 받지 못했다는 것을 발견하였다. 요컨대, 이러한 연구 결과는 남학생과 여학생은 서로 다른 종류의 폭력 피해를 당하기 쉽다는 것을 시사하고 있다.

학교폭력에 영향을 미칠 수 있는 또 다른 위험 요인으로 개인의 신체적·인지적·심리사회적인 특성을 들 수 있다. 동일한 연령의 학생들보다 키가 작고 체격이 작으며 힘이 약한 학생들이 학교폭력의 피해를 당하기 쉽다(Voss & Mulligan, 2000). 반면에, 동일 연령의 학생들보다 키가 크고 힘이 강한 학생들이 학교폭력 가해를 보이는 경향이 있다(Olweus, 1993). 학생들이 또래들과 함께 잘 어울릴 수 있으려면 자신의 사회적 목표를 만족시킬 수 있는 현실적인 계획을 수립할 수 있고(수단-목적 사고), 대인관계 문제에 대해 몇 가지 가능한 해결책을 생각해 낼 수 있어야 하는데(대안적 해결 사고), 이러한 두 가지 인지적 대인 문제 해결 기능이 부족한 학생은 타인보다 만족을 잘 지연할 수 없으며, 친구를 사귀는 것이 힘들고, 욕구가 좌절될 때 정서적으로 발끈 화를 내며, 고통스러워하는 타인에게 동정심이 적고, 언어적·신체적인 공격을 곧잘 드러낸다(Shure, 1999: Snowman & Biehler, 2003에서 재인용).

학교폭력행동을 하는 학생들에게서 나타나는 심리사회적 특성 중 가장 많은 부분을 차지하는 것이 충동성과 공격성이다(김창군, 임계령, 2010). 충동적이고 공격적인 학생들은 학교 질서나 규범을 고려하지 않고, 자기중심적으로 행동하는 경향이 있고, 스스로 분노를 조절하거나 화를 참는 능력이 부족하며, 자신이 처한 상황에 대한 해석과 인식에 있어서 일반 학생들보다 더 많은 스트레스를 경험하기 쉽다. Hoover와 Oliver (1996), 그리고 Baldry와 Farringto(1999) 또한 폭력 가해학생들의 대부분이 상대방의 권리와 감정을 무시하고 친구를 지배하려는 강한 욕구인 공격성을 가지고 있다고 하였다.

또한 학교폭력 가해학생은 일반 학생과 비교해서 친구관계를 형성하는 데에 있어 품행에 문제가 있고(Austin & Joseph, 1996), 협동심이 부족하며(Rigby, Cox, & Black, 1997), 상대방의 관점 수용 능력·공감·도덕성 발달·감정의 자기조절 능력이 부족하다. 그리고 학교폭력 피해학생은 종종 우울·불안·심지어 자살충동을 느끼고(Hyman et al., 2006), 우울과 불안 및 낮은 자존감으로 인해 친구관계에 있어 조심스럽고 민감하게 반응하는 경향이 있다(Craig, 1998). 이들은 일반 학생들과 비교하여 더욱 위축되고, 걱정이 많고, 새로운 환경에 대한 적응을 두려워하며(Byrne, 1994), 친구의 수도 적고 친구관계에 있어서 외로움을 더 느끼고 학교생활에 대한 만족도가 낮다(Slee, 1995). 또한 자기주장을 잘 내세우지 못하고 타인에 대한 공감 능력이 부족하다(Rigby, 1996).

우리나라 학생들은 학업성적과 진로문제, 대인관계의 어려움 등으로 인하여 다양한 스트레스를 경험하게 되고, 이러한 스트레스가 학생들의 학교폭력 문제를 유발하는 주범으로 지적되고 있다(도기봉, 2008). 학업 관련 스트레스(시험, 숙제, 학원, 학습내용 등), 가정 관련 스트레스(지나친 간섭, 차별과 비교, 신체·언어적 학대, 형제 갈등, 가정의 경제적 문제 등), 대인 관련 스트레스(친구 사이의 소외, 질투, 의사소통 문제, 경쟁, 신체적 열등감 등)와 같은 과도한 스트레스로 인해 위축되어 괴롭힘을 당하거나 자기 스스로 통제할 수 없는 상황에 이르게 되어 스트레스를 해소할 대상을 찾게 되고, 자신보다 약한 학생을 대상으로 괴롭힘이나 폭력을 행사하게 된다.

학교폭력에 영향을 미칠 수 있는 또 다른 개인 요인으로 신체적·정신적 장애를 들 수 있다. 학생이 정신적 장애, 특히 품행장애, 반항성 장애, 주의력결핍 및 과잉행동장애 등을 갖고 있거나(Coolidge, DenBoer, & Segal, 2004: 임영식, 2006 재인용), 신체 및 지적 장애를 가지고 있거나 특수교육을 받고 있는 경우(Nabuzoka & Smith, 1993) 학교폭력의 가해 학생 및 피해학생이 될 위험성이 높다. 그 이유는 사회적으로 잘 기능하지 못하고 폭력에서 자신을 보호할 수 있는 능력이 부족하기 때문에 이들의 특이한 모습은 학교폭력의 표적이 될 수 있을 뿐만 아니라 자신이 갖고 있는 장애를 공격적인 방법으로 표출할 가능성이 있기 때문이다.

이상에서 살펴본 바와 같이 성별, 신장과 체격, 공격성과 충동성, 불안과 우울 및 자존감, 인지적 대인문제 해결 기능의 부족, 신체적·정신적 장애, 타인에 대한 공감 능력의 부족 등이 학교폭력을 유발할 수 있는 개인적 위험 요인으로 확인되고 있다.

3) 가정 요인

가정은 개인의 성격과 행동 유형을 형성하는 데 매우 중요한 영향을 미친다. 많은 연구는 부적절한 가정환경이 학교폭력을 유발할 수 있는 중요한 위험 요인이라고 지적하고 있다. 가정 요인은 사회경제적 지위와 같은 가정의 구조적 특성과 부모의 자녀양육방식 같은 기능적 특성으로 구분해 볼 수 있다.

먼저 가정의 구조적 특성으로 가정의 빈곤은 학교폭력의 한 원인이 될 수 있다. 실제로 많은 연구(Dwyer, Osher, & Hoffman, 2000; Haapasalo & Tremblay, 1994; Kupersmidt et al., 1995; Soriano, Soriano, & Jimenez, 1994)가 학교폭력과 가정의 빈곤이 관계가 있음을 밝히고 있다. Brownfield(1987)와 Guerra 등(1995)은 아버지가 오랫동안 실업 상태에

있는 남학생들이 아버지가 고용 상태에 있는 남학생들보다 폭력행동을 할 가능성이 더 크다는 것을 발견하였다. 그 이유는 이런 빈곤가정의 자녀는 적절한 지지적 환경을 제공받지 못하며 범죄와 연관된 일에 관여할 가능성이 높기 때문이다(Catalano & Hawkins, 1996).

다음으로 학교폭력과 관련된 가정의 기능적 측면으로 부모의 자녀양육방식을 들 수 있다. 학교폭력 가해행동은 흔히 부모가 권위주의적이고 공격적이며 거부적인 가정의 자녀에게서 많이 목격된다. 공격적 행동은 관찰과 강화를 통해 일어난다는 것이다(Barry & Wentzel, 2006; Brendgen et al., 2006). 이러한 자녀의 부모는 문제 해결 능력이 낮고 갈등해결의 방법으로 폭력을 선호한다(Ma, 2001). 이와 같은 가정환경은 다른 사람의 행동을 적대적이거나 공격적으로 보는 경향성인 적대적 귀인 편향(hostile attributional bias)이라는 결과를 낳는다. 구체적으로 자녀의 정서적 지원의 결핍, 자녀에 대한 감독과 점검의 부재, 자녀교육에 대한 부모의 참여 부족과 같은 부모의 자녀양육방식이 학교폭력 가해행동을 증진시키는 경향이 있다(Bowers, Smith, & Binney, 1994; Olweus, 1993; Sullivan, 2000). 부모의 자녀양육과 학교폭력 가해행동에 대한 연구문헌을 요약한 Olweus(1993)는 가해행동에 영향을 미치는 자녀양육 요인이 있음을 제안하고 있다.

첫째, 자녀를 온정적이고 관심어린 태도로 대하지 않는 부모는 자녀를 충동적이고 공격적으로 하게 할 위험성을 증진시킨다.

둘째, 어떤 행동이 수용되고 수용되지 않는지 명확한 규칙을 설정하지 않거나 자녀의 공격적 행동을 묵인하는 부모, 그리고 자주 체벌과 같은 물리적 방법을 사용하는 부모는 자녀가 학교폭력 가해자가 되도록 할 위험성을 증진시킨다.

셋째, 다른 사람들과의 일상적 상호작용에서 공격적 행동을 나타내는 부모는 자녀가 학교폭력 가해자가 되도록 할 위험성을 증진시킨다.

이것은 '폭력이 폭력을 낳는다.'는 주장과 같은 것으로, 자녀가 폭력에 노출됨으로써 폭력을 학습하게 된다는 것이다. Shields와 Cicchetti(2001)의 연구에서 부모가 권위주의적이고 강압적인 양육 방법을 사용하여 자녀를 통제하고 자녀를 거부하는 태도, 즉 가혹하고 처벌적인 태도로 자녀를 대할 때, 이러한 가정의 학생은 학교폭력을 가할 위험성이 높은 것으로 밝혀졌다.

부모-자녀 관계와 관련해서 학교폭력 가해학생은 부모와 갈등적인 관계에 놓여 있는 것으로 나타났으며, 또한 가족 구성원 간의 관계가 불안정하고 가족 간의 불화가 존재하는 것으로 나타났다(Bowers, Smith, & Binney, 1992, 1994). 학교폭력 피해학생은 과잉보호적인 가정에서 자란 경우가 많음을 연구는 지적하고 있다. 과잉보호적인 가정환경에서 자란 학생들은 그들을 덜 취약하게 만드는 자기주장적 기술을 발달시키지 못하는 경향이 있다(Bowers, Smith, & Binney, 1994; Sullivan, 2000). 학교폭력 가해학생과 피해학생의 자녀양육방식에 관한 한 가지 중요한 연구 결과는 이들 부모는 학교와 빈약하고 나쁜 관계를 갖고 있다는 점이다. 이들 부모는 자녀가 학교에서 학교폭력의 가해자 혹은 피해자인지 잘 알지 못한다(Olweus, 1993). 또한 이들 부모는 자녀가 학교에서 폭력 가해행동을 했다는 것을 알더라도 구체적으로 어떻게 해야 하는지 잘 모른다.

한편, 학교는 학교폭력 사건이 심한 신체적 손상의 결과를 가져온 것이 아니면 가해학생이나 피해학생의 부모와 접촉하지 않는 경향이 있다(Olweus, 1991, 1993). 그래서 시간이 지남에 따라 학교폭력 가해학생과 피해학생의 부모는 학교에 대해 부정적 견해를 갖게 되고, 학교는 이들 부모에 대해서 부정적인 견해를 갖게 되어 가정과 학교 간에 접촉이 결여되고 비협조적인 분위기를 형성하는 경향이 있다. 한편, 부모-자녀 관계에서 서로 개방적인 의사소통이 원활하지 못할 때 폭력의 위험성은 증가하게 된다는 연구 결과(Bowers, Smith, & Binney, 1994)도 있다.

또한 학생의 학교폭력 가해행동과 관련된 가정 요인으로 부모의 지시와 감독 역할의 부재를 들 수 있다. 부모는 자녀가 어디에 있고, 누구와 있으며, 무엇을 하고 있는지 등을 알고 있어야 하며, 이에 대한 관심과 감독이 필요하다. 따라서 부모가 자녀 감독을 소홀히 하고 보살핌을 제공하지 않는 것은 폭력을 예측하는 중요한 요인으로 작용한다(Brendgen et al., 2001). 이 밖에도 가정 내에서 폭력을 모델링하며 생활한 자녀는 폭력행동을 할 가능성이 매우 높으며(Farrington, 1991), 부모나 가족 구성원이 가지고 있는 반사회적인 가치나 규범은 자녀가 폭력행동을 일으키고 정당화하도록 만드는 요인이 된다(Brewer et al., 1995).

이상에서 살펴본 바와 같이 처벌적이고 권위주의적인 부모의 양육방식, 부모와 자녀 간의 부정적 관계와 태도, 부모의 불화, 가족 구성원 간의 불화, 위협적인 가정 분위기, 긍정적 변화를 유도하기 위한 방법에 관한 부모의 무지, 부모의 지시와 감독의 부재 등이 학교폭력을 유발할 수 있는 가정 위험 요인으로 확인되고 있다.

4) 지역사회 요인

아동과 청소년이 성장하고 발달하는 이웃과 지역사회는 그들의 폭력과의 관계에서 매우 중요한 영향을 미치는 요인이다. 학교폭력을 유발하는 지역사회 요인으로 대중매체를 들 수 있다. 텔레비전, 만화, 컴퓨터 게임 등 다양한 경로를 통해 대중매체가 확대 보급되고 있어 학생들이 폭력 프로그램에 노출될 위험성이 더욱 커지고, 폭력에 대한 사춘기 학생들의 호기심과 모방심리는 자극받고 있다. 이러한 폭력에 대한 노출은 학생들이 문제를 해결하는 방법으로 폭력을 수용하도록 학습시키며, 대중매체를 통해 언어적이고 신체적인 폭력을 많이 경험한 학생일수록 학교폭력 가해 경험이 많은 것으로 나타났다(Murray, 1999).

대중매체와 함께 학생들 주변에 존재하는 유해환경이 학교폭력의 지역사회 위험 요인으로 작용할 수 있다. 유해환경에 접촉함으로써 규범의식이 약화되고 반규범적인 가치나 태도를 학습할 기회가 증가하기 때문에 비행과 반사회적 공격행동을 일으킬 가능성이 높아진다. 또한 학생들이 생활하고 있는 지역사회는 가정환경만큼이나 개인에게 미치는 영향이 크다고 할 수 있는데, 지역사회 내에서 폭력에 노출되는 것은 학생의 공격성과 학교폭력의 위험성을 증가시킨다(Farrell, Valois, Meyer, & Tidwell, 2003). 또한 빈곤, 차별, 교육과 고용의 기회 부족은 모두가 대인폭력의 위험한 지역사회 요인인 것으로 밝혀졌다(Herrenkohl, Chung, & Catalano, 2004).

학교폭력에 영향을 미칠 수 있는 또 다른 지역사회의 중요한 측면은 범죄율이다. 학교폭력은 지역사회의 범죄와 무관하지 않다(Wilson, 1980). Dodge, Pettit 및 Bates(1994)의 연구는 학교폭력과 지역사회 범죄율과는 정적 관계가 있음을 밝혔다. 또한 Everett와 Price(1995)는 범죄율이 높은 지역의 학생들이 학교 안팎에서 발생하는 폭력행동의 피해자가 될 가능성이 매우 높다는 것을 밝혔다. 이외에도 성인들의 학교폭력에 대한 방관과 묵인, 지나친 경쟁위주의 사회적 풍토와 여가활동의 기회나 시설의 부족 등과 같은 지역사회의 문화·환경적 여건은 학교폭력을 유발하는 위험 요인이 될 수 있다.

이상에서 살펴본 바와 같이 대중매체에서의 폭력 노출, 유해환경, 빈곤과 범죄율, 폭력에 대한 성인의 방관, 경쟁적 사회풍토, 여가활동의 기회나 시설의 부족 등이 학교폭력을 유발할 수 있는 지역사회 위험 요인으로 확인되고 있다.

참고문헌

김종미(1997). 초등학교에서 발생하는 학교폭력의 성격과 유발요인. 한국심리학회지: 발달, 10(2), 17-32.

김준호 외(2003). 청소년비행론. 서울: 청목출판사.

김준호(2006). 학교폭력의 정의 및 현상. 문용린 외. 학교폭력 예방과 상담(pp. 27-46). 서울: 학지사.

김진화 외(2003). 청소년문제행동론. 서울: 학지사.

김창군, 임계령(2010). 학교폭력의 발생원인과 대처방안. 법학연구, 38, 173-198.

노순규(2012). 학교폭력의 원인과 해결 방법. 서울: 한국기업경영연구원.

도기봉(2008). 학교폭력에 영향을 미치는 공격성과 생태체계요인의 상호작용효과. 청소년 복지연구, 10(2), 73-92.

이순래(2002). 학교폭력의 원인 및 대처방안에 관한 연구(연구보고서 02-42). 서울: 한국형사정책연구원.

임영식(2006). 학교폭력과 관련된 위험 요인. 문용린 외. 학교폭력 예방과 상담(pp. 47-66). 서울: 학지사.

정종진(2012a). 제대로 알고 대처하는 학교폭력 상담. 서울: 학지사.

정종진(2102b). 학교폭력의 원인에 관한 이론 고찰. 초등교육연구논총, 28(1), 163-180.

정종진(2012c). 생태학적 측면에서 본 학교폭력의 유발 요인. 초등상담연구, 11(3), 331-350.

청소년폭력예방재단(2011). 2010년 학교폭력 실태조사 보고서. 서울: 청소년폭력예방재단.

Adams, T. A. (2000). The status of school discipline and violence. *Annuals of the American Academy of Political and Social Science, 567,* 140–156.

Astor, R. A., Behre, W. J., Fravil, K., & Wallace, J. M. (1997). Perceptions of school violence as a problem and reports of violent events: A national survey of school social workers. *Social Work, 42*(1), 55–68.

Astor, R. A., & Meyer, H. A. (2001). The conceptualization of violence-prone school subcontexts: Is the sum of the parts greater than whole?. *Urban Education, 36,* 374–399.

Archer, J., & Browne, K. (1989). *Human aggression: Naturalistic approaches.* London: Routledge.

Austin, S., & Joseph, S. (1996). Assessment of bully/victim problems in 8 to 11 years olds. *British Journal of Educational Psychology, 66,* 447–456.

Baldry, A. C., & Winkel, F. W. (2003). Direct and vicarious victimization at school and at home as risk factors for suicidal cognition among Italian adolescents. *Journal of Adolescence, 26,* 703–716.

Bandura, A. (1986). *Social foundations of thought and action: A social cognitive theory.* Upper Saddle River, NJ: Prentice-Hall.

Barkin, S., Kreiter, S., & Durant, R. H. (2001). Exposure to violence and intentions to engage in moralistic violence during early adolescence. *Journal of Adolescence, 24,* 777–789.

Benbenishty, R., & Astor, R. A. (2005). *School violence in context: Culture, neighborhood, family, school, and gender.* Oxford: Oxford University Press.

Benbenishty, R., Zeira, A., & Astor, R. A. (2000). *A national study of school violence in Israel.* Jerusalem: Israeli Ministry of Education.

Berkowitz, L. (1974). Some determinants of impulsive aggression: Role of mediated associations with reinforcements. *Psychological Review, 81,* 165–176.

Besag, V. (1989). *Bullies and victims in schools: A guide to understanding and management.* Philadelphia: Open University Press.

Borg, M. K. (1999). The extent and nature of bullying among primary and secondary school children. *Educational Research, 41*(2), 137–153.

Bowen, G. L., Bowen, N. K., & Richman, J. M. (2000). School size and middle school students' perceptions of the school environment. *Social Work in Education, 22,* 69–82.

Bowers, L., Smith, P. K., & Binney, V. (1992). Cohesion and power in the families of children involved in bully/victim problems at school. *Journal of Family Therapy, 14,* 371–387.

Bowers, L., Smith, P. K., & Binney, V. (1992). Perceived family relationships of bullies, victims and bully victims in middle childhood. *Journal of Social and Personal Relationships, 11*(2), 215-232.

Brendgen, M. et al. (2001). Reactive and proactive aggression: Predictions to physical violence in different contexts and moderating effects of parental monitoring and caregiving behavior. *Journal of Abnormal Child Psychology, 29*(4), 293-304.

Brendgen, M. et al. (2006). Examining genetic and environmental effects on reactive versus oroactive aggression. *Developmental Psychology, 42*(6), 1299-1312.

Brewer, D. D. et al. (1995). *Preventing serious, violent, and chronic juvenile offending: A review of evaluations of selected strategies in childhood, adolescence, and the community.* Thousand Oaks, CA: Sage.

Brofenbrenner, U. (1979). *The ecology of human development.* Cambridge, MA: Harvard University Press.

Brownfield, D. (1987). Father-son relationship and violent behavior. *Deviant Behavior, 8,* 67-78.

Byrne, B. J. (1994). Bullies and victims in a school setting with reference to some Dublin schools. *The Irish Journal of Psychology, 15,* 574-586.

Catalano, R. F., & Hawkins, J. D. (1996). The social development model: A theory of antisocial behavior. In J. D. Hawkins (Ed.), *Delinquency and crime: Current theories* (pp. 149-197). New York: Cambridge University Press.

Coloroso, B. (2003). *The bully, the bullied, and the bystander.* New York: Harper Collins.

Craig, W. M. (1998). The relationship among bullying victimization, depression, anxiety, and aggression in elementary school children. *Personality and Individual Differences, 24,* 123-130.

Dodge, K. A., Pettit, G. S., & Bates, J. E. (1994). Socialization mediators of the relation between socioeconomic status and child conduct problems. *Child Development, 65,* 649-665.

Dwyer, K. P., Osher, D., & Hoffman, C. C. (2000). Creating responsive schools: Contextualizing early warning, timely response. *Exceptional Children, 66,* 347-365.

Everett, S. A., & Price, J. H. (1995). Students' perceptions of violence in the public schools: The MetLife survey. *Journal of Adolescent Health, 17*(6), 345-352.

Farrell, A. D., Valois, R. E., Meyer, A. L., & Tidwell, R. (2003). Impact of the RIPP violence prevention program on rural middle school studies: A between-school study. *Journal of Primary Prevention, 44,* 143-167.

Fizpatrick, K. M. (1997). Aggression and environmental risk among low-income African-American youth. *Journal of Adolescent Health, 21,* 172-178.

Flannery, D. J. (1997). *School violence: Risk, prevention and policy*(Urban Diversity Series No. 109). New York: Institute for Urban and Minority Education.(Eric Document Reproduction Service No. ED416272)

Fraser, M. W. (1996). Aggressive behavior in childhood and early adolescence: An ecological-developmental perspective on youth violence. *Social Work, 41*(4), 347-361.

Goldstein, A. (1994). *The ecology of aggression.* New York: Plenum Press.

Gropper, N., & Froschl, M. (2000). The role of gender in young children's teasing and bullying. *Equity and Excellence in Education, 33*(1), 48-56.

Guerra, N. G. et al. (1995). Stressful events and individual beliefs as correlates of economic disadvantage and aggression among urban children. *Journal of Consulting and Clinical Psychology, 63*(4), 518-528.

Haapasalo, J., & Tremblay, R. E. (1994). Physically aggressive boys from ages 6 to 12: Family background, parenting behavior, and prediction of delinquency. *Journal of Consulting and Clinical Psychology, 62*(5), 1044-1052.

Hellman, D. A., & Beaton, S. (1986). The pattern of violence in urban public schools: The influence of school and community. *Journal of Research in Crime and Delinquency, 23*, 102-127.

Herrenkohl, T. I., Chung, I., & Catalano, R. F. (2004). Review of research on the predictors of youth violence and school-based and community-based prevention approaches. In P. Allen-Mears & M. W. Fraser (Eds.), *Intervention with children and adolescents: An interdisciplinary perspective*(pp. 449-476). Boston: Pearson.

Hoover, J. H., & Oliver, R. (1996). *The bullying prevention handbook: A guide for principals, teachers, and counselor.* Bloomington, IN: National Educational Service.

Horene, A. M., Bartilomucci, C. L., & Newman-Carson, D. (2003). *Bully busters a teacher's manual(6-8).* Champaign, IL: Research Press.

Hyman, I. et al. (2006). Bullying: Theory, research, and intervention. In C. M. Evertson & C. S. Weinstein (Eds.), *Handbook of classroom management: Research, practice, and contemporary issues*(pp. 855-884). Mahwah, NJ: Erlbaum.

Kann, L. et al. (1995). Youth risk behavior surveillance: United States. *Morbidity and Mortality, 44*, 1-55.

Katz, J. (1988). *Seductions of crime: Moral and sensual attractions in doing evil.* New York: Basic Books.

Kupersmidt, J. B. et al. (1995). Childhood aggression and peer relations in the context of family and neighborhood factors. *Child Development, 66*, 360-375.

Lee, E. H., & Kim, M. J. (2003). *Media violence, anger, contract with delinquent friends, and bullying at school in Korea.* The 4th Asia-South Pacific Association of Sport

Psychology International Congress Programme & Proceeding(pp. 55-57), July 1, 2003, Seoul: Kookmin University.

Ma, X. (2001). Bullying and being bullied: To what extent are bullies also victims?. *American Educational Research Journal, 38*(2), 351-370.

Michael, F., Leslie, B., Scott, P., Jessica, M., & Sharon, B. (1996). Factors associated with school psychologists perceptions of campus violence. *Psychology in Schools, 33*(1), 28-37.

Murray, J. P. (1999). Studying television violence. In J. K. Asamen & G. L. Berry (Eds.), *Research paradigms, television, and social behavior*(pp. 369-410). Thousand Oaks: Sage.

Nabuzoka, D., & Smith, P. K. (1993). Sociometric status and social behavior of children with and without learning difficulties. *Journal of Child Psychology and Psychiatry, 34*, 1435-1448.

Nansel, T. et al. (2001). Bullying behaviors among U.S. youth: Prevalence and association with psychosocial adjustment. *JAMA: Journal of the American Medical Association, 285*, 2094-2100.

Olweus, D. (1991). Bully/victim problems among schoolchildren: Basic facts and effects of a school-based intervention problem. In D. J. Pepler & K. H. Rubin (Eds.), *The development and treatment of chilldhood aggression*(pp. 411-448). Hillsdale, NJ: Lawrence Erlbaum.

Olweus, D. (1993). *Bullying at school.* Cambridge, MA: Blackwell.

Olweus, D. (1999). Norway. In P. K. Smith et al. (Eds.), *The nature of school bullying: A cross-national perspective*(pp. 28-48). London: Routledge.

Owens, L., & MacMullin, C. (1995). Gender differences in aggression in childhood and adolescents in South Australian schools. *International Journal of Adolescence and Youth, 6*, 21-35.

Owens, L., Slee, P., & Shute, R. (2000). "It hurts a hell of a lot······": The effects of indirect aggression on teenage girls. *School Psychology International, 21*, 359-376.

Paquette, J. A., & Underwood, M. K. (1999). Gender differences in young adolescents' experiences of peer victimization: Social and physical aggression. *Merrill-Palmer Quarterly, 45*(2), 242-266.

Pellegrini, A. D., & Long, J. D. (2002). A longitudinal study of bullying, dominance, and victimization during the transition from primary school through secondary school. *British Journal of Developmental Psychology, 20*, 259-280.

Rigby, K. (1996). *Bullying in schools: And what to do about it.* London: Jessica Kingsley.

Rigby, K. (2004). Addressing bullying in schools: Theoretical perspectives and their implications. *School Psychological International, 25*(3), 287-300.

Rigby, K., Cox, I., & Black, G. (1997). Cooperativeness and bully/victim problem among Australian school children. *The Journal of Social Psychology, 137,* 357-368.

Rigby, K., & Slee, P. (1999). Suicidal ideation among adolescent school children, involvement in bully-victim problems, and perceived social support. *Suicide and Life Threatening Behavior, 29,* 119-130.

Shields, A., & Ciccetti, D. (2001). Parental, maltreatment and emotion dysregulation as risk factors for bullying and victimization in middle childhood. *Journal of Clinical Child Psychology, 30,* 349-363.

Slee, P. T. (1995). Peer victimization and its relationship to depression among: Austrian primary school students. *Personality and Individual Difference, 18,* 57-62.

Smith, P. K. et al. (1999). *The nature of school bullying: A cross-national perspective.* New York: Routledge.

Smith, P. K., & Sharp, S. (1994). The problem of school bullying. In P. K. Smith & S. Sharp(Eds.), *School bullying: Insights and perspectives*(pp. 1-19). London: Routledge.

Snowman, J., & Biehler, R. (2004). 교육심리학: 수업을 위한 심리학적 원리와 적용(*Psychology applied to teaching,* 10th ed.). (강영하, 송재홍, 정미경, 정종진 역). 서울: 아카데미프레스. (원저는 2003년에 출판).

Soriano, M., Soriano, F., & Jimenez, E. (1994). School violence among culturally diverse populations: Sociocultural and institutional consideration. *School Psychology Review, 23*(2), 216-235.

Sullivan, K. (2000). *The anti-bullying handbook.* New York: Oxford University Press.

Sylwester, R. (1999). In search of the roots of adolescent aggression. *Educational Leadership, 57*(1), 65-69.

Thomas, M. R. (2006). *Violence in America's schools: Understanding, prevention, and responses.* Westport, CT: Praeger Publishers.

Voss, L. D., & Mulligan, J. (2000). Bullying in school: Are short pupils at risk? Questionnaire study in cohort. *British Medical Journal, 320*(7235), 610-613.

Walker, H. M., & Gresham, F. M. (1997). Making schools safer and violence-free. *Intervention in School and Clinic, 32,* 199-204.

Welsh, W. N. (2000). The effects of school climate on school disorder. *Annuals of the American academy of Political and Social Science, 567,* 88-107.

Wilson, H. (1980). Parental supervision: A neglected aspect of delinquency. *British Journal of Criminology, 20,* 203-235.

2012년 8월 20일 EBS국제다큐영화제(EIDF)의 개막작으로 상영된 영화 〈Bully〉는 미국의 학교폭력 문제를 다룬 다큐멘터리 형식의 영화다. 이 영화는 미국의 백악관과 미국 의회는 물론 뉴욕주를 비롯한 여러 주 교육청에서 상영되면서 학교폭력에 대한 사회적 메시지를 전달함으로써 미국의 학교현장에 큰 반향을 불러일으켰으며, 우리나라 시·도 교육청에서도 수차례 시사회를 갖고 학교폭력 예방을 위한 영상자료로 활용하고 있다.

이 영화를 제작한 리 허쉬 감독은 학교폭력의 피해자들이 자신들의 이야기를 드러내지 못하고 숨긴다는 사실에 주목하여 1년여 동안 학교폭력 피해를 경험한 다섯 명의 학생과 그 가족을 밀착취재하여 그들의 진솔한 이야기와 일상적인 삶의 모습을 다큐멘터리로 제작하였다. 이 영화에 등장하는 다섯 명의 학교폭력 피해자는 수년 동안 학교 친구들에게 따돌림을 당한 끝에 자살한 타일러 롱, 아스퍼거장애(주: 대인관계 문제를 드러내는 자폐스펙트럼의 일종)를 겪으면서 장애라는 이유로 친구들에게 괴롭힘을 당하는 알렉스, 동성애자라는 이유로 교사의 무관심 속에서 친구들에게 당하는 괴롭힘과 따돌림에 맞서면서 학교를 수석으로 졸업한 켈비, 운동선수이면서 우등생이었지만 친구들의 괴롭힘과 놀림으로 인해 스쿨버스에서 총을 꺼내 들었다는 이유로 구치소에 감금되어 기소된 즈메이야, 그리고 반복적인 따돌림과 괴롭힘을 당한 끝에 11세의 나이로 생을 마감한 타이 스몰리 등이다.

이 영화는 이들 다섯 명이 속해 있는 각 가정과 교실, 학교 식당, 교장실 등 다양한 장면에서 발생하는 학교폭력의 순간들을 클로즈업하면서 피해학생의 부모와 상담교사가 주고받는 대화 내용을 소개하고 있다. 이 영화에서는 가해자가 등장하지 않으며 학교폭력 문제를 해결하기 위해 가해자나 피해자에게 어떻게 해야 한다거나 무엇을 하지 말아야 한다와 같은 규범적 설명이나 분석적 메시지도 제공되지 않는다. 그 대신 이 영화는 학교폭력 피해자에 대한 사실적인 기록을 통해 타인을 있는 그대로 수용하고 공감하며 그에 대한 이해와 배려를 실천하는 방법에 대한 객관적인 메시지를 전달하려고 시도하고 있다.

[교육적 적용]

영화 〈Bully〉는 학교폭력 피해를 경험한 학생 다섯 명과 그들의 가족이 겪는 삶의 이야기를 통해 학생과 교사, 학부모, 학교가 학교폭력의 실상을 객관적으로 들여다보고, 학교폭력이 한 학생과 그 가족의 인생에 어떠한 영향을 주는지에 대해 깊은 통찰을 하도록 돕는다. 따라서 이 영화는 학생, 교사, 그리고 학부모에게 자기반성을 통해 스스로 되돌아보고 학생으로서, 교사로서, 그리고 학부모로서 학교폭력 문제를 해결하기 위해 어떤 역할을 수행해야 하는지를 점검하며 타인을 이해하고 그들에게 배려와 공감을 실천할 수 있는 학교폭력 예방교육 자료로 활용할 수 있다. 영화를 보기 전에 학교폭력 관련 정보나 실태조사 결과를 제공하거나 학교폭력을 경험했거나 목격한 사례를 발표하게 하여 동기를 유발하고, 영화를 감상한 후에는 학생과 교사가 학교폭력 문제에 대해 토론하고 각자의 의견과 경험을 주고받음으로써 학교폭력의 예방 및 대응을 위한 합리적인 태도를 함양하고 학교폭력 피해자에 대한 공감 표현, 진정한 우정에 대한 토론, '방관자 대 대응자'의 역할 연습 등을 통해 필요한 사회적 기술을 익히도록 촉진할 수 있다.

제**3**장

학교폭력의 대책

이 장에서는 학교폭력에 대한 대책을 수립하도록 돕기 위해 현재 우리나라에 소개된 학교폭력의 대처 모형을 소개하고, 학교폭력에 대처하기 위해 지금까지 기울여 온 다양한 노력의 문제점과 한계를 짚어 본다. 또한 주요 국가의 학교폭력 대처방안을 살펴보고, 학교폭력에 대한 우리나라 정부의 대책을 알아본다.

학교폭력에 어떻게 대처할 것인가에 대한 논의는 오래전부터 시작되었고, 여러 나라와 다양한 학문 분야에서 그 대처 모형을 꾸준히 제안해 오고 있다. 학교폭력의 양상과 그 대응은 각 나라의 상황마다 다르다는 점을 고려하여, 많은 학교폭력 대처 모형 중 우리나라에서 제안된 대표적 대처 모형을 소개하고자 한다.

먼저, 공공기관인 한국교육개발원에서 각 분야에서 제안되고 운영된 대처 모형을 종합하여 2006년에 제안한 '학교폭력 대책을 위한 지원체제모형'의 내용을 알아보고자 한다. 다음으로 한국청소년정책연구원에서 엄벌주의적 정책의 대안으로 2014년에 제안한 '학교폭력 해결을 위한 회복적 정의 모형'의 내용을 살펴볼 것이다.

1) 학교폭력 대처를 위한 지원체제모형[1]

(1) 기본 방향

한국교육개발원은 2006년 교육인적자원부 등(2005년)의 '학교폭력 예방 및 대책 5개년 기본 계획'의 추진대책들이 현장에서 제대로 수행될 수 있도록 '학교폭력 대처를 위한 지원체제모형'을 개발하고 그 운영방안을 마련하여 공급하였다. 모형 개발에는 학교폭력 예방 및 대책 5개년 기본 계획의 내용과 함께 교육청 중심 운영 사례와 ONE-STOP 지원센터나 위기청소년지원센터(CYS-Net) 같은 기관 중심 운영 사례에 대한 분석 내용이 포함되어, 우리나라에서 시도된 다양한 모형의 내용을 포괄하고 있다. 학교폭력 예방 및 대책 5개년 기본계획은 2015년 3차에 돌입하고 있지만, 이 모형은 여전히 근간이 되고 있다. 학교폭력 예방 및 근절의 시너지 효과를 제고하기 위해 구축하는 학교폭력 대처를 위한 지원체제 구축의 기본 방향은 다음과 같다.

첫째, 학교폭력 예방 및 대처를 위한 주관 부처는 교육인적자원부로 설정한다.
둘째, 시·도 교육청(지역 교육청)에 학교폭력대책위원회와 학교폭력 전담 장학사를

---

1. 이 소절의 내용은 박효정, 정미경, 박종효(2006)의 『학교폭력 대처를 위한 지원체제 구축 연구』의 내용을 요약·정리한 것으로 각 문장마다 개별적인 인용을 표시하지 않는다.

두어 학교폭력 업무만을 전담하도록 하는데, 지역 규모에 따라 시 · 도 교육청 또는 지역 교육청이 중심이 되고, 이는 해당 지역에서 결정한다.

셋째, 대응 목표(예방, 대처) 수준에 따라 지원체제의 중심기관을 달리한다. 기본적으로 학교와 시 · 도 교육청(또는 지역 교육청)은 상호 협력관계를 유지하면서 공동으로 학교폭력을 예방하고 대처하기 위한 지원체제 중심기관의 역할을 수행한다. 제1수준의 중심은 단위 학교의 학교폭력대책자치위원회가 되며, 제2수준의 중심은 시 · 도 교육청(지역 교육청)의 학교폭력대책위원회가 되어 서로 다른 역할을 수행한다.

넷째, 학교가 학교폭력 예방과 대처에 관하여 일차적으로 책임을 진다. 기존의 지원체제모형이 학교 밖 청소년 상담기관이나 NGO 단체가 중심기관의 역할을 맡고 학교 밖 전문가가 학교폭력 사안 처리의 중재자 역할을 담당하도록 구성되어 있는 것과 구분된다.

(2) 모형

학교폭력 대처를 위한 지원체제모형은 중심기관과 유관기관으로 나뉘는데, 학교 중심의 제1수준 중심기관과 교육청 중심의 제2수준 중심기관으로 구성된다([그림 3-1]). 제1수준 중심기관과 제2수준 중심기관은 서로 분리되어 다른 일을 하는 것이 아니라 상호 유기적으로 협조관계를 유지한다.

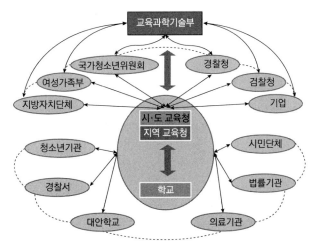

[그림 3-1] 학교폭력 대처를 위한 지원체제모형

출처: 박효정 외(2006: 222).

제1수준 중심기관은 학교의 학교폭력대책자치위원회가 책임을 맡고, 「학교폭력 예방 및 대책에 관한 법률」에서 제시하고 있는 바와 같이 학교장이 학교폭력대책자치위원회의 위원장을 맡으며, 책임 교사(생활부장이나 상담부장), 청소년전문가, 경찰, 의사, 변호사 등이 학교폭력대책자치위원회의 위원이 된다. 학교폭력대책자치위원회는 학교폭력의 예방과 대처에 관한 일련의 의사결정인 학교폭력 예방과 대처에 관한 정책과 사업을 수행한다.

제2수준의 중심기구는 시·도 교육청 및 지역 교육청 내 학교폭력대책위원회가 책임을 맡는다. 학교폭력대책위원회는 학교폭력 예방 및 대처를 위해 필요한 인적·물적 자원을 지원해 줄 뿐 아니라 학교가 학교폭력 관련 업무를 수행하는 데 있어서 겪는 다양한 문제와 어려움을 해결해 주어야 한다. 또한 학교폭력에 관한 국가적 정책이나 사업을 개발하고 이러한 정책과 사업이 일선 학교에서 적절하게 수행할 수 있도록 제반 여건을 마련하는 데 중심적인 역할을 담당한다. 학교폭력 대처를 위한 지원체제모형에서 제시한 학교폭력에 대처하는 구성원과 그 역할을 정리하면 〈표 3-1〉과 같다.

표 3-1 학교폭력 대처를 위한 학교와 교육청의 구성 및 역할

수준	중심기구	구성	역할
1수준 학교	학교폭력 대책자치 위원회	위원장(교감) 교사(책임, 상담, 양호) 청소년전문가 시민 단체/자원봉사 경찰/검찰/변호사 의사 지자체공무원	• 예방교육 계획 수립 및 시행 • 학교폭력 관련 예산 확보 및 집행 인력 확보 • 교육청 학교폭력센터 의뢰 여부 결정 • 학교폭력 사건 처리: 　－가해학생 선도 　－피해학생 치료 　－분쟁 조정
2수준 교육청	학교폭력 대책 위원회	위원장(교육감) 장학관/장학사 청소년전문가 시민 단체/자원봉사 경찰/검찰 전문가 의사 지자체공무원	• 예방교육 계획 수립 및 시행 • 학교폭력 관련 예산 확보 및 학교 지원 • 교육청 관할 학교 예방교육 및 학교폭력 사건 처리에 관한 지도감독 • 학교에서 의뢰한 학교폭력 사안처리: 　－가해학생 선도 　－피해학생 치료 　－분쟁 조정 　－학교폭력 발생 학교의 교사 및 학생 지도

출처: 박효정 외(2006: 223).

(3) 운영

학교폭력 대처를 위해 학교를 중심으로 이루어지는 제1수준과 교육청을 중심으로 이루어지는 제2수준이 함께 운영되어야 한다. 먼저 제1수준에서 학교폭력 대처를 위한 제1수준 지원체제의 중심기구는 학교의 학교폭력대책자치위원회로 학교폭력 사안이 발생하면 다음의 1~2단계를 거쳐 사안을 처리하게 된다. 단위 학교의 학교폭력대책자치위원회에서 분쟁 조정에 실패하거나 사안의 중대함으로 인해 단위 학교의 학교폭력대책자치위원회 위원장이 교육청의 학교폭력대책위원회에 신고하여 지원을 요청할 경우 제2수준의 지원체제가 가동하게 된다. 제2수준 지원체제를 가동하여 학교폭력 사안을 처리하는 과정은 다음의 3~7단계를 거친다.

1단계　「학교폭력 예방 및 대책에 관한 법률」 제2조에서 규정하고 있는 학교폭력 사안이 발생하면 「학교폭력 예방 및 대책에 관한 법률」 제18조에 근거하여, 학교나 부모에게 고지하도록 한다. 이와 같은 학교폭력 사안이 발생하면 1차적으로 학교의 '학교폭력대책자치위원회'가 소집된다. '학교폭력대책자치위원회'는 「학교폭력 예방 및 대책에 관한 법률」에 명시되어 있는 대로 학교폭력 예방 및 대처를 위한 학교 내 상설기구로서 학교폭력 대처를 위한 제1수준 지원체제의 중심기구가 된다. 이때 지원체제는 현재 학교가 연계하고 있는 기관이다.

2단계　학교의 학교폭력대책자치위원회가 사안을 해결하여 가해 · 피해학생이 합의하고, 가해학생에 대한 징계 및 선도, 피해학생에 대한 치료 및 보호가 이루어지면서 사건이 종결된다.

3단계　학교폭력대책자치위원회에서 중재에 실패하거나, 학교폭력대책자치위원회 위원장이 사안 처리를 교내에서 해결하기 어렵다고 판단한 경우, 위원장은 시 · 도 교육청 또는 지역 교육청의 학교폭력대책위원회에 신고한다. 또는 제1수준에서 사건이 종결되었지만 가해 · 피해학생의 추수 지원을 위해 교육청 차원의 학교폭력대책위원회의 지원이 필요할 경우에도 시 · 도 교육청 또는 지역 교육청의 학교폭력대책위원회에 신고한다.

4단계

- 4-a단계: 교육청의 학교폭력대책위원회는 이미 연계되어 있는 기관들을 중심으로 기관 및 인력풀을 구축하고 있어야 한다. 학교폭력대책위원회에 신고가 접수되면 학교폭력대책위원회 학교폭력 전담 장학사가 교육청 차원에서 인증한 청소년 상담기관 또는 NGO의 학교폭력 담당자를 '학교폭력현안대응팀'의 팀장(중재자)으로 선임한다. 이때 선임되는 중재자는 학교의 학교폭력대책자치위원회 구성원 외의 제3의 인물로서 객관적으로 사안을 중재할 수 있는 인물이어야 하며, 학교폭력대책위원회에서 인증하는 일정 자격 요건을 갖춘 자로서 학교 접근의 용이성을 고려하여 선임한다.
- 4-b단계: 학교폭력대책자치위원회의 중재로 사건이 종결되었지만 가해 · 피해학생의 경제적 여건이나 학교와 연계되어 있는 청소년 기관의 인적 · 물적 자원의 한계로 가해학생의 상담이나 선도 또는 피해학생의 치유가 어려울 경우, 단위 학교의 학교폭력대책자치위원회가 교육청의 학교폭력대책위원회에 지원을 요청할 경우 이에 해당되는 지원을 해 준다.

5단계   선임된 중재자는 '학교폭력현안대응팀'을 구성한다. '학교폭력현안대응팀'의 구성 원칙은 학교 여건에 가장 적합한 기관을 대상으로 구성한다. 예를 들어, 학교에서 이미 연계하여 지원받고 있는 법률지원기관, 의료기관이 있을 경우 우선 연계 대상으로 하고, 그렇지 않을 경우 학교에서 근거리 기관을 지정하는 것을 원칙으로 한다. 또한 중재자가 구성하는 '학교폭력현안대응팀'은 학교폭력의 사안별로, 또는 사안의 진행 과정에 따라 그 인적 구성을 다르게 할 수 있다. 예를 들어, 1차적으로 중재자, 청소년 상담기관 담당자, 해당 학교 교사, 경찰 등으로 구성할 수도 있고, 소집 회차가 거듭되면서 1차 구성원 외에 법률지원기관, 의료지원기관의 소속 인사를 추가로 구성할 수도 있다.

6단계   '학교폭력현안대응팀'은 발생한 사안에 대하여 조사를 하고 중재를 위해 노력한다.

7단계

- 7-a단계(중재에 성공했을 경우): '학교폭력현안대응팀'이 중재에 성공할 경우, 가해

자에게 각서, 공개사과문 등을 작성하게 하고 피해자에 대한 보상 기준을 제시하여 가해자가 보상하도록 한다. 이때 치료비 산정 등에 대한 자문을 위해 지원체제 내 의료기관의 지원을 받을 수 있다. 가해학생이 치료비 전액을 지급할 능력이 없을 경우, '학교폭력현안대응팀'의 의료비지급심사위원회(가칭)에서 심사하여 학교폭력 관련 보험금이 지급되도록 지원할 수 있다.

- 7-b단계(중재에 실패했을 경우): 제2수준의 '학교폭력현안대응팀'이 중재에 실패하게 되면 피해자는 경찰서에 신고하거나 소송을 제기하게 된다.

8단계 '학교폭력현안대응팀'의 중재로 분쟁이 조정되고 사안이 종결되거나, 피해자가 소송 제기 또는 경찰에 신고할 경우 '학교폭력현안대응팀'은 해산한다.

2) 학교폭력 해결을 위한 회복적 정의 모형[2]

(1) 기본 방향

한국청소년정책연구원은 2012년 수립된 '학교폭력근절 종합대책'과 2013년 수립된 '현장중심 학교폭력 대책'이 모두 엄벌주의와 분리주의의 정책기조에서 벗어나지 못함으로써 학교폭력을 근본적으로 해결하지 못한다고 지적하면서 '회복적 정의 모형'이라는 새로운 모형을 제안하였다. 학교폭력을 해결하기 위해서는 가해학생에 대한 처벌 중심의 응보적 정의의 관점에서 벗어나 피해를 회복하고 깨어진 관계를 다시 복원하는 것에 초점을 맞춘 회복적 정의에 초점을 두어야 한다고 본다. 회복적 정의의 정신에서 출발한 학교폭력 대처는 다음과 같은 기본방향을 설정하고 있다.

첫째, 회복적인 학교폭력 해결모형으로서 제시한 회복적 정의모형의 도입 목표는 학교폭력으로 인해 발생한 모든 피해와 상처, 그리고 깨어진 관계를 회복하는 것이다. 대상별로 가해학생과 부모의 목표는 '반성과 사과 및 원인치료'이고, 피해학생과 부모의 목표는 '용서와 치유 및 피해회복'이며, 이들을 둘러싼 다른 학생들과 교사들의 목표는 '평화로운 학교문화' 속에서 생활하는 것이고, 지역

---

2. 이 소절의 내용은 이유진, 이창훈, 강지명(2014)의 『학교폭력 해결을 위한 회복적 정의모델 도입 방안 연구』의 내용을 요약·정리한 것으로 각 문장마다 개별적인 인용을 표시하지 않는다.

사회의 목표는 '안전한 환경조성'이다. 이러한 대상별 목표를 통해 '갈등해결과 관계회복'이라는 회복적 정의모형의 궁극적인 목표가 달성될 수 있다.

둘째, 학교 차원의 도입방안으로서 예방활동 단계에서는 현행 학교폭력 예방교육의 빈도를 늘리고, 학생 자치활동의 기본교육 내용에 회복적 갈등해결을 반영하도록 해야 한다. 갈등조정 단계에서는 또래 조정을 통해 화해가 이루어진 사안에 대해서는 자치위원회에 회부하지 않고 종결할 수 있도록 담임종결사안을 확대하고, 또래 조정의 전면 확대를 위해 '또래 조정지원센터'를 설립할 필요가 있다. 또한 분쟁조정의 결과 당사자 간에 합의가 있고 화해가 이루어진 사안에 대해서는 학교폭력대책자치위원회에 회부하지 않고 학교 자체적으로 종결할 수 있어야 한다. 조치결정 단계에서는 회복적 정의의 이념에 반하는 조치인 생활기록부 기재지침을 철회하고, 가해학생 조치와 교우관계 회복기간 제도의 회복적 운영을 위해 가해학생에 대한 회복적 생활지도를 병행해야 하며, 피해학생에 대해서는 담임교사 및 상담교사의 지속적인 관심과 상담 등 심리적 지원이 필요하다.

셋째, 사법절차상의 도입방안으로서 경찰 단계에서는 소년법을 개정하여 '회복적 훈방'제도를 도입하고, 촉법소년에 대해 회복적 선도 프로그램을 운영할 필요가 있다. 검찰 단계에서는 형사조정 대상사건에 학교폭력 사안을 확대 적용하고, '회복적 기소유예'를 운영할 필요가 있다. 법원 단계에서는 화해권고에 따라 화해가 되면 학교폭력대책 자치위원회에 통보하여 조치결정을 면제하고, 청소년회복센터와 같은 '사법형 그룹홈'을 설립해 가해학생의 회복을 도와야 한다. 교정 단계에서는 가해학생에 대한 보호관찰을 통해 회복적 절차에 따른 협의결과 이행을 감독하고, 소년원이나 소년교도소에 수용된 가해학생에 대해 회복적 사회복귀 프로그램을 운영할 필요가 있다.

넷째, 지원체계 구축방안으로서 시설 인프라 구축을 위해 회복적 지원기구인 지역중심 '갈등중재센터'를 설립하고, 전문적인 조정인력을 양성해야 하며, 학교폭력예방법에 회복적 정의와 관련하여 필요한 예산을 수립하도록 명시적 규정을 신설해야 하고, 통일된 운영 매뉴얼을 개발해야 한다. 더불어 회복적 정의에 관한 사회적 인식도 제고 및 저변 확대를 위해 노력해야 한다.

(2) 모형

① 회복적 정의 모형의 대상별 목표

회복적 정의 모형에서는 각 대상에 따라 관계회복을 위한 목표를 제시한다. 가해학생과 부모의 목표는 '반성과 사과 및 원인치료'이고, 피해학생과 부모의 목표는 '용서와 치유 및 피해회복'이며, 이들을 둘러싼 다른 학생들과 교사들의 목표는 '평화로운 학교문화' 속에서 생활하는 것이고, 지역사회의 목표는 '안전한 환경조성'이다. 이러한 대상별 목표를 통해 '갈등해결과 관계회복'이라는 회복적 정의 모형의 궁극적인 목표가 달성될 수 있다.

② 회복적 정의 모형에서의 교사의 역할

회복적 정의 모형에서 교사는 학생에 대해 높은 관심도를 가지고 갈등해결을 위해 개입하고 가해학생의 잘못에 대해서는 엄격하게 대처해야 한다. 그리고 갈등해결의 과정은 교사의 일방적인 조정이 아니라 교사와 학생이 함께 대화를 통해 화해의 결과를 도출해 나가야 한다. 다음 그림에서는 현재 학교에서 학교폭력 해결을 위해 대처하고 있는 방법을 네 가지로 나누어 보여 주고 있는데, 먼저, 교사의 관심도와 엄격성이 모두 낮은 경우에는 아무것도 하지 않는 무관심 상태다. 관심도는 높지만 엄격성은 낮은 경우에 이를 회복적 정의라고 오해하는 경우가 있는데 이러한 방법 역시 회복적 관점에서는 아무것도 하지 않는 상태로 보아야 한다. 교사의 관심도는 낮지만 엄격성은 높은 경우는 기존의 전통적 처벌 방법인 응보적 정의에 따른 해결모델이다. 마지막으

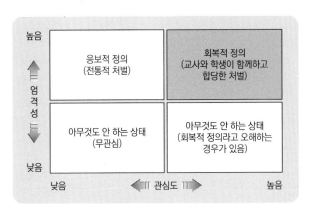

[그림 3-2] 교사의 엄격성과 관심도에 따른 학교폭력 해결 모형

출처: 이유진 외(2014: 209).

로 관심도와 엄격성이 모두 높은 경우가 바로 회복적 정의에 따른 해결모델이다.

③ 단계별 회복적 정의 모형의 도입

모든 학교폭력 처리단계에서 회복적 정의 모형을 도입해야 한다. 학교폭력 예방단계에서부터 학교에서의 처리단계, 사법절차 및 교정 단계까지 학교폭력 처리절차의 모든 단계에서 학교, 지역사회, 경찰, 검찰, 법원, 교정시설 등 모든 기관들이 자신들이 담당

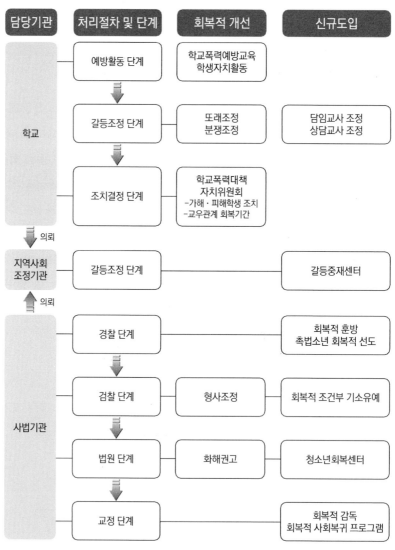

[그림 3-3] 회복적 학교폭력 해결 모형의 흐름도

출처: 이유진 외(2014: 211).

하고 있는 시점과 상황에서 회복적 정의 모형을 도입해 주도적이고 자발적으로 수행해 갈 수 있다. [그림 3-3]에서 제시한 '회복적 학교폭력 해결 모형의 흐름도'에서는 학교폭력 처리절차의 단계별로 기존에 운영되고 있는 제도 중에서 회복적인 개선이 필요한 제도와 회복적 정의의 관점에서 새롭게 도입되어야 할 제도를 보여 주고 있다.

회복적인 관점에서 적용되고 있지만 개선이 필요한 제도는 예방활동 단계의 학교폭력예방교육과 학생자치활동이 있고, 갈등조정 단계에서는 또래 조정과 분쟁조정이 있으며, 조치결정 단계에서는 학교폭력대책자치위원회의 가해·피해학생에 대한 조치와 교우관계 회복기간 제도 등이다. 사법기관 중에서는 검찰단계의 형사조정과 법원 단계의 화해권고가 있다. 다음으로 회복적 정의의 관점에서 새롭게 도입되어야 할 제도로는 학교 갈등조정 단계에서 담임교사 및 상담교사의 조정제도가 인정될 필요가 있고, 사법기관에서는 경찰 단계의 회복적 훈방과 촉법소년(10세 이상 만 14세 미만의 형사미성년자로서 형벌을 받을 범법행위를 한 사람)에 대한 회복적 선도, 검찰 단계의 회복적 조건부 기소유예, 법원 단계의 청소년회복센터, 교정 단계의 회복적 감독과 회복적 사회복귀 프로그램 등이라고 할 수 있다.

2 학교폭력에 대한 외국의 대응 정책

1) 미국의 학교폭력 대응 정책

(1) 학교폭력에 대한 정의

미국에서는 학교폭력을 '불링(bullying)'이라고 명명하고 있는데, 불링은 일반적인 폭력을 모두 지칭하는 단어로 학교라는 장소에서 일어나는 학교폭력을 '스쿨불링' 또는 '불링 인 스쿨'로 따로 지칭하기도 한다. 미국은 연방정부 차원에서 학교폭력을 직접 다루는 법이 존재하지 않기 때문에 정부 차원에서 상정하고 있는 학교폭력에 대한 정의를 찾아보기는 어렵다. 연방정부 부처인 보건·후생부(Department of Health & Human Services)에서 운영하는 학교폭력 예방 웹사이트인 스톱불링(www.stopbullying.gov)에 소개된 정의는 다음과 같다. 정의는 전 세계적으로 통용되는 Olweus(1999)의 개념을 수용한 것이다.

학교폭력이란 '학생들 사이에서 일어나는 원하지 않는 공격적 행동으로 실제적 또는 지각된 힘의 불균형 상태에서 나타난다. 또한 한 번 이상 반복되거나 반복될 가능성이 있고, 학교폭력의 피해자와 가해자는 모두 심각하고 지속적인 문제를 가질 수 있다'. 여기에서 공격성, 힘의 불균형, 반복성은 학교폭력의 정의를 구성하는 요소다. 또한 협박, 소문내기, 신체적 또는 언어적 가해, 한 집단에서 의도적으로 따돌리는 행동 등이 포함되는데, 신체적 폭력, 언어적 폭력, 사회적 폭력의 세 가지 유형이 대표적이다. 최근에는 사이버폭력을 학교폭력의 유형으로 포함시키고 있다(예: Wang, Iannotti, & Nansel, 2009). 신체적 폭력에는 때리기, 밀치기, 발길질하기 등이 포함되고, 언어적 폭력에는 직접적으로 욕을 하거나 상처를 주는 말로 괴롭히는 것이 포함된다. 사회적 폭력은 관계적 폭력이라고 부르는데, 따돌림이나 소문내기와 같이 간접적인 방법으로 행하는 폭력이다. 마지막으로 사이버폭력이란 이메일, 채팅, 문자 등을 통해 일어나는 공격행동으로 청소년들의 컴퓨터 사용과 휴대전화 사용이 증가하면서 최근 나타난 새로운 형태의 학교폭력이다.

(2) 학교폭력의 현황

미국은 학교폭력 문제로 많은 어려움을 겪고 있는 나라로 학교폭력에 대한 현황 자료가 다양하게 제시되고 있다. 그중 가장 대표적인 세 가지 자료를 중심으로 미국 학교폭력의 현황을 알아보고자 한다. 먼저, Nansel 등(2001)은 1998년 봄 미국의 공립과 사립학교의 6학년부터 10학년까지 15,686명이 세계보건기구(World Health Organization: WHO)의 학생건강행동조사(Health Behaviour in School-aged Children survey: HBSC)에 응답한 내용을 분석하여 미국의 학교폭력 실태를 알아보았다. 자신의 학교폭력 가해 또는 피해 경험에 대해 응답한 결과를 분석한 결과, 응답자의 29.9%가 '보통' 또는 '자주' 학교폭력을 경험했다고 응답했다. 그중 13.0%는 가해자, 10.6%는 피해자, 6.3%는 가해자와 피해자를 모두 경험했다고 응답했다. 이러한 학교폭력의 빈도는 9학년과 10학년보다 6~8학년에서 더 높게 나타났다. 그리고 학교폭력에 가담하거나 이를 경험한 학생들은 학교폭력 경험이 없는 학생들보다 심리사회적 적응도가 낮은 것으로 나타났다. 특히 학교폭력 피해 경험이 있는 학생들은 친구 사귀기의 어려움, 급우와의 대인관계 곤란, 외로움 등 심한 사회적 · 정서적 부적응을 경험하는 것으로 나타났고, 사회적으로 소외되어 있거나 사회적 기술이 부족할수록 학교폭력의 대상이 되기 쉽다는 것도 확인되었다. 반면, 학교폭력 가해 경험이 있는 학생들은 술이나 흡연과 같은 부적응 문제를 보이고 있었고, 낮은 학업성취도 및 부정적 학교풍토, 지각 등의 학교부적응을 나타내고 있었다. 또한 학교폭력의 가해 경험과 피해 경험을 모두 가진 학생은 피해학생들이 보이는 사회적·정서적 문제와 가해학생들이 보이는 문제행동을 모두 가지고 있었다.

다음으로 Wang 등(2009)은 2005년 세계보건기구의 학생건강행동조사 자료를 분석하여, 미국 청소년의 학교폭력 빈도와 유형별 빈도를 확인하였다. 미국의 6학년부터 10학년까지 7,182명의 학생이 지난 두 달 동안 적어도 1번 이상 학교폭력에 가담했거나 학교폭력을 당한 경험을 학교폭력 유형별로 응답했다. 학생들이 응답한 내용을 분석한 결과, 20.8%의 학생이 신체적 폭력, 53.6%가 언어적 폭력, 51.4%는 사회적 폭력, 13.6%는 사이버폭력을 경험한 것으로 나타났다. 이를 가해와 피해로 나눠 보면, 지난 두 달 동안 한 번 이상의 신체적 가해는 13.3%, 언어적 가해는 37.4%, 사회적 가해는 27.2%, 사이버 가해는 8.3%로 나타났고, 신체적 피해는 12.8%, 언어적 피해는 36.5%, 사회적 피해는 41.0%, 사이버 피해는 9.8%로 나타났다. 남학생들은 신체적 폭력이나 언어적 폭력을 더 많이 경험하고, 여학생들은 사회적 폭력을 더 많이 경험하는 것을 확인했다. 또한 남학생들은 사이버폭력의 가해자인 경우가 더 많았고, 여학생들은 사이버폭력의 피해자인 경우가 더 많았다. 아프리카계 학생들의 경우 신체적·언어적·사이버폭력의 가해자인 경우가 더 많았고, 언어적·사회적 폭력의 피해자가 되는 경우는 상대적으로 적었다. 부모의 지지가 높을수록 모든 형태의 학교폭력을 경험할 가능성이 낮았고, 친구가 많을수록 학교폭력 가해자가 될 가능성은 높고 학교폭력 피해자가 될 가능성이 낮았지만 사이버폭력은 관련이 적었다.

마지막으로 미국 교육부 산하 교육통계국(National Center for Education Statistics: NCES)의 범죄 및 안전에 관한 학교 조사(School Survey on Crime and Safety, 2013)에 대한 보고서(Robers et al., 2014)를 통해 학교폭력의 현황을 확인할 수 있다. 미국 교육부는 1999~2000학년부터 학교폭력에 대한 조사(SSOCS, 2000)를 시작하여 매년 실시하고 있고, 그에 따른 보고서가 계속 출간되고 있다. 그리고 보고서를 작성하는 데 사용된 전체 자료는 웹사이트를 통해 공개하고 있다(예: 2013년 보고서의 자료를 볼 수 있는 웹사이트 http://nces.ed.gov/programs/crimeindicators/crimeindicators 2013/). 범죄 및 안전에 관한 학교 조사에서는 초·중·고 공립학교 교장들을 대상으로 자신의 학교에서 신체적 공격, 강도, 절도 등의 사건이 일어난 빈도와 교내 범죄 예방과 감소를 위해 운영하고 있는 교내 프로그램, 훈육 규정, 정책 등에 대해 조사하였다. 조사에 포함된 학교폭력은 폭력

(violent incidents), 심한 폭력(serious violent incidents), 절도(theft), 기타(other incidents) 등이다. 2010년 조사에서는 82,800개 학교가 조사에 참여하였고, 이 중 61,100개 학교에서 폭력 관련 사건(violent incidents)이 있었다고 보고(Neiman, 2011)하였다. 이는 전체 조사 학교의 73.8%에 달하고, 발생 건수로는 1,183,700건인 것으로 나타나, 학생 1,000명당 25명 정도가 학교폭력에 관여되었음을 의미한다. 중학교의 경우 1,000명당 40명으로 1,000명당 21명으로 나타난 초등학교보다 발생 빈도가 높았다. 46%의 학교가 적어도 한 명이 무기가 없는 협박을 받은 일이 있다고 보고하였고, 8%의 학교는 적어도 한 명이 무기로 협박을 받은 일이 있다고 보고하였다. 또한 도시에 있는 학교들 중 10%가 학교 밖 폭력조직과 관련된 범죄가 한 건 이상 있었다고 응답한 반면, 도시 외곽의 학교는 5%, 시골의 학교는 2%로 더 낮았다.

(3) 학교폭력에 대한 주요 정책

미국에서도 학교폭력은 점차 시급한 사회적 · 건강적 · 교육적 문제로 인식되어 가고 있고, 학교 관련 입법과 정책에 대한 대중의 관심도 높아지고 있으며, 정치가나 학교운영위원들도 학교폭력의 심각성을 이제 더 이상 외면해서는 안 된다는 입장을 취하게 되었다(Swearer, Limber, & Alley, 2009). 이러한 변화의 촉발점은 1999년 컬럼바인 고등학교(Columbine High School)에서 있었던 학교폭력 피해자에 의한 총기사건이라고 할 수 있고, 이에 이어 지속적인 학교폭력에 시달려 오던 아동 및 청소년들의 자살이 눈에 띄게 증가하면서 더욱 관심이 고조되었다(U.S. Department of Education et al., 2011).

미국에서도 학교폭력의 문제는 우리나라와 마찬가지로 여러 정부 부처가 함께 대응할 문제로 보고 있다. 현재 미국에서는 교육부(Department of Education), 보건 · 후생부(Department of Health & Human Services), 법무부(Department of Justice), 국방부(Department of Defense), 농무부(Department of Agriculture), 내무부(Department of Interior), 장애위원회(National Council on Disability), 연방거래위원회(Federal Trade Commission) 등 8개 정부 부처가 학교폭력 문제에 관여하고 있다. 그러나 미국은 연방정부 차원에서 학교폭력을 직접 다루는 법이 존재하지 않기 때문에 각 주와 교육구마다 서로 다른 방식으로 학교폭력에 접근하고 있다.

한국과 비슷하게 미국에서의 학교폭력은 교육부에서 해결해야 할 문제이자 법무부에서 처리해야 하는 문제로 보는데, 미국에서 학교폭력은 주에 따라서는 범죄행위로 간주한다. 학교폭력이 발생하면 가해자는 가해행위의 동기와 죄질을 고려해 법에 의해 심판받게 되고, 소년법에 따라 처벌을 받게 된다. 그렇기 때문에 각 주의 교육부에서 개발된 학교폭력 예방을 위한 프로그램과 함께 FBI나 질병통제 및 예방센터(Centers for Disease Control and Prevention: CDC)와 같은 연방정부 기관에서 개발된 학교폭력 예방 및 대처 프로그램들이 함께 사용되고 있다.

한 예로 UNITY(Urban Networks to Increase Thriving Youth) 단체의 학교폭력 프로그램을 살펴보면, 이 프로그램은 질병통제 및 예방센터(CDC)의 지원을 받아 개발되어 실행되고 있다. 학교폭력은 대도시의 저소득층 지역에서 빈번히 발생하며, 이로 인해 대도시들은 갱, 집단폭력, 살인, 절도 등의 범죄로 골머리를 앓고 있다. 이에 UNITY에서는 '학교폭력 예방을 위한 대도시 아젠다'라는 프로그램을 운영하여 학교폭력을 사전에 방지하고자 힘쓰고 있다. 이 프로그램을 활용 중인 도시로는 보스턴, 클리브랜드, 디트로이트, 루이즈빌, 미네아폴리스, 뉴올리언즈, 뉴악, 오크랜드, 샌디에고, 시카고, 세인트루이스, 투산 등 미국 전역에 걸쳐져 있다. 이 프로그램은 각 지역에 맞는 학교폭력 예방 전략을 개발 및 실행하도록 지원하고 있으며, 지역사회와의 연계를 강조하고 있다. 더 나아가 UNITY 단체는 법원, 교육기관, 의료기관, 레크리에이션센터, 사회복지기관 등 여러 기관이 동시에 학교폭력 예방을 위해 적극적으로 지원할 수 있도록 정부 차원의 인프라를 구축하고 있다.

앞에서 열거한 국가 및 개인 기관뿐만 아니라 하버드와 UCLA 대학의 보건대학교 예방 연구기관들이 함께 프로그램 개발 및 운영에 참여하고 있다. 이 프로그램의 기본 골자는 학교폭력 예방을 위해 긍정적인 교육환경과 가정환경 조성, 부모의 자녀교육 능력 향상, 청소년들의 리더십 발달, 질 높은 교육 제공, 경제 개발, 수준 높은 방과후 프로그램 제공 등이다. 그다음 단계로 멘토링, 정신건강(정신과 및 상담센터), 가족지지, 문제 해결 능력 향상에 주안을 두고 있다.

미국 교육부에서 실시하고 있는 정부 차원의 학교폭력 예방은 OSDFS부처(Office of Safe and Drug-Free Schools)에서 관여하고 있다. 이 부서는 각 주에서 학교폭력 예방 프로그램을 개발하고 사용할 수 있도록 지원한다. 결국 교육부의 역할은 각 주에서 사용하는 학교폭력 예방 및 대처 프로그램을 지원하는 데 머문다. 실제 연방정부 차원에서 직접 실행하고 있는 프로그램을 살펴보면, 학교약물검사 프로그램(School-Based Student Drug-Testing Programs)처럼 대부분 음주와 약물 사용(예: 마약, 담배)을 예방하고 치료하는 데 중점을 두고 있고, 학교폭력에 초점을 둔 프로그램은 찾아보기 어렵다.

연방정부 차원에서의 노력이 최근 더 늘어나고 있는데, 교육부와 보건·후생부의 주관으로 학교폭력 관련 8개 부처가 모이는 학교폭력 예방회의(Bullying Prevention Summit)를 2010년부터 해마다 개최하고 있다. 1회 모임에서 문제가 제기되어 2011년에는 각 주별 학교폭력 관련 법과 정책을 정리한 보고서인 *Analysis of State Bullying Laws and Policies*가 교육부에서 출간되었다. 또한 미국 보건·후생부는 학교폭력 대처 및 예방을 위한 웹사이트인 스톱불링(stopbullying.gov)을 구축하여 학교폭력과 관련된 다양한 정보를 제공하고 있다.

2) 일본의 학교폭력 대응 정책

(1) 학교폭력에 대한 정의

일본에서는 학교폭력을 이지메와 같은 협소한 의미로 사용하기도 하고, 문제행동이란 광의의 의미로 사용하기도 한다. 일본 학교폭력의 대표적 현상으로 간주하는 이지메(ijime)는 어떤 집단 내 권력자가 그 집단의 한 구성원을 지목하여 정신적 고통이나 신체적 고통을 주기 위해 사회적으로 조정하는 행동으로 정의된다(Taki, 2001). 우리나라에서 '왕따'로 명명되는 집단 따돌림과 유사한 학교폭력이다.

문제행동을 학교의 학생지도 대상으로서 문제가 되는 행동, 청소년의 건전한 발달에 장애가 될 위험이 있는 행동이나 태도로 정의하면서 우리나라의 학교폭력 개념보다 훨씬 광범위하게 문제행동을 정의하고 있다(문용린, 2008). 특히 폭력행위란 학생에 의해 발생하는 폭력행위로 교사에 의한 폭력, 학생 간 폭력, 대인폭력, 기물 파손 등을 모두 지칭하고, 청소년 행동을 법적인 규제 대상으로 보고 14세 이상 18세 미만의 소년에 의한 범죄와 13세 이하의 소년에 의한 범죄 구성 요건에 해당하는 위법행위, 소년이 저지르는 불순이성교제나 야간의 우범행위를 의미하는 비행도 문제행동에 포함된다.

(2) 일본의 학교폭력 현황

문용린 등(2008)은 일본 학교폭력의 현황을 시기로 구분하여 제시하고 있다. 그 내용을 살펴보면, 1951년을 학교폭력 제1정점, 1964년을 학교폭력 제2정점, 1983년을 학교폭력 제3정점으로 보는데, 1980년 중반 이후는 가정 내 폭력, 자살, 이지메 급증의 특징이 이지메, 학교부적응으로 발생하는 등교 거부, 고등학교 중도 퇴학이 주된 사회문제로 대두되는 시기다. 1995년 이후는 학교폭력 제4정점으로 매춘(원조교제), 약물남용 등 청소년 문제가 다양화되면서 사회적으로 학교폭력이 심각한 수준에 이르게 되고, 최근에는 가두범죄(절도, 자전거 도둑, 점유물 횡령), 청소년 흉악범(강도, 살인)과 약물사범, 성범죄, 퇴학 및 가출과 약물남용을 동반하는 성범죄 등 학교폭력의 양상이 점점 더 심각해지고, 연령도 낮아지며, 그 정도가 매우 흉포해지고 있다. 학교폭력의 직접적인 원인이 된 자살 사건이 증가하면서 1996년 일본 문부성(Japanese Minister of Education, 文部省, 현재 文部科学省)은 학교폭력에 대한 연구를 촉구하기도 했다. 그 대표적인 예가 이지메 현상에 관한 모리타 등(Morita et al., 1999)의 연구로 이때부터 일본은 국제적 관점에서 일본의 학교폭력 문제를 조망하기 시작했다.

일본 문부과학성에서는 1983년부터 학교폭력의 빈도를 교육통계조사에 포함하여 조사하고 있다. 1994년부터는 조사 항목이 변화되어 1993년까지의 자료와 1994년 이후 자료 통계치만을 가지고 비교하기는 어렵다. 1994년부터 2004년까지 10년간의 자료(Ministry of Education, Culture, Sports, Science, & Technology, 2007)를 살펴보면, 학교폭력의 발생 빈도는 1995년 최고치를 기록한 이후 점차 감소하는 것으로 나타났다. 2004년 초등에서는 5,551건, 중학교에서는 13,915건, 고등학교에서는 2,121건으로 모두 21,671건이 발생한 것으로 조사되어 중학교에서 상대적으로 학교폭력의 문제가 빈번하게 일어나고 있음을 알 수 있다. 학교폭력이 발생한 학교의 수는 2000년에 최고치를 기록한 이후 감소 추세에 있고, 역시 중학교에서 학교폭력이 발생하는 학교의 수가 많았다.

(3) 일본의 학교폭력 대응 정책

학교 내에서 전개되는 문제행동(폭력행위, 부등교, 이지메)에 효율적으로 대처하기 위하여 1995년부터 전문적인 상담인력인 학교상담사를 각급 공립학교에 배치하기 시작하였다. 이들은 학생 대상의 카운슬링, 교직원 및 보호자에 대한 조언·원조, 학생 카운슬링 등에 관한 정보 수집·제공, 기타 학생 카운슬링과 관련된 각 학교의 업무를 담당하였다. 자격 요건은 일본임상심리자격인정협회의 인증을 받은 임상심리사, 정신과 의사, 심리학 계통의 대학교수, 조교수, 강사(비상근직은 제외)로 지정되었다.

학교폭력에 대한 일본의 최근 대응은 2000년 「아동학대 방지에 관한 법률」을 제정하여 학교 및 교직원에게 조기 발견을 위한 노력 의무와 조기 통고 의무를 부여하고,

2001년 4월부터 형사처분 가능 연령이 16세에서 14세로 낮추는 것으로 「소년법」을 개정하여 흉악범죄를 저지른 청소년과 그 보호자에 대한 처분을 강화했으며, 2004년 '학생의 문제행동 대책 중점 프로그램'과 2006년 '신 아동학생의 문제행동 대책 중점 프로그램'을 책정한 것이 대표적이다(문용린 외, 2008).

2004년 '학생의 문제행동 대책 중점 프로그램'은 학교의 학생지도체제만으로는 청소년들의 학교폭력 문제를 비롯한 다양한 문제에 적절하게 대응하기 곤란하다는 인식하에 지역사회 관계 기관과의 폭넓은 연계의 필요성을 인식하는 것에서 출발한다. 이에 문부과학성에서는 지금까지 개별 학생에 대하여 정확한 대응을 수행하기 위해 학교, 교육위원회, 관계 기관 등으로 구성된 '지원팀'을 편성해 운영하고 있고, 2004년 3월에 학교와 관계 기관의 연계에 관한 연구회 보고서에서 지금까지의 노력의 성과와 과제를 제시하고 있으며, 학교가 관계 기관 등과의 연계를 추진함에 있어서의 기본적 시각과 구체적인 대응책을 제시하고 있다. 또한 '문제행동에 대한 지역사회의 연계추진사업'을 통해서 지금까지 '지원팀(support team)'과 아울러 비행 학생, 등교 거부 학생, 학교 내에서의 심각한 문제행동을 일으키는 학생에 대응하기 위한 학교 복귀 및 교정을 위한 학교 내외의 지원의 장(場) 마련과 이러한 시설들의 기능에 대한 조사연구를 수행하는 '자립지원교실'을 추진하였다(박효정 외, 2006).

일본 정부에서는 2004년 9월 비행 학생들에 대한 비행 징후의 사전 파악, 문제가 심각해지기 이전 단계에서의 적절한 대응이 가능한 지원체제에 관한 기본적인 생각을 정리한 『관계기관 연계에 의한 청소년 지원체제의 구축에 관하여』라는 보고서를 제출하였다. 학생들의 비행, 교내폭력을 방지하기 위하여 학교와 경찰 간의 밀접한 연계의 필요성을 인식하여 전국의 초등학교, 중학교 및 고등학교 중 96%(2,700개교) 학교가 참가한 학교경찰연락협의회를 결성하여 운영하고 있다. 이 뿐만 아니라, 각 지역사회의 경찰과 교육위원회의 협정 체결 및 협조 체제에 기초하여 비행 청소년, 불량행위 청소년, 상습적으로 폭력을 행사하는 청소년 및 그 밖에 건전육성상의 문제를 유발하는 청소년들의 정보에 대하여 경찰과 학교 간의 '학교경찰연락제도' 등을 구축하고 있으며, 일정 부분 효과를 거두고 있는 것으로 알려지고 있다.

또한 2006년 내각부의 「少年非行對策等社會的不適応への對応」에서는 일본에서 이지메, 폭력행위와 같은 문제행동이 우려할 만한 상황에 달해 있는 가운데, 이러한 문제행동을 줄여 나가는 일은 일본 학교가 직면한 현안이라고 제안하는데, 이를 위해 일본 학교에서는 규범의식을 배양하기 위하여 교육, 교육상담 체제를 구축하는 한편, 초·

중학교에서 출석정지제도를 적절하게 운용하고 있다(박효정 외, 2006). 문제행동을 일으키는 학생을 위해 학교와 관계 기관 등으로 구성된 지역사회 지원체제가 활발하게 작동하는데, 경찰에서는 청소년상담활동, 학교와의 정보교환 등을 통하여 괴롭힘 및 학교폭력의 조기 파악을 위해 힘을 기울이며, 집단폭력을 인지한 경우에는 적극적이고 정확하게 사안을 처리하고자 노력하고 있다.

3) 노르웨이의 학교폭력 대응 정책

(1) 학교폭력에 대한 정의

노르웨이에서는 이미 전 세계적인 학교폭력 대처 및 예방 프로그램으로 자리잡은 올베우스 프로그램이 학교폭력에 대한 대처의 중심에 있다. Olweus는 이미 1970년 대에 학교폭력을 한 명 또는 그 이상의 사람들이 반복적이고 장기적으로 행하는 부정적인 행동으로 학교폭력을 정의하였다(Olweus, 1978). 그리고 학교폭력행동은 신체적 폭력, 언어적 학대, 놀리는 표정짓기, 무례한 제스처, 소문내기, 피해자를 집단으로부터 소외시키기 등 다양한 형태를 모두 아우른다(Olweus, 1993).

(2) 노르웨이 학교폭력 현황

노르웨이에서는 학교폭력 현황에 대한 여러 조사연구를 통틀어 볼 때 5~10% 정도의 학생들이 매주 또는 그 이상 동료 학생들로부터 폭력을 당하는 것으로 추산되고 있는데, 어린 학생의 경우 10% 정도, 나이가 많은 학생의 경우 5% 정도이고, 이를 학생 수로 표현하면 4~5만 명 정도의 피해학생과 2만 명 정도의 가해학생이 존재한다(Roland, 2006). 1990년 말 15% 정도의 1~9학년 학생들이 학교폭력의 가해자 또는 피해자로 추정되던 것(Olweus, 1999)과 비교해 보면, 노르웨이의 학교폭력 발생 빈도는 어느 정도 감소하고 있음을 알 수 있다.

최근에 수집된 구체적인 자료는 2005년 세계보건기구(World Health Organization: WHO)의 학생건강행동조사(Health Behaviour in School-aged Children Survey: HBSC)에 노르웨이 학생들이 응답한 내용(HBSC, 2008)으로 확인할 수 있다. 먼저, 학교폭력 피해 경험에 대해서는 11세 여학생의 9%, 남학생의 13%, 13세 여학생의 6%, 남학생의 9%, 15세 여학생의 6%, 남학생의 7%가 지난 두 달 동안 적어도 한 번 이상 학교폭력을 당한 경험이 있다고 응답했다. 학교폭력 가해 경험에 대해서는 11세 여학생의 1%, 남학생의 8%, 13세 여학생의 1%, 남학생의 5%, 15세 여학생의 3%, 남학생의 10%가 지난 두 달 동안 적어도 한 번 이상 학교폭력을 가한 경험이 있다고 응답했다. 이 조사에 응한 38개국의 평균에 비하면 모두 낮은 편을 보이고 있고, 남학생이 여학생보다 학교폭력에 더 많이 관여한다는 것은 다른 나라에서와 마찬가지로 노르웨이에서도 동일하게 나타나고 있다.

또한 최근에는 휴대전화 사용의 급증으로 사이버폭력 빈도가 매우 높아지고 있음에 많은 우려를 하고 있다. 10~16세에 해당하는 5~10학년 학생 중 약 4,500명의 학생을 대상으로 휴대전화 사용 실태를 조사한 결과 5학년 학생의 2/3 이상이 휴대전화를 사용하고 있었고, 문자를 이용한 사이버폭력이 가장 많았으며, 음성통화나 사진의 오용 등도 폭력에 사용되는 것으로 나타났다(Auestad & Roland, 2005). 여학생들 중 거의 15%가 휴대전화를 통한 폭력을 '자주' 경험한다고 응답했고, 5~7학년은 17%로 12%인 8~10학년에 비해 더 높게 나타났다(Roland, 2006).

(3) 노르웨이의 학교폭력 대응 정책

1960년대 말에서 1970년 초 스웨덴에서 일었던 학교폭력 문제에 관한 관심의 영향으로 노르웨이에서도 1970년대와 1980년 사이에 걸쳐 언론, 교사, 부모 사이에서 학교폭력 문제에 대한 관심이 높아지긴 했으나 학교 당국은 공식적으로 아무런 조치를 취하지 않았다(Olweus, 1999). 그러나 1982년 10~14세 청소년 3명이 학교폭력에 시달리다 자살한 사건으로 언론과 대중 사이에 긴장이 고조되면서, 결국 학교폭력 문제에 대한 전국적 캠페인이 1983년 가을 학기부터 교육부(Ministry of Education) 주도로 1~9학년을 대상으로 시작되었다(Olweus, 1999). 이러한 노력은 1990년대와 2000년대에도 계속 이어지는데, 노르웨이 교육/연구부(Ministry of Education & Research)에서 국가적 차원의 학교폭력 예방 및 대처방안 관련 프로그램을 지속적으로 보급하고 있다. 2002년 노르웨이 수상은 최초로 '학교폭력 추방선언'을 승인하며 학교폭력에 대한 무관용 정책(Zero tolerance for bullying)을 채택했다(박효정 외, 2006). 2003년까지 안전한 학교환경에 대한 아동의 권리를 확대시켜 나가면서, 2005년에는 초·중등교육이사회(Directorate for Primary and Secondary Education)가 주관하여 2005~2008 학습 환경 개선에 대한 새로운 전략계획을 개발하는데, 이 계획에는 학교폭력과 괴롭힘 행동을 중단시키고 예방하려는 정책이 포함되어 있다(문용린 외, 2008).

노르웨이는 학교폭력에 대한 대처가 국가적 차원에서 이루어지고 있다는 점에서 지역 단위의 대응책이 강구되고 있는 다른 나라들과 다르다. 이러한 국가적 차원의 개입이 가능한 것은 학교폭력 관련 법이 구체화되어 있기 때문이기도 하다. 노르웨이의 학교폭력 관련 법[3]을 보면, 「교육법」 제2조 제1항 '학교, 훈련 과정과 관련된 모든 사람은 학생, 견습공, 훈련받는 사람들이 공격적인 언어나 행동에 노출되거나 상처받지 않도록 해야 한다.'라고 명시하고 있다. 안전한 학교환경에 대한 학생들의 권리는 2003년도에 신설된 교육법안(「교육법」 9a)에 의해 강화되어, 초·중등학교에 다니는 모든 학생이 건강, 복지, 학습을 촉진하는 유익한 물리적·심리적 환경을 가져야 할 권리가 있음을 강조한다. 「교육법」 제9a-3조항 학교의 심리·사회적 환경에 의하면 '학교에 고용된 사람들은 특정 학생이 괴롭힘 행동, 인종 차별, 폭력을 당한 사실을 숙지하거나 의심할 수 있어야 하며, 가능하면 빨리 해당 문제를 조사하여 학교관리자에게 알려야 한다. 만일 필요하거나 가능하다면 직접 개입하여 조치를 취해야 한다.' 이 법안에 의하면 공격적인 언어와 행동에 의해 상처를 받았다고 하는 학생은 누구든지 학교에 연락할 수 있으며, 필요하다면 학교에 적절한 조치를 취하도록 요구할 수 있다. 만일 학교에서 이러한 요구를 받았다면 가능한 한 피해자를 위한 조치를 조속히 취할 수 있도록 행정적인 의사결정을 내려야 한다. 만일 피해학생이나 부모가 이러한 의사결정에 만족스러워하지 않거나 학교가 피해학생과 부모의 요구를 적절하게 처리해 주지 않으면, 법적인 절차에 의해 상소를 넘겨 줄 수 있고, 학교에서는 지역 당국이 정한 대로 따라야 한다.

정부 주도하에 노르웨이의 학교에서 운영하고 있는 프로그램은 크게 두 가지로 대별되는데, 올베우스 프로그램과 제로 프로그램이 대표적이다(Midthassel & Ertesvåg, 2008). 올베우스 프로그램(Olweus, 1993)은 노르웨이에서의 성공적인 학교폭력 대처 및 예방 프로그램으로 효과를 보이면서, 이제는 전 세계적인 프로그램으로 자리 잡아 가고 있다. 올베우스 프로그램은 학생들의 문제행동의 발달과 변화와 관련된 연구 결과에 기초하여 기본 방침을 정하고, 학교 수준, 학급 수준, 개인 수준에서 학교관계자, 교사, 부모 등 성인들이 해야 할 행동을 구체적으로 제시하고 있다. 올베우스 프로그램은 성인과 아동의 상호작용과 양육태도를 독재적인 관계가 아닌 권위적인 관계로 설정하여, 성인이 아동의 모든 상황에 대한 책임을 지도록 하고 있다(Olweus, 1999). 또한 올베우스

---

3. 노르웨이 학교폭력 관련 법의 내용은 박효정 외(2006), 『학교폭력 대처를 위한 지원체제 구축 연구』에 수록된 내용을 정리한 것임.

프로그램의 성공적인 실시를 위해 2000년대 말에는 베르겐 대학(University of Bergen)의 헤밀센터(HEMIL Centre) 주관의 4단계 훈련프로그램을 표준화하여 제공하고 있고, 프로그램 참여 학교마다 협의회(staff discussion group)를 구성하여 프로그램의 진행 과정을 계속 모니터링하고 협력할 수 있게 하고 있다(Olweus, 2005). 또한 프로그램의 효과에 대한 지속적인 평가를 실시하고 있는데, 베르겐 대학에서 2회에 걸쳐 실시된 대규모 평가가 대표적이다. 2회의 평가에서 모두 올베우스 프로그램을 실시한 학교에서 학교폭력 감소를 확인하였다(Olweus, 2005).

제로 프로그램(Roland, 2006)은 2002년 노르웨이 수상의 학교폭력에 대한 메니페스토 운동 선언과 함께 학교에 도입되기 시작한 프로그램이다. 올베우스 프로그램과 마찬가지로 성인들에게 독재적 태도보다는 권위적 태도를 가져야 함을 기본 방침으로 삼고 있고, 여기에 무관용(zero tolerance) 정책을 더하였다. 무관용이란 다른 학생에 대한 어떤 종류의 불쾌함은 아무리 사소한 것이라도 허용되지 않는 것을 의미한다. 그리고 교사를 비롯한 학교관계자들에게 학교폭력을 알아차리고, 문제를 해결하고, 학교폭력을 예방하고, 학교의 일상 속에서 학교폭력 예방을 통합할 수 있는 지식과 기술을 제공하는 것을 목적으로 구성하였다.

또한 학생들이 학교폭력 없는 학교풍토 조성에 적극적으로 참여할 수 있도록 독려하고, 학교 대표에게 특별한 책임감을 부여하여 부모도 적극적으로 참여하게 하고 있다. 제로 프로그램이 성공적으로 자리를 잡는 데는 1년이 소요된다고 보는데, 이 기간에 1~2명의 어드바이저가 학교를 돕고 교사용 지도서, 학생회용 아이디어북, 실행지침서, 동영상 등 다양한 자료도 공급한다. 교사용 지침서에는 교사가 해야 할 일이 구체적으로 제시되어 있는데, 예를 들면 문제 해결 과정을 피해자 만나기, 피해자 부모 만나기, 피해자에 대한 추수지도, 가해자 만나기, 동조자 만나기, 대화의 순서, 집단상담, 가해자 부모 만나기, 피해자와 가해자 함께 만나기, 추수지도 등으로 제시하고, 각 단계에서 교사가 해야 할 일을 제시하고 있다. 제로 프로그램 운영에 대한 효과성 평가 결과에서는 프로그램을 도입하고 정착시키는 과정에서 모두 교장의 역할이 중요하고, 학교폭력 방지 활동에 익숙하고 확고한 리더십을 가진 학교일수록 프로그램이 보다 성공적으로 운영되는 것으로 나타났다(Midthassel & Ertesvåg, 2008).

노르웨이의 학교폭력 대처는 무엇보다 정책이나 프로그램의 운영이 국가 전체 규모로 움직이는 사회운동의 성격을 갖는다는 점이다. 최근 휴대전화 사용의 확대에 따른 사이버폭력 급증이 어느 나라에서나 새로운 학교폭력 문제로 부상하고 있다. 이에 대한 노르웨이 대처의 한 예를 보면, 유즈유어헤드(Use Your Head) 캠페인이 노르웨이 대표 통신사인 텔레노르의 주도로 2008년부터 실시되고 있다.

4) 독일의 학교폭력 대응 정책[4]

(1) 학교폭력 현황과 대응

독일에서는 학교에서 학교 규칙을 지키는 문제와 수업을 방해하는 행동에 대해 1970년대 이전부터 논의가 있었다. 1970년대와 1980년대에는 학생들의 일탈행동 중 주로 폭력문제와 학교 내의 파괴문제를 다루었다(장일순, 1999). 그리고 1990년대에 들어오면서 독일 내에 학교폭력 현상이 확산되면서 이에 대한 여러 연구가 이루어졌다. 그 하나의 예로 1989년 서독 정부는 미국과 프랑스를 모델로 하여 폭력방지 및 근절을 전담할 수 있는 독립적인 정부위원회를 설치하였다. 이 위원회의 주요 임무는 학교폭력에 관한 이론적인 개념 정립부터 폭력 근절을 위한 현실적인 대안을 마련하는 것을 포함한, 학교폭력 방지를 위한 방안을 수립하는 것이었다. 위원회는 2년여간의 활동을 통해서 1989년, 폭력방지를 위해서 학교 차원에서 수행해야 할 기본적인 정책을 다음과 같이 제안하였다.

첫째, 대규모 학교 설립의 불허용 및 소규모 학급 설치
둘째, 교사 및 보육교사의 훈련을 통한 학습부진 및 행동발달상 문제를 나타내는 학생을 조기 진단할 수 있는 능력 구비
셋째, 관료주의적 교육환경의 개선을 통해 교사의 교육적 기능을 최대화할 수 있는 방향으로 학교환경을 개선
넷째, 폭력 없는 갈등 해소를 가르치는 수업
다섯째, 인지적 · 정서적 · 행동적 · 사회적 관련 이슈와의 연계 속에서의 수업
여섯째, 성교육의 조기실시
일곱째, 체육수업시간의 확대
여덟째, 청소년 폭력 및 범죄에 대한 교사교육
아홉째, 학교폭력 문제 발생 시 교사의 적극적이고 신속한 개입 유도

---

4. 이 내용은 홍종관(2010)의 「독일 학교심리서비스기관」의 일부 내용을 수정 · 보완한 것임.

열째, 교사-학생 간 갈등해결을 위한 학교 내 상담위원회 설치

열한째, 기타 '합의'에 바탕을 둔 문제 해결 방식의 습득을 위한 모든 주도적 노력에 대한 지원 등(신희경, 2005).

특히 1990년 독일이 통일된 이후 사회 전반에 걸친 변화는 청소년 및 학교폭력을 증가시키는 배경이 되었다. 이와 같은 사회적 변화에 부응하기 위해 독일 중앙정부의 교육부는 2000년 1월 제도교육 내에의 인종차별주의에 대응하는 프로젝트 모델을 개발하기로 하였다. 그 결과 다음과 같은 모델이 개발되었다.

첫째, 괴팅엔의 직업교육연구소가 주축이 되어 외국인에 대한 차별 및 적대감에 대응할 수 있는 행동전략

둘째, 브란데브르그의 가족-아동-청소년 연구소가 주축이 되어 폭력예방책으로서 학생의 질적 수준의 향상을 위한 프로그램

셋째, 오토 베네케 장학재단이 주축이 되어 직업학교에서의 다문화 교육 실시 등(신희경, 2005).

2002년 2월 교육계획과 연구촉진을 위한 중앙 및 각 주 정부위원회(BLK)는 학교폭력 방지 프로그램인 '민주주의 학습과 삶(Demokraie Lernen & Leben)'을 실시하기로 한다. 이 프로그램의 핵심 주제는 수업과 프로젝트, 학교문화와 학교조직, 학교 밖의 파트너와의 협력과 같이 세 영역으로 나뉜다. 그리고 이 세 영역은 다시 다음과 같은 세부 주제로 분류된다. 시민교육, 민주주의 교육, 민주주의적 행동 능력, 이해중심의 학습, 민주주의적 학교풍토, 함께하는 삶에 대한 학교 차원에서의 풍토조성, 협동학습, 갈등해결의 방법으로서의 명상, 다양한 프로젝트 실시, 학교 개선을 위한 프로그램, 자기평가, 서비스 학습, 사회도덕교육, 자기효능감, 학교와 지역경제와의 연결, 학교와 지역공동체의 연결 등이다(신희경, 2005).

(2) 학교폭력 대응 정책

현재 독일학교에서는 육체적 폭력, 왕따, 소외시킴 등의 폭력이 많은 학교에서 필수적으로 해결해야 할 문제가 되고 있으며, 전체 학교의 2/3가 예방적 차원의 조치를 하

고 있는 등 다수의 학교가 적극적으로 대처하고 있는 추세다. 헤센주의 '폭력예방, 민주주의 학습' 프로젝트 책임자에 따르면 교사 연수나 학교에 전문가를 배치하는 것은 폭력예방에 큰 효과가 없으며, 교사에게 신속한 해결에 대한 부담을 주는 것 또한 도움이 되지 않는다고 하였다. 가장 큰 효과를 나타내는 것은 가능한 한 사회적 학습을 지속적으로 학교체계에 정착시키는 것이고, 학교체계를 기반으로 학교폭력 예방교육이 이루어질 때에 효과가 크다고 하였다. 구체적인 사례는 다음과 같다.

헤센주의 학교폭력 대응 정책　　폭력예방을 위해 사회적 학습을 실시하고 있는 남부 헤센주의 한 학교는 폭력예방을 학교교육과정에 포함하였다. 5, 6학년은 1학기 2~3회 '상호교제'를 주제로 프로젝트의 날을 실시하고, 7학년은 1주에 1시간 정규수업으로 사회적 학습을 실시하며, 8~10학년은 자의식 강화를 위한 특별수업 과목으로 실시하였다. 수업은 직접 지각하고 경험할 수 있도록 상황에 대한 현실적 연습의 형태로 실시한다. 이러한 형태의 사회적 학습은 학생이 자신의 장점을 발견할 수 있도록 지원하며 자신의 장점을 알고 그 장점을 나타낼 수 있는 사람은 자신의 단점도 극복할 수 있으며 자신의 우세함을 느끼려고 남을 괴롭히지 않는다.

지속적 효과를 위해서는 교사도 다음과 같은 마음가짐을 가지는 것이 필요하다(정수정, 2012).

첫째, 학생의 이야기에 귀 기울여 들어 주고 판단하지 않는다.
둘째, 학생을 이해하고 학급회의에 소집하여 알린다.
셋째, 학생들이 학급회의를 진행하는 것에 동의하고 함부로 끼어들지 않으며 교사도
　　　발언권을 얻어 발표하는 것에 동의한다.
넷째, 학생들이 스스로 또는 학급회의에서 해결할 상황이 되지 않을 경우 교사가 개
　　　입한다.

이는 교사가 학생들의 이야기에 귀 기울여 들어 주고 학생들이 스스로 해결 방법을 찾을 수 있도록 도와주는 것이 필요함을 의미한다. 그리고 질책 없는 개입 프로그램은 왕따문제에 있어 87%가 성공적이라고 한다. 베를린의 경우 학교폭력 대처를 위해서 신고, 지원, 폭력예방을 위한 프로젝트, 이니시어티브 등을 집중적으로 실시한 결과 2010년에는 전년 대비 약 13%의 학교폭력이 감소하였다. 그러나 독일 교직교육과정에 학교폭

력에 대한 교육이 잘 이루어지지 않아 개선이 요구되고 있으며, 학교폭력에 대한 교사 연수가 더 중요해지고 있다(정수정, 2012).

베를린주의 학교폭력 대응 정책　베를린주 교육부는 2003년 회람과 2009년 지침을 통해 학교폭력에 대한 대처방안을 규정하고 있다. 베를린주의 지침에 따르면 학교에서의 학교폭력 예방은 다음과 같은 기본 과제를 수행한다(정수정, 2012; Seifried, 2010).

첫째, 학교 프로그램 내 폭력예방 운영
둘째, 사회적 학습을 통한 학교 분위기 개선
셋째, 학교 내부 네트워크와 학부모 간 협력
넷째, 연수와 교사 간 정보교환을 통해 학교폭력 대처를 위한 교사의 능력 강화
다섯째, 학교폭력을 극복하고 회복하기 위한 공동학습
여섯째, 학교폭력과 비상상황 대처를 위해 학교운영진과 공동으로 위기상황팀 개설
일곱째, 학교심리학자, 청소년지원, 경찰, 보건기관과 협력 등

베를린주 교육부의 학교폭력과 비상상황에 대한 지침에 따르면 학교폭력이나 비상상황이 발생하였을 경우 학교의 권한으로 할 수 있는 조치는 경찰에 신고, 양육권자에게 정보제공, 의료 지원, 피해자 지원, 이원적 직업교육 시 직업교육기관에 정보제공, 「학교법」 62조에 따른 교육적 조치, 「학교법」 63조에 따른 징계조치 등이다.

베를린주에서 실시하고 있는 학교폭력 예방과 개입을 위한 구체적 프로그램은 다음과 같다(정수정, 2012).

첫째, 지역 학교심리센터-베를린주는 지역마다 학교심리센터를 두고 다양한 학교교육문제에 대한 상담을 실시하고 있다. 각 지역 학교심리센터에 학교폭력과 위기상황 대처를 위한 전문심리학자를 배치하여 학교장, 교사, 학부모, 학생에게 학교폭력과 관련하여 필요한 상담을 제공하고 있다.
둘째, 베를린 학교를 위한 비상대책방안 지침서-베를린주 교육부는 베를린주의 모든 학교가 학교폭력이나 비상상황이 발생하였을 경우 일관성 있게 대처할 수 있도록 학교폭력 상황에 대한 주요 정보를 종합하여 지침서를 발간하였다. 학교, 청소년 지원, 학교심리학자, 경찰, 보건기관이 실제 경험을 바탕으로 지침서 발간

에 협력하고 있다.

셋째, 폭력사태 경보시스템-2011년 말까지 베를린주는 85%의 학교에 폭력사태 경보 시스템을 설치하여 위급상황 시 학교 관계자와 경찰이 함께 출동할 수 있도록 하고 있다.

넷째, 위기상황팀(Krisenteam)-베를린주 학교는 교내 위기상황을 관리하기 위해 '위기 상황팀'을 운영하고 있다. 위기상황팀의 과제는 폭력과 위기상황과 관련하여 교내폭력예방과 개입 프로그램을 운영하고 교육적·조직적·기술적 준비를 하며 실제 사건이 발생할 경우 개발한 콘셉트를 적용하여 사건을 처리하며 사후 관리를 하는 것이다. 팀은 학교 운영진 1인을 포함한 학교 관계자 최대 7인까지로 구성된다. 팀 구성원이 아닌 교사, 사회복지사, 훈육교사, 학부모 대표도 관련된 과제에 정기적으로 참여할 수 있으며, 협력의 책임은 교장에게 있다. 팀은 학교특수상황에 따라 위기상황에 따른 책임자, 과제, 개입시기를 확실히 규정해 두고 있다. 베를린주에는 235개의 위기상황팀이 운영 중이다.

다섯째, 그 외 학교폭력방지를 위한 프로젝트와 네트워크-베를린 학교 청소년사회복지 사업, 동료 간 지원을 위한 Buddy programm 시행, 베를린 학교와 경찰 간 209개 협력계약 수립, 중등 1단계 학생을 대상으로 33개교에서 법률 관련 프로그램 실시, 인종차별 없는 학교-용기 있는 학교 운영 등.

독일 베를린주는 지속적으로 학교폭력 예방 프로그램을 실시하여 2011년은 2010년에 비해 학교폭력이 7% 감소하는 긍정적인 결과를 보이고 있다. 베를린주의 경우 학교가 학교폭력 예방을 위해 경찰과 집중적으로 협력하고 있으며, 경찰 또한 학교와의 협력으로 청소년들과 소통할 기회를 가지며 학교폭력을 효과적으로 예방하고 있다. 각 학교에서 운영하고 있는 위기상황팀은 단위학교 책임으로 운영하고 있어 교내 폭력에 관한 학교 구성원의 능동적 소통과 공동의 대처가 가능하게 한다(정수정, 2012).

가정형 대안학교 '하임'을 통한 학교폭력 대응 사례　　독일은 범죄 청소년들의 회복적 사법제도의 하나인 하임(Heim)이라는 대안교육치료시설을 운영하고 있다. 하임은 주택형 위탁시설로 개인방과 작업방, 집단상담실, 목욕실, 식당, 체육실 등을 갖추고 있어 학교생활과 주거생활을 병행할 수 있다. 범죄청소년은 이 시설에서 상주하면서 작업치료, 집단상담, 범죄예방교육 등을 받는다. 학생들은 일정시간 자유시간을 가지고 주말에는 부모와 면회도 할 수 있다. 이곳에서는 주로 사회적응훈련이 이루어진다. 또한 하임에서는 성폭력, 절도, 약물중독 등 범죄 유형에 따라 맞춤형 상담과 교육을 진행한다. 소규모 하임 형태가 대규모 하임 형태보다 치료효과 면에서 낮다는 연구 결과를 바탕으로 현재는 8명 정도의 학생들을 4명의 지도교사가 담당하는 형태로 발전하였다.

5) 호주의 학교폭력 대응 정책

(1) 학교폭력에 대한 정의

호주에서는 현재 2003년 제시된 국가안전학교체제(National Safe Schools Framework: NSSF)에 기초하여 국가적 차원에서 학교폭력에 대응하고 있다. NSSF 이전의 학교폭력에 대한 정의는 '보다 힘이 있는 개인 또는 집단이 스스로를 제대로 방어할 수 없는 개인에게 가하는 억압(탄압)'이라는 것을 일반적으로 받아들이고 있었고, 과격한 스포츠에서 행해지는 행동과는 구분된다는 점도 밝히고 있다(Rigby & Slee, 1999). NSSF가 구축되면서, 학교폭력에 대한 정의는 보다 국제적 표준에 맞춘 형태를 띠게 되는데, NSSF 지침서(MCEECDYA, 2011)에 소개된 학교폭력에 대한 정의는 다음과 같다.

> 학교폭력은 보다 힘이 있는 자가 해치거나 고통을 주거나 겁을 줄 의도를 가지고 특정 학생에게 행하는 신체적 · 언어적 · 사회심리적 · 사회적 공격의 한 형태다. 학교폭력은 면대면과 같이 겉으로 드러나게 나타날 수도 있고, 반복적인 소외나 전자기기를 이용하는 것과 같이 보이지 않게 나타날 수도 있다. 학교폭력의 종류에는 때리거나 발로 차는 신체적 행동이나 욕을 하거나 비난하는 언어적 행동과 같은 면대면 폭력(직접적 폭력이라고 명명하기도 함), 다른 사람 눈에 잘 띄지 않아 어른들이 모르고 지나치는 은밀한 폭력(간접적 폭력이라고 명명하기도 함), 채팅, 문자, 이메일, SNS와 같은 정보기술 매체를 통해 일어나는 사이버폭력 등이 있다.

(2) 호주의 학교폭력 현황

호주에서는 1990년대가 되어서야 학교폭력에 대한 국가적 관심이 고조되기 시작하였다. 따라서 그 이전에는 학교폭력에 대한 실태 자료도 확보하지 못하였으며, 1991년 처음으로 학교폭력에 대한 실태조사 결과를 발표하였다(Rigby & Slee, 1999). 6~16세의

685명을 대상으로 조사한 결과, 13%의 여학생과 17%의 남학생이 학교폭력을 '상당히 자주' 경험하고 있다고 응답했다(Rigby & Slee, 1991). 1993년에서 1996년에 걸쳐 60개 학교에서 조사한 결과에 따르면, 6~7명 중 1명의 학생이 학교폭력을 당하고 있는 것으로 나타났다(Rigby, 1997).

호주에서 실시된 한 학교폭력 실태조사(Cross et al., 2009)에 따르면, 4~9학년 학생들 중 27%(4명 중 1명)가 지난 학기 동안 2~3주에 한 번씩 또는 더 자주 학교폭력을 당했다고 응답했고, 16%가 은밀한 폭력을 당했고, 7~10%가 사이버폭력을 당했다고 응답했다. 학교폭력이 가장 빈번하게 나타나는 학년은 5학년과 8학년으로 나타났는데, 각각 32%와 29%로 나타났다. 그리고 국가정책과 학교에서 행하는 여러 조치로 인해 교내에서 면대면 폭력을 행하기가 점점 어려워지는 반면, 정보화 기술의 발달로 새로운 기능이 추가되면서 사이버폭력이 더 증가할 수 있다는 해석도 나오고 있다.

이러한 학교폭력 발생 빈도는 초등학교에서 중등학교로 넘어가는 이행기에 정점을 이루고 이후 학년이 올라갈수록 감소하는데, 남학생들의 피해경험이 특히 감소한다(Rigby & Phillip, 1999). 그러나 사이버폭력의 경우 정보기술에 접할 수 있는 기회가 많은 고연령 학생들에게서 더 많이 나타났다(Cross et al., 2009). 학교폭력에서의 성차는 호주도 다른 나라와 유사한 양상을 보이는데, 남학생들이 학교폭력 가담률이 더 높고 신체적 폭력을 더 많이 사용한다. 여학생들일수록 눈에 띄지 않는 은밀한 폭력을 더 많이 사용하고, 초등학생일수록 면대면 폭력을 운동장에서 사용하는 경우가 많고, 중등학교에서는 복도와 교실에서 폭력을 당하는 경우가 많다(MCEECDYA, 2011).

(3) 학교폭력 대처 및 예방 정책

호주에서의 학교폭력 대처 및 예방 정책은 1980년대 유럽에서의 학교폭력 정책에 대한 뜨거운 관심에서 출발한다고 볼 수 있는데, 실제 학교폭력이 증가하면서 학교폭력에 대한 적극적인 대처의 필요성을 인식한 것은 1990년대에 이르러서다(Rigby & Slee, 1999). 호주 연방정부는 1994년 『*Sticks and Stones*』(Commonwealth of Austria, 1994)를 출간하면서, 학생들 사이에서 일어나는 학교폭력을 심각한 문제라고 결론을 내리고 이를 근절한다는 전국적인 사회운동을 펼쳐 나가기 시작했다. 이에 따라 학교폭력을 줄이기 위한 중재 프로그램들의 개발, 실행, 평가가 요구되었고, 이러한 요구에 부응하기 위해, Flinders 대학교의 Slee 교수가 학교에서 괴롭힘을 감소시키기 위한 프로그램인

PEACE Pack이라는 중재 프로그램을 개발하였다. PEACE Pack 프로그램은 세 번에 걸쳐 개정되었고, 호주와 일본 등 다른 많은 국가에서 번역되었으며, 효과적인 프로그램으로 평가되어 광범위하게 사용되고 있다(Slee & Mohyla, 2007). 그 구체적 내용은 이 책의 12장을 참고하기 바란다.

호주 정부는 2003년 7월 주정부 및 교육구의 교육장들의 합의 아래 NSSF(National Safe Schools Framework)를 선언하였다. NSSF는 학교에서 일어나는 괴롭힘, 성폭력, 폭행, 무시, 학대 등 모든 형태의 학교폭력에 맞서는 국가 수준의 일관된 접근으로, 2006년까지 호주의 모든 학교에 적용하도록 2004년 법[Schools Assistance Act 2004 (national)]으로 정하였다(McGrath, 2007). 또한 교육장들은 실제 학교에 적용되는 실태를 교육 · 고용 · 훈련 · 청년부(Ministerial Council on Education, Employment, Training and Youth Affairs: MCEETYA)에서 매년 발간하는 『학교연보(*Annual National Report on Schooling in Australia: ANR*)』에 포함시켜 조사할 것에도 합의했다.

NSSF는 모든 학생은 괴롭힘, 성폭력, 폭행, 학대, 무시 등 어떤 형태의 학교폭력도 없는 안전하고 행복한 학습환경에서 생활할 권리를 갖는다는 점을 근간에 두고 구축되었으므로, "모든 호주 학교는 안전하고 지지적이고 존중하는 교수와 학습의 공동체다(All Australian schools are safe, supportive and respectful teaching and learning communities)."라는 비전을 세우고 있다(McGrath, 2007). NSSF는 학생들의 안전과 행복을 향상시키는 안전하고 지지적이고 보호적인 학습공동체로서의 학교를 계획하고, 실천하고, 유지하기 위한 아홉 가지 요소를 다음과 같이 제시하고 있다.

- 안전한 학교에 헌신하는 지도성
- 지지적이고 협력적인 학교풍토
- 정책과 절차
- 교사교육
- 긍정적 행동관리
- 참여 · 기술향상 · 안전한 학교 교육과정
- 학생의 행복과 권리에 초점 두기
- 초기 개입과 지원
- 학생의 행복을 증진시키는 가족 및 지역사회와의 파트너십(MCEECDYA, 2010).

지침서(MCEECDYA, 2011)의 내용도 이 아홉 가지 요소를 중심으로 구체적인 전략을 안내하고 있다. 또한 호주 정부는 NSSF를 통해 주와 지역의 공공기관 및 민간기관과 협력하여 안전 및 지원을 위한 학교폭력위원회(Safe and Supportive Schools Committee on the Bullying)를 구성하고 있고, 노웨이(No Way!)라는 웹사이트(www.bullyingnoway.com.au)를 통해 서비스를 제공하고 있다. 노웨이 웹사이트에서는 부모, 학생, 교사들에게 학교폭력을 다루는 전략, 관련 정책, 교사용 자료 등에 관한 정보를 제공하고 있다. 그리고 여러 나라가 참여하는 OECD 산하 학교폭력근절 네트워크(OECD SBV-net)에도 참여하는 등 호주 국내만이 아니라 국제적 수준의 위원회에서도 학교폭력 대처와 예방을 위한 노력을 기울이고 있다.

③ 학교폭력에 대한 정책적 대안

정부는 지금까지 3차에 걸쳐 학교폭력 예방 및 대책 5개년 기본 계획(관계부처합동, 2014; 교육인적자원부 외, 2005; 교육과학기술부 외, 2009)을 발표하였다. 이와 더불어 2012년에는 관련 부처가 합동으로 '학교폭력근절 종합대책'을 제안했고, 2013년에는 '현장중심 학교폭력 대책'을 내놓았다. 이 가운데 가장 최근에 발표된 '제3차 학교폭력 예방 및 대책 기본계획'의 내용을 살펴봄으로써 현재 학교폭력에 대한 정책적 대안이 무엇인지 알 수 있을 것이다.

1) 학교폭력 관련 대책의 성과와 한계

학교폭력이 사회문제로 대두될 때마다 정부는 특단의 대책을 발표하고 있으나 근본적인 해결책을 제시하지는 못하고 있다. 그동안 3차에 걸친 학교폭력 예방 및 대책 5개년 기본 계획을 지속적으로 시행하고 있고, 2차 학교폭력 예방 및 대책 5개년 계획이 마무리되기도 전에 '학교폭력근절 종합대책'과 '현장중심 학교폭력 대책'을 내놓으며 적극적으로 학교폭력 대처와 예방에 노력을 기울였다. 그동안 학교폭력을 방지하기 위해 정부가 내놓은 주요 시책을 정리해 보면 〈표 3-2〉와 같다.

표 3-2	학교폭력 방지를 위한 정부의 주요 시책		
연도	발표 시책	주요 내용	비고
1995년	학교폭력 근절 종합 대책 발표	학교 등에 학교폭력예방 및 근절대책 반 구성 학교 담당 지도 검사제와 학교 담당 경 찰관제 -초·중·고등학교 3~4개를 묶어 담당 -자녀 안심하고 학교보내기 운동 등 추진	서울 고교생 자살 사건 정부(내무부, 교육부) 검찰청/경찰청
1996년	학교폭력 근절대책 협의회 발족	지방경찰청 경찰서 파출소에 설치 경찰-학교-지방자치단체-민간사회 단체가 공동 참여	
	우범자 명단 관리제 시행	우범자의 명단을 검찰과 경찰에 통보 하여 특별 관리하도록 하는 것	
	학교폭력 예방 종합 대책 발표	정서 순화를 위해 중·고교를 남녀 혼 성반으로 편성	서울시교육청
1997년	자녀 안심하고 학교 보내기 운동 전개	청소년 유해환경 단속 및 자녀 안심 운 동 시범학교 지정 등	법무부
	청소년 보호에 관한 법률 시행	각종 유해환경으로부터 청소년의 보 호·구제 -19세 미만 청소년의 유해업소 출입금 지, 술·담배 판매 금지 등	일진회 집단폭행 사건 법률 제5297호 1997. 3. 7. 제정 1997. 7. 1. 시행
	학교폭력 추방 대책 본부 설치	경찰청을 통해 폭력서클 특별단속활동 전개	내무부
2001년	학교폭력 대책 국민 협의회 발족	시민사회단체 등과 연합하여 학교폭력 추방운동 전개(예: '아동 안전 지킴이 집' 지정)	부산 고교생 살해 사건 교육부 등
2004년	학교폭력 예방 및 대 책에 관한 법률 시행	학교폭력의 정의, 학교폭력대책위원회 설치, 상담실 설치 및 전문상담교사 등 배치, 분쟁조정 및 조치(출석정지제 실 시 등), 신고 및 비밀 엄수 등	법률 제11388호 2004. 1. 29. 제정 2004. 7. 30. 시행
2005년	학교폭력 예방 및 대 책 5개년 기본계획 수립	범정부차원의 학교 폭력 예방·근절 지 원체계 구축 등 5개 정책과제 46개 세 부사업 추진 -'스쿨 폴리스(배움터 지킴이)' 제도 본 격 시행	교육인적자원부, 여성부 등 관계부처 합동 일진회/고교생 자살 사건

2007년	학교폭력 SOS지원단 설립	학교폭력 피해 아동을 위한 심리 정서적 지원 및 법률, 의료, 사안 처리 등 지원	교육과학부 청예단
2010년	제2차 학교폭력 예방 및 대책 5개년 기본계획	학교 폭력 조기예방 강화를 위한 6개 정책과제 78개 세부사업 추진 −등하교 안심알리미 서비스, 맞춤형 예방교육 등	교육과학기술부, 법무부, 행정안전부, 여성부 등 관계부처합동
2011년	청소년 보호에 관한 법률 개정	인터넷게임 셧 다운제, 중독성 경고 문구 표시 의무화, 중독 피해 청소년 국가 지원 등	법률 제23호 2011.5.19 일부개정
2012년	학교폭력 근절 종합 대책 발표(2차)	인성교육 실천 등 폭력 없는 행복한 학교 만들기 7대 실천정책과 78개 세부과제 선정 −'광역단위 학교폭력신고센터(117)' 설치	대구 중학생 자살 사건 교육과학기술부, 여성가족부 등 관계부처합동
	학교폭력 예방 및 대책에 관한 법률 개정	피해학생의 보호 강화, 가해학생에 대한 신속 처리 등	법률 제11388호 2012. 3. 21. 일부 개정
2013년	현장중심 학교폭력 대책: 학교폭력, 현장에서 해결한다 발표	학교폭력 및 학생위험 제로 환경 조성을 통한 행복하고 안전한 학교를 위한 5개 영역 20개 중점과제 선정 −117을 긴급번호로 지정 −교육청 전담부서를 상설조직으로 운영	미래부, 법무부, 행안부, 경찰청, 문체부, 복지부, 여가부, 방송통신위원회 등 관계부처합동
	학교폭력 예방 및 대책에 관한 법률 개정	학생보호인력의 자격요건 등	법률 제11948호 2013. 7. 30. 일부 개정
2015년	제3차 학교폭력 예방 및 대책 기본계획	학교폭력 및 학생위험 제로 환경 조성을 위한 5대 분야 16개 추진과제 선정 −안전교과(단원) 신설 및 주요교과에 '학교폭력 예방교육' 내용 반영 −회복적 관점을 적용한 '교우관계 회복기간' 운영	교육부, 법무부, 국방부, 복지부, 노동부, 여가부, 인사처, 경찰청, 미래부, 식약처, 방송통신위원회, 지자체 등 관계부처합동

2004년 「학교폭력 예방 및 대책에 관한 법률」이 제정된 이후 '5개년 기본계획'이 수립되어 시행되었고, 2014년까지 1차와 2차가 완료되었다. 정부에서는 학교폭력을 4대악의 하나로 규정, 예방 중심의 '현장중심 학교폭력 대책'(2013. 7. 23)을 추진하여 학교폭력 감소 등 가시적인 성과가 나타나기 시작하였으나, 학교 현장의 근본적인 변화를 이끌어 내고 학교폭력 문제의 근원적 해소를 위한 지속적인 정책적 노력이 지속되어야 한다는 판단에서 2015년부터 '제3차 5개년 기본계획'에 착수하게 되었다. 3차 5개년 기

본계획 수립을 위해 제2차 계획의 성과와 한계를 평가한 내용은 다음과 같다('제3차 학교폭력 예방 및 대책 기본계획'에 제시된 내용을 요약한 것임).

첫째, 그간의 학교폭력 정책의 성과는 여섯 가지로 요약될 수 있는데, 학교폭력 안전인프라의 양적 확충, 단위학교의 대응능력 및 책무성 제고, 피해자 치유 및 가해자 선도 시스템의 질 향상, 존중과 배려의 학교문화 조성, 지역사회와 함께하는 학교안정망 구축 등이 대표적이다.

둘째, 이러한 성과에도 불구하도 여전히 남아 있는 과제를 네 가지로 정리하고 있는데, 학교폭력 안전인프라의 질적 제고의 필요, 학부모·교원 등 학교구성원 전체가 참여하는 예방교육의 부재, 학교폭력 신고 후 조치에 대한 불만, 가정과 사회의 공동 노력을 통한 폭력문화 개선의 필요 등이다.

셋째, 이러한 성과와 한계에 대한 평가를 토대로 3차 계획에서 중점을 둔 사항은 다음의 일곱 가지로 요약된다. 학교폭력 사전예방을 위한 체험형 인성교육 강화, 또래중심의 건강한 학교문화 조성, 학교폭력 안전인프라의 기능 고도화 및 학생안전구역 확대, 사안 신고체계의 다양화와 사안처리 공정성 확보, 피해 및 가해학생에 대한 회복적 관점의 관계회복 지원 강화, 가정의 역할 및 교육 기능 회복, 가정·학교·사회가 함께하는 학교폭력 대응체제 구축 등이 그 내용이다. 이를 위해 다음의 새로운 제도가 도입될 예정이다.

• 안전교과(단원) 신설 및 주요교과에 '학교폭력 예방교육' 내용 반영
• '학교폭력 예방 테마공원(가칭)', 사이버폭력 대응 가상체험 및 연구학교 운영
• 신축 및 개축 학교에 대한 범죄예방환경설계(CPTED) 적용 의무화
• 피해학생 특화 중앙전문치유센터 운영
• 회복적 관점을 적용한 '교우관계 회복기간' 운영
• 폭력문화 개선을 위한 '사회폭력 관계부처 협의체' 운영
• 자녀의 발달단계별, 학교급별 부모 교육 실시

2) 주요 추진과제

'제3차 학교폭력 예방 및 대책 기본계획'은 학교폭력 및 학생위험 제로 환경 조성이

라는 목표 아래 5개 분야 16개 추진과제를 설정하고 있다. 각 분야별 새롭게 추진되는 과제를 중심으로 그 내용을 살펴보면 다음과 같다('제3차 학교폭력 예방 및 대책 기본계획'에 제시된 내용을 요약한 것임).

(1) 인성교육 중심 학교폭력 예방 강화

인성교육은 학교폭력 문제를 근본적으로 해결할 수 있는 영역으로 가장 먼저 제시되는 영역이다. 어울림 프로그램, 학생자치활동, 문화·예술·체육 체험 등 현장 중심의 다양한 학교폭력 예방 프로그램이 증가하고 있으나, 교육과정 내 학교폭력 예방의 비중이 미미하고 학교급–교과–단원별 연계성 없이 구성되어 있어 학교폭력 예방 교육의 사각지대가 발생한다는 점이 여전히 문제점으로 지적되고 있다. 이를 해결하기 위해 인성교육 영역에서는 '인성 함양을 통한 학교폭력 사전 예방', '또래활동을 통한 건전한 학교문화 조성', '체험중심 학교폭력 예방활동 강화', '폭력유형 및 추세에 따른 대응 강화' 등 네 가지 추진과제를 선정하였다. 안전교과(단원) 신설 및 주요 교과에 '학교폭력 예방교육' 내용 반영이라는 새로운 과제를 채택하고, 국어·영어 등 주요교과 내에 수필, 에피소드 등 학교폭력을 주제로 한 지문 내용 포함 및 활용할 것을 제시하고 있다.

(2) 학교폭력 대응 안전인프라 확충

학교폭력 등으로부터 안전한 학교 환경 조성을 위해 학생안전구역(Safe Zone)을 마련하고 관리하는 것은 가장 기초적 대응전략이라고 할 수 있다. 고화소 CCTV 설치와 통합관제센터 구축 및 연계로 학교 내외의 안전인프라를 확충해 나가고 있고, 학교전담경찰관, 배움터지킴이 등의 학생보호인력의 배치도 이루어지고 있으나 확대 추진 및 내실화가 필요하다. 이에 '학교폭력 위해요인 지속적 해소', '학교전담경찰관 및 배움터지킴이 등 학생보호인력 확충', '학교 밖 안전관리 강화' 등 세 가지 추진과제를 선정하였다. 특히, 학교에 범죄예방환경설계(CPTED) 적용이 새롭게 추진하는데, 2015년에 전체 학교를 대상으로 자체점검을 할 예정이다. 또한 학교의 신축 및 개축 시에는 셉티드 적용이 의무화된다.

비전	행복하고 안전한 학교
목표	학교폭력 및 학생위험 제로 환경 조성
전략	◎ 전반적 학교 문화 개선과 함께 취약요인 중점 관리 ◎ 대상별 · 유형별 · 시기별 맞춤형 대응 강화 ◎ 단위학교의 실효성 있는 자율적 예방활동 활성화

5대 분야	16개 추진과제
1 인성교육 중심 학교폭력 예방 강화	1 인성 함양을 통한 학교폭력 사전 예방 2 또래활동을 통한 건전한 학교문화 조성 3 체험중심 학교폭력 예방활동 강화 4 폭력유형 및 추세에 따른 대응 강화
2 학교폭력 대응 안전인프라 확충	5 학교폭력 위해요인 지속적 해소 6 학생보호인력 확충 7 학교 밖 안전관리 강화
3 공정한 사안처리 및 학교 역량 강화	8 학교폭력 조기 감지 · 신고 체계 강화 9 사안처리의 공정성 확보 10 학교의 학교폭력 대응 역량 강화
4 피해학생 보호 · 치유 및 가해학생 선도	11 피해학생 보호 및 치유 지원 내실화 12 가해학생 맞춤형 교육 및 선도 강화 13 관계 회복을 위한 프로그램 강화
5 전 사회적 대응체제 구축	14 가정의 역할 및 교육기능 강화 15 지역사회 역할 및 책무성 강화 16 대국민 인식제고 및 전 사회적 대응체제 구축

[그림 3-4] '제3차 학교폭력 예방 및 대책 기본계획'의 추진방향

출처: 관계부처합동(2014: 11).

(3) 공정한 사안처리 및 학교 역량 강화

현재 실시되고 있는 학교폭력 사안처리의 주요 내용을 보면, 초등학교 4학년부터 고등학생 전체를 대상으로 연 2회 학교폭력 실태조사를 실시하여 후속조치, 117 학교폭력 신고·상담센터를 운영, 교내 학교폭력대책자치위원회 운영, 교원의 학교폭력 대응 역량 강화를 위해 학교장을 비롯한 모든 교원에게 주기적인 상담연수기회 제공 등을 시행하고 있으나, 학교폭력대책자치위원회 진행과정, 전문성·공정성에 대한 문제가 지속적으로 제기되고 있고 재심건수는 증가되고 있는 실정이다. 이에 3차 기본계획에서는 '학교폭력 조기 감지·신고 체계 강화', '사안처리의 공정성 확보', '학교의 학교폭력 대응 역량 강화' 등 세 가지 과제를 제시하고 있다. 특히, 사안처리의 공정성 확보를 위해 학교운영의 특성상 주의의무가 필요한 학교 관리자의 책임을 강화하고, 중앙 및 교육청 단위에 '사안처리 점검·지원단'을 운영하여 사안처리를 지원할 계획이다.

(4) 피해학생 보호·치유 및 가해학생 선도

학교폭력으로 인한 피해학생과 가해학생을 조력하여 정상적인 발달을 돕는 일은 학교폭력 대처에서 가장 중요한 과제일 것이다. 학교폭력 문제 등으로 인한 위기학생 지원을 위해 Wee 클래스, Wee 센터, Wee 스쿨, 전문상담교사 등의 인프라를 대폭 확충해 왔고, 피해학생 즉시 보호 및 가해학생 선도를 위한 격리, 선치료비 지원 등 피해학생 우선 지원을 확대하고 지원책도 다양화했다. 그러나 피해학생과 가해학생의 관계회복을 통해 학교폭력의 문제를 근본적으로 해결하기 위한 접근의 필요성이 여전히 제기되고 있다. 이에 '피해학생 보호 및 치유 지원 내실화', '가해학생에 대한 맞춤형 교육 및 선도 강화', '관계회복을 위한 프로그램 강화' 등 세 가지 과제를 선정하여 추진하고 있다. 특히, 피해학생들을 위해 Wee 스쿨의 확대만이 아니라 학교폭력 예방·치유를 위한 전문 연구, 치유·예방 프로그램 개발 등의 기능을 수행하는 '학교폭력예방치유센터'를 운영할 계획이다. 또한 '회복적 관점'을 적용한 '교우관계 회복기간' 운영을 도입할 예정인데, 다음과 같은 계획을 제시하고 있다.

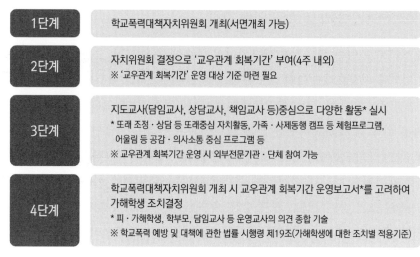

1단계	학교폭력대책자치위원회 개최(서면개최 가능)
2단계	자치위원회 결정으로 '교우관계 회복기간' 부여(4주 내외) ※ '교우관계 회복기간' 운영 대상 기준 마련 필요
3단계	지도교사(담임교사, 상담교사, 책임교사 등)중심으로 다양한 활동* 실시 * 또래 조정·상담 등 또래중심 자치활동, 가족·사제동행 캠프 등 체험프로그램, 어울림 등 공감·의사소통 중심 프로그램 등 ※ 교우관계 회복기간 운영 시 외부전문기관·단체 참여 가능
4단계	학교폭력대책자치위원회 개최 시 교우관계 회복기간 운영보고서*를 고려하여 가해학생 조치결정 * 피·가해학생, 학부모, 담임교사 등 운영교사의 의견 종합 기술 ※ 학교폭력 예방 및 대책에 관한 법률 시행령 제19조(가해학생에 대한 조치별 적용기준)

[그림 3-5] 교우관계 회복기간 운영 방안

출처: 관계부처합동(2014: 52).

(5) 전 사회적 대응체제 구축

학교폭력은 학교 또는 가정에서만의 노력으로 해결이 어렵고, 사회 전체가 노력을 기울여야 할 사안이다. 학교폭력을 근본적으로 해소하기 위하여 가정의 교육기능 회복을 위한 여러 프로그램(학부모 교육, 교육기부형 학교체험)이 시행되고 있고, 지자체를 중심으로 교육지원청, 경찰, 민간기관 등 유관기관 간 협력체제 구축을 통한 학교폭력 예방 및 근절 활동도 계속되고 있다. 여전히 학교폭력 문제의 근본적 해결을 위한 인식제고 공익광고 등 홍보강화로 전 사회가 지속적인 관심을 가져야 한다는 사회적 분위기 형성이 필요하다. 이에 '가정의 역할 및 교육기능 강화', '지역사회 역할 및 책무성 강화', '대국민 인식제고 및 전 사회적 대응체계 구축' 등 세 가지 과제가 추진될 예정이다. 자녀에 대한 출생신고를 할 때부터 단계별 맞춤형 부모교육을 실시할 계획이고, 자녀에 대한 부모의 양육태도 및 법적의무 등에 대한 교육자료(리플릿, 책자 등)를 배포하고 온·오프라인 교육도 실시할 예정이다. 또한 가정-학교-군대-사회로 이어지는 폭력문화 개선을 위한 '사회폭력 관계부처 협의체(가칭)'를 구성하여 운영할 계획도 제시되었다.

지금까지 살펴본 16개 과제는 다음에 제시된 바와 같이, 정부의 각 부처만이 아니라 광역단위, 기초단위, 단위학교까지 모두 협력하여 추진될 예정이다.

교육부 • 기본계획 (5개년) 수립 • 교육청 성과 평가 · 공표 • 대책실무위원회 운영	**중앙** 학교폭력대책위원회 (위원장: 국무총리, 민간전문가) • 학교폭력 예방 및 대책에 관한 주요정책 심의	미래부, 여가부, 복지부, 안전처, 경찰청 등
교육감 • 시 · 도교육청 계획수립 • 교육청 내 전담부서 설치 • 사안처리점검단 운영 • 치료 · 교육 기관 지정	**광역단위** 학교폭력대책지역위원회 (위원장: 부단체장) • 기본계획에 따라 매년 지역의 학교폭력 예방 대책 수립	117 신고센터, 지방경찰청, 관계기관 등
교육장 • 학부모 예방교육 • 사안 발생 시 처리 지원	**기초단위** 학교폭력대책지역협의회 (위원장: 부단체장) • 지역단위 학교폭력 예방 사업 추진 • 상호협력 · 지원방안 협의	전문지원기관, 민간단체
교육장 • 학교폭력 예방 및 대책에 관한 학교계획 수립 · 시행 • 학교폭력전담기구설치	**학교** 학교폭력대책자치위원회 • 학교폭력예방 및 대책을 위한 심의 • 피해학생 보호, 가해학생 선도	경찰서, 학부모, 민간전문가

[그림 3-6] 학교폭력 기본계획 추진 체계도

출처: 관계부처합동(2014: 62).

4. 학교폭력에 대한 정책 전망

　정부는 3차에 걸쳐 학교폭력 예방 및 대책 5개년 기본 계획을 내놓았지만, 학교폭력은 여전히 사라지지 않고 있다. 학교폭력의 괴로움을 극복하지 못해 스스로 목숨을 끊는 청소년들에 대한 소식이 알려지면서, 정부는 2012년 다시 학교폭력 근절에 대한 의지를 표명하기도 했다.

　외국의 사례들을 살펴보면, 어느 나라에서나 학교폭력 근절을 위한 정부 차원의 집중적 노력을 기울였던 시기가 있다. 2012년 한국의 상황과 유사하게 모든 국민을 놀라게 할 학교폭력 사건이 사회적 이슈가 되면서, 학교폭력 근절에 대한 정책에 집중하고 실제 학교폭력을 경감시키게 된 것을 확인할 수 있다. 우리나라도 다른 나라에서와 마찬가지로 이 사건이 계기가 되어 학교폭력 근절을 위한 정책적 노력이 지속되고 있다.

각국의 학교폭력 예방 및 대책 프로그램의 성공 요인을 분석한 다음의 내용(Jimerson & Huai, 2010)을 반영하여 앞으로 학교폭력 관련 정책이 성공적으로 추진되기를 바란다.

1) 학교폭력 예방 및 대처 활동 증진을 위한 지원체제

- 낮은 연령에서 시작하여 학령기 동안 지속적인 노력을 기울인다.
- 학교행정가와 학교폭력위원회의 강력한 지도성이 필요하다.
- 학교폭력 프로그램의 기획 및 실행 단계에 부모와 지역사회가 참여한다.
- 교사와 학생 지원 전문가의 지속적인 헌신이 필요하다.
- 프로그램을 쇄신하고 지속해 나가기 위한 프로그램 운영자 교육을 지속적으로 운영한다.
- 학생들의 다양성에 부응하는 다문화적 프로그램을 개발한다.
- 학생의 사회적 · 정서적 · 인지적 발달 수준에 맞는 프로그램을 개발한다.

2) 학교 수준 학교폭력 예방 및 대처 활동

- 학교에서 실시되고 있는 학교폭력 관련 프로그램의 특성과 정도를 파악할 수 있는 학생조사를 실시하고, 이를 기초선으로 삼아 다음 단계 프로그램을 개발하고 실행한다.
- 교사, 학교행정가, 상담가, 학부모 대표, 지역사회 관련 인사, 학교 내 직원 등으로 구성된 학교폭력 예방 및 대처를 위한 위원회를 구성하고, 이들이 지속적으로 프로그램을 기획하고, 실행하고, 점검하고, 평가한다.
- 설문조사의 결과를 검토하고, 해당 학교의 폭력문제를 논의하고, 학교폭력 예방 및 대처 활동에 포함할 내용을 확정하는 날을 따로 정한다.
- 전체 학생과 학부모에게 프로그램의 시작을 공식적으로 알리는 교내 이벤트를 실시한다.
- 교내에서 학교폭력이 빈번하게 일어나는 장소에 대한 순찰과 감시를 강화한다.
- 학교폭력에 관한 학교 전체 규칙과 처벌을 확립하고 홍보한다.
- 긍정적이고 친사회적인 행동을 증진하고 강화하는 학교풍토를 조성한다.
- 학부모 모임, 공개수업, 폭력예방 프로그램 등에 학부모들이 적극적으로 참여하도

록 유도하고, 학교행사 계획에도 학부모를 적극 참여시킨다.

- 학교폭력에 대한 학생들의 토론, 역할연기, 창의적 체험활동 등을 위한 정규 시간을 학급 단위로 마련하여 교사가 운영한다.

3) 개인 수준 학교폭력 예방 및 대처 활동

- 학생 조력서비스 전문가를 비롯한 학교관계자는 학교폭력 발생 시마다 피해자와 가해자를 만나는 등 즉각적인 개입활동을 한다.
- 문제를 해결하고 갈등을 줄이기 위해 학교폭력 가해자 및 피해자의 부모의 도움을 구한다.
- 긍정적인 또래관계 형성과 사회적 기술 증진을 위해 학교폭력 피해자를 도울 수 있는 '친구 집단'이나 다른 지지원을 만들어 준다.
- 학교상담자나 정신과 전문의를 적절히 개입시킨다.

4) 지역사회 수준 학교폭력 예방 및 대처 활동

- 지역사회 인사들의 모임을 통해 지역사회 거주자들에게 프로그램을 널리 알리고, 지역사회 언론매체를 통해 학교의 노력을 홍보한다.
- 학교폭력 예방 및 대처 프로그램에 지역사회 구성원을 참여시킨다.
- 학교폭력 관련 프로그램의 핵심 요소를 여름 성경학교 교육과정에 포함시키는 것과 같은 방법으로 지역사회 구성원, 학생, 학교관계자들이 지역사회 내에서 학교폭력 대처 및 예방을 위해 노력한다.

5) 학교행정가의 학교폭력 예방 및 대처 활동

- 학생 및 교직원 대상 조사를 통해 학교폭력 문제에 대한 인식과 안목을 키운다.
- 운동장, 교실, 복도, 화장실, 식당, 기타 학교에서 폭력이 발생할 수 있는 모든 장소에서 학생들을 꼼꼼하게 관찰한다.
- 학교폭력 문제에 대한 경각심을 높이고 학교폭력에 대한 허용 수준을 낮추기 위해 전체 학생 모임과 교직원 교육을 개최한다.

- 학교폭력 관련 규칙을 비롯한 명확한 행동 지침을 모든 학생에게 알리고 게시한다.
- 교내 학부모 센터를 설립하여 학교의 다양한 활동에 참여할 학부모를 선발, 구성, 촉진한다.
- 성적 차별에 관한 법적 정책과 절차를 준수하고, 그 내용을 학생과 학부모에게 알린다.
- 학교폭력을 호소하는 부모의 말을 믿고 경청한다. 그리고 이러한 보고 내용을 학교 수준에서 조사하고 해결할 수 있는 절차를 미리 마련하여 학교폭력이 지속되는 것을 막는다.
- 학생들의 긍정적이고 친사회적인 행동에 대한 보상 전략을 개발한다.
- 학생 개개인의 특별한 재능, 취미, 흥미, 능력을 인정하여 자기존중감을 높여 주는 학교 전체 프로그램과 학급 단위 프로그램을 제공하고, 친구들의 서로 다른 점을 이해하고 인정해 주는 역량을 키워 준다.

6) 교사의 학교폭력 예방 및 대처 활동

- 학교폭력에 대해 이야기할 수 있는 기회를 학생들에게 주고, 학교폭력을 수용할 수 없는 행동으로 규정하는 의견을 지지한다.
- 학교폭력 관련 학급규칙을 학생들과 함께 만든다.
- 학교폭력이 어떤 상처를 남길 수 있고 이를 막기 위해 어떤 전략이 필요한지 등을 토론해 볼 시간을 학급활동으로 제공한다.
- 학교폭력을 목격했을 때 어떻게 해야 하는지에 대한 구체적인 학급 내 행동지침을 만든다.
- 협동을 필요로 하는 숙제를 통해 협동심을 가르친다. 이러한 협동 경험을 통해 학생들은 협상하는 방법과 요구하지 않고 주장하는 방법을 배울 수 있다. 이때 소집단을 다양한 방식으로 구성하고, 각 집단에서 구성원들을 어떻게 다루는지 점검한다.
- 학교폭력을 목격하면 즉시 대응한다. 모든 교사와 교직원은 모든 학생을 사랑하고 어느 한 학생도 잘못된 대우를 받는 것을 용서하지 않는다는 것을 보여 주어야 한다. 학교폭력에 즉각적으로 대응하고 그 문제를 직접적으로 다루어 성인은 피해자와 방관자를 모두 보호하고 있음을 알린다.
- 학교폭력에 대한 확인은 개별적으로 만나 실시한다. 또래들 앞에서 가해를 인정하

게 하면 오히려 가해자의 지위를 상승시켜 더 심한 공격으로 이끈다.

- 학교폭력을 확인할 때는 피해자의 부모와 가해자의 부모에게 모두 알리고 신속하게 해결책을 찾는다.
- 피해자와 가해자 모두 적절한 상담전문가에게 상담을 의뢰한다.
- 필요할 경우 피해자를 보호한다. 여기에서 보호책이란 친구의 무리를 만들어 주거나 의존할 수 있는 선배를 소개해 주거나 수업 관련 정보나 학사 일정을 공유할 친구를 찾아 주는 것 등이 될 수 있다.
- 학교폭력을 호소하는 학부모의 말을 귀담아 듣고, 즉각적이고 적절한 학교 수준의 대처를 할 수 있도록 즉시 그 사안에 대해 조사한다.
- 학교폭력 상황에 대해 서로의 시시비비를 가려 주는 중간자 역할을 하려고 해서는 안 된다. 피해자와 가해자의 힘의 차이 때문에 피해자는 그 과정으로 인해 더 희생을 당한다고 느끼거나 뭔가 자신이 잘못했다고 생각할 수 있다.

 연구 과제

1 학교폭력 대응의 회복적 정의 모형에서 제시한 교사가 해야 할 일이 무엇인지 설명하시오.

2 학교폭력에 대한 외국의 대응 정책이 주는 시사점이 무엇인지 세 가지 이상 요약하여 기술하시오.

3 2015년에 발표된 '제3차 학교폭력 예방 및 대책 기본계획'이 실제 학교현장에서 어떻게 실천되고 있는지 조사하고, 그 내용을 평가하시오.

참고문헌

관계부처합동(2012). 학교폭력근절 종합대책. 서울: 관계부처합동.
관계부처합동(2013). 현장 중심 학교폭력 대책: 학교폭력, 현장에서 해결한다. 서울: 관계부처합동.
관계부처합동(2014). 2015-19 제3차 학교폭력 예방 및 대책 기본계획. 서울: 관계부처합동.
교육과학기술부, 방송통신위원회, 법무부, 행정안전부, 보건복지가족부, 여성부, 대검찰청, 경찰청(2009). 학교폭력 예방 및 대책 5개년 기본 계획(2010-2014). 서울: 교육과학기술부, 방송통신위원회, 법무부, 행정안전부, 보건복지가족부, 여성부, 대검찰청, 경찰청.

교육인적자원부, 청소년보호위원회, 행정자치부, 문화관광부, 정보통신부, 여성부, 대검찰청, 경찰청(2005). 학교폭력 예방 및 대책 5개년 기본 계획(2005-2009). 서울: 교육과학기술부, 방송통신위원회, 법무부, 행정안전부, 보건복지가족부, 여성부, 대검찰청, 경찰청.

문용린, 임재연, 이유미, 강주현, 김태희, 김충식, 김현수, 김영란, 이정옥, 박종효, 이진국, 신순갑, 최지영, 김미란, 리하르트 권더, 최정원, 장맹배, 이기숙, 김미연, 홍경숙, 장현우(2008). 학교폭력 위기개입의 이론과 실제. 서울: 학지사.

박효정, 정미경, 박종효(2006). 학교폭력 대처를 위한 지원체제 구축 연구. 서울: 한국교육개발원.

박효정, 정미경, 박종효(2007). 학교폭력 대처를 위한 지원체제모형 타당화 연구. 서울: 한국교육개발원.

서울특별시·자녀안심운동 서울협의회(2003). 각국의 학교폭력 대처방안. 서울: 서울특별시·자녀안심운동 서울협의회.

신희경(2005). 독일: 학교폭력에 어떻게 대처할 것인가?. 교육정책 포럼, 제113호. 서울: 한국교육개발원.

오상철, 박진용, 권순달, 정미경, 김이성(2007). 국내외 교실 학습 연구(I)-한국, 영국, 프랑스, 일본의 초등학교를 중심으로(RRI 2007-1). 서울: 한국교육과정평가원.

이유진, 이창훈, 강지명(2014). 학교폭력 해결을 위한 회복적 정의모델 도입방안 연구. 서울: 한국청소년정책연구원.

장일순(1999). 독일의 학교폭력에 관한 연구. 사회과학논문집, 17집. 255-274.

정수정(2012). 독일의 학교폭력 대처 방안. 독일통신원.

정진희(2009). 학교기반 학교폭력 예방 프로그램의 효과성 분석에 관한 연구. 한양대학교 석사학위논문.

조정실, 차명호(2010). 폭력없는 평화로운 학교 만들기: 학교폭력, 화해로 이끄는 절차와 대처기술 가이드북. 서울: 학지사.

홍종관(2010). 독일 학교심리서비스기관. 꿈나래 21, 5월호. 서울: 교육과학기술부.

Auestad, G., & Roland, E. (2005). Mobbing of mobiltelefon. *Spesialpedagogikk, 4,* 4-11.

Commonwealth of Australia (1994). *Sticks and stones: A report on violence in schools.* Canberra, Australia: Publishing Service.

Cross, D., Shaw, T., Hearn, L., Epstein, M., Monks, H., Lester, L., & Thomas, L. (2009). *Australian covert bullying prevalence study (ACBPS).* Perth, Australia: Child Health Promotion Research Centre, Edith Cowan University.

HSBC (2008). *Inequalities in young people's health: HBSC International report from the 2005/2006 Survey.* Edinburgh, UK: HBSC International Coordinating Centre and Child and Adolescent Health Research Unit(CAHRU).

Jimerson, S. R., & Huai, N. (2010). International perspectives on bullying prevention and intervention. In S. R. Jimerson, S. M. Swearer, & D. L. Espelage (Eds.), *Handbook of bullying in schools: An international perspective* (pp. 571-592). New York: Routledge.

MCEECDYA (2010). *National Safe Schools Framework.* Carlton South, Australia: Ministerial Council on Education, Early Childhood Development and Youth Affairs.

MCEECDYA (2011). *National Safe Schools Framework resource manual.* Carlton South, Australia: Ministerial Council on Education, Early Childhood Development and Youth Affairs.

McGrath, H. (2007). *Making Australian schools safer: Summary report of the National Safe Schools Framework Best Practices Grants Program.* Canberra, Australia: Department of Education, Science and Training.

Midthassel, U. V., & Ertesvåg, S. K. (2008). Schools implementing Zero: The process of implementing an anti-bullying program in six Norwegian compulsory schools. *Journal of Educational Change, 9*, 153-172.

Ministry of Education, Culture, Sports, Science and Technology (2007). *Japan's education at a glance 2006.* Tokyo, Japan: Author.

Morita, Y., Soeda, H., Soeda, K., & Taki, M. (1999). Japan. In P. K. Smith, Y. Morita, J. Junger-Tas, D. Olweus, R. Catalano, & P. Slee (Eds.), *The nature of school bullying: A crossnational perspective* (pp. 309-323). New York: Routledge.

Nansel, T. R., Overpeck, M., Pilla, R. S., Ruan, W. J., Simons-Morton, B., & Scheidt, P. (2001). Bullying behaviors among US youth: Prevalence and association with psychosocial adjustment. *JAMA, 285*(16), 2094-2100.

Neiman, S. (2011). *Crime, violence, discipline, and safety in U.S. public schools: Findings from the school survey on crime and safety: 2009-2010* (NCES 2011-320). U.S. Department of Education, National Center for Education Statistics. Washington, DC: U.S. Government Printing Office.

Olweus, D. (1978). *Aggression in schools: Bullies and whipping boys.* Washington, D.C.: Hemisphere(Wiley).

Olweus, D. (1993). *Bullying at school: What we know and what we can do.* Cambridge, MA: Blackwell.

Olweus, D. (1999). Norway. In P. K. Smith, Y. Morita, J. Junger-Tas, D. Olweus, R. Catalano, & Slee, P. (Eds.), *The nature of school bullying: A crossnational perspective* (pp. 28-48). New York: Routledge.

Olweus, D. (2005). A useful evaluation design, and effects of the Olweus Bullying Prevention Program. *Psychology, Crime & Law, 11*(4), 389-402.

Rigby, K. (1997). Attitudes and beliefs of Australian schoolchildren regarding bullying in schools. *Irish Journal of Psychology, 18*, 202-220.

Rigby, K., & Slee, P. T. (1991). Bullying among Australian schoolchildren: Reported behaviour and attitude to victims. *Journal of Social Psychology, 131*, 615–627.

Rigby, K., & Slee, P. T. (1999). Australia. In P. K. Smith, Y. Morita, J. Junger-Tas, D. Olweus, R. Catalano, & P. Slee (Eds.), *The nature of school bullying: A crossnational perspective* (pp. 324–339). New York: Routledge.

Robers, S., Kemp, J., Rathbun, A., & Morgan, R. E. (2014). *Indicators of school crime and safety: 2013*. NCES 2014-042/NCJ 243299. Washington, DC: National Center for Education Statistics.

Roland, E. (2006). *ZERO: Teachers' guide to the Zero Anti-Bullying Programme*. Stavanger, Norway: Centre for Behavioural Research, University of Stavanger.

Seifried, K. (2010). 독일심리학회(BDP)의 학교심리보고서 2010. Bonn.

Slee, P. T., & Mohyla, J. (2007). The PEACE Pack: An evaluation of interventions to reduce bullying in four Australian primary schools. *Educational Research, 49*(2), 103–114.

Swearer, S., Limber, S., & Alley. R. (2009). Developing and implementing an effective anti-bullying policy. In S. M. Swearer, D. L. Espelage, & S. A. Napolitano (Eds.), *Bullying prevention and intervention: Realistic strategies for schools* (pp. 39–52). New York: Guilford.

Taki, M. (2001). Relation among bullying, stress, and stressor: A follow-up survey using panel data and a comparative survey between Japan and Australia. *Japanese Society, 5*, 25–41.

U.S. Department of Education, Office of Planning, Evaluation and Policy Development, & Policy and Program Studies Service (2011). *Analysis of state bullying laws and policies*. Washington, D.C.: Authors.

Wang, J., Iannotti, R. J., & Nansel, T. R. (2009). School bullying among adolescents in the United States: Physical, verbal, relational, and cyber. *Journal of Adolescent Health, 45*(4), 368–375.

제2부
학교폭력의 예방

제4장

학생 이해와
학교교육의 변화

이 장에서는 학교폭력을 효과적으로 대처하기 위하여 학교폭력 가해학생을 어떻게 이해해야 하는지와 학교폭력을 예방하기 위하여 학교가 어떻게 변화되어야 하는지를 알아본다. 학교폭력 가해학생을 이해하는 요령은 공동체 의식과 민주적인 방법을 강조하는 Adler의 개인심리학적 상담 원리에 기초하고, 학교교육의 변화 방향은 기존 학교의 모순을 극복하여 성공적으로 학교를 운영하고 있는 대안학교 또는 실험학교의 사례에서 도출하고자 한다.

　요즘 학생의 교사 폭행사건이 자주 보도된다. 수업 중 휴대전화를 사용하고 있다가 교사가 제지하는 과정에서 흥분한 학생이 교사를 폭행한 사건, 학교폭력 문제를 조치하는 과정에 불만을 품은 학생과 학부모가 교사를 폭행한 사건, 학생의 흡연을 단속 지도하는 과정에서 격분한 학생이 교사를 폭행한 사건, 급식실 앞에서 새치기하는 학생이 이를 지도하는 교사를 폭행한 사건 등 다양하다.

　학생이 교사를 폭행하는 것과 같은 심각한 사건이 아니더라도 교사의 일상적인 생활지도에 저항하는 학생들이 늘어나 많은 교사는 학생의 생활지도에 어려움을 호소한다. 이에 학생의 생활지도를 효과적으로 하기 위하여 교사가 어떻게 해야 하는지에 대해 지피지기(知彼知己), 학생 인권의 존중: 교사와의 사회적 평등성, 행동의 목적 평가를 중심으로 살펴본다.

1) 지피지기

　학생의 교사 폭행으로 보도된 사례는 대체로 학생의 바르지 않은 행동을 적극적으로 지도하는 과정에서 발생하는 사건들이다. 학생의 교사 폭행사건이 발생하게 되는 과정을 상상해 보면, 교사는 학생의 바르지 않은 행동을 지적하고 상황에 맞는 행동을 하기를 요청하는데, 학생이 교사의 지도에 반응을 보이지 않아, 교사는 다시 좀 더 강하게 학생의 바르지 않은 행동을 제지하고 학생의 행동을 교정하려고 한다. 이때 학생은 교사의 지도에 순응하기보다 강하게 저항하고, 교사가 학생의 이러한 저항을 다루는 과정에서 예기치 않은 폭행사건으로 비화된다. 만약 학생의 교사 폭행사건이 이러한 과정으로 발생한다면 교사는 학생의 행동을 올바르게 교정하려는 교육자로서의 소신과 열정을 가졌지만, 학생을 효과적으로 지도하는 요령은 갖추지 못했다고 볼 수 있다. 왜냐하면 교사의 처음 의도는 학생이 올바른 행동을 하도록 지도하는 것이었지만 결과적으로는 처음 문제행동보다 교사를 폭행하는 더 심각한 행동으로 끝났기 때문이다. 따라서 교사는 학생지도의 교육적 소신 및 열정만으로는 부족하고 효과적인 학생지도의 요령을 잘 알아야 한다.

　학생지도를 위한 일차적인 요령은 지피지기(知彼知己)다. 먼저 학생을 알고, 다음 자신을 아는 것이다. 즉, 학생의 문제행동을 발견하면 학생에 대한 전반적인 이해를 기초로 학생의 입장에서 그 문제행동의 의미나 목적을 이해하는 것이 선행되어야 한다. 최소한 학생이 교사의 지도를 받아들일 준비가 되어 있는지를 확인한 후에 교사는 학생의 행동을 지도해야 한다. 교사를 폭행할 수 있는 학생이라면, 평소 충동 조절이 잘 안 되거나 자신이 원치 않는 상황을 대처하는 전략으로서 폭력적인 행동 이외에 다른 방법이 발달하지 않았을 것이다. 이런 학생을 지도하기 위해서는 부정적인 정서를 촉발하는 강압적인 지도보다는 차분한 상황에서 바람직한 대안적 행동을 개발하도록 하는 따뜻한 안내가 필요하다.

경험이 부족한 교사는 학생들의 수에 말려들 수 있다. 일탈행동을 일삼는 학생들은 어떻게 하면 교사를 화나게 할 수 있는지 알고 있으며, 교사가 화나고 통제력을 잃게 되면, 이 틈에 자신이 폭력적이거나 일탈적인 행동을 하는 이유를 교사 탓으로 돌리며, 대화의 분위기나 방향을 주도해 가려고 한다(Sells, 1998). 교육의 열정만 있고, 이러한 학생들을 다루는 경험이 부족한 교사는 교사보다 두 단계 정도 앞서서 생각하며 자신에게 요구되는 규칙과 결과를 비껴 가는 학생들을 효과적으로 지도하기 어려워진다(Sells, 1998).

따라서 학생을 효과적으로 지도하기 위해서 교사는 먼저 학생의 앞서 나가는 생각을 파악할 수 있어야 한다. 학생의 생각이나 의도, 폭력행동의 가능성과 심각성 등을 알아차린 후, 교사는 자신이 이 학생을 지도할 역량이 있는지 판단하여야 한다. 혼자 힘으로 학생을 교육적으로 충분히 지도할 수 없다고 판단하면, 동료 교사의 협력을 얻어야 할지, 학년 전체 교사의 협력을 얻어야 할지, 학교 전체의 협력을 얻어야 할지, 아니면 지역사회의 협력도 필요한지 등 학생지도를 위한 협력의 범위를 판단하고, 종합적인 연계지도를 하여야 한다.

2) 학생 인권의 존중: 교사와의 사회적 평등성

교사와 학생의 관계가 사회적으로 평등하고 교사가 학생의 인권을 충분히 존중할 때, 학생을 효과적으로 지도할 수 있다. 자칫 교사가 '교사의 타당한 지도에 저항하는 학생은 강압적인 방법을 써서라도 잘못된 행동을 통제하고 바른 행동을 할 때까지 계속 지도하여야 한다.' 또는 '다른 학생들 앞에서 교사의 지도에 강하게 저항하는 것은 교권에 대한 도전이고, 다른 학생들의 지도나 질서 유지에 나쁜 영향을 미치므로 교사

의 권위를 세우고 학급의 질서가 무너지지 않도록 곧바로 더 강하게 지도하여야 한다.'
등과 같은 생각으로 학생을 강압적으로 통제하려고 하다가는 학생과의 마찰과 갈등만
키울 수 있다. 그러므로 학생을 강압적으로 통제하기보다는 학생의 존재 가치를 이해
하고 학생이 스스로 자신의 존재 가치를 고양하는 방향으로 행동하도록 촉진하는 것이
바람직하다.

오늘날 교사와 학생의 관계는 과거의 전제적인 시대처럼 명령-복종의 관계, 주-종
의 관계, 우월-열등의 관계일 수 없다. 오늘날 교사와 학생 간의 관계는 상호 인권을
존중하는 평등한 협력에 기초하여야 한다. 학생이 행동을 잘못한다고 하여 학생의 존
재 전체를 비난하거나 단죄하지 않아야 한다. 학생 체벌은 금지되어야 한다.

학생의 인간적 존엄성과 권리를 충분히 인정하면서 학생의 구체적인 행동을 지도하
였을 때 교사의 학생지도는 비로소 효과적이다. 학생의 인권을 존중하고 평등한 관계
를 유지하는 상황을 상상해 보자. 학급 공동체를 꾸려 가기 위해 학급 구성원들이 지켜
야 할 규칙을 정할 때, 학생과 교사는 동등한 학급 구성원으로서 학급회의와 의사결정
에 참여하며, 결정한 규칙을 교사와 학생 모두에게 적용할 때, 교사와 학생 간에는 상호
인격적으로 존중하고 사회적으로 평등한 협력이 이루어진다. 학급의 규칙으로 교실 내
에서 군것질을 하지 않기로 결정하였다고 하자. 학생에게만 이 규칙을 엄격히 지키도
록 하고 교사는 커피를 자판기에서 뽑아 교실에 들고 들어온다면, 교사는 이미 공동으
로 결정한 규칙을 어기는 것이다. 교사에게는 특권을 부여하는 것이고, 교사와 학생 간
의 사회적 평등의 협력을 깨는 것이다. 교실 내 갈등은 기본적으로 개인 또는 집단 간 사
회적 불평등성에 기인한다. 교실 내에서 교사를 포함하여 학급 구성원 간 상호 존엄성의
인정과 존중, 협력뿐만 아니라 사회적 평등성을 유지하는 것은 학급 내의 갈등을 해소
하고 민주적인 학급을 만드는 데 중요하다(Dreikurs, Grunwald, & Pepper, 1998).

3) 행동의 목적 평가

학교폭력과 같은 파괴적인 행동을 하는 학생을 지도하기 위해서는 이들 행동의 목적
을 이해하는 것이 중요하다. 이는 앞에서 지피지기(知彼知己) 중 지피(知彼)에 해당하는
것으로 구체적인 지도에 선행하여야 함을 언급한 바 있다. Sweeney(1998)는 파괴적 행
동을 하는 아동들을 효과적으로 교정하는 단계로서 CARE 단계를 제안하였는데, 아동
의 행동에 충동적으로 행동하지 말고(catch yourself), 한 발 물러서서 아동의 행동에는

어떤 목적이 있는가를 살펴보고(assess goals), 그 목적에 따라 아동을 적절히 지도하여야(respond with consequences and encouragement) 함을 강조한다.

Sweeney의 CARE 단계는 아들러 학파의 개념을 반영하고 있다. 즉, 아동의 파괴적 행동을 낙담한(discouraged) 결과로 간주하며, 이들을 지도하는 가장 효과적이고 기본적인 방안으로서 낙담의 반대인 격려하기(encouragement)를 강조한다. 또한 결과(consequences)라는 개념을 통하여 자연적 질서와 사회적 질서를 이해하도록 하여 공동체의 질서에 적응하도록 돕는다. 그리고 아동을 지도하는 전 과정이 일관성 있고 우호적이고 아동을 존중하여야 함을(execute with consistency, friendliness, and respect) 언급한다.

여기서 파괴적 행동의 목적을 이해하기 위해 Dreikurs의 분류를 참고한다. Dreikurs는 아동의 파괴적 행동을 관심 끌기, 힘의 추구, 복수하기, 그리고 부적절의 목적으로 분류하는데, 각 목적의 의미는 다음과 같다(노안영 외, 2011).

- 관심 끌기: 다른 사람들이 나를 알아주고 나에게 봉사할 때, 나는 정말 값어치가 있어.
- 힘의 추구: 내가 원하는 것을 할 수 있다는 것을 다른 사람들이 알 때, 나는 정말 값어치가 있어.
- 복수하기: 나는 사랑받을 수 없어. 그러나 나는 다른 사람들을 해칠 수 있지. 그러면 그들은 내가 가치 있다는 것도 알 거야.
- 부적절: 나는 우둔하고 부적절하고, 정말 희망이 없어. 그렇다면 왜 노력을 해야 하지? 나에게 어떤 것도 기대하지 마. 노력하는 것은 모든 사람에게 내가 부족하다는 걸 알게 하는 것일 뿐이야.

이런 목적들은 근본적으로 자기 존재감과 관련된다. 파괴적인 행동을 통해서라도 자기 존재감을 찾고자 하는 것이다. 따라서 학교폭력행동의 근원적인 목적은 자기 존재감을 찾거나 드러내기 위한 것이며, 이러한 근원적인 목적이 관심 끌기, 힘의 추구, 복수하기, 부적절의 구체적인 목적으로 표현된다고 볼 수 있다. Dreikurs의 분류는 10세 이전의 아동에게는 꽤 타당한 것으로 인정받고 있다. 그러나 10세 이후의 청소년에게는 이러한 네 가지 목적이 변형되거나 새로 추가될 수 있다. Sweeney(1998)는 10대들의 그릇된 행동은 기본적으로 자기 존중, 타인 존중, 책임감 또는 협력 중 하나 이상이 결여된 것으로 본다.

아동의 파괴적이고 폭력적인 행동의 목적을 어떻게 분류할 수 있는가에 관계없이 아동이나 청소년은 주어진 환경에서 그들이 지각하는 바에 따라 할 수 있는 최선의 선택을 하고 있음을 존중하고, 이용할 수 있는 어떠한 수단을 써서라도 자신을 위한 자리를 만들려고 하고 있음을 인식하여야 한다. 또한 이들의 잘못된 행동은 학급이나 가족의 구성원으로서 내적인 낙담을 밖으로 드러내는 표시임을 이해하여야 한다.

2 학교교육의 변화

이미 앞에서 학교폭력이란 무엇인지, 학교폭력이 얼마나 심각한지, 학교폭력에 대한 대처 정책이나 전략은 무엇인지를 살펴보았다. 사실 학교폭력을 근원적으로 없애려면 '학교'를 없애면 된다. 학교가 없다면 학교폭력이라는 말도 사라질 것이다. 그러나 현실적으로 학교를 모두 없애는 것은 불가능하다. 따라서 학교가 어떻게 변화하면 학교폭력을 줄일 수 있는지 방안을 찾고 적용하는 것이 현재로서는 최선일 것이다. 이미 전통적인 학교교육의 역기능 또는 부정적인 영향을 비판하며 새로운 대안적 교육을 제안하고 실행에 옮겨 성공적인 결과를 보인 많은 대안학교와 실험학교들이 있다. 이들의 학교교육체제와 운영방식을 살펴보면 학교폭력을 줄이기 위한 여러 시사점을 얻을 수 있다. 이 중 몇 가지를 간추려 학교의 교육기능 강화, 학교공동체 형성, 철저한 민주적 교육 실천, 학습자중심의 교육활동, 종합적 연계지도, 종합적 생활지도의 측면에서 학교교육이 강조하여야 할 방향을 기술하고자 한다.

1) 학교의 교육기능 강화

교사는 학교에서 학생들에게 학교폭력을 예방하기 위한 다양한 개별·집단적 교육 및 상담활동을 한다. 그러나 교사의 교육적 노력은 한계가 있고, 학교폭력은 좀처럼 수그러들지 않는다. 교사는 학교폭력 가해자를 발견하고 혼신의 힘을 다하여 가해학생을 지도하지만 번번이 좌절감과 배신감을 느끼고 학생지도를 포기할 때도 있다. 교사의 교육적 노력이 효과적이지 않은 이유는 무엇일까? 교사의 교육적인 영향보다 더 큰 다른 요인이 폭력 가해학생에게 영향을 미치기 때문이다. 예를 들어, 힘의 세기 순으로

1위인 소위 '학년짱'이 교사의 교육적 노력에 부응하여 힘의 세계에서 교육의 세계로 학교생활의 방식을 변경한다면, 힘의 세기 서열로 위계질서가 형성된 아이들 간의 관계에서 누렸던 많은 특권을 내려놓아야 한다. 힘으로 얻어 낸 특권을 버릴 만큼 교육적 삶이 매력적인가 하는 것도 학교폭력 가해학생이 자신의 학교생활을 변경하는 데 중요한 판단기준이 되겠지만, 힘의 세기로 아이들 간의 서열이 형성되도록 방치하고 힘의 서열에 따른 특권을 누리는 것을 방관한 학교체제도 문제다. 즉, 학교라는 공간에는 교육과는 다른 다양한 삶이 공존하고 있으며, 이러한 교육과는 무관한 삶의 방식이 교사의 어떠한 교육적 노력도 무력화시킬 수 있을 정도로 영향력이 클 수 있다는 것이다.

우리는 학교를 교육하는 공간으로 당연시하지만, 사실 학교는 우리 사회에 있는 다양한 삶의 방식이 그대로 존재하는 복합적인 공간이다. 이를 장상호(2006, 134)는 학교에서 일어나는 사태(학교태)와 교육의 범주를 구분할 것을 제안하며, 학교에서는 교육만이 아니라 정치, 경제, 사회, 문화, 종교 등 다양한 삶의 세계가 함께 있음을, 또한 교육도 학교에서만이 아니라 가정, 학원, 각종 회관, 가상공간 등 다양한 삶의 공간에서 이루어짐을 주장한다([그림 4-1] 참조).

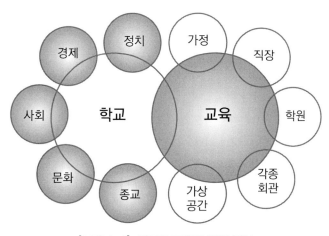

[그림 4-1] 학교와 교육의 범주 구분

따라서 다양한 삶의 방식이 혼재하는 학교에서 학교의 교육기능에 대해 특별한 관심을 기울이지 않으면, 학교는 교육 이외의 삶의 방식에 휘둘려 비교육적 또는 반교육적 사태들이 주를 이룰 수 있다. 가장 흔히 지적되는 것 가운데 하나는 교사는 학교에서 잡무에 시달리고 매일같이 쏟아지는 행정업무를 처리하느라 학생들을 개별적으로 지도할 시간이 없고, 교육활동을 소홀히 하게 된다고 호소한다. 이는 학교가 교육기관이라기보다는 행정기관으로서의 기능이 더 우위에 있고 행정적 업무가 우선시되고 있음을 말한다. 일찍이 비판되어 온 것처럼(Chomsky, 2001), 학교가 지배계급의 이데올로기를 확대 재생산하며 지배계급의 이데올로기에 길들이는 정치적인 기능을 담당하고 교사도 지배 이데올로기를 맹목적으로 수용하는 정치적 지식인으로 전락하고 있다면, 학교는 교육적 기능보다는 정치적 기능이 앞서 있는 것이다.

학교폭력을 주도하는 하위 집단의 경우, 선후배와 연결되어 소위 새로운 '짱'들을 발굴하고 조직하며 학교폭력을 반복한다면, 이들에게 학교는 교육적 기능이 있는 곳이라기보다는 오로지 폭력적인 하위집단을 쉽게 재생산할 수 있는 공간으로서의 의미가 클 것이다. 이러한 모든 것은 학교에 혼재하는 다양한 삶의 방식이 교육적인 삶의 방식을 방해하는 예다. 학교는 교육적인 삶의 방식이 주가 되도록 재편되고, 교육 이외의 다양한 삶의 방식이 교육적인 삶의 방식에 순기능을 하도록 설계되어야 한다.

이러한 노력을 비교적 성공적으로 수행한 학교로서 남한산초등학교를 주목할 필요가 있다. 남한산초등학교는 우리나라의 대표적인 혁신학교 중 하나의 예로 소개되기도 한다. 2000년 폐교 위기에 있던 남한산초등학교는 우리나라 교육의 모순을 극복하고자 하는 학부모와 교사들의 노력에 의해 성공적인 대안학교로 거듭나게 되었다. 남한산초등학교의 일면을 들여다보기 위해 학생들이 쓴 글을 읽어 보자(작은학교교육연대, 2012, 43-44).

이 학교는 내가 다니던 서울의 학교랑은 정반대다. 이 학교는 내가 처음 왔을 때 웃음이 가득하고 절대 싸우지 않는다. 서울은 틈만 나면 싸움이 일어났다. 지금 생각해 보니 이것은 엄청난 차이가 있다. 또 하나 이 학교에 와서 좋은 것은 공부의 방식이다. 여기서는 재미있게 노는 것도 공부라고 한다. 아이들이 별로 없어서 복잡하지도 않다. 바로 꿈의 학교인 것 같다. 불만과 바람을 얘기하라고 하는데 나는 그런 거 전혀 없다. 그냥 여기서 계속 다니고 싶은 마음뿐이다.

우리 학교에 왕따, 폭력, 욕설 등이 다른 학교에 비해 없는 것은 학생 수가 적기 때문이다. 학생 수가 적으니까 선생님들이 학생 하나하나에 관심을 쏟는다. 그리고 학생 수가 적기 때문에 잘못을 하면 금방 드러나게 되고, 또 다모임 시간을 통하여 전교생에게 그 사건이 낱낱이 밝혀지기 때문에 잘못을 저지르기가 쉽지 않다. 무엇보다 우리 학교에는 어린이들의 자유가 있다. 그래서인지 어떤 것에도 두려움이 없고, 무엇이든지 도전하려고 한다. 자유 때문에 문제가 발생할 거라고 걱정하기도 하지만 나는 그렇다고 생각하지 않는다.

두 학생의 글을 통해 남한산초등학교는 다른 학교에 비하여 학교폭력이 없는 편이고, 교사와 학생, 학생과 학생 간에 교육적 관계가 잘 맺어져 있고, 교육적 교류가 활발함을 느낄 수 있다. 남한산초등학교를 일구는 데 한몫을 담당했던 안순억 교사는 공교육의 새로운 대안을 찾는 과정에서 교육적 효과가 의심스러운 우리 교육의 오래된 관습을 탈피하고 학교를 '교육공간'으로 만들기 위해 노력하였음을 말하고 있다(작은학교교육연대, 2012). 예를 들면, 일반학교의 40분 수업 10분 휴식의 관습을 벗어나 학생의 생활리듬과 학습리듬을 고려하여 80분의 통합적 체험활동 중심의 수업을 한다거나, 애국조회나 반성조회와 같은 일방통행식 행사를 없애고, 공동체 정신을 위협할 수 있는 경쟁중심의 각종 선발제도와 시상제도를 폐지하고, 글짓기, 그리기, 표어짓기 등 형식적인 교육도 대안이 없는 한 버렸다고 한다. 기존의 관행이나 학교의 편의보다 아이들의 편의와 교육적 가치를 중심에 두고 새로운 학교문화를 만들어 갔다고 한다.

남한산초등학교의 성공은 공교육의 새로운 가능성을 보여 주었으며, 지금의 혁신학교의 모델이 되고 있다. 지금은 전국적으로 많은 학교가 혁신학교로 지정받아 나름대로 교육활동이 중심이 되는 학교를 만들기 위해 노력하고 있다. 요즘 전개되는 혁신학교 운동이 본래의 취지대로 잘 운영되면 교육의 기능이 중심이 되는 새로운 학교 문화를 만들어 갈 수 있을 것으로 보인다. 이에 혁신학교 운영을 위한 몇 가지 제안을 살펴본다.

김성천과 오재길(2012)은 혁신학교가 성공하기 위해서는 구성원들이 자발성, 민주성, 공공성, 지역성, 창의성의 가치를 공유해야 한다고 강조한다.

- 자발성은 혁신학교의 힘이 교사들의 자발성에서 나온다는 것을 강조하며, 학교장의 리더십이 명령과 지시가 아닌 자발과 참여를 이끌어 낼 수 있어야 한다는 것이다.
- 민주성은 학교를 운영하는 데 있어서 교사, 학부모, 학생 등 학교 구성원들의 민주적인 논의와 합의를 통해 구성원 모두가 주인이 되는 학교를 만들어 가야 함을 말한다.
- 공공성은 이타적인 가치와 삶의 태도를 내면화하고, 공동체적 가치를 지향하면서 행복을 추구하는 것을 강조하는 것이다.
- 지역성은 지역 상황과 특성을 고려한 학교운영, 지역의 특성이 담긴 수업과 교육과정, 학교와 지역사회 간의 적극적인 연대와 협력을 의미한다.
- 창의성은 창의적인 학교문화가 권장되고, 이를 토대로 창의적인 수업과 교육과정,

프로그램, 평가를 진행하는 것을 말한다.

허봉규(2010)는 경기도의 혁신학교 운영모델을 탐색하면서 효율적이고 성공적인 혁신학교 운영을 위하여 다음을 강조한다.

- 혁신학교에 대한 철학과 비전을 학교공동체 구성원이 공유해야 함을 제안하고 있는데, 이 과정에는 학교 구성원의 민주적인 절차와 합의를 통해서 자발적인 공유가 중요함을 강조한다.
- 교육과정 중심으로 학교운영 시스템을 구축해야 함을 제안하는데, 이는 행정중심의 또는 학교 편의 위주의 학교운영을 탈피하여 지역의 특성과 학교 및 학생의 상황을 반영한 특색 있는 교육과정으로 재구성할 것을 강조한다.
- 소통과 참여의 민주적인 학교 문화 혁신이 되었을 때 성공적인 혁신학교로 착근할 수 있음을 강조한다.

이와 같이 교육적 기능이 중심이 되는 학교를 만들어 갈 때, 학교폭력과 같은 반교육적 산물은 줄어들 것이다.

2) 학교공동체 형성

학교폭력은 근본적으로 학교 구성원들 간의 상호 이해와 협력을 바탕으로 하는 공동체 의식이 부족해서 생긴 결과라고 할 수 있다. 필자는 소위 일진회 소속의 중학교 여학생을 상담한 적이 있다. 그 학생은 부모님이 모범적인 학생을 친구로 사귀라는 말을 수없이 하여, 언젠가 소위 '범생이' 남학생을 사귀었다. 이 남학생과 웬만하면 계속 사귀려고 했는데, 서로 생각하는 방식, 노는 방식이 전혀 달라 오래 가지 못했다고 한다. 자신은 친구들과 만나서 놀 때 노래방을 가는 것을 당연시하는데, 이 범생이는 노래방 가는 것을 안 좋게 생각하고 아파트 벤치에서 앉아서 고루한 이야기를 나누는 것으로 만족한다는 것이다. 결국 서로 노는 문화가 달라 함께할 수가 없었다는 것이다. 그러면서 그 여학생은 상담자에게 선생님들은 한 교실에 같은 교복을 입고 앉아 있는 학생을 보면서 다들 똑같은 학생으로 생각하지만, 실제로는 여러 부류의 학생이 있고 서로 섞일 수 없다고 알려 주었다. 다시 말하면 학급이나 학교가 하나의 공동체가 되는 것이 아니고 학급과 학교 내에 다양한 하위 집단이 있고, 상호 이해와 협력이 아니라 상호 견제와 경쟁, 다툼과 폭력, 주종의 위계가 있다는 것이다. 이 여학생은 같은 반 한 학생을 집단 따돌림을 시키는 것을 주도하기도 했는데, 따돌림당하는 학생의 처지나 마음을 전혀 이해하지 못하였다. 이 학생이 학급 내에서 다른 학생들과 공동의 목적을 공유하고, 공동의 목적을 달성하기 위해 서로 협력하는 생활방식을 갖도록 안내할 수 있다면, 마음에 들지 않는다고 같은 반 학생을 따돌리기보다는 서로 다름에도 불구하고 공동의 목적을 함께 달성하기 위한 협력을 요청하는 손을 내밀었을 것이다.

한대동 등(2009)은 앞에서 언급한 것처럼 오늘날 학교 내에서 학생들 간의 관계뿐만 아니라, 학생과 교사와의 관계, 교사들 간의 관계, 교사와 교장과의 관계, 학부모와 교장 또는 교사와의 관계에서 불화, 갈등, 불신, 소외현상이 만연되어 있으며, 이는 학교 공동체 의식이 부족한 데서 기인하고 있음을 지적하고, 오늘의 교육 위기를 극복하고 보다 좋은 학교를 만들기 위한 방안으로 학교공동체의 구축을 제안하였다. 이들은 자신들이 제안한 학교공동체의 모델을 2년에 걸쳐 시범운영하기도 하였는데(한대동 외, 2009), 이들의 연구 결과를 중심으로 학교공동체의 가능성을 살펴본다.

이들은 학교 구성원들의 공동체 의식, 학교 구성원 간 협력과 돌봄의 관계 맺음, 그리고 상호 배움과 가르침의 공동체적 교육활동을 학교공동체의 핵심적인 요소로 간주한다. 이들은 공동체적 학교란 '학교 구성원들의 공동체 의식을 바탕으로 구성원들 간에 상호 존중과 신뢰 그리고 헌신의 관계가 구축되고 이를 토대로 상호 배움과 돌봄이 일어나는 공간'으로 정의한다. 학교공동체 의식을 '공동체적 학교관, 돌봄과 협력의 태도, 참여의 정신, 소속감, 충족감, 정서적 일체감, 민주성과 공공성'으로 정의하고, 공동체적 관계를 '구성원 간에 형성된 인격적 관계성, 즉 학교 구성원(학생, 교사, 교장, 학부모) 사이의 존중과 신뢰의 감정, 정서적 친밀성, 구성원들 사이에 존재하는 돌봄의 정신, 구성원들 사이의 평등성'을 의미하는 것으로 정의하며, 공동체적 교육활동을 '학교 구성원들이 공동의 노력과 관계 맺음을 통해 구성원 상호 간의 가르침과 배움을 실천하는 것'으로 정의하고 있다(한대동 외, 2009, 211-212).

특히 교사들에게 있어서 공동체적 교육활동에 학부모와 지역사회와 연대하는 일, 수업공개와 수업협의회를 통한 전문성과 동료성의 신장, 아동들에 대한 배려와 공정한 대응, 아동 한 사람 한 사람의 반응에 집중하고 관심을 가지는 것, 협동적인 학습이 일어날 수 있도록 학급풍토를 조성하는 일, 교육과정을 공동체적이고 아이들의 입장에서 재구성하는 일, 교수자로서뿐만 아니라 상담자로서의 역할 인식 등을 포함하고 있다.

학생들에게 있어서의 공동체적 교육활동이란 타인과 협력하여 배움을 실천하려는 태도, 학생 상호 간의 배움과 가르침, 수업과정에서의 양보와 배려, 교사와 다른 학생의 말을 귀 기울여 들어 주는 태도, 자치활동과 봉사활동에의 참여 등을 포함한다. 또한 학부모에게 있어 공동체적 교육활동이란 수업참여를 비롯한 학교교육활동 참여, 학교 운영활동 참여, 학교에 대한 이해와 지원으로 구성된다고 언급하고 있다.

이러한 학교공동체를 형성하기 위한 노력은 곧바로 획기적인 성과를 보이지는 않았지만 점차 학교가 변화할 수 있음을 느낄 수 있다고 보고하고 있다. 시범학교에 참여했던 한 교사의 진술문을 살펴보자(한대동 외, 2009, 293).

> 이 학교는 부모들이 이기적이기도 하지만 아이들도 굉장히 이기적이거든요. 이제는 조금씩 포용할 줄 알고, 나보다는 그 아이를 먼저 생각해 주는 마음이 많이 늘어났다고 봅니다. 어찌 보면 배움과 돌봄의 공동체가 조금 형성되지 않았나 하는 그런 생각이 듭니다. 아이들도 조금씩 나아지는 것 같아요. 아주 조금씩, 서서히 변하니까 오래는 걸리겠지요. 이 활동을 조금 더 해야 할 것 같아요.

앞의 글에서 느낄 수 있듯이 기존의 학교체제를 바꾸어 가는 것은 시간이 걸리는 일이지만, 학교 구성원 모두가 함께 노력하면 기존의 학교체제를 보다 교육적으로 변화시켜 갈 수 있음을 알 수 있다. 이렇듯 교육이 중심이 되는 학교공동체를 형성하려면, 구성원들은 서로 교육적 관계를 맺는 데 초점을 둘 필요가 있다. 교장과 교사와의 관계에서 직장의 상사와 부하의 관계만 내세우거나, 교사와 학생의 관계가 지식을 팔고 사는 상인과 고객의 관계가 되거나, 교사와 학부모가 상호 이익을 위해 적당히 타협하거나 자신의 가치와 신념만을 내세우며 힘겨루기를 하는 세속적 관계를 유지하는 것은 학교의 교육적 기능을 신장하는 것과 거리가 멀다. 학교 구성원들은 서로 교육을 소재로 교육적인 대화를 나누며 상호 충분한 소통을 통하여 교육에 관한 공감대를 넓혀 가야 한다.

우리의 삶의 방식은 복합적이다. 우리의 일상은 경제적인 삶, 정치적인 삶, 종교적인 삶 등 다양한 방식이 혼재되어 있다. 장상호(1997)는 우리의 삶의 방식에 교육적인 삶도 있음을 전제하고 교육적인 삶의 모습을 학문적으로 밝혀 보고자 애를 쓰고 있다. 우리는 교육에 대해 학문적인 무장이 부족하다 하더라도 교사로서 내세울 수 있는 것은 교육적인 삶이다. '교육적인 삶'에 익숙하지 않은 학부모와 학생은 학교에서 벌어지는 다양한 문제에 대해 교육적인 삶의 방식에 기초하여 해결책을 찾기보다는 정치적·행정적 · 법률적 · 종교적인 삶의 방식을 이용하여 학교에서 일어나는 문제에 대처하려고 할 수 있다. 예를 들면, 학교 내에서 일어난 사소한 문제로 학교폭력자치위원회를 열어 달라고 주장하는 학부모가 있다면, 이는 문제를 이해하고 해결하는 방식이 교육적인 삶의 방식이 아닌 법률적인 삶의 방식에 기초한다고 볼 수 있다. 이는 학교공동체의 구성원 간에 교육적인 삶의 방식에 대해 합의가 되어 있지 않다는 것을 보여 준다. 따라서 교사는 교육적인 삶의 방식에 대해 익숙해지고, 학부모나 학생에게 내재하는 교육적인 삶을 일깨우고, 교육적인 삶의 방식으로 학교 내의 다양한 문제를 바라보고 대화할 수 있도록 안내할 수 있어야 한다. 학교 구성원 간 교육적 대화를 잘 나눌 수 있을 때, 교육적 관계를 기초로 한 학교공동체를 이룰 수 있다.

3) 철저한 민주적 교육 실천

필자가 상담했던 내담자 중에 교사를 폭행하고 학교를 그만둔 중학생이 있었다. 그 내담자의 사연은 이렇다.

중학생인 내담자는 그동안 일탈행동을 반복하다 교사의 적극적인 지도로 마음을 가다듬고 학교생활을 성실하게 하기로 약속을 하고 학교를 다니고 있었다. 어느 날 학급에서 도난사고가 일어났는데, 담임선생님은 전체 학생들을 대상으로 가져간 물건을 원상복귀를 하면 잘못을 묻지 않는다면서 물건을 가져간 학생의 양심에 호소하였다. 그러나 담임선생님의 눈길은 내담자를 의심하는 듯 했다고 한다. 내담자는 지금은 정신을 차리고 성실하게 학교를 다니고 있는 중이며, 이번 사건과는 관련이 없다고 말을 했다. 그러나 담임선생님은 내담자를 특별실로 불러 아무도 없으니 솔직하게 말을 하라는 등 내담자를 도난사건을 일으킨 주인공으로 단정하고 다그치자, 내담자의 표현을 빌리면, 뚜껑이 열려, 교사를 주먹으로 때리고 그 길로 학교를 떠났다고 한다. 학교에서는 교사를 폭행한 반인륜적인 학생으로 찍히게 되었다. 부모님은 교사를 때린 잘못을 빌고 학교를 계속 다닐 것을 권고하지만 결코 내키지 않는다고 한다. 내담자는 결과적인 행동만 비난을 하지, 그렇게 된 과정에 대해 어느 누구도 관심을 갖거나 이해해 주지 않아 억울함과 분노감, 무력감 등을 느끼고 있었다.

상담실에서 교사를 때릴 때, 활성화한 사고체제를 확인하고자 하였다. 내담자의 첫마디는 '선생님이 공정해야 하잖아요.'였다. 다른 아이들과 자신을 공정하게 대해야지 다른 아이들은 의심하지 않고 자기만 의심한 것은 불공정하다는 것이었다. 자기는 이

번 사건과 관계가 없다고 말했음에도 계속 의심을 받는 것은 과거의 잘못이 덮어지지 않고 꼬리표로 남아 앞으로도 언제든지 계속 불공정한 대우를 받을 수 있겠다는 생각을 하게 하고, 이런 불공정한 대우를 받으면서 학교를 계속 다니고 싶지 않다는 것이었다.

내담자는 불공정한 대우에 대해 적절히 대처하는 방안을 가지고 있지 않은 문제가 있지만, 교사는 학생의 인권을 존중하지 않은 잘못이 있다. 가끔 학생이 교사를 폭행한 사건이 언론에 보도된다. 사건의 개요는 대체로 학생의 일탈적 행동 또는 수업을 방해하는 행동을 교사가 적극적으로 지도하게 되는데, 이때 학생이 교사의 지도에 순응하지 않고 반발하다가 급기야 교사를 언어적 또는 신체적으로 폭행하기에 이른다. 앞에서 제시한 상담의 예와 마찬가지로 이러한 교사는 학생과 인간적으로 평등한 관계를 맺고 학생의 인권을 존중하면서 교육적인 지도를 하는 데 실패한 것이다.

교사가 학생의 잘못된 행동을 통제해야 하고 통제할 수 있다는 열정적인 책무성만으로는 학생을 효과적으로 지도할 수 없다. A가 B의 행동을 통제한다면, A는 B보다 우월한 위치에 있음을 전제하는 것이다. A와 B가 우열의 관계를 맺는다면, 이는 민주적인 관계라기보다는 전제적인 관계다. 또한 A는 B를 통제하고 싶어도 B를 통제할 수 없다. Glasser(1998)는 우리의 행동은 다른 사람의 지시나 통제에 의해 행하는 것이 아니고 자신이 어떤 행동을 하기로 스스로 선택함으로써만 행동한다는 선택이론을 주장한다. B가 A의 말을 듣는 것처럼 보이지만, 사실 A의 말은 B에게 정보가 되고, B는 A의 정보를 수용할 것인지 말 것인지를 선택한다는 것이다. A의 정보를 선택했을 때, 일견 A의 말을 듣는 것처럼 보이지만 내막은 B의 자율적인 선택의 결과일 뿐이다는 것이다. 아울러 학파인 Dreikurs도 하지 않기로 선택한 것은 어떤 것도 다른 사람이 하게 할 수 없다는 말을 자주 했다고 한다(Sweeney, 1998). 이는 교사가 학생의 행동을 직접 통제하기 어렵고, 단지 학생이 스스로 행동을 선택하도록 정보를 제공하고 촉진하는 역할을 담당할 수 있음을 말한다. 따라서 교사는 학생의 행동을 일방적으로 통제하려고 하기보다는 학생이 상황에 맞게 행동을 합리적으로 선택할 수 있도록 적절한 정보를 제공하고 의사결정을 돕는 데 주력해야 한다. 교사나 학생이 흥분된 상태이거나 적대적인 상태에서는 정보를 왜곡 없이 전달하고 소통할 수 없다. 교사와 학생 간에 상호 인격이 존중되는 민주적인 분위기에서 교육적인 관계를 형성할 수 있어야 교사의 교육적 지도가 가능한 것이다.

민주주의는 개인의 자유와 평등을 통해 인간의 존엄성을 지키려는 것이다. 따라서 우리 사회가 민주주의를 채택하고 민주적인 교육을 지향하는 한, 교사와 학생 간에도 통제와 순종의 관계가 아니라 평등과 협력의 관계를 기초로 교육활동이 이루어져야 한다. 학교 내에서 일어나는 다양한 문제를 다루기 위하여 학교 구성원은 서로 평등한 위치에서 대화와 토론을 통해 의견의 차이를 줄이고 서로 수용할 수 있는 해결방안을 합의하여야 한다. 앞에서 언급한 남한산초등학교의 사례와 학교공동체 형성 사례에서도 구성원 간에 민주적인 관계를 토대로 서로 수없이 많은 대화와 토론 그리고 합의를 통해 새로운 학교를 만들어 왔다.

박한샘과 오익수(1998)는 비행 청소년들이 비행세계에서 벗어나 새로운 삶을 살도록 촉진하는 요인을 탐색하고자, 비교적 성공적으로 교육을 하고 있다고 인정되고 있는 한 대안학교에서 참여관찰과 심층면접을 하였다. 이들이 찾아낸 탈비행을 촉진하는 주된 요인은, 자율적 결정과 선택의 인정, 수용하는 태도, 격리, 상호 개성의 인정, 목표의식, 통합적인 생활방식, 다양한 활동 과정, 주변 환경의 지지체제였다. 여기서 첫 번째로 꼽힌 '자율적 결정과 선택의 인정'은 학생의 행동을 제재하기보다는 학생의 인격을 존중하고 스스로 자신의 행동을 선택하게 하는 것이 효과적임을 말한다.

이 학교의 특성은 학생들이 틀에 얽매이지 않는다는 것이다. 이 학교에 다니는 학생들이 가장 싫어하는 것이 간섭받고, 지적당하고, 잔소리 듣는 것이라고 한다. 이미 일반학교에서 이러한 통제를 견디지 못하고 학교를 떠나 이곳 대안학교로 온 학생들이다. 따라서 학생들에게 선택할 수 있는 폭을 넓혀 주고 자신이 원하는 방향으로 선택할 수 있도록 허용해 준다고 한다. 예를 들면, 학교를 다니기 싫으면 스스로 나갈 수 있고, 다시 돌아올 수도 있다. 수업을 듣고 싶으면 참석하고 그렇지 않으면 다른 일을 할 수 있다. 기본적인 몇 가지 규칙을 제외하고는 학생들이 자율적으로 선택하고, 이러한 선택에 대해 교사는 설교하거나 간섭하지 않는다는 것이다. 이런 과정을 통해 학생은 스스로 자신이 해야 할 일을 구별해 가고 책임의식을 찾아 가게 된다고 기술하고 있다.

'수용하는 태도'도 여기에 언급할 가치가 있다. 박한샘과 오익수(1998)의 참여관찰에 의하면, 이 학교의 학생들은 매우 자유분방하고 교사에게 끊임없이 무엇인가 말하고 장난을 건다. 교사를 대하는 학생들의 행동은 무례하고 버릇없어 보이는 것도 많이 관찰되었다. 교사는 학생들의 이러한 행동을 대부분 받아 주고 버티어 준다. 교사의 권위적인 분위기는 찾아볼 수 없었다. 학생들은 이렇듯 자신을 이해해 주려는 선생님의 모습을 보면서 교사에 대한 새로운 인식을 하는 것으로 여겨졌다. 교사는 학생을 문제아로 취급하기보다는 한 인격체로 바라보고 진정으로 무엇을 원하는지, 만족하지 못한 욕구가 무엇인지에 귀 기울이면서 필요할 때는 엄격한 모습을 보인다. 연구자는 이러한 과정이 가정이나 일반학교에서 상처받고 응어리진 학생들의 마음을 서서히 풀어놓고 인간에 대한 신뢰감과 믿음을 회복하게 한다고 보았다. 이러한 학생에 대한 진정한 수용과 존중은 곧 민주적인 교육의 기초가 될 것이다.

이 학교의 주요한 특징으로 '금요 전체 회의'를 들 수 있다. 전체 회의는 매주 금요일에 정기적으로 열리며, 필요할 때는 수시로 열리기도 한다. 전체 회의는 교사와 학생이 동등한 구성원으로 참여한다. 학생들로부터 선출된 회장이 회의를 진행한다. 전체 회의는 학사일정에서부터 갈등, 규칙 등 어떤 의견이나 문제들도 거론할 수 있다. 처음 들어온 신입생은 회의가 너무 자유롭게 진행되어 충격적이었다고 한다. 일반학교에서는 말을 꺼내기 어려웠던 학생들이 전체 회의를 통해 자기주장과 의사를 표현하며 자발적으로 참여하게 된다고 한다. 학생은 이런 회의를 통해 자신들의 일을 토론하고 결정한다는 것에 자부심을 갖고 책임감도 받아들인다고 한다. 이는 학교 내의 크고 작은 많은 일에 대해 학교 구성원이 모두 참여하여 민주적인 의사결정을 하였을 때 얻을 수 있는 순기능을 보여 주는 것이다.

이와 같이 학교 구성원 간 평등과 상호 존중, 책임감의 공유가 잘 실천되면, 학교 내의 다양한 갈등은 해소될 수 있다(Dreikurs, Grunwald, & Pepper, 1998). 이러한 민주적인

표 4-1 전제적 교사와 민주적 교사

전제적 교사	민주적 교사
상관(boss)	지도자(leader)
날카로운 목소리	친절한 목소리
명령한다.	초대한다.
힘을 행사한다.	영향을 미친다.
압력을 가한다.	자극한다.
협력을 요구한다.	협력을 얻어 낸다.
상대방이 해야 할 것을 말한다.	내가 하고 싶은 것을 말한다.
아이디어를 강요한다.	아이디어를 판다.
지배한다.	안내한다.
비판한다.	격려한다.
잘못을 찾는다.	성취를 알아준다.
처벌한다.	도와준다.
상대방에게 말한다.	상대방과 토론한다.
나는 결정하고 당신은 복종한다.	나는 제안하고 당신이 결정하도록 돕는다.
책임을 혼자 진다.	책임을 공유한다.

출처: Dreikurs, Grunwald, & Pepper (1998: 76).

교육을 실천하려면 교사도 민주적인 교사가 되어야 한다. 오랫동안 전제적인 분위기에서 교육받아 온 교사는 금방 민주적 교사로서 민주적인 리더십을 발휘하기 어렵다. 〈표 4-1〉에 제시된 바와 같이 전제적 교사와 민주적 교사의 차이를 참고하여 민주적 교사로서 리더십을 발휘하도록 노력하여야 한다.

4) 학습자중심의 교육활동

필자가 상담했던 소위 '노는 아이'가 있었다. 중학교 3학년 남학생이었는데, 학업성취도는 아래로부터 1등이었다. 고등학교 진학을 위한 연합고사가 3개월 남았을 때, 부모의 손에 이끌려 상담실에 왔다. 부모는 더 나은 미래의 삶을 위해서 고등학교에 가야 한다고 강요하지만, 그는 현재의 삶에 충분히 만족하고 있기 때문에 굳이 고등학교를 가지 않겠다고 한다. 어떤 점에서 현재의 삶이 만족스러운가를 탐색하였다. 늦은 오후부터 주로 놀이터에서 놀게 되는데, 같이 노는 형, 누나들이 자신을 좋아해 주고 인정해 주고 밤늦도록 즐겁게 이야기를 나누어 준다고 한다. 내담자는 이러한 시간이 매우 큰 즐거움이며, 이런 삶을 계속 유지할 수 있으면 그것으로 족하다는 것이다. 상담자는 궁금한 마음에, 일반적으로 고등학생으로서의 노는 아이와 학생이 아닌 아무런 소속이 없이 노는 아이의 삶은 차이가 없는지 물어보았다. 내담자는 당연히 고등학생 노는 아이가 더 품위 있는 생활을 한다고 한다. 왜냐하면 고등학생 노는 아이는 아침에 학교에 가서 적당히 시간을 보내다가 늦은 오후부터 본격적인 활동을 시작하면 되는데, 아무런 소속이 없는 아이들은 사실 오전 시간을 때울 좋은 방안이 없어서 비참하기까지 하기 때문이다. 내친 김에 상담자는 내담자에게 조심스럽게 말을 건넸다. '들어 보니, 고등학생 노는 아이의 생활이 그렇지 않은 아이보다 훨씬 폼 나는 것 같은데……, 내담자의 말로 보면, 3개월을 투자해서 고등학교에 갈 수만 있다면 3년을 폼 나게 살 수 있다는 말인데……, 한번 도전해 볼 가치가 있지 않을까?' 내담자는 한참을 생각하더니 도전해 보겠다고 하였다. 그때부터 고등학교 입학을 위한 연합고사 준비를 어떻게 하면 효과적이고 효율적인지를 논의하고 실천 계획을 세워 실행하도록 하였다.

내담자는 계획만큼은 잘 되지는 않았지만 나름대로 열심히 공부하였고, 고등학교에 가게 되었다. 3년 후 고등학교 졸업 무렵, 내담자의 소식을 전해 들을 수 있었다. 고등학교에 가서는 노는 아이로서의 생활을 접고 3년 내내 공부를 열심히 했다고 한다. 상담 과정 중 내담자의 욕구와 학습이 어떤 관계가 있는지를 알아차리게 한 것과 학습과정에서 아주 작은 성취라도 함께 찾아 기뻐하고 격려하였던 것이 효과적이었던 것 같다. 그동안 학교에서 내담자는 공부를 포기하고 '노는 아이'로 낙인되어, 내담자의 학습 가능성이 간과되었던 것 같다. 따라서 내담자는 교육활동의 주변인이 되어 학교에서 소속감을 느끼지 못한 채, 늦은 오후 놀이터에서 자신의 존재감을 확인하곤 하였을지 모른다.

상담과정 중 비행 청소년들은 대부분 공부가 중요하다는 것을 인정하게 되지만, 공부하겠다고 나섰다가 기대하는 성과를 내지 못하면 지금까지의 구축해 온 자신의 강한 이미지마저 구기게 되고 자존감이 추락할까 봐 아예 공부하기를 기피한다. 공부하기에 관심을 표하다가도 그동안의 학습결손을 극복할 수 없다며 주저한다. 이들을 효과적으로 지도하기 위해서는 이들의 내적인 욕구를 충족하고, 자신을 실현해 가는 학습자중심의 학습이 되도록 안내할 필요가 있다.

성공적인 대안학교들은 학생을 학습의 대상이 아니라 학습의 주체로 초대한다. 학생이 학습의 주체가 되어 능동적으로 학습에 참여할 때 학교는 교육활동이 주가 되는 공간이 된다. 학교에서 교육의 공간이 커질수록 학교폭력과 같은 비교육적 또는 반교육적인 일이 들어설 공간은 줄어들 것이다.

전형적인 학교에서는 학생을 학습의 대상으로 간주한다. 교육 당국은 미리 학생들이 학습해야 할 내용과 성취해야 할 기준을 정해 놓고, 교사에게 이 기준에 도달할 수 있도록 학생들을 가르칠 것을 요구한다. 그리고 전국적인 학력평가를 통하여 교육 당국이 정한 기준을 학생들이 통과하는지 확인한다. 일면 잘 짜인 교육과정과 잘 계획된 교육평가를 통하여 학교교육의 질 관리를 효율적으로 하는 듯 보이지만, Glasser(1997)는 이를 보스형 관리라고 칭하면서 결코 질 높은 교육을 할 수 없다고 주장하였다. 학생의 기본적인 욕구 충족을 고려하지 않는 교육이기 때문에 학생은 금방 학교교육을 지루해하고 점차 참여하지 않게 된다는 것이다.

Glasser는 인간의 기본적인 욕구로서 생존, 사랑, 힘, 즐거움, 자유를 상정하고 우리는 평생 동안 이 욕구 중 하나 이상을 잘 만족시키고자 노력한다고 하였다. 학교에서도 질 높은 교육을 하려면 학생의 기본적인 욕구를 이해하고 이를 충족하는 방식으로 교육활동이 이루어져야 함을 주장한다. 이는 학습자가 학습의 주체가 되는 교육활동을 강조하는 것이다. 이러한 Glasser의 선택이론과 현실요법을 학교교육에 접목하여 성공적인 대안교육을 하고 있는 학교가 있다. 가톨릭에서 운영하는 양업고등학교다. 자기를 존중하고 남을 배려하는 학생, 좋은 선택을 하고 행동에 책임을 지는 학생, 창의 인성교육으로 학업성취도가 향상되는 학생 양성을 교육목표로 삼고, 이러한 교육목표를 실현하기 위해 다양한 방법의 입학전형(서류전형, 글쓰기, 면접)을 통한 학생선발, 선택이론과 현실요법을 통한 생활지도 및 상담, 학생중심의 교육과정 운영, ME, PET, MBTI, 애니어그램 등의 학부모 교육, '좋은 학교 만들기 교사 모임'의 활성화를 제시하고 있다(www.yangeob.hs.kr).

다음 글에서 양업고등학교의 모습을 느껴 보자.

우리 학교는 일반학교와 구분되는 대안학교다. 부모들이 자녀를 대안학교에 보내 놓고 일반학교처럼 교화방식의 잣대를 강요한다면, 이것은 학교의 교육철학을 잘못 이해하고 있는 것이다. 우리는 규칙을 중히 여기나 그 규칙을 강요하지 않는다. 그리고 매주 전체 회의와 교사회의를 통해 학생들에게 맞도록 규칙을 조율해 나간다. 언제나 제일 중요하게 다뤄지는 것은 '원칙'이다. 우리 공동체는 자유롭고 행복해지기 위해 원칙을 존중한다. 교사는 학생들에게 원칙이 있음을 알게 하고, 학생들이 그 원칙 안에서 자유롭도록 도와준다(윤병훈, 2011: 208-209).

양업고등학교의 특징 중 하나는 교무실이 없다는 것이다. 그 대신 '교육지원실'이 있는데 교사들이 행정업무를 처리하기 위해 가끔 들르거나 교사·학생의 휴게실로 쓰인다. 방송시설도 마음대로 이용할 수 있어 점심시간에 흘러나오는 음악이 마음에 들지 않으면 누구나 들어와 새로운 음반으로 갈아 끼우는 모습을 쉽게 볼 수 있다. 교실은 국어실, 영어실, 수학실 등으로 과목별로 나뉘어 있다. 그런데 교실의 이름도 학생들의 흥미를 유발하고 부담을 느끼지 않도록 현재 국어과목을 수업하는 곳은 '버들내', 과학실은 '유레카', 사회실은 '집강소', 컴퓨터실은 '클릭', 가사실은 '인생과 사랑'이라는 팻말을 붙여 놓았다. 각 교실은 담당교사의 집무실이기도 하다. 교실마다 담당교사의 책상이 있고, 교사는 이곳에서 학생을 기다린다. 물론 학생들은 수업시간표에 따라 교실을 옮겨 다닌다. 운동복 차림, 반바지에 슬리퍼를 신은 모습, 혹은 아직도 잠에서 덜 깬 부스스한 얼굴로……. 그러나 이를 탓하는 교사는 없다. 윤병훈 교장선생님이 '격려하고 지지해 주면 아이들은 저절로 자란다는 것이 그동안 학교장을 맡아 오면서 새삼 느낀 점'이라고 한 바에서 알 수 있듯이 여기에선 학교, 혹은 선생님의 이름으로 이루어지는 강제는 거의 없다. 1시간 30분의 긴 점심시간 동안 교사와 학생이 어우러진 축구판이 벌어지기도 하고 시작종이 울린 지 꽤 지났는데도 몇몇 학생들이 느긋하게 샤워를 마치고 교실을 찾기도 한다(이정원, 2001: 150-151).

앞의 글에서 양업고등학교는 학교공동체의 규칙을 학생들과 함께 만들어 가며, 학생들의 자율적인 참여를 존중하고, 스스로 성장해 가도록 배려하고 있음을 알 수 있다. 즉, 학습자가 중심이 되는 교육활동을 펼치기 위해 노력하고 있는 것이다. 남한산초등학교를 소개하는 다음 글도 학습자중심의 교육활동의 좋은 예다.

> 우리는 처음부터 학교교육과정의 조직과 운영을 '체험중심 교육과정'에 두고 학교 그림을 그려 왔다. 여기서 '체험'이란 일회적 경험이나 행사를 의미하지 않는다. 이것은 '앎'의 과정이 '삶'의 과정과 분리되지 않도록 하는 것이고, '참삶'을 가꾸는 학습이 중요한 키워드이며, 교사와 학생 모두를 능동적인 학습의 주체로 바로 서게 하는 교육의 본질적인 지향을 가리키는 말이다. ……우리 학교 아이들은 교실에서만 공부하지 않는다. 뒷산, 텃밭, 지역에 흩어져 있는 역사 유산, 인근 대도시의 공연장 등이 모두 학습장이다. 수업시간도 40분으로 고정되어 있지 않다. 계절 학교 기간에는 일주일 내내 한 주제에 대해서만 학습하기도 한다. 교사들도 자신의 학급만 가르치지 않는다. 다른 학년에 가서 가르치기도 하고, 여러 학년을 섞어서 가르치기도 하며, 외부의 전문가들이 수시로 학교에 와서 수업을 진행하기도 한다. 모두가 체험을 중심에 둔 교육과정을 운영하기 위한 다양한 방편들이다(작은학교 교육연대, 2012: 36-37).

> 아이들은 학교에 오는 과정에서 온갖 '해찰'을 하며 등교한다. 심지어 어떤 아이들(특히 저학년 아이들)은 1분이면 족한 교문 앞에서 교실까지 들어오는 시간에 무려 20~30분을 할애한다. 운동장의 모래, 떨어진 나뭇잎, 사육장의 토끼 등 온갖 사소한 변화들 앞에서 '호기심 천국'을 경험하며 등교한다(작은학교 교육연대, 2012: 24).

5) 종합적인 연계지도

대학원을 다니는 교사가 석사학위 논문으로 자기 반에서 자주 말썽부리는 학생을 대상으로 상담사례연구를 하기로 하였다(박미회, 2002). 대상자는 초등학교 4학년 남학생이었는데, 학급에서 다른 학생들과 잘 어울리지 못하고 본인에게 잘 대하지 않은 친구들에게는 난폭한 행동과 언어를 사용하는 학생이었다. 이 학생의 부모를 면담한 결과, 유치원 다닐 때도 난폭한 행동을 자주 하였는데, 과잉행동장애로 진단받고 약물을 복용하였으나 지금은 본인이 약을 거부한다고 한다. 부모는 통제되지 않는 이 아이를 지도하려고 애를 써 왔으나 별 효과가 없어 지쳐 있었다.

필자와 교사는 이 아이를 지도할 전략을 논의하면서, 종합적인 연계지도를 하기로 하였다. 흔히 초등학생을 지도하기 위해서는 부모의 협력이 절대적이다. 그만큼 아동에게 미치는 부모의 영향력이 크기 때문이다. 희망을 잃고 지쳐 있는 부모를 위로하고, 이 학생에 대한 종합적인 지도 전략을 설명하고, 가정과 학교에서 일관성 있는 지도가 되도록 협력을 요청하였다. 부모는 다시 힘을 내었다. 종합적인 연계지도란 대상 아동을 중심으로 긍정적인 영향을 미칠 수 있는 인력이나 기관이 서로 협력하여 아동의 생활공간 곳곳에서 일관성 있게 지도하는 것이다.

상담자는 일주일에 한 번 아동의 심리적인 어려움을 상담하고, 교사를 자문하기로 하였다. 교사는 대상 아동이 다른 아동과의 관계를 개선하기 위한 전체적인 학급관리 전략을 개발하고 적용하기로 하였다. 대상 아동에 대해서는 자기관리기법을 가르치고 지도·감독하기로 하였다. 담당의사는 아동의 과잉행동을 조절하기 위한 약물을 처방하고 교사와 정보 교류를 하기로 하였다. 아동은 교사와 약속한 행동목록에 따라 매일 자기관찰(self-monitoring)을 하고 교사에게 자기관찰기록을 점검받기로 하였다. 부모는 교사와 상담자의 자문에 따라 가정에서 아동을 격려하고 훈육하였다. 시간이 갈수록 점차 아동은 자존감을 회복하고, 학교생활에 적응해 갔다.

유성경 등(1999)은 청소년비행을 효과적으로 개입하는 기본 전략으로서 종합적인 전략, 위험요인의 감소와 보호요인의 증진 전략, 예방과 제재 전략이 필요하다고 제안한 바 있다. 종합적인 전략은 청소년비행이 어느 한 개인 또는 한 기관의 독자적인 노력으로 바꾸기 어려울 정도로 심각해졌다고 보고, 청소년비행을 예방하고, 교정하고, 재활하도록 돕는 개입활동이 가정, 학교, 지역사회의 유기적인 협력하에서 체계적이고 종합적으로 추진하여야 한다는 것이다. 많은 대안학교는 일차적으로 부모를 학교공동체의 구성원으로 포함하고, 부모가 적극적으로 개입하도록 한다. 양업고등학교는 입학을 위한 면접과정에서부터 부모를 참여시키고, ME, PET, MBTI, 애니어그램 등의 학부모교육을 하며 부모와 자녀 간 상호 이해를 증진하도록 적극성을 보인다. ME(marriage encounter)는 가톨릭의 인기 있는 부부 참만남 집단이다. PET(parent effective training)는 자녀의 마음을 이해하고 효과적인 대화를 강조하는 부모역할 훈련이다. MBTI와 애니어그램과 같은 성격유형검사를 통하여 부모-자녀 간의 서로의 특성을 이해하는 시간을 가지려고 하기도 한다(윤병훈, 2011). 남한산초등학교의 경우는 폐교 위기의 학교를 살리려는 부모들의 적극적인 노력에서 출발한 만큼 학교와 학부모, 교사와 학부모, 아이들과 학부모, 학부모와 학부모의 수많은 관계가 촘촘한 그물망으로 얽혀 학교나 아이들의 문제는 곧 학교공동체의 문제로 부각되고 문제를 해결하기 위한 상호 교류가 활발하다고 한다(작은학교연대, 2012). 이와 같이 아동을 효과적으로 지도하기 위하여 학부모와 협력하여 아동을 일관성 있게 지도하는 종합적인 시스템을 각 학교의 사정에 맞게 개발하여야 한다.

교사는 지역사회 구성원이나 기관의 협력을 얻어 아동을 지도할 수도 있다. 필자가 기억하고 있는 한 사례를 소개한다. 이 사례는 교사가 아동지도를 위해 지역사회 인력과 연계한 사례이기도 한다. 전문상담교사 자격을 취득하기 위한 연수과정에는 두 편의 상담사례를 발표하도록 되어 있다. 한 교사는 상담사례를 발표하는 과제를 수행하기 위하여 자기 반에서 지각과 결석이 잦고 준비물을 챙겨 오지 않는 등 학업성취도가 낮은 한 아동을 상담하기로 하였다. 우선 아동의 실상을 이해하기 위해 가정방문을 하였다. 아동을 앞세워 외딴 집을 가게 되었는데, 할아버지와 할머니만 계셨다. 부모는 돈을 벌기 위해 다른 지역에 살고 있다는 것이다. 열악한 환경을 짐작하기는 했지만, 정작 교사가 충격받은 일은 아동을 돌보는 할아버지와 할머니가 글을 읽지 못한다는 것이었다. 교사는 아동의 알림장에 학부모가 아동을 위해 어떤 준비물을 챙겨 주어야 하는지, 어떤 지도를 해야 하는지 매일 써 보내면서 나름대로 아동을 성실히 지도하고 있으나 학부모의 협력이 부족하여 아동지도에 어려움이 있다고 생각하여 왔는데, 아동의 현실을 전혀 모르고 학부모에게 서운한 마음을 가졌던 자신이 부끄러웠다. 할아버지와 할머니가 글을 모르기 때문에 교사의 메시지를 전혀 전달받을 수 없었던 것이다. 아동에게 미안한 마음이 들어, 아동이 먹고 싶어 하는 맛있는 점심을 사 주면서 아동을 격려하고, 아동이 학교에 오는 길에 아동이 들르는 문방구나 가게의 주인에게 아동이 학교에 가지 않고 근처에서 놀고 있으면 학교에 가도록 지도해 주기를 부탁하였다. 아동은 비로소 교사와 지역사회 몇몇 어른들의 따뜻한 관심을 받게 되었다. 다음 날부터 아동의 눈빛이 반짝반짝 빛나고 학습활동에 적극 참여하면서 날이 갈수록 또래로부터 수용되어 학교 적응을 잘 하게 되었다는 것이다.

교사는 지도 대상의 학생을 효과적으로 지도하기 위해 어떤 형태의 종합적인 연계 지도가 필요한지를 판단할 수 있어야 한다. 교사 혼자서 충분히 감당할 수 있는지, 동 학년 수준에서 다른 교사와 함께 지도해야 하는지, 학교 수준에서 모든 교사가 일관성 있는 지도 전략을 짜야 하는지, 학부모의 협력이 필요한지 또는 학부모와 교육적 협력을 어떻게 구축할 것인지, 학교에 있는 Wee 클래스, 지역교육청에 있는 Wee 센터, 시·도교육청에 있는 Wee 스쿨과 같은 상담전문기관의 도움을 받아야 하는지, 그리고 다른 지역사회기관의 협력을 받아야 하는지 등을 평가하여 종합적인 연계 지도 전략을 짜야 한다.

6) 종합적인 생활지도

많은 초등학교 교사는 교과지도보다 생활지도가 더 힘들고, 그만큼 더 중요하다고 한다. 따라서 초등학생의 지도에 어려움을 느껴 교육대학원에서 상담을 전공하고, 초등학생 생활지도와 상담 능력을 키우고자 하는 교사들도 많다. 학교교육에서 교과지도에 할당된 시간은 생활지도에 할당된 시간보다 절대적으로 많다. 초등학교 교사를 양성하는 교육대학에서도 교과지도를 위하여 개설된 교과목이 절대적이다. 교육대학에서는 학교폭력을 포함하여 초등학생들의 다양한 문제행동을 이해하고 대처하는 방안을 배울 시간이 부족하고, 초등학교에서는 초등학생들과 더불어 이들의 문제를 들어 주고 함께 해결해 나가기 위한 시간을 낼 수 없다. 즉, 초등학생의 문제행동을 대처하는 데 필요한 지식과 경험이 부족할 뿐만 아니라 초등학생의 문제행동을 지도할 시간마저 부족하니 학교폭력과 같은 초등학생이 보이는 문제행동은 교사에 의해 교육적으로 다루어지지 않고, 학생들에 의해 재생산을 거듭하고 있는 것이다. 이에 학교폭력을 포함하여 초등학생의 다양한 문제행동을 예방하고 건강한 발달을 촉진하기 위하여 보다 시간을 충분히 내어 광범위하고 종합적인 생활지도를 적극적으로 할 필요가 있다.

적극적인 생활지도를 하기 위한 학교교육의 새로운 방향을 탐색하기 위해, 미국에서 1980년대부터 발전해 온 종합적 생활지도 프로그램(comprehensive guidance program)을 참고하는 것도 도움이 된다. Gysbers와 Henderson(1994)은 당시 급격한 사회변화와 더불어 교육개혁에 대한 요구에 부응하기 위하여, 학교교육에서 보조적이고 위기관리를 위한 반응적 서비스로서의 생활지도가 아닌 교과교육과 동등하게 인간의 성장과 발달을 촉진하는 프로그램으로서의 생활지도로 재개념화하자는 요구가 제기되었음을 지적한다. 이러한 새로운 생활지도에 대한 요구는 오늘날 종합적인 생활지도 프로그램으로 발전하여 많은 학교에서 시행하고 있다. 이는 서비스가 필요한 특정 학생들에 초점을 둔 생활지도와 상담에서 전체 학생에게 서비스를 제공하는 종합적인 생활지도와 상담으로 발전하여, 교과교육과 더불어 생활지도도 교육의 목적을 달성하는 데 동등하게 참여하고자 하는 것이다.

미주리주의 종합적 생활지도 프로그램의 경우(Gysbers et al., 2008), 생활지도 교육과정, 개인적인 계획 짜기, 반응적 서비스(상담, 자문, 의뢰), 체제 지원의 네 요소를 포함하고 있다. 이 프로그램은 학생의 학업, 개인 및 사회, 진로 발달을 촉진하고 긍정적이고 안전한 학습 분위기를 만듦으로써 모든 학생의 욕구를 다루려고 하며, 학생들이 직면하는 문제를 해결하도록 돕는다. 이 중 생활지도 교육과정은 유치원부터 12학년에 이르기까지 학급과 대집단에서 체계적으로 적용할 구조화된 발달적 활동으로 이루어져 있다. 이 중 자기를 이해하는 활동의 학년별 기대 수준을 제시한 예를 소개하면 〈표 4-2〉와 같다(www.missouricareereduaction.org). 이러한 기대 수준을 달성하기 위한 다양한 자료가 이어서 소개되어 있다. 이 장에서는 일부의 자료만 소개하였다.

Gysbers 등(2008)의 보고에 의하면 종합적 생활지도 프로그램을 적용한 결과, 성적이 오르고, 교사와의 관계가 좋아지고, 훈육의 문제가 줄고, 학교 분위기가 더 좋아졌다고 한다. 이를 참고하여 공교육이 시작되는 유치원부터 고등학교 3학년에 이르기까지 학생들이 건강하게 최적의 발달을 하기 위해서 필요한 것이 무엇인지를 국가적 수준 또는 교육청 수준에서 합의하여 이를 달성할 수 있도록 하는 장기적인 목적을 설정하고 각 학년별로 적합한 세부목표와 이를 위한 다양한 활동을 개발하여 여러 목표가 상호

표 4-2 미주리주의 종합적 생활지도 프로그램: 자기이해 활동 학년별 기대 수준

개념	자기개념	역할	시민의식과 공헌
유치원	기본적인 감정 알기	가족에서의 역할 알기	다양한 상황에서 필요한 특성 알기
1학년	다양한 감정 알기	학교에서의 역할 알기	자신의 특성 인식하기
2학년	다양한 감정 표현하기	지역사회에서 역할 알기	다양한 상황에서 필요한 특성 비교하기
3학년	개인적 성장을 위한 긍정적인 특성 알기	집과 학교에서의 역할에 대해 생각하고 책임감을 갖기	학급에 공헌하는 데 필요한 특성 알기
4학년	긍정적인 자기-대화를 인식하고 자신의 생각과 감정과 대화하기	지역사회에서의 역할에 대해 생각하고 책임감을 갖기	학교에 공헌하는 데 필요한 특성 알기
5학년	긍정적인 자기개념을 유지하기 위한 특성을 드러내기	가정, 학교, 지역사회에서의 역할을 균형 잡기 위한 전략 발달시키기	학교에 공헌하는 구성원으로서 특성 보이기
6학년	개인적 성장과 좋은 시민의식을 위한 자신의 강점 확인하기	자신, 가족, 학교에 대한 책임감을 갖기 위한 전략을 확인하고 발달시키기	공동체 형성에 필요한 특성 보이기

유기적으로 통합되고 시간적으로 계열화하여 종합적인 생활지도를 할 수 있도록 하면 학교폭력과 같은 개인의 성장 발달과 상반되는 결과는 줄어들 것이다.

 연구 과제

1 구체적인 학교폭력 사례를 들고, 아동의 행동을 이해하기 위한 과정을 설명하시오.

2 성공적인 혁신학교, 대안학교 또는 실험학교 사례를 조사하고 성공 요인을 찾아보시오. 또한 학교폭력 예방과 관련하여 성공 요인의 효과를 설명하시오.

3 종합적인 생활지도 프로그램을 구성하시오.

참고문헌

김성천, 오재길(2012). 학부모가 알아야 할 혁신학교의 모든 것. 서울: 맘에드림.

노안영, 강만철, 오익수, 김광운, 정민(2011). 개인심리학 상담 원리와 적용. 서울: 학지사.

박미회(2002). 주의력 결핍, 과잉행동 아동에 대한 상담사례 연구. 광주교육대학교 석사학위 논문.

박한샘, 오익수(1998). 탈비행과정 탐색에 대한 현장연구. 청소년상담연구, 6, 60-92.

유성경, 안희정, 이소래, 오익수(1999). 청소년 탈비행화 조력을 위한 효과적인 개입 전략 개발연구. 서울: 한국청소년상담원.

윤병훈(2011). 발소리가 큰 아이들. 서울: 다밋.

이정원(2001). 대안교육의 발전방안에 관한 연구: 우리나라 대안교육을 중심으로. 조선대학교 석사학위논문.

작은학교교육연대(2012). 작은 학교 행복한 아이들. 서울: 우리교육.

장상호(1997). 학문과 교육(상): 학문이란 무엇인가. 서울: 서울대학교 출판부.

장상호(2006). 학문과 교육(중I). 서울: 서울대학교 출판부.

한대동, 기대현, 김정섭, 안경식, 유순화, 주철안, 손우정, 전현곤(2009). 배움과 돌봄의 학교공동체. 서울: 학지사.

허봉규(2010). 혁신학교 운영모델 탐색: 경기도 혁신학교를 중심으로. 성균관대학교 박사학위 논문.

Chomsky, N. (2001). 실패한 교육과 거짓말(*Chomsky on miseducation*). (강주헌 역). 서울: 아침이슬. (원전은 2000년에 출판).

Dreikurs, R., Grunwald, B. B., & Pepper, F. C. (1998). *Maintaining sanity in the classroom: Classroom management techniques.* PA: Accelerated Development.

Glasser, W. (1997). 좋은 학교(*The quality school*). (김인자 역). 서울: 한국심리상담연구소. (원전은 1990년에 출판).

Glasser, W. (1998). *Choice therapy.* New York: Harper Perennial.

Gysbers, N. C., & Henderson, P. (1994). *Developing and managing your school guidance program*(2nd ed.). VA: ACA.

Gysbers, N. C., Stanley, J. B., Kosteck-Bunch, L., Magnuson, C. S., & Srarr, M. F. (2008). *Missouri comprehensive guidance program: A manual for program development, implementation, evaluatiogn and enhancement.* Missouri Center for Career Education, University of Central Missouri.

Sells, S. P. (1998). *Treating the tough adolescent: A Family-based, step-by-step guide.* New York: Guilford Press

Sweeney, T. J. (1998). *Adlerian counseling: A practitioner's approach*(4th ed.). PA: Accelerated Development.

제5장

학교폭력 예방을 위한
인성교육

이 장에서는 학교폭력 예방을 위해 신장해야 할 학생의 자산(self-resources, self-competence)*인 사회적 기술, 대인관계 능력, 자기성찰과 자기통제 능력의 증진 방안에 대해 살펴본다. 즉, 학교폭력을 예방하기 위한 인성교육의 방향에 대해서 살펴보고, 그 인성교육을 통하여 훈련하고 증진해야 할 기술과 능력에 대해 알아본다.

*여기서 자산이라는 용어의 의미는 개인이 자아실현적 삶을 사는 데 필요한 자원(resources)이나 능력(competence)을 말한다. 특히 이 장에서는 학생 개인이 학교폭력을 예방하고 해결할 수 있는 자원과 기술 그리고 능력을 일컫는 말이다. 이 장에서는 학교폭력의 예방과 해결을 위해 개인이 가져야 할 자산으로 '사회적 기술', '대인관계 능력', '자기성찰과 자기통제 능력' 등을 든다. 이 자산들은 서로 밀접한 관련성이 있기 때문에 별개의 자원이나 능력, 기술로 보아서는 안 되고 통합적으로 보고 교육하며 훈련하고 활용해야 한다.

2008년 「학교폭력 예방 및 대책에 관한 법률」이 개정된 이후에 각급 학교에서는 학교폭력 예방 교육이 매우 중요한 과제로 떠올랐다. 특히 2015년 「인성교육진흥법」이 제정되고, 또한 같은 해에 제3차 학교폭력 예방 및 대책 기본계획(2015~2019, 관계부처합동, 2015)에 인성교육 중심 학교폭력 예방이 강화되면서 학생의 인성 함양을 통한 학교폭력 사전 예방이 강조되고 있다.

「인성교육진흥법」에 따르면 인성교육이란 자신의 내면을 바르고 건전하게 가꾸고 타인·공동체·자연과 더불어 살아가는 데 필요한 인간다운 성품과 역량을 기르는 것을 목적으로 하는 교육을 말한다. 그리고 인성교육의 목표는 예(禮), 효(孝), 정직, 책임, 존중, 배려, 소통, 협동 등의 핵심 가치·덕목을 적극적이고 능동적으로 실천 또는 실행하는 데 필요한 지식과 공감·소통하는 의사소통 능력이나 갈등해결 능력 등이 통합된 능력의 신장으로 한다(교육부, 2015).

일반적으로 인성교육의 목표는 한 개인이 자아실현적 삶을 사는 데 필요한 인성적 능력을 신장시켜 주는 데 있다. 이 자아실현적 삶을 사는 데 필요한 인성적 자질이 무엇인가에 대해서는 학자마다 여러 가지 의견이 있다.

Begun(1998)은 자아실현적 삶을 위한 인성적 능력으로 삶의 기술(skill for living)을 든다. 그에 의하면 삶의 기술은 사회적 적절성과 학업적 적절성의 기초라는 것이다. 삶의 기술은 반사회적 행동을 예방하고, 개인이 성공적으로 기능하고, 삶의 기술을 획득하게 해 주기 때문이다. 그리고 그는 청소년들에게 적절하게 행동하도록 가르치는 것이 부적절한 행동을 하지 못하도록 훈계하는 것보다 더 생산적이라는 철학을 가진다. 그는 이러한 철학을 가지고 폭력예방 기술 교육과정을 개발하였는데, 그 내용은 다음과 같다. 즉, 친구관계 기술, 가족생활 기술, 스트레스 및 위험대처 기술, 자살방지 기술, 약물사용방지 기술, 범죄방지 기술, 존중하기, 분노조절 기술 등이다.

Morganett(1994)도 청소년의 삶의 기술로 평화를 만드는 기술-공감과 협동을 통한 타인의 이해, 자아존중감 기르기, 친구들과 사이좋게 지내기, 부모 이혼에 대한 스트레스 극복하기, 슬픔과 상실을 극복하기, 분노 통제하기, 책임감 기르기, 훌륭한 시민 되기 등을 들고 있다.

제3차 학교폭력 예방 및 대책 기본계획(2015~2019, 관계부처합동, 2015)에서 인성교육

중심 학교폭력 예방의 정책방향은 다음과 같다. 즉, 학생의 발달단계를 고려한 생명존중의식 함양교육 강화, 배려심 증진 등 체험중심의 인성교육 강화, 교과 교육과정 내 학교폭력 예방교육 체계화 등이다.

학교폭력 예방 교육의 목적은 학교폭력에 대한 학생들의 그릇된 인식과 태도를 변화시키는 것이다. 그리고 이러한 변화를 통해 가해학생 또는 가해 징후가 있는 학생들에게 학교폭력은 범죄라는 인식을 심어 주고 바람직한 태도를 유도하거나, 일반학생들에게는 언제 당할지 모를 학교폭력에 대해 효과적으로 대처할 수 있도록 교육함으로써 학교폭력의 잠재적 가능성을 최소화하는 데 있다(교육과학기술부, 2009).

좀 더 구체적으로 말하면 학교폭력 예방은 학교폭력을 유발하는 위험요인을 없애고 학교폭력을 억제하는 보호요인을 강화함으로써 학교폭력을 줄이거나 없애는 것이다. 보호요인은 위험요인의 효과를 완충하거나 적응 유연성의 가능성을 증가시키는 개인이나 환경자원으로 문제행동을 직접적으로 감소시킬 수 있다. 학교폭력의 개인적 보호요인은 자존감, 공감, 관점 채택, 자기통제, 학교적응이다. 그리고 학교폭력의 환경적 보호요인으로는 긍정적인 또래관계, 교사 애착, 공정한 학교 규칙(처벌 포함), 또래 중재자 등이다. 반면에 학교폭력 발생을 유발하는 개인적 위험요인으로는 분노, 적대적 귀인, 학대 및 부당한 대우, 스트레스, 무기력, 좌절감, 공격성, 반사회성 등이고, 환경적 위험요인으로는 과도한 경쟁, 소외나 외톨이, 학교 규칙의 부재나 비일관성, 교사의 폭력적인 언어나 행동, 교사의 무관심과 방임 등이다(박효정 외, 2007).

미국 폭력예방협회(SPV)는 교육을 통해서 아동과 성인의 폭력적 행동과 반사회적 행동의 만연을 감소시키는 데 힘쓰고 있다. SPV는 아동과 성인에게 사회적 기술을 교육함으로써 폭력을 예방하고자 한다. SPV는 사회적 기술로 경청하기, 대화 나누기, 설득하기, 감정 다루기, 평화적으로 갈등해결하기, 자기통제하기, 마음의 평정 유지하기, 또래 압력 다루기, 문제 해결하기, 의사결정하기 등을 든다. 외국의 학교폭력 예방 인성교육의 핵심 요소를 보면, 적극적 경청, 자기주장, 문제 해결, 자기통제, 자신과 타인의 정서 인식하기, 갈등해결 등이다(박효정 외, 2007).

국내와 국외의 학교폭력과 관련된 연구 결과에 의하면 학교폭력의 가해자와 피해자는 모두 의사소통 기술, 감정표현 및 분노조절 기술, 주장적 자기표현 기술 등과 같은 '사회적 기술'이 부족했고, 또한 이타성, 공감 능력, 용서 능력, 갈등해결 능력 등과 같은 '대인관계 능력'이 부족했다. 그리고 자아존중감, 스트레스 및 불안 관리 능력, 자아탄력성 등과 같은 '자기성찰과 자기통제 능력'이 부족했다(홍종관, 2012).

학교폭력 예방을 위한 노력은 가정적, 학교적, 지역사회적 등과 같은 환경적 측면에서도 물론 이루어져야 할 것이나 여기에서는 학교폭력을 근본적으로 예방하는 길은 학교폭력의 당사자들인 학생 개인의 인성교육을 통해 앞에서 언급한 학생 개인의 자아실현을 위한 인성적 자산을 신장시켜 주는 것이라고 본다. 즉, 학교폭력을 효과적으로 예방할 뿐만 아니라 효과적으로 해결하기 위해서 학생 개인이 가져야 할 인성적 자산은 〈표 5-1〉과 같이 '사회적 기술', '대인관계 능력', '자기성찰과 자기통제 능력' 등이다.

표 5-1 학교폭력 예방을 위한 인성교육 내용

인성적 기술과 능력	세부적인 내용
사회적 기술	의사소통 기술 증진
	분노조절 기술 증진
	주장적 자기표현 기술 증진
대인관계 능력	이타성 신장
	공감 능력 신장
	용서 능력 신장
	갈등해결 능력 신장
자기성찰과 자기통제 능력	자아존중감 증진
	스트레스 및 불안 관리 능력 증진
	자아탄력성 증진

2 사회적 기술

학교폭력의 가해자나 피해자가 필요한 사회적 기술로는 의사소통 기술, 감정 표현 및 분노조절 기술, 주장적 자기표현 기술 등이다. 학교폭력 가해자와 피해자 학생을 도와야 할 교사는 이러한 사회적 기술에 대해 알고 있어야 하고, 또 이러한 기술을 학생들이 훈련하도록 해야 한다.

1) 의사소통 기술

사회적 관계 형성을 위한 기초적인 대화 기술로는 인사와 소개, 대화 시작하기, 대화 계속하기, 대화의 주제 선택하기, 질문하고 답하기, 요청하고 수용 혹은 거절하기 등이 있다. 이러한 의사소통 기술은 크게 두 가지로 나누어 볼 수 있다. 즉, 상대의 말을 잘 경청하고 자신의 생각을 잘 전달하는 것이다. 잘 경청하기 위해서는 적극적으로 경청하고, 잘 전달하기 위해서는 I-Message와 Do-Message를 사용한다.

(1) 적극적 경청

적극적 경청이란 대화에서 대화자 사이에 상호작용이 일어나고 한 파트너가 상대방이 말하는 것을 충분히 이해하고 공감한다는 것을 그에게 확인시키는 것을 말한다. 특히 적극적 경청하기에서는 반영의 순서가 중요한데, 먼저 핵심감정을 반영해 주고, 그 다음으로 핵심내용을 반영한다. 그리고 윤리 도덕적인 부분은 맨 마지막에 반영한다. 즉, 대화를 할 때 상대방의 감정반영을 먼저 하여 상한 감정을 충분히 치유한 다음에, 객관적인 문제 해결을 시도하라는 것이다. 왜냐하면 사람은 감정이 상한 상태에서는 객관적인 인지적 접근이 어렵기 때문이다. 학생들이 대화를 잘 하려면 이 순서대로 대화를 나누는 것이 중요하다.

(2) I-Message

상대방에게 반감을 일으키지 않고 자신의 생각을 잘 전달하기 위해서 Gordon(1974)은 I-Message로 하라고 한다. 그에 의하면 말하기 방법은 크게 You-Message와 I-Message로 나눌 수 있다는 것이다.

먼저 You-Message의 예를 들어 보면, "(너) 떠들지 마!"(명령과 지시), "(너) 다시 한 번 더 나에게 욕하면 그냥 두지 않겠어!"(경고하기), "(너는) 왜 항상 이 모양이냐!"(평가하기) 등이다. 이처럼 You-Message는 모든 말하기 앞에 '너'라는 2인칭 대명사가 생략되어 있어 일방적으로 말을 듣는 청자가 책임지고 이해해야 하는 내용이 들어 있다. 따라서 이를 듣는 청자는 지시받고 평가받고 책임을 추궁받게 되어 기분이 나빠지고 반발심을 자극한다.

그러나 I-Message는 "나는 네가 떠드니 공부를 할 수가 없어. 떠들지 말았으면 좋겠어.", "나에게 네가 욕을 하니 내가 화가 난다. 그러므로 욕을 하지 말아 주길 바란.", "네가 이런 일을 좀 더 성의를 가지고 했으면 좋겠어." 등과 같이 화자가 청자의 어떤 말과 행동으로 인해 받는 느낌과 생각을 화자의 입장에서 이야기하는 것이므로 You-Message처럼 부정적 영향(충격, 자존심 상함 등)을 주지 않는다. 따라서 학생들은 대화를 나눌 때에 I-Message를 사용하는 것이 습관화되도록 훈련해야 한다.

(3) Do-Message

"너는 참으로 느림보야."처럼 상대방을 판단하고 평가하는 Be-Message는 상대방으로 하여금 비난받는 느낌을 준다. 그러나 "너는 오늘 약속시간에 30분 지각했구나."처럼 행동을 표현하는 Do-Message는 상대방의 행동을 평가 없이 있는 그대로 기술함으로써 상대방으로 하여금 비난이나 판단 받는 느낌을 주지 않는다. 다른 사람들로부터 판단 받고 비난하는 Be-Message에 이미 상처를 입은 학생들에게 또다시 Be-Message를 사용하는 것은 지양되어야 한다. 학생들 상호 간에도 그렇고, 특히 교사는 학생들에게 비난받는다는 느낌을 주지 않고, 단순히 그들의 잘못된 행동이 무엇인지를 알려 주기 위해서 Do-Message를 사용해야 한다.

(4) 의사소통 기술과 학교폭력

학교폭력 가해자나 피해자는 결국 공감적 이해를 받지 못해서 상처를 받은 사람들이다. 가해자는 이미 결손가정이나 폭력가정에서 자기 마음을 알아주는 따뜻한 한마디의 말을 들어보지 못하고 어린 시절을 보낸 경우가 많다. 그리고 피해자도 결국 학교폭력으로 인해 받은 마음의 상처를 부모나 교사, 친구들이 공감적으로 이해해 주지 못함으로 인해 더욱 그 상처가 깊어진다. 그리고 대부분의 학교폭력 가해학생은 결손가정에서 이미 부모나 성인들로부터 비난하고 명령하고 비교하는 You-Message와 Be-Message에 의해 상처를 받은 경험이 있다. 그런데 이런 상처가 있는 학생에게 또다시 You-Message와 Be-Message를 사용하는 것은 그 자체만으로 다시 상처를 주는 것이 된다. 또한 학교폭력을 당한 피해학생들도 대부분 가해학생의 You-Message와 Be-Message에 의해 상처를 받는다. 그렇기 때문에 학교폭력과 관련하여 학생들 사이에 I-Message와 Do-Message로 말하는 것과 적극적 경청은 중요한 의미를 가진다.

2) 분노조절 기술

(1) 분노조절과 공격성

최상희(2010)는 분노와 공격성의 관계를 다음과 같이 보았다.

첫째, 조절되지 않은 분노는 공격적인 행동으로 나타나기 쉽다.

둘째, 공격의 표출 목적은 분노를 해소하기 위한 것이다. 분노를 조절하지 못하거나 공격성과 연합되었을 때 나타날 수 있는 가장 일반적인 사회적 문제는 폭력이라는 점에서 분노조절의 필요성은 증가한다.

그러므로 분노 유발 상황에서 자신의 감정을 적절히 조절하는 능력을 습득하는 것은 매우 중요하다. 따라서 분노와 공격성이 높은 아동을 대상으로 하는 사후지도뿐만 아니라 모든 아동을 대상으로 이루어지는 예방 차원의 분노조절 지도가 반드시 필요하다.

(2) 분노조절의 필요성

분노는 공격적인 행동에 선행하므로 아동의 공격적 행동을 예방하기 위해서 분노조절 교육이 필요하다. 아동은 분노를 경험하게 될 때 표현하기도 하고 억제하거나 회피하기도 한다. 즉, 분노의 표현방식에는 분노억제, 분노표출, 분노조절 등이 있다. 분노억제는 분노감정을 참거나 억압하는 것이고, 분노표출은 주위 다른 사람이나 물건에 분노를 표현하는 것이다. 그리고 분노조절은 화가 난 상태를 자각하고 화를 진정시키기 위해 다양한 전략을 구사하는 것이다. 일반적으로 분노억제나 분노표출은 역기능적이고, 분노조절은 순기능적이다.

학교폭력 가해자와 피해자들은 대체로 분노조절에 문제가 있다. 그리고 자신의 분노를 표출하는 방법에 있어 서툴다. 특히 학교폭력에 가담하는 학생들은 분노 수준이 높다. 따라서 교사는 학생들에게 자신의 분노를 조절하는 능력을 길러 주어야 한다.

(3) 분노조절 훈련

지금까지 이루어진 분노조절 훈련을 살펴보면 다음과 같다.

첫째, 사회적 기술 훈련을 통하여 구체적인 상황에 필요한 사회적 기술을 모방 및 연습을 통해 분노를 감소시키려는 노력이 있었다.

둘째, 인지행동적 접근으로 개인의 정서와 행동이 인지의 산물이라고 보아 개인의 비합리적 사고를 합리적으로 바꾸는 것을 통하여 분노조절을 하고 이를 통해 공격적인 행동을 예방하려는 접근이 있었다.

셋째, 문제 해결 기술 훈련을 통하여 어려운 상황에 직면했을 때 문제 발생의 원인과 예견되는 결과를 파악하여 대안적인 해결책을 도출할 수 있는 능력을 길러 주려는 접근이었다.

넷째, 긴장이완 훈련으로 분노 상황에서 긴장되는 신체를 이완하는 훈련을 통해 분노를 조절하려는 접근이었다.

분노조절을 위한 이러한 접근은 단독으로 활용되는 경우도 있지만 다른 접근들과 함께 통합적으로 접근하는 것이 효과적이라는 연구 결과가 있다. 예를 들어, 허은순(2003)의 연구에 의하면 긴장이완 훈련만을 시행하는 것보다는 인지적 접근과 병행해서 시행했을 때 보다 효과적이었다고 한다. 최상희(2010)는 분노 발생을 인지, 정서, 행동적 요소를 포함하는 순환적 과정으로 설명하는 Bilodeau(1992)의 모형을 기반으로 학급 단위의 분노조절 집단상담 프로그램을 만들었는데, 그 개요는 〈표 5-2〉와 같다.

최상희(2010)는 그의 분노조절 집단상담이 초등학생의 분노와 공격성 감소에 유의미한 효과가 있었다고 했는데, 그 이유를 다음과 같이 설명하였다.

첫째, 프로그램이 학생들이 먼저 분노의 의미를 이해하고 분노조절의 필요성을 인식한 뒤, 자신이 수립한 분노조절 전략을 습관화하도록 구성되었기 때문이다.

둘째, 프로그램이 분노를 조절함으로써 분노 유발 상황에서 드러나는 자신의 공격적인 행동패턴을 반성하고, 적절한 대안을 수립하게끔 유기적으로 구성되었기 때문이다.

표 5-2 학급단위 분노조절 집단상담 프로그램 개요

단계	회기	제목	주제	목표 및 활동	과제
도입	1	분노조절 프로그램 알아봐요	분노조절 프로그램 소개 및 참여의지 갖기	분노조절 프로그램의 의미를 이해하고 참여 의지를 가질 수 있다. • 분노의 의미 알기(비커실험) • 분노조절 프로그램 알기(스펀지) • 프로그램 참여 의지 다지기	분노경험 일지 쓰기
이해	2	나의 화는 이렇게 생겼어요	분노의 자각과 표현	'분노'에 대한 자신의 느낌을 알아보고 다양한 방법으로 표현할 수 있다. • 〈화는 내 마음속에 있다〉 읽기 • 나의 '분노' 그림 그리기/글쓰기 • 모둠별로 동작으로 나타내기	분노경험 일지 쓰기
이해	3	나는 이럴 때 화가 나요	분노 유발 상황 분석	내가 화가 나는 여러 가지 상황을 알아보고 친구들과 비교할 수 있다. • 분노 유발 상황 질문지 • 〈이럴 때 화가 나!〉 Best5 알아보기 • 나/모둠/학급 친구와 비교하기	분노경험 일지 쓰기
실행	4	나의 분노 이렇게 다루고 싶어요 ①	분노조절 계획 탐색	화가 날 때 어떻게 행동할 것인지 분노조절 계획을 탐색한다. • 〈난 지금 화가 나〉 읽기 • 상황별 분노조절 계획 탐색하기 • 손가락 인형극으로 연습하기	분노조절 전략 실천하고 분노일기 쓰기
실행	5	나의 분노 이렇게 다루고 싶어요 ②	분노조절 전략 결정	분노조절 계획을 점검하고 적절한 분노조절 전략을 결정할 수 있다. • 〈화가 날 때 난 이렇게 해!〉 읽기 • 4회기와 비교하여 전략 수정하기 • 손가락 인형극으로 연습하기	분노조절 전략 실천하고 분노일기 쓰기
실행	6	화가 나면 나는 책을 읽어요 ①	분노조절 전략 실행 및 습관화	나의 분노 책을 만들어 분노조절 전략을 연습하고 습관화할 수 있다. • 내가 화가 나는 상황 정리하기 • 상황별 분노조절 전략 연습하기 • 그림과 글로 나타내고 꾸미기	분노조절 전략 실천하고 분노일기 쓰기
실행	7	화가 나면 나는 책을 읽어요 ②	분노조절 전략 실행 및 습관화	나의 분노 책을 만들어 분노조절 전략을 연습하고 습관화할 수 있다. • 나의 분노조절 전략 정리하기 • 상황별 분노조절 전략 연습하기 • 그림과 글로 나타내고 꾸미기	분노조절 전략 실천하고 분노일기 쓰기
마무리	8	화가 나면 나는 노래를 불러요	분노조절 전략 정리 및 평가	학습한 분노조절 전략을 정리하여 노래 가사로 만들고 평가할 수 있다. • 학습한 분노조절 돌아보기 • 모둠별로 노래 가사 만들어 보기 • 소감문 작성 및 느낌 나누기	분노, 공격성 사후검사

3) 주장적 자기표현 기술

(1) 주장적 자기표현이란

자기표현에는 소극적 자기표현과 공격적 자기표현 그리고 주장적 자기표현이 있다. 소극적 자기표현은 다른 사람의 권리나 의견을 자기 것보다 더 크게 생각하여 자신의 권리나 의견을 주장하지 않는 것을 말한다. 또한 공격적 자기표현이란 이와 반대로 자신의 권리나 의견을 다른 사람의 것보다 더 크게 생각하고 자기중심적으로 주장하는 것을 말한다. 그리고 주장적 자기표현이란 나의 권리와 의견을 다른 사람의 것과 동일하게 생각하여, 남의 권리와 의견을 존중하면서도 나의 권리와 의견을 주장하는 것을 말한다. 즉, 주장적 자기표현이란 타인과의 의사소통 과정에서 상대방의 권리를 침해하지 않으면서 나의 권리나 의견이나 욕구를 상대방에게 직접 표현하는 것이다. 소극적 자기표현이나 공격적 자기표현은 역기능적이고 주장적 자기표현이 순기능적이다.

(2) 비주장적 자기표현의 이유

Wolpe(1958)는 주장적 자기표현을 하지 못하는 이유를 대인관계에서 갖는 불안 때문이라고 하였다. 그리고 Rakos와 Schroeber(1980)는 주장적 자기표현을 하지 못하는 이유로 인지적 이유, 정서적 이유, 행동적 이유를 들고 있다. 그들에 의하면 비주장적 자기표현의 인지적 이유는 주장행동과 관련된 부정적이고 비합리적인 사고나 신념 때문이고, 정서적 이유는 주장행동과 관련된 불안이나 두려움 또는 적개심 때문이며, 행동적 이유는 주장행동과 관련된 기술 부족 때문이다.

(3) 주장적 자기표현 훈련

주장적 자기표현을 신장하기 위해서는 앞에서 살펴본 비주장적 자기표현의 이유를 제거하여야 한다. Rakos와 Schroeber(1980)에 의하면 주장적 자기표현 훈련은 인지적 · 정서적 · 행동적 주장 훈련을 실시하거나 이 세 가지 측면을 통합한 프로그램을 실시한다. 인지적 주장적 자기표현 훈련에서는 Ellis나 Beck의 인지상담이론에 근거하여 주장행동과 관련된 부정적이고 비합리적인 사고를 긍정적이고 합리적으로 바꾸는 것이다. 또한 정서적 주장적 자기표현 훈련에서는 근육이완법, 심상법, 자기진술과 자기

지시 등을 통하여 주장행동과 관련된 불안과 두려움을 극복하도록 돕는다. 그리고 행동적 주장적 자기표현 훈련에서는 행동연습, 자기통제, 모방 등을 통하여 주장행동과 관련된 기술을 훈련한다.

(4) 주장적 자기표현과 학교폭력

대개 학교폭력의 가해자는 자기표현이 공격적이다. 그리고 학교폭력 피해자는 자기표현에 소극적인 경우가 많다. 이러한 역기능적인 자기표현이 학교폭력을 유발하고 악화시킨다. 따라서 이들에게 주장적 자기표현 기술을 훈련할 필요가 있다.

❸ 대인관계 능력

학교폭력 가해자나 피해자 학생에게 필요한 대인관계 능력으로는 이타성, 공감 능력, 용서 능력, 갈등해결 능력 등이다. 학교폭력 가해자와 피해자 학생을 도와야 할 부모나 교사는 이러한 대인관계 능력에 대해 알고 있어야 하고, 또 학생들의 이러한 능력을 신장시켜야 한다.

가해학생들은 타인과 좋은 인간관계를 맺는 능력이 부족하다. 그러므로 가해학생들에게는 타인과 효과적인 인간관계를 맺는 기본 요건과 방법을 훈련하는 집단상담이 필요하다. 효과적인 인간관계를 위한 기본 요건으로는 인간에 대한 올바른 이해, 자기성장, 타인중심적 태도 등이 있을 수 있고, 방법으로는 효과적인 의사소통, 효과적인 갈등해결 그리고 효과적인 스트레스 관리 등이 있다. 이러한 기본 태도와 방법을 훈련할 집단상담 프로그램을 실시한다.

1) 이타성 신장

이타성이란 자기 욕망을 억제하고 다른 사람의 행복과 복지를 위한 사심 없는 관심을 나타내며, 이 관심에 따라 기꺼이 행동하고자 하는 마음가짐을 말한다. 그리고 이타성이 행동으로 나타날 때에 이를 친사회적 행동이라고 한다.

(1) 이타성과 공격행동

이타성은 공격행동과 부적인 상관관계를 가지고 있다. 이타성의 하위변인인 공감 및 동정을 통하여 공격행동을 감소시킬 수 있는 것이다. 즉, 이타성을 증가시킴으로써 학생의 공격적인 행동을 감소시킬 수 있다는 것이다(이상희, 2008).

이타성이 높을수록 공격행동이 낮게 나타나는 이유는 타인을 위해 도움을 주고자 하는 이타적인 학생의 공감을 통하여 타인의 정서를 더 많이 인지하고 이해할 수 있으며, 직접 도와주는 도움행동을 더 많이 하고, 동료와 지역사회에 더 많이 협력함으로써 다른 사람에게 해를 입히는 공격적인 행동을 보다 적게 하기 때문이다.

(2) 이타성 발달의 영향요인

이타성 발달의 영향요인으로는 친사회적 도덕추리, 공감, 부모의 양육태도, 자아개념, 문화적 영향 등이다(최경숙, 2006).

친사회적 도덕추리　친사회적 도덕추리란 자신의 희생을 요구하는 친사회적 행동을 할 것인지를 결정할 때 갈등에 부딪쳐 일어나는 사고 과정을 말한다. 친사회적 도덕추리의 수준은 〈표 5-3〉과 같다.

표 5-3 친사회적 도덕추리의 수준

단계	특성	대상 범위
쾌락적 수준	자기중심적이고 도움을 주는 것은 어떤 형태로든 자신에게 이익이 될 때만 일어남	학령전기와 초등학교 저학년 아동
욕구지향적 수준	다른 사람이 욕구에 근거한 도움을 나타내나 동정은 거의 없고 도와주지 않았을 때 죄책감도 없음	학령전기 일부 아동들과 초등학교 아동
승인지향적 수준	다른 사람의 칭찬과 착하다고 보이는 것이 친사회적 행동수행의 중요한 기준이 됨	초등학교 아동과 중·고등학교 일부 학생
공감적 수준	동정적, 죄책감, 도와주었을 때 기분 좋음 등이 갈등 판단에서 중요함	초등학교 고학년 일부 아동들과 중·고등학생
내면화 수준	친사회적 행동기준을 내면화된 가치와 규준, 신념, 책임감에 둠	중·고등학교 극히 일부 학생

출처: Eisenberg, Lenen, & Roch (1983: 최경숙, 2006에서 재인용).

아동은 성장하면서 성숙한 친사회적 추리를 하게 되고, 이러한 친사회적 추리는 도움이 필요한 사람이 누구든지 간에 사람들의 행복을 위해 사심 없는 배려를 발달시킨다.

공감   다른 사람의 고통을 보고 동정적 공감 유발이 일어났을 때 이타행동을 하게 되기 때문에 공감 능력은 이타행동에서 중요한 매개역할을 한다. 즉, 공감 능력을 증진시킬 때에 이타성이 증가한다.

부모의 양육태도   부모의 양육태도 또한 아동의 이타성 발달에 영향을 미친다. 즉, 아동의 동정적 공감 유발은 아동이 그가 부모로부터 배워 온 이타적 학습, 예를 들어 "도움이 필요한 사람은 도와주어라."와 같은 사회적 책임규준을 생각나게 하기 때문이다.

자아개념   자신을 이타적이라고 생각하는 아동은 그렇지 않는 아동들보다 친사회적으로 행동하는 경향이 높다. 즉, 강한 이타적 자아개념을 가진 아동이 이타적이라는 말이다. 따라서 아동에게 자신을 이타적이라고 생각하도록 도와주는 것이 이타적 행동을 증진시키는 하나의 방법이다.

문화적 영향   아동이 속한 사회에서 이타성을 얼마나 강조하느냐에 따라 아동의 이타성 발달은 달라진다. 경쟁을 강조하고 공동체 의식보다 개인을 강조하는 서구 사회에서 자란 아동은 이타성 수준이 낮았다. 반면, 공동생활을 하거나 집단을 위해 다른 사람과의 협동을 강조하는 이스라엘 키부츠나 멕시코, 미국 인디언 사회, 뉴기니에서 자란 아동은 보다 친사회적이었고, 이들이 서구 사회화된 학교로 전학을 한 뒤에는 이들의 이타성이 감소하였다.

(3) 이타성 증진 방법

아동의 이타성을 증진하기 위해서는 학생의 인성교육에 있어서 인지적인 측면뿐만 아니라 정서교육도 강화시켜 나가야 한다. 학생에게 올바른 가치관을 교육함은 물론 공감, 동정과 연민, 보살핌 등과 같은 정서를 함양시킬 때에 학교폭력을 예방할 수 있다는 말이다. 이타성을 증진하는 방법으로는 존경하고 좋아하는 사람에 의한 칭찬, 협동경험, 모델링, 귀납적 훈육법 등이 있다(최경숙, 2006).

존경하고 좋아하는 사람에 의한 칭찬　이타적인 행동을 한 아동에게 장난감이나 먹을 것을 주는 것은 단기적으로 이타적 행동을 증가시킨다. 그러나 이러한 물질적 강화가 더는 이루어지지 않을 경우엔 강화를 받아 온 아동이 그러한 강화를 받지 않은 아동들보다 이타적 행동수행이 더 낮아질 가능성이 높다. 왜냐하면 물질적 강화를 받아 온 아동은 자신의 이타적 행동을 상대방의 필요나 자신의 이타적 성향에 귀인하지 않고 강화물에 귀인하기 때문이다. 결국 물질적 강화는 아동의 이타적 동기를 훼손시킬 수 있다. 따라서 부모나 교사는 다른 사람에 대한 배려가 물질적 강화에 의해 쉽게 형성되는 것이 아니라는 것을 알아야 한다. 그러나 아동이 존경하고 좋아하는 사람에 의한 언어적 강화는 이타성을 증진시킬 수 있다. 왜냐하면 아동은 자신이 존경하고 좋아하는 사람이 제시한 도덕기준에 도달하고자 하는 바람이 있기 때문인데 그것이 그 사람의 언어적 칭찬과 인정으로 충족되기 때문이다.

협동 경험　아동들이 다른 아동과 협동하고 다른 아동을 도와주는 것이 자신에게 이익이 되는 협동 경험을 통하여 아동들의 이타성을 증진시킬 수 있다. 즉, 아동의 협동심을 가르치는 교육 프로그램은 협동심뿐만 아니라 이타성도 증진시키게 된다.

모델링　성인이 모델이 되어 이타적 행동을 실천하고 동시에 아동들에게 언어적으로 사회적 책임규준을 내면화할 때 아동은 그 이타적 모델을 모방하게 되고 새로운 상황에까지 일반화하게 된다.

귀납적 훈육법　아동이 다른 사람에게 해를 가한 경우에 부모의 반응 또한 아동의 이타성 발달에 영향을 준다. 벌을 주거나 강압적인 부모에게 훈육을 받은 아동들은 이타성이 잘 발달하지 않았다. 이에 비해 공격 결과에 대한 개인적인 책임을 이야기하고 피해자에게 보상하도록 설득한 부모에게서 자란 아동은 이타성이 잘 발달되었다. 이와 같이 합리적이고 귀납적인 훈육법이 이타적 행동을 증진시키는 이유는 다음과 같다(최경숙, 2006).

첫째, 설명을 함으로써 다른 사람의 입장에서 생각할 수 있는 조망수용을 증진시켜 아동이 다른 사람의 고통을 간접 경험할 수 있도록 하였기 때문이다.
둘째, 아동에게 자기 자신과 다른 사람에게 도움을 주는 행동을 가르쳐 주기 때문이다.

셋째, 부모의 이러한 방법들은 나이 든 아동들에게 스스로 좋은 사람, 남에게 도움을 주는 사람이라는 확신을 갖게 하여 긍정적인 이타적 자아개념을 가질 수 있도록 하기 때문이다.

2) 공감 능력 신장

(1) 공감 능력이란

공감 능력은 다른 사람의 입장이 되어서 상대방의 기분, 감정과 생각을 충실하게 경험하고 수용하여 적절하게 표현하는 능력이다. 즉, 공감은 두 가지 측면이 있다(홍종관, 2002). 첫째는 상대방의 입장에 서서 상대방의 감정을 정확하게 파악하는 것이고, 둘째는 이렇게 파악한 상대방의 감정을 정확히 전달하는 것이다.

(2) 공감 능력과 학교폭력

가해학생들은 타인에 대한 공감적 이해 능력이 부족하다. 따라서 이들에게 자신의 비행이 타인에게 어떤 피해나 아픔을 주는지에 대해 공감하고 이해하는 능력을 증진해주는 교육이 필요하다. 선행연구에 의하면 공감은 친사회적 행동이나 도덕성, 양심의 발달을 촉진할 뿐만 아니라 공격적이고 반사회적 행동을 억제한다고 한다. 일반적으로 학교폭력 가해자는 다른 사람의 마음에 공감하는 능력이 부족하다(박효정 외, 2007). 따라서 학교폭력을 예방하고 가해자를 치료하기 위해서 공감 능력을 증진하는 방안이 모색되어야 한다.

(3) 공감 능력 신장 방안

Weber(1994)는 학생이 공감을 잘 하기 위해서는 다음과 같은 점에 유의해야 한다고 한다.

첫째, 자기 자신의 감정과 소망 그리고 가치관을 지각하고 언어화하는 것을 배워야 한다.
둘째, 상대방의 내적 경험의 세계를 반영해야 한다.
셋째, 공감을 전달할 때는 가능한 한 짧고 구체적이며 정확하게 자주 한다.

넷째, 지금-여기의 자신의 감정을 전달해야 한다.

다섯째, 상대방이 그때에 느끼고 경험하는 것에 집중해야 한다.

감수성 훈련이나 배려증진 집단상담을 통하여 그들에게 공감 능력을 향상시켜 줄 수 있다. 양미진 등(2008)의 연구에 의하면 '초등학생의 학교폭력 예방을 위한 배려증진 프로그램'이 초등학생 가해자의 배려 능력 신장에 효과적이었다고 한다.

3) 용서 능력 신장

(1) 용서란

용서는 잊거나 참거나 화해하는 것이 아니라 상처 준 사람에 대해 갖는 부정적인 판단, 감정, 행동 반응을 긍정적으로 바꾸는 것을 말한다. Lopez(2008)에 의하면 용서의 핵심요소는 모든 사람, 심지어 상처를 준 사람들 안에도 존재하는 인간의 고유한 가치를 새로운 시각에서 보는 것이다. 그녀에 의하면 개인적 반성하기, 용서에 전념하기, 용서를 발견하기, 타인에게 물어보기, 당신 자신의 용서와 친숙해지기, 용서 언어 사용하기, 용서 활용하기 등을 통하여 건강하고 행복해지는 여정이 시작된다는 것이다. Seligman(2002)은 사람들이 쉽게 용서하지 못하는 이유로 다음을 든다.

첫째, 용서는 불공평하다.

둘째, 용서는 가해자에게 사랑을 베푸는 행위일 수도 있지만, 피해자에 대한 사람들의 바람으로 비쳐진다.

셋째, 복수는 정당하고 당연한 일인데도 용서는 그런 복수를 하지 않게 한다.

그러나 용서는 고통을 완화시키고 긍정적 기억으로 전환시킨다. 용서하지 않는다고 해서 가해자에게 복수하는 것도 아니다. 용서할 경우에는 자기 자신을 과거의 고통에서 해방시킨다. 용서하면 인간관계도 좋아진다.

(2) 용서 과정의 단계

용서는 다음과 같이 발달한다. 즉, '복수적·보상적 용서하기'에서 '기대나 관계 그리고 합법적이라는 이유로 용서하기'로 그리고 '사랑하기에 용서하기'로 발달한다. 용서 과정의 단계와 전략 및 훈련 활동을 정리해 보면 〈표 5-4〉와 같다(김광수, 2012).

표 5-4 용서 과정의 단계

단계	단계별 특징	전략 및 훈련 활동
노출 과정	분노, 재연하기, 수치감	보내지 않는 편지 쓰기, 발표하기
결정 과정	용서를 결심	용서다짐 쓰기, 발표하기
작업 과정	공감적 이해	상대방 입장에서 자신에게 편지 쓰기, 발표하기 앞의 편지에 공감하는 편지 쓰기, 발표하기 용서의 선물 주기
심화 과정	성숙, 삶의 의미	나의 변화 살피기 동정 · 칭찬하는 글 쓰기, 발표하기

(3) 용서 능력과 학교폭력

학교폭력의 피해자의 경우 가해자를 마음으로부터 용서를 해야, 가해자에게서 받은 상처가 완전하게 치료가 된다. 따라서 피해자에게 용서할 수 있는 능력을 신장시켜 주어야 한다. 즉, 교사는 학교폭력 피해자들에게 앞과 같은 전략과 훈련 활동을 통하여 가해학생을 용서하도록 도와주어야 한다. 이뿐만 아니라 가해학생들도 어떤 면에서는 이미 폭력적인 부모나 교사 그리고 또래로부터 폭력의 피해자일 경우가 많은데, 이런 측면에서 용서 전략과 훈련 활동이 그들에게도 필요하다.

4) 갈등해결 능력 신장

대부분의 경우 학교폭력의 가해자나 피해자 모두 갈등해결 능력에 문제가 있다. 따라서 이들의 갈등해결 능력을 신장하는 방안을 모색하여야 한다.

(1) 갈등이란

Gordon(1977)은 갈등을 서로 다른 욕구나 주장의 충돌로 보고 부정적으로 보지 않았다. 오히려 갈등을 서로의 관계를 돈독히 할 수 있는 기회로 보았다. 즉, 서로의 기대나 욕구 그리고 주장이 어긋날 때에 갈등이 일어난다.

(2) 무패적 갈등해결

갈등의 해결 방법으로는 전형적으로 힘 있는 사람이 힘과 권위로 해결하거나 아니면 힘과 권위가 없다면 원치는 않지만 허용하는 것으로 해결한다. 그러나 이와 같이 갈등을 해결할 때 갈등에 진 사람은 상처를 받아 이긴 사람에게 원한을 가지게 되므로 올바른 해결책이 될 수 없다. Gordon(1977)에 의하면 갈등은 서로의 욕구나 주장이 모두 충족이 되는 방향으로 해결되어야 하는데, 이를 위해서 무패적 갈등해결 방법을 제시하였다. 그가 제시한 패자가 없는 무패적 갈등해결 방법에는 다음과 같은 여섯 단계의 과정이 있다.

- 1단계: 갈등문제를 정의하기
- 2단계: 가능한 해결책 모색하기
- 3단계: 해결책 평가하기
- 4단계: 최선의 해결책 결정하기
- 5단계: 수행방법을 정하기
- 6단계: 결과를 평가하기

이 여섯 단계를 거치면서 갈등 당사자는 서로 적극적 경청을 통하여 상대방이 원하는 바가 무엇인지, 그리고 I-Message로 내가 원하는 바가 무엇인지를 충분히 이야기하고, 서로가 바라는 바가 충족이 되는 방향을 모색하여 갈등을 해결하는 것이다. 결국 이 무패적 갈등해결 과정을 통하여 서로 존경하고 관심을 갖게 되며, 신뢰하게 된다.

학교폭력은 결국 힘과 권위로 아니면 허용적으로 갈등문제를 해결하고자 하는 데서 발생하는 것이다. 따라서 학생들은 이 무패적 갈등해결 방법을 익혀 또래 간의 갈등 문제를 원만히 해결할 수 있는 능력을 신장해야 한다.

(3) 또래중재자

학교에서 발생하는 갈등을 해결하기 위해 또래 아이들을 중재자로 활용하는 방안도 있다. 또래중재자가 갖추어야 할 기술은 경청하기, 대화 이끌어 가기, 문제 정의하기,

감정 공감하기, 문제 해결을 도와주기, 효과적인 질문과 메시지 전달 등이다. 또래중재자는 이러한 기술에 숙달되어야 하며, 친구가 어려움에 직면했을 때에 다음 과정을 거치면서 친구의 갈등문제 해결을 도와준다(박효정 외, 2007).

첫째, 친구의 기분을 정확하게 알고, 필요한 정보를 수집한다.
둘째, 문제가 무엇인지 명확하게 정의하고, 상대방이 목표를 정할 수 있도록 도와준다.
셋째, 상대방과 함께 대안을 생각해 보고 각 대안에 대한 결과를 예측하여 구체적인 실천 계획을 세운다.
넷째, 계획이 잘 진행되고 있는지를 확인하기 위해 추후에 만날 약속을 한다.

4 자기성찰과 자기통제 능력

학교폭력 가해자나 피해자 학생에게 필요한 자기성찰과 자기통제 능력으로는 자아존중감, 스트레스 및 불안 관리 능력, 자아탄력성 등이다. 학교폭력 가해자와 피해자 학생을 도와야 할 부모나 교사는 이러한 자기성찰과 자기통제 능력에 대해 알고 있어야 하고 또 학생들의 이러한 능력을 증진시켜야 한다.

1) 자아존중감 증진

(1) 자아존중감이란

아동은 성장하면서 자신에 대해서 점차 이해하게 되고 자신이 가지는 여러 특성을 평가할 수 있게 된다. 자아존중감이란 자아개념에 대한 평가적 측면을 말한다. 높은 자아존중감을 가진 아동은 자신의 장점을 인지하고 있으며, 또 약점도 알고 있다. 즉, 총체적으로 자신이 갖고 있는 능력과 특성에 대해 긍정적이다. 반면에 자아존중감이 낮은 아동은 그들이 가진 장점보다 그들의 단점에 더 주의를 기울이며 자신에 대해 만족하지 못한다.

유치원과 초등학교 1학년까지(4~7세)의 아동들은 어떤 활동에서든지 다른 아동보다 자신이 더 잘 한다고 생각하는 경향이 있는데, 이는 다른 사람들이 자기를 좋아해 주기를 바라는 욕망과 여러 활동에서 잘 했으면 하는 욕망이 표출되었기 때문이다. 8세 이상인 아동은 자아평가에서 현실적이고 좀 더 정확해진다. 즉, 자신들의 행동을 다른 사람들이 어떻게 지각하고 수용하느냐를 수용하여 자기를 평가한다는 것이다.

또한 아동마다 그가 부여하는 중요성에 따라 영역별 자아존중감이 다르다. 즉, 어릴수록 자기가 중요하다고 생각하는 영역에 자기 평가를 높게 하는 경향이 있다. 일부 청소년의 경우 초등학교를 마치고 중학교에 들어갈 무렵에는 자아존중감이 떨어지는데, 이는 신체적으로 사춘기 변화가 나타나고, 이성교제가 시작되고, 이사를 가는 것과 같은 환경의 변화 등이 동시에 일어나 스트레스가 중복해서 나타날 때이기 때문이다. 그러나 대부분의 경우 11~14세 청소년부터 청년기가 끝날 때까지 점진적으로 자아존중감이 증가한다(최경숙, 2006).

(2) 자아존중감의 영향 요인

5~6세 어린 아동들도 다른 아동보다 더 잘한다 또는 더 못한다는 사회적 비교 정보를 접하게 됨으로써 자신에 대한 유능 정도나 매력 정도를 발견하게 된다. 이러한 사회적 비교는 연령과 함께 증가한다. 따라서 경쟁과 성취가 강조되는 환경과 문화는 아동의 자아존중감 형성에 중요한 영향을 미친다. 그리고 부모 또한 아동의 자아존중감 형성에 중요한 역할을 한다. 부모가 따뜻하고 민주적인 양육태도로 자녀들이 자신의 의견을 말하도록 경청하고, 자녀가 어떤 결정에 참여하도록 허용할 때에 자녀는 자아존중감이 높아진다고 한다. "나는 네가 규칙을 지키고 올바른 판단을 할 수 있다고 믿으며, 너는 정말 좋은 아이다."라는 부모의 메시지가 자녀에게 지각될 때 무관심하거나 통제적인 양육태도를 지닌 부모의 자녀보다 현저히 자아존중감이 높았다(최경숙, 2006).

(3) 자아존중감과 학교폭력

긍정적 자아개념을 자아존중감이라고도 하는데, 자아개념은 학교폭력을 포함한 다양한 사회적 행동을 설명하는 주요한 변인이 된다. 학교폭력의 피해자들은 부정적인 자아개념을 가지고 있다. 자아존중감이 낮은 남아들이 또래로부터 가장 빈번하게 괴롭힘을 당했으며, 자아존중감이 낮은 여아들 역시 종종 괴롭힘을 당한다는 사실이 발견되었다. 또래로부터 괴롭힘을 많이 당하면서, 아동은 자기 비난의 내면화 과정을 거치게 되는데, 이를 통해 자신을 부정적으로 지각하게 되는 것이다. 자아존중감이 없으므로 다른 사람의 조그만 부정적인 말에도 금방 기가죽고 민감하게 반응하게 되는 것이다. 그리고 학교폭력 가해자들도 이미 결손가정이나 폭력가정에서, 그리고 성과 위주의 학교환경 속에서 자라 오면서 충분한 사랑과 인정을 받지 못하고 자랐기 때문에 부정적인 자아개념을 가지고 있는 경우가 많다. 그들은 지지와 인정에 목말라 있어, 폭력조직에 가입하여 소속감과 인정을 받고자 하는 유혹에 빠지기 쉽다.

(4) 자아존중감 증진을 통한 학교폭력 예방

학교폭력 가해자의 경우 결손가정이거나 유복한 가정이 아닌 경우가 많은데 이로 인해 부모의 충분한 사랑과 보살핌을 받지 못하고 자란 경우가 많다. 이러한 사랑과 보살핌의 결핍은 아동들에게 열등감을 갖게 한다. 이러한 낮은 자아존중감으로 인해 가해자는 조그만 말과 행동에도 상처를 받고 분노를 표출한다. 그리고 학교폭력의 피해자의 경우도 친구들로부터 따돌림을 당하고, 폭력을 당하게 되면서 자아존중감이 떨어지게 된다. 따라서 학교폭력을 예방하기 위해서 자아존중감 증진 방안이 모색되어야 한다. 인간주의 심리학에서도 범죄자들의 특징 중에 하나를 낮은 자아존중감이라고 본다. 따라서 이들을 교정한다는 것은 이들의 자아존중감을 높여 주는 것에 초점을 두어야 한다고 보았다.

아동의 자아존중감을 높이기 위해서는 분화적 자아개념을 갖도록 도와준다. 분화적 자아개념이란 자신의 장점에 대해서는 긍지를 갖고 자신의 단점에 대해서는 필요하면 노력한다고 생각하는 것이다. 분화적 자아개념과 대비되는 자아개념은 총체적 자아개념인데 아동이 모든 것을 다 잘해야 자신에 대해 긍정적으로 생각하는 것을 말한다. 인간은 모든 것을 잘하기 어렵고 불가능하다. 따라서 아동에게 그의 약점을 자꾸 지적하고 고치려 하기보다 그의 대표적인 강점을 발견하도록 도와주고, 그 발견한 대표 강점을 계발하도록 하며, 이 대표 강점을 적극 활용하는 삶을 살도록 도와주는 것이 필요하다. 1등만을 강조하는 입시 위주의 한국 학교환경은 공부 못하는 아동들에게 큰 좌절을 경험하게 한다. 그리고 이 좌절은 공격성을 낳는다. 특히 다른 재능을 많이 가진 아이의 경우라 할지라도 단지 공부를 못한다는 이유 때문에 학교에서 실패자로 낙인찍힌다. 이로 인해 열등감을 갖게 되고 이렇게 형성된 부정적 자아개념은 분노라는 정서를 발생시키고, 분노는 결국 학교폭력이라는 행동으로 표출되는 것이다. 따라서 학생들에게 자신의 대표 강점을 지지하고 인정해 줌으로써 자아존중감을 높여 주는 것은 학교폭력을 예방하는 데 중요하다.

한정윤(2009)의 연구에 의하면 '사랑증진 집단상담'이 비행청소년의 자아존중감 증진에 효과적이었다고 한다. 허연희(2011)도 초등학생이 긍정적 자아개념을 가질 경우 학교폭력 경험이 감소한다고 그의 연구에서 밝혔다. 즉, 자아존중감 증진이 학교폭력행동을 감소시킬 수 있다는 것이다.

2) 스트레스 및 불안 관리 능력 증진

학교폭력 가해자나 피해자 모두 학교폭력으로 인해 많은 스트레스와 불안에 시달리게 된다. 따라서 이들에게 스트레스와 불안을 관리할 수 있는 능력을 신장할 수 있는 방안이 필요하다.

(1) 스트레스 및 불안이란

스트레스란 개인에게 일어나는 일과 요구에 대한 개인의 주관적인 내적 반응이다. 학생들은 자신이 겪게 되는 스트레스의 원인을 외부적인 요구나 사건에서만 찾으려는 경향이 있다. 과중한 학습량, 획일화된 교육과정, 입시 위주의 학교환경, 괴롭히는 친구들 등이 스트레스와 불안을 준다고 생각한다. 그러나 많은 경우 이와 같은 외적 요구 그 자체보다도 학생 개인이 그 외적 요구와 사건을 어떻게 받아들이느냐에 따라 각 개인이 받는 스트레스나 불안의 정도가 달라진다. 즉, 똑같은 가족환경과 학교환경 속에 살아가면서도 각 학생마다 받는 스트레스와 불안의 정도가 다르고, 그에 따라 학교적응 수준이 달라진다.

(2) 스트레스 및 불안 관리

학교에 잘 적응하는 학생들이 그들의 스트레스와 불안을 어떻게 잘 관리하는지 살펴볼 필요가 있다. 스트레스나 불안은 세 가지 측면에서 관리할 수 있다. 즉, 자기관리, 과제관리, 환경관리가 그것이다(김정희 역, 1988).

자기관리　학생이 겪게 되는 스트레스나 불안을 성공적으로 관리하기 위해서는 먼저 '스트레스 항목표 만들기', '스트레스를 인생의 일부로 인정하기', '성장을 위해 스트레스를 이용하기' 등과 같은 방법을 통하여 스트레스에 대한 태도를 긍정적으로 바꾸어야 한다. 학생이 이러한 방법을 통하여 그에게 일어나는 스트레스나 불안 사건을 긍정적으로 보기 시작하였다면, 다음으로 스트레스나 불안을 감소시킬 수 있는 구체적인 방법을 알아보아야 한다. 즉, 자신을 돌보기, 인지적 재구성 등이 그것이다. 자신을 돌보기는 자신의 신체적, 정신적 건강상태를 위해 영양식을 하며, 운동을 하고 참선을 갖는 것을 말한다. 그리고 스트레스를 주는 사건을 다른 관점에서 보는 재정의가 필요하다.

과제관리　스트레스나 불안을 효과적으로 관리하기 위해서 과제와 사건에 대한 개인의 내적 반응을 수정하는 것도 중요하지만, 다음과 같은 방법으로 과제 그 자체를 효과적으로 수행함으로써 스트레스와 불안을 감소시킬 수 있다. 즉, 요구를 감소시키기, 불확실성을 감소시키기, 갈등을 해소하기 등이 그것이다.

환경관리　자기관리 그리고 과제관리와 함께 환경관리를 통해 학생은 자신의 스트레스와 불안을 더 효과적으로 관리할 수 있다. 환경관리란 학생이 스트레스나 불안을 주는 사건에 대한 그의 경험과 느낌을 다른 사람과 나누고, 그들의 정서적 지지와 조언을 얻는 것이다. 정서적 지지를 얻을 때 누군가가 학생 자신의 편이며, 자신은 혼자가 아니라는 것을 알게 해 준다. 불행하게도 학교폭력으로 스트레스나 불안을 겪는 많은 학생들이 흔히 혼자 침묵 속에 고통을 겪고 결국 그 고통을 이기지 못하고 극단적인 행동을 하게 되는 것이다. 그들은 다른 사람, 특히 부모나 교사에게 자신의 두려움, 불안, 죄의식, 스트레스에 대해 말하지 않으며, 이 침묵은 그들의 문제를 더욱 악화시킨다. 학생은 이 세상에서 그가 혼자가 아니며 누군가가 그를 배려하고, 이해하고, 도움을 주려 하는 것을 알아야 한다. 또한 학생은 자신의 스트레스와 불안을 어떤 조직이나 단체 그리고 전문기관으로부터 정보나 도움을 적극적으로 얻음으로써 그의 스트레스나 불안을 관리할 수 있다. 학생은 지지를 얻기 위해 다음과 같이 한다. 즉, 기탄없이 이야기하거나 조언과 교육을 청하며, 자원을 활용한다. 그리고 지지체계가 없는 곳에는 지지체계를 만든다.

(3) 스트레스 및 불안 관리와 학교폭력

학교폭력의 피해학생의 경우 학교폭력으로 인해 많은 스트레스를 받고 불안해한다. 그리고 가해학생들 또한 이미 결손가정이거나 성인들의 폭력으로 상처받아 정서적으로 불안한 상태가 된다. 그리고 그들은 그들의 폭력행동으로 인해 친구나 부모나 교사로부터 배척당한다. 따라서 이로 인한 스트레스가 크다. 이러한 스트레스는 또다시 그들의 폭력행동에 영향을 준다. 따라서 교사는 학교폭력 피해학생이나 가해학생에게 스트레스 및 불안을 효과적으로 관리할 수 있는 방법과 기술을 교육하고 훈련하여 스트레스와 불안을 관리할 수 있는 능력을 길러 주어야 한다.

3) 자아탄력성 증진

(1) 자아탄력성이란

탄력성(resilience)이란 역경을 겪으면서 개인 자신의 힘과 능력을 잃었지만 이전의 적응 수준으로 돌아오고 회복할 수 있는 능력을 의미한다(Rutter, 1987). Block과 Block (1980)은 일시적이고 적응이 필요한 스트레스의 영향으로부터 다시 이전의 자아통제 수준으로 변화시킬 수 있는 역동적인 능력을 탄력성과 구별하여 자아탄력성(Ego-resilience)이라 하였다. 국내의 연구에서는 자아탄력성이라는 용어와 더불어 '탄력성', '유연성', '회복력', '회복탄력성', '심리적 건강성' 등 아직 통일되지 못한 다양한 용어로 사용되고 있다.

(2) 회복 능력으로서의 탄력성

똑같은 문제에 부딪혔을 때, 왜 어떤 학생은 쉽게 포기하고, 어떤 학생은 적극적으로 해결할까? 바로 그 학생이 가진 회복탄력성의 차이 때문이다. 부모나 교사는 학생에게 학교폭력을 예방하고 또 해결하기 위한 자산으로 학생의 자아탄력성을 키워 주어야 한다. 따라서 학교폭력과 관련하여 볼 때 탄력성을 회복탄력성이라는 의미로 보는 것이 특별한 의미가 있을 것이다. 왜냐하면 어떤 시련이라도 의연히 견디고 곧 바로 자신을 회복해서 정상 상태로 돌아갈 수 있는 능력이 바로 회복탄력성이기 때문이다.

회복탄력성이 아동에게 얼마나 큰 긍정적인 힘이 되는지에 대한 연구가 있다. 미국

하와이에 카우아이라는 섬이 있는데, 이 섬에서 Emmy Werener 교수가 1955년에 태어난 아이(전체가 약 700명 정도) 중, 가정환경이 가장 열악한 아이 201명을 30년 동안 집중적으로 추적하여 연구를 했다. 불우한 가정에서 태어나고 자란 아이들이 어떤 모습의 청소년과 어른으로 성장해 가는지를 살펴보고자 한 것이다. 그 연구 결과 201명 중 약 2/3는 사회적 부적응자가 되어 소년원 출입도 많았고, 범죄자, 중독자가 되었다. 그런데 나머지 1/3에 해당하는 72명은 달랐다. 그들은 신체적으로나 정신적으로 아주 건강했으며, 학업성적도 중간 이상으로 장래가 촉망되는 정상적인 청년으로 자랐다. 그중 일부 아이들은 뛰어난 학업성적과 능력을 보이기까지 했다. 그들은 가정환경의 열악함과 아무 상관없이 훌륭하게 성장한 것이다. 그 이유를 Emmy Werener 교수는 바로 이 72명이 회복탄력성이 높았기 때문이라는 것이다(문용린, 2012).

(3) 자아탄력성의 구성요소

Klohnen(1996)은 자아탄력성의 구성요소로 자신감 있는 낙관성, 자율성과 생산적인 활동, 대인관계에서의 통찰력과 온정, 기술적인 표현 방법을 든다. 박은희(1996)가 개발한 자아탄력성 측정도구에서는 대인관계, 활력성, 감정통제, 호기심, 낙관성을 자아탄력성의 하위요인으로 보았다. 한국아동인성검사(김승태 외, 1997)의 자아탄력성 척도에서는 또래관계 및 자신감, 자기수용 및 낙관성, 가족관계의 세 요인이 자아탄력성의 구성요소로 산출되었다. 진애선(2007)은 중학생의 탄력성 요인과 학교적응 간 관계 연구를 하였는데, 연구 결과 학교적응에 영향을 미치는 탄력성 하위요인은 학교 차원(교사의 관심과 지지, 학교 활동에의 상호작용)이 가장 큰 영향을 미치며, 다음으로는 또래 차원(또래와의 긍정적 상호작용, 또래의 친사회적 기대), 가정 차원, 지역사회 차원, 정서적 차원 순으로 정적인 영향력을 미치는 것으로 나타났다.

(4) 자아탄력성 증진 방안

자아탄력성 증진을 위한 국내 연구를 보면, 낙관성 향상(김순복, 2006), 자아탄력성 증진(김미향, 2006), 사회적 기술 향상(반금남, 2008; 노선희, 2010), 긍정심리적 집단상담(백순복, 2010) 등의 프로그램을 통한 훈련이 있다. 즉, '낙관성 증진'과 '사회적 기술의 향상' 그리고 '긍정심리적 집단상담' 등을 통하여 자아탄력성을 증진하고자 한 것이다.

학교폭력은 학생이 자아실현을 하지 못한 좌절과 비행의 결과다. 따라서 이들에게 아직도 열망하는 자아실현을 도와주는 인간중심 집단상담이나 긍정심리적 집단상담이 도움이 될 것이다.

문용린(2012)은 아이의 회복탄력성을 향상시키기 위해서는 부모나 교사가 아이의 감정과 사회성을 주목하라고 하면서 다음과 같은 점을 도와주라고 하였다.

첫째, 아이의 감정 표현을 도와주라. 부모는 아이가 자신의 감정을 표현하고자 할 때에 올바른 단어를 선택할 수 있도록 도와주라고 한다. 아이는 자신의 감정을 표현함으로써 정확히 인지할 수 있기 때문이다. 또한 아이가 느낀 감정에 대해 다른 사람과 말하는 것은 감정을 조절하는 기본 방법이 되기 때문이다.

둘째, 긍정적 생각을 스스로 이끌어 내도록 도와주라. 아이가 자신의 삶에 만족하고 행복함을 느끼기 위해서는 자신의 감정을 정확히 인식하는 것도 중요하지만, 이와 동시에 스스로 긍정적인 감정을 유도하고 개발할 수 있어야 하는데, 그러기 위해서는 부모나 다른 사람에게 인정받는 등 긍정적인 경험을 많이 해 보아야 한다. 아이에게 꿈과 목표를 가지도록 하고 그것을 이루도록 노력하는 자세를 길러 주고 도전하도록 힘이 되어 주라는 것이다.

셋째, 다른 사람을 있는 그대로 받아들이도록 도와주라. 설령, 다른 사람이 자신에게 나쁜 행동을 했을지라도 자신과 똑같은 인격을 가진 사람으로 인식하고 수용하도록 도와주라는 말이다.

넷째, 괴롭히는 친구에게 대응하도록 도와주라. 아이는 감정 표현을 통해 자기 자신을 드러낸다. 만약 아이가 친구의 괴롭힘과 놀림으로 괴로워한다면 이 감정을 표현하도록 해야 한다. 이때에 아이가 느끼는 괴로움과 두려움에 공감해 주라. 그리고 아이에게 자신을 괴롭히는 아이의 특징을 설명해 주며 아이가 무의식적으로 자신의 가치를 폄하하지 않도록 주의를 기울여야 한다. 아이가 자신의 한 가지 단점에만 집중하지 않고 자신의 장점을 찾아보도록 해야 한다.

(5) 자아탄력성과 학교폭력

박은희(1996)의 자아탄력성과 학업성취와의 상관관계 연구에 의하면 자아탄력성이 높은 학생이 지적인 과목뿐만 아니라 정서적 과목에서도 학업성취도가 일반학생보다 더 높았다. 진애선(2007), 반금남(2008), 윤혜선(2010) 등에 의하면 탄력성이 높은 학생이 그렇지 못한 학생보다 교사나 또래와 상호작용을 잘하여 학교생활에 더 잘 적응한다고 했다. 전희숙(2007), 노선희(2010) 등의 자아탄력성과 스트레스와의 상관관계 연구들에 의하면 자아탄력성이 높은 학생이 스트레스나 어려움 속에서 그 이전의 적응 수준으로 회복하는 능력이 뛰어났다고 했다.

이상을 종합하여 볼 때에, 자아탄력성의 증진은 학교폭력 가해학생이나 피해학생이 가지는 학교적응 문제를 해결하는 데 결정적인 역할을 하고 있음을 알 수 있다. 따라서 자아탄력성 증진은 학교폭력의 근본적인 예방과 해결에 매우 필요하다.

 연구 과제

1 사회적 기술에는 어떠한 것이 있으며, 이러한 사회적 기술 교육과 훈련이 학교폭력 예방에 어떠한 효과가 있을 것인지에 대해 기술하시오.

2 대인관계 능력에는 어떠한 것이 있으며, 이러한 대인관계 능력의 증진이 학교폭력 예방에 어떠한 효과가 있을 것인지에 대해 기술하시오.

3 자기성찰과 자기통제 능력에는 어떠한 것이 있으며, 이러한 자기성찰과 자기통제 능력 증진이 학교폭력 예방에 어떠한 효과가 있을 것인지에 대해 기술하시오.

참고문헌

교육과학기술부(2009). 굿바이! 학교폭력. 학교폭력 성폭력 예방 및 대처 가이드북.
관계부처합동(2015). 제3차 학교폭력 예방 및 대책 기본계획(2015~2019).
김광수(2012). 한국학교상담학회 2012 연차학술대회 워크숍 자료집.
김미향(2006). 자아탄력성 증진 훈련이 중학생 자아탄력성에 미치는 효과. 경북대학교 석사학위논문.
김승태, 김지혜, 송동호, 이효경, 주영희, 홍창희, 황순택(1997). 한국아동인성검사.
김순복(2006). 낙관성 향상 프로그램이 초등학교 아동의 자아탄력성과 학교생활 만족도에 미치는 영향. 서울교육대학교 석사학위논문.
김정희 역(1988). 스트레스에 대처하는 방법. 서울: 성원사.
노선희(2010). 사회적 기술 향상 프로그램이 초등학생의 자아탄력성과 스트레스 지각 및 대처 행동에 미치는 영향. 전주교육대학교 석사학위논문.

문용린(2012). 아이의 회복탄력성 가이드북. 서울: 글담출판사.

박은희(1996). 자아탄력성, 지능 및 학업성취도와의 관계 연구. 연세대학교 박사학위논문.

박효정, 정미경, 박종효(2007). 학교폭력 예방 프로그램 개발 연구. 서울: 한국교육개발원.

반금남(2008). 사회적 기술 향상 프로그램이 초등학생의 자아탄력성 및 대인관계에 미치는 영향. 서울교육대학교 석사학위논문.

백순복(2010). 긍정심리적 집단상담의 효과 검증-긍정심리 및 자아탄력성 특성 기준에 따른 학교생활적응력 및 대인관계 능력 향상 효과를 중심으로. 고려대학교 석사학위논문.

양미진, 김은영, 이상희(2008). 초등학생의학교폭력 예방을 위한 배려증진 프로그램 개발. 청소년상담연구. 서울: 한국청소년상담원.

윤혜선(2010). 자아탄력성 증진 프로그램이 중학생의 자아탄력성과 또래관계에 미치는 영향. 전북대학교 석사학위논문.

이상희(2008). 청소년의 스트레스 및 이타성과 공격행동의 관계. 충북대학교 석사학위논문.

이옥희(2010). 초등학생의 공감 능력과 사회적 능력이 학교적응 및 학업성취도에 미치는 영향. 건국대학교 석사학위논문.

인성교육진흥법. 법률 제13004호, 2015. 1. 20. 제정, 2015. 7. 21. 시행.

진애선(2007). 중학생의 탄력성 요인과 학교적응 간 관계 연구. 아주대학교 석사학위논문.

최경숙(2006). 아동발달심리학. 서울: 교문사.

최상희(2010). 학급 단위 분노조절 집단상담 프로그램이 초등학생의 분노와 공격성 감소에 미치는 영향. 서울교육대학교 석사학위논문.

한정윤(2009). 사랑증진집단상담 프로그램이 비행청소년의 자아개념 및 공감 능력에 미치는 영향. 대구가톨릭대학교 석사학위논문.

홍종관(2002). 상담자의 '공감적 이해'에 관한 고찰. 대구교육대학교 논문집 제37집, 211-228.

홍종관(2012). 학교폭력의 실태, 원인 그리고 대처에 관한 연구. 초등상담연구, 11(2), 237-259.

허은순(2003). 분노조절 프로그램이 아동의 공격성 및 대인불안 감소에 미치는 효과. 제주대학교 석사학위논문.

Begun, R. W. (1998). *Ready-to-Use Violence prevention Skills*. Ohio.

Bilodeau, L. (1992). *The anger workbook*. Minnesota: Hazelden.

Block, J. H., & Block, J. (1980). The role of ego-control and ego-resiliency in the organization of behavior. In W. A. Collins(Ed.), *Minesota Symposia on Chile Psychology, 13*, 39-101.

Gordon, T. (1977). *Lehrer-Schueler-Konferenz*. Muenchen.

Klohnen, E. C. (1996). Conceptual analysis and measurement of the contruct of ego-resilience. *Journal of Personality and Social Psychology, 70*, 1067-1079.

Lopez, S. J. (2008). *Positive psychology: Exploring the best in people, Four Volumes*. Sant Barbara: ABC-CLIO, LLC.

Morganett, R. S. (1994). *Skill for Living*. New York.

Rakos, R. M., & Schroeber, H. E. (1980). *Self-directed assertiveness training*. New York: Bio Monitoring Application(BMA).

Rutter, M. (1987). Psychosocial resilience and protective mechanisms. *American Journal of Orthopsychiatry, 57,* 316-331.

Seligman, M. E. P. (2002). *Authentic happiness*. New York: Free Press.

Weber, W. (1994). *Wege zum behilfende Gespraech*. Muenchen.

Wolpe, J. (1958). *Psychotherapy by reciprocal inhibition*. California: Stanford University Press.

영화 〈In a Better World〉는 2011년 아카데미상, 골든 글러브상에서 최우수 외국어 영화상을 수상한 작품이다. 이 영화는 어른과 아이의 시각에서 폭력에 대한 문제, 복수와 용서의 자세가 어떠한지를 보여 준다.

영화는 덴마크의 목가적 마을에 있는 집과 일터인 아프리카 난민수용소를 오가며 생활하는 의사 안톤과 그의 아들이 겪는 이야기로 진행된다. 안톤은 아내 마리안느와 별거 중이고 혼자 살면서 덴마크와 아프리카를 오가며 의료봉사를 한다. 그는 부족 간의 폭력적 분쟁의 와중에 희생당하는 여성이나 어린아 등 약자들을 치료하면서 늘 안타까움을 안고 지낸다. 그가 아프리카에서 일하며 지내는 동안 열 살 난 아들 엘리아스는 학교에서 상습적으로 집단 따돌림과 폭력에 시달린다. 그러던 어느 날 전학 온 크리스티안의 도움으로 위험에서 벗어나면서 둘은 급속히 친해진다. 최근 암으로 엄마를 잃은 크리스티안은 가족과 세상에 대한 분노와 복수심으로 가득 차 있고, 평소 온순하고 침착한 엘리아스에게 자신만의 분노 해결법을 가르치게 된다.

영화 〈In a Better World〉는 아프리카에서 보이지 않는 듯 진행되는 폭력과 유럽 초등학교의 학교폭력 사건을 번갈아 보여 주면서 '폭력의 악순환 고리를 과연 어떻게 끊을 수 있는가?'에 대한 진지한 질문을 던진다. 또한 영화가 진행되면서 아프리카 캠프의 안톤은 난민을 무자비하게 학살하는 반군지도자의 심각한 부상 앞에서 의사로서 도덕적 책무와 양심 사이에서 심각한 딜레마를 보여 주고, 그의 아들 엘리아스가 자신이 당한 폭력을 어떻게 복수하려 하는지를 보여 주면서 학교폭력 문제에 대한 해법을 제시하고 있다.

[교육적 적용]

영화 〈In a Better World〉는 '폭력적인 세상이 폭력적인 교실을 만든다.'는 사실을 잘 드러내고 있다. 우리는 학교폭력을 말하면서 폭력이 학생들만의 잘못으로 오해하기도 한다. 그러나 이 영화는 약한 이에게 가해질 수밖에 없는 세상의 폭력성, 자신밖에 모르는 이기주의, 부조리를 방관하는 침묵의 고리가 학교현장에서 어떻게 나타나는지를 여실히 보여 주고 있다. 영화를 감상하고 난 후, 교사와 학생은 학교폭력의 문제를 학교라는 맥락만이 아니라 좀 더 거시적 관점에서 어떻게 접근할 수 있는지를 생각해 볼 수 있다. 사회 속에서 폭력이 어떻게 발생하고 있는지를 토론하고, 그러한 폭력성이 학교에서 이어지지 않도록 하려면 어떻게 해야 하는지를 토론할 수 있을 것이다. 또한 영화 속에서 의사가 폭력을 용서하고, 자신의 아들이 폭력에 대해 복수하려는 모습을 지켜보면서 아파하는 과정을 통해서 폭력에 어떻게 대처해야 하는지를 곰곰이 생각해 볼 수 있을 것이다.

제6장

학교폭력의
조기 감지와 예방

이 장에서는 학교폭력의 예방을 위해서 학교폭력 관련 위험요인과 보호요인의 특성을 알아보고 학교폭력 조기 감지와 개입 방안을 제시한 후 학교에서 학교폭력 예방을 위한 구체적 개입 방안으로서 학교폭력 예방 프로그램을 소개한다.

학교폭력은 한 가지 요인에 의해서 발생하기보다는 다양한 요인의 상호작용에 의해서 발생하는 복잡한 현상이다. 특히 학교폭력 발생 가능성을 예측하는 데 필요한 학교폭력 위험요인을 이해하고 대처하며, 학교폭력 발생을 억제하고 학교폭력 위험요인의 작용을 억제하는 학교폭력 관련 보호요인을 인지하고 이를 강화해 나갈 필요가 있다.

1) 학교폭력 위험요인

학교폭력과 직간접적으로 관련된 위험요인은 다양하다. 임영식(1998)의 연구에 의하면 학교폭력의 유발요인은 가정 관련 요인, 학교 관련 요인, 친구 관련 요인, 그리고 기타 요인으로 구분된다. 가정 관련 요인에는 가족 내 갈등과 부모의 자녀에 대한 양육방식 등이 제시되고, 학교 관련 요인에는 학교에서의 실패 경험이 주요 요인으로 포함되며, 친구 관련 요인에는 또래의 동조압력과 비행친구와의 접촉 경험이 포함된다. 그리고 기타 요인에는 매체 폭력, 개인적 특성(낮은 IQ, 사회적 기술 부족, 자기통제력 부족, 충동적 성격 등), 폭력 피해 경험 등이 포함된다.

학교폭력에 영향을 미치는 요인에 대한 분석 결과, 친구의 비행 정도, 학교폭력 피해 경험 정도, 학교생활 충실도, 충동적 행동 경향성, 장래에 대한 희망 정도, 폭력 매체 접촉과 선호도, 가정 관련 요인의 순으로 학교폭력에 영향을 미치는 정도가 높게 나타났다. 특히 친구의 비행 정도는 학교폭력을 가장 잘 예측하는 요인으로 나타났다. 친구의 비행 정도가 학교폭력에 가장 영향을 주는 요인으로 나타난 결과는 학교폭력을 감소하기 위해서 아동·청소년들에게 긍정적인 사회적 관계를 형성하도록 돕는 프로그램 개입의 필요성을 보여 준다.

한편 Borum(2000)은 아동·청소년의 폭력이 개인의 과거 역사와 심리적 특성 및 맥락적 요인 간의 복합적 상호작용을 통해서 발생한다는 가정하에 폭력의 위험요인을 다음과 같이 제시하고 있다.

(1) 역사(배경)적 영역의 위험요인

어릴 때부터의 부정적 경험이나 가정환경 등은 아동·청소년의 폭력을 예견해 주는 역사적 영역의 위험요인들로 밝혀지고 있는데 이들을 제시하면 다음과 같다.

- **과거의 폭력 및 비행**: 이전 폭력행동은 미래 폭력을 예측하는 가장 강력한 예측 인자다.
- **어린 나이의 조기 폭력**: 폭력이 조기에 시작될수록 미래 폭력위험은 높다.
- **학교 관련 문제**: 낮은 수준의 교육적 성취와 학업 성적, 교육에 대한 낮은 관심, 무단결석, 중도탈락 잠재성, 학교 구성원과의 결속력 및 애착 부족 등은 폭력에 직접적 영향을 줄 수 있다.
- **어릴 적 학대나 비난(무시)의 희생자**: 비난, 무시, 학대의 경험자는 폭력을 모방하거나 폭력을 강화 또는 보상하는 성향을 지닌다.
- **가족 내 부적응 행동**: 부모의 범죄성, 부모의 문제적 양육태도(방임적, 권력적, 독재적, 강압적 양육), 가족 내 불일치와 갈등 및 폭력행동은 폭력 위험을 증가시킨다.

(2) 심리 · 행동적 영역의 위험요인

심리 · 행동적 영역의 위험요인은 아동 · 청소년의 비정상적인 발달 과정과 내적 문제행동을 반영하는 요인으로 이들을 제시하면 다음과 같다.

- **알코올, 약물 등의 물질 사용**: 불법 약물 사용은 폭력행동과 폭력 상습성의 강력한 위험요인이다.
- **정신적 · 행동적 장애**: 정신분열, 양극성 장애, 우울증, 주의집중결함 및 과잉행동 장애 등은 폭력행동의 위험요인이 될 수 있다.
- **정신병**: 정신병 소유자는 대인관계 및 정서적 측면에서 볼 때 타인에게 이기적이고 무정하며 냉정한 특성을 보인다. 또한 만성적으로 불안정한 생활양식에 의해 사회적 일탈상태에 있게 되어 폭력의 가능성이 높아진다.
- **충동성과 위험 감수 행동**: 충동성은 아동 · 청소년의 폭력 위험을 증가시키고, 위험 감수 행동이 모험 추구 행동, 무모한 행동, 반항적 행동, 반사회적 행동 등과 결합되어 부정적 폭력행동의 증가를 가져온다.
- **개인의 반사회적 태도나 사회인지적 결함**: 이러한 특성의 소유자는 대인관계 갈등 장면에서 비공격적인 해결 전략을 채택하지 못하고 폭력행동을 사용하며, 상대 또한 적개심을 갖고 있거나 공격적 의도를 갖고 있다고 왜곡하여 지각하는 성향이

높다.

- 왜곡된 자기존중감이나 낮은 자기존중감: 자기 가치에 대해 과장된 감정을 가진 경우 자신의 자아나 자아 심상을 위협하는 어떤 행위에 대해 매우 민감하며 부정적 평가나 피드백에 대해 공격적이 된다. 자기 이상화와 자기 유능성에 대한 과장된 평가가 공격성과 폭력행동으로 나타난다.

(3) 맥락적 영역의 위험요인

맥락적 영역(환경)은 가정에서 부모와의 관계, 친구와의 관계, 사회적 지지체계, 지역 사회 환경적 특성 등으로 아동·청소년의 실제 생활공간과 관련된 영역이다. 맥락적 영역의 특성이 개인적 특성과 상호작용하여 아동·청소년의 발달 및 문제행동에 영향을 미친다. 맥락적 영역의 위험요인을 살펴보면 다음과 같다.

- 부정적인 또래관계: 또래에 의한 거부(소수 또래로부터 인정받지 못하는 것뿐만 아니라 대부분의 또래에 의해 적극적으로 배척당하는 것), 비행 또래와의 친구관계는 폭력행동 및 반사회적 행동의 중요 예측요인이 된다.
- 부모의 통제 및 감시 부족: 부모의 자녀에 대한 훈육이 극단적(지나치게 엄격 혹은 지나치게 허용적)이거나 비일관적일 때, 자녀양육에 대한 부모 간의 갈등이 높을 때, 부모의 감독이 소홀할 때 자녀의 반항 및 폭력성이 증가한다. 또한 부모와 자녀 간의 의사소통이 빈약하고 가정의 기능적 결손이 높을 때 공격, 폭력성 문제가 많아진다.
- 맥락적 환경에서의 스트레스와 상실 경험: 스트레스를 주는 생활사건, 중요한 대상의 상실 경험, 즉 물질적(소중하게 보관한 것), 관계적(절친한 관계에 있던 사람의 사망이나 이별 경험), 지위나 영향력의 상실은 폭력의 주요 원인이 될 수 있다.
- 사회적 지지(social support)의 결핍: 가족과 친구들의 지지가 거의 없다고 지각하는 아동·청소년일수록 분노를 지나치게 공격적으로 표현하며, 또한 사회적 지지체계 내의 적대적이거나 갈등적인 관계는 폭력의 위험성을 증가시킨다. '학교폭력 상황에서 개입을 꺼리고 모른 척하는 태도를 보이는 집단'인 학교폭력 방관자 집단의 증가 현상 또한 위험요인이 된다.
- 지역사회의 범죄와 폭력적 환경: 지역사회의 유해환경과 무질서는 아동·청소년들이 어릴 적부터 폭력을 시작할 수 있도록 조장하며, 이들이 지역사회 유해 폭력 환경

표 6-1 피해자 관련 학교폭력 위험요인

개인 영역	가족 영역	친구 영역
• 지나치게 민감하고 소심한 성격 • 대인관계, 적응력 부족으로 친구가 적음 • 친구들에게 의견 주장을 잘 하지 못함 • 지나치게 자기중심적 • 잘난 척함 • 신체적으로 힘이 약함 • 이기적인 성격 • 특이한 행동이나 외모 • 신체적 결함(장애 등)	• 부모의 과도한 자녀 보호 • 부모의 지나친 방임과 무관심 • 가족 구성원 간의 불화 • 가정폭력이나 학대	• 친한 친구가 적거나 없음 • 비행친구와 어울림

표 6-2 가해자 관련 학교폭력 위험요인

개인 영역	가족 영역	친구 영역
• 충동적이고 반항적임 • 타인에 대한 동정심 부족 • 타인을 배려하지 못함 • 규칙을 잘 준수하지 못함 • 좌절과 스트레스를 잘 참지 못함 • 폭력에 대한 긍정적인 태도 • 신체적으로 힘을 과시하고자 하는 욕구 • 학업과 학교에 관심이 적음 • 타인에게 우쭐대고 싶은 심리 • 자기와 관련된 피해의식 • 과거 폭력 및 비행 연루 경험 • 약물(담배, 알코올 등) 사용 • 대인 갈등 해결 능력 부족 • 정서장애와 심리적 문제 • 주의집중장애	• 부모의 애정, 관심 부족 • 부모의 지나친 허용적, 방임적인 양육 태도 • 엄격한 훈육, 신체 처벌 • 부모 감독과 통제 부족 • 가정에서 폭력 경험 • 폭력에 대한 부모의 허용적인 가치관 • 부모의 범죄 성향	• 친구들이 폭력에 대해 긍정적 태도를 가짐 • 비행 또는 폭력 친구와의 교제 • 불건전한 이성 교제
학교 영역	**사회 영역**	
• 거대, 과밀한 학교와 학급 • 학교폭력에 대한 무지 및 관심 부족 • 지나치게 경쟁적인 학교문화 • 수업시간 이외의 학생생활지도 부족 • 폭력행동에 대한 지나친 감정적 대응 • 학교폭력 발생에 대한 소극적 대응 • 학교폭력 대처 방법 및 프로그램 부족 • 학교폭력 전담교사(전문가)의 부재	• 사회의 각종 유해환경 및 유해매체 • 폭력에 대한 잘못된 인식 및 가치관 • 폭력문제 해결 전문기관 및 전문가 부족 • 폭력예방 및 해결 프로그램의 부족 • 중도탈락 학생을 위한 제도 및 시설의 부족 • 성인 폭력(조직폭력 포함)에 대한 미온적인 대처	

에 많이 노출될수록 폭력행동과 문제행동이 증가한다. 또한 TV, 비디오, 컴퓨터 게임, 영화 등 매체 폭력에 더 많이 노출될수록 세상을 폭력적으로 지각하고 폭력을 모방하며, 폭력에 대한 둔감화 현상도 높아진다.

지금까지 국내 · 외적으로 학교폭력과 관련 있는 개인 특성에 대한 연구 분석 결과를 보면 학교폭력 관련 개인 특성 위험요인에는 분노, 적대적 귀인 성향, 학대 및 부당한 대우 경험, 스트레스 · 무기력 · 좌절감 경험, 공격성 및 반사회성 등이 제시된다. 또한 학교폭력 관련 학교환경 특성 위험요인에는 과도한 경쟁, 소외 및 외톨이 상태의 심화와 방치, 학급 규칙의 부재나 비일관성, 교사의 폭력적 언어나 행동, 교사의 무관심과 방임 등이 제시된다(박효정 외, 2007).
〈표 6-1〉, 〈표 6-2〉는 학생들의 학교폭력 예측을 위한 학교폭력 관련 위험요인을 피해자와 가해자의 측면에서 정리한 것이다.

2) 학교폭력 보호요인

학교폭력의 원인이 되는 위험요인은 폭력행동이 왜 발생할 수 있는가를 이해하고 이를 조기 감지하는 데 도움을 주지만, 폭력행동으로 인한 부정적인 행동 결과를 예방하거나 감소시킬 수 있는 방법을 제시하는 데는 한계가 있다. 따라서 폭력의 위험요인의 영향을 중재 또는 완충해 주는 요소, 즉 보호요인(protective factors)을 확인하고 이를 강화함으로써 위험행동의 발생과 이로 인한 부정적 결과를 감소시킬 필요가 있다.

보호요인은 폭력의 위험요인과 폭력행동 간의 관계를 중재 또는 완충해 주는 역할을 하는 요인이다. 보호요인은 위험요인의 영향을 약화하거나 적응 유연성의 가능성을 증가시키는 개인이나 환경 자원으로 폭력 등의 문제행동의 감소, 예방에 기여할 수 있다. 대표적인 보호요인을 살펴보면 다음과 같다(Hartos et al., 2000; Voydanoff & Donnelly, 1999).

- 부모의 권위 있는 양육태도: 아동 · 청소년의 생활을 파악하고 감독과 훈육을 적극적으로 행사하는 권위 있고 민주적인 양육방식은 아동 · 청소년의 폭력행동을 예방하고 감소시킬 수 있으며, 또래규준이나 또래압력의 부정적인 영향을 완화해 준다.
- 긍정적 또래관계 및 또래의 사회적 지지: 정상적이고 인습적인 행동이나 활동에 참여

하고 있는 또래들과의 관계는 아동·청소년이 성인 없이 보내는 시간에 긍정적인 상호작용을 통해 심리적 안녕감에 영향을 주며 부정적 또래압력의 영향을 감소시켜 폭력행동에 부정적인 영향을 미친다.

- 보호성인의 존재 및 성인들과의 긍정적 관계: 보호성인은 아동·청소년의 극단적인 폭력행동 가능성을 감소시킨다. 또한 부모나 가족을 비롯해 주변의 친척이나 이웃, 선생님들이 자신을 돌봐 주고 있다고 느낄 때 이들과의 긍정적인 애착관계는 아동·청소년의 폭력이나 반사회적 행동을 감소시키며, 심리적 안녕감을 증진시키는 사회적 지지요인이 된다.
- 부모-자녀 간의 원활한 의사소통: 이는 아동·청소년의 폭력행동 억제에 영향을 주며, 또래규준의 부정적인 영향을 조절하고 완충해 주는 역할을 한다.
- 학교환경에 대한 학생의 긍정적 지각: 학교에 대한 긍정적인 태도, 학교와의 좋은 관계성, 학교의 질에 대한 높은 인식은 교사, 부모 등 성인과의 관계를 촉진하고, 좋은 학업풍토 조성을 촉진하며, 부정적인 또래행동의 영향이나 효과를 반감시키고 폭력행동의 감소를 가져오는 기능을 한다.
- 건강한 단체활동에의 참여: 집단 스포츠 활동, 종교 및 사회기관의 특별활동, 스카우트 및 동아리, 예능 등 다양한 특기와 취미활동에의 참여는 아동·청소년들이 부정적인 또래압력이나 또래규준의 영향을 적게 받으며, 성인의 감시 없이 시간을 낭비함으로써 나타나는 부정적인 결과를 예방하는 효과적 대처 방안이 된다.

한편, 국내·외적으로 학교폭력과 관련 있는 개인 특성에 관해 이루어진 연구 분석 결과, 개인 차원에서 학교폭력 발생을 억제하는 보호요인에는 자존감, 공감 능력, 관점 채택 능력, 자기통제, 학교적응 등이 제시되며, 학교환경 차원에서 학교폭력 발생을 억제하는 보호요인으로는 긍정적인 또래관계, 교사 애착, 공정한 학교 규칙(처벌), 또래 중재자 등이 제시된다(박효정 외, 2007).

학교폭력 피해아동의 학교적응과 보호요인에 대한 연구에서 학교폭력을 똑같이 겪은 두 집단의 비교 분석 결과, 상대적으로 자아존중감이 높고 내적 통제 소재를 더 많이 하며, 부모의 양육 태도가 더 민주적이라고 지각하고, 친구와 교사의 지지를 더 많이 받고 있으며, 교과외 활동에 더 적극적으로 참여하고 있는 아동이 그렇지 않은 아동보다 학교 적응을 더 잘 하고 있는 것으로 보고되었다(성지희, 정문자, 2006).

2 학교폭력의 조기 감지

학교폭력을 예방하고 효과적으로 대처하기 위해서 가장 먼저 이루어져야 할 일은 학교폭력 피해학생과 가해학생을 조기 감지하는 일이다. 학교폭력 문제행동이 심각한 피해와 가해로 진행되지 않도록 관련 대상 학생을 조기에 감지하고, 이들에게 사전 개입하여 문제의 발생이나 악화를 예방하는 일이 필요하다.

1) 학교폭력 조기 감지의 의미와 중요성

학교폭력 조기 감지란 문제행동을 사전에 예방하기 위해서 '누가 학교폭력 문제행동에 관련될 가능성 있는가.'를 사전에 예측하는 것을 말한다. 학교폭력이 피해자, 가해자, 가족, 교사, 학교 모두에게 가져오는 심각한 영향에 비추어 볼 때 학교폭력행동의 체계적 예측에 따른 사전 개입, 예방 대처는 매우 중요하다.

학교폭력 전문상담실의 사례 보고에 의하면 학교폭력이 발생한 지 한참 후에야 상담 전화를 받게 되는 경우가 많다. 학부모들은 자녀가 학교폭력을 당해 왔다는 것을 6개월 이상, 심지어는 2년 이상이 지난 후에야 아는 경우도 많다. 이때 많은 부모는 자기 자녀가 폭력을 당했다는 것을 몰랐다는 사실에 대한 심한 자책감과 부모로서 보호해 주지 못했다는 죄책감으로 우울증, 분노감에 빠져 정신과 상담과 치료를 받는 경우가 보고되었다.

또한 학교 교사의 입장에서도 자기 반의 학생이 학교폭력이나 왕따를 경험하고 있다는 사실을 전혀 모르고 있다가 학부모를 통해서 나중에 알게 되었을 때 학급 운영자로서 자신감을 상실하고, 이에 대해 당황하여 어떻게 개입해야 할지 몰라 막막해하거나, 이후에도 언제 학교폭력이 일어날지 몰라 불안해하는 반응을 보이는 것으로 나타났다 (방기연, 이규미, 2009).

그러므로 학교폭력이 이미 발생한 이후에 잘 대처해 나가는 것도 필요하지만 무엇보다도 이를 사전에 예측하고 대처해 나가기 위해 학교폭력 조기 감지가 매우 중요하다.

2) 학교폭력 조기 감지를 위한 진단 평가

학교폭력 문제행동을 조기에 감지하기 위해서는 교사나 부모의 지속적인 관찰을 통한 파악과 더불어 학생 개인이나 학급을 대상으로 하는 진단 평가를 통한 감지, 파악이 이루어질 필요가 있다.

(1) 검사, 진단 평가를 통한 학교폭력 조기 감지

학교폭력 피해나 따돌림 문제행동에 관여할 가능성이 높은 학생들을 예측, 선별하기 위한 척도를 활용하여 이루어지는 감지 방안으로 다음과 같은 검사를 활용할 수 있다 (홍준표, 2002; 유형근 외, 2010).

또래 평정(peer rating)에 의한 사회성 측정 검사　　이 검사는 학급 구성원 아동 각자가 학급 구성원 각각에 대하여 서로 얼마나 좋아하고, 또는 얼마나 싫어하는지를 5단계로 평정하여 표시하도록 한다. 피검사자들은 자기 반 아동들의 이름을 목록의 순서대로 하나씩 읽어 내려 가면서, 각 아동에 대한 자신의 생각이나 감정을 정리하여 다섯 가지 표정의 얼굴 중 하나를 선택하여 표기한다. 가장 좋아하는 아동이면 활짝 웃는 얼굴(5점)을 선택하여 표시하고, 좋아하는 편이면 미소 짓는 얼굴(4점)을, 좋아하지도 싫어하지도 않으면 무표정한 얼굴(3점)을, 좀 싫어하는 편이면 약간 찡그린 얼굴(2점)을, 아주 싫어하는 아동이면 화난 얼굴(1점)을 선택하도록 하고, 각각 5점, 4점, 3점, 2점, 1점씩 주어 평가한다.

검사의 신뢰도를 높이기 위하여 검사를 시작하기 전에 먼저 5개의 연습문제를 함께 풀어 가면서 반응 방법을 익히도록 구성되었다. 고양이, 뱀, 호랑나비, 강아지, 젖소 등 아동들이 잘 아는 동물을 제시하고, 그 동물 각각에 대하여 얼마나 좋아하는지, 또는 싫어하는지를 물어 각자가 느낀 대로 다섯 얼굴 중 하나를 선택하여 표시하도록 한다. 각 아동의 사회측정 점수는, 한 아동에 대하여 학급 구성원 전체 아동이 보여 준 5단계 평정을 총합한 총점 및 평균치로 환산된다.

또래 지명(peer nomination)에 의한 사회성 측정 검사　　이 검사는 한 집단 내에서 또래들의 수용과 배척의 정도를 측정하기 위하여 사용되어 온 전통적 사회성 측정 방법의 하나로서, 학급 내의 모든 아동에게 어떤 놀이나 활동을 함께하고 싶은 사람과 하고

사회성 측정 검사

☺ 아주 좋아한다 ☺ 좋아한다 ☺ 싫지도 좋지도 않다 ☺ 싫어한다 ☹ 아주 싫어한다

○○초등학교   ○학년 ○반   번호: 이름:

번호	이름	얼마나 좋아하나요?	번호	이름	얼마나 좋아하나요?
연습 1	고양이	☺ ☺ ☺ ☺ ☹	20	신 X X	☺ ☺ ☺ ☺ ☹
연습 2	뱀	☺ ☺ ☺ ☺ ☹	21	전 X X	☺ ☺ ☺ ☺ ☹
연습 3	호랑나비	☺ ☺ ☺ ☺ ☹	22	김 X X	☺ ☺ ☺ ☺ ☹
연습 4	사 자	☺ ☺ ☺ ☺ ☹	23	이 X X	☺ ☺ ☺ ☺ ☹
연습 5	젖 소	☺ ☺ ☺ ☺ ☹	24	고 X X	☺ ☺ ☺ ☺ ☹
1	박 X X	☺ ☺ ☺ ☺ ☹	25	김 X X	☺ ☺ ☺ ☺ ☹
2	문 X X	☺ ☺ ☺ ☺ ☹	26	박 X X	☺ ☺ ☺ ☺ ☹
3	전 X X		27	허 X X	☺ ☺ ☺ ☺ ☹
	방 X X	☺ ☺ ☺ ☺ ☹	38		
15	오 X X	☺ ☺ ☺ ☺ ☹	39	안 X X	☺ ☺ ☺ ☺ ☹
16	송 X X	☺ ☺ ☺ ☺ ☹	40	장 X X	☺ ☺ ☺ ☺ ☹
17	이 X X	☺ ☺ ☺ ☺ ☹			
18	지 X X	☺ ☺ ☺ ☺ ☹			
19	김 X X	☺ ☺ ☺ ☺ ☹			

※ 아동 각자가 학급 구성원 각각에 대하여 가지고 있는 선호의 정도를 5단계 평정하도록 한다.

[그림 6-1] 또래 평정에 의한 사회성 측정 검사

출처: 홍준표(2002).

싫지 않은 사람을 일정 수 지명하도록 하는 방법이다.

[그림 6-2]에서는 머나먼 우주여행을 떠나는 장면을 상상하면서 자신은 선장인데 함께 여행할 승무원 세 사람을 급우 중에서 선정하여 이름을 적어 보도록 구성되었다. 그리고 이들을 선정한 중요한 이유를 다음에 주어진 57개의 문항 중에서 찾아 표시하도록 되었다. 주로 외모, 신체적 특징, 심리적 및 성격적 특징, 사회적 및 행동적 특성 등에 관한 것들이다. [그림 6-3]은 자신의 생일에 초대하고 싶지 않은 친구 세 사람을 학급 아동 중에서 선정하여 이름을 기입하도록 되었다. 역시 그 싫어하는 이유를 탐색하기 위하여 앞에서와 같이 외모, 신체적, 심리적, 성격적, 사회적 및 행동적 특징에 관

우주여행을 떠납시다!

은하계를 다녀오려면 아마 3년쯤은 걸릴 거예요.

여러분! 황홀한 여행이 되겠지요?

나는 _____초등학교 _____학년 _____반 번호 _____번 이름: _____입니다.

나는 우주선의 선장입니다. 멀고도 긴 우주여행을 심심하게 혼자서 떠날 수는 없겠지요? 은하계 여행을 함께할 승무원을 뽑아야지요. 항해사도 있어야 하고, 기관장도 있어야 하고, 또 의사도 있어야겠네요. 여행 중에 병이 나면 큰일 아니예요?

자, 그럼 가장 친한 친구를 승무원으로 뽑아 함께 떠나면 멀고 먼 여행도 지루하지 않겠지요? 세 사람만 아래에 적어 보세요. 우리 반 어린이 중에서 골라야 해요. 다른 반 아이는 안 돼요. 내가 제일 좋아하는 우리 반 친구 세 사람의 이름을 아래에 적어 보세요. 남자 어린이도 좋고, 여자 어린이를 선택해도 좋아요.

이름: (1) _____   (2) _____   (3) _____

아하, 제일 좋아하는 친구들을 골랐군요? 그런데 왜 이 어린이들을 좋아하게 되었는지 생각해 보셨나요? 잘 모르겠다고요? 그럼 아래 글들을 읽어 보면서 해당되는 것이 있으면 모두 그 번호에 동그라미(○) 표시를 해 주세요. 여러 개를 선택해도 좋아요. 많이 표시해 주세요.

---

1. 얼굴이 예뻐서 2. 단정하니까 3. 깨끗해서 4. 옷을 잘 입어서 5. 키가 커서 6. 날씬해서 7. 장난감을 많이 가지고 있어서 8. 먹을 것을 잘 사 줘서 9. 남자니까 10. 여자니까 11. 이름이 멋져서 12. 오래 같이 살아서 13. 머리가 좋아서 14. 공부를 잘 해서 15. 운동을 잘 하니까 16. 음악을 잘 해서 17. 게임을 잘 해서 18. 잘 웃어서 19. 친절해서 20. 용감해서 21. 기운이 세니까 22. 말을 잘 해서 23. 침착하니까 24. 학급 일을 열심히 해서 25. 좋은 의견을 많이 내니까 26. 부자니까 27. 상냥하니까 28. 마음이 착해서 29. 정직해서 30. 일을 열심히 하니까 31. 친구들을 잘 도와주니까 32.내 말을 잘 들어서 33. 얌전해서 34. 예의가 발라서 35. 칭찬을 잘 해 주니까 36. 잘 놀아 주니까 37. 무엇이든 잘 빌려 주니까 38. 화를 잘 참아서 39. 친구들을 잘 이해해 주니까 40. 항상 자신 있게 사니까 41. 싸우지 않고 말로 잘 해결하니까 42. 솔직해서 43. 신사적이니까 44. 남의 잘못을 잘 용서해서 45. 늘 웃어서 46. 남자다워서 47. 여자다워서 48. 독립심이 강해서 49. 남의 기분을 잘 알아주니까 50. 인심이 좋아서 51. 부지런하니까 52. 남의 일에 관심을 가져 주니까 53. 무엇이든 잘 주니까 54. 겸손해서 55. 누구와도 잘 어울리니까 56. 남의 도움을 받으면 고마워할 줄 아니까

※ 학급 아동 각자에게 3년쯤 걸리는 긴 우주여행에 승무원으로 함께 떠나고 싶은 친구 세 사람을 학급 구성원 중에서 선택하도록 한다.

[그림 6-2] 또래 지명에 의한 사회성 측정 검사(우주여행)

출처: 홍준표(2002).

오늘은 내 생일입니다.
엄마가 생일 파티를 멋지게 준비해 주시겠대요.
친구들을 많이 데리고 오라고 하셨지요.

저는 친구가 너무 너무 많아요. 그러나 모두 초대할 수는 없어요. 그래서 우리 반 아이들만 초대하려고 해요. 초대장도 정성들여 예쁘게 만들었어요. 그런데 어머니 말씀이 우리 집이 좀 좁아서 아무래도 우리 반 아이들을 다 초대할 수는 없다지 않아요. 세 사람만 빼면 좋겠다지 뭐예요. 저는 곰곰이 생각했죠. 그리고 다음 세 아이를 초대하지 않기로 결정했어요.

세 사람을 빼야 한다면 누구를 생일 파티에 초대하지 않기로 하였나요? 아래에 세 사람의 이름을 적어 주세요. 우리 반 아이들 중에서 세 사람의 이름을 써야 합니다. 다른 반 어린이 이름을 쓰면 안 돼요. 아셨지요?

이름: (1) _____   (2) _____   (3) _____

앞에서처럼 이번에는 왜 이 어린이들을 빼기로 하였는지 그 이유를 다음 중에서 골라 모두 동그라미(○) 표를 하세요. 해당되는 것에 모두 표시해 주세요. 여러 개에 동그라미를 표시해도 좋습니다. 많이 표시해 주세요.

> 1. 못생겨서 2. 까불어서 3. 지저분해서 4. 옷을 엉망으로 입어서 5. 몸이 허약해서 6. 멋이 없어서 7. 키가 작아서 8. 뚱뚱해서 9. 장난감이 없어서 10. 먹을 것을 안 줘서 11. 남자니까 12. 여자니까 13. 이름이 웃겨서 14. 새로 전학온 아이라서 15. 머리가 나빠서 16. 공부를 못해서 17. 운동을 못해서 18. 음악을 못해서 19. 게임을 못해서 20. 그림을 못그려서 21. 불친절해서 22. 비겁해서 23. 기운이 없어서 24. 말을 잘 안 해서 25. 학급을 돕지 않아서 26. 가난해서 27. 마음이 고약해서 28. 정직하지 못해서 29. 일을 열심히 안 하니까 30. 친구들을 도울 줄 모르니까 31. 남의 말을 잘 안 들어서 32. 이야기가 안 통해서 33. 너무 설치니까 34. 너무 수줍어해서 35. 무엇이든 잘 안 하려고 해서 36. 예의가 없어서 37. 칭찬을 할 줄 모르니까 38. 고마워할 줄 모르니까 39. 혼자만 노니까 40. 자기 물건을 빌려 주지 않으니까 41. 화를 잘 내니까 42. 친구들을 이해해 주지 않으니까 43. 학급회의 때 의견을 내지 않으니까 44. 잘 싸우니까 45. 내숭을 떨어서 46. 나를 귀찮게 하니까 47. 사람을 보아도 모른 척해서 48. 도와줘도 고마워할 줄 모르니까 49. 늘 찡그리고 있어서 50. 남의 잘못을 용서하지 않으니까 51. 독립심이 없어서 52. 남의 기분을 몰라 주니까 53. 인심이 사나워서 54. 늘 울상이어서 55. 모든 일에 관심이 없어서 56. 잘난 척하니까 57. 남을 깔보니까 58. 남의 일을 방해하니까 59. 잘 때려서 60. 혼자만 노니까 61. 게으르니까 62. 모든 일에 무관심하니까 63. 환자 같아서 64. 무엇이든 열심히 안 하니까

※ 학급 아동 각자에게 자기 생일파티에 초대하고 싶지 않은 세 사람을 학급 구성원 중에서 선택하도록 한다.

[그림 6-3] 또래 지명에 의한 사회성 측정 검사(생일 파티)

출처: 홍준표(2002).

한 60여 개의 문항을 제시하고 그중에서 선택하도록 하였다.

이상과 같은 또래 지명 방법은, 선택되지 못한 사람에 대하여 아무 정보도 제공하지 못한다는 것이 큰 단점으로 지적되고 있으나, 앞에 제시된 또래 평정에 의한 Likert식의 평정 방법과 병행하여 사용함으로써 그 단점을 보완할 수 있다. 또래 지명 방법은 친구 선택에 관한 정보를 제공하는 반면, 평정법은 또래의 수용 정도를 알려 주는 수단이다.

학교폭력(집단 따돌림) 피해자 및 가해자 구별 질문지　　또래 간의 수용과 거부 관계를 알아보기 위한 또래 평정법은 또래와의 관계를 직접 파악한다는 면에서 신뢰성이 확보된다. 학교폭력이 학급 내 또래관계에서 발생하는 상황일 때 그 속에서 가해자와 피해자를 판별하기 위해서는 또래 평정법이 적합한 방법이 될 수 있다. 다음 [그림 6-4]에서 소개되는 질문지는 언어적 형태, 관계적 형태, 물리적 형태의 세 가지 유형의 폭력적 상황에 따라 각각의 문항에 해당 학생을 3명까지 적을 수 있도록 되어 있는데, 학급이 구성되고 학급 내 역동이 활발하게 일어나는 학기 중간에 실시하면 좋다.

학교폭력 관련자 역할 질문지　　이 질문지의 내용은 '가해자, 동조자, 지지자, 방어자, 방관자, 피해자'의 6개 하위 영역으로 구분할 수 있도록 되어 있다. 학기 초 학급 구성원들이 배정된 후 학급 내 역동이 자연스럽게 일어나는 학기 중에 실시하는 것이 좋다. 이를 바탕으로 학급 구성원들의 집단 따돌림 상황에서의 행동 경향성을 파악할 수 있으며 집단 따돌림 예방교육의 근거 자료로도 활용할 수 있다. 문항은 피해학생 1문항, 그 외의 학생 각 3문항씩 총 16개의 문항으로 구성되어 있으며, 문항의 구성은 〈표 6-3〉과 같다.

- 채점 방법: 검사를 실시할 때에는 각 문항에 해당하는 학급 친구의 수를 제한 없이 적도록 한다. 교사는 질문지를 수거하여 학생 명렬표에 각 하위 영역의 문항별 지명 횟수를 기록하도록 한다.
- 선별 기준: 지명 받은 횟수를 합산하여 하위 영역별 문항에서 5회 이상 지명 받은 학생이 각 영역의 관련자 역할을 할 가능성이 높다. 예를 들면, A학생이 부추기는 문항(11, 13, 15)에서 5회 이상 지명 받게 되면 담임교사는 집단 따돌림과 관련된 역할에 대한 정보를 얻을 수 있으며 학급 내 역동을 이해하는 데 도움을 얻을 수 있다.

다음의 행동들은 여러분의 친구관계에서 자주 일어날 수 있는 일들입니다.
다음의 질문들과 관련된 우리 반의 친구들을 생각해 봅시다.

1. 안 좋은 별명으로 불리며 놀림을 받거나, 발표할 때 야유를 듣거나, 빈정거림·욕을 듣는 친구는?

   (_____, _____, _____, _____)

   위의 친구들에 대한 행동을 주로 시작하거나 적극적으로 참여하는 친구는?

   (_____, _____, _____, _____)

2. 반 친구들의 놀이나 대화에 잘 끼지 못하고, 급식을 혼자 먹거나 소외당하는 친구는?

   (_____, _____, _____, _____)

   위의 친구들에 대한 행동을 주로 시작하거나 적극적으로 참여하는 친구는?

   (_____, _____, _____, _____)

3. 지나가면서 다른 사람들이 일부러 툭툭 치거나 여기에 의도적으로 발을 걸고, 혹은 장난을 빙자한 구타를 당하는 친구는?

   (_____, _____, _____, _____)

   위의 친구들에 대한 행동을 주로 시작하거나 적극적으로 참여하는 친구는?

   (_____, _____, _____, _____)

• 채점 방법: 교사가 학급명부에 각 학생별로 학급 구성원들이 지목한 횟수를 체크하여 기록한다.
• 선별 기준: 학급 구성원이 30% 이상 지목한 학생을 피해자와 가해자로 판별한다. 예를 들면, 학급원이 30명인 경우 9명 이상이 지목한 학생은 가해자와 피해자로 판별할 수 있다.

[그림 6-4] 학교폭력(집단 따돌림) 피해자 및 가해자 구별 질문지

출처: 유형근 외(2010).

📄 **표 6-3** 관련자 역할 질문지의 하위 영역별 주요 내용 및 문항 번호

하위 영역	주요 내용	문항 번호
가해자(3문항)	친구를 따돌리는 데 적극적이며 주도적으로 따돌림 행동을 시작한다.	1, 3, 4
동조자(3문항)	친구를 따돌리는 행동을 하지만 주도적이지 않고 추종자 역할을 한다.	8, 9, 12
지지자(3문항)	집단 따돌림 상황을 다른 아이들도 구경하도록 끌어들이고 따돌림을 부추긴다.	11, 13, 15
방어자(3문항)	따돌림 당하는 학생을 지지하고 위로한다.	2, 5, 14
무관심자(3문항)	집단 따돌림 상황에서 아무런 역할도 하지 않는다.	6, 7, 10
피해자(1문항)	학급 구성원의 30% 이상이 '따돌림을 당한다.'라고 지적한다.	16

📄 **표 6-4** 관련자 역할 질문지

관련자 역할 질문지

학급에서 집단 따돌림 상황이 발생한 경우를 떠올려 보고, 그때 나타나는 학급 친구들의 행동에 대해 답해 주세요. 다음의 행동을 하는 학급 친구의 이름을 적어 주세요. 수에는 제한이 없으니 있는 대로 적고 없으면 빈칸으로 두세요.

	항목	이름
1	집단 따돌림 상황이 발생했을 때 먼저 따돌리는 행동을 시작한다.	
2	가해자에게 따돌리는 행동을 그만하라고 말한다.	
3	다른 친구들도 따돌리는 행동을 하도록 끌어들인다.	
4	학급 친구를 못살게 굴 새로운 방법을 찾는다.	
5	집단 따돌림 당하는 친구를 위로하거나 "피해 사실에 대해 선생님께 얘기해 보면 어떨까?"라고 말한다.	
6	집단 따돌림 상황에서 누구의 편도 들지 않는다.	
7	누군가 집단 따돌림을 당하는 일이 생길 때 보통 그 자리에 없는 편이다.	
8	친구가 어떤 친구를 따돌릴 때 조수 같은 역할을 한다.	
9	친구가 다른 친구를 따돌릴 때 이를 도와주고, 가끔은 따돌릴 만한 친구를 찾아내기도 한다.	
10	누군가 집단 따돌림을 다하고 있어도 그것과 상관없이 지낸다.	
11	누군가 집단 따돌림을 당하고 있으면 구경하려고 근처로 온다.	
12	다른 친구가 따돌리기 시작하면 자신도 옆에서 같이 따돌린다.	
13	집단 따돌림 상황을 보면서 웃는다.	
14	집단 따돌림 상황을 그만하게 하려고 노력한다.	
15	친구가 어떤 친구를 따돌릴 때 "본때를 보여 줘."라고 말하며 옆에서 거든다.	
16	'집단 따돌림을 당하는 편' 또는 '집단 따돌림을 당한 적이 있다.'라고 생각되는 친구의 이름을 적어 주세요.	

(2) 관찰을 통한 학교폭력 조기 감지

학교폭력 피해나 따돌림 문제행동에 관여될 가능성이 높은 학생들을 조기 감지하기 위해 검사를 활용하는 방법과 함께 관찰을 통해 예측할 수 있는데 관찰을 통한 학교폭력 조기 감지를 위해서는 피해학생과 가해학생에 대한 조기 감지 단서를 잘 파악하고 있어야 한다.

피해학생 조기 감지 단서   대다수 학교폭력이 같은 학교, 같은 학년, 같은 반에서 발생하는 경우가 많으므로 담임교사와 교과 담임교사가 수업시간뿐만 아니라 쉬는 시간, 점심시간 등에 학생들의 행동을 주의 깊게 살펴보고 학생의 작은 변화에도 민감하게 반응하고 대처할 필요가 있다. 학교폭력 연구(Olweus, 1995; 손진희, 홍지영, 2008; 유영근 외, 2010; 조정실, 차명호, 2010)에 의하면 학교폭력 피해자들을 조기 감지할 수 있는 단서로 학교에서 발견할 수 있는 단서들, 가정에서 발견할 수 있는 단서들이 제시된다.

[학교에서 발견할 수 있는 학교폭력 피해 단서들]

다음은 수업시간에 교사가 발견할 수 있는 학교폭력 피해 단서들이다.

- 수업시간 중에 발견할 수 있는 단서
  - 지우개나 휴지, 쪽지가 특정 아이를 향한다.
  - 특정 아이를 빼고 이를 둘러싼 아이들이 이유를 알 수 없는 웃음을 짓는다.
  - 자주 등을 만지고 가려운 듯 몸을 자주 비튼다.
  - 교복이 젖어 있거나 찢겨 있어 물어보면 별일 아니라고 대답한다.
  - 교복 등에 낙서나 욕설이나 비방이 담긴 쪽지가 붙어 있다.
  - 평상시와 달리 수업에 집중하지 못하고 불안해 보인다.
  - 교과서가 없거나 필기도구가 없다.
  - 자주 준비물을 챙겨 오지 않아 야단을 맞는다.
  - 교과서와 노트, 가방에 낙서가 많다.
  - 코피나 얼굴의 생채기가 나 있어 물어보면 괜찮다거나 별일 아니라고 한다.
  - 종종 무슨 생각에 골몰해 있는지 정신이 팔려 있는 듯이 보인다.

- 점심시간과 쉬는 시간에 발견할 수 있는 단서
  - 자주 점심을 먹지 않는다.
  - 점심을 혼자 먹을 때가 많고 빨리 먹는다.
  - 친구들과 어울리기보다 교무실이나 교과전담실로 와 선생님과 어울리려 한다.
  - 자기 교실에 있기보다 이 반, 저 반 다른 반을 떠돈다.
  - 친구들과 자주 스파링 연습, 격투기 등을 한다.
  - 같이 어울리는 친구가 거의 없거나, 소수의 학생과 어울린다.
  - 교실 안보다 교실 밖에서 시간을 보내려 한다.

- 등·하교 시간 및 기타 상황에서 발견할 수 있는 단서
  - 자주 지각을 한다.
  - 자신의 집과 방향이 다른 노선의 버스를 탄다.
  - 다른 학생보다 빨리 혹은 아주 늦게 학교에서 나간다.
  - 학교 성적이 급격히 떨어진다.
  - 이전과 달리 수업에 흥미를 보이지 않는다.
  - 수련회, 수학여행 및 체육대회 등 학교행사에 참여하지 않는다.
  - 무단결석을 한다.
  - 작은 일에도 예민하고 신경질적으로 반응한다.

[가정에서 부모나 가족이 발견할 수 있는 학교폭력 관련 단서]

- 학교 영역에서 발견할 수 있는 단서
  - 학교 성적이 급격히 떨어진다.
  - 학원이나 학교에 무단결석을 한다.
  - 갑자기 학교에 가기 싫어하고 학교를 그만두거나 전학을 가고 싶어 한다.
  - 학용품이나 교과서가 자주 없어지거나 망가져 있다.
  - 노트나 가방, 책 등에 낙서가 많이 있다.
  - 교복(옷)이 더럽혀져 있거나 찢겨 있는 경우가 많다.
  - 학교에 가거나 집에 올 때 엉뚱한 노선을 이용해 시간이 많이 소요된다.

• 친구관계 영역에서 발견할 수 있는 단서

  - 다른 아이들이 괴롭힘 때문에 입은 피해에 대해 자주 말한다.

  - 문자를 하거나 메신저를 할 친구가 없다.

  - 친구 생일파티에 초대를 받는 일이 드물다.

  - 친구의 전화를 받고 갑자기 외출하는 경우가 많다.

  - 전화벨이 울리면 불안해하며 전화를 받지 말라고 한다.

  - 자신이 아끼는 물건(휴대전화, MP3, 전자사전, 닌텐도, 옷 등)을 자주 친구에게 빌려
    주었다고 한다.

• 신체적 영역에서 발견할 수 있는 단서

  - 몸에 상처나 멍 자국이 있다.

  - 머리나 배 등이 자주 아프다고 호소한다.

  - 밤에 잠을 제대로 자지 못하며 식은땀을 흘리면서 앓는 잠꼬대 소리를 한다.

  - 집에 돌아오면 피곤한 듯 주저앉거나 누워 있다.

  - 작은 일에도 깜짝깜짝 놀라고 신경질적으로 반응한다.

  - 몸을 움직이는 일을 하지 않으려 하고 혼자 자기 방에 있기를 좋아한다.

  - 학교에서 돌아와 배고프다며 폭식을 한다.

• 정서적 · 행동적 영역에서 발견할 수 있는 단서

  - 내성적이고 소심하며 초조한 기색을 보인다.

  - 갑자기 격투기나 태권도 학원에 보내 달라고 한다.

  - 부모와 눈을 잘 마주치지 않고 피한다.

  - 쉬는 날 밖에 나가지 않고 주로 컴퓨터 게임에 몰두하며 게임을 과도하게 한다.

  - 전보다 자주 용돈을 달라고 하며, 때로는 훔치기도 한다.

  - 복수나 살인, 칼이나 총에 대해 관심을 보인다.

  - 전보다 화를 자주 내고, 눈물을 자주 보인다.

가해학생 조기 감지 단서   학교폭력 피해학생들의 조기 감지에 비해 가해학생들에
대한 조기 감지가 쉽지 않은 경우가 많다. 가해학생들이 비행이나 불법행동을 하지 않
는 경우에는 학교에 나름대로 잘 다니고, 또래들과 특별한 문제가 드러나지 않으며, 학

교나 가정 생활에서 대체적으로 잘 지내 가해 징후로 나타나는 단서를 쉽게 찾기가 어려울 수가 있다. 이들은 리더십이 있고 학교성적이 우수할 경우도 있으며, 대체적으로 신체적 힘이나 기타 우월한 요소를 활용해 또래들을 제압하는 경우가 많다. 학교폭력 가해학생들은 희롱, 조소, 위협, 협박 등을 하며 상대를 웃음거리로 만들고 욕이나 조롱을 하면서 툭툭 치고 밀치고 때리거나 발로 차고 다른 학생들의 물건을 빼앗거나 망가뜨린다. 특히 이런 행동을 자기보다 약한 학생, 약점 잡힌 학생이나 상대적으로 방어능력이 없는 학생들을 목표로 해서 그런 행동을 한다. 또한 자신은 뒤로 물러나 있으면서 그런 행동을 다른 추종자들이 하도록 유도하기도 한다(Olweus, 1995; 손진희, 홍지영, 2008).

[학교에서 발견할 수 있는 단서]

- '잘 나가는' 아이들 혹은 '일진'과 가깝게 지내며 이들 이외 친구에 대해서 배타적인 태도가 있다.
- 친구와 어울리는 것에 큰 비중을 두어 귀가시간이 늦어지고, 불규칙해지며 친구 집에서 외박하는 경우가 있다.
- 문제행동을 하는 친구와 어울리며 흡연, 음주, 유흥업소(노래방, 술집 등)에 출입한다.
- 주위 학생을 상대로 '삥'을 뜯고 선배에게 가져다줄 돈을 채우느라 또래나 자신보다 어린 후배를 괴롭힌다.

[가정에서 발견할 수 있는 단서]

- 사 주지 않은 고가의 물건을 가지고 있거나 용돈에 비해 지나치게 많은 돈을 쓴다.
- 친구가 빌려 주었다고 하면서 옷이나 고가의 전자제품(MP3, 휴대전화, 게임기 등), 가방, 신발 등을 가지고 다닌다.
- 점점 가족과 보내는 시간이 줄어들고 부모와 대화를 거의 하지 않으며 대화 중에 화를 잘 내고 참을성이 없는 행동을 한다.
- 자녀가 어떤 생각과 행동을 하는지 알기 어렵고, 자녀 또한 자신의 생각과 행동을 숨기려 한다.

[부모나 교사가 발견할 수 있는 단서]

- 부모와 대화가 적고, 반항하거나 화를 잘 낸다.
- 반에서 특정한 아이들과만 논다.
- 사 주지 않은 고가의 물건을 가지고 다니며, 친구가 빌려 준 것이라고 한다.
- 친구관계를 중요시하며, 밤늦게까지 친구들과 어울려 귀가시간이 늦어지고 불규칙하다.
- 비행(금품갈취, 절도, 집단폭력, 약물 등) 전력이 있다.
- 감추는 게 많아진다.
- 친구들이 자신에 대해 말하는 걸 두려워한다.
- 집에서 주는 용돈보다 많이 쓴다.

(3) 학교폭력 조기 감지에 따른 사전 개입 및 예방

학교폭력 문제행동 관련 단서들이 보이더라도 피해학생이 직접적으로 문제를 토로하거나 특정 문제 사건으로 드러나서 전개되지 않는 경우가 많다. 따라서 교사나 부모가 이를 감지했을 경우 어떻게 사전 대처를 하고 이를 예방하고 다루어 나갈 것인가가 중요한 과제가 된다. 학교폭력 사전 감지 및 사전 대처와 예방 기법으로 REST (Recognition, Exploration, Screen, Teaching) 대응법을 살펴보면 다음과 같다(조정실, 차명호, 2010).

인식(Recognition) 단계　어떤 현상이 일어나고 있는가를 교사와 학부모가 인식하는 단계로서 학교 및 가정, 또래관계 등에서 어떠한 일이 일어나고 있으며, 어떤 단서행동을 보이는가를 인식할 필요가 있다. 이를 위해서는 앞에서 살펴본 바와 같이 조사나 관찰 등을 통해서 학교폭력 단서를 파악할 필요가 있으며, 이를 위해 교사나 부모는 가해 및 피해학생의 단서를 인식하고 있어야 한다.

탐색(Exploration) 단계　단서행동을 세밀하게 탐색하는 단계로 단서행동이 더욱 심각해지거나 빈번해지는 현상이나 징후행동의 양과 빈도가 증가하는 정도를 탐색할 필요가 있다. 교사나 학부모가 학교폭력의 단서를 발견한 후에 어떻게 대처하는 것이 보복이나 제3자를 통한 괴롭힘 등과 같은 문제의 확대 없이 해결할 수 있을 것인지에 대한 주의를 기울일 필요가 있다. 이를 위해 특정 행동이 어떻게 변화되어 가는지를 주의 깊게 살펴볼 필요가 있다.

탐색 단계에서 교사나 학부모가 주의해야 할 사항으로는 눈치 채지 않게 관망하기, 주변 친구에게 캐묻지 않기, 사실 확인을 위해 바로 가해자, 피해자, 교사의 삼자대면을 하지 않기, 피해학생을 보호하고 폭력을 절대 용인하지 않겠다는 단호한 해결 의지를 보여 주며 학생들에게 신뢰를 심어 주기 등이 있다.

스크린(Screen) 단계　사태가 심각한 상황으로 발전하기 전에 단서를 중심으로 사전대응을 하는 단계로 단서행동의 변화하는 양상을 따라 학교와 가정에서 수용되는 행동과 수용되지 않는 행동을 구분하고 특정행동에 대한 입장을 전달하고 이에 대한 대안행동을 제공할 필요가 있다. 이 단계에서 교사는 학생들에게 대칭적인 방법, 즉 학생들의 힘에 의한 저항이나 반항행위에 권위나 성적 등을 앞세워 대응하는 방법의 사용을 지양하고 비대칭적인 방법, 즉 수용적인 태도를 통해 학생들과 신뢰관계를 구축하는 것이 중요하다. 교사의 구체적인 대응 방법으로 신뢰 형성과 문제 해결 의사 표시하기, 초기 괴롭힘 발견 시 명확한 대처와 사실 조사하기, 피해학생에게 신뢰감을 심어 주고 신변 보호하기, 반 전체를 대상으로 학교폭력에 관한 교육하기 등을 들 수 있다.

또한 집단 따돌림 행동이 발생했을 시에는 반 아이들이 눈치 채지 않게 관망하며 무기명 설문 등을 통하여 따돌림 사실을 확인할 필요가 있다. 집단 따돌림 단서와 사실을 발견했을 때 교사는 이 사실을 가해·피해학생의 부모에게 알리고, 특히 명백한 가해학생과 가해학생의 부모에게는 재발 방지 각서를 작성하게 하여 가해학생이 심리적 부담과 책임을 갖고 행동하며, 부모는 자녀에 대한 철저한 관리·감독을 하게 할 필요가 있다. 더불어 집단 따돌림으로 인한 피해의 심각성과 그것이 학급이나 개개인의 삶에 미치는 파괴적 결과에 대해서 반 전체 학생을 대상으로 교육을 실시하여 사전에 큰 사건을 예방하고 학교폭력 대처 능력을 향상시킬 필요가 있다.

한편, 피해 단서를 발견한 학부모의 경우 자녀의 불안과 두려움을 이해하고, 자녀와 대화하며 피해 사실에 대해 부인할 경우 이를 일단 수용하며, 이러한 폭력문제에 대한 부모의 적극적 문제 해결 의지를 보여 주고, 피해 사실이 분명할 경우 교사에게 알려서 더 피해가 발생하지 않도록 개입을 요청하며, 자녀와 가족이 공유하는 시간(자녀의 관심 활동 지원, 함께 여가활동이나 여행하기 등)을 통해 가족이 지지자와 지원자가 된다는 믿음을 갖게 할 필요가 있다.

예방적 교육(Teaching) 단계　　학교나 가정에서 공개적으로 폭력행동에 대해 교육을 시키는 단계로 폭력에 대한 관점과 바람직한 수용 행동을 육성하고 책임지는 자세를 가르칠 필요가 있다. 학교폭력 예방교육을 통하여 폭력은 어떤 이유로든 나쁘고, 폭력행동은 다른 학생의 행복권을 파괴하는 행위임을 인식시키고, 폭력행동을 하지 않겠다는 다짐과 자신의 행동에 책임지는 행동 각서를 반 학생들에게 작성하게 할 수 있다.

또한 학생들 사이에서 나와 다른 것이나 나름 특이한 행동, 약점 등(잘난 척, 예쁜 척 하는 행동, 말이나 행동이 느리거나 어눌하거나 취약성이 있는 것 같은 모습 등)을 무시, 배척하고 나쁘게 보며 오해하는 태도가 학교폭력이나 따돌림의 주요 이유가 되는 점에 비추어 볼 때 나와 다른 것이 틀린 것이나 무조건 나쁜 것이 아니며 나와 다른 것을 수용하고 존중하고 인정하며 다른 사람과 원만한 관계를 맺고 지혜롭게 유지하는 방법을 갖도록 조력할 필요가 있다.

이를 위해 자신에 대한 이해를 하도록 하고 자신과 남은 무엇이 다르고 어떤 점이 비슷한지, 남과 같기 때문에 생기는 장단점은 무엇인지, 남과 다르기 때문에 갖게 되는 장단점은 무엇인지, 어떻게 서로 다른 점을 인정하고 수용하면서 좋은 관계를 만들어 나가는지 등에 대한 심리교육, 집단상담, 지도 등을 통해 건강한 자아와 건강한 관계, 건강한 학급 공동체를 만들어 나가도록 조력할 필요가 있다.

③ 학교폭력의 예방적 개입

학교폭력이 가져오는 심각하고 파괴적인 부작용에 비추어 볼 때 학교폭력 문제에 대한 대응에 있어서 가장 중요한 최선의 정책과 대응방안은 학교폭력을 사전에 예방하는 것이다. 그리고 학교폭력의 징후를 사전에 조기 발견하고 이에 조기 대처하여 그 피해를 약화시키거나 제거하는 것이 요구된다.

1) 학교폭력 예방적 개입의 효율성

학교상담은 본래적으로 부적응 학생만이 아니라 모든 학생을 대상으로 상담 서비스를 제공해 주는 예방적 상담 프로그램에 대한 강조를 해 왔다. 학교상담을 통해서 학교폭력을 비롯한 학생들의 다양한 문제를 미리 예방할 수 있다면 문제 발생 이후 사후 대처적, 치료적인 접근을 하는 것보다 상당한 실제적이고 경제적인 효과를 낳을 수 있다. 학생들의 문제를 학교에서 미리 예방하지 않고 효과적으로 개입하여 다루지 않는다면, 학생들이 학교를 졸업한 후에는 더 심각한 문제를 경험할 가능성이 높아진다. 따라서 아동과 청소년의 학교폭력 및 다양한 문제에 대해 학교가 적절히 대처하지 못한다면 결과적으로 더 많은 문제를 양산하는 악순환이 발생할 수 있다. 이러한 악순환은 사회 전체적 측면에서 볼 때 이후 악화된 문제 해결에 더 많은 경제적 비용을 요구하게 된다. 따라서 학생들에 대한 예방적 접근은 문제가 발생하고 악화된 후에 대응하는 치료적 접근과 비교하여 경제적인 면에서도 효율적인 방식이 된다(Dulums & Rapp-Paglicci, 2000; 오인수, 2011).

2) 학교폭력 예방적 개입의 전략

학교폭력을 예방하기 위한 학교상담과 생활지도는 모든 학생을 대상으로 하는 보편적인(universal) 예방적 개입, 학교폭력과 관련될 가능성이 높은 학생들을 대상으로 하는 선택적인(selective) 예방적 개입, 그리고 이미 학교폭력을 경험한 학생들 중에서 부적응 문제를 보이는 학생들을 대상으로 하는 집중적(intensive) 혹은 지시적인(indicated) 예방적 전략 개입으로 나누어 이루어질 수 있다(Mitton, Diguiseppi, Gough, Taylor, & Logan, 2006; 오인수, 2011).

(1) 보편적인 예방적 개입

학교폭력을 예방하기 위하여 교실수업과 같은 형태로 모든 학생을 대상으로 학급 단위 보편적인(universal) 예방 개입을 할 수 있으며, 필요하다면 학급 단위 활동을 변형하여 중소규모의 집단으로 나누어 예방상담교육을 실시할 수 있다. 또한 예방상담교육 프로그램을 일반 교과수업과 통합하여 학문 간 교육과정을 개발하여 실시할 수 있는데, 이러한 접근은 상담 프로그램이 갖는 일회적 성격의 한계를 학교 교육과정이 갖는 지속성을 이용하여 보완할 수 있는 장점이 있다. 예컨대, 학교폭력 예방을 위하여 국어시간에 폭력이나 괴롭힘을 소재로 한 작품을 다루고, 도덕시간에 폭력이나 괴롭힘 상황을 갈등해결 모형 수업의 소재로 활용할 수 있다. 미술시간에는 학교폭력 예방을 위한 포스터를 그리거나 체육시간에는 서로 협력해야만 하는 체육활동을 실시할 수 있다.

또한 학부모 연수나 알림장을 통해서 학교폭력 징후나 증상을 확인할 수 있는 방법이나 학교폭력을 예방하기 위해서 가정에서 할 수 있는 전략이나 방안을 소개하여 학교폭력 예방을 강화할 수 있다. 모든 학생을 대상으로 이루어지는 보편적인 예방적 개입은 예방의 중요성이 더욱 부각되는 초등학교에서 강조될 필요가 있다.

(2) 선택적인 예방적 개입

학교폭력과 관련될 가능성이 높은 학생들을 대상으로 하는 선택적인(selective) 예방적 개입은 소집단 형태의 상담 프로그램을 제공하는 형태로 이루어질 수 있다. 모든 학생을 대상으로 하는 보편적인 예방적 개입에 비해 선택적인 예방적 개입은 위험 가능성이 높은 학생을 대상으로 하기 때문에 프로그램 내용이 학생들의 특성에 맞게 구성되는 맞춤형 전략의 성격을 지닐 필요가 있다. 따라서 교사나 상담교사는 학교폭력 관련 문헌이나 자료들을 분석해서 어떠한 특성을 갖는 학생들이 학교폭력에 관련될 가능성이 있는지를 파악하여 잠재적 위험성을 갖고 있는 학생들을 선별하는 것이 중요하다. 예컨대, 심리검사 도구를 사용하여 공격성이 높고 공감 능력이 낮은 학생을 선별하고 학교폭력 가해 잠재 위험집단을 구성하여 소집단 프로그램을 운영할 수 있다. 반면, 사회적 기술과 자기 주장성이 낮으며 불안·위축 성향이 높은 학생들을 선별하여 학교폭력 피해의 잠재적 위험집단으로 구성하여 소집단 프로그램을 운영할 수 있다.

선택적인 예방적 개입을 효과적으로 하기 위해서는 학교폭력 가해 혹은 피해의 가능성과 징후를 조기에 잘 감지하고 그 대상을 선별하며 각 대상에 적합한 프로그램을 구성하여 운영할 수 있는 전문성이 요구된다. 따라서 각 학교에 전문성이 있는 상담인력의 배치나 전문상담 훈련이 된 교사가 필요하다. 잠재적 위험집단에 대해 선택적 예방 개입 전략을 실시하는 것은 현실적이고 전략적이며 효율적인 접근이 될 수 있다.

(3) 지시적인 예방적 개입

이미 학교폭력을 경험한 학생들 중에서 부적응 문제를 보이는 학생들을 대상으로 하는 집중적(intensive) 혹은 지시적인(indicated) 예방적 개입은 개인상담 혹은 집단상담 형태로 이루어질 수 있다. 이 접근은 학교폭력 경험의 증상으로 부적응 문제를 보이는 학생에게 상담 서비스를 제공하여 문제가 악화되지 않게 하는 예방적 측면이 높다.

학교폭력 피해 경험자를 대상으로 하는 국내의 여러 연구를 살펴보면 주로 집단상담 접근을 하고 있고 그 효과성을 입증해 보이고 있다. 예컨대, 자아존중감과 대인기술 향상을 가져온 인지행동집단 상담(권효진, 강영심, 김재은, 2008), 피해학생들의 보복심리를 감소시키고 용서 수준의 향상 및 자아개념 향상을 가져온 용서상담교육 프로그램(김철환, 이영만, 김미정, 2008; 양곤성, 2011), 자아개념 향상과 피해 수준 감소를 가져온 독서치료 프로그램(권혜영, 김춘경, 2006), 그 밖에 관계 증진 프로그램(정진영, 채준호, 2004)과 사회적 유능성 중재 프로그램(정계숙, 2002)도 피해학생들의 대인관계 개선, 자기표현 능력 및 친구관계 질 향상에 도움이 된 것으로 밝혀지고 있다.

한편, 학교폭력을 효과적으로 예방하기 위해서는 개인 혹은 집단상담 이외에도 자문과 연계 협력을 통한 개입 전략도 필요하다. 학교폭력이 집단의 형태로 발생하는 경향이 높고 피해자와 가해자 간의 힘의 불균형이 지속되는 특성이 있기 때문에 학급의 역동과 분위기를 바람직하게 바꾸지 못하면 학교폭력 현상을 줄이는 것이 매우 힘들게 된다. 따라서 학교폭력이 결코 용납되지 않는 안전하고 건강한 학급 분위기를 형성하기 위해서 학급에 대한 교육적 지도와 책임을 담당하고 있는 교사에게 적절한 자문이 제공되고 필요한 학교 안팎의 자원이 제공되며, 학교 안팎의 전문가나 전문기관과 연계 협력관계가 형성되는 것이 매우 필요하다.

학교 학급의 교사와 연계 협력관계를 맺고 지원하며 지시적 예방 개입 전략을 효과적으로 실시할 수 있는 곳이 현재 교육과학기술부가 추진하고 있는 Wee 클래스와 Wee 센터가 될 수 있다. 1차 안전망인 Wee 클래스는 학교 부적응 학생을 조기에 발견하고 이들의 학교 적응력 향상을 높이는 것이 주 목적이고, 2차 안전망인 Wee 센터는 전문가의 지속적인 관리가 필요한 학생들을 위하여 진단-상담-치유 및 회복 원스톱 서비스를 제공하는 것이 주 목적이다(김인규, 2011). 최근 학교폭력으로 인한 학생들의 자살 사건에서 Wee 클래스와 Wee 센터가 적절하게 기능을 수행하지 못하여 그 전문성과 효능성에서 문제점을 드러내고 있지만, Wee 클래스와 Wee 센터는 지시적 개입 전략을 전문적이고 집중적으로 제공하는 역할을 잘 감당할 수 있도록 그 전문성을 높여 나갈 필요가 있다.

학교폭력 예방을 위한 집단상담 프로그램

학교폭력은 예방과 초기개입에 초점을 맞추어 대응할 필요가 있다. 특히 예방이 학교폭력에 있어서 최선의 대처 방법이기 때문에 초등학교에서부터 예방교육을 실시할 필요가 있다. 여기에서는 우리나라와 외국의 주요 학교폭력 예방 프로그램의 내용과 특성에 대해서 살펴보고(박효정 외, 2007; 양미진 외, 2008, 2009; 정미경 외, 2008) 학교폭력 예방교육의 효과와 과제를 제시하고자 한다.

1) 우리나라 학교폭력 예방 프로그램

우리나라의 한국청소년상담복지개발원, 청소년폭력예방재단, 서울대학교 심리학과 발달심리연구실, 한국교육학술정보원, 한국교육개발원 등에서 개발한 프로그램들을 들 수 있다. 국내 프로그램은 대체로 학교폭력에 대한 정의, 예방 및 대처 방법의 제시, 갈등해결, 문제 해결 기술, 사례별 대처 전략, 대인관계 기술, 공동체 의식 등으로 구성되어 있다. 몇몇 프로그램을 살펴보면 다음과 같다.

- 내가 바로 지킴이: 청소년폭력예방재단에서 개발, 실시한 것으로 초·중·고등학생 대상으로 1회 이루어진다. 주요 내용으로는 학교폭력에 대한 개념 정리, 학교폭력 예방과 대처 방법 제시, 예방을 위한 협동심과 책임감 배양을 위한 활동으로 구성된다. 학급 단위 혹은 전교생 단위의 프로그램으로서 자료화면 제시 후, 모둠활동을 통하여 학교폭력의 개념과 대처 방법을 이해하도록 구성되어 있다. 특히 중·고등학생용은 역할극을 통해 피해자와 가해자의 입장을 구체적으로 이해할 수 있는 활동이 포함되어 있다.
- 친구야 놀자: 청소년폭력예방재단에서 개발한 초등학교 5, 6학년, 중학교 1, 2학년을 대상으로 2박 3일간 이루어지는 캠프 프로그램이다. 주요 내용으로는 또래관계를 잘 맺기 위한 집단상담, 심리극 등을 활용한다.
- 초등학생용 품성계발 프로그램-「멋진 우리」: 한국청소년상담복지개발원에서 개발한 프로그램으로 초등학교 고학년을 대상으로 '정직' '배려' '자기조절' 세 가지 덕목을 인지, 정서, 행동의 통합적 차원에서 계발함으로써 학교 내 괴롭힘을 예방하고자

하는 프로그램이다.

- 배려 증진 프로그램: 한국청소년상담복지개발원에서 개발한 프로그램으로 아동·청소년의 학교폭력 예방을 위해서는 폭력에 대한 정보나 이해도 필요하나 기본적으로 갖추어야 하는 타인을 향한 배려, 책임감, 자기조절 등 덕목중심의 인성교육이 근본적인 접근이라는 맥락에서 참여자들의 조망 수용, 조망 전환, 공감, 몰입, 동기 전환, 타인을 향한 구체적 활동 등의 배려행위를 증가시켜 교우관계와 학교생활 만족도를 증진시킴으로써 학교폭력 예방과 배려공동체로서 학급, 학교 만들기를 목표로 하는 프로그램이다. 총 13회기 프로그램으로 학급 단위 활동중심 프로그램으로 구성되었고, 시청각 자료 등 교구재를 활용하여 프로그램 참여도를 높이고자 하였다.
- 시우보우(視友保友) 프로그램: 서울대학교 심리학과 발달심리연구실에서 개발하였다. 이 프로그램은 초등학생과 중·고등학생을 대상으로 10분 내외의 시간에 한 주제를 다루는 다양한 동영상 자료를 활용하여 기본적인 인성교육, 폭력에 대한 인식과 학교폭력 대처양식을 학습시킨다. 이 프로그램은 교사의 개입이나 훈련과 시·공간의 제약을 최소화할 수 있다는 강점이 있는 반면에 학생들이 수동적으로 동영상을 시청하는 방식으로 제작되어 있어 학생의 적극적인 참여나 활동이 부족한 면이 있다.
- 학급에서의 집단 따돌림 예방: 한국교육학술정보원에서 개발한 프로그램으로 초·중·고등학생을 그 대상으로 한다. 4~6회기로 구성되어 있으며, 친밀감 형성, 의사소통 기술, 대인관계 기술, 자기개방, 공동체 의식에 관한 내용으로 이루어져 있다.
- 어울림 프로그램: 학교폭력을 예방하고 안전한 학교 문화를 형성하기 위해 학생, 교사, 학부모를 대상으로 한국교육개발원에서 개발한 학교폭력예방 표준 프로그램으로 초등학교 저학년, 초등학교 고학년, 중학교, 고등학교의 4개 학교급별 프로그램으로 구성되어 있으며, 학교폭력 예방을 위해 필요한 핵심 역량인 공감, 의사소통, 갈등해결, 감정조절, 자기존중감, 학교폭력 인식 및 대처 모듈로 구성되었다. 어울림 프로그램에 대한 상세한 내용은 11장의 국내의 학교폭력 대응사례에 소개되어 있다.

2) 외국의 학교폭력 예방 프로그램

외국에서 개발된 프로그램들은 개인 상담소나 학교 상담실에서 소규모 집단을 대상으로 하는 것과 학교 수업시간 중에 실시하는 것(school based program)으로 구분할 수 있다. 다음의 프로그램은 학교 교과과정 수업으로 실시할 수 있는 프로그램들이다.

(1) 초등학교 저학년용 프로그램

초등학교 저학년용으로 개발된 프로그램들은 부모교육을 통해 자녀지도 방법을 가르치고, 아동의 분노조절 기술, 공격에 대한 대안적 기술 습득을 위한 사회기술 훈련, 사회적 상황에서 타인의 행동적 단서들을 제대로 해석하기 위한 훈련, 교사 훈련 등으로 구성되어 있다.

- Family & Schools Together(FASTRrack): 초등학교 1학년 때 발생하여 중학교 때까지 품행장애가 지속되는 고위험군 아동들에게 유치원이나 초등학교 저학년 때에 포괄적인 예방개입을 실시하면 청소년기 품행장애를 감소시키는 데 효과적일 것이라는 가설에서 개발된 프로그램이다. 대상은 초등학교 저학년이다. 프로그램의 내용은 다섯 가지로 구성되어 있는데 좀 더 일관되고, 덜 처벌적인 훈육 방법을 가르치도록 고안된 부모 훈련, 해체되는 가정을 도와주는 가정방문 사례관리, 아동에게 분노조절 기술과 공격에 대항 행동적인 대안을 획득하도록 돕는 사회기술 훈련, 학습교육, 파괴적인 행동의 효과적인 지도를 위한 교사 훈련 등이 포함되어 있다(Bierman, Coie, Dodge, Greenberge, Lochman, & Mchahon, 1992; Dodge, 1993: 양미진 외, 2008, 2009에서 재인용).
- Peace builders: 유치원 아동(만 6세)에서부터 초등학교 5학년을 위한 프로그램으로 아동들 간의 물리적 · 언어적 공격성을 감소시키기 위해 아동, 부모, 학교, 지역사회 모두에 초점을 둔다. 학교 안팎에서의 아동에게 긍정적인 사회기술을 가르치고, 부모에게 유능한 훈육기술을 지도하며, 학교 분위기를 개선하기 위한 자료를 배포하는 내용으로 구성되어 있다(Flannery, Vazsonyi, Embry, Powell, & Atha, 1997: 양미진 외, 2008, 2009에서 재인용).

(2) 초등학교 고학년 및 중학교용 프로그램

초등학교 고학년 및 중학교 용 프로그램은 긍정적 의사소통 방식, 문제 해결 방식, 폭력에 관한 위험요소에 대한 지식 향상, 개인적 경험에 대한 토론, 애매한 단서를 적대적인 의도로 귀인하는 경향을 감소시켜 학급 내 폭력을 감소시키려고 하는 특징이 있다. 토론, 역할훈련, 시청각 자료 활용, 공동체 의식의 함양을 통하여 프로그램을 진행한다.

- Responding in Peaceful and Positive Ways(RIPP): 초등학교 6학년이 대상이지만 중학교까지 실시할 수 있다. 성인의 역할모델을 이용하여 학생들의 비폭력을 촉진하고 긍정적인 의사소통을 만드는 데 필요한 기술, 태도, 지식을 학생에게 교육함으로써 행동의 상호작용적 영향, 개인 내 속성, 환경요소를 변화시키는 것으로 구성되어 있다.
- Washington Community Violence Prevention Program(WCVPP): 초등학교 5학년에서 중학교 1학년을 대상으로 문제 해결 기술, 공격성에 대한 자세, 폭력과 관련된 위험요소에 대한 아동의 지식을 향상시킬 것을 목적으로 고안된 예방 프로그램이다. 폭력 뒤에 숨겨진 동기화에 초점을 둔 것으로 애매한 단서를 적대적인 의도로 귀인하는 경향을 감소시키며, 가상적인 사회적 문제에 대해 폭력적인 해결책을 감소시키고자 개발되었다.
- Positive Adolescent Choice Training(PACT): 12세에서 16세 청소년을 위한 프로그램으로 폭력과 관련된 위험에 대한 교육, 분노조절 기술과 친사회적 기술에 대한 교육으로 구성되었다. 학생들은 또래가 출현하는 비디오 장면 시청, 역할훈련, 사이코드라마, 토론 등에 참여한다. 이 실시 과정에서 긍정적이거나 부정적인 피드백을 받고 또래의 압력에 저항, 문제 해결, 협상 등에 대한 기술훈련 등을 받게 된다.
- Olweus Bullying Prevention Program(OBPP): 올베우스 프로그램은 학생들 사이에 존재하는 왕따문제를 감소시키고, 왕따문제의 발달을 예방, 학교에서 더 나은 또래관계를 성취하기 위하여 초등학교부터 고등학교(5~15세) 학생을 대상으로 한 예방 프로그램이다. 이 프로그램은 연간으로 이루어지며, 학교 전체가 괴롭힘을 예방하기 위한 활동이 이루어진다. 교실에서 이루어지는 OBPP의 요소로는 Olweus Bullying 질문지, Schoolwide anti-bullying 규칙의 논의와 시행, 학급회의, 역할극, 부모 참여가 있다.

3) 학교폭력 예방교육의 효과와 과제

국내외에서 실시된 학교폭력 예방교육은 첫째, 학교폭력과 관련된 직접적 행동의 변화, 둘째, 사회적 기술의 향상, 셋째, 학교폭력에 대한 인식과 태도의 변화, 넷째, 학교폭력에 대한 대처 능력의 향상, 다섯째, 학교생활과 환경의 변화 등의 영역에서 효과가 있는 것으로 나타나고 있다. 정미경 등(2008)이 전국의 초등학교 3, 5학년 40개 학급의 1,234명을 대상으로 실시한 학교폭력 예방교육 프로그램의 효과 분석에 의하면, 학교폭력 예방교육을 실시한 실험집단이 예방교육을 실시하지 않은 비교집단에 비해 학교폭력 인식 수준, 학교폭력 태도 및 행동 수준이 유의미하게 감소되었으며, 학교폭력 대처 능력은 유의미하게 증가한 것으로 나타났다. 또한 저학년 학생에게 더 긍정적인 효과가 나타났으며, 남학생보다 여학생들의 학교폭력에 대한 태도 및 행동과 학교폭력 대처 능력 변화에 더 긍정적인 영향을 미치는 것으로 나타났다.

한편, 프로그램 실시 후에는 효과가 나타나는 것으로 보였지만 프로그램 실시 한 달 후에 이루어진 추수검사 분석 결과, 프로그램 실시 후 학생들에게 미친 긍정적인 영향이 추수검사에서는 지속적으로 유지되지 않는 것으로 나타났다. 이러한 결과는 지속적이고 주기적인 학교폭력 예방교육이 필요하며 조기에 예방교육을 실시하는 것이 효과적임을 시사해 준다. 더불어 학교폭력 가해, 피해학생을 대상으로 하는 프로그램도 학교폭력 예방 프로그램과 연계해서 진행할 필요가 있다. 전체 학생을 대상으로 학교폭력 예방교육을 실시한 후 가해, 피해학생을 대상으로 하는 프로그램을 실시하면 학교폭력에 대한 이해도도 높이고, 자연스럽게 프로그램에 접근하게 되어 프로그램 실시 효과가 클 수 있기 때문이다.

앞으로 학교폭력 관련 프로그램의 구성에 있어서 다양한 방법을 활용하는 것뿐만 아니라 대상(피해자, 가해자, 방관자 등)에 따른 보다 심도 있는 프로그램으로 구성, 제시하여 운영할 필요가 있다. 이를 위해서 학교폭력 관련 대상 특성과 목표에 따른 프로그램 개발이 필요하며, 전체 프로그램 과정이 기초 프로그램과 심화 프로그램으로 연계되도록 구성하여 학교현장에서 필요에 맞게 적절하게 진행할 수 있도록 할 필요가 있다. 이러한 맥락에서 앞으로 학교폭력 프로그램 개발, 운영 관련 과제를 제시하면 다음과 같다(김광수, 2012).

(1) 학교폭력에 대한 모든 아동의 이해와 자각 촉진과 인간존중 의식과 행동 증진

모든 아동이 직간접적으로 학교폭력의 피해자나 가해자가 될 가능성이 있다. 따라서 학교폭력에 대한 아동들의 이해(지식) 정도의 수준을 파악하고 유형별, 사례별, 구체적 상황별 다양한 학교폭력 관련 예시를 들어 학교폭력 여부의 판단 기준과 학교폭력 예방과 처벌 및 관련법에 대한 이해를 아동의 발달 단계 수준에 맞게 촉진할 학교폭력 예방교육이 필요하다. 그동안 학교폭력 예방교육은 법률로 규정되어 실시되어야 하지만, 실제 학교 교육현장에서는 전교생이나 학년 단위의 대단위로 형식적 교육에 그치거나 그나마 그것도 실제로 이루어지지 않는 경우도 종종 드러나고 있다. 이에 대한 보다 효율적인 예방교육 실시 방안을 마련하고 시행할 필요가 있다.

더불어 인간 속에 내재된 본질적 가치를 이해하고 인간의 행동과 구분하여 인간 존재 자체를 소중히 여기고 존중하는 정신과 다양한 상황에서 인간을 존중하는 구체적 행동을 배우고 실행하는 능력과 기술을 습득할 수 있게 하는 교육적 프로그램이 필요하다.

(2) 피해자의 회복과 성장을 지원하는 전문적·체계적 개입

피해자의 특성을 파악하고 피해자가 학교폭력의 상처와 후유증을 극복하고 적응, 발달할 수 있도록 조력하는, 피해자 대상의 전문적이고 체계적인 개입이 필요하다. 특히 피해자가 보이는 여러 문제 증상 중에서 외상 후 스트레스 장애(PTSD) 증상은 피해학생의 전 인격과 생활에 장애와 파괴를 가져오는 장애가 될 수 있다. 따라서 이에 대한 전문적이고 효과적인 개입이 이루어질 필요가 있다.

학교폭력 피해자의 문제와 고통은 학생의 인권을 보장하고 교육적 책임을 감당한다는 측면에서 학교와 국가가 끝까지 책임을 지고 지원할 필요가 있다. 더불어 피해자 가족의 고통과 아픔까지 돌보고 책임 있게 지원하는 개입도 필요하다. 특히 외상 후 스트레스 장애(PTSD) 증상과 관련해서는 최근 외상 후 성장(PTG)이라는 관점과 목표로 접근하는 긍정심리학의 관점에서 보다 적극적인 전문적 프로그램이 필요하다(Seligman, 2011).

(3) 가해자의 책임 있는 행동과 전환적 변화를 촉진하는 전문적·체계적 개입

가해자의 특성을 파악하고 가해자가 학교폭력에 대한 자신의 책임과 문제를 자각하고 실수와 실패를 극복하고 전환된 생활을 할 수 있게 조력하는 가해자 대상의 전문적이고 체계적인 개입이 필요하다. 특히 가해학생의 충동성·공격성 등을 감소시키고 공감 능력이나 자존감 등의 취약한 부분을 키워 주는 개입 등이 필요하다. 또한 가해자의 강점을 찾아 확인하고 이를 긍정적인 목표를 위해서 사용하고 발휘하면서 개인적 성취와 학교와 사회 공동체에 기여하고 시너지를 가져올 수 있는 강점기반(strength based) 상담 및 진로지도 프로그램의 개발과 적용이 요구된다.

(4) 방관자의 변화와 긍정적 또래집단의 역동과 기능을 강화하는 체계적 개입

방관자의 특성 및 아동들의 집단 또래관계 역동과 특성을 파악하고, 부정적이고 역기능적인 특성을 극복하며, 학급 또래집단의 긍정적이고 기능적인 특성을 강화하여 학교폭력을 예방하고, 학교폭력 상황에도 효과적으로 대처하고 좋은 학급 응집력을 가져올 수 있는 건강한 또래집단의 역동과 힘의 창출, 발휘를 촉진하기 위한 동조자, 방관자를 대상으로 한 체계적 개입이 필요하다. 학교폭력 문제는 가해자와 피해자의 힘의 불균형에 의해 지속되는 특성을 갖기 때문에, 학급이나 학교의 다수의 힘을 어떻게 건강하게 규합하여 소수의 폭력(악)과 문제를 제압하거나 제지하면서 결국은 모두가 더불어 성장, 발전하는 시너지를 가져오게 하느냐가 중요한 과제가 되기 때문이다.

🖥 연구 과제

1 아동 청소년의 인성교육 관점에서나 긍정적 특성 및 보호요인을 키워 주는 관점에서 이루어질 수 있는 학교폭력 예방 접근과 구체적 프로그램을 찾아서 소개하시오.

2 학교폭력 관련 대상별(가해자, 피해자, 방관자 등)로 효과적인 학교폭력 프로그램을 찾아서 제시하시오.

3 또래중재를 활용하는 학교폭력 예방 프로그램과 학급 및 학교 단위에서 효율적으로 실천할 수 있는 학교폭력 예방 방안을 조사하여 제시하시오.

4 우리 사회에는 흔히 "아이들은 싸우면서 크는 거다."는 말을 자주 인용하면서 학교폭력 문제에 대해서 관대한 문화적 성향이 있다. 이러한 맥락에서 가해자는 크게 문제의식을 갖지 못하는 반면, 피해자는 피해를 당한 것에 대해서 숨기거나 피해가 드러나는 것에 대해 오히려 수치감을 갖고 이를 더 숨기려는 경향이 있다. 폭력과 관련해서 나타나는 이러한 문화나 특성의 원인과 문제점을 살펴보고 폭력에 대한 바람직한 관점이나 인식을 갖게 하기 위해서 가정, 학교, 사회에서 이루어져야 할 일에 대해서 논의하고 구체적 실행방안을 제시하시오.

참고문헌

권혜영, 김춘경(2006). 독서치료가 왕따 당하는 초등학생의 집단 따돌림 피해수준과 자아개념에 미치는 효과. 놀이치료연구, 10(1), 46-57.

권효진, 강영심, 김재은(2006). 인지행동적 집단상담이 집단 따돌림 피해학생의 자아존중감과 대인기술에 미치는 효과. 수산해양교육연구, 20(1), 46-57.

김광수(2012). 학교폭력의 예방 및 대처와 아동의 행복 증진 방안의 과제. 2012 학술발표대회 자료집. 서울교육대학교 초등교육연구원.

김인규(2011). 한국의 학교상담체제. 서울: 교육과학사.

김철환, 이영만, 김미정(2008). 용서교육 프로그램이 집단 따돌림 경험 아동의 보복심리와 용서 수준에 미치는 영향. 교육방법연구, 20(2), 109-125.

박효정, 정미경, 박종효(2007). 학교폭력 예방 프로그램 개발 연구. 사울: 한국교육개발원.

양곤성(2011). 용서교육프로그램이 집단 따돌림 피해아동의 용서와 자아개념에 미치는 효과. 서울교육대학교 석사학위논문.

양미진, 김은영, 이상희(2008). 초등학생의학교폭력 예방을 위한 배려증진 프로그램 개발. 청소년상담연구. 서울: 한국청소년상담원.

양미진, 김은영, 이상희(2009). 초등학생의 학교폭력 예방을 위한 배려 증진 프로그램 효과 검증 연구. 초등교육연구, 22(2), 205-232.

오인수(2011). 예방모형을 적용한 학교상담 접근: 학교괴롭힘을 중심으로. 2011년 한국상담학회 연차대회 발표자료집. 한국상담학회.

유형근, 권순영, 신미진, 이은영(2010). 집단 따돌림에 갇힌 아이들. 서울: 학지사.

임영식(1998). 학교폭력에 영향을 미치는 요인에 관한 연구. 청소년학연구, 5(3), 1-26.

성지희, 정문자(2006). 학교폭력 피해아동의 학교적응과 보호요인. 한국아동학회지, 28(5), 1-18.

손진희, 홍지영(2008). 청소년 따돌림 문제의 이해와 대처. 서울: 학지사.

정계숙(2002). 교육연극을 적용한 사회적 유능적 중재 프로그램의 집단 따돌림/위험 아동의 사회적 유능성 증진효과. 아동학회지, 24(4), 171-183.

정미경, 박효정, 진미경, 김효원, 박동춘(2008). 학교폭력 예방 프로그램의 적용 효과 분석 연구. 서울: 한국교육개발원.

정진영, 최준호(2004). MMTIC을 활용한 관계증진 프로그램이 집단 따돌림 당하는 초등학생의 대인관계와 자기표현 능력에 미치는 영향. 한국심리유형학회지, 11, 147-174.

조정실, 차명호(2010). 폭력 없는 평화로운 학교 만들기. 서울: 학지사.

홍준표(2002). 집단 따돌림의 진단 및 치료방안. 서울: 집문당.

Borum, R. (2000). Assessing violence risk among youth. *Journal of Clinical Psychology, 56*, 1263-1288.

Dulmus, C. N., & Rapp-Paglicci, L. A. (2000). The prevention of mental disorders in children and adolescents: Future research and public policy recommendations. *Families in Society, 81*(3), 294-303.

Hartos, J. L., Eitel, P., Haynie, D. L., & Simons-Morton, B. G. (2000). Can I Take The Car?. Relations among parenting practices and adolescent problem-driving practices. *Journal of Adolescent Research, 15*(3), 352-367.

Mitton, J., Diguiseppi, C., Gough, D., Taylor, R., & Logan, S. (2006). *School-based secondary prevention programmes for preventing violence.* Cochrane Database of Systematic Reviews 2006, Issue 3. Art. No.: CD004606. DOI: 10.1002/14651858.CD004606.pub2.

Olweus, D. (1995). 바로보는 왕따 대안은 있다. (*Bullying at school: What we know and what we can do*). (이동진 역). 서울: 삼선각.

Seligman, M. E. P. (2011). *Flourish.* New York: Free Press.

Voydanoff, P. & Donnelly, B. W. (1999). Risk and Protective Factors for Psychological Adjustment and Grades among Adolescents. *Journal of Family Issues, 20*(3), 328-349.

제3부
학교폭력의 개입과 대처

제7장

학교폭력 상담

학교폭력은 사전에 예방할 때 가장 효과적이다. 학교폭력
이 발생하면 교사들은 이에 효과적으로 대처를 하고 학생들
이 문제를 해결하고 관계를 회복할 수 있도록 상담을 진행해
야 한다. 이 장은 학교폭력이 발생한 후에 어떻게 효과적으
로 상담을 해야 하는지 학교폭력 상담의 기본적인 원리와 과
정, 그리고 구체적인 학교폭력 상담 전략에 대하여 알아본다.

1 학교폭력 상담의 필요성

학교폭력의 특징에서 볼 수 있듯이, 학교폭력의 피해자와 가해자는 모두 폭력에 노출되어 있다는 점에는 동등하다. 학교폭력이 발생하기 전에 미리 예방하여 학생들이 건강한 관계 속에서 살아갈 수 있는 학교공간을 제공할 수 있으면 가장 효과적일 것이다. 학교폭력은 관련된 사람들에게 지울 수 없는 심신의 상처와 경우에 따라서는 회복할 수 없는 문제를 야기하기 때문에 교육기관에서 예방적 차원의 대처는 더욱 중요하다. 그러나 이미 발생했거나 발생하여 진행 중에 있다면, 학교폭력의 영향을 최소화하고 관련된 사람들의 건강한 발달을 위해서 노력을 해야 한다. 어떤 심리학자들은 사람들이 마음의 상처를 크게 입으면 화나 분노로 표출되어 공격성으로 나타나는데, 공격성이 외부를 향하게 되면 폭력이나 절도 등의 범죄가 되고, 자기 내부로 향하게 되면 자살이 된다고 하였다(정종진, 2012). 또한 교사들은 학교폭력 관련자들 못지않게 상담개입 과정에서 부정적인 경험을 하게 되고 이로 인해 교사로서의 역할과 자존감에 심한 상처를 받게 된다. 교사들은 학교폭력 사건을 복불복이라고 여기며, 사건처리 과정에서 학부모, 학교관계자에게 존중받지 못한 것이 가장 큰 상처였으며, 사건처리로 인해 다른 업무를 처리할 시간이 부족한 것과 사건이 가족에게 미치는 영향으로 스트레스를 받게 된다고 하였다(방기연, 2011). 이 장에서는 학교폭력이 발생하고 난 후에 교사들이 어떻게 상담을 해야 하는지에 초점을 두고 있다.

학교폭력에 대처하는 방법은 처벌 등의 여러 가지가 있을 수 있지만, 그중에서도 상담이 학교의 교육기관으로서 역할과 기능을 고려할 때 가장 효과적인 대처방안으로 인식되고 있으며, 따라서 이를 위한 여러 가지 방안을 마련하고 있다. 상담이 학교폭력에 효과적으로 대처할 수 있는 근거는 다음과 같다(이규미, 2006).

첫째, 학교폭력은 여러 가지의 구체적인 관련 변인과 사람들이 포함되며 이들에게는 개개인에게 맞는 직접적이고 심리적인 지지를 포함하는 종합적인 도움이 필요하다. 상담은 바로 이러한 것을 목적으로 하는 종합적인 지원 및 개입 방법이다.

둘째, 학교폭력 예방과 해결에는 일반적인 방법과는 다른 전문적인 개입이 필요하며, 상담은 여러 가지 방법 중에서 가장 전문화된 이론과 기법을 통하여 개입하는 방법이다.

셋째, 상담은 학교폭력 문제의 징후를 발견하고 더욱 심각해지는 것을 예방하는 데 가장 효과적인 활동을 할 수 있다.

넷째, 상담은 개인과 함께 문제가 발생하고 있는 주변 환경, 학교, 가정, 지역사회 등 환경적 요소를 사전에 파악하여 학교폭력을 예방하고 문제 해결에 초점을 두고 있다.

다섯째, 상담은 학교폭력 예방이나 해결을 중요시하지만 이와 함께 학생들의 새로운 출발과 발전을 위한 여러 가지 특성을 개발하는 데 도움을 줄 수 있다.

학교폭력은 학생들 간에 발생할 수 있는 여러 가지 문제 중에서도 가장 부정적이고 파괴적인 영향을 미치는 문제행동이다. 학교는 그 문제를 가능한 한 빨리 해결하고 후유증을 최소화하여 학생들이 안전하고 건강한 적응과 발달을 할 수 있도록 도와야 한다.

2 학교폭력 상담 원리와 과정

1) 학교폭력 상담의 기본 원리

학교폭력이 발생했을 때 학교현장, 사회 혹은 범정부적 차원에서 많은 대책을 수립하고 실행을 하지만 학교폭력과 관련된 사건들은 계속 일어나고 있으며, 우리 사회에 많은 논란을 일으키고 있다. 이것은 학교폭력과 관련된 사람들이 도움을 요청했을 때 어떻게 도움을 주어야 하는지에 대한 검증된 상담 방법이 없기 때문이며(임재연, 2012), 설령 하나의 상담 방법이 마련되었다 하더라도 학교폭력 상담 사례의 복잡한 특성 때문에 모든 사례에 적용할 수 있는 상담개입 방법이 되지 못하기 때문이다. 따라서 여기에 제시되는 학교폭력 상담의 기본 원리 또한 상담 사례의 특성을 고려하여 수정·보완하여 적용할 필요가 있다.

학교폭력 상담을 할 때 기본적인 원리를 제시하면 다음과 같다.

- 학교폭력 상담은 '인간은 기본적인 가치와 존엄성을 인정받아야 한다.'는 기본적인 가정에서 출발한다.
- 학교폭력 상담의 목표는 사건 처리가 아닌 근본적인 해결방안 혹은 피해자와 가해

자 등 관련된 사람 간의 관계회복과 발전을 모색하는 것이다.

- 학교폭력이 발생한 후 이루어지는 상담도 문제의 확대 혹은 재발을 방지하기 위한 예방적인 측면의 상담이 동시에 이루어져야 한다.
- 학교폭력 상담은 그 원인, 종류와 특성, 상황적 조건 등 여러 가지 요소를 고려하여 종합적으로 파악하고 개별적인 상담이 이루어져야 한다.
- 학교폭력의 경우 신속하게 대처해야 하고, 중립적이며, 지속적인 상담이 요구되고, 가능한 한 구체적으로 자료화하여 위기상담 및 대처에서 객관적인 근거로 활용할 수 있어야 한다.
- 아무리 사소한 폭력도 단기적 혹은 장기적인 상담이 필요하다.
- 학교폭력 상담은 가해자와 피해자, 그리고 부모와 교사, 동조자와 방관자를 비롯한 모든 주변 사람을 대상으로 이루어져야 한다.
- 유치원, 초등학교, 중학교 등 학교급 간 연계하여 상담을 하여야 한다. 학교폭력 사례들은 대부분이 학교 내에서 이루어지지만 경우에 따라서는 중학생이 초등학생에게, 고등학생이 중학생에게 폭력을 행사하는 경우가 많으며, 간혹 하급 학생이 상급 학생들에게 폭력을 가하는 경우도 발생한다.

2) 학교폭력 상담 과정

학교폭력 상담을 진행하는 것은 학교폭력의 종류와 특징만큼이나 매우 다양한 요소를 고려하여 진행해야 한다. 또한 학교폭력 상담은 예고 없이 발생할 수도 있기 때문에 사전에 필요한 여러 가지 보고 자료와 양식, 기본적인 상담 관련 서적, 심리진단 도구 등을 미리 준비하고 있어야 한다. 특히 아무런 준비 없이 학교폭력 위기상담을 진행하는 것은 매우 어렵고 상담 과정에서 실수를 하여 충분히 예방할 수 있는 2차 · 3차 피해를 예방하지 못해 더욱 심각한 피해가 생기기도 하고 문제 해결을 더욱 어렵게 만들기도 한다.

학교폭력은 학생들에게는 이미 폭력이 발생하여 문제가 진행되고 있어도 교사가 이를 알지 못하고 대처하지 못하는 경우도 있을 수 있다. 이런 경우에 학교폭력이 일어난 징후를 보고 교사가 적극 개입하여 대처해야 한다. 학교폭력은 아무런 이유 없이 갑작스럽게 발생하는 경우는 극히 드물다. 아주 사소한 이유부터 이전에 발생했던 아주 심각한 보복적 폭력까지 매우 다양하다. 이것은 학교폭력의 종류나 특징을 생각해 보면 이해할 수 있다. 학교폭력은 나름대로의 이유와 함께 사전적인 징후가 있으나 학부모나 교사들은 이를 주의 깊게 보지 못하고 사소한 말싸움이나 놀리는 정도의 문제가 집단 괴롭힘이나 폭력, 자살 등으로 매우 심각해져서 표출되거나 사회문제화되었을 때 아는 경우가 많다. 따라서 상담교사가 학교폭력의 징후를 알아차리고 대처할 수 있는 상담을 할 수 있다면 더욱 효과적일 것이다. 학교폭력의 징후를 발견하고 예방하는 방법에 대해서는 6장에서 자세히 다루고 있다.

이 장에서는 앞에서 밝혔듯이 학교폭력이 발생하고 교사가 이를 알아차린 후에 이를 어떻게 대처할 것인가에 초점을 두고 학교폭력 상담 과정을 다루고자 한다. 여기에서는 일반적인의 상담 과정을 중심으로 하는 학교폭력 상담 과정과 교육부에서 제시한 학교 구성원, 즉 학교장과 교사의 역할을 중심으로 하는 학교폭력 처리 절차를 제시한다.

(1) 일반적인 상담 과정

학교폭력 상담은 일반적인 상담과 마찬가지로 모든 사례에 똑같이 적용할 수는 없지만 공통적인 상담 단계를 거쳐서 이루어진다. 임재연(2012)은 학교폭력 상담의 전체적인 진행 과정 요소와 구체적으로 해야 할 내용을 상담의 시작, 문제에 관한 정보 수집, 해결방안을 위한 실마리 찾기, 해결을 위한 상담자의 방안 공유 및 제시, 상담 종결로 제시하였으며, 구체적인 내용은 다음과 같다.

상담의 시작

- 라포(rapport) 형성하기: 정서적 지지를 통해 내담자에게 신뢰감과 안정감을 주도록 한다.
- 위기상황에 있는 학생의 경우 안전을 우선 확보하기: 신체적 고통 치료 및 정신적 충격에 대한 안정 조치 여부를 확인하기

문제에 관한 정보 수집

- 피해학생에 대해 파악하기: 학년, 성별, 친구관계, 특이 사항, 가족관계
- 피해 상황 파악하기: 피해 유형(신체폭행, 금품갈취, 집단폭행 여부 등), 피해 정도(외상이나 충격 등), 사건이 일어난 원인과 정황 등
- 가해학생에 대해 파악하기: 학교, 학년, 성별 등 기본적인 인적 사항과 정보, 가해학

생 수, 가해 동기, 다른 피해자 및 유사 사건의 유무, 가정적 특이 사항 등
- 학교폭력 발생의 정확한 사실 파악하기: 좀 더 구체적인 원인, 1회성 혹은 지속적 사건 인지의 여부, 지속적 사건인 경우에는 구체적인 피해 내용, 기간, 진행 상황 등

해결방안을 위한 실마리 찾기(내담자의 원함과 대처에 초점)
- 학교폭력의 발생에 관한 증거자료를 확보하기(사진, 일기장, 진술서, 목격자 등), 필요시 증거자료 만들기(육하원칙에 의거)
- 내담자의 상담 및 해결 방향이나 원함 파악하기(사과, 처벌, 치료비, 재발 방지 등)
- 피해학생의 현 상태에 대한 이해(대처 능력, 적응 능력 파악)
- 피해학생(보호자)의 현재까지의 대처 상황 확인
- 가해학생 측의 대응 방법에 대한 파악

해결을 위한 상담자의 방안 공유 및 제시
- 학생의 상황에 맞는 해결방안을 제시한다.
- 피해자 본인에게는 당당한 마음과 자기주장 훈련으로 대처하도록 한다.
- 가해자 측과 학교에 공식적인 문제제기: 피해자가 원하지 않을 경우를 제외하고 일단 학교에 알려 공식적으로 해결할 수 있도록 한다. 이때에는 구체적인 사실과 증거자료를 가지고 객관적 · 공식적으로 제기하는 것이 중요하다.
- 경찰에 신고 및 법적 소송 적절성 검토 및 처리

상담 종결
- 정리 및 사후관리를 위한 연속 상담의 가능성 열어 놓기
- 피해자의 실제 대처 및 문제 해결 실현에 관해 검증하기
- 연락처 등 신상 파악을 위한 질문지 기록하기
- 지속 상담, 면접 상담, 집단 프로그램 등으로 연결하기
- 지원할 수 있는 전문기관 연계 및 지원 요청하기
- 재발 가능성이 있을 경우 신변보호 요청하기 등

(2) 학교폭력 처리 절차[1]

학교폭력이 발생하면 담임교사는 주어진 절차에 따라서 사안을 처리해야 한다. 담임교사가 어떻게 신속하고 효과적으로 대처하느냐에 따라서 그 후유증을 최소화하고, 상담이 효과적으로 진행되기도 한다. 교육부(2012, 2013, 2014)는 2012년도에 학교폭력근절 종합대책을 발표하고, 2013년에는 현장중심 학교폭력 대책을 발표하였다. 2014년도에는 그동안에 나타난 문제점을 보완하는 3차 학교폭력 예방 및 대책 기본계획을 제시하였다.

기본적인 처리 지침

첫째, 학교폭력이 발생하면 담임교사는 기본적으로 학교폭력 양상에 따라 대응 수준을 정하여 신속하게 조치해야 하며, 인지한 모든 학교폭력은 '학교폭력 전담기구'에 반드시 신고하여야 한다. 신고가 되면 학교장은 가해학생에 대하여 반드시 즉시 출석을 정지해야 하며, 그 경우는 다음과 같다.

2명 이상의 학생이 고의적 · 지속적인 폭력을 행사한 경우, 폭력을 행사하여 전치 2주 이상의 상해를 입힌 경우, 학교폭력에 대한 신고, 진술, 자료 제공 등에 대한 보복을 목적으로 폭력을 행사한 경우 등이다.

둘째, 가해학생과 피해학생을 즉시 격리하고, 신고한 학생이 있는 경우 신변보호 조치를 신속하게 실시하며, 가해학생, 피해학생, 신고한 학생의 보호자에게 학교폭력 발생 사실을 즉시 통보해야 한다. 학교폭력 전담기구는 신고받은 후 7일 이내에 학교폭력대책자치위원회를 개최하여 조치 결정을 하고 학교장에게 통보를 해야 한다.

셋째, 담임교사는 자체적으로 해결할 수 있는 사안들에 대하여 조처를 취해야 한다. 자체적으로 해결할 사안의 판단 기준은 가해행위로 인해 피해학생에게 신체 · 정신 또는 재산상의 피해가 있었다고 볼 객관적인 증거가 없고, 가해학생이 즉시 잘못을 인정하여 피해학생에게 화해를 요청하고, 이에 대해 피해학생이 화해에 응하는 경우에 해당하는 사안이다. 이러한 사안에 대하여는 또래상담, 또래중재, 학생자치법정, 학급총회 등 학생들이 스스로 문제를 해결할 수 있는

---

1. 이 내용은 2012학년도 교육과학기술부 학교폭력근절추진단에서 주최한 학교폭력 근절 핵심요원 특별연수 자료 중 '학교폭력 사안대응 기본 지침(담임교사)'을 요약 제시한 것으로 각 문장마다 개별적인 인용을 표시하지 않는다.

또래 프로그램을 활용하고, 담임교사가 자체 해결한 사안인 경우에도 사안 발생 사실과 담임교사의 조치 사항에 대해 학교폭력 전담기구에 알리고 사건을 종료하며, 담임교사가 사안 인지 후 3일 이내에 해결하지 못하는 경우에는 일반적인 절차를 거쳐야 하는 사안으로 처리한다.

넷째, 일반적인 절차를 거쳐서 처리해야 하는 사안은 가해학생에 대한 즉시 출석조치 대상이 아닌 폭력사안과 담임교사가 자체 해결할 수 없는 폭력사안이 있으며, 이에 대해서는 출석 정지를 하고 전담기구에 신고하는 등 일반적인 절차를 거쳐서 처리해야 한다.

학교폭력 세부 처리 지침　　학교폭력이 발생하면 담임교사는 가해학생과 피해학생을 격리시키고, 피해학생과 신고학생을 보호하며, 학교폭력 전담기구에 신고 및 해당 학부모를 면담해야 한다. 또한 사안을 처리한 후에 그 후유증을 최소화하고, 피해학생과 가해학생에 대한 생활지도를 더욱 철저히 해야 한다. 그리고 학교폭력 발생 후 알게 된 사항과 처리 내용에 대해서는 철저하게 비밀을 지켜야 한다. 구체적인 과정과 내용을 보면 다음과 같다.

[가해학생과 피해학생의 격리 및 피해학생 · 신고학생 보호]

첫째, 가해학생과 피해학생을 격리해야 한다. 이것은 가해학생과 피해학생 간 2차적인 폭력사태를 사전에 예방하고, 가해학생과 피해학생의 심리적 안정과 신체적 상태를 회복시키기 위한 것이다. 사안에 대한 조사는 가해학생과 피해학생에 대한 조사 또한 서로 격리된 상태에서 진행해야 한다. 격리의 방법은 사안 조사 기간 중 가해학생과 피해학생이 서로 접촉하지 않을 수 있도록 학교 실정에 맞게 사전에 격리방안을 마련하고, 피해학생이 상담기관, 병원, 외부 쉼터, 자택에 머물게 되는 경우, 출석일수에 산입하고 평가 등에 있어서 불이익을 당하지 않도록 조치한다.

둘째, 피해학생을 보호해야 한다. 신속하게 보건교사에게 도움을 청하여 학생의 피해 상태를 파악한 후 조치한다. 가벼운 상처의 경우 학교 보건실에서 1차 치료를 받도록 조치하고, 탈골, 기도 막힘, 기타 위급한 상황이라고 판단될 경우 119에 연락하여 도움을 청하도록 한다. 보건교사의 1차 진단이 없더라도, 객관적으로 위급한 경우에는 즉시 119에 연락하고, 성폭력 피해학생은 신속하게 병원으로 이송하고, 증거를 보존하여 경찰에 신고한다. 성폭력의 경우 담임교사 혼자 증거를 파악, 보존하는 데 어려움이 있으므로 반드시 보건교사, 책임교사 등과 협조하여 처리한다.

셋째, 신고학생을 보호해야 한다. 신고학생에 대하여 비밀보장을 철저하게 하여 가해학생에게 보복폭행을 당하지 않도록 하고, 신고학생의 신상이 조사 과정 등에서 누설되지 않도록 각별히 유의한다. 신고학생에 대해서는 사안 종료 시까지 신변의 안전을 보호할 수 있는 조치를 하되, 가해학생이 정황을 파악할 수 없도록 세밀하게 조치해야 한다.

[학교폭력 전담기구에 신고 및 해당 학부모 면담]

첫째, 학교폭력 사안이 발생하면 학교폭력 전담기구에 신고해야 한다. 단, 담임교사가 자체적으로 해결할 수 있는 사안의 경우 해결을 완료한 후 전담기구에 신고할 수 있다. 학교폭력 전담기구 신고는 원칙적으로는 정해진 서식에 따라 서면으로 하되, 긴급한 경우 전화나 구두로 먼저 보고하고 정식으로 신고할 수 있다.

둘째, 사안 조사는 학교폭력 전담기구와 협의하에 진행한다. 폭력 사안에 대한 조사는 객관적이고 중립적인 태도로 진행을 하되, 자세한 내용을 포함하여 진행되어야 한다.

피해학생의 경우에는 가해학생이나 다른 학생이 모르게 진행하고, 피해학생이 솔직하게 이야기할 수 있는 분위기를 만드는 것이 중요하고, 가치판단을 하지 말고 있는 그대로를 듣고 정리해야 한다. 내용으로는 피해의 유형, 학교폭력의 구체적인 사실, 가해학생 명단 등 구체적인 증거를 확보해야 한다. 학생이 담임교사와의 면담을 어려워하는 경우 전문상담교사의 지원을 받도록 한다.

가해학생의 경우에는 피해학생 면담, 구체적인 증거를 확보한 이후에 진행한다. 집단폭행을 조사할 경우에는 관련 학생 모두를 한꺼번에 불러 다른 장소에서 일제히 조사하여 상황을 조작하지 못하도록 하며, 가해학생들끼리 서로 위협적인 상황 때문에 제대로 이야기를 할 수 없으면, 분리하여 조사를 할 수도 있다. 또한 가해학생들에게는 피해학생을 보복할 경우, 더 무거운 징계를 받을 수 있음을 주지시킨다.

셋째, 해당 학부모 면담은 1차 사안 조사를 마친 후 진행을 한다. 학부모 면담은 면대면, 1:1 면담을 하는 것이 원칙이나, 경미한 사안의 경우 전화를 통한 상담도 가능하다. 면담 일시, 면담 내용은 기록으로 남기고, 그 결과를 학교폭력 전담기구에 통보한다. 학부모의 어려운 상황을 충분히 이해하고, 감정이나 판단이 섞인 말을 사용하는 것을 자제해야 하며, '사실' 위주로 이야기해야 한다.

표 7-1 면담 시 유의 사항

구분	유의 사항
피해학생 학부모	• 피해학생 학부모의 아픈 심정을 충분히 공감하고, 사안 해결의 의지를 보여 주어 담임교사를 신뢰할 수 있도록 하여, 피해학생 학부모의 격한 감정을 완화시키는 데 최선을 다함 • 피해 사실과 학교폭력대책자치위원회 개최 등 향후 조치 계획을 설명하고, 피해학생이 신체적·정신적 피해를 신속하게 치료할 수 있도록 병원, 상담기관 등 안내 • 필요시, 피해학생이 전문단체나 전문가로부터 심리상담 및 조언, 일시보호, 치료를 위한 요양 등에 소요되는 비용은 「학교안전사고 예방 및 보상에 관한 법률」 제16조에 따라 학교안전공제회에서 우선 부담할 수 있음을 안내 ※ 2012. 4. 1. 기준 학교폭력으로부터 피해를 받아 치료를 받고 있는 사람부터 적용
가해학생 학부모	• 가해 사실과 학교폭력대책자치위원회 개최 등 향후 조치 계획을 설명 • 피해학생에게 보복 행위를 하지 않도록 알려 주어야 함 • 피해학생의 부모가 원하지 않는 경우, 가해학생 학부모에게 피해학생 부모의 연락처를 알려 주어서는 안 됨

[사후 생활지도]

학교폭력에 대한 사안 처리가 되는 과정과 완료한 후에는 피해학생과 가해학생에 대한 생활지도를 더욱 면밀하게 진행하여 그 후유증을 최소화하고 둘 간의 관계가 회복될 수 있도록 도와주어야 한다.

첫째, 피해학생에 대한 생활지도를 해야 한다. 학교폭력 전담기구와 협의하여 피해학생의 신체적·정신적 피해가 조속히 치유될 수 있도록 최우선적으로 지원한다. 학생이 안정적인 학교생활을 할 때까지 학교 내 전문상담교사 또는 외부의 상담전문가를 통해 정기적으로 상담을 할 수 있도록 지원한다.

둘째, 가해학생에 대한 생활지도 또한 진행해야 한다. 학교폭력대책자치위원회의 조치를 이행하고 학교에 복귀한 가해학생에 대해서는 더욱 세심한 생활지도가 필요하다. 가해학생이 진심으로 반성하고 새롭게 시작할 수 있도록 정기적으로 상담을 해야 한다. 가해학생에 대한 학교폭력대책자치위원회의 조치 사항이 학교생활기록부에 기재되므로, 학생에 대한 세심한 관심을 가지고 긍정적인 변화 행동을 관찰하여 '봉사활동', '창의적 체험활동 상황', '행동발달 및 종합의견' 란 등에 충분히 기록한다.

셋째, 학급 전체 학생을 대상으로 예방교육을 실시한다. 학교폭력 사안이 종결된 후, 학급 구성원 모두 학교폭력 사안에 대해 생각해 볼 수 있는 시간을 마련하여 운영한다. 학교폭력이 가해학생과 피해학생만의 문제가 아니라 학급 구성원 모두의 문제임을 인식할 수 있도록 해야 한다. 학교 내 전문상담교사 또는 외부 전문가의 도움을 받아 교육프로그램을 구성한 후 담임교사가 직접 실시하도록 한다.

[정보 보안에 관한 책임]

학교 학생들이 교사들에게 상담을 받지 않는 이유 중의 하나는 비밀 보장이 되지 않는다는 것이다. 사람들은 누구나 자신의 비밀을 보장받고자 한다. 특히 학교폭력과 같은 경우에는 더욱 그러하다. 이러한 이유 때문에 비밀 보장은 법률로서 정하고 있으며, 가해학생과 피해학생 및 제20조에 따른 신고자나 고발자와 관련된 자료를 누설할 경우 300만 원 이하의 벌금을 부과하고 있다(「학교폭력 예방 및 대책에 관한 법률」 제21조, 제22조).

이상의 학교폭력 발생 후 처리 과정을 도표로 제시하면 [그림 7-1]과 같다.

3. 학교폭력 상담 전략

학교폭력 상담 전략에서 어느 하나의 방법으로 해결한다는 것은 현실적으로 불가능하다. 학교상담의 이론과 기법의 발달을 살펴보아도 초기에는 하나의 이론과 기법으로 학생들의 모든 문제를 해결하기 위하여 노력하였다. 그러나 이러한 노력 자체가 논리적으로 타당하지 못하고 수많은 선행연구가 여러 가지의 이론과 기법을 학생들의 문제의 성격과 특징에 따라서 다르게 개입했을 때 상담 효과가 있다는 것을 증명하고 있다. 따라서 여기에서는 학교폭력 상담 전략을 여러 가지 시각에서 분류해 보고 그에 따른 전략들을 하나의 예로 제시한다. 마지막으로 학교폭력과 관련된 위기상담에서 가장 중요한 상담교사의 기술로서 중재기술을 제시하였다.

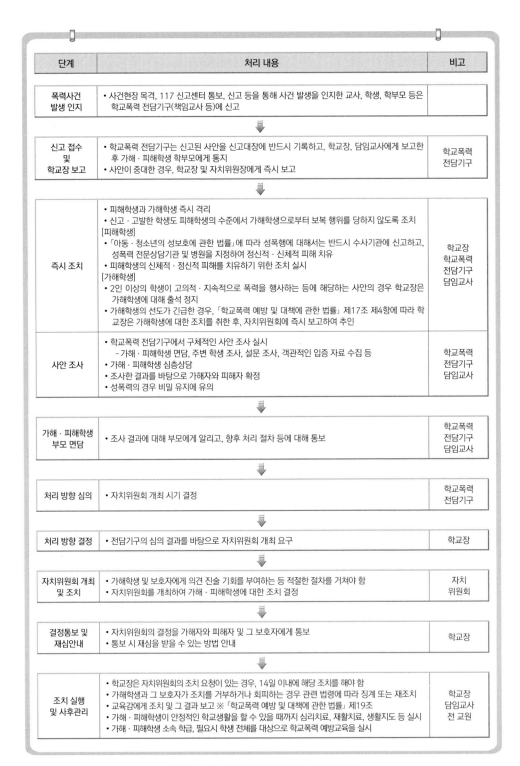

단계	처리 내용	비고
폭력사건 발생 인지	• 사건현장 목격, 117 신고센터 통보, 신고 등을 통해 사건 발생을 인지한 교사, 학생, 학부모 등은 학교폭력 전담기구(책임교사 등)에 신고	
신고 접수 및 학교장 보고	• 학교폭력 전담기구는 신고된 사안을 신고대장에 반드시 기록하고, 학교장, 담임교사에게 보고한 후 가해 · 피해학생 학부모에게 통지 • 사안이 중대한 경우, 학교장 및 자치위원장에게 즉시 보고	학교폭력 전담기구
즉시 조치	• 피해학생과 가해학생 즉시 격리 • 신고 · 고발한 학생도 피해학생의 수준에서 가해학생으로부터 보복 행위를 당하지 않도록 조치 [피해학생] • 「아동 · 청소년의 성보호에 관한 법률」에 따라 성폭행에 대해서는 반드시 수사기관에 신고하고, 성폭력 전문상담기관 및 병원을 지정하여 정신적 · 신체적 피해 치유 • 피해학생의 신체적 · 정신적 피해를 치유하기 위한 조치 실시 [가해학생] • 2인 이상의 학생이 고의적 · 지속적으로 폭력을 행사하는 등에 해당하는 사안의 경우 학교장은 가해학생에 대해 출석 정지 • 가해학생의 선도가 긴급한 경우, 「학교폭력 예방 및 대책에 관한 법률」 제17조 제4항에 따라 학교장은 가해학생에 대한 조치를 취한 후, 자치위원회에 즉시 보고하여 추인	학교장 학교폭력 전담기구 담임교사
사안 조사	• 학교폭력 전담기구에서 구체적인 사안 조사 실시 - 가해 · 피해학생 면담, 주변 학생 조사, 설문 조사, 객관적인 입증 자료 수집 등 • 가해 · 피해학생 심층상담 • 조사한 결과를 바탕으로 가해자와 피해자 확정 • 성폭력의 경우 비밀 유지에 유의	학교폭력 전담기구 담임교사
가해 · 피해학생 부모 면담	• 조사 결과에 대해 부모에게 알리고, 향후 처리 절차 등에 대해 통보	학교폭력 전담기구 담임교사
처리 방향 심의	• 자치위원회 개최 시기 결정	학교폭력 전담기구
처리 방향 결정	• 전담기구의 심의 결과를 바탕으로 자치위원회 개최 요구	학교장
자치위원회 개최 및 조치	• 가해학생 및 보호자에게 의견 진술 기회를 부여하는 등 적절한 절차를 거쳐야 함 • 자치위원회를 개최하여 가해 · 피해학생에 대한 조치 결정	자치 위원회
결정통보 및 재심안내	• 자치위원회의 결정을 가해자와 피해자 및 그 보호자에게 통보 • 통보 시 재심을 받을 수 있는 방법 안내	학교장
조치 실행 및 사후관리	• 학교장은 자치위원회의 조치 요청이 있는 경우, 14일 이내에 해당 조치를 해야 함 • 가해학생과 그 보호자가 조치를 거부하거나 회피하는 경우 관련 법령에 따라 징계 또는 재조치 • 교육감에게 조치 및 그 결과 보고 ※「학교폭력 예방 및 대책에 관한 법률」 제19조 • 가해 · 피해학생이 안정적인 학교생활을 할 수 있을 때까지 심리치료, 재활치료, 생활지도 등 실시 • 가해 · 피해학생 소속 학급, 필요시 학생 전체를 대상으로 학교폭력 예방교육을 실시	학교장 담임교사 전 교원

[그림 7-1] 학교폭력 발생 후 처리 과정

1) 목적에 따른 상담 전략

학교상담을 분류하는 가장 일반적인 방법은 상담의 목적을 어디에 두느냐 혹은 상담의 내용이 실제 학교폭력의 시점이 어디냐에 따라 구분된다. 즉, 상담의 목적이 무엇이냐에 따라서 크게 세 가지 측면, 즉 예방적 상담, 위기상담, 추수상담으로 나누어 볼 수 있다(이규미, 2006). 예방적 상담은 학생들이 학교폭력 문제에 노출 혹은 문제가 발생하기 전에 이루어지는 상담이고, 위기상담은 문제가 이미 표면화되어 이루어지는 상담이며, 추수상담은 문제가 재발되는 것을 방지하고 문제로 인한 후유증을 최소화하기 위하여 이루어지는 상담이다.

(1) 예방상담

학교현장에서 예방상담은 문제가 발생하기 이전에 문제가 발생할 가능성을 찾아서 문제가 발생하지 못하게 하거나 더 심각해지는 것을 방지하기 위해 이루어지는 상담이다. 6장에서 볼 수 있듯이 각종 학교폭력 예방상담이나 교육 등이 모두 여기에 해당된다. 그러나 예방은 문제가 발생하기 이전에만 필요한 것이 아니다. 문제가 발생한 후 상담이 이루어지는 과정에서 더 심각한 문제가 발생하거나 또 다른 문제가 발생할 수도 있다. 이러한 이유로 학교폭력 상담은 중재와 예방을 동시에 하는 프로그램이 더 효과적이라는 연구 결과들도 있다(오인수, 2010). 따라서 교사들은 이러한 가능성이 있는 문제들을 파악하여 예방적으로 대처해야 한다. 예를 들어, 친구들과 싸움을 한 가해학생들이 교사와 상담을 한 후에 피해학생에게 보복을 하거나 다른 방식으로 피해학생을 괴롭힐 수도 있을 것이다. 예방상담에 대한 구체적인 방법이나 전략들은 6장에 자세하게 제시되어 있기 때문에 여기에서는 생략한다.

(2) 위기상담

위기상담은 학교폭력 문제가 피해와 가해로 발생하여 현재 진행 중이고, 거기에 개입을 하지 않을 경우 더욱 큰 문제가 발생할 가능성이 있는 문제에 대한 상담을 의미한다. 학교폭력 문제는 일반적인 상담문제와 달리 그 문제의 심각성과 관련자들에게 미치는 파급 효과가 매우 파괴적이고 부정적이다. 따라서 상담교사는 이에 대하여 적절하게 대처를 해야 한다.

이러한 위기상담에서의 주요 상담 과제를 이규미(2012)의 제안을 중심으로 제시하면 다음과 같다.

첫째, 피해학생의 경우 폭력에서 벗어나기, 가해학생의 경우 폭력행동 중단하기: 위기상담의 첫 단계는 피해자가 위기 상황에서 먼저 벗어나게 하고 가해자의 폭력행동을 중단하게 하는 것이다. 신체적 폭력이나 언어적 폭력, 괴롭힘 등이 계속 진행되는 것을 방지하는 것이다. 종종 학생들은 교사들 앞에서는 서로 화해하고 싸우거나 놀리지 않기로 하였으나 보이지 않는 곳에서 더욱 심각한 폭력을 행사하는 경우가 많다. 이러한 상태에서 상담을 진행하는 것은 피해자에게 상담의 효과를 의심하게 하거나 피해자가 상담을 하지 못하도록 하여 교사의 상담 진행을 어렵게 한다.

둘째, 폭력의 원인을 이해하고 이에 대처하도록 돕기

셋째, 피해자의 자존감 및 회복력 높이기, 학교에 적응하기, 신체적·정신적 문제가 발생한 경우 의료기관에 의뢰하기

넷째, 피해·가해 사실과 관련된 법적 문제에 대처하기

다섯째, 상담과 더불어 위기개입을 통하여 피해·가해학생에 대해 적극적으로 개입하기(문용린, 2012)

여섯째, 현재 방법의 많은 문제점과 한계를 보완하기 위한 전 학교 접근(whole-school approach)하기(오인수, 2010). 전 학교 접근은 개인, 학급, 학교 수준의 동시 개입을 실시하는 다층 수준의 접근이며 가해자와 피해자뿐만 아니라 방관자를 포함한 모든 학생을 개입의 대상으로 포함시키는 접근이다. 이러한 접근은 원래 예방적 차원에서 이루어지는 접근이지만 문제가 발생하고 난 후에 학교 차원에서 문제가 재발하지 않게 하는 상담 개입 전략으로 활용할 수도 있다.

일곱째, 이상의 과제를 효율적으로 진행하기 위한 상담자의 학교폭력 관련자, 즉 가해자와 피해자, 각각의 학부모 등을 심리적으로 안정시킬 수 있는 상담기술 등이 요구된다.

한편 트라우마 이론에서 제시한 회복의 과정과 대인과정 접근 이론을 바탕으로 하여 학교폭력 피해학생 상담모델을 제시하기도 한다(김혜령, 2009). 이 모델은 학교폭력 피해학생의 단절된 관계를 회복하고 연결시키는 것을 목표로 하며, 1단계 안전의 확립,

협력관계 수립하기 → 2단계 외상의 기억과 애도, 복합적인 정서에 반응하기 → 3단계 새로운 관계 모색, 대인 대처전략의 이해와 적용, 가족 상담적 개입, 또래관계로의 확장-단절된 관계의 연결 등의 상담 과정으로 이루어진다(피해자 상담에 자세히 기술함).

이상에서 볼 수 있듯이 학교폭력이 사례마다 다른 특성을 가지고 있기 때문에, 이에 대처하는 위기상담 또한 각 사례의 특성을 고려하여 전략들을 다양하게 개발해야 하고 종합적으로 사용해야 한다. 또한 학교와 교사들은 위기상담을 효과적으로 진행하기 위해서는 여러 가지 위기지원시스템을 평소에 개발하여 구축하고 있어야 한다. 대표적인 위기지원시스템으로는 신변보호를 위한 의료지원시스템과 법률지원시스템, 전문적인 치료를 위한 아동·청소년 상담 및 심리치료전문기관, 의식주 해결을 위한 사회지원시스템 등 다양한 지원기관이 있을 수 있다.

(3) 추수상담

추수상담은 학교폭력의 문제가 해결되고 피해·가해학생 간에 합의와 조정이 이루어진 후에 그 후유증을 최소화하고 합의와 조정된 내용이 지속적으로 유지되며, 문제가 재발하지 않도록 실시하는 상담이다. 또한 추수상담을 통하여 상담의 목적을 문제의 해결에만 국한되지 않고 이 문제를 활용하여 피해·가해학생 간에 더욱 친밀한 관계로 발전·형성시킬 수 있는 상담도 할 수 있다. 최근의 긍정심리학을 기반으로 하는 상담의 가장 큰 특징은 문제의 해결에만 초점을 두지 않고 각 개인의 장단점을 활용하여 더욱 친밀한 관계를 형성하게 하는 데 초점을 둔다.

추수상담은 초등학생 스스로 문제가 재발하지 않도록 노력하게 하는 것도 중요하지만 주변의 도움이 있을 경우 상담 효과를 더욱 효과적으로 지속시킬 수 있다. 중요한 주변 자원으로는 먼저 가족이 있으며, 가족의 도움이 불가능할 경우에는 다른 지원자를 개발하여 도와줄 수 있어야 한다. 여기에는 담임교사, 친구 혹은 친인척, 주변의 아동·청소년 기관이나 봉사단체 회원 등 다양한 사람이 있을 수 있다.

2) 학교폭력 관련자별 개입 전략

학교폭력의 원인과 특징 등에서 볼 수 있듯이 학교폭력은 단순하게 하나의 원인, 혹은 단둘만의 관계 속에서 발생하는 것은 매우 드물다. 특히 폭력이 발생한 직후에는 단순하게 두 명만의 문제로 보이는 경우에도 위기상담개입을 하는 과정에서 보면 학생과 부모를 비롯한 다양한 주변 사람이 관련되어 있음을 알 수 있다. 여기에는 대표적으로 피해자와 학부모, 가해자와 학부모, 동조자와 방관자, 피해자이면서 가해자인 학생, 담임을 비롯한 교사 등을 들 수 있으며, 학교 밖에서 발생하는 더욱 많은 사람이 폭력에 관련되어 있다. 여기에서는 관련자별로 어떻게 상담을 진행하는 것이 효과적인지 예를 들어 보았다.

(1) 피해학생과 보호자(학부모)

피해자　피해자는 학교폭력 상담에서 가장 핵심적인 대상이다. 따라서 피해학생에 대하여 정서적인 지지를 중심으로 하는 심리상담을 통하여 정서적으로 안정시키고, 피해 상황을 구체적으로 파악하여 문제를 해결하고 그 문제가 확대되거나 재발하지 않게 하고, 후유증이 최소화하도록 해야 한다. 지금까지의 대인관계의 특징을 분석한 후 부족한 사회기술을 훈련하여 긍정적인 대인관계를 형성할 수 있도록 상담을 진행해야 한다. 또한 정당하게 분노를 표출하게 하여 자존감이 살아나도록 하고 이런 분노를 보복적인 다른 폭력으로 표출하지 않게 해야 한다.

피해학생이 자신에 대하여 무기력감을 가지지 않도록 피해의식에서 벗어나 자존감을 가질 수 있도록 해야 한다. 특히 폭력 피해의 정도가 심각할 경우에는 신체적 · 심리적으로 정확한 진단을 하도록 하고 전문상담기관에서 상담을 받을 수 있도록 하는 것이 좋다.

한편 트라우마 이론에서 제시한 회복의 과정과 대인과정 접근 이론을 바탕으로 하여 학교폭력 피해학생 상담모델도 있다. 이 모델은 학교폭력 피해학생의 단절된 관계를 회복하고 연결시키는 것을 목표로 한다. 이를 단계적으로 제시하면 다음과 같다(김동일, 2012; 김혜령, 2009).

첫째, 1단계 안전의 확립과 협력관계 수립하기: 학교폭력의 경험은 피해학생에게 중대한 심리적 외상을 겪게 하며, 그 결과 주변 환경에 대한 지나친 예민성, 침투, 억제 증상과 관계의 단절을 순차적으로 경험하게 된다. 또한 증상의 강도와 지속 기간 등에 따라서 다르지만, 등교 거부, 학교 부적응, 정신질환이나 자살 등 심각한 부정적 결과를 초래하기도 한다. 따라서 피해학생 상담에서 첫 번째로 해야 할 상담은 학생의 심리적 · 물리적 안정성을 확보하고 주변 사람들과의 협력관계를 수립하여 더 이상의 피해가 확대되지 않고 심리적 지지체제를 구축하여 안정을 확보하도록 해야 한다.

둘째, 2단계 트라우마의 기억과 애도를 위한 복합적인 정서에 반응하기: 피해학생들은 피해를 경험하면서 심리적인 외상을 경험하게 되며 이에 따르는 심리적인 정서, 즉 두려움, 수치심, 자존감의 붕괴 등을 경험할 수 있다. 상담교사는 피해학생이 심리적으로 안정을 찾아가고 학생을 도울 수 있는 협력관계를 수립한 후에 학생이 자신의 감정을 신뢰감이 있고 안전한 분위기 속에서 이야기를 하면서 자신을 되돌아보고 탐색하여 안정적으로 통합할 수 있도록 수용과 공감을 해야 한다. 이러한 과정에서 피해학생은 피해 상황을 재경험하게 되고 복합적인 감정 상태에 놓이기도 한다. 상담교사는 이에 대하여 적극적으로 반응하여 이를 극복할 수 있도록 도와야 하며, 이를 통하여 피해학생들은 자신의 감정을 정리하고 통합하여 긍정적으로 주변 상황에 대처하고 새롭게 변화할 수 있는 내적인 힘을 얻을 수 있다(장미경 외 역, 2005).

셋째, 3단계 새로운 관계 모색과 대인 대처전략의 이해와 적용하기: 지금까지의 대인 대처전략을 검토하고, 새로운 관계를 모색하며, 새로운 대처전략을 이해하여 이를 실생활에 적용할 있도록 하는 단계다. 상담은 문제 해결에만 초점을 두는 것이 아니고 더 나아가 학생들이 새로운 관계를 맺는 방법을 배우는 기회를 제공할 수 있어야 한다. 학교폭력 피해를 경험한 학생들은 1차적인 해결책으로 대응하지 않기, 무시하기를 통해 욕구를 초월하고, 2차적인 해결책으로는 다가가기, 대항하기, 멀리하기 등의 대처전략 중에 하나를 선택하여 노력을 한다(장미경 외 역, 2005).

피해학생들은 3단계까지의 과정에서 배운 새로운 내용을 실제가 아닌 상황에서 연습할 수 있는 기회를 가지는 것이 효과적이다. 첫 번째 안정적인 연습장면은 부모나 가족과의 관계 속에서 연습을 하는 것이고, 다음은 친한 친구나 친인척들과의 관계 속에서, 그다음은 또래관계 속에서 연습을 하면서 점점 대처전략을 확장시켜 나가야 한다. 한편 이러한 과정은 한 번의 연습을 통하여 쉽게 이루어지지 않으며, 반복적으로 여러 장면에서 경험을 해야 그동안 단절되었던 관계를 다시 회복하여 친구들과 함께 어울릴 수가 있으며, 재발을 방지할 수 있다. 이상의 단계를 그림으로 제시하면 [그림 7-2]와 같다.

1단계: 안전의 확립
협력관계 수립하기

학교폭력 가해학생의 처벌 및 중재로 신체적 안전의 확보,
상담자와 학생의 라포 형성/ 학생의 강점 찾기
(칭찬과 공감, 지지 치료 중심)

2단계: 외상의 기억과 애도,
복합적인 정서에 반응하기

학교폭력 피해 경험의 재진술과 통합, 핵심감정 찾기,
상담자는 학생이 감정을 표현할 수 있도록 수용하고 공감하기
(감정에 반응하기)

3단계: 새로운 관계 모색,
대인 대처전략의 이해와 적용

고립감, 무력감의 탈피와 타인과의 신뢰를 회복하는 첫걸음.
상담자와 자신이 과거에 맺었던 관계 패턴이 아닌 새로운 대인 대처전략을
연습하도록 함

가족 상담적 개입

상담 과정에서 상담자와 맺은 새로운 관계 패턴을 부모와 형제,
자매와의 관계 속에서 새로운 대인관계 패턴 연습
(가족 내 의사소통 유형의 변화)

또래관계로의 확장
단절된 관계의 연결

적응적이고 유연한 또래관계의 형성

[그림 7-2] 학교폭력 피해학생 상담모델

출처: 김혜령(2005: 54).

　보호자(학부모)　　피해학생의 학부모들은 자녀의 피해 사실에 대하여 분노가 매우
크며, 특히 신체적인 외상이 있을 경우에는 정서적인 충격에 빠지기도 한다. 따라서 부
모에게도 정서적인 공감과 지지를 가장 먼저 해야 한다. 이러한 정서적 공감과 지지를
바탕으로 학교폭력의 문제의 해결방안과 재발 방지를 위한 근본적인 방안에 대하여 상
담을 해야 한다(정종진, 2012; 임재연, 2012).

상담자는 학부모에게 함께 문제 해결에 동참하고 노력해야 효과가 있으며, 특히 분노를 삭히고 이성적으로 문제 해결을 위한 노력을 당부해야 한다. 감정적이고, 분노에 찬 마음을 가지고는 문제를 해결할 수 없다. 가해학생에 대해서는 여러 가지 방안이 있을 수 있으나 처벌보다는 가장 교육적인 관점에서 문제를 해결할 수 있는 방안을 먼저 모색해 보고, 그것이 불가능할 경우에 다른 방법을 선택하도록 할 수도 있다. 심리적인 충격으로 인해 상담이 불가능할 경우에는 전문적인 상담을 권유하여 학부모가 먼저 문제 해결에 이성적으로 임할 수 있도록 도와줘야 한다.

(2) 가해학생과 보호자(학부모)

가해자　　학교교육에서 보면 가해자도 처벌의 대상만이 아닌, 상담의 대상이 될 수도 있다. 가장 쉽게 해결되는 상담은 가해자가 잘못을 인정하고 피해자가 가해자를 용서하는 것이다. 이를 위해서라도 가해자에 대한 상담이 적극적으로 이루어져야 한다.

대부분의 가해자는 가해 사실을 피해자가 생각하는 만큼으로 인정하지 않으며, 가해자가 집단일 경우에는 더욱 인정하지 않고 합리화하려고 하거나 최소화하려고 한다. 학부모의 경우에도 마찬가지로 자녀의 폭력을 인정하지 않으려 한다. 따라서 가해학생에게는 사소한 폭력도 폭력행위라는 것을 알게 하고 폭력의 비정당성을 인식시키고 자신의 행위에 대해 책임을 느낄 수 있도록 상담을 진행해야 한다. 또한 피해학생이 당한 피해 상황과 그 충격을 이해하도록 하고 앞으로 받게 될 처벌에 대하여도 이야기할 수 있다.

폭력을 행사한 원인을 자세하게 탐색하고, 경우에 따라서는 가해학생이 가지고 있는 생각과 감정에 대해서도 수용하고 공감할 수 있어야 하며, 이를 바탕으로 신뢰가 깃든 관계를 형성할 수 있다. 훈계나 처벌 위주의 이야기는 역효과로 나타날 수 있다.

가해학생 상담에서는 폭력이 아닌 적응적이고 긍정적인 자기표현 능력과 대인관계 능력을 향상시키는 상담을 진행해야 한다. 이는 현재에도 중요하지만 앞으로 성인이 되었을 때 사람들과 관계 속에서 문제를 예방하고 적응하는 데 많은 도움이 된다.

한편 학교폭력의 가해자와 피해자의 특징을 보면 다섯 명 중의 한 명은 가해자와 피해자 경험을 동시에 가지고 있다. 따라서 이들에게는 가해자와 피해자라는 이분법적인 상담을 진행하기보다 가해자와 피해자로서의 상담을 동시에 진행할 필요가 있다. 이들은 자신을 가해자로 상담할 경우에 자신도 피해자라고 하면서 억울해하고 상담을 받지 않으려고 한다.

가해자 학부모　　가해학생의 부모 또한 가해 행위를 부인하거나 최소화하려고 노력을 하며 자신의 자녀가 가해자로 취급당하는 것을 억울해하기도 한다. 그럴 만한 이유가 있다고도 하며, 처벌과 보상도 최소화하려고 한다.

가해 학부모를 상담할 때에는 이러한 부모의 입장에서 부모의 심리적인 상태를 이해하고 공감해 줄 수 있어야 하고, 이를 바탕으로 문제 해결에 참여하여 노력할 수 있도록 해야 한다. 또한 자녀의 문제로 인해 고생하는 부모의 입장을 충분히 공감해 주고 자녀에 대한 불만을 충분히 경청할 수 있어야 한다.

가해학생 학부모 상담에서는 앞으로의 자녀 교육에 대한 상담을 동시에 진행해야 하며, 이것은 자녀의 학교폭력 재발을 방지하기 위해서 필요하다. 또한 일반적인 부모로서의 능력과 태도에 대해서도 점검해 보고 수정할 것은 수정할 수 있도록 도와주어야 한다.

이러한 상담의 과정을 통해서 부모는 가해학생의 부모로서 피해학생을 도와주고 가해학생을 도와주는 데 적극적으로 협조할 수 있다.

(3) 학교폭력 상담 과정에서의 교사 후유증

학교폭력은 가해자와 피해자에게만 후유증을 남기는 것이 아니라 학생들을 담당하고 있는 담임교사나 상담 업무 담당 교사에게도 많은 스트레스와 후유증을 남긴다(방기연, 2011; 정종진, 2012). 이들은 죄책감, 처리 과정에서의 고민과 스트레스, 학생과 학부모의 비난과 위협, 경찰이나 언론이 개입할 경우 조사로 인한 정신적 소진감 등을 경험하게 된다. 이로 인해 무능력감, 우울, 불면 등의 심리적 증상이 나타난다(김환, 2010). 특히 상담 과정에서 학부모나 학교 관리자에게 존중받지 못한 것이 가장 큰 상처로 남아 있다고 한다(방기연, 2011).

따라서 이들에게는 학교폭력 상담 능력을 향상시키는 노력과 함께 상담을 하면서 발생할 수 있는 스트레스와 후유증을 최소화할 수 있는 스트레스 대처법이나 심리교육, 교사에 대한 상담지원 등이 필요하다.

3) 학교폭력 학생에 대한 다면적 상담 전략

(1) 개인적 자원을 활용한 상담

사람은 개개인마다 다른 사람과 구별되는 특징을 가지고 있으며, 사람들과의 관계 속에서 발생하는 문제를 해결하는 방법도 각기 다르다. 또한 사람들은 각기 다른 장단점을 가지고 있으며, 어떤 것은 문제를 해결하는 데 긍정적인 요인이 되고, 어떤 것은 오히려 문제 해결을 방해하는 요인이 되기도 한다. 전자를 보호요인이라고 하고, 후자를 위험요인이라고 한다. 학교폭력 또한 학생들에게 보호요인을 적극적으로 개발하여 폭력을 예방하거나 문제가 발생했을 때 긍정적으로 활용하여 상담을 진행할 수 있다. 여기에는 개인 정서 및 심리적 요인과 유능감 등이 있으며, 구체적으로는 긍정적인 가치관, 자기정체감, 자아존중감, 자기 및 사회적 유능감 등을 예로 들 수 있다(한국청소년상담원, 2009).

학교폭력 상담에서는 학생들이 학생 개개인의 보호요인을 탐색하여 적극적으로 개발·활용할 수 있도록 도와주고, 위험요인은 최소화하거나 제거할 수 있도록 도와주어야 한다. 위험요인이 항상 있는 상황에서 학교폭력 상담을 진행하는 것은 그 효과가 반감될 수 있다. 예를 들면, 피해자에게는 도울 수 있는 친구들과 가족이 항상 함께할 수 있도록 해야 하고, 가해자에게는 가해 상황이 다시 발생했을 때 이를 곁에서 제지할 수 있는 친구들을 만날 수 있게 해 주어야 한다.

(2) 가족지원을 활용한 상담

학교폭력 상담에서 가족의 역할은 매우 중요하다. 특히 초등학교의 경우 학생들이 가족의 영향을 많이 받는 시기이기 때문에 가족의 지원을 활용한 상담이 절대적으로 필요하다. 학교폭력 상담 과정에서 보면 발생 초기부터 종료 후의 학생들의 관계 회복과 적응에 가장 도움을 주는 것은 가족이다. 가족의 지원을 받을 수 없을 경우에는 이에 대한 다른 대책을 세워서 상담을 진행할 필요가 있다.

(3) 전문상담기관을 통한 상담

학교 교사들은 교사로서의 역할과 상담자로서의 역할을 동시에 추구해야 한다. 따라서 심각한 수준의 문제가 있을 경우에는 전문상담기관의 도움을 통하여 상담을 진행하거나 전문상담기관에 아예 위탁할 수도 있다. 전문상담기관으로는 아동청소년 상담기관, Wee 센터, CYS-NET, 아동·청소년 전문 병·의원 등이 있다. 대표적인 기관인 Wee 센터와 CYS-NET을 알아보면 다음과 같다.

Wee 프로젝트 Wee(We+emotion, education)프로젝트 사업은 학교폭력 등 위기에 처한 학생을 지원하기 위한 교육과학기술부의 핵심 정책으로 추진되었으며, 세 가지의 수준에서 기능을 하고 있다(한국교육개발원, 2012).

- Wee 클래스: 학급·학교 수준에 설치되며, 학교폭력 발생 가능성에 대하여 초기에 진단을 하고 대처하는 기능을 한다. 학생 정서와 행동발달 등 2차 선별검사 등을 실시한다.
- Wee 센터: 교육지원청 단위에 설치되며, 학교폭력 전문 조사 인력을 지정하고, 학교폭력 가해학생과 피해학생 및 유관 기관과 네트워크를 구축하여 운영한다. 특별교육 프로그램을 운영하고, 학생 정서 및 행동발달 3차 선별검사 및 상담 프로그램을 운영한다.
- Wee 스쿨: 고 위험군에 속하는 학생들을 대상으로 기숙형 장기 위탁 프로그램을 운영하고 있다.

교육과학기술부에서는 전국의 Wee 센터를 학교폭력 원스톱 지원센터로 지정하여 운영하고 있다([그림 7-3] 참조).

지역사회 청소년 통합지원체계(CYS-NET) CYS-NET(Community Youth Safety Network)은 지역사회 시민 및 청소년 관련 기관, 단체들이 위기 상황에 빠진 청소년을 발견·구조·치료하는 데 참여하여 건강한 민주시민으로 성장하도록 지원하기 위해 협력하는 연계망(Network)이다(한국청소년상담원, 2012).

그 목적은 지역사회 내 청소년 관련 자원을 연계하여 학업 중단, 가출, 인터넷 중독 등 위기청소년에 대한 상담·보호·교육·자립 등 맞춤형 서비스를 제공하여 학교와 가정, 사회로 복귀하도록 지원하는 시스템이다.

실제 운영은 시·도 혹은 시·군·구 청소년상담복지센터에서 청소년 상담 업무와 함께 운영하고 있으며, 위기청소년의 발견·보호를 위해 필수적 구성 기관이 되는 학교·교육청, 경찰관서, 노동관서, 국·공립의료기관, 보건소, 청소년 쉼터, 청소년 지원시설을 필수연계기관으로 지정하여 연계하고 협력활동을 강화하고 있다.

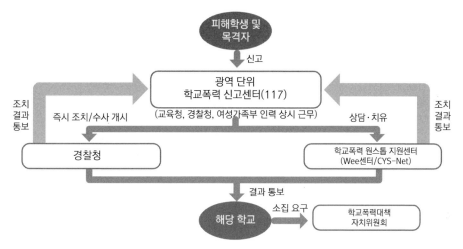

[그림 7-3] 117 학교폭력 신고센터 운영체계도

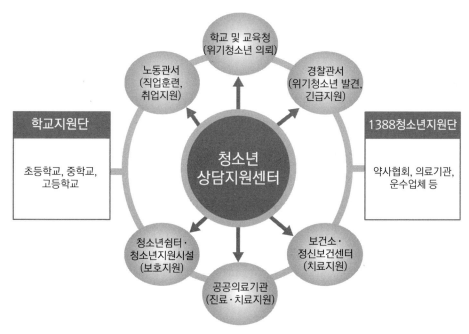

[그림 7-4] CYS-Net 체계도

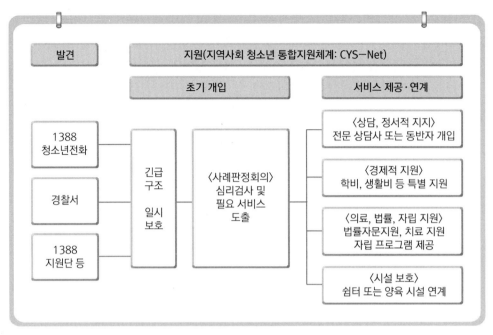

[그림 7-5] 학교폭력 위기청소년 상담지원체계도

(4) 전 학교 접근(whole-school approach)을 활용한 상담

전 학교 접근은 학생들의 학교폭력 문제는 어느 개인적인 차원에서 이루어지기보다
는 개인, 사회, 학교 등의 다차원적인 원인에 의해 발생한다고 본다. 따라서 학교폭력
문제를 해결하기 위해서는 학교의 체제를 활용한 종합적 개입 방법으로 개인상담과 집
단상담, 학급활동과 학교정책의 장점을 살리되 개별적 개입이 가지는 한계를 극복하기
위하여 각 개입을 실시하는 다층 수준의 접근이며, 가해자와 피해자뿐만 아니라 방관
자를 포함한 모든 학생을 개입의 대상에 포함시키는 접근이다(오인수, 2010).

오인수(2010)는 전 학교 접근의 특징을 다음과 같이 제시하였다.

첫째, 전 학교 접근은 개입의 수준을 개인과 학급 및 학교 수준에서 동시에 실시하는
다층 수준의 접근을 취한다.
둘째, 따돌림의 가해자와 피해자뿐만 아니라 동조자와 방관자를 포함한 모든 학생을
개입의 대상으로 삼는다.
셋째, 문제가 발생한 후 개입하는 반응적 접근보다는 문제 발생 이전에 예방적 접근을
개입하는 선제적 접근을 중요시하며, 중재와 예방을 동시에 실시하는 접근이다.

넷째, 상담 프로그램과 교과 교육과정을 통합한 학제 간 교육과정을 구성하고 이를 실시하여 궁극적으로 학교의 체제와 문화를 바꾸는 접근 방법이다.

4) 학교폭력 상담기술로서의 중재기술

많은 학교폭력 전문가는 일반적인 상담과 달리 학교폭력 상담에서 가장 중요하고 효과적인 상담기술로 중재기술을 제시한다(이규미, 2012). 중재란 갈등이 발생했을 때 상대방의 마음과 입장을 이해하고 자신의 입장을 이해시킴으로써 갈등을 해소하는 방법이다(이은정, 2007). 이를 위해서 중재는 자발적으로 이루어져야 하고, 서로에게 적대적이지 않아야 하며, 중립적인 제3자의 입장에서 중재를 해야 하며, 중재가 이루어질 때는 당사자들이 동일한 협상력을 가져야 하며, 중재자의 역할은 당사자가 상호 만족할 만한 합의에 도달하도록 돕는 것이다(Ellis, 1996; Emery, 1994; Tayler, 1997). 학교폭력에서 상담자가 중립적인 위치를 견지하면서 중재자로서의 역할을 한다는 것은 어려운 것이지만, 학교폭력 상담에서 상담자가 취해야 할 가장 기본적이고 중요한 태도다. 당사자들의 마음을 수용해 주고 이해해야 학교폭력 상담을 효과적으로 진행할 수 있다.

이은정(2007)은 학교폭력으로 인한 상처와 충격을 회복시키고, 가해학생과 피해학생 모두에게 적절한 개인 상담과 훈련 프로그램 등을 제시하고 실시하기 위한 학교폭력 중재 모형을 4단계로 제시하였다. 첫째, 학교폭력 중재의 시작단계, 둘째, 중재준비단계, 셋째, 학생과 학부모의 상담 및 중재단계, 넷째, 중재의 종결단계다.

첫째, 학교폭력 시작단계는 학교폭력사건이 접수되어 위원회가 소집되고 위원회의 전문상담교사에 대한 중재 의뢰로 시작하는 단계를 말한다. 이 단계에서는 학교폭력중재를 위한 제반 사항과 학교폭력이 발생한 후, 위원회가 소집되기까지의 절차 및 위원회의 구성과 역할을 정하는 단계다.

둘째, 중재준비단계에서는 사건의 발생 원인과 상황에 대한 이해와 가해학생 및 피해학생에 대한 체계적인 사정과 사례 개념화를 통해 중재 절차와 방향 및 목적을 수립하고, 이를 학부모에게 안내하며, 이때 학부모의 요구 조사를 실시하여 서로의 의견과 요구를 알아볼 수 있는 계기를 마련한다.

셋째, 학생과 학부모의 상담 및 중재단계에서는 상담교사의 가해·피해학생 및 학부모에 대한 체계적인 상담을 실시한다. 여기에서는 가해·피해학생과 학부모의 심리적 안정과 회복을 도와줄 수 있어야 하며, 중재 전략을 통해 합리적이고 효과적인 협의를 이룰 수 있도록 중재자로서 과정을 관리할 수 있어야 한다.

넷째, 종결단계에서는 합의 및 문제 해결이 된 경우에는 중재를 마무리하고 추수상담과 프로그램 실시, 사회적 기술훈련을 제시하여 실시할 수 있다.

 연구 과제

1 학교폭력 문제에 효과적으로 대처하기 위한 방법으로 상담이 적합한 이유를 설명하시오.

2 학교폭력 상담의 기본 원리에는 무엇이 있는지 설명하시오.

3 학교폭력 상담 두 가지의 과정에 대하여 설명하시오.

4 학교폭력 피해자와 가해자를 상담할 때 주의해야 할 사항에 대하여 설명하시오.

5 Wee프로젝트와 CYS-Net에 대하여 설명하시오.

🖨 **참고문헌**

교육부(2014). 3차 학교폭력 예방 및 기본계획.

교육부(2013). 현장중심 학교폭력 대책.

교육과학기술부(2012). 2012학년도 학교폭력 근절 핵심요원 특별연수. 교육과학기술부 학교폭력근절추진단.

김동일 역(2012). 아동청소년 위기상담. 서울: 학지사.

김혜령(2009). 학교폭력 피해학생의 상담적 접근을 위한 방안 연구. 서울여자대학교 석사학위논문.

방기연(2011). 학교폭력 사건에 대한 교사의 인식과 경험에 대한 질적 연구. 상담학연구, 12(5), 1753-1778.

오인수(2010). 집단 따돌림 해결을 위한 전문상담교사의 전학교 접근. 상담학연구, 12(1), 303-316.

이규미(2012). 학교폭력의 특수성과 전문성. 문용린 외. 학교폭력 예방과 상담. 서울: 학지사.

이은정(2007). 전문상담교사를 위한 학교폭력 중재모형 구안. 한국교원대학교 석사학위논문.

이화여자대학교 학교폭력예방연구소(편)(2014). 학교폭력과 괴롭힘 예방: 원인진단과 대응. 서울: 학지사.

임재연(2012). 학교폭력 상담매뉴얼. 문용린 외. 학교폭력 예방과 상담. 서울: 학지사.

장미경 외 역(2005). 상담 및 심리치료 대인과정접근. 서울: 시그마프레스.

정종진(2012). 학교폭력 상담 05: 이론과 실제 편. 서울: 학지사.

한국교육개발원(2012). Wee 센터 실장 직무연수자료집. 서울: 한국교육개발원.

한국청소년상담원(2009). 전국 청소년 위기상황 실태조사. 서울: 한국청소년상담원.

한국청소년상담원(2012). 2012년도 CYS-Net 신규운영지역 실무자 워크숍. 서울: 한국청소년상담원.

Jimerson, S. R., Nickerson, A. B., Mayer, M. J., & Furlong, M. J. (Eds.), (2012). *Handbook of school violence nad school safety*. Routledge.

제8장

유형별 학교폭력 개입 전략

이 장에서는 학생 상호 간에 일어나는 학교폭력의 실태와
유형을 살펴보고 그에 대한 개입 전략을 알아본다. 여기서
살펴볼 학교폭력은 집단 따돌림과 괴롭힘, 집단폭력, 폭행과
갈취행동, 사이버폭력, 성폭력 등이다.

집단 따돌림과 괴롭힘

집단 따돌림과 괴롭힘은 다소 차이가 있으나 피해학생을 심리적으로 괴롭혀 타격을 주려는 행동이라는 점에서는 공통성이 있다. 여기서는 이 두 가지 행동을 묶어서 살펴기로 한다. 「학교폭력 예방 및 대책에 관한 법률」에서는 따돌림을 '학교 내외에서 2명이상의 학생들이 특정인이나 특정 집단의 학생들을 대상으로 지속적이거나 반복적으로 신체적 또는 심리적 공격을 가하여 상대방이 고통을 느끼도록 하는 일체의 행위'라고 정의하고 있다. '자녀 안심하고 학교보내기운동 국민재단(2012)'에서는 따돌림을, 첫째, 집단적으로 상대방을 의도적·반복적으로 피하는 행위, 둘째, 다른 학생들과 어울리지 못하게 막기, 셋째, 싫어하는 말로 바보 취급 등 놀리기, 넷째, 빈정거림, 면박 주기, 골탕 먹이기 등으로 나누고 있다.

1) 집단 따돌림과 괴롭힘의 유형과 실태

교육부가 실시한 학교폭력 전수조사와 한국교육개발원이 조사한 학교폭력 전수조사의 내용을 살펴보면 학교급별로 다양한 형태의 집단 따돌림과 괴롭힘이 일어나고 있음을 알 수 있다. 전반적으로 초등학교 아동들은 장난과 폭력을 구별하지 못하는 경향이 있는데 저학년일수록 그 정도가 심하다. 따라서 아동들은 잘못된 것인지 모른 채 장난 삼아 재미로 친구를 괴롭히고 따돌림을 하는 경우가 많다. 돌아가면서 집단 따돌림을 한다든가 게임으로 친구를 괴롭히는 행동을 하는 사례들이 이에 속한다. 저학년 피해학생의 경우 피해 사실에 대한 민감성과 대응력이 부족한 특징이 있는데 이 역시 장난과 폭력을 구분하지 못하는 데에 기인하는 것으로 해석된다. 새로운 폭력 유형으로 등장한 왕따대물림, 모세의 기적, 콜로세움, 바이러스놀이, 도둑놈놀이, 사채놀이, 쓰리디놀이, 햄버거놀이, 셔틀놀이 등은 집단 괴롭힘과 따돌림에 속하는 것으로 분류할 수 있다.

중학교에 올라오면 따돌림이 아주 심각해진다. 이제 따돌림은 단순한 장난이 아니라 피해학생을 악의적으로 괴롭히는 행동으로 변질된다. 흔히 따돌림은 뚱뚱하다, 못생겼다, 키가 작다, 냄새가 난다, 여드름이 많다 등 외모를 빌미로 시작되는데 그 강도가 점점 심해진다. 옆에서 지켜보는 학생들이 피해학생에게 도움을 주려고 하면 그들까지 함께 따돌림을 시켜서 도움의 손길을 막아 버린다. 장애인에 대한 괴롭힘과 따돌림 역시 심해지고 있다.

2) 실제 사례

(1) 사례 1: ㄱ의 경우

ㄱ은 초등학교 3학년 남자아이로 또래보다 성숙하고 정신연령이 높은 편이다. 공부도 잘하고 창의적이며 학급 회장으로 활동하고 있다. 가정에서는 동생을 잘 돌보는 맏이로서 부모의 말을 잘 듣는 편이라고 한다. 장래 희망이 프로게이머라고 할 만큼 컴퓨터 오락에 관심이 많은데 집에서 컴퓨터 오락을 많이 못하게 하는 것이 늘 불만이다. 그런데 ㄱ은 같은 아파트에 살고 있는 같은 반 친구 ㄴ을 유난히 놀리고 괴롭히고 자주 때린다. ㄱ은 스스로 ㄴ을 괴롭힐 뿐 아니라 다른 아이들에게도 ㄴ을 괴롭히라고 종용한다. 짱 기질이 있는 ㄱ이 이렇게 행동하니까 다른 아이들도 ㄱ을 따라 ㄴ을 놀리고 괴롭히게 되었다. 이 사실을 알게 된 ㄴ의 부모는 직접 나서서 ㄱ에게 야단을 치기도 하고 ㄱ 부모에게 항의를 하기도 했지만 ㄱ의 행동이 달라지지 않자 급기야 담임선생님을 찾게 되었다. 담임선생님은 먼저 학급 아이들에게 두 아이의 관계에 대해 집중적으로 질문하여 사태를 파악하였다. 그리고 따로 시간을 내어 ㄱ과 만나 왜 ㄴ을 놀리고 괴롭히는지 이유를 물어보았다. ㄱ은 특별한 이유가 없다고 하며 '그냥'이라는 대답만 반복했다. 담임선생님은 친구를 놀리고 괴롭히는 일을 해서는 안 된다고 좋은 말로 ㄱ을 타이르는 한편, ㄴ의 엄마와 상담을 통하여 이 같은 사실을 알리고 가정에서도 함께 지도해 줄 것을 당부하였다.

(2) 사례 2: ㄷ의 경우

초등학교 6학년인 ㄷ은 지적 능력이 떨어지는 데다 내성적이고 소극적이어서 자기 의사를 분명하게 표현하지 못한다. 학급에서도 ㄷ은 늘 홀로 떨어져 조용히 지내고 다른 아이들과 어울리지 못한다. 더욱이 ㄷ은 어릴 때 안면장애 수술을 받았는데 얼굴에 남은 흔적 때문에 아이들로부터 따돌림을 당하는 경우가 많았다. 6학년에 들어와서도 ㄷ은 따돌림을 당했는데, 특히 한동네에 사는 ㄹ이 ㄷ을 따돌리는 데 앞장섰다. ㄹ은 ㄷ을 찌질한 아이라고 생각했다. 공부도 못하고 노는 것도 유치하고 생긴 것도 이상하고, 한

마디로 자기와 수준이 맞지 않는다는 것이다. 더구나 ㄷ과 모둠이 되어 학급활동을 하게 되면 늘 손해를 보게 돼서 ㄷ이 밉다고 한다. 그래서 가능하면 ㄷ과 같이 섞이지 않으려고 하고 기회만 되면 ㄷ을 괴롭히게 된다는 것이다. 그래서 다른 아이들한테도 ㄷ과 어울리지 말라고 경고와 협박을 할 뿐 아니라 친구들과 함께 ㄷ을 괴롭히기 위해서 작전을 짰다. 어느 날 우연히 울고 있는 ㄷ을 발견하고 ㄷ이 학급에서 집단 따돌림을 당하고 있다는 사실을 알게 된 담임교사는 ㄹ을 불러서 상담을 하였지만 ㄹ의 태도는 쉽게 바뀌지 않았다.

3) 상담적 개입 전략

집단 따돌림과 괴롭힘에 대한 상담적 개입 전략을 크게 두 가지로 나누어 제시한다. 하나는 집단 따돌림과 괴롭힘을 대하는 교사의 마음가짐이나 태도와 관련된 일반적 전략이고 다른 하나는 좀 더 자세하게 상황에 개입해 들어가는 구체적 전략이다.

(1) 일반적 상담 전략

집단 따돌림과 괴롭힘 문제를 접했을 때 교사의 섣부른 꾸중과 체벌, 폭력 등은 가해·피해학생에게 더 심각한 갈등과 불화를 일으킬 수 있으며, 학생과 교사 사이에 불필요한 불신감과 적대감만 키울 뿐이다. 특히 피해학생과 가해학생에 대한 교사의 편견과 부적절한 개입, 그리고 감정적인 대처는 양측 학생 모두에게 더 큰 불화와 갈등을 조장하게 된다는 점을 명심할 필요가 있다. 따라서 교사는 선입견을 버리고 감정을 가라앉힌 후 관련된 모든 학생의 이야기와 불평불만의 소리를 주의 깊게 경청하며 문제해결에 임해야 한다.

피해학생에 대한 전략

- 피해학생의 마음을 공감하고 위로한다.
- 피해학생에 대한 계속적인 상담과 그에 대한 기록을 남긴다.
- 따돌림 당하는 원인을 찾고 이를 해결할 수 있는 방안을 다양하게 찾아본다.
- 다양한 방법으로 피해학생의 자존감을 높여 준다.

가해학생에 대한 전략

- 따돌림 행동을 탓하기 전 그런 행동을 한 이유에 대해 학생의 입장에서 자세히 경청한다.
- 따돌림 행동의 원인을 파악하고 가해학생의 욕구를 적절하게 풀어 나갈 방법을 학생과 함께 찾는다.
- 집단 따돌림이 엄연한 폭력이고 법적 문제로 비화될 수 있다는 사실을 인식시킨다.
- 다른 사람의 행동과 감정을 잘 이해할 수 있는 사회적 지각 능력을 키워 준다.

(2) 구체적 상담 개입 전략

집단 괴롭힘과 따돌림의 가해학생과 피해학생에게 개입해 들어가는 상담 전략은 매우 다양하다. 여기서는 그중 대표적이라고 여겨지는 두 가지만 소개하도록 한다.

피해학생에 대한 전략

[자기주장 훈련하기]

자기주장 훈련은 소극적이거나 내성적이어서 사회적인 관계 속에서 자기를 제대로 드러내지 못하는 사람들을 위한 훈련이다. 자기주장 훈련 프로그램은 대개 다음과 같은 세 가지 수준의 훈련으로 구성된다.

- 첫 단계는 자신의 권리가 침해당하는 것을 보고 과감하게 '싫다.'고 말할 수 있는 능력을 키우는 훈련이다. 집단 따돌림의 피해학생들은 대부분 따돌림을 당하면서도 '그만!', '멈춰!', '싫어!'라는 말을 잘 하지 못해서 일을 키우는 경우가 많다.
- 다음 단계는 다른 사람의 눈치를 보지 않고 자신의 생각과 감정을 있는 그대로 표현하는 훈련이다. 흔히 피해학생들은 자신의 생각이나 감정을 말하지 않으면서 다른 사람이 자기를 이해해 주기를 바라는데, 이는 매우 어리석은 일이다. 따라서 당당하게 다른 사람들이 알아듣도록 자기 생각과 감정을 표현하는 훈련을 할 필요가 있다.
- 다음 단계는 자기 생각이나 감정 또는 권리를 주장하되 남을 배려하면서 표현함으로써 오해를 불러일으키지 않는 훈련이다. 이 단계에 이르면 다른 사람들과 갈등을 겪지 않으면서도 자기 권리를 찾는 일이 가능해진다.

[자존감 키우기]

집단 따돌림을 당하는 많은 학생의 자존감은 심각하게 낮은 편이다. 이들이 자기를 존중하고 자기 삶을 가치 있게 여기도록 돕는 일은 단순히 집단 따돌림 문제를 해결하는 일보다 더 중요하다. 자존감은 안정감, 정체감, 소속감, 목적 의식, 유능감 등의 심리적인 요소로 구성된다. 따라서 아동에게 이러한 심리적 요소들이 잘 갖추어지도록 노력할 필요가 있다.

- 학생에게 안정감을 주기 위하여 담임교사는 학교와 학급이 안전한 곳이라고 느끼게 해야 한다. 이를 위해 담임교사는 따뜻한 관심을 가지고 학생을 편안하게 대하고, 학생의 모든 행동을 긍정적인 시선으로 바라볼 줄 알아야 한다.
- 학생의 정체감 형성을 돕기 위하여 담임교사는 학생의 생각이나 의견, 느낌을 자유롭게 표현하도록 돕는다. 설사 학생의 의견이 자신과 다르다고 함부로 화를 내거나 적대시하거나 방어적으로 반응하는 일을 삼간다.
- 학생에게 소속감을 주기 위하여 담임교사는 학생의 감정에 민감하게 반응하고 학생이 성취한 것을 있는 그대로 인정한다. 학급 친구들 사이에도 친밀한 우정이 생기도록 돕는다.
- 학생에게 목적 의식을 심어 주기 위하여 담임교사는 학생이 배우고 행하는 것에 관심을 보여 주고 스스로 기준을 세워 노력하게 한다. 학생이 어려움에 처했을 때 기꺼이 도움을 제공한다.
- 학생에게 유능감을 갖게 하기 위하여 담임교사는 학생이 성취할 수 있는 과제를 주고 이를 달성했을 때 칭찬과 격려를 아끼지 않는다. 학생의 장점을 발견하여 이를 계발하도록 돕는 일도 중요하다.

가해학생에 대한 전략

[공감 훈련하기]

아동들이 괴롭힘의 가해자가 되는 이유는 희생자의 고통에 공감하는 마음이 부족하기 때문이다. 따라서 공감하는 마음을 훈련하는 것이 문제 해결의 핵심 열쇠다.

- 공감 훈련은 감정을 파악하고 표현하는 훈련이다. 평소 자신의 감정에 대해 잘 느

끼고 표현할 기회가 없는 학생들에게 감정 표현 연습을 주기적으로 실행하게 한다. 감정을 나타내는 다양한 어휘를 소개하고 자신의 내면에 있는 느낌을 정확하게 드러내는 어휘를 찾아 표현하는 연습을 하게 한다.

• 돌아가며 하루에 한 학생이 주인공이 되어 종례 시간에 그날 학급에서 일어난 일에 대해 자신의 감정을 표현하고 친구들이 공감해 주는 연습을 하는 것도 하나의 방법이다.

[다양한 유형의 일기 쓰기]

• 릴레이 일기 쓰기: 일주일의 일기를 가해학생과 피해학생이 번갈아 쓰게 한다. 가해학생이 하루 일기를 쓰고 다음 날은 피해학생이 일기를 써서 돌려보면서 서로 용서하는 마음과 이해하는 마음을 기르는 방법이다. 가능하면 일기의 내용은 집단 따돌림이나 괴롭힘 문제를 해소하는 데 초점을 맞추도록 한다.

• 모둠일기 쓰기: 한 모둠 구성원이 서로 간의 이해를 높일 수 있도록 하는 데 효과적이다. 아이들끼리 돌아가면서 그날 모둠에서 있었던 일과 자신의 생각을 쓴다. 토요일에 모둠을 쓰게 되는 아이에게는 부모님의 글을 받아 오게 함으로써 학부모에게 자녀 소식을 전하는 기회로 삼을 수도 있다. 아이들은 모둠 구성원의 생각을 읽을 수 있어서 서로 더욱 친밀해지는 계기가 될 수도 있다.

피해학생과 가해학생의 보호자　　지금부터 말하는 피해학생과 가해학생의 보호자와 관련된 사항은 집단 따돌림뿐 아니라 다른 모든 학교폭력행동에도 똑같이 적용되는 내용들임을 미리 밝혀 둔다(박성희 외, 2012b).

[피해학생의 보호자를 상담할 때 유의할 사항]

• 피해학생 보호자의 입장에서 이야기를 해야 한다. 피해학생 보호자는 자녀의 피해 때문에 감정이 상한 상태이기 때문에 집단 따돌림의 원인을 자신의 자녀에게 돌리는 것은 아닌가 하는 오해를 해 교사에게 서운함을 느낄 수 있다.

• 대부분의 피해학생 보호자는 자기 자식이 피해를 입은 사실에만 집착하지 근본적으로 이러한 문제가 왜 일어났고, 또 앞으로 어떻게 대처해 나갈 것인지에 대하여 준비가 잘 되어 있지 않다. 따라서 담임교사는 앞으로 피해학생이 원만한 학교생활을 하기 위해 무엇이 필요한지에 초점을 맞춰 피해학생 보호자와 상담을 할 필

요가 있다.

- 피해학생이 무슨 이유에서 따돌림을 당하는지, 가해학생이 누구인지를 파악하여 자녀가 대처할 수 있는 방법을 의논한다. 또한 보호자로서 자녀를 너무 이기적으로 키우지는 않았는지, 공부만 하라고 너무 몰아세운 것은 아닌지 등 자녀양육방식을 되돌아보도록 도와준다.

- '바보같이 따돌림을 당하느냐?', '네가 그러니까 따돌림을 당하지.' 하는 식으로 피해학생을 너무 몰아세우지 않도록 조언한다. 그런 대응은 가뜩이나 주눅이 들어 있는 피해학생을 더욱 위축시키고 피해학생이 보호자를 진정한 상담 대상으로 신뢰하지 못하게 만든다는 사실을 알려 준다.

[가해학생의 보호자를 상담할 때 유의할 사항]

- 가해학생 보호자가 '내 아이가 그럴 리 없다.'고 반응을 하면, 이를 바꾸려고 노력해야 한다. 대개 자기 자녀는 아무 문제가 없다고 믿는 것이 대다수 보호자의 마음이다. 하지만 집단 따돌림은 철저히 가정 밖에서 이루어지기 때문에 쉽게 눈치 채지 못하는 사이에 문제가 커진다. 따라서 학교나 피해학생의 보호자가 연락을 할 경우 냉정하게 상황을 파악하고 협조하려는 자세가 필요하다는 것을 인식하게 해야 한다.

- 가해학생에게 관심을 가지고 애정 어린 태도로 대할 것을 권한다. 자녀의 이야기도 듣지 않고 무조건 일방적으로 꾸짖을 경우 오히려 반발심만 키워 사태를 악화시킬 수 있다. 따라서 아이를 야단치기 전에 집단 따돌림 행동을 한 원인이 무엇인지, 구체적으로 피해학생을 어떻게 따돌렸는지 차분하게 대화를 나눌 필요가 있다. 자녀를 야단치는 일보다 자녀의 행동을 이해하는 일이 먼저라는 사실을 보호자가 확실히 인식하게 한다.

- 남을 괴롭히는 학생들은 주위의 사랑을 갈망하는 경향이 있다. 외톨이가 되는 것보다 남을 괴롭힘으로써 얻게 되는 주목과 관심이 더 낫기 때문이다. 그러므로 혹시 가해학생이 외로움을 타는 것은 아닌지 또 그 원인이 보호자-자녀 관계에서 비롯된 것은 아닌지 세밀하게 살피도록 한다. 필요하다면 자녀와 심리적으로 친밀해지는 다양한 방법과 전략을 보호자에게 가르쳐 주는 것도 좋은 방법이다.

4) 교육적·행정적 조치

집단 따돌림이나 괴롭힘이 일어났을 때 상담적 개입 이외에 교사와 학교 차원에서 수행해야 할 필요한 조치들로 다음과 같은 것들이 있다.

(1) 집단 따돌림 방지를 위한 학급 내 프로그램 운영

집단 따돌림의 심각성 인식시키기　먼저 집단 따돌림을 주도해서 피해학생의 마음이나 몸에 상처를 주면 심각한 민사적·형사적 처벌을 받도록 명시되어 있는 「아동보호법」과 「학교폭력 예방 및 대책에 관한 법률」의 내용을 당사자인 학생과 학부모에게 분명하게 알려서 장난삼아 그런 일을 하는 것이 용납되지 않는다는 사실을 강조한다.

학급 내 프로그램 운영　학급 경영에 아동들을 다양한 형태로 참여시켜 집단 따돌림을 방지하는 프로그램으로 활용한다. 집단 따돌림 도우미 구성, 집단 따돌림 투표를 통한 사전 집단 따돌림 방지, 집단 따돌림 감시위원회 설치, 집단 따돌림 일일체험 등이 그 예가 될 수 있다. 이런 활동을 할 때 학급 아동들 스스로 토론하고 체험하고 규칙을 정하면서 집단 따돌림을 예방하고 문제를 해결하는 방법을 찾아가게 돕는 일이 바람직하다.

(2) 올베우스 4대 원칙 적용

전체 학교 차원에서 집단 따돌림을 비롯한 학교폭력을 저지하는 문화를 확산시키기 위하여 노르웨이에서 시작된 올베우스 프로그램을 도입하여 활용하는 것도 권장할 만하다. 올베우스에서 추천하는 집단 괴롭힘에 대처하는 4대 규칙은 다음과 같다.

- 우리는 다른 친구들을 괴롭히지 않을 것이다.
- 우리는 괴롭힘을 당하는 친구들을 도울 것이다.
- 우리는 혼자 있는 친구들과 함께할 것이다.
- 만약 누군가가 괴롭힘을 당하게 된다는 것을 알면, 우리는 학교나 집의 어른들에게 이야기할 것이다.

(3) 평화로운 공동체를 만들기 위한 규칙 제정

학교를 폭력이 없는 평화로운 공동체로 만들기 위하여 학교공동체의 구성원 모두가 참여하여 규칙을 정하고 이를 철저하게 지켜 가는 것도 좋은 방법이다. 이 규칙은 학교와 교사가 일방적으로 제공하는 것이 아니라 학생들이 주도적으로 참여하는 다음과 같은 과정을 거쳐서 만들어져야 효과가 크다.

- 학급회의를 통해 학교폭력의 문제와 심각성을 공유하기
- 학생들이 학급회의를 주도하여 토론하며 의견 수렴하기
- 학생들의 의견을 바탕으로 하되 교사들의 의견과 올베우스같이 효과가 입증된 규칙들을 참조하여 우리 학교에서 지킬 규칙 만들기
- 제정된 규칙을 학부모, 교사, 학교행정가와 공유하기
- 괴롭힘 없는 평화롭고 행복한 학교를 만드는 선언식하기

2 집단폭력

집단폭력은 한 학생 또는 소수의 학생에 대해 집단적으로 폭력을 가하는 경우와 집단 대 집단이 싸움을 벌이는 패싸움으로 나눌 수 있다. 패싸움은 대부분 우발적으로 발생한다는 특징이 있다.

1) 집단폭력의 유형과 실태

교육부나 한국교육개발원의 전수조사에서는 집단폭력이 중학교 때부터 시작되는 것으로 파악되었다. 그렇다고 해서 초등학교에 집단폭력이 없는 것은 아니다. 우발적으로 발생하는 패싸움은 오히려 초등학교 학생들에게서 많이 발생한다. 사춘기에 접어든 아이들이 함께 몰려다니면서 아무것도 아닌 일에 시비를 걸고 패싸움을 벌이는 일이 종종 발견된다. 시골이나 벽지에서는 양형 또는 양언니라고 불리는 선배들과 어울려 폭력에 참가하는 경우도 있다. 소위 일진회라는 폭력 서클에 가담한 초등학생들도 있다. 일진회 입장에서는 머리가 영리하거나 외모가 뛰어난 초등학생들을 일찌감치 자기

네 신입 회원으로 가입시킴으로써 세를 확장시키려는 의도를 갖고 있는 듯하다.

중학교에 오면 집단폭력이 현격하게 증가한다. 특히 일진회 같은 폭력 서클을 중심으로 집단폭력이 늘어나는데, 그 이유가 참 다양하다. 아무 이유 없이 그냥 시비를 걸고 때리는 경우, 자기들과 친하지 않다고 욕을 퍼붓고 때리는 경우, 힘이 약한 학생에게 먼저 때리라고 부추긴 후 집단으로 보복폭행을 하는 경우, 급식 시간에 새치기를 했다고 항의하는 학생을 건방지다고 때리는 경우, '그냥 연습용'이라고 하며 멍들 때까지 따돌림당하는 학생을 때리는 경우 등 이유를 종잡을 수 없는 사례가 허다하다.

2) 실제 사례

(1) 사례 1: ㅁ의 경우

중학교 2학년에 다니는 ㅁ은 약 6개월간 같은 반 학생들로부터 집단 따돌림을 당했고, ㅂ 등 여덟 명으로부터 집중적으로 폭행을 당했다. ㅂ은 ㅁ 등 10명으로부터 돈을 빼앗았고, 돈이 없을 때에는 음식점 전단지 돌리기 등의 아르바이트를 시켜 돈을 뜯어냈으며, 말을 듣지 않으면 폭행을 일삼았다. 견디다 못한 ㅁ은 어느 날 쉬는 시간에 ㅂ이 자기를 괴롭힌다며 담임교사에게 찾아가 신고했으나 이를 알게 된 ㅂ은 화장실로 ㅁ을 데려가 고자질을 했다고 보복폭행을 했다. 학교 측은 학교폭력대책자치위원회를 열어 가해학생 여덟 명 중 특히 폭력 정도가 심한 두 명을 전학 조치했다. 그러나 이들 중 두 명이 전학을 가지 않겠다며 학교 측의 처벌에 불복하자 출석 정지 명령을 내려 등교하지 못하도록 했다. 피해학생과 학부모는 ㅂ 일당과 함께 3학년으로 진급하는 것이 두려워 전학을 고려하고 있다.

(2) 사례 2: ㅅ의 경우

평소 동급생들로부터 학교의 '일진'으로 행동해 온 ㅅ은 각 반을 돌아다니며 친구들의 돈을 갈취하거나 담배를 가져오라고 시키고 폭행을 가했다. 피해학생인 ㅇ이 숨지기 전날, ㅅ은 오전 2교시가 끝난 뒤 ㅇ을 교실 뒤쪽으로 끌고 가 세워 놓은 상태에서 마치 샌드백을 치듯 두들겨 팼다. ㅇ이 쓰러지면 일으켜 세워 또 때리기를 반복하였다. 흠뻑 두들겨 맞은 ㅇ은 ㅅ이 괴롭히는 또 다른 피해자 ㅈ에게 담배 좀 가져다 달라고 부탁했고, ㅈ이 가져온 담배를 피다가 교사에게 발각되어 벌을 받게 되었다. ㅇ은 당일 오후 다섯 시경까지 교무실에 꿇어앉아 있다가 오후 다섯 시 사십 분경 학교에서 나온 뒤 다음 날 아홉 시 사십 분쯤 아파트 옥상에서 목을 매 숨진 채 발견되었다.

ㅅ은 모든 교사가 생활지도를 어려워하는 학생이다. 담임교사 역시 ㅅ의 문제행동을 알고 있었다. 하지만 막상 ㅅ을 처벌하려고 하면 피해학생들이 보복에 대한 두려움 때문에 피해입은 적이 없다고 하거나 협조를 하지 않아서 그마저도 어려웠다. 이런 상황이 ㅅ으로 하여금 학교 측의 징계를 대수롭지 않게 여기고 무시하게 만들었다. 그럼에도 담임교사는 ㅅ에게 훈계도 하고 타일러도 보고 교칙에 따라 교내봉사와 사회봉사를 시키는 등 다양한 징계 처분을 내렸다. 그래도 문제행동이 고쳐지지 않자 마지막 수단으로 전학을 권고했지만 ㅅ의 거부로 무산되었다. ㅅ이 시설에 위탁되어 생활하는 학생인지라 부모를 호출할 수도 없고 지도할 길이 막막한 상태에서 이런 일이 벌어졌다.

3) 상담적 개입 전략

집단폭력에 대한 상담적 개입 역시 두 가지로 나누어 제시한다. 하나는 집단폭력을 행하는 학생들을 대하는 교사의 마음가짐이나 태도와 관련된 일반적 전략이고 다른 하나는 좀 더 자세하게 상황에 개입해 들어가는 구체적 전략이다.

(1) 일반적 상담 전략

집단폭력은 집단적으로 이루어지는 폭행이라는 측면에서 피해학생에게 상당히 심각한 외상적 경험을 남기게 된다. 따라서 가해학생 못지않게 피해학생을 위한 세심한 대책을 세워야 한다. 만일 학교에서 이루어지는 집단폭력이 학교 외부 폭력 세력과 연결되어 있다면 경찰과 연계하여 대책을 세울 필요가 있다.

피해학생에 대한 전략

- 피해학생이 느낄 두려움과 분노를 충분히 공감하고 이해한다.
- 피해학생의 두려움과 분노가 외부로 표출될 수 있도록 다양한 방법을 동원한다.
- 피해학생이 보복당할 것을 두려워하지 않을 수 있는 신고체계를 갖추도록 한다.
- 피해학생의 심리적 상처가 클 경우 전문상담자에게 의뢰하여 상담을 받도록 한다.
- 피해학생에게 외상이 있을 경우 보건소나 의료전문기관에 의뢰하여 진단과 치료

를 받게 하고 진료기록을 확보해 둔다.

가해학생에 대한 전략

- 집단폭력행동과 그 행동을 한 가해학생들의 인격을 구분하고 최대한 가해학생들의 인격을 존중하는 태도를 가지고 그들의 말을 경청한다.
- 집단폭력의 가해학생들은 대부분 가정에 문제를 가지고 있다. 조심스럽게 이들의 가정환경과 가족관계에 어떤 문제가 있는지 알아본다.
- 가해학생들이 외부 폭력 세력과 어떤 연관이 있는지 확인한다. 만일 외부 조직과 연관되어 있다면 담임교사 개인과 학교를 넘어서는 보다 큰 사회적 맥락에서 문제를 해결해야 한다.
- 집단폭력을 행사했을 때 받게 될 처벌과 법적 제재를 자세히 안내하고 어떤 경우에도 집단폭력은 허용될 수 없는 사회적 범죄임을 인식시킨다.

(2) 구체적 상담 개입 전략

집단폭력의 피해학생과 가해학생에게 개입해 들어가는 상담 전략 역시 다양하다. 여기서도 그중 두 가지씩을 소개한다.

피해학생에 대한 전략

[학교폭력 예방을 위한 자기보호 대처법]

학교폭력 또는 집단폭력의 위험에 처한 학생들에게 교사는 다음과 같은 자기보호 대처법을 안내한다(정종진, 2012, 161).

- 혼자 있으면 위험에 처할 수 있으므로 고립된 건물이나 장소에 혼자 떨어져 있지 않도록 하고 집단에 계속 붙어 다닌다. 가능하면 또래나 어른들이 보이는 곳에 머물도록 한다.
- 가해학생이 눈에 보이면 똑바로 서서 자신감 있는 모습을 보이도록 노력한다. 조용하고 자신 있게 행동하도록 하며, 울기, 소리치기, 도망가기 등의 행동은 가해학생에게 빌미를 제공할 수 있으므로 삼간다.
- 누군가가 놀리거나 싫어하는 별명을 부르거나 험담을 하면 과민하게 반응하지 말

고 두려워하지도 말며 익숙해지려고 노력한다. 과민한 반응을 보이면 상대방에게 재미를 더해 주어 오히려 놀림감이 될 수 있다.

- 누군가가 계속해서 놀리고 괴롭힌다면 자신의 행동방식에 문제가 없는지 살펴보고 문제라고 여겨지는 부분을 바꾼다.
- 피해 사실이 있으면 숨기려 하지 말고 교사나 부모에게 자세히 설명하며 도움을 청한다. 가능하면 육하원칙에 따라 피해 사실을 기록해 두는 것이 좋다.

[감정 과장하기]

집단폭력에 노출된 피해학생들은 기본적으로 두려움과 분노 감정에 사로잡혀 있다. 다만, 이런 감정을 노출할 때 더 큰 피해가 닥칠 수 있다는 우려 때문에 속에 가두고 혼자 앓는 경우가 많다. 따라서 이들을 상담할 때 숨어 있는 감정을 접촉하고 이를 드러내 표현하도록 도울 필요가 있다. 그 방법의 하나가 감정 과장하기다. 감정 과장하기는 언어와 비언어적 행동을 통해 이루어지는데, 여기서는 언어적 과장하기를 소개한다.

- 먼저 두려움이나 분노를 느끼게 하는 가해학생들을 떠올리게 한다.
- 머리에 떠올린 가해학생을 향해 그동안 숨겼던 감정을 조그만 소리로 표현하게 한다. '나는 네가 싫어. 정말 네가 없어졌으면 좋겠어.'
- 이제 더 큰 목소리로 과장해서 가해학생을 향해 감정을 터뜨리게 한다. '나는 네가 정말 싫어, 미워, 미워 정말 미워. 그래, 꺼져, 꺼져 버리라고. 죽이고 싶어, 정말 너를 죽이고 싶다고!'
- 가해학생에 대한 감정이 격하게 올라오면 막힘 없이 있는 감정을 충분히 쏟아 내도록 한다.
- 피해학생의 감정이 가라앉을 때까지 차분히 기다려 주고 학생 스스로 자기 감정을 추스르게 기다려 준다.
- 피해학생 스스로 가해학생에 대한 자신의 감정을 표현하고 스스로 조절할 수 있을 때까지 이 과정을 반복한다.

가해학생에 대한 전략

[역할극하기]

집단폭력과 같은 문제행동을 하는 학생들은 자신의 폭력적인 행동으로 인해 다른 사람이 힘들어하거나 마음의 상처를 받을 수 있다는 사실을 생생하게 경험해 볼 필요가 있다. 이때 도움을 줄 수 있는 방법의 하나가 역할극이다. 역할극은 다음과 같은 순서로 전개한다.

- 교사는 가해학생이 되고 가해학생 자신은 피해학생이 되는 상황을 설정한다.
- 가해학생은 집단폭력을 당하면서 어떤 생각과 느낌이 드는지 경험해 본다.
- 가해학생은 집단폭력을 당할 때 피해학생이 보인 것과 동일한 반응을 따라해 본다.
- 가해학생이 피해학생이 겪는 고통과 아픔을 깊이 공감할 때까지 역할극을 계속한다.

만약 가해학생이 역할극 참여를 거부하면 다른 사람들이 같은 장면을 연기하게 하여 그것을 지켜보게 하는 것도 도움이 될 수 있다. 역할극을 쭉 지켜보다가 실제로 참여해 보도록 이끌어 줄 수도 있다. 스스로 원하지 않는 경우 역할극 참여를 지나치게 강요하지 않는다.

[분노조절하기]

집단폭력에 가담하는 학생들의 상당수는 분노가 일어날 때 이를 조절하지 못하고 쉽게 터뜨리는 경우가 많다. 다음과 같은 분노조절 프로그램은 분노조절과 표현에 도움을 줄 수 있다. 이 프로그램은 집단으로 운영하는 것이 좋다(박성희 외, 2012a).

- 분노를 표현하는 행동이 가져오는 결과에 대해 토의한다. 학급 친구들이나 교사에게 분노를 심하게 표출하면 앞으로도 오래 생활해야 할 이들과의 관계가 어떻게 될지 이야기해 본다.
- 분노 표현에 관한 실제 사례를 찾아보고 토의한다. 친구, 유명인, 연예인 중에서 화를 잘못 다스려 상황을 나쁘게 만든 사례와 반대로 화를 잘 다스려 존경받는 사례를 찾아보고 그 차이를 이야기해 본다.
- 흥분이 시작되는 경고 신호를 인식하고 느낌을 알아차린다. 화가 나려고 할 때 어떤 신체 증상이 나타나는지 자신의 몸을 세밀하게 관찰한다. 화가 날 때 가슴

이 두근거리고, 머리가 흔들리고, 얼굴이 붉어지고, 심장이 뛰는 등의 증상이 나
타나면 다음의 행동을 취한다.

- 자리를 뜬다.
- 숫자를 센다.
- 마음속으로 차분해질 수 있는 말을 반복한다.
- 눈을 감고 긍정적 심상을 활용한다.
- 심호흡에 집중하여 흥분했던 마음을 가라앉힌다.
- 가능하면 근육이완을 실시한다.
- 친구들이나 교사가 하는 말의 의미에 대해 생각한다.

4) 교육적 · 행정적 조치

(1) 교사의 조치

학기 초 약 일주일간 학교폭력에 대한 예방교육과 함께 혹 있을지 모를 학급 내 폭력
세력을 파악한다. 이 과정에 학급 카스트(일진지도)가 도움이 될 수 있다. 학급 카스트
를 만드는 방법은 다음과 같다(문재현 외, 2012).

- 학급 학생들에게 A4 크기의 백지를 한 장씩 나누어 준다.
- 피라미드 모양을 그리고 네 칸이 되게 가로로 칸을 나누게 한다.
- 맨 아래 칸이 1단계, 맨 위를 4단계로 하고 이 피라미드는 일종의 먹이사슬과 같다
  고 말해 준다.
- 각 칸에 급우들의 이름을 적는다.
- 적어 놓은 급우의 이름 옆에 왜 그렇게 생각하는지 이유를 적는다.
- 학급 학생들의 피라미드를 종합하여 학급 피라미드를 작성한다.
- 학급 피라미드의 결과를 공개하고 느낌 나누기를 한다.

(2) 학교 차원의 조치

- 학교 내에서 발생한 집단폭력이 경미한 사안이 아니라고 판단되면 담임교사는 학
  교폭력 전담기구에 즉시 신고하고, 학교폭력 전담기구는 발생한 집단폭력의 실태

- 를 조사하여 학교장과 학교폭력대책자치위원회에 보고해야 한다.
- 폭력 사안이 인근 학교나 상급 학교와 연관되어 있을 때에는 관련된 학교를 연계하여 진상조사를 실시한 후 조취를 취해야 한다. 진상조사를 한 결과 폭력 양태가 심각하다고 판단될 경우 공동의 학교폭력대책자치위원회를 개최하여 가해자에 대한 조치와 피해자에 대한 보호책이 마련되어야 한다.
- 학교 내 일진에 대한 개념은 학교 상황에 따라 그 폭과 범위가 매우 다양하다. 일반 사회 조직에서의 '일진' 개념과 달리 학교 안에서 일반학생들이 '일진'이라고 생각하는 개념은 다소 다르다. 학교 안에서 일반 학생들에게 위협을 느끼도록 분위기를 조성하고 더 나아가 정신적 · 물리적 폭력을 휘두르는 집단 세력은 모두 '일진'이라고 볼 수 있다. 2012년 5월부터 일진에 대하여는 교육과학기술부 차원에서 경찰청과 협조하여 일진경보제를 활용하고 있다(교육과학기술부, 2012).

3 폭행과 갈취행동

다른 사람의 것을 을러서 억지로 빼앗는 갈취행동은 대개 협박과 폭행을 동반하는 경우가 많다. 금품갈취는 돈이나 물건 빼앗기, 돈이나 물건을 억지로 빌리고 돌려주지 않기, 물건 등을 망가뜨리기, 물건을 훔치거나 훔쳐 오라고 하기, 돈을 걷어 오라고 하기 등의 형태로 이루어진다. '자녀 안심하고 학교보내기운동 국민재단(2012)'은 금품갈취를 속칭 삥(금전) 뜯기, 옷 · 문구류 등 빼앗기, 폭행 또는 협박으로 상대방의 권리 행사를 방해하거나 의무 없는 일을 하게 하는 행위(속칭 빵 셔틀, 와이파이 셔틀 등)로 나누고 있다.

1) 폭행 및 갈취행동의 유형과 실태

교육부와 한국교육개발원의 전수조사에서 밝혀진 폭행 및 갈취행동은 중학교에서 절정에 달하지만 초등학교에서도 점점 심각해지는 것으로 밝혀졌다. 초등학교에서 발견되는 갈취행동은 대개 선후배 관계, 즉 학교 선배가 후배를 괴롭히는 형태로 이루어진다. 학교폭력이 시작되는 시기가 점점 빨라지는 것을 고려하면 중학교에서 발견되는 금품갈취 사례들이 앞으로 초등학교에서도 발생할 가능성이 높으므로 관심을 가지고 지켜볼 필요가 있다.

중학교에서 행해지고 있는 금품갈취 행동의 실태를 보면, 빵이나 먹거리를 사 오라고 심부름을 시키고 물건 값을 주지 않는 행위, 졸업식이나 기타 특별한 기념일에 후배들에게 금품상납을 요구하는 행위, 선배들이 후배들에게 매일 일정 금액의 상납을 요구하는 행위, 돈, mp3, 브랜드 잠바, 명품 운동화 등을 빌려 달라고 하고 돌려주지 않는 행위 등이 많다. 이런 금품갈취 행동은 학원이나 길거리 뒷골목 등 남의 이목이 집중되지 않는 곳에서 자주 발생하는데, 한 번으로 끝나지 않고 상습적으로 반복된다는 데에 더 큰 문제가 있다.

2) 실제 사례

(1) 사례 1: ㅊ의 경우

5학년 남학생인 ㅊ은 학급 아이들을 자주 폭행하고 때로는 아이들을 협박하여 돈이나 물건을 빼앗곤 한다. 그날도 쉬는 시간에 한 아이를 괴롭히다가 우연히 담임교사에게 발각되어 추궁을 당하게 되었다. 담임교사는 ㅊ이 돈을 빼앗은 사실에 대해 알아보기 위해 ㅊ과 상담을 하고 학급 아이들에게도 ㅊ이 돈을 빼앗은 적이 있는지 조사를 실시하였다. 그 결과 돈을 빼앗긴 아이가 학급 아이뿐 아니라 저학년 아이들도 있었으며, 돈을 주지 않으면 날마다 돈을 달라고 협박하거나 이자를 올려 피해를 당한 아이들이 학교 오기를 두려워한다는 사실을 알게 되었다. 담임교사는 ㅊ의 가정과 연계하여 지도해 보려고 하였으나 엄마와는 전화 통화조차 힘들었다. 담임교사는 간신히 ㅊ의 부모는 별거 중이고 ㅊ은 엄마, 누나 그리고 할머니와 함께 살고 있으나 엄마는 공장에 다녀 야간에도 일을 나가는 경우가 대부분이라는 사실, 누나는 특수아동이고 할머니도 살갑게 대해 주지 않아 가정에 대화 상대가 없다는 사실, 그리고 가정형편이 매우 어려워 ㅊ이 늘 돈에 쪼들린 생활을 하고 있다는 사실을 알게 되었다.

(2) 사례 2: ㅋ의 경우

△△도에 새로 전학을 온 중학교 2학년 ㅋ은 같은 반의 ㅍ에게 과자를 사 오라고 했는데, ㅍ이 말을 듣지 않자 폭행을 하기 시작했다. 3월에는 학교 체육관에서 농구를 하

고 있던 ㅍ에게 ㅋ이 같은 반의 친구 두 명과 함께 다가가 "농구도 못하는 게 무슨 농구냐!"고 하면서 주먹으로 가슴을 때렸다. 같은 해 5월에는 ㅋ의 협박에 못이긴 ㅍ이 집에서 현금 130만 원을 훔쳐 갖다 주었고, 그다음 달에는 어머니가 관리하던 부녀회 통장에서 280만 원을 찾아 ㅋ에게 갖다 주었다. 10월에는 ㅋ이 "좋은 거니까 입어 봐."라고 말하며 바지를 ㅍ에게 주고 그 대여료로 8만 원을 요구했는데 ㅍ은 싫다고 버티다가 폭행을 당했다. 또 ㅋ은 자기가 입는 점퍼에 실밥이 풀리자 ㅍ 탓이라고 하면서 옷을 물어 달라고 요구해 10만 원을 뜯어내기도 했다. 이런 사실이 부녀회 통장을 정리하다가 이상한 점을 발견한 ㅍ의 어머니에게 들통이 났다. ㅍ의 어머니는 ㅍ이 당한 폭행과 갈취에 대해 학교에 항의하였고, 학교는 ㅋ과 다른 가해학생 두 명에게 사회봉사 명령 6일간의 징계를 내렸다. 그러나 솜방망이 징계 탓에 ㅋ의 폭행과 협박은 계속되었다. 징계에 앙심을 품은 ㅋ과 친구들은 2학년 학생 열 명을 모아 놓고 ㅍ에게 "후배 교육하게 때려!"라고 명령했고, 주저하며 때리지 못하는 ㅍ에게 무차별 폭행을 가했다. 그리고 12월 겨울방학 때에는 ㅍ에게 문자 메시지를 보내 돈을 갖고 서울로 오라고 협박하기도 했다. 경찰 조사 결과 ㅋ은 2년 동안 ㅍ을 포함하여 세 명에게 150차례 폭행을 가했고, 여덟 차례에 걸쳐 427만 원의 돈을 빼앗은 것으로 드러났다.

3) 상담적 개입 전략

폭행 및 금품갈취에 대한 상담적 개입 전략 역시 크게 두 가지로 나누어 제시한다. 하나는 폭행 및 금품갈취를 행하는 학생들을 대하는 교사의 마음가짐이나 태도와 관련된 일반적 전략이고, 다른 하나는 좀 더 자세하게 상황에 개입해 들어가는 구체적 전략이다.

(1) 일반적 상담 개입 전략

폭행 및 금품갈취와 관련된 일반적 상담 개입 전략은 이미 앞에서 말한 바와 크게 다르지 않으므로 다시 반복하지 않는다. 다만, 가해학생과 상담할 때 특별히 신경써야 할 상담자의 자세에 대해 간략하게 언급해 둔다.

문제행동을 하는 학생 대부분이 그렇지만, 특히 폭행 및 금품갈취를 할 정도로 그 정도가 심해진 학생들은 성장 과정에 충분한 '인격적 존중'을 받지 못한 경우가 많다. 따라서 상담자는 이들과 만날 때 문제를 해결하겠다는 자세가 아니라 인격적 만남을 하겠다는 자세를 가지는 것이 바람직하다. 인격적 만남이란 상대방을 하나의 독립된 인격체로 인정하면서 그의 자기주도성을 최대한 존중해 주는 만남을 말한다. 살인같이 극악무도한 행동을 했을지언정 그 역시 하나의 인간으로서 자기 삶을 만들어 가는 고유한 인격이라는 사실을 존중해 주라는 뜻이다. 상담에서 이런 만남을 실현하려면 소위 인간관계의 필요충분조건이라고 말하는 진정성, 무조건적 긍정적 존중, 공감적 이해가 제대로 반영된 관계를 이끌어 가야 한다. 따라서 상담자는 상담관계에서 이 세 가지 조건을 충족시키는 역량을 키울 필요가 있다.

(2) 구체적 상담 개입 전략

앞에서 제시한 구체적 상담 개입 전략들을 폭행 및 금품갈취에도 적용할 수 있다. 따라서 여기서는 지면 관계상 피해학생과 가해학생을 위한 전략 한 가지씩만 더 추가하도록 한다.

피해학생에 대한 전략

[나-전달법 훈련하기]

'나-전달법(I-message)'은 상대방에게 나의 입장과 감정을 전달함으로써 상호 이해를 도우려는 대화법이다. 상대방의 행동에 대해 '나'를 주어로 해서 자신의 생각이나 감정을 표현하는 방식이다. '나'를 주어로 하여 상대방의 행동에 대해 표현하는 대화방식은 '너-전달법(You-message)'과 대조되는 것으로 다음과 같은 절차를 따른다(박성희 외, 2012b).

- 문제가 되는 상대방의 행동과 상황을 구체적으로 말하되, 상대방의 행동에 대해 어떤 판단이나 비판, 평가의 의미를 담지 않고 객관적인 사실만을 말한다.
- 상대방의 행동이 자신에게 미치는 영향을 구체적으로 말한다.
- 더불어 상대방의 행동 때문에 생겨난 감정을 솔직하게 말한다.

앞의 사례에 등장하는 가해학생에게 이 대화법을 적용해 보면 다음과 같다.

- 지금 내가 너에게 돈을 주면 내가 쓸 돈이 없어져서 우리 부모님을 상대로 도둑질을 해야 하는데, 미안하지만 그렇게는 못하겠어. 부모님을 속이면서까지 누군가에

게 돈을 가져다주고 싶지 않아.

• 지금 돈을 주면 나는 앞으로도 너에게 돈을 빼앗길 것 같고, 같은 일이 반복되면 언젠가는 너를 선생님에게 이를 것 같아서 불안하고 무서워. 이런 요구는 하지 말아 줘.

• 이런 일로 내가 학교에 오기 싫어질까 봐 겁이 나. 나는 학교생활을 즐겁게 하고 싶어.

가해학생에 대한 전략

[하향 화살표(↓) 기법으로 부정적인 신념 해체하기]

폭행에 금품갈취를 서슴지 않는 가해학생은 세상을 부정적으로 보는 뒤틀린 신념과 사고를 가지고 있을 가능성이 높다. 따라서 시간이 들더라도 이들의 부정적 신념과 사고를 해체하고 세상을 긍정적으로 바라볼 수 있게 도와줄 필요가 있다. 여기에 활용할 수 있는 방법으로 하향 화살표 기법이 있다.

하향 화살표 기법은 특정 사건에 대해 가해학생의 머릿속에서 자동적으로 돌아가는 사고를 찾아내고 '과연 이 자동적 사고가 나에게 무엇을 의미하는가?'라는 물음을 계속 던짐으로써 좀 더 심층적인 부적응적 신념과 사고를 탐색해 가는 기법이다. 이 방법에서 상담자의 역할은 학생 스스로 자기 자신이 가진 잘못된 사고를 찾아내어 확인하고 수정할 수 있도록 지속적으로 격려해 주는 것이다. 따라서 학생을 설득하거나 충고하려고 하지 말고 학생 스스로 사고나 신념을 정리할 수 있도록 계속 대화를 이어 가는 것이 중요하다. 간단한 예를 들면 다음과 같다.

교사: 친구들 옷을 뺏으면서 어떤 생각이 들었는지 말해 볼래?(↓)
학생: 그냥 갖고 싶기도 하고, 내가 세다는 걸 보여 주고 싶었어요.
교사: 왜 힘이 세다는 것을 보여 주고 싶지?(↓)
학생: 힘이 세면 아무도 무시하지 않으니까요.
교사: 무시당하지 않는다는 건 어떤 의미지?(↓)
학생: 그냥 내가 하고 싶은 대로 할 수 있어요.
교사: 하고 싶은 대로 사는 건 어떤 뜻이니?(↓)
학생: 하고 싶은 대로 살면 좋은 거잖아요.

이런 식으로 꼬리를 물고(↓) 이어지는 대화를 계속하며 학생 스스로 자기성찰을 하도록 돕는다.

4) 교육적·행정적 조치

폭행 및 금품갈취에 대한 교육적·행정적 조치 역시 앞에서 말한 바와 크게 다르지 않으므로 앞 절을 참고하기 바란다. 다만, 돈이나 물건을 빼앗는 문제행동이 교실에서 일어난 경우에는 문제를 일으킨 학생뿐 아니라 학급 전체를 대상으로 예방교육 및 추후교육이 실시되어야 한다. 이때 일회성 교육이 아닌 장기적인 계획을 가지고 학교폭력 예방 프로그램을 운영하는 것이 좋다.

학급에서 문제가 발생하지 않더라도 평소에 주기적으로 다양한 학교폭력 문제에 대한 예방 차원의 교육 및 상담 프로그램을 진행하는 것이 건강하고 바람직한 학급문화를 가꾸는 데 도움을 줄 것이다. 이때 담임교사가 직접 학교폭력 예방 프로그램을 구성하여 운영할 수도 있겠지만, 여러 기관에서 개발·보급한 자료 중 적절한 프로그램을 선택하고 학급 상황에 맞게 수정하여 활용하는 것이 좀 더 쉽고 효율적일 수 있다. 참고로 학교폭력 예방 프로그램의 경우 청소년폭력예방재단에서 보급하고 있는 『내가 바로 지킴이』(2010)라는 초·중등용 학급별 프로그램, 『학교상담 프로그램 1, 2』(강진령, 유형근, 2004), 『중학생을 위한 학교상담 프로그램』(강진령, 유형근, 2009), 『학교폭력 상담 시리즈-초등학교 편, 중학교 편, 고등학교 편』(박성희 외, 2012), 『평화샘 프로젝트 1 일진 문제 솔루션, 학교폭력 어떻게 만들어지는가?』(문재현 외, 2011) 등 다양한 자료가 개발·보급되어 있다.

4 사이버폭력

사이버폭력은 인터넷을 비롯한 최신 통신기기와 매체를 통해 가해지는 폭력을 의미한다. 이 사이버폭력은 개정된 「학교폭력 예방 및 대책에 관한 법률」에 추가될 정도로 그 피해가 심각해지고 있다. '자녀 안심하고 학교보내기운동 국민재단(2012)'에서는 사이버폭력을, 첫째, 특정인에 대한 모욕적인 말이나 욕설 등을 인터넷 게시판, 채팅, 문자, 카페에 올리는 행위, 둘째, 특정인에 대한 허위글이나 사생활에 관한 사실을 인터넷, SNS, 카톡 등으로 불특정 다수에 공개하는 행위, 셋째, 위협, 조롱, 성적 수치심을 주는 글, 그림, 동영상 등을 정보통신망을 통하여 유포, 넷째, 공포심이나 불안감을 유발하는 문자, 음향, 영상 등을 휴대전화 등 정보통신망으로 반복적 전송 등으로 나누고 있다.

1) 사이버폭력의 유형과 실태

컴퓨터와 인터넷이 발달하고 가상공간에서 교류할 수 있는 방법이 다양해짐에 따라 사이버폭력 역시 날로 진화하고 있는 상황이다. 최근에는 인터넷 기능이 내장된 스마트폰까지 등장하면서 시간과 공간의 제약 없이 사이버폭력이 벌어질 수 있는 환경이 갖추어졌다. 교육부와 한국교육개발원이 조사한 학교폭력 전수조사에서도 사이버폭력이 급증하는 것으로 밝혀졌다.

초등학생들의 사이버폭력에는 안티카페, 메일, 문자, 전화 등을 이용한 욕설과 협박이 주를 이루고 있었는데, 중학교에 오면서 그 형태가 매우 다양해진다. 안티카페, 블로그나 페이스북에 비하하는 글을 올리거나 악성 댓글 달기, 카톡, 문자메시지를 이용하여 악의적인 글 보내기, 인터넷(네이트온)이나 문자, 전화로 돈을 요구하기, 컴퓨터게임을 하면서 성희롱이나 모멸감이 느껴지는 발언하기, 인터넷(네이트온)에서 그룹채팅을 하면서 한 사람에게 집중적으로 욕을 하거나 따돌리기 등이 자주 발견되는 사례들이다.

2) 실제 사례

(1) 사례 1: ㅎ의 경우

초등학교 5학년 ㅎ은 학교가 끝나고 집으로 가던 길에 스마트폰으로 문자를 확인했다가 깜짝 놀라 길거리에서 한참을 울었다. 메시지에 사진이 첨부되어 있어서 무심코 열어 보았더니 피투성이가 돼 쓰러진 시체들이 차례로 열렸기 때문이다. 잠시 뒤 도착한 메시지에는 'ㅎ 까불면 죽는다!'는 문구가 찍혀 있었다. 일진으로 알려진 같은 반 친구가 보낸 메시지였다.

(2) 사례 2: ㄹ의 경우

ㄹ은 중학교 2학년 여학생으로 매사에 부정적인 성향이 강하며 예민한 성격을 가지고 있다. 1학년 때부터 주위의 친구들과 잦은 다툼이 있었으며, 함께 어울리는 친구들도 불편하게 생각할 때가 많다. 평소 ㄹ은 마음에 들지 않거나 사이가 좋지 않은 친구에게 인터넷의 익명성을 이용하여 악성 댓글이나 폭탄 메일, 욕설 문자 등을 보내곤 했다. 최근에는 같은 반 ㅁ이 잘난 척을 한다는 이유로 인터넷으로 ID를 바꾸어 가며 악

성 댓글을 달고 욕설이 가득한 문자를 보내어 괴롭히는 행동을 하였다. 이 사실을 알게 된 담임교사는 ㄹ을 불러 신체적 폭력뿐 아니라 언어폭력과 정신적 폭력도 위험한 일이며 처벌받을 수 있는 행동임을 강조하였으나 ㄹ은 들은 척 만 척한다.

3) 상담적 개입 전략

사이버폭력에 대한 상담적 개입 전략은 가해학생 중심으로 제시하되, 이 역시 사이버폭력을 대하는 교사의 마음가짐 및 태도와 관련된 일반적 전략과 좀 더 자세하게 상황에 개입해 들어가는 구체적 전략으로 나누어 살펴보도록 한다.

(1) 일반적 상담 개입 전략

- 담임교사는 가해학생이 왜 사이버폭력에 의존하는지, 사이버폭력을 통해 가해학생이 충족시키려는 욕구가 무엇인지 확인한다.
- 담임교사는 가해학생이 인격적으로 존중받는다는 느낌을 갖도록 진정성을 가지고 아이를 대한다. 그리고 학부모의 협력을 구해 학부모도 같은 태도로 아이를 대하도록 돕는다.
- 가해학생의 친구관계를 파악한다. 친한 친구와 싫어하는 친구를 알아보고 친구들과의 상호 관계와 역동에 대해 알아본다.
- 대인관계 기술과 긍정적인 대화법을 가르쳐 주고 지속적으로 훈련하도록 한다. 이 때 교사가 상대 역할이 되어 도와준다.

(2) 구체적 상담 개입 전략

빈 의자 기법을 활용한 역할극

- 빈 의자 A, B 두 개를 마주 놓는다.
- 가해학생은 A 의자에 앉아서 빈 의자 B에 피해학생이 앉아 있다고 상상하면서, 피해학생을 향해 자신이 행한 사이버폭력의 내용을 그대로 재현한다.
- 이제 가해학생은 빈 의자 B로 자리를 옮겨 앉아 사이버폭력을 당한 피해학생의 입장에서 생각과 느낌을 표현한다.

- 가해학생은 다시 A 의자로 자리를 옮겨 앉아 피해학생의 말에 대답한다.
- 가해학생은 다시 B 의자로 자리를 옮겨 앉아 피해학생의 입장에서 자신에게 말한다.

이런 식으로 가해학생은 이쪽 빈 의자에 앉아 자신의 속을 털어놓고, 그다음에는 저쪽 빈 의자로 자리를 옮겨 앉아 피해학생의 입장에서 조금 전 자신의 말에 반응한다. 이런 작업을 번갈아 실시하며 직접 대화를 주고받음으로써 사이버폭력을 하는 자신의 감정과 행동에 대한 이해를 높이고 동시에 피해학생의 심정을 헤아리는 기회를 가질 수 있다.

롤링 페이퍼 작성하기

- 가해학생과 피해학생들이 함께 서로를 칭찬하는 문구나 장점을 써 주는 활동인 롤링페이퍼 만들기를 한다.
- 롤링페이퍼 작성을 할 때 친구들에 대한 욕설이나 비방은 절대 하면 안 된다는 규칙을 정한다.
- 학생들에게 종이를 한 장씩 나눠 주며, 그 종이에 자신의 이름이나 친구들이 다 알 수 있는 별칭을 쓰고 테두리를 자유롭게 꾸미게 한다.
- 한 방향으로 순서를 정하고, 메시지를 다 적은 종이는 다시 정해진 방향으로 다른 급우에게 전달하여 모든 급우가 참여할 수 있도록 한다.
- 각자의 자리에 종이가 오면 그 종이에 적힌 이름의 친구에 대한 긍정적 피드백이나 장점을 적어 준다.
- 롤링페이퍼가 일정한 방향으로 한 바퀴를 다 돌아 자기 이름이 적힌 종이가 자신에게 오면 롤링페이퍼 쓰기 활동이 끝난다.
- 학생들이 자신의 롤링페이퍼를 읽고 난 후 긍정적인 피드백을 받은 느낌을 경험하도록 하며, 친구들에 대한 감사의 마음을 느끼고 자존감을 향상시키도록 한다.

4) 교육적·행정적 조치

사이버폭력에 대한 교사와 학교 차원의 조치 역시 앞에서 말한 것과 크게 다르지 않으므로 따로 언급하지 않는다. 다만, 사이버 공간을 통한 상호작용이 일상이 된 현실에서 담임교사는 다음과 같이 학급 아이들 전체를 상대로 사이버폭력 및 네티켓에 대한 교육과 지도를 강화할 필요가 있다.

- 사이버상의 언어폭력도 폭력행위에 해당되고 처벌받게 된다는 사실을 분명하게 인식시킨다.
- 사이버상의 욕설이나 비방글로 인해 자살하는 사례를 찾아오도록 하고 사이버폭력이 겉으로는 보이지 않지만 매우 심각한 폭력임을 지도한다.
- 사이버상의 폭력으로 발생하는 문제를 토론활동을 통해 알아보고 그 피해로 인해 상대방 및 자신, 가족 모두에게 치명적인 상처를 줄 수 있는 범죄임을 인식시킨다.
- 인터넷 채팅은 상대방이 보이지 않는 상황에서 이루어지므로 감정이 나빠지는 경우 매우 심하게 욕을 하거나 험한 말을 하게 되어 관계를 급격하게 악화시킨다는 사실을 알게 하고, 친구에게 하고 싶은 말이 있으면 가급적 직접 만나서 하도록 한다.

5 성폭력

성폭력은 성욕의 흥분, 자극 또는 만족을 목적으로 상대방에게 폭행과 협박을 하면서 신체적인 접촉을 하거나 성행위를 강제하는 행위를 말한다. 성희롱은 성적인 언행으로 상대방으로 하여금 성적 굴욕감과 수치감을 느끼게 하는 것이며, 성추행은 폭행과 협박을 하면서 강제로 신체적인 접촉을 하는 행동을 말한다.

여기서 말하는 성폭력은 성희롱과 성추행을 포함하여 성을 폭력의 수단으로 삼는 모든 행동을 의미한다. '자녀 안심하고 학교보내기운동 국민재단(2012)'에서는 성폭력을, 첫째, 폭행 · 협박을 하여 강제적 성행위, 유사성교행위, 성기에 이물질 삽입행위, 둘째, 폭행 · 협박과 함께 성적 모멸감을 주는 신체적 접촉행위, 셋째, 성적인 말과 행동으로 상대방에게 성적 굴욕감, 수치심을 주는 행위 등으로 나누고 있다.

1) 성폭력의 유형과 실태

교육부와 한국교육개발원이 실시한 학교폭력 전수조사를 살펴보면 학교급별로 다양한 성폭력이 일어나고 있음을 알 수 있다. 초등학교에서는 성과 관련된 욕설하기, 바지

벗기기, 치마 들추기, 휴대전화로 신체 일부를 찍어 유포하기 등 비교적 초보 수준의 성폭력이 다수를 차지한다. 그러나 중학교에서는 보다 심각한 수준의 성폭력이 나타날 뿐 아니라 그 피해 상황도 커지는 것으로 밝혀졌다. 중학교에서 발견된 성폭력 사례를 보면, 화장실에서 바지 벗기기, 성기 사진을 찍어 유포하기, 강제로 성기를 만지기, 여럿이 보는 앞에서 자위행위를 강요하기, 치마 들추기, 가슴이나 몸 만지기, 야한 성적 내용이 담긴 문자 보내기, 성적으로 비하하는 욕하기, 가슴이 작다고 놀리기, 장애인을 상대로 모멸감이 느껴지는 성적 행동 강요하기 등이 있다. 이번 전수조사에서는 나타나지 않았지만, 집단으로 성폭행을 가하거나 후배들에게 강제로 성매매를 시키고 금품을 갈취하는 사례 등이 신문 기사나 방송에 간간이 보도되는 것을 보면 학교현장에서 발생하는 성폭력이 상당히 우려할 만한 수준임을 짐작할 수 있다.

2) 실제 사례

(1) 사례 1: ㅂ의 경우

ㅂ은 초등학교 3학년 때 어머니가 가출한 이후 아버지 슬하에서 성장하였다. 할머니가 잠시 돌보기는 하였으나 오래 가지 못하였고, 아버지가 일을 나가면 늘 집에 혼자 있게 되었다. 그러다 보니 아무에게도 간섭을 받지 않고 음란 서적이나 음란 동영상을 수시로 보게 되었다. 중학교에 올라와서는 ㅂ의 집이 동네 친구들의 휴식처가 되었고, 친구들과 함께 음란 서적 및 동영상을 보는 일이 잦아졌다. 학교에 오면 자랑삼아 자기가 본 동영상 이야기를 떠들어 댔고, 이에 대해 불쾌하게 반응하는 여학생들에게는 대놓고 성적 표현을 써 가며 놀리는 등 더 심한 장난을 쳤다. 심지어 수업시간에 여선생님에 대한 성적인 표현을 써서 다른 친구들에게 돌리는 등 성희롱에 해당하는 성적 언행을 반복하였다. 담임교사는 ㅂ의 벗어난 행동을 지도하기 위해 수차례 ㅂ을 불러서 야단도 치고 타일러도 보았지만 소용이 없었다. 마침 학교에서 실시하는 성교육 시간이 있어서 ㅂ에게는 특별히 성교육 소감문을 써 오게 하였다. ㅂ이 써 온 소감문에는 반성은 커녕 성 관련 용어들만 나열되어 있었다. 이 소감문은 담임교사를 극도로 화나게 만들었고, ㅂ은 심하게 야단을 맞았다.

(2) 사례 2: ㅅ의 경우

ㅅ은 평소 성격이 명랑하고 친구들과 잘 어울리는 아이다. 그러다 보니 동네 오빠들과도 격의 없이 지내고, 처음 보는 오빠들과도 금방 친해졌다. 그러던 중학교 3학년 때 동네 오빠들과 함께 초등학교 뒤 운동장으로 놀러 갔는데 동네 오빠들과 한참을 놀던 중 처음 보게 된 오빠가 재미있는 장난을 한다며 다가오더니 다른 오빠들이 보는 앞에서 성폭행을 하고 말았다. 갑작스러운 일을 당하고 일어나 보니 가해한 오빠와 동네 오빠들은 모두 사라지고 없었다. 수치스러움에 떨던 ㅅ은 아무 일도 없었다는 듯 집으로 돌아왔다. 다행히 심한 성폭행이 아니고 몸에도 큰 이상이 없어서 그냥 없었던 일로 덮으려고 했으나 고등학교에 올라온 지금도 ㅅ은 그날 일이 자꾸 생각나 정상적인 생활을 할 수가 없다. 철없이 오빠들을 따라갔던 자기가 바보 같고 성폭행을 당할 때 구경만 하고 도망친 동네 오빠들에 대한 배신감과 느닷없이 당한 자신의 모습 등이 떠올라서 매일 불안하고 우울하다. 누군가가 자신을 훔쳐보는 것 같아서 공부도 안 되고 친구 사귀는 것도 힘들다.

3) 상담적 개입 전략

성폭력에 대한 개입 전략 역시 두 가지로 나누어 제시한다. 하나는 성폭력을 대하는 교사의 마음가짐과 태도와 관련된 일반적 전략이고, 다른 하나는 좀 더 자세하게 상황에 개입해 들어가는 구체적 전략이다.

(1) 일반적 상담 전략

성폭력 문제를 접했을 때 교사는 먼저 당황하지 말고 침착해야 한다. 교사가 당황한 모습을 보이면 특히 피해학생이 상처를 더 크게 입을 수 있다. 그리고 교사는 학생들의 성문화에 대해 열린 자세를 가질 필요가 있다. 요즘 청소년들은 부모나 교사가 알려 주는 규범적인 성문화가 아니라, 인터넷이나 음란 서적을 통해 개방적이고 자유로운 성문화에 접하는 경우가 많다. 따라서 어른들이 모르는 세계에서 훨씬 더 자극적인 성 놀이에 빠져 있을 수 있다. 이러한 청소년의 성적 특성을 이해하고 그들을 지도하기 위해서는 교사 자신의 성에 대한 지식과 가치관부터 점검해 볼 필요가 있다.

피해학생에 대한 전략

- 성폭력을 당한 피해학생들은 두렵고 불안한 상태에 있다는 점을 배려하여 친절하고 안정된 자세로 피해학생을 맞이한다.
- 피해학생들은 세상과 타인에 대해 심한 불신감을 갖고 경계심을 보이므로 일관되고 성실한 태도를 취함으로써 단단한 신뢰관계를 형성한다.
- 피해학생의 이야기를 잘 들어 주고 공감해 준다. 성폭력 피해자들의 이야기는 매우 민감한 것들이어서 교사가 공감에 실패하면 오히려 새로운 상처가 되므로 섬세하게 공감하는 일이 매우 중요하다. 그러자면 피해학생이 자신의 이야기를 자세히 할 수 있도록 수용적인 분위기를 만들고 학생의 관심이 쏠려 있는 내용들을 화제로 삼아야 한다.
- 피해를 당한 상황과 실제 있었던 행동을 구체적으로 이야기할 수 있는 질문을 한다. 성폭력 피해학생을 상담할 때 취조하듯 꼬치꼬치 캐묻는 질문 태도도 좋지 않지만 피해학생을 너무 의식하여 구체적인 상황과 사건에 대해 묻지 않고 대충 넘어가는 것도 좋지 않다. 피해 사건이 일어난 구체적인 상황과 장소, 가해학생의 행동, 그에 대한 피해학생의 행동, 생각, 감정 등에 대해 구체적으로 물어본다.
- 피해학생을 격려하고 지지해 준다. 성폭력 피해학생들은 대개 좌절감과 우울감에 젖어 있으며 자신에 대한 무가치감과 절망감을 느끼고 있다. 따라서 피해학생이 나름대로 상처를 극복하기 위해 엄청난 노력을 기울여 왔음을 자각시키고, 그것들의 가치에 대해 인정할 수 있게 격려하고 지지해 준다.
- 성폭력에 의한 외상 정도가 심하다고 판단될 경우 성상담 전문가에게 의뢰한다.

가해학생에 대한 전략

- 가해학생의 입장에서 왜 그런 행동을 했는지 자세히 경청한다.
- 장난으로 한 일이 상대방에게는 큰 상처가 될 수 있음을 인식시킨다.
- 성적인 행동을 하는 근본 원인을 찾고 이를 해결할 방법을 함께 찾는다.
- 성에 대한 관심을 긍정적인 방식으로 풀어 가도록 돕는다.
- 성적 욕구를 적절하게 관리하는 정신력을 키워 준다.

가해학생의 성폭력행동이 법적으로 문제가 된 경우에는 다음과 같이 대처하는 것이 좋다.

- 먼저 왜 그렇게 행동했는지 가해학생의 속사정을 살핀다.
- 수사관이 아니라 교육자의 입장에 서서 가해학생을 대한다.
- 가해학생을 비난하는 대신 성장 가능성을 격려한다.
- 사법처리 과정에 함께한다.
- 피해학생에게 사과하는 연습을 시키고, 진심으로 사과하게 한다.

(2) 구체적 상담 개입 전략

피해학생에 대한 전략

[억압된 분노 감정을 체험하고 표현하기(박성희 외, 2012c, 100)]

- 억압된 분노는 무능력, 무기력한 일상, 의심, 냉소적이고 신경질적인 행동 등 부정적인 모습으로 표출된다. 따라서 억압된 분노를 바르게 표출하여 심리적인 에너지를 발산할 필요가 있다.
- 억압된 분노를 자신에게 표현한다. 떠오르는 모든 기억과 그때의 느낌을 세세하게 적어 나가되, 쓰고 싶은 대로 내면의 목소리를 그대로 따라간다. 내면의 목소리가 어마어마하게 불길하든, 도덕과 양심에 아주 어긋나든 상관없이 무조건 기록한다.
- 고통스러운 마음을 함께 나눌 수 있는 친구나 가족을 선택하여 성폭력으로 인한 수치심과 죄책감, 아픔과 고통, 부당함, 그리고 분노와 억울함을 토해 내면서 카타르시스를 경험한다.
- 과거의 경험을 보편화하고 객관화한다. 과거의 분노를 체험하고 표현하다 보면 새로이 깨닫게 되는 것들이 있다.
  - 그 일들은 현재의 상황도 아니고 내가 일부러 한 일이 아니니 부끄러운 것도 나의 책임도 아닌 그저 지나간 과거일 뿐이다.
  - 지나고 보니 그런 일은 나에게만 있는 일도 아니고, 내가 지금 죽을 만큼 고통스러운 것도 아니다. 마음 한번 달리 먹으면 털어 낼 수 있는 일이다.
  - 현재를 살면서 과거의 좋지 않은 일을 되새김질하면 내게 어떤 도움이 될까? 지나간 일일 뿐이다, 현재에 충실하자!
- 현실에서 표현하는 연습을 한다. 그동안 부당한 일을 당하고도 항의하지 못한 채 뒤돌아서 속상해했다면, 이제는 가해학생 앞에서 당당하게 자신이 하고 싶은 말을 표현하는 연습을 함으로써 실제 상황에서 활용한다.

- 가해학생들에게 항의하고 당당하게 사과를 요구해고 얻고자 한 바를 얻었다면 과감하게 아픔을 털어 버리고 자기 삶의 주인공이 되어 자기주도적으로 살아가는 일에 에너지를 사용한다.
- 그래도 나아지지 않으면 전문적인 상담을 받는다.

[자신을 위해 용서하기]

용서는 다른 사람의 잘못에 대하여 꾸짖거나 벌하지 않고 덮어 주는 행위다. 성폭력을 당한 피해자는 대개 가해자에 대한 미움과 분노가 하늘을 찌를 듯 격심해진다. 그런데 가해자를 미워하고 화를 내면 낼수록 피해자 역시 점점 더 괴로워진다. 이런 경우 용서가 해결책이 될 수 있다. 가해자를 미워하는 대신 진정으로 용서하면 빼앗겼던 마음의 평화와 안식을 되찾을 수 있다. 마음속으로 누군가를 용서하는 일은 결국 자기 자신의 상처를 달래고 위로하는 일이기도 하다. 물론 자기에게 성폭력을 행한 사람을 용서하기가 쉽지는 않지만 용서의 가치를 깨닫고 자신을 위해 용서하는 마음을 내다 보면 어느새 안정을 얻고 그 사건으로부터 빠르게 벗어날 수 있다.

가해학생에 대한 전략

[성교육]

본격적인 성교육을 실시한다. 이때 다음 사항들을 특히 강조한다.

- 성충동과 성행동
- 성적 관심과 성심리
- 바람직한 이성교제
- 양성평등권
- 성적 자기결정권
- 올바른 성의 사용 등

[정신력 강화를 위한 전략 세우기]

음란물이나 성 놀이에 빠져서 시간을 보내는 아이에게 그것을 대신할 수 있는 활동을 찾아 몰입하게 돕는다. 가능하면 그 활동은 성적 욕구를 이겨내고 정신력을 단련할 수 있는 건전한 내용으로 채우도록 한다. '꿈 목록 작성하기', '꿈을 이루기 위해 준비하기', '운동 계획 세우기', '취미생활하기', '친구 사귀기', '사회봉사활동에 참여하기', '독서 계획 세우기' 등 다양한 활동을 찾아 실천해 나가도록 한다.

4) 교육적·행정적 조치

성폭력이 발생했을 때 상담적 개입 이외에 교사와 학교 차원에서 수행해야 할 필요한 조치들은 앞 절의 내용과 유사하다. 다만, 성폭력의 경우 강제 추행 이상의 중대 사안은 경찰 등 수사기관에 반드시 신고해야 한다는 의무규정이 있다는 점을 명심해야 한다. 여기서는 교사와 학교를 구분하지 않고 학교 전체 차원에서 성폭력을 포함한 심각한 학교폭력이 발생했을 때 지켜야 할 절차를 소개한다(자녀 안심하고 학교보내기운동 국민재단, 2012).

- 성폭력사건 발생 인지: 사건 현장 목격, 117 신고센터 통보, 신고 등을 통해 사건 발생을 인지하면 학교폭력 전담기구에 신고해야 한다(주체: 교사, 학생, 학부모)
- 신고 접수 및 학교장 보고: 학교폭력 전담기구는 신고된 사안을 신고 대장에 반드시 기록하고 학교장, 담임교사에게 보고하고, 가해학생·피해학생 학부모에게 통지한다. 사안이 중대한 경우 학교장 및 자치위원장에게 즉시 보고한다(주체: 학교폭력 전담기구).
- 즉시 조치: 신고·고발한 학생도 피해학생의 수준에서 가해학생으로부터 보복을 당하지 않도록 조치한다. 피해학생을 위하여,「아동·청소년의 성보호 법률」에 따라 성폭행에 대해서는 반드시 수사기관에 신고하고, 성폭력 전문상담기관 및 병원을 지정하여 정신적·신체적 피해를 치유한다. 아울러 피해학생의 정신적·신체적 피해를 치유하기 위한 조치를 실시한다. 가해학생에 대하여, 2인 이상의 학생이 고의적·지속적으로 폭력을 행사하는 경우 등에 해당하는 사안이라면 학교장은 가해학생에 대해 출석을 정지시킨다. 가해학생의 선도가 시급한 경우,「학교폭력 예방 및 대책에 관한 법률」제17조 제4항에 따라 학교장은 가해학생에 대한 조치를 취한 후, 자치위원회에 즉시 보고하여 추인을 받는다(주체: 학교장, 학교폭력 전담기구, 담임교사).
- 사안 조사: 학교폭력 전담기구에서 구체적인 사안 조사를 실시한다. 가해학생과 피

해학생을 심층상담하고, 조사한 결과를 바탕으로 가해자와 피해자를 확정한다. 성폭력의 경우에는 비밀 유지에 만전을 기한다(주체: 학교폭력 전담기구, 담임교사).

• 가해학생·피해학생 부모 면담: 조사 결과에 대해 부모에게 알리고, 향후 처리 절차 등에 대해 통보한다(주체: 학교폭력 전담기구, 담임교사)

• 처리 방향 심의: 자치위원회 또는 징계위원회 회부 여부를 결정한다(주체: 학교폭력 전담기구)

• 처리 방향 결정: 전담기구의 심의 결과를 바탕으로 자치위원회 개최를 요구한다 (주체: 학교장)

• 자치위원회 개최 및 조치: 자치위원회를 개최하여 가해학생과 피해학생에 대한 조치를 결정한다. 이때 가해학생과 보호자에게 의견 진술의 기회를 부여하는 등 적절한 절차를 거쳐야 한다(주체: 자치위원회).

• 결정 통보 및 재심 안내: 자치위원회의 결정을 가해자와 피해자 그리고 그 보호자에게 통보한다. 통보 시 재심을 받을 수 있는 방법을 알린다(학교장).

교육부는 2014년 12월 〈학교폭력 사안처리 가이드북〉 개정판을 발표하였다. 이 자료에는 유형별로 학교폭력에 개입하는 구체적 지침이 담겨있다.

특히 부록에 실린 '성폭력 사안처리 가이드'에서는 성폭력이 발생했을 때 이에 대응하는 보다 상세한 정보를 제공하고 있다.

🖥 연구 과제

1 자신이 담임으로 있는 학급에서 집단 따돌림 사례가 발생할 때 어떻게 대처할 것인지 설명하시오.

2 자신이 담임으로 있는 학급에서 집단폭력 사례가 발생할 때 어떻게 대처할 것인지 설명하시오.

3 자신이 담임으로 있는 학급에서 폭행과 갈취행동 사례가 발생할 때 어떻게 대처할 것인지 설명하시오.

4 자신이 담임으로 있는 학급에서 사이버폭력 사례가 발생할 때 어떻게 대처할 것인지 설명하시오.

5 자신이 담임으로 있는 학급에서 성폭력 사례가 발생할 때 어떻게 대처할 것인지 설명하시오.

참고문헌

강진령, 유형근(2004). 학교상담 프로그램 1, 2. 서울: 학지사.

강진령, 유형근(2009). 중학생을 위한 학교상담 프로그램. 서울: 학지사.

교육과학기술부(2012). 제1차 학교폭력 실태조사.

문재현 외(2011). 평화샘 프로젝트 1 일진 문제 솔루션, 학교폭력 어떻게 만들어지는가. 서울: 살림터.

문재현 외(2012). 학교폭력 멈춰! 서울: 살림터.

박성희, 김경수, 김기종, 남윤미, 이동갑, 이재용, 장희화(2012a). 학교폭력 상담 01-초등학교 편. 서울: 학지사.

박성희, 김경수, 김기종, 남윤미, 이동갑, 이재용, 장희화(2012b). 학교폭력 상담 02-중학교 편. 서울: 학지사.

박성희, 김경수, 김기종, 남윤미, 이동갑, 이재용, 장희화(2012c). 학교폭력 상담 03-고등학교 편. 서울: 학지사.

자녀 안심하고 학교보내기운동 국민재단(2012). 학교폭력 예방-교사용.

정종진(2012). 제대로 알고 대처하는 학교폭력 상담. 서울: 학지사.

조정실, 차명호(2012). 교사와 학부모를 위한 학교폭력 상담. 서울: 학지사.

청소년폭력예방재단(2010). 내가 바로 지킴이-초 · 중등용 학급별 프로그램.

제9장
학교폭력에 대한 법적 조치

이 장은 학교폭력에 대한 법적 조치와 관련된 내용을 이해하는 데 목적이 있다. 학교폭력의 관계 법령을 이해하기 위해 「학교폭력 예방 및 대책에 관한 법률」과 「학교폭력 예방 및 대책에 관한 법률 시행령」, 「초·중등교육법」에 나타난 학교폭력 관련 법률을 중심으로 소개한다. 먼저, 「학교폭력 예방 및 대책에 관한 법률」이 제정된 목적, 정의, 적용 대상과 다른 법률과의 관계를 살펴본다. 둘째, 「학교폭력 예방 및 대책에 관한 법률」의 적용 절차에 대해 알아보고 국가와 지방자치단체의 책무, 교육감과 교장의 임무 및 관계 기관과의 협조 사항에 대해 소개한다. 셋째, 학교폭력 관련 위원회의 설치·기능 및 구성·운영 내용을 파악하기 위해 학교폭력대책자치위원회, 학교폭력대책지역위원회, 학교폭력대책지역협의회, 학교폭력대책위원회 및 전문상담교사 배치와 전담기구 구성에 대해 살펴본다.

여기서는 학교폭력의 관계 법령을 이해하기 위해 「학교폭력 예방 및 대책에 관한 법률」에 제시되어 있는 법률의 목적, 정의, 적용 대상과 다른 법률과의 관계에 대해 살펴본다.

1) 목적

이 법은 학교폭력의 예방과 대책에 필요한 사항을 규정함으로써 피해학생의 보호, 가해학생의 선도 · 교육 및 피해학생과 가해학생 간의 분쟁조정을 통하여 학생의 인권을 보호하고 학생을 건전한 사회구성원으로 육성함을 목적으로 한다(법 제1조). 또한 이 법을 해석 · 적용함에 있어서 국민의 권리가 부당하게 침해되지 아니하도록 주의하여야 한다(법 제3조).

2) 정의

「학교폭력 예방 및 대책에 관한 법률」에서 사용하는 용어의 정의는 다음과 같다(법 제2조).

(1) 학교폭력의 범위

학교폭력 '학교폭력'이란 학교 내외에서 학생을 대상으로 발생한 상해,[2] 폭행,[3] 감

---

1. 「학교폭력 예방 및 대책에 관한 법률」→ '법'으로 표기함
   예) 「학교폭력 예방 및 대책에 관한 법률」 제6조 제1항 → 법 제6조 제1항
   「학교폭력 예방 및 대책에 관한 법률 시행령」 → '시행령'으로 표기함
   예) 「학교폭력 예방 및 대책에 관한 법률 시행령」 제18조 제1항 → 시행령 제18조 제1항
2. 상해는 신체의 생리적 기능에 장해를 일으키는 것을 말한다. 예컨대, 피부의 표피를 박리하는 것, 중독증상을 일으켜 현기 · 구토를 하게 하는 것, 치아의 탈락, 피로 · 권태를 일으키게 하는 것, 처녀막열상, 성병에 감염시키는 것 등은 모두 상해에 해당한다(법제처, 2012).
3. 폭행은 신체에 대한 일체의 불법적인 유형력의 행사를 말하며, 그 성질이 반드시 상해의 결과를 초래할 필요는 없다. 따라서 불법하게 모발 · 수염을 잘라 버리는 것, 손으로 사람을 밀어서 높지 않은 곳에 떨어지게 하는 것, 사람의 손을 세차게 잡아당기는 것 등도 폭행이 된다(법제처, 2012).

금, 협박, 약취·유인, 명예훼손·모욕, 공갈, 강요·강제적인 심부름 및 성폭력, 따돌림, 사이버 따돌림, 정보통신망을 이용한 음란·폭력 정보 등에 의하여 신체·정신 또는 재산상의 피해를 수반하는 행위를 말한다.

따돌림 '따돌림'이란 학교 내외에서 2명 이상의 학생들이 특정인이나 특정 집단의 학생들을 대상으로 지속적이거나 반복적으로 신체적 또는 심리적 공격을 가하여 상대방이 고통을 느끼도록 하는 일체의 행위를 말한다.

사이버 따돌림 '사이버 따돌림'이란 인터넷, 휴대전화 등 정보통신기기를 이용하여 학생들이 특정 학생들을 대상으로 지속적, 반복적으로 심리적 공격을 가하거나, 특정 학생과 관련된 개인 정보 또는 허위 사실을 유포하여 상대방이 고통을 느끼도록 하는 일체의 행위를 말한다.

(2) 학교의 범위

'학교'란 「초·중등교육법」 제2조에 따른 초등학교·중학교·고등학교·특수학교 및 각종학교와 같은 법 제61조에 따라 운영하는 학교를 말한다.

학교의 종류(「초·중등교육법」 제2조)

초·중등교육을 실시하기 위하여 다음 각 호의 학교를 둔다.
- 초등학교·공민학교
- 중학교·고등공민학교
- 고등학교·고등기술학교
- 특수학교
- 각종학교

---

(3) 가해학생과 피해학생

'가해학생'이란 가해자 중에서 학교폭력을 행사하거나 그 행위에 가담한 학생을 말하며, '피해학생'이란 학교폭력으로 인하여 피해를 입은 학생을 말한다.

3) 적용 대상

이 법의 적용 대상은 학교 내외에서 발생하는 학생 간의 폭력에 국한된다. 즉, 학생이라 함은 초등학교나 중학교 또는 고등학교에서 학생의 신분을 갖고 있는 자를 말하며, 대학생, 퇴학생, 취학의무 유예자, 취학의무 면제자, 정원 외 학적관리 대상자 등은 학생에서 제외된다(오경식, 2009).

4) 다른 법률과의 관계

학교폭력의 규제, 피해학생의 보호 및 가해학생에 대한 조치에 있어서 다른 법률에 특별한 규정이 있는 경우를 제외하고는 이 법을 적용한다(법 제5조 제1항). 법 제2조의 1호 중 성폭력은 다른 법률에 규정이 있는 경우에는 이 법을 적용하지 아니한다(법 제5조 제2항). 학교폭력은 형벌의 대상으로 학교폭력 가해학생에게는 「형법」 및 「폭력행위 등 처벌에 관한 법률」을 비롯한 형사법을 적용할 수 있으며, 가해학생의 연령 · 행위의 동기와 죄질 등을 고려해서 「소년법」을 적용할 수도 있다. 그 외에도 손해배상과 관련해서 「민법」을 적용할 수 있다(법제처, 2012).

② 「학교폭력 예방 및 대책에 관한 법률」의 적용 절차와 기관의 책무

여기서는 「학교폭력 예방 및 대책에 관한 법률」의 적용 절차와 법률에 제시되어 있는 관계 기관의 책무에 대해 소개한다. 「학교폭력 예방 및 대책에 관한 법률」의 적용 절차는 기본 계획의 수립 및 시행, 학교폭력 예방교육, 피해학생의 보호조치와 지원범위, 가해학생에 대한 조치, 재심청구, 분쟁조정, 학교폭력의 신고의무, 학생보호인력 배치, 학교폭력 비밀누설 금지 및 벌칙 규정 순으로 제시한다. 학교폭력 예방 및 대책에 관한 기관의 책무는 먼저 국가 및 지방자치단체의 책무에 대해 알아보고 교육감과 학교장의 임무에 대해 살펴본다.

1)「학교폭력 예방 및 대책에 관한 법률」의 적용 절차

(1) 기본 계획의 수립 및 시행

교육부 장관은 이 법의 목적을 효율적으로 달성하기 위하여 학교폭력의 예방 및 대책에 관한 정책 목표·방향을 설정하고, 이에 따른 학교폭력의 예방 및 대책에 관한 기본 계획을 학교폭력대책위원회의 심의를 거쳐 수립·시행하여야 한다. 기본 계획은 다음 각 호의 사항을 포함하여 5년마다 수립하여야 한다. 이 경우 교육부 장관은 관계 중앙행정기관 등의 의견을 수렴하여야 한다. 또한 교육부 장관은 대통령령으로 정하는 바에 따라 특별시·광역시·특별자치시 및 특별자치도 교육청의 학교폭력 예방 및 대책과 그에 대한 성과를 평가하고, 이를 공표하여야 한다(법 제6조).

- 학교폭력의 근절을 위한 조사·연구·교육 및 계도
- 피해학생에 대한 치료·재활 등의 지원
- 학교폭력 관련 행정기관 및 교육기관 상호 간의 협조·지원
- 전문상담교사의 배치 및 이에 대한 행정적·재정적 지원
- 학교폭력의 예방과 피해학생 및 가해학생의 치료·교육을 수행하는 청소년 관련 단체 또는 전문가에 대한 행정적·재정적 지원
- 그 밖에 학교폭력의 예방 및 대책을 위하여 필요한 사항

(2) 학교폭력 예방교육

각급 학교에서는 학생과 교직원 및 학부모에 대한 학교폭력 예방교육을 다음과 같이 실시하도록 규정하고 있다(법 제15조, 시행령 제17조).

- 학교의 장은 학생의 육체적·정신적 보호와 학교폭력의 예방을 위한 학생들에 대한 교육(학교폭력의 개념·실태 및 대처방안 등을 포함)을 학기별로 1회 이상 실시하여야 한다.
- 학교의 장은 학교폭력의 예방 및 대책 등을 위한 교직원 및 학부모에 대한 교육을 학기별로 1회 이상 실시하여야 한다.
- 학교의 장은 학교폭력 예방교육 프로그램의 구성 및 그 운용 등을 전담기구와 협

의하여 전문단체 또는 전문가에게 위탁할 수 있다.

- 교육장은 학교폭력 예방교육 프로그램의 구성과 운용 계획을 학부모가 쉽게 확인
  할 수 있도록 인터넷 홈페이지에 게시하고, 그 밖에 다양한 방법으로 학부모에게
  알릴 수 있도록 노력하여야 한다.

Q & A

Q 이번 학기에는 학교폭력 예방교육을 선생님들이 준비하지 못했습니다. 다음 학기에 두 번 시행한다면 이번 학기는 실시하지 않아도 되나요? 특히 교사 관련 예방교육은 준비가 쉽지 않은데 이러한 예방교육은 학교사정이 있다면 실시하지 않을 수도 있나요?

A 한 학기에 1회 이상은 반드시 하여야 합니다.

[해설] 교사와 학생 대상 학교폭력 예방교육은 학기별 1회 이상 실시되어야 한다. 학교의 사정이 있다고 하여 다음 학기로 연기하거나 하지 않을 수 있는 것이 아니다. 이는 「학교폭력 예방 및 대책에 관한 법률」에서 규정하고 있는 것으로 학교의 사정, 학교장의 결정 등의 이유로 연기하거나 실시하지 않을 수 있는 사항이 아니다(교육과학기술부, 법무부, 2009).

---

(3) 피해학생의 보호조치와 지원범위

피해학생의 보호조치 자치위원회는 피해학생의 보호를 위하여 필요하다고 인정하는 때에는 피해학생에 대하여 ① 심리상담 및 조언, ② 일시보호, ③ 치료 및 치료를 위한 요양, ④ 학급 교체, ⑤ 그 밖에 피해학생의 보호를 위하여 필요한 조치 중 어느 하나에 해당하는 조치(수 개의 조치를 병과하는 경우를 포함한다)를 할 것을 학교의 장에게 요청할 수 있다. 다만, 학교의 장은 피해학생의 보호를 위하여 긴급하다고 인정하거나 피해학생이 긴급보호를 요청하는 경우에는 자치위원회의 요청 전에 ① 심리상담 및 조언, ② 일시보호, ⑤ 그 밖에 피해학생의 보호를 위하여 필요한 조치를 할 수 있다. 이 경우 자치위원회에 즉시 보고하여야 한다(법 제16조 제1항).

피해학생의 지원범위 피해학생이 전문단체나 전문가로부터 심리상담 및 조언, 일시보호, 치료 및 치료를 위한 상담 등을 받는 데에 사용되는 비용은 가해학생의 보호자가 부담하여야 한다. 다만, 피해학생의 신속한 치료를 위하여 학교의 장 또는 피해학생의 보호자가 원하는 경우에는 「학교안전사고 예방 및 보상에 관한 법률」 제15조에 따

른 학교안전공제회 또는 시·도 교육청이 부담하고 이에 대한 구상권[4]을 행사할 수 있다(법 제16조 제6항). 학교안전공제회 또는 시·도 교육청이 부담하는 피해학생의 지원 범위는 다음과 같다(시행령 제18조 제1항).

- 교육감이 정한 전문심리상담기관에서 심리상담 및 조언을 받는 데 드는 비용
- 교육감이 정한 기관에서 일시보호를 받는 데 드는 비용
- 「의료법」에 따라 개설된 의료기관, 「지역보건법」에 따라 설치된 보건소 보건의료원 및 보건지소, 「농어촌 등 보건의료를 위한 특별조치법」에 따라 설치된 보건진료소, 「약사법」에 따라 등록된 약국 및 같은 법 제91조에 따라 설립된 한국희귀의약품센터에서 치료 및 치료를 위한 요양을 받거나 의약품을 공급받는 데 드는 비용

(4) 가해학생에 대한 조치

학생의 징계 학교의 장이 법 제17조 제4항에 따른 조치를 한 때에는 가해학생과 그 보호자에게 이를 통지하여야 하며, 가해학생이 이를 거부하거나 회피하는 때에는 다음의 절차에 따라 징계하여야 한다(「초·중등교육법」 제18조).

- 학교의 장은 교육상 필요한 경우에는 법령과 학칙으로 정하는 바에 따라 학생을 징계하거나 그 밖의 방법으로 지도할 수 있다. 다만, 의무교육을 받고 있는 학생은 퇴학시킬 수 없다.
- 학교의 장은 학생을 징계하려면 그 학생이나 보호자에게 의견을 진술할 기회를 주는 등 적정한 절차를 거쳐야 한다.

가해학생에 대한 조치별 적용 기준 자치위원회는 피해학생의 보호와 가해학생의 선도·교육을 위하여 가해학생에 대하여 ① 피해학생에 대한 서면사과, ② 피해학생 및 신고·고발 학생에 대한 접촉, 협박 및 보복행위의 금지, ③ 학교에서의 봉사, ④ 사회봉사, ⑤ 학내외 전문가에 의한 특별교육 이수 또는 심리치료, ⑥ 출석 정지, ⑦ 학급

---

4. 보증인이 채무를 변제하는 것은 자신의 채무를 변제하는 것이기는 하지만 주채무자와의 관계에서 보면 타인의 채무를 변제해 주는 것이 된다. 따라서 보증채무를 변제한 보증인은 주채무자에게 그 상환을 요구할 수 있는 권리를 갖는데 이를 구상권이라 한다(법제처, 2012).

교체, ⑧ 전학, ⑨ 퇴학 처분 중 어느 하나에 해당하는 조치(수 개의 조치를 병과하는 경우를 포함한다)를 할 것을 학교의 장에게 요청하여야 하며, 각 조치별 적용 기준은 대통령령으로 정한다. 다만, 퇴학 처분은 의무교육과정에 있는 가해학생에 대해서는 적용하지 아니한다(법 제17조 제1항). 법 제17조 제1항의 가해학생에 대한 조치별 적용 기준은 다음 각 호의 사항을 고려하여 결정하고, 그 세부적인 기준은 교육부장관이 정하여 고시한다(시행령 제19조).

- 가해학생이 행사한 학교폭력의 심각성 · 지속성 · 고의성
- 가해학생의 반성 정도
- 해당 조치로 인한 가해학생의 선도 가능성
- 가해학생 및 보호자와 피해학생 및 보호자 간의 화해의 정도
- 피해학생이 장애학생인지 여부

가해학생에 대한 전학 조치 초등학교 · 중학교 · 고등학교의 장은 자치위원회가 가해학생에 대한 전학 조치를 요청하는 경우에는 초등학교 · 중학교의 장은 교육장에게, 고등학교의 장은 교육감에게 해당 학생이 전학할 학교의 배정을 지체 없이 요청하여야 한다(시행령 제20조 제1항). 교육감 또는 교육장은 가해학생이 전학할 학교를 배정할 때 피해학생의 보호에 충분한 거리 등을 고려하여야 하며, 관할구역 외의 학교를 배정하려는 경우에는 해당 교육감 또는 교육장에게 이를 통보하여야 한다(시행령 제20조 제2항). 시행령 제20조 제2항에 따른 통보를 받은 교육감 또는 교육장은 해당 가해학생이 전학할 학교를 배정하여야 한다(시행령 제20조 제3항). 교육감 또는 교육장은 제2항과 제3항에 따라 전학 조치된 가해학생과 피해학생이 상급 학교에 진학할 때에는 각각 다른 학교를 배정하여야 한다. 이 경우 피해학생이 입학할 학교를 우선적으로 배정한다(시행령 제20조 제4항).

가해학생에 대한 우선 출석 정지 학교의 장이 출석 정지 조치를 하려는 경우에는 해당 학생 또는 보호자의 의견을 들어야 한다. 다만, 학교의 장이 해당 학생 또는 보호자의 의견을 들으려 하였으나 이에 따르지 아니한 경우에는 그러하지 아니한다. 학교의 장이 출석 정지 조치를 할 수 있는 경우는 다음 각 호와 같다(시행령 제21조 제1항).

- 2명 이상의 학생이 고의적 · 지속적으로 폭력을 행사한 경우
- 학교폭력을 행사하여 전치 2주 이상의 상해를 입힌 경우
- 학교폭력에 대한 신고, 진술, 자료 제공 등에 대한 보복을 목적으로 폭력을 행사한 경우
- 학교의 장이 피해학생을 가해학생으로부터 긴급하게 보호할 필요가 있다고 판단하는 경우

가해학생의 조치 거부 · 기피에 대한 추가 조치 및 퇴학학생의 재입학 자치위원회는 법 제17조 제1항 제2호부터 제9호까지의 조치를 받은 학생이 해당 조치를 거부하거나 기피하는 경우에는 학교의 장으로부터 그 사실을 통보받은 날부터 7일 이내에 추가로 다른 조치를 할 것을 학교의 장에게 요청할 수 있다(시행령 제22조). 퇴학학생의 재입학에 대해 교육감은 법 제17조 제1항 제9호에 따라 퇴학 처분을 받은 학생에 대하여 해당학생의 선도의 정도, 교육 가능성 등을 종합적으로 고려하여「초 · 중등교육법」제60조의 3에 따른 대안학교로의 입학 등 해당 학생의 건전한 성장에 적합한 대책을 마련하여야 한다. 앞에서 규정한 사항 외에 가해학생에 대한 조치 및 재입학 등에 필요한 세부사항은 교육감이 정한다(시행령 제23조).

(5) 재심청구

피해학생의 재심청구

① 학교의 장이 법 제16조 제1항 및 제17조 제1항에 따라 내린 조치에 대하여 이의가 있는 피해학생 또는 그 보호자는 그 조치를 받은 날부터 15일 이내 또는 그 조치가 있음을 안 날부터 10일 이내에 지역위원회에 재심을 청구할 수 있다(법 제17조의 2 제1항).

② 학교의 장이 법 제17조 제1항 제8호와 제9호에 따라 내린 조치에 대하여 이의가 있는 학생 또는 그 보호자는 그 조치를 받은 날부터 15일 이내, 그 조치가 있음을 안 날부터 10일 이내에「초 · 중등교육법」제18조의 3에 따른 시 · 도학생징계조정위원회에 재심을 청구할 수 있다(법 제17조의 2 제2항).

③ 지역위원회가 법 제17조의 2 제1항에 따른 재심청구를 받은 때에는 30일 이내에 이를 심사 · 결정하여 청구인에게 통보하여야 한다(법 제17조의 2 제3항).

④ 법 제17조의 2 제3항의 결정에 이의가 있는 청구인은 그 통보를 받은 날부터 60일 이내에 행정심판을 제기할 수 있다(법 제17조의 2 제4항).

⑤ 법 제17조의 2 제1항에 따른 재심청구, 법 제17조의 2 제3항에 따른 심사 절차 및 결정 통보 등에 필요한 사항은 대통령령으로 정한다(법 제17조의 2 제5항).

⑥ 법 제17조의 2 제2항에 따른 재심청구, 심사절차, 결정통보 등은 「초ㆍ중등교육법」 제18조의 2 제2항부터 제4항까지의 규정을 준용한다(법 제17조의 2 제6항).

피해학생의 재심청구, 심사 절차 및 결정 통보 등에 관련된 내용은 다음과 같다(시행령 제24조).

- 법 제17조의 2 제5항에 따라 피해학생 또는 보호자가 지역위원회에 재심을 청구할 때에는 다음 각 호의 사항을 적어 서면으로 제출하여야 한다.
  - 청구인의 이름, 주소 및 연락처
  - 가해학생
  - 청구의 대상이 되는 조치를 받은 날 및 조치가 있음을 안 날
  - 청구의 취지 및 이유
- 지역위원회는 청구인, 가해학생 및 보호자 또는 해당 학교에 심사에 필요한 자료 또는 정보의 제출을 요구할 수 있고, 청구인, 가해학생 또는 해당 학교는 특별한 사유가 없으면 이를 즉시 제출하여야 한다.
- 지역위원회는 직권으로 또는 신청에 따라 청구인, 가해학생 및 보호자 또는 관련 교원 등을 지역위원회에 출석하여 진술하게 할 수 있다.
- 지역위원회는 필요하다고 인정할 때에는 전문가 등 참고인을 출석하게 하거나 서면으로 의견을 들을 수 있다.
- 지역위원회의 회의는 비공개를 원칙으로 한다.
- 지역위원회는 재심사 결정 시 법 제16조 제1항 각 호와 제17조 제1항 각 호의 어느 하나에 해당하는 조치(수 개의 조치를 병과하는 경우를 포함한다)를 할 것을 해당 학교의 장에게 요청할 수 있다.
- 지역위원회의 재심 결과는 결정의 취지와 내용을 적어 청구인과 가해학생에게 서면으로 통보한다.

가해학생의 재심청구　자치위원회가 가해학생에 내린 조치에 대하여 이의가 있는 학생 또는 그 보호자는 그 조치를 받은 날부터 15일 이내, 그 조치가 있음을 안 날로부터 10일 이내에 시·도학생징계조정위원회에 재심을 청구할 수 있다(법 제17조의 2 제2항). 재심청구, 심사 절차, 결정 통보 등은 「초·중등교육법」 제18조의 2 제2항부터 제4항까지의 규정을 준용한다.

재심청구(「초·중등교육법」 제18조의 2)

① 제18조 제1항에 따른 징계처분 중 퇴학 조치에 대하여 이의가 있는 학생 또는 그 자는 퇴학 조치를 받은 날부터 15일 이내 또는 그 조치가 있음을 알게 된 날부터 10일 이내에 제18조의 3에 따른 시·도학생징계조정위원회에 재심을 청구할 수 있다.
② 제18조의 3에 따른 시·도학생징계조정위원회는 제1항에 따른 재심청구를 받으면 30일 이내에 심사·결정하여 청구인에게 통보하여야 한다.
③ 제2항의 심사결정에 이의가 있는 청구인은 통보를 받은 날부터 60일 이내에 행정심판을 제기할 수 있다.
④ 제1항에 따른 재심청구, 제2항에 따른 심사 절차와 결정 통보 등에 필요한 사항은 대통령령으로 정한다.

---

(6) 분쟁조정

분쟁조정의 신청　피해학생, 가해학생 또는 그 보호자(이하 '분쟁 당사자'라 한다) 중 어느 한쪽은 법 제18조에 따라 해당 분쟁사건에 대한 조정권한이 있는 자치위원회 또는 교육감에게 다음 각 호의 사항을 적은 문서로 분쟁조정을 신청할 수 있다(시행령 제25조).

- 분쟁조정 신청인의 성명 및 주소
- 보호자의 성명 및 주소
- 분쟁조정 신청의 사유

자치위원회 위원의 제척[5] · 기피[6] 및 회피[7] 자치위원회의 위원은 피해학생과 가해학생에 대한 조치를 요청하는 경우와 분쟁을 조정하는 경우 다음 각 호의 어느 하나에 해당하면 해당 사건에서 제척된다(시행령 제26조 제1항).

- 위원이나 그 배우자 또는 그 배우자였던 사람이 해당 사건의 피해학생 또는 가해학생의 보호자인 경우 또는 보호자였던 경우
- 위원이 해당 사건의 피해학생 또는 가해학생과 친족이거나 친족이었던 경우
- 그 밖에 위원이 해당 사건의 피해학생 또는 가해학생과 친분이 있거나 관련이 있다고 인정하는 경우

분쟁조정의 개시

① 자치위원회 또는 교육감은 분쟁조정의 신청을 받으면 그 신청을 받은 날부터 5일 이내에 분쟁조정을 시작하여야 한다(시행령 제27조 제1항).

② 자치위원회 또는 교육감은 분쟁 당사자에게 분쟁조정의 일시 및 장소를 통보하여야 한다(시행령 제27조 제2항).

③ 제2항에 따라 통지를 받은 분쟁 당사자 중 어느 한쪽이 불가피한 사유로 출석할 수 없는 경우에는 자치위원회 또는 교육감에게 분쟁조정의 연기를 요청할 수 있다. 이 경우 자치위원회 또는 교육감은 분쟁조정의 기일을 다시 정하여야 한다(시행령 제27조 제3항).

④ 자치위원회 또는 교육감은 자치위원회 위원 또는 지역위원회 위원 중에서 분쟁조정 담당자를 지정하거나, 외부 전문기관에 분쟁과 관련한 사항에 대한 자문 등을 할 수 있다(시행령 제27조 제4항).

---

5. 제척은 위원 또는 그 배우자나 배우자였던 자가 사건의 당사자가 되거나, 위원이 당사자와 친족 · 호주 · 가족관계에 있거나 있었던 자이거나 위원이 사건에 관하여 증언이나 감정을 하는 등 사건을 공정하게 처리할 수 없는 경우에 위원은 그 사건의 재판 사무의 집행으로부터 제외된다. 만일 이와 같은 제척 원인이 있는 것이 확인되면 그때까지 행한 소송 절차는 전부 무효가 된다(권형준 외, 2005).
6. 기피는 제척 원인 이외의 재판의 공정을 방해할 만한 사정이 있을 때에는 당사자의 신청으로 인하여 재판으로써 그 위원을 재판부의 구성에서 배제하는 것을 말한다. 당사자가 상대방과 재판부 사이에 기피 원인이 있음을 알고도 본안에 관하여 변론하거나 준비 절차에서 진술하게 되면 기피신청을 하지 못한다(권형준 외, 2005).
7. 회피는 위원이 스스로 제척 또는 기피의 원인이 있음을 인정하고 자발적으로 그 사건에 관여하는 것을 피하는 것이다(권형준 외, 2005).

분쟁조정의 거부 · 중지 및 종료

[분쟁조정 거부 · 중지]

자치위원회 또는 교육감은 다음 각 호의 어느 하나에 해당하는 사유가 발생한 경우에는 분쟁조정의 개시를 거부하거나 분쟁조정을 중지할 수 있다(시행령 제28조 제1항).

- 분쟁 당사자 중 어느 한쪽이 분쟁조정을 거부한 경우
- 피해학생 등이 관련된 학교폭력에 대하여 가해학생을 고소 · 고발하거나 민사상 소송을 제기한 경우
- 분쟁조정의 신청 내용이 거짓임이 명백하거나 정당한 이유가 없다고 인정되는 경우

[분쟁조정 종결]

자치위원회 또는 교육감은 다음 각 호의 어느 하나에 해당하는 사유가 발생한 경우에는 분쟁조정을 끝내야 한다(시행령 제28조 제2항).

- 분쟁 당사자 간에 합의가 이루어지거나 자치위원회 또는 교육감이 제시한 조정안을 분쟁 당사자가 수락하는 등 분쟁조정이 성립한 경우
- 분쟁조정 개시일부터 1개월이 지나도록 분쟁조정이 성립하지 아니한 경우

[분쟁 당사자에 통보]

자치위원회 또는 교육감은 분쟁조정의 개시를 거부하거나 분쟁조정을 중지한 경우 또는 분쟁조정을 끝낸 경우에는 그 사유를 분쟁 당사자에게 각각 통보하여야 한다.

분쟁조정의 결과 처리　자치위원회 또는 교육감은 분쟁조정이 성립하면 다음 각 호의 사항을 적은 합의서를 작성하여 자치위원회는 분쟁 당사자에게, 교육감은 피해학생 및 가해학생 소속 학교 자치위원회와 분쟁 당사자에게 각각 통보하여야 한다(시행령 제29조 제1항).

- 분쟁 당사자의 주소와 성명
- 조정 대상 분쟁의 내용

-분쟁의 경위

-조정의 쟁점(분쟁 당사자의 의견을 포함한다)

• 조정의 결과

시행령 제29조 제1항에 따른 합의서에는 자치위원회가 조정한 경우에는 분쟁 당사자와 조정에 참가한 위원이, 교육감이 조정한 경우에는 분쟁 당사자와 교육감이 각각 서명날인하여야 한다(시행령 제29조 제2항). 자치위원회의 위원장은 분쟁조정의 결과를 교육감에게 보고하여야 한다(시행령 제29조 제3항).

(7) 학교폭력의 신고의무

학교폭력의 신고의무는 법 제20조에 다음과 같이 규정되어 있다.

학교폭력 현장을 보거나 그 사실을 알게 된 자는 학교 등 관계 기관에 이를 즉시 신고하여야 한다(법 제20조 제1항). 제1항에 따라 신고를 받은 기관은 이를 가해학생 및 피해학생의 보호자와 소속 학교의 장에게 통보하여야 한다(법 제20조 제2항). 제2항에 따라 통보받은 소속 학교의 장은 이를 자치위원회에 지체 없이 통보하여야 한다(법 제20조 제3항). 누구라도 학교폭력의 예비 · 음모 등을 알게 된 자는 이를 학교의 장 또는 자치위원회에 고발할 수 있다. 다만, 교원이 이를 알게 되었을 경우에는 학교의 장에게 보고하고 해당 학부모에게 알려야 한다(법 제20조 제4항). 누구든지 제1항부터 제4항까지에 따라 학교폭력을 신고한 사람에게 그 신고행위를 이유로 불이익을 주어서는 아니 된다(법 제20조 제5항).

Q & A

Q 교원이 학교폭력의 사실을 알고서도 신고나 고발을 하지 않고, 자체적으로 처리할 방법은 없나요?

A 자체적으로 처리할 수 없다.

[해설] 교원이 학생들을 지도 · 상담하는 과정에서 학교폭력의 사실을 알게 되었지만 사건이 경미한 경우에는 학교장에게 보고하지 않고 교사가 직접 중재에 나서서 가해학생 측으로부터 사과문이나 각서를 받고, 경우에 따라서는 치료비 등을 배상하도록 한 후 사건을 종료시키는 경우가 많이 있다. 그러나 이러한 행동은 공무원법상 성실의무 등을 위반한 것이기 때문에 교원의 경우에는 징계 등의 불이익을 받을 수 있다(교육과학기술부, 법무부, 2009).

(8) 학생보호인력 배치

학생보호인력의 배치 등에 대한 내용은 다음과 같다(법 제20조의 5).

① 국가·지방자치단체 또는 학교의 장은 학교폭력을 예방하기 위하여 학교 내에 학생보호인력을 배치하여 활용할 수 있다(법 제20조의 5 제1항).

② 다음 각 호의 어느 하나에 해당하는 사람은 학생보호인력이 될 수 없다(법 20조의 5 제2항).

- 「국가공무원법」제33조 각 호의 어느 하나에 해당하는 사람
- 「아동·청소년의 성보호에 관한 법률」에 따른 아동·청소년 대상 성범죄 또는 「성폭력 범죄의 처벌 등에 관한 특례법」에 따른 성폭력 범죄를 범하여 벌금형을 선고받고 그 형이 확정된 날부터 10년이 지나지 아니하였거나, 금고 이상의 형이나 치료감호를 선고 받고 그 집행이 끝나거나 집행이 유예·면죄된 날부터 10년이 지나지 아니한 사람
- 「청소년 보호법」제2조 제5호 가목 3) 및 같은 목 7)부터 9)까지의 청소년 출입·고용금지 업소의 업주나 종사자

③ 국가·지방자치단체 또는 학교의 장은 제1항에 따른 학생보호인력의 배치 및 활용 업무를 관련 전문기관 또는 단체에 위탁할 수 있다(법 제20조의 5 제3항).

④ 제3항에 따라 학생보호인력의 배치 및 활용 업무를 위탁받은 전문기관 또는 단체는 그 업무를 수행함에 있어 학교의 장과 충분히 협의하여야 한다(법 제20조의 5 제4항).

⑤ 국가·지방자치단체 또는 학교의 장은 학생보호인력으로 배치하고자 하는 사람의 동의를 받아 경찰청장에게 그 사람의 범죄경력을 조회할 수 있다(법 제20조의 5 제5항).

⑥ 제3항에 따라 학생보호인력의 배치 및 활용 업무를 위탁받은 전문기관 또는 단체는 해당 업무를 위탁한 국가·지방자치단체 또는 학교의 장에게 학생보호인력으로 배치하고자 하는 사람의 범죄 경력을 조회할 것을 신청할 수 있다(법 제20조의 5 제6항).

⑦ 학생보호인력이 되려는 사람은 국가·지방자치단체 또는 학교의 장에게 제2항 각 호의 어느 하나에 해당하지 아니한다는 확인서를 제출하여야 한다(법 제20조의 5 제7항).

(9) 학교폭력 비밀 누설 금지

학교폭력의 예방 및 대책과 관련된 업무를 수행하거나 수행하였던 자는 그 직무로 인하여 알게 된 비밀 또는 가해학생·피해학생 및 법 제20조에 따른 신고자·고발자와 관련된 자료를 누설하여서는 아니 된다(법 제21조 제1항).

비밀의 범위는 다음 각 호와 같다(시행령 제33조).

- 학교폭력 피해학생과 가해학생 개인 및 가족의 성명, 주민등록번호 및 주소 등 개인정보에 관한 사항
- 학교폭력 피해학생과 가해학생에 대한 심의·의결과 관련된 개인별 발언 내용
- 그 밖에 외부로 누설될 경우 분쟁 당사자 간에 논란을 일으킬 우려가 있음이 명백한 사항

(10) 벌칙 규정

학교폭력 비밀 누설 금지와 자치위원회의 교육 이수 조치를 따르지 아니한 보호자에 대해 다음과 같은 벌칙 규정을 두고 있다(법 제21조, 제22조, 제23조).

- 학교폭력의 예방 및 대책과 관련된 업무를 수행하거나 수행하였던 자가 그 직무로 인하여 알게 된 비밀 또는 가해학생·피해학생 및 신고자·고발자와 관련된 자료를 누설한 경우 1년 이하의 징역 또는 1천만 원 이하의 벌금에 처한다.
- 자치위원회의 교육 이수 조치를 따르지 아니한 보호자에게는 300만 원 이하의 과태료를 부과한다.

2) 학교폭력 예방 및 대책에 관한 각 기관의 책무

(1) 국가 및 지방자치단체의 책무

국가 및 지방자치단체는 다음과 같은 책무가 있다.

- 국가 및 지방자치단체는 학교폭력을 예방하고 근절하기 위하여 조사·연구·교육·계도 등 필요한 법적·제도적 장치를 마련하여야 한다(법 제4조 제1항).

- 국가 및 지방자치단체는 청소년 관련 단체 등 민간의 자율적인 학교폭력 예방활동과 피해학생의 보호 및 가해학생의 선도·교육활동을 장려하여야 한다(법 제4조 제2항).
- 국가 및 지방자치단체는 제2항에 따른 청소년 관련 단체 등 민간이 건의한 사항에 대하여는 관련 시책에 반영하도록 노력하여야 한다(법 제4조 제3항).
- 국가 및 지방자치단체는 제1항부터 제3항까지의 규정에 따른 책무를 다하기 위하여 필요한 행정적·재정적 지원을 하여야 한다(법 제4조 제4항).

(2) 교육감의 임무

전담부서의 구성　교육감은 시·도 교육청에 학교폭력의 예방과 대책을 담당하는 전담부서를 설치·운영하는 데 있어(법 제11조 제1항) 다음 각 호의 업무를 수행하기 위하여 시·도 교육청 및 지역교육청에 과·담당관 또는 팀을 둔다(시행령 제8조).

- 학교폭력 예방과 근절을 위한 대책의 수립과 추진에 관한 사항
- 학교폭력 피해학생의 치료 및 가해학생에 대한 조치에 관한 사항
- 그 밖에 학교폭력의 예방 및 대책과 관련하여 교육감이 정하는 사항

실태조사　교육감은 학교폭력의 실태를 파악하고 학교폭력에 대한 효율적인 예방 대책을 수립하기 위하여 학교폭력 실태조사를 연 2회 이상 실시하여야 한다(법 제11조 제8항). 교육감이 실시하는 학교폭력 실태조사는 교육과학기술부 장관과 협의하여 다른 교육감과 공동으로 실시할 수 있으며, 학교폭력 실태조사를 교육 관련 연구·조사 기관에 위탁할 수 있다(시행령 제9조).

전문기관의 설치　교육감은 조사·상담, 학교폭력 피해학생·가해학생에 대한 치유 프로그램 운영 업무를 수행하기 위해 전문기관을 설치·운영할 수 있다. 전문기관의 설치·운영에 관한 세부 사항은 교육감이 정한다.
　교육감은 치유 프로그램 운영 업무를 다음 각 호의 어느 하나에 해당하는 기관·단체·시설에 위탁하여 수행하게 할 수 있다(시행령 제10조).

- 「청소년복지지원법」 제14조에 따른 청소년쉼터, 「청소년보호법」 제33조의 2에 따

른 청소년보호센터 등 청소년을 보호하기 위하여 국가·지방자치단체가 운영하는 시설

- 「청소년활동진흥법」제10조에 따른 청소년활동시설
- 학교폭력의 예방과 피해학생 및 가해학생의 치료·교육을 수행하는 청소년 관련 단체
- 청소년 정신치료 전문인력이 배치된 병원
- 학교폭력 피해학생·가해학생 및 학부모를 위한 프로그램을 운영하는 종교기관 등의 기관
- 그 밖에 교육감이 치유프로그램의 운영에 적합하다고 인정하는 기관

학교폭력 조사·상담　교육감은 학교폭력 예방과 사후조치 등을 위하여 다음 각 호의 조사·상담 등을 수행할 수 있다(법 제11조의 2).

- 학교폭력 피해학생 상담 및 가해학생 조사
- 필요한 경우 가해학생 학부모 조사
- 학교폭력 예방 및 대책에 관한 계획의 이행 지도
- 관할 구역 학교폭력서클 단속
- 학교폭력 예방을 위하여 민간기관 및 업소 출입·검사
- 그 밖에 학교폭력 등과 관련하여 필요로 하는 사항

(3) 학교장의 의무

학교장의 의무에 관한 사항은 법 제19조에 규정되어 있는데, 학교의 장은 교육감에게 학교폭력이 발생한 사실 및 법 제16조, 제16조의 2, 제17조, 제17조의 2 및 제18조에 따른 조치 및 그 결과를 보고하고, 관계 기관과 협력하여 교내 학교폭력 단체의 결성 예방 및 해체에 노력하여야 한다.

3 학교폭력 관련 위원회의 조직과 기능

여기에서는 학교폭력 관련 각종 위원회의 조직과 기능에 대해 소개한다. 먼저 학내의 학교폭력의 예방 및 대책에 관련된 사항을 심의하기 위해 조직되어 있는 '학교폭력대책자치위원회'에 대해 알아보고, 그다음 지역의 학교폭력 문제를 해결하기 위해 각 시 · 도에 조직되어 있는 '학교폭력대책지역위원회'에 대해 살펴본다. 또한 학교폭력의 예방 대책을 수립하고 기관별 추진 계획 및 상호 협력 · 지원 방안 등을 협의하기 위해 각 시 · 군 · 구에 조직되어 있는 '학교폭력대책지역협의회'에 대해 소개하고, 학교폭력의 예방 및 대책에 관한 국무총리 소속의 '학교폭력대책위원회'에 대해 살펴본다. 마지막으로 전문상담교사의 배치 및 전담기구 구성과 운영에 대해 소개한다.

1) 학교폭력대책자치위원회

(1) 학교폭력대책자치위원회의 설치 및 기능

학교폭력의 예방 및 대책에 관련된 사항을 심의하기 위하여 학교에 학교폭력대책자치위원회(이하 '자치위원회'라 한다)를 둔다. 다만, 자치위원회 구성에 있어 대통령령으로 정하는 사유가 있는 경우에는 교육감의 보고를 거쳐 둘 이상의 학교가 공동으로 자치위원회를 구성할 수 있다(법 제12조 제1항).

자치위원회는 학교폭력의 예방 및 대책 등을 위하여 다음 각 호의 사항을 심의한다(법 제12조 제2항).

- 학교폭력의 예방 및 대책수립을 위한 학교체제 구축
- 피해학생의 보호
- 가해학생에 대한 선도 및 징계
- 피해학생과 가해학생 간의 분쟁조정
- 그 밖에 대통령령으로 정하는 사항

(2) 학교폭력대책자치위원회의 구성

위원 수　자치위원회는 위원장 1인을 포함하여 5인 이상 10인 이하의 위원으로 구
성하되, 대통령령으로 정하는 바에 따라 전체 위원의 과반수를 학부모전체회의에서 직
접 선출된 학부모 대표로 위촉하여야 한다. 다만, 학부모전체회의에서 학부모 대표를
선출하기 곤란한 사유가 있는 경우에는 학급별 대표로 구성된 학부모대표회의에서 선
출된 학부모 대표로 위촉할 수 있다.

위원의 위촉　자치위원회의 위원은 다음 각 호의 어느 하나에 해당하는 사람 중에
서 해당 학교의 장이 임명하거나 위촉한다.

- 해당 학교의 교감
- 해당 학교의 교사 중 학생생활지도 경력이 있는 교사
- 법 제13조 제1항에 따라 선출된 학부모 대표
- 판사 · 검사 · 변호사
- 해당 학교를 관할하는 경찰서 소속 경찰공무원
- 의사 자격이 있는 사람
- 그 밖에 학교폭력 예방 및 청소년보호에 대한 지식과 경험이 풍부한 사람

위원장　자치위원회의 위원장은 위원 중에서 호선(互選)하며, 위원장이 부득이한
사유로 직무를 수행할 수 없을 때에는 위원장이 미리 지정하는 위원이 그 직무를 대행
한다.

Q & A

Q 학교장을 학교폭력 예방 및 청소년 보호에 대한 지식과 경험을 가진 사람으로 해석하여 자치위원회의 위원으로 참여시킬 수 없나요?

A 절대 참여할 수 없다.

[해설] 각급 학교장이 학교폭력 예방 및 청소년 보호에 지식과 경험을 가지고 있음은 명백하다. 그러나 법에서 학교장을 자치위원회에서 제외한 목적은 자치위원회와 학교장을 엄격하게 분리하기 위한 것이다. 따라서 학교장은 어떠한 사유를 들어서라도 자치위원회의 위원이 될 수 없다(교육과학기술부, 법무부, 2009).

위원의 임기 자치위원회의 위원의 임기는 2년으로 한다. 다만, 자치위원회 위원의 사임 등으로 새로 위촉되는 위원의 임기는 전임위원 임기의 남은 기간으로 한다.

간사의 임명 자치위원회의 위원장은 해당 학교의 교직원에서 자치위원회의 사무를 처리할 간사 1명을 지명한다.

(3) 학교폭력대책자치위원회의 운영

회의 소집 자치위원회는 분기별 1회 이상 회의를 개최하고, 자치위원회의 위원장은 다음 각 호의 어느 하나에 해당하는 경우에 회의를 소집하여야 한다.

- 자치위원회 재적위원 4분의 1 이상이 요청하는 경우
- 학교의 장이 요청하는 경우
- 피해학생 또는 그 보호자가 요청하는 경우
- 학교폭력이 발생한 사실을 신고받거나 보고받은 경우
- 가해학생이 협박 또는 보복한 사실을 신고받거나 보고받은 경우
- 그 밖에 위원장이 필요하다고 인정하는 경우

자치위원회의 개의와 의결 자치위원회의 회의는 재적위원 과반수의 출석으로 개의하고, 출석위원 과반수의 찬성으로 의결한다.

회의록 작성·보존 자치위원회는 회의의 일시, 장소, 출석위원, 토의 내용 및 의결사항 등이 기록된 회의록을 작성·보존하여야 한다.

출석위원 수당·여비 지급 자치위원회의 회의에 출석한 위원에게는 예산의 범위에서 수당과 여비를 지급할 수 있다. 다만, 공무원인 위원이 그 소관 업무와 직접적으로 관련하여 회의에 출석한 경우에는 그러하지 아니한다.

회의 시기 자치위원회의 위원장은 회의 일시를 정할 때에는 일과 후, 주말 등 위원들이 참석하기 편리한 시간으로 정하여야 한다.

Q & A

Q '모든 학교'에 자치위원회가 반드시 설치되어야 하나요?
A 분교를 제외한 모든 학교에 반드시 설치해야 합니다.

[해설] 「학교폭력 예방 및 대책에 관한 법률」 제12조 제1항은 '학교'에 자치위원회를 설치하여 학교폭력의 예방 및 대책에 관한 사항을 심의하도록 규정하고 있다. 또한 동법 제2조 제2호에서는 "'학교'란 「초·중등교육법」 제2조에 따른 초등학교·중학교·고등학교·특수학교 및 각종학교와 같은 법 제61조에 따라 운영하는 학교를 말한다."고 규정하고 있다. 따라서 분교를 제외한 초·중등교육법상의 모든 학교에서는 반드시 자치위원회를 구성하여야 한다(교육과학기술부, 법무부, 2009).

---

2) 학교폭력대책지역위원회

(1) 학교폭력대책지역위원회의 설치

지역의 학교폭력 문제를 해결하기 위하여 시·도에 학교폭력대책지역위원회(이하 '지역위원회'라 한다)를 둔다(법 제9조 제1항). 특별시장·광역시장·특별자치시장·도지사 및 특별자치도지사(이하 '시·도지사'라 한다)는 지역위원회의 운영 및 활동에 관하여 시·도의 교육감(이하 '교육감'이라 한다)과 협의하여야 하며, 그 효율적인 운영을 위하여 실무위원회를 둘 수 있다(법 제9조 제2항).

법 제9조 제2항에 따른 실무위원회는 7명 이내의 학교폭력 예방 및 대책에 관한 실무자 및 민간 전문가로 구성한다.

(2) 학교폭력대책지역위원회의 구성

위원 수　　지역위원회는 위원장 1인을 포함한 11인 이내의 위원으로 구성한다.

위원의 위촉　　지역위원회의 위원은 학식과 경험이 풍부하고 청소년 보호에 투철한 사명감이 있는 사람으로서 다음 각 호의 어느 하나에 해당하는 사람 중에서 시 · 도지사가 교육감과 협의하여 임명하거나 위촉한다.

- 해당 시 · 도의 청소년 보호 업무 담당 국장 및 시 · 도 교육청 생활지도 담당 국장
- 해당 시 · 도의회 의원 또는 교육위원회 위원
- 시 · 도 지방경찰청 소속 경찰공무원
- 학생생활지도 경력이 5년 이상인 교원
- 판사 · 검사 · 변호사
- 「고등교육법」 제2조에 따른 학교의 조교수 이상 또는 청소년 관련 연구기관에서 이에 상당하는 직위에 재직하고 있거나 재직하였던 사람으로서 학교폭력 문제에 대한 전문지식이 있는 사람
- 청소년 선도 및 보호 단체에서 청소년 보호활동을 5년 이상 전문적으로 담당한 사람
- 「초 · 중등교육법」 제31조 제1항에 따른 학교운영위원회의 위원 또는 법 제12조 제1항에 따른 자치위원회 위원으로 활동하고 있거나 활동한 경험이 있는 학부모 대표
- 그 밖에 학교폭력 예방 및 청소년 보호에 대한 지식과 경험이 있는 사람

위원장　　지역위원회의 위원장은 특별시 · 광역시 · 특별자치시 · 도 · 특별자치도(이하 '시 · 도'라 한다)의 부단체장[특별시의 경우에는 행정(1)부시장, 광역시 및 도의 경우에는 행정부시장 및 행정부지사를 말한다]으로 하며, 지역위원회의 위원장은 회의를 소집하고,

그 의장이 된다. 지역위원회의 위원장이 부득이한 사유로 직무를 수행할 수 없을 때에는 지역위원회 위원장이 미리 지명하는 위원이 그 직무를 대행한다.

위원의 임기 지역위원회 위원의 임기는 2년으로 한다. 다만, 지역위원회 위원의 사임 등으로 새로 위촉되는 위원의 임기는 전임위원 임기의 남은 기간으로 한다.

간사의 임명 지역위원회의 사무를 처리하기 위하여 간사 1명을 두며, 지역위원회의 위원장과 교육감이 시·도 또는 시·도 교육청 소속 공무원 중에서 협의하여 정하는 사람으로 한다.

(3) 학교폭력대책지역위원회의 기능

지역위원회의 기능 등에 관련된 내용은 다음과 같다(법 제10조).

- 지역위원회는 기본 계획에 따라 지역의 학교폭력 예방대책을 매년 수립한다.
- 지역위원회는 해당 지역에서 발생한 학교폭력에 대하여 교육감 및 지방경찰청장에게 관련 자료를 요청할 수 있다.
- 교육감은 지역위원회의 의견을 들어 제16조 제1항 제1호부터 제3호까지나 제17조 제1항 제5호에 따른 상담·치료 및 교육을 담당할 상담·치료·교육 기관을 지정하여야 한다.
- 교육감은 제3항에 따른 상담·치료·교육 기관을 지정한 때에는 해당 기관의 명칭, 소재지, 업무를 인터넷 홈페이지에 게시하고, 그 밖에 다양한 방법으로 학부모에게 알릴 수 있도록 노력하여야 한다.

3) 학교폭력대책지역협의회

(1) 학교폭력대책지역협의회의 설치

학교폭력 예방 대책을 수립하고 기관별 추진 계획 및 상호 협력·지원 방안 등을 협의하기 위하여 시·군·구에 학교폭력대책지역협의회(이하 '지역협의회'라 한다)를 둔다(법 제10조의 2 제1항).

(2) 학교폭력대책지역협의회의 구성

위원 수   지역협의회는 위원장 1명을 포함한 20명 내외의 위원으로 구성한다.

위원의 위촉   지역협의회의 위원은 학식과 경험이 풍부하고 청소년보호에 투철한 사명감이 있는 사람으로서 다음 각 호의 어느 하나에 해당하는 사람 중에서 시장·군수·구청장이 해당 지역교육청의 교육장과 협의하여 임명하거나 위촉한다.

- 해당 시·군·구의 청소년 보호 업무 담당 국장(국장이 없는 시·군·구는 과장을 말한다) 및 지역교육청의 생활지도 담당 국장(국장이 없는 지역교육청은 과장을 말한다)
- 해당 시·군·구의회 의원
- 해당 시·군·구를 관할하는 경찰서 소속 경찰공무원
- 학생생활지도 경력이 5년 이상인 교원
- 판사·검사·변호사
- 「고등교육법」 제2조에 따른 학교의 조교수 이상 또는 청소년 관련 연구기관에서 이에 상당하는 직위에 재직하고 있거나 재직하였던 사람으로서 학교폭력 문제에 대하여 전문지식이 있는 사람
- 청소년 선도 및 보호 단체에서 청소년 보호활동을 5년 이상 전문적으로 담당한 사람
- 학교운영위원회 위원 또는 자치위원회 위원으로 활동하거나 활동한 경험이 있는 학부모 대표
- 그 밖에 학교폭력 예방 및 청소년보호에 대한 지식과 경험을 가진 사람

위원장   지역협의회의 위원장은 시·군·구의 부단체장이 되며, 지역협의회의 위원장은 회의를 소집하고, 그 의장이 된다. 지역협의회의 위원장이 부득이한 사유로 직무를 수행할 수 없을 때에는 위원장이 미리 지정하는 위원이 그 직무를 대행한다.

위원의 임기   지역협의회 위원의 임기는 2년으로 한다. 다만, 지역위원회 위원의 사임 등으로 새로 위촉되는 위원의 임기는 전임위원 임기의 남은 기간으로 한다.

간사의 임명   지역협의회에는 사무를 처리하기 위해 간사 1명을 두며, 간사는 지

역협의회의 위원장과 교육장이 시·군·구 또는 지역교육청 소속 공무원 중에서 협의하여 정하는 사람으로 한다.

4) 학교폭력대책위원회

(1) 학교폭력대책위원회의 설치 및 기능

학교폭력의 예방 및 대책에 관한 다음 각 호의 사항을 심의하기 위하여 국무총리 소속으로 학교폭력대책위원회(이하 '대책위원회'라 한다)를 둔다(법 제7조).

- 학교폭력의 예방 및 대책에 관한 기본 계획의 수립 및 시행에 대한 평가
- 학교폭력과 관련하여 관계 중앙행정기관 및 지방자치단체의 장이 요청하는 사항
- 학교폭력과 관련하여 교육청, 제9조에 따른 학교폭력대책지역위원회, 법 제10조의 2에 따른 지역협의회, 법 제12조에 따른 자치위원회, 전문단체 및 전문가가 요청하는 사항

(2) 학교폭력대책위원회의 구성

위원의 수와 위원의 위촉　　대책위원회는 위원장 2명을 포함하여 20명 이내의 위원으로 구성한다. 위원은 다음 각 호의 사람 중에서 대통령령이 위촉하는 사람으로 한다. 다만, 법 제8조 제3항 제1호의 경우에는 당연직 위원으로 한다.

- 기획재정부 장관, 교육부 장관, 미래창조과학부 장관, 법무부 장관, 행정자치부 장관, 문화체육관광부 장관, 보건복지부 장관, 여성가족부 장관, 국민안전처 장관, 방송통신위원회 위원장, 경찰청장(법 제8조 제3항 제1호)
- 학교폭력 대책에 관한 전문지식과 경험이 풍부한 전문가 중에서 제1호의 위원이 각각 1명씩 추천하는 사람
- 관계 중앙행정기관에 소속된 3급 공무원 또는 고위공무원단에 속하는 공무원으로서 청소년 또는 의료 관련 업무를 담당하는 사람
- 대학이나 공인된 연구기관에서 조교수 이상 또는 이에 상당한 직에 있거나 있었던 사람으로서 학교폭력 문제 및 이에 따른 상담 또는 심리에 관하여 전문지식이 있

는 사람

- 판사 · 검사 · 변호사
- 전문단체에서 청소년 보호활동을 5년 이상 전문적으로 담당한 사람
- 의사의 자격이 있는 사람
- 학교운영위원회 활동 및 청소년 보호활동 경험이 풍부한 학부모 위촉

위원장과 위원의 임기 및 간사의 임명　위원장은 국무총리와 학교폭력 대책에 관한 전문지식과 경험이 풍부한 전문가 중에서 대통령이 위촉하는 사람이 공동으로 하고, 위원장 모두가 부득이한 사유로 직무를 수행할 수 없을 때에는 국무총리가 지명한 위원이 그 직무를 대행한다. 위원장을 포함한 위원의 임기는 2년으로 하되, 1차에 한하여 연임할 수 있다. 위원회의 효율적 운영 및 지원을 위하여 간사 1명을 두되, 간사는 교육부 장관이 된다.

(3) 학교폭력대책위원회의 운영

대책위원회의 회의 소집, 대책위원회의 개의와 의결, 출석위원 수당 · 여비 지급과 학교폭력 전문가 출석 등 대책위원회의 운영에 관련된 내용은 다음과 같다(시행령 제3조).

회의 소집 및 대책위원회의 개의와 의결　대책위원회의 위원장은 회의를 소집하고, 그 의장이 된다. 대책위원회의 회의는 반기별로 1회 소집한다. 다만, 재적위원 3분의 1 이상이 요구하거나 위원장이 필요하다고 인정하는 경우에는 수시로 소집할 수 있다. 대책위원회의 위원장이 회의를 소집할 때에는 회의 개최 5일 전까지 회의 일시 · 장소 및 안건을 각 위원에게 알려야 한다. 다만, 긴급히 소집하여야 할 때에는 그러하지 아니한다. 대책위원회의 회의는 재적위원 과반수의 출석으로 개의하고, 출석위원 과반수의 찬성으로 의결한다.

출석위원 수당 · 여비 지급 및 학교폭력 전문가 출석　회의에 출석한 위원과 전문가 등에게는 예산의 범위에서 수당과 여비를 지급할 수 있다. 다만, 공무원인 위원이 그 소관 업무와 직접적으로 관련하여 회의에 출석하는 경우에는 그러하지 아니한다. 대책위원회의 위원장은 필요하다고 인정할 때에는 학교폭력 예방 및 대책과 관련하여

전문가 등을 회의에 출석하여 발언하게 할 수 있다.

(4) 학교폭력대책실무위원회의 구성·운영

위원회에 상정할 안건을 미리 검토하는 등 안건 심의를 지원하고, 위원회가 위임한 안건을 심의하기 위하여 대책위원회에 학교폭력대책실무위원회(이하 '실무위원회'라 한다)를 둔다(법 제8조 제6항).

위원 수　　실무위원회는 위원장(이하 '실무위원장'이라 한다) 1명을 포함한 12명 이내의 위원으로 구성한다. 위원은 기획재정부, 교육부, 과학기술정보통신부, 법무부, 행정안전부, 문화체육관광부, 보건복지부, 여성가족부, 국민안전처, 국무조정실 및 방송통신위원회의 고위공무원단에 속하는 공무원과 경찰청의 치안감 또는 경무관 중에서 소속 기관의 장이 지명하는 각 1명이 된다(시행령 제4조의 1항, 2항).

위원장과 간사의 임명　　실무위원장은 교육부 차관이 되고, 실무위원장이 부득이한 사유로 직무를 수행할 수 없을 때에는 실무위원장이 미리 지명하는 위원이 그 직무를 대행한다. 실무위원회의 사무를 처리하기 위하여 간사 1명을 두며, 간사는 교육부 소속 공무원 중에서 실무위원장이 지명하는 사람으로 한다(시행령 제4조의 2항, 3항, 4항).

회의 소집과 업무　　회의는 대책위원회 개최 전 또는 실무위원장이 필요하다고 인정할 때 소집한다. 실무위원회는 대책위원회의 회의에 부칠 안건 검토와 심의 지원 및 그 밖의 업무수행을 위하여 필요한 경우에는 이해관계인 또는 관련 전문가를 출석하게 하여 의견을 듣거나 의견 제출을 요청할 수 있다. 실무위원장은 회의를 소집할 때에는 회의 개최 7일 전까지 회의 일시·장소 및 안건을 각 위원에게 알려야 한다. 다만, 긴급히 소집하여야 할 때에는 그러하지 아니한다(시행령 제4조의 5항, 6항, 7항).

5) 전문상담교사 배치 및 전담기구 구성

(1) 전문상담교사 배치 및 전담기구 구성

「학교폭력 예방 및 대책에 관한 법률」 제14조에 규정하고 있는 전문상담교사의 배치 및 전담기구 구성에 관련된 사항은 다음과 같다.

- 학교의 장은 학교에 대통령령으로 정하는 바에 따라 상담실을 설치하고, 「초·중등교육법」 제19조의 2에 따라 전문상담교사를 둔다.
- 전문상담교사는 학교의 장 및 자치위원회의 요구가 있는 때에는 학교폭력에 관련된 피해학생 및 가해학생과의 상담 결과를 보고하여야 한다.
- 학교의 장은 교감, 전문상담교사, 보건교사 및 책임교사(학교폭력 문제를 담당하는 교사를 말한다) 등으로 학교폭력 문제를 담당하는 전담기구(이하 '전담기구'라 한다)를 구성하며, 학교폭력 사태를 인지한 경우 지체 없이 전담기구 또는 소속 교원으로 하여금 가해 및 피해 사실 여부를 확인하도록 한다.
- 전담기구는 학교폭력에 대한 실태조사(이하 '실태조사'라 한다)와 학교폭력 예방 프로그램을 구성·실시하며, 학교의 장 및 자치위원회의 요구가 있는 때에는 학교폭력에 관련된 조사 결과 등 활동 결과를 보고하여야 한다.
- 피해학생 또는 피해학생의 보호자는 피해 사실 확인을 위하여 전담기구에 실태조사를 요구할 수 있다.
- 국가 및 지방자치단체는 실태조사에 관한 예산을 지원하고, 관계 행정기관은 실태조사에 협조하여야 하며, 학교의 장은 전담기구에 행정적·재정적 지원을 할 수 있다.
- 전담기구는 성폭력 등 특수한 학교폭력사건에 대한 실태조사의 전문성을 확보하기 위하여 필요한 경우 전문기관에 그 실태조사를 의뢰할 수 있다. 이 경우 그 의뢰는 자치위원회 위원장의 심의를 거쳐 학교의 장 명의로 하여야 한다.

(2) 상담실 설치

상담실은 다음 각 호의 시설·장비를 갖추어 상담활동이 편리한 장소에 설치하여야 한다(시행령 제15조).

- 인터넷 이용 시설, 전화 등 상담에 필요한 시설 및 장비
- 상담을 받는 사람의 사생활 노출 방지를 위한 칸막이 및 방음시설

(3) 전문상담교사의 배치

전문상담교사의 배치에 관련된 사항은 「초·중등교육법」 제19조의 2에 다음과 같이 규정하고 있다.

- 학교에 전문상담교사를 두거나 시·도 교육행정기관에 「교육공무원법」 제22조의 2에 따라 전문상담순회교사를 둔다.
- 제1항의 전문상담순회교사의 정원·배치 기준 등에 필요한 사항은 대통령령으로 정한다.

(4) 전담기구 운영

전담기구는 가해 및 피해 사실 여부에 관하여 확인한 사항을 학교의 장 및 자치위원회(자치위원회의 요청이 있는 경우만을 말한다)에 보고하여야 한다(시행령 제16조).

≡● 연구 과제

1 학교폭력 '피해학생'에 대해 다음의 절차에 따라 보호조치 과정을 사례를 들어 설명하시오(교육과학기술부, 법무부, 2009).

피해학생에 대한 보호조치의 절차

: 자치위원회의 요청 → 피해학생 보호자의 동의 → 학교장의 조치

2 학교폭력 '가해학생'에 대해 다음의 절차에 따라 조치 과정을 사례를 들어 설명하시오(교육과학기술부, 법무부, 2009).

가해학생에 대한 조치의 기본 절차

: 자치위원회의 요청 → 학교장의 조치 → 가해학생 및 보호자에게 통지

🖨 참고문헌

교육과학기술부, 법무부(2009). 굿바이! 학교폭력, 학교폭력 · 성폭력 예방 및 대처 가이드북. 교육과학기술부, 법무부.

권형준, 남윤봉, 이기철, 이덕환, 이은모, 이형규, 장태주, 현병철(2005). 생활법률. 서울: 법원사.

오경식(2009). 학교폭력 예방을 위한 법제도적 분석과 개선방안. 소년보호연구, 12, 189-227.

http://oneclick.law.go.kr(2012). 법제처 찾기 쉬운 생활법령정보.

http://www.moe.go.kr(2012). 초 · 중등교육법.

http://www.moe.go.kr(2012). 학교폭력 예방 및 대책에 관한 법률.

http://www.moe.go.kr(2012). 학교폭력 예방 및 대책에 관한 법률 시행령.

2013년 1월 개봉으로 제작된 이 영화는 학교폭력에 대한 우리 사회의 시각을 비판적으로 조명하고 있다. 이 영화는 흥행을 통한 수익 창출보다는 학교폭력에 대해 더 이상 눈감고 싶지 않는 감독과 현직 초등교사인 작가(필명 진냥)가 만나 후원자를 모집하고 발로 뛰며 제작한 다큐멘터리 형식의 독립영화다. 감독 원해수 씨는 "2011년 말 대구 학생의 자살 이후로 주류 언론이 학교폭력 문제를 다루면서 행위(폭력)와 행위자(가해자·피해자)에만 초점을 맞추는 걸 보고 화가 났다."면서 "학교폭력 문제를 바라볼 때 폭력이 발생한 사안에만 초점을 둘 것이 아니라, '누가 학교에서 고통받고 있는가?', '왜 학생들이 학교폭력을 목격, 경험하면서도 말하지 않는가?', '그 속에서 학교는 어떤 곳이어야 하는가?'와 같은 질문에 대한 학생들의 대답을 들어 보아야 한다."고 말한다.

영화 〈학교: 부서지는 사람들의 이야기〉는 학교폭력에 대한 학생들과의 면담 장면을 생생하게 보여 주면서 학교폭력의 문제를 구조적으로 바라보고자 시도하고 있다. 즉, 영화는 '학교'라는 공간이 폭력에 어떤 영향을 끼치는지, 학교 안에서는 사람들이 폭력에 의해 어떤 경험을 하게 되고 어떤 고통을 겪게 되는지를 보여 준다. 그리고 그 속에서 학교폭력에 대한 사회의 오해와 착각을 들려주고 있다.

[교육적 적용]

영화 〈학교: 부서지는 사람들의 이야기〉는 '학교폭력을 예방하려면 학교가 어떤 곳이 되어야 하는가?'라는 근본적인 물음을 던지고 있다. 이 영화는 우리에게 다소 불편한 진실을 끄집어내고 있다. 우리는 '학교란 누구에게나 바람직한 인성을 기르고 자신의 꿈을 위한 능력을 키워 나가는 행복한 곳이어야 한다.'고 기대한다. 하지만 우리는 영화 속에서 학교라는 공간에서 마음의 상처를 입고 '자신이 누구인지' 고민하며 방황하는 학생들을 만날 수 있다. 그들은 학교에서 뛰쳐나올 수밖에 없었던 이유들, 그리고 학교폭력으로 인한 피해 경험과 가해 경험을 털어놓으며 눈물을 흘린다. 영화를 감상하고 난 후, 학생들은 영화 속 피면담자들처럼 자신들이 입은 상처를 들여다볼 수 있으며, 교사는 학교폭력이 발생하게 된 학교 내의 구조적 문제를 바라보고 학생들이 꺼내 놓은 아픔을 어루만져 줄 수 있는 시간을 가질 수 있을 것이다. 그리고 교사와 학생 모두 학교 속에서 학교폭력으로 인해 상처받고 부서지는 사람들이 없기 위해서 학교가 무엇을 해야 하고 서로가 무엇을 해야 하는지를 토론해 보는 시간을 가질 수 있다.

제10장

학교폭력과 교사

지금까지 이 책은 주로 학생들 사이에서 일어나는 학교폭력의 문제를 다루어 왔다. 그러나 학교현장에서 벌어지는 체벌이나 폭언 등과 같은 교권남용은 자칫 학생들의 학교폭력을 부추기거나 정당화하는 부정적 요인으로 작용할 수 있으며, 학생이나 학부모의 교권침해는 종종 교실 수업을 방해하고 학생들에게 깊은 상처를 줄 수 있다. 따라서 학교폭력의 문제를 근본적으로 해결하기 위해서는 학교현장에서 발생하는 폭력현상에 대한 총체적인 이해와 대책 마련이 요구된다고 볼 수 있다. 이 장에서는 먼저 교사의 체벌, 언어폭력, 교사의 성적가해 등 교권남용 실태와 학교폭력과의 관련성을 살펴보고, 학교의 폭력 문화 근절을 위한 교사의 역할을 알아본다.

1) 체벌의 관점

신체적 학대의 대표적인 경우가 체벌이다. 체벌이란 학생을 때리거나 세워 두는 등 신체적 고통을 주고, 고통에서 벗어나려는 노력에 호소하여 학업에 더욱 정진하게 한 다든가, 비행을 교정하려는 훈육방침을 말한다. 즉, 체벌은 교원이 교육현장에서 교육 목적을 달성하기 위하여 학생의 신체에 직간접으로 유형력을 행사하는 행위라 할 수 있다. 체벌의 필요성에 대한 긍정적 입장과 체벌 반대의 견해를 살펴보자.

(1) 체벌 옹호

체벌은 학교현장에서 질서를 유지하는 최선의 방법으로 규율이 유지되는 학급분위 기를 조성하기 위하여 필요한 수단으로 강조되고 있다. 체벌 옹호론자들에 의하면 체 벌의 성과는 질서가 유지되는 환경에서만 극대화될 수 있으며, 학생들이 체벌을 통해 자기 규율을 배우게 된다는 점에 동의한다. 체벌이 학습을 쉽게 할 뿐만 아니라 체벌을 통한 자극은 보다 높은 수준의 자극적인 행동을 유발시킬 수 있는 유일한 방법이라고 주장한다. 또한 체벌이 다른 학생들에게 비행의 결과를 간접적으로 가르쳐 준다는 이 점을 갖고 있다고 말한다. 무엇보다 체벌을 옹호하는 입장은 체벌을 통해 학생들이 도 덕적 품성을 발달시키고 정신적 훈육을 통해 우수한 학업성과를 이끌어 낼 수 있다는 장점을 강조한다. 대체로 수업질서를 파괴했거나 도덕적으로 위반된 행위를 했을 때, 체벌을 가함으로써 행동을 신속하게 수정하는 각성효과와 성찰효과를 거론한다. 체벌 을 통하여 적극적인 행동을 유발할 수 있으며, 체벌의 효과가 즉각적이고 신속하다는 점을 강조한다. 그뿐만 아니라 몇몇 학생 때문에 다른 학생들의 학습권이 침해되어서 는 안 된다는 논리도 포함되어 있다(이용호, 2008).

(2) 체벌 반대

체벌에 대한 부정적인 견해는 주로 체벌의 효과에 대한 의문과 체벌로 야기되는 부 작용에 중점을 두고 있다. 교육의 목적으로 체벌을 가했더라도 장기적인 관점에서 행동변화에 효과가 없거나 오히려 부작용만 낳는다는 것이 그들의 주장이다.

인간은 본래 불쾌감을 주는 사람이나 행동을 기피하는 경향이 있다. 체벌을 가하면 그 순간에는 학생의 행동변화가 이루어진 것처럼 보이지만, 체벌을 받는 학생은 단지 그 상황을 회피하기 위한 행동을 보인다. 즉, 체벌은 진정한 교육의 의미로 볼 때 큰 효과를 주지 못하므로 체벌은 교사와 학생 간의 소모적인 행위에 불과하다고 본다. 또한 체벌은 행동을 억압하여 불안을 조성하고 학생들에게 공격성을 자극하여 반항과 적의가 내포된 행동을 표출시킬 수 있으며, 폭력이 문제 해결의 방법이 될 수 있다는 그릇된 판단을 심어 준다고 본다. 따라서 체벌은 교육적인 목적보다 학교에서 발생하는 여러 가지 폭력 중 하나의 형태로 비춰질 수밖에 없다.

여러 연구에서 강한 체벌이 학생에게 불안과 학업의 싫증, 학교에 대한 두려움과 공포를 야기한다는 점에서 체벌과 낮은 학업성취도 간에 상관이 높다는 점을 지적하고 있다. 또한 체벌은 나쁜 행동만이 아니라 좋은 행동까지 억압하는 효과가 있으며, 다소 소심하고 내향적인 학생들의 잘 확립된 좋은 행동마저 망치는 결과를 초래한다. 체벌은 교사의 감정에 따라 좌우되기 쉽고 격한 감정의 상태에서 이루어질 가능성이 높기 때문에 체벌이 합리적이고 온건하게 이루어진다는 보장도 없다. 따라서 체벌로 인해 교사와 학생 간의 관계 형성이 파괴되고 학생이 교사를 지나치게 미워하거나 두려워하게 될 수 있다(김선구, 2004).

2) 외국의 체벌 연구

외국의 경우 교사에 의한 체벌 사례는 간혹 보고된다. 1985년 노르웨이의 Olweus가 노르웨이 Belzen지역에서 교사와 학생을 대상으로 교사에 의한 학생의 괴롭힘을 연구한 결과, 2% 정도의 학생들이 교사에 의해 괴롭힘을 당한다고 보고한 연구가 교사에 의한 학생 괴롭힘 또는 교직원에 의한 학생폭력의 문제를 최초로 조사한 문헌연구다(Olweus, 1999).

학급의 교사는 규범적인 행동과 사회적 기술을 보여 주는 역할모델이자 감정적 지지자이며, 중요한 시기의 삶의 동반자이므로 학급 동료들 간의 학교폭력에 대해 학생들을 안전하게 보호해 줄 보호자이기도 하다. 그럼에도 불구하고 교원에 의한 학생의 희생화는 역사적으로 체벌과 깊이 관련되어 있다. 미국의 22개 주가 학교체벌을 금지하고 있으며, 이스라엘은 학교에서의 체벌이 완전히 금지되어 있다. 1950년대 초반부터 체벌의 비효과성이 거론되면서 체벌은 용납할 수 없는 훈육으로 각인되었지만, 교원에 의한 학생체벌 및 학생폭력의 심각성이 거론된 것은 비교적 최근의 일이다.

교원에 의한 학생폭력은 아동학대의 성질을 내포하고 있으며, 연구자들은 감정적 폭력, 신체적 폭력, 성적 폭력의 세 가지 현상에 대해 주목한다. 감정적 폭력은 가장 일어나기 쉬운 폭력의 한 형태이며, 교원에 의한 성적 폭력은 다양한 형태로 나타나는 것이 그 주된 특징이다. 대개 교원에 의한 학생폭력의 빈도가 높은 학교일수록 학생 간 폭력 현상의 빈도가 높은 것으로 나타나고 있다.

교원에 의한 학생폭력의 전체 폭력 빈도수는 남자 교원에 의한 남학생 폭력의 빈도 수가 가장 높다. 의외로 신체적 폭력의 빈도는 남자 교사가 비교적 적은 초등학교에서 가장 낮게 나타나야 하지만 그렇지 않다. 이런 이유는 초등학생이 신체적 폭력을 방어할 힘이 부족한 것과 관련된 것으로 평가되고 있다. 그렇지만 초등학생에서 중·고등학생으로 올라가면서 직접적인 폭력은 간접적인 형태로 변하는 동시에 성폭력이 증가한다. Hayman(1990)은 특정한 종교집단이 운영하는 학교에서 체벌현상이 적을 것이라고 보았다. 또한, 가정에서 체벌을 허용할 경우 교원이 부모의 대리인이 되는 경우가 많으므로 체벌이 높게 나타날 것으로 예상했지만 그렇지 않은 것으로 보고하였다. 이런 결과로 볼 때 체벌은 특정한 체벌 관련 문화와 더욱더 밀접한 관련성이 있는 것 같다.

한국과 아랍문화권은 학교체벌이 허용되는 편이다. 이런 이유로 두 지역은 교원과 학생 간의 충돌 가능성이 높을 것으로 예측된다. 이스라엘의 유대인 중에서 특정집단은 다른 집단보다 훨씬 가부장적이고 전통적인 가족제도를 유지하고 있지만, 명확한 체벌금지와 아동권리의 존중이 학교사회의 근간이므로 체벌 빈도는 오히려 낮다. 외국 사례로 이스라엘에서의 교원에 의한 폭력 실태를 보기로 한다(〈표 10-1〉).

〈표 10-1〉을 성별로 살펴보면, 신체, 감정, 성적 폭력에서 대체로 남학생의 반응비율이 여학생보다 높으며, 초등학생이 중·고등학생보다 더 많은 폭력경험을 가지고 있는 것으로 나타났지만 성폭력은 나타나지 않았다. 이 연구에서 부모의 사회·경제적 지위가 낮은 학생일수록 더 많은 교원폭력을 경험하는 것으로 나타났으며, 이런 현상은 동서양 모두 유사하게 나타나고 있다. 소수집단에 속하거나 부모의 문맹, 빈곤, 낮은 사교육비 지출과 높은 체벌 비율이 일치하였다. 한국의 경우, 학생에 대한 인권보호 조례안이 나타난 시점의 체벌에 대한 학생·교사·학부모의 태도를 보기로 한다.

📄 **표 10-1** 이스라엘 교원의 폭력 실태(%)

구분	전체	성별		인종		학교 수준		
		남자	여자	유대인	아랍인	초등학교	중학교	고등학교
신체적 폭력								
의도적으로 붙잡거나 밀쳤다.	10.9	16.4	5.6	8.7	18.6	12.6	10.6	7.9
발로 차거나 주먹으로 때렸다.	5.5	8.5	2.8	2.7	15.4	7.1	4.7	4.2
꼬집거나 손바닥으로 때렸다.	9.5	14.0	5.4	5.7	23.0	12.3	8.6	6.4
다른 어떤 신체적 폭력	16.5	24.0	9.4	11.5	33.8	20.7	15.1	11.2
감정적 폭력								
모욕하거나, 인격을 모독했다.	24.7	26.6	23.1	24.4	25.7	25.1	24.7	24.5
욕이나 악담을 했다.	13.4	17.3	9.8	10.2	24.6	14.7	23.0	12.0
다른 어떤 감정적 폭력	28.7	31.9	25.9	26.7	35.4	30.2	28.6	26.8
성적 폭력								
성적 발언을 했다.	3.3	4.2	2.4	2.7	5.3	무반응	5.1	5.5
성적으로 추파를 던졌다.	2.4	3.2	1.8	2.3	3.1	무반응	4.2	3.6
성적으로 만지려고 했다.	2.3	3.3	1.3	2.1	3.1	무반응	3.9	3.4
다른 어떤 성적 폭력	4.5	5.7	3.4	3.8	7.2	무반응	7.5	7.1

출처: Benbenishty & Astor (2005: 85).

3) 체벌과 학생, 교사, 학부모

한국 사회의 체벌에 대한 태도를 알아보기 위하여 서울시에 소재한 중학교 교사 193명, 학부모 111명, 학생 368명을 연구의 대상으로 2009년 11월부터 2010년 8월까지 분석한 자료를 살펴보기로 한다(정훈교, 2010).

교사와 학부모들은 학교현장에서 체벌의 필요성을 어느 정도 인정하는 태도를 보이고 있지만([그림 10-2]), 상대적으로 학생들은 체벌에 대해 부정적으로 인식하고 있다([그림 10-1]). 따라서 교사 및 학부모의 입장과 학생 간의 견해차가 많음을 알 수 있다. 초등학교 교사 338명을 대상으로 실시한 체벌이 이루어지는 장소를 물은 설문조사에서 과반이 넘는 교사(180명, 53.3%)가 교실에서 체벌을 하며, 교무실(11명, 3.3%), 교장실(10명, 3%)에서 체벌을 한다고 하였다. 또한 타인에게 노출되지 않는 장소를 이용한다는 응답(123명, 36.4%)과 무응답(14명, 4.1%)이 나타났다. 이러한 자료를 보았을 때

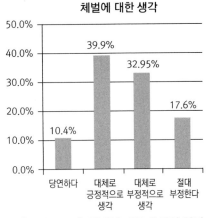

[그림 10-1] 체벌에 대한 학생의 의견

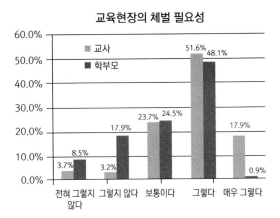

[그림 10-2] 교사 및 학부모 의견

교사의 체벌이 교육적이라는 입장이 강한 것으로 판단되며 상담실로 학생을 불러야 한다는 의식이 부족함을 알 수 있다(이명희, 2004).

4) 체벌 금지와 학생인권

인간으로서의 존엄과 가치는 「헌법」에 보장된 권리이며, 학생 또한 「헌법」에 보장된 권리의 주체다. 학교폭력에서 중시될 부분은 학생 상호 간의 인격 존중 풍토가 선행되어야 한다는 사실이다. 그렇지만 서울특별시교육청은 학생인권조례안을 공포하여 현재의 한국 사회는 교권과 학생인권 간의 심각한 대립현상이 일어나고 있다(허종렬, 2011). 학생인권조례안은 크게 조례안의 취지, 학생인권보호를 위한 체벌 금지, 학생 징계의 명확한 기준 제시, 그리고 인권보호를 위한 새로운 기구의 발족으로 구성되어 있다.

학생의 인권이 학교교육과정에서 실현될 수 있도록 함으로써, 학생의 존엄과 가치 및 자유와 권리를 보장하기 위하여 조례안이 만들어지게 되었으며, 이 조례는 「대한민국헌법」, 「교육기본법」 제12조 및 제13조, 「초ㆍ중등교육법」 제18조의 4 및 「유엔 아동의 권리에 관한 협약」에 근거하여 학생의 인권을 보장함으로써 모든 학생이 인간으로서의 존엄과 가치를 실현하며 자유롭고 행복한 삶을 이루어 나갈 수 있도록 하는 것을 목적으로 한다고 하였다.

조례의 주요 내용은 크게 차별받지 않을 권리(제5조), 폭력으로부터 자유로울 권리(제6조), 정규교육과정 이외의 교육활동의 자유(제9조), 두발, 복장 자유화 등 개성을 실현할 권리(제12조), 소지품 검사 금지, 휴대전화 사용의 자유 등 사생활의 자유(제13조), 양심·종교의 자유(제16조), 의사 표현의 자유(제17조), 소수자 학생의 권리 보장(제28조), 학생인권옹호관, 학생인권교육센터의 설치 등 학생인권침해 구제(제38조, 제42조)가 핵심내용이다.

교사가 수업 및 학생지도와 관련하여 학생들과 인권침해의 문제로 의견 충돌을 빚는 부분은 대개 체벌이며, 체벌과 관련된 제6조(폭력으로부터 자유로울 권리)에서 학생은 체벌, 따돌림, 집단 괴롭힘, 성폭력 등 모든 물리적 및 언어적 폭력으로부터 자유로울 권리를 가진다고 하였다. 수업과 관련하여 선행학습 요구 금지, 정규 교육과정 이외의 교육활동에 대한 자유를 허용하였다.

학생의 생활지도와 관련하여, 제12조(개성을 실현할 권리)에서 학생은 복장, 두발 등 용모에 있어서 자신의 개성을 실현할 권리를 가지지만 복장에 대해서는 학교 규칙으로 제한할 수 있도록 하였다. 제13조(사생활의 자유)에서 교직원이 학생의 동의 없이 함부로 소지품을 검사하거나 압수할 수 없으며, 학교의 장 및 교직원은 학생의 휴대전화를 비롯한 전자기기의 소지 및 사용 자체를 금지해서는 안 되지만, 교육활동과 학생들의 수업권을 보장하기 위해 학생이 그 제정 및 개정에 참여한 학교 규칙으로 학생의 전자기기의 사용 및 소지의 시간과 장소를 규제할 수 있도록 하였다. 또한 성적, 징계기록 등등 개인정보가 보호되어야 하며, 학교의 장 및 교직원은 학생에게 교외에서의 이름표 착용 강요 금지, 제15조(개인정보를 열람할 권리 등)에서 학생 또는 보호자는 학생 본인에 관한 학교 기록 등 개인정보를 열람할 수 있고, 그 정정이나 삭제, 혹은 개인정보의 처리 정지를 요구할 권리를 가질 수 있도록 하였으며, 서명이나 설문조사 등을 통하여 학교 구성원의 의견을 모을 수 있고 집회의 자유를 허용하였다. 그러면서 학교의 장 및 교직원은 교지 등 학생 언론활동, 인터넷 홈페이지 운영 등 표현의 자유를 최대한 보장하고, 이에 필요한 행정·재정적 지원을 하도록 노력하여야 하며, 학생들이 정책결정에 참여할 권리를 허용하였다.

학생의 징계와 관련하여 학생 및 학부모와 충돌할 경우, 제25조(징계 등 절차에서의 권리)에서 학생에 대한 징계는 징계사유에 대한 사전 통지, 공정한 심의기구의 구성, 소명 기회의 보장, 대리인 선임권 보장, 재심요청권의 보장 등 인권의 기준에 부합하는 정당한 규정과 적법 절차에 따라 이루어지도록 하였으며, 제27조(상담 및 조사 등 청구권)에서 학생을 비롯하여 누구든지 학생인권이 침해당했을 경우에는 학생인권옹호관에게 상담 및 조사 등을 청구할 권리를 가지는 동시에 학생을 비롯하여 누구든지 학생인권 관련 사항에 관하여 학교의 장, 교육청, 지역교육청 그 밖의 관계기관에 문서 등으로 청원할 권리를 갖도록 하였다.

또한 교육청은 학생인권 증진 및 인권 친화적 교육문화 형성에 관한 중요 정책과 교육현장의 인권침해 사안에 대한 구제방안을 심의하고, 학생인권에 관한 지역사회의 공론을 형성하고 협력을 이끌어 내기 위하여 학생인권위원회를 두며, 교육감은 학생인권 증진 및 인권 친화적 교육문화 조성의 업무를 집행하기 위하여 교육청에 학생인권옹호관 한 명을 두도록 하였다. 학생인권옹호관은 학생인권침해사건의 처리 결과를 교육감과 학생인권위원회에 매년 분기별로 보고하여야 하며, 인권침해에 대한 다양한 권고조치를 건의할 수 있다. 무엇보다 제47조(학생인권침해 구제신청)에서 학생이 인권을 침해당하였거나 침해당할 위험이 있는 경우에는 학생을 비롯하여 누구든지 학생인권옹호관에게 그에 관한 구제신청을 할 수 있도록 하였다. 학생인권옹호관은 피해 당사자의 동의가 없어도 조사할 수 있는 권한을 갖는다.

이 같은 조례안이 공포되면서 학생의 학습권 침해, 교사의 수업권 방해, 생활지도의 어려움 등으로 교원단체들의 호소가 급격히 증가하였으며, 심지어 학생과 학부모는 학생인권조례안을 자의적으로 해석하여 교사에 대한 명예훼손과 폭력을 행사하고 있다.

2 교사와 언어위협

1) 교사와 폭언

누구보다 학생을 인격적으로 대해야 할 교사에게 모욕적인 말을 듣고 상처를 입는 학생들이 있다. 서양의 경우 교사의 폭언은 주로 감정에서 비롯된다고 하여 정서적인 부당대우(emotional maltreatment)의 영역으로 간주하여 대분류에서는 폭력의 한 영역으로 취급한다. 한국의 경우에는 언어폭력이라는 용어를 사용하고 있으며, 언어폭력에 따른 징계나 법정판결의 사례는 대학을 제외하고는 잘 발견되지 않는다. 그러나 교사의 폭언은 부모가 인권위원회에 자주 진정을 하는 대상이다. 대체로 우리 사회는 교사의 폭언을 인격침해로 간주하여 진정을 통한 경고를 보내고 있다. 따라서 사회문화적으로 학교사회에 대한 약간의 권위를 인정하고 있다고 볼 수 있다. 그러나 체벌이 금지되면서 교사의 언어폭력 가능성이 한층 높아지고 있다. 서양의 연구에 의하면 교사의 폭언빈도가 높을수록 학급 내 학생들 간의 폭력빈도가 증가한다고 한다(Coie &

Dodge, 1998).

　교육현장에서 언어폭력과 관련된 논란은 언어폭력에 대한 정도의 차이를 놓고 견해차가 생긴다. 서울특별시교육연구정보원(2011)의 보고에 의하면, 교사의 언어폭력이 심각한 수준이라는 학생반응은 높지만 교원들의 70% 이상이 심각하지 않다고 답하여, 교사와 학생 간의 언어폭력에 대한 인식차가 나타났다. 이러한 결과는 국가인권위원회(2011)의 조사에서 욕이나 모욕적인 언사 등의 언어폭력을 경험했다는 학생의 반응(40.6%)을 고려해 볼 때, 학교에서 일어나는 교사의 폭언은 체벌금지 현상이 정착되면 새로운 문제로 부각될 전망이다. 아직은 언어폭력이 체벌이나 성폭력과 같이 법정에서 공방의 대상으로 나타나고 있지는 않다. 그러나 학생의 학교적응 장애와 교사의 품위를 손상시킨다는 점에서, 또한 질적으로 높은 학교사회를 지향한다는 관점에서 볼 때 상당히 유감스러운 일이다. 무엇보다 상급 학년을 대상으로 이루어지는 언어폭력 속에는 성폭력의 내용이 많이 포함되어 있다는 사실에 주의해야 한다. 일부 교사들은 비의도적으로 자신도 모르게 학생들에게 마음의 상처를 주는 폭언을 걱정하고 있다.

2) 폭언의 원인

　교사의 언어폭력은 거의 학급 내에서 이루어진다. 교사의 계속적인 수업분위기 유도에도 불구하고 학급이 통제되지 않을 경우에 나타나는 교사의 스트레스 반응으로 볼 수도 있다. 수업시간에 선생님의 정확한 문제 해결이나 방향 제시에 대하여 틀린 반응을 반의 친구들에게 계속적으로 알려 학생 본인의 자존감을 유지하려고 할 때 학생을 제압하는 수단으로, 또는 상당한 시간을 두고 선생님과 개인적으로 불쾌한 감정을 유지하고 있다가 선생님의 지적에도 불구하고 엉뚱한 방향으로 선생님께 반응하는 학생과의 직접적·간접적인 감정대립이 중단되지 않는 경우, 선생님 자신도 모르게 습관성에 기인한 독특한 학생 훈계의 방식을 가진 경우로 악의적은 아니지만 아이들이 싫어하는 언어반응을 구사하거나, 학업 태도나 성적을 높이기 위하여 사용하는 비하성 발언과 협박언어, 험담, 그리고 생활지도를 위하여 훈계의 목적으로 사용하는 위협적 언어의 사용, 학업성적이나 태도 등과 관련하여 동급생들과 비교하는 상황에서 폭언이 나타난다. 교사에게 폭언을 들은 학생은 또 다른 학우들에게 교사처럼 무시당할 수 있다. 이런 점에서 그들의 학급 생활이 어려워질 수 있다. 국내의 연구자들에 의하면 동일한 조건에서 폭언이 많은 교사는 교직자로서의 직업에 대한 가치관이 낮기 때문에 스트레스를 많이 경험하며 상대적인 스트레스 때문에 폭언의 가능성이 높을 것이라고 주장한다.

한국의 권위적인 학교 분위기가 폭언의 가능성을 높일 수도 있지만 주로 학업과 생활지도에서 폭언이 나타나고 있다. 다인수 학급의 특징과 성적중시의 경쟁적 상황도 고려해야 한다. 그렇지만 교사들의 언어폭력에 많은 학생이 걷잡을 수 없는 슬픔과 매우 강한 불쾌감으로 책상을 걷어차고 뛰어나가고 싶다는 반응을 보인다. 학교에서 인격침해의 원인이 교사와의 관계에서 생긴다는 학생 반응의 비율은 20% 수준에 이르고 있다(국가인권위원회, 2011).

3) 교사의 부정적 언어 사용 실태

(1) 초등학교

초등학교 수준에서 사용되는 교사의 부정적인 언어에 대한 현장연구(이명희, 2004)와 중·고등학교에서 많이 나타나는 교사의 폭언에 대한 유형을 통하여 학교현장을 보기로 한다.

〈표 10-2〉에서 보듯이, 공부를 못하거나 품행이 좋지 않을 때 교사의 부정적 언어 표현의 대상이 된다. 이런 부정적인 언어가 아동과 교사의 관계, 학습 태도, 교내생활 문제, 친구관계 등 학교생활의 모든 면에서 부정적으로 작용하여 학생의 학교적응을 방해할 것이다. 최근에는 각 학교마다 성적요인이 학교평가의 항목으로 들어 있다. 따라서 학급의 낮은 성적은 학부모 및 학교 당국으로부터 교사에게 가해지는 공통된 스트레스 요인이다. 이 같은 스트레스 요인이 악순환 구조를 그리면서 교사의 부정적 언어행동을 유발할 것이다.

(2) 중·고등학교

교사의 언어폭력은 상황이나 대상자에 따라 상당히 달라질 것이다. 교사의 부정적 언어 사용에 대한 구체적인 연구가 부족한 상황이지만, 중·고등학교 수준에서는 체벌이 현실적으로 힘들기 때문에 언어폭력의 빈도와 강도가 높은 것이 특징이다(유우종, 2005). 중·고등학교에서 자주 사용되는 폭력적 언어의 네 가지 유형을 보기로 한다.

표 10-2 각 상황별 부정적인 언어 사용의 빈도와 백분율

상황범주	상황	부정적인 말의 범주														전체
		명령	꾸중	벌	위협	무시	속어	욕설	비난	빈정	주의	간섭	통제	잔소리	비교편애	
학습	숙제를 안 했을 경우	3 (2.4)	22 (17.7)	28 (22.6)	14 (11.3)	14 (11.3)	3 (2.4)	5 (4.0)	15 (12.1)	7 (5.6)	4 (3.2)	2 (1.6)	2 (1.6)	3 (2.4)	2 (1.6)	124 (100.0)
	발표를 잘하지 못할 때	2 (1.8)	15 (13.2)	2 (1.8)	2 (1.8)	33 (28.9)	11 (9.6)	2 (1.8)	22 (19.3)	11 (9.6)	3 (2.6)	1 (0.9)	3 (2.6)	1 (0.9)	6 (5.3)	114 (100.0)
	준비물을 안 가져올 때	5 (6.6)	15 (19.7)	11 (14.5)	5 (6.6)	7 (9.2)	2 (2.6)	3 (3.9)	12 (15.8)	–	6 (7.9)	–	6 (7.9)	4 (5.3)	–	76 (100.0)
	공부를 못할 때(시험)	4 (3.4)	13 (11.1)	3 (2.6)	6 (5.1)	23 (19.7)	13 (11.1)	3 (2.6)	19 (16.2)	9 (7.7)	6 (5.1)	2 (1.7)	–	7 (6.0)	9 (7.7)	117 (100.0)
	공부시간에 딴짓을 할 때	18 (8.9)	22 (10.9)	4 (2.0)	16 (7.9)	16 (7.9)	19 (9.4)	9 (4.5)	26 (12.9)	6 (3.0)	25 (12.4)	6 (3.0)	15 (7.4)	18 (8.9)	2 (1.0)	202 (100.0)
	일기를 안 썼을 때	29 (12.2)	13 (5.5)	34 (14.3)	28 (11.8)	12 (5.1)	18 (7.6)	26 (11.0)	22 (9.3)	14 (5.9)	9 (3.8)	5 (2.1)	9 (3.8)	12 (5.1)	6 (2.5)	237 (100.0)
품행	친구와 다툴 때	1 (0.9)	12 (11.1)	20 (18.5)	11 (10.2)	8 (7.4)	6 (5.6)	9 (8.3)	13 (12.0)	6 (5.6)	2 (1.9)	–	3 (2.8)	5 (4.6)	12 (11.1)	108 (100.0)
	약속을 안 지켰을 때	5 (3.9)	16 (12.6)	11 (8.7)	15 (11.8)	8 (6.3)	4 (3.1)	4 (3.1)	32 (25.2)	7 (5.5)	7 (5.5)	2 (1.6)	–	9 (7.1)	7 (5.5)	127 (100.0)
	행동이 느릴 때	2 (3.3)	4 (6.6)	3 (4.9)	2 (3.3)	6 (9.8)	2 (3.3)	2 (3.3)	7 (11.5)	3 (4.9)	4 (6.6)	7 (11.5)	4 (6.6)	11 (18.0)	4 (6.6)	61 (100.0)
	나쁜 짓을 했을 때	2 (2.6)	8 (10.4)	10 (13.0)	10 (13.0)	6 (7.8)	7 (9.1)	13 (16.9)	6 (7.8)	4 (5.2)	2 (2.6)	1 (1.3)	1 (1.3)	3 (3.9)	4 (5.2)	77 (100.0)
	규칙을 안 지킬 때	–	8 (14.3)	15 (26.8)	5 (8.9)	4 (7.1)	–	1 (1.8)	11 (19.6)	4 (7.1)	2 (3.6)	–	1 (1.8)	4 (7.1)	1 (1.8)	56 (100.0)
	청소를 잘하지 못할 때	17 (12.7)	8 (6.0)	4 (3.0)	2 (1.5)	4 (3.0)	2 (1.5)	6 (4.5)	10 (7.5)	2 (1.5)	3 (2.2)	47 (35.1)	3 (2.2)	14 (10.4)	12 (9.0)	134 (100.0)
	무엇을 잘못했을 때	8 (3.3)	33 (13.8)	14 (5.8)	23 (9.6)	23 (9.6)	14 (5.8)	15 (6.3)	33 (13.8)	10 (4.2)	10 (4.2)	5 (2.1)	11 (4.6)	25 (10.4)	16 (6.7)	240 (100.0)

비하성 발언 이런 돌대가리, 넌 도대체 할 줄 아는 게 뭐냐, 반 평균이나 깎아 먹는 놈, 색칠한 꼬라지하고는, 너넨 정말 싸가지가 너무 없어, 넌 애가 왜 이렇게 모자라냐, 너네가 인간이냐, 으이구 무식한 게 밥만 많이 먹어 힘만 세지 이런 것도 못 풀고……, 넌 구제불능, 연구대상이야!, 너는 살이 많아서 아프지도 않겠다!

협박성 발언 또 한번 걸리면 그땐 정말 죽어, 맞고 말할래 그냥 말할래, 주둥이 닥쳐, 너 또 한번 그 따위로 하면 다리몽둥이 부러지는 줄 알아!

욕설　이런 미친놈, 야 이 새끼야, 싸가지 없는 놈, 야 이 병신아, 이런 X만도 못한 새끼들.

험담　니 애비 애미가 그렇게 가르치디, ○○선생님 ○○○는 정말 너무 싸가지가 없지 않아요, 아유! 넌 정말 밥맛이야, ○○아 쟤는 도대체 왜 저러냐(비웃음과 함께), ○○의 반만이라도 닮아라!

　연구에서 나타난 대표적인 유형은 네 가지 형태로 요약되지만, 주된 내용은 역시 학습과 생활태도의 측면이라는 점에서 초등학교 장면의 연구와 유사하다. 교사의 언어폭력은 신문이나 국가인권위원회 또는 시·도 교육청 홈페이지에 접수되고 있으며, 여기서는 신문에 나타난 실제 사례 및 설문 연구를 보기로 한다.

4) 언어폭력 사례

(1) 초등학교

　최근의 사례를 보면 △△구 ○○초등학교 학생은 친구와 일기장 이야기를 하다가 담임교사로부터 "누가 지금 내라고 했어. 수학시험지도 다 풀지 못하는 주제에." 등의 폭언을 들었다. 또 다른 학생은 일기장을 가져오지 않아 옆 친구에게 일기장을 빌려 써 냈다는 이유로 담임교사로부터 "정신 나간 놈. 누가 이 따위로 일기를 쓰냐!" 등의 폭언과 함께 다른 학생들 앞에서 일기장을 찢겼다. 이 밖에 교사의 말을 잘 못 알아듣는다는 이유로 "저놈 새끼!"라며 욕설을 하고 태도가 못마땅하다며 "그렇게 하려면 임원하지 마! 자격도 없는 놈!" 등의 막말을 들었다고 시교육청 홈페이지에 알려 왔다(G일보, 2011).

(2) 중·고교생 설문 연구

　△△시 중·고교생 5명 중 1명은 매주 한 차례 이상 교사의 언어폭력에 시달린다고 생각하는 것으로 조사됐다. 학생인권조례제정운동 △△본부는 열흘간 △△시 중·고교생 510명을 설문조사한 결과 지난 1년 동안 매주 1~2회 이상 학교에서 교사로부터 언어폭력을 당했다는 응답이 전체의 21.0%(107명)에 달했다고 한다. 한 달에 1~2회씩

언어폭력을 당했다는 응답은 9.2%(47명), 학기당 1~2차례란 응답은 9.8%(50명)를 차지했다. 하지만 대다수 학생(60.0%, 306명)들은 언어폭력을 겪은 적이 없다고 답했다. 언어폭력의 유형은 복수 응답을 통해 분석한 결과 욕설 및 비속어가 36.3%로 가장 많았고, 인격비하·모욕(24.7%), 성적·외모 등에 대한 차별(18.3%), 가정이나 가족에 대한 모욕(13.2%), 성폭력·성희롱적 발언(5.9%) 등의 순서로 나타났다(M신문, 2011).

5) 언어폭력 개입

언어폭력의 정도가 심하면 교사로서의 품위유지 위반에 해당하여 징계를 받으며 학부모에게 명예훼손을 당한다. 언어폭력과 관련하여 교육부는 학생언어문화 선도학교를 지정하고 대응책을 강구하고 있으며, 언어폭력이 많을 것으로 예상되는 군대도 병영문화의 개선을 위하여 언어폭력 금지 및 이에 대한 연구를 진행하고 있다.

언어폭력은 신체폭력 또는 성폭력을 동반하는 경우가 많다. 국가인권위원회의 자료에 의하면 매달 학생들의 피해 사례가 20건 가까이 접수되고 있다고 한다. 2010년 4~6월 동안 학교를 피진정인으로 하는 진정요구는 73건이나 접수되었다. 접수된 사례를 보면 수위는 심각하다. 학생 개인에 대한 인격 모독뿐만 아니라 학부모에 대한 인격 모독도 포함되어 있다(H일보, 2010). 이런 폭언에 대한 호소나 진정요구 등의 형태는 시·도 교육청, 국가인권위원회 또는 인터넷을 떠돌며 대다수 교사에 대한 불신감을 낳는 원인이 된다.

현재까지 교사의 언어폭력 때문에 징계를 받거나 법정에서 시비다툼의 대상으로 번진 사례는 잘 발견되지 않는다. 그러나 교사의 언어폭력이 최근의 중요한 주제인 학생의 분노유발 자극으로 작용하거나 학교적응 장애의 요인이 된다는 사실은 연구를 통해 점차 드러나고 있다. 교사의 언어폭력에 따른 학교적응 장애의 비율은 현실적으로 학급에서 학습이나 인성지도의 절대적 곤란을 호소하는 비율과 비슷하게 나타날 가능성이 높다는 점에서 교사의 언어폭력에 대한 조치뿐만 아니라 학급의 구조적 문제를 되짚어 보아야 할 시점이다.

3 교사의 성적가해

1) 성폭력 이론과 실태

성폭력과 관련된 네 가지 사회학적 관점이 있다. 성폭력은 남성의 여성 지배에 근거한 성별불평등론(gender inequality theory) 또는 가부장제론, 포르노가 남성들에게 여성의 강간을 부추긴다는 포르노그라피론(pornography effect theory), 일상생활에서 신체에 대한 무력 사용, 학교에서의 체벌, 매스미디어의 폭력 등이 보편화될 때 성폭력이 증가한다는 문화적 누출효과이론(cultural spillover theory), 성역할 사회화에 의한 남성성이론(masculinity theory)으로 설명된다(김은경, 2000). 이 네 가지 이론은 각각 사회구조와 문화적 측면에서 성폭력 발생의 원인을 설명하는 관점이다.

정부의 2006년도 공식적인 범죄통계에 의하면 인구 10만 명당 성폭력 발생 건수는 27.7건이며, 미성년자 대상 성매수, 강간미수, 강간, 아동 성폭력은 0.1%의 수준으로 나타나고 있다. 아동 성폭력이란 만 13세 미만의 아동에 대한 강간, 강제추행(「형법」 제305조)을 말하며, 아동 성폭력의 경우에는 「성폭력 범죄의 처벌 등에 관한 특례법」에 의해 수사기관에 신고하도록 의무화되어 있다. 아동 성폭력은 아동 성학대(child sexual abuse)와 동일한 용어로 사용되기도 한다. 아동 성폭력의 약 70% 이상이 아는 사람에 의해서, 그리고 안전하다고 생각되는 장소에서 일어나고 있다. 성범죄는 아동기의 학대경험과 높은 관련성을 갖고 있으며, 학대경험과 성폭력 간의 관련성은 경험적 연구를 통해 지지되고 있다(여성가족부, 2008).

성에 대한 충동성은 교육 수준, 취업 유무, 소득 수준에 따라서 차이가 나타나지 않는 주요한 특징을 보인다. 한국의 경우, 성인 대상의 성폭력 가해자들은 1심에서 약 2/5 정도가 집행유예를 받고, 약 1/3가량이 유기징역 선고를 받는다. 지난 10년간 성폭력 범죄의 구속률은 강력범죄 4~18%보다 높아서 성폭력 범죄에 대해서는 검찰이 보다 강경하게 대응하고 있음을 알 수 있다. 최근에는 여성가족부를 중심으로 아동 및 청소년에 대한 강간범은 최고 무기징역이 가능하도록 법제화를 추진하고 있다.

교원에 의한 성폭력 사건은 거의 알려져 있지 않다. 교육현장에서의 성폭력이 주로 대학 캠퍼스에서 일어나는 것으로 추정하지만, 미국의 고등학교에서도 성폭력이 일어난다는 명백한 증거가 있다고 주장한다(Wishniesky, 1991). 국내의 사설 성폭력상담소의 보고서에는 교사의 성폭력이 있는 것으로 나타나고 있다.

2) 성폭력의 개념

법적 정의에 의한 성폭력은 상대방의 동의 없이 강제적으로 성적 행위를 하거나, 성적 행위를 하도록 강요, 위압하는 행위 및 성행위를 유발시키기 위해 선정적 언어로 유인하는 행위를 말한다. 성폭력의 구체적인 법률적 유형들은 다음과 같다(여성가족부, 2008).

- 강간: 남성이 상대방 여성의 반항을 불능케 하고 상대방을 현저히 곤란케 할 수 있는 폭행과 협박으로 부녀를 간음하는 것. 단, 13세 미만의 부녀를 간음했을 때는 폭력을 수단으로 하지 않아도 강간죄가 성립한다(「형법」제297, 제305, 제306조).
- 특수강간: 특정범죄 가중처벌법상의 범죄로, 흉기를 휴대한 가해자나 2인 이상의 가해자가 강간죄나 강제추행죄, 준강간죄, 준강제추행죄를 범하거나 범하려 시도 (미수)하는 경우를 말한다. 피해자를 치사 혹은 치상한 경우 무기 또는 각각 10년, 7년 이상의 징역을 선고할 수 있다(「성폭력특별법」제6조).
- 강제추행: 폭행, 협박으로 사람을 추행하여 개인의 성적 자기결정의 자유를 침해한 것으로 10년 이하의 징역 또는 1,500만 원 이하의 벌금에 처한다. 행위 객체는 남녀노소, 혼인 여부를 묻지 않으며 행위 주체는 남·여 모두가 될 수 있다(「형법」제298조).
- 성희롱: 직장 등에서 상대방의 의사에 반하는 성과 관련된 언동으로 불쾌하고 굴욕적인 느낌을 주거나 고용상의 불이익 등 유무형의 피해를 주는 행위를 말한다. 직접적인 신체 접촉뿐만 아니라 음란한 농담이나 음담패설, 성적 관계를 강요하거나 회유하는 행위, 외설적인 사진이나 그림·낙서·출판물 등을 직접 보여 주거나 통신 매체를 통해 보내는 행위 등을 포함한다. 예를 들면, 언어폭력, 통신매체에 의한 음란전화, 장난전화, 침묵전화 등으로 전화, 편지, 컴퓨터통신을 이용하여 음란한 내용이나 성적 언어로 모욕감을 주거나 불쾌감을 주는 행위를 말한다. 이러한 행위의 구체적인 예로, 성적 호기심 질문, 성적인 욕설, 성관계에 대한 질문을 하는 음란전화, 그리고 장난전화, 침묵전화, 협박전화, 일방적 욕설, 수면을 방해하는 심야전화 등과 같은 비음란전화 등이 포함된다.

성폭력 용어와 관련된 성폭력의 형태와 범위는 법률에 따른 분류체계와 연구기관의 분류체계가 조금씩 다르므로 용어가 서로 중첩되기도 하며 약간씩 다르게 정의되는 특징을 보인다. 대표적으로 심한 추행과 가벼운 추행의 구분이다. 심한 추행은 유사성교와 심한 추행의 두 가지 성폭력 피해 유형을 포함한다. 유사성교란 강간과 구분되는 개념으로 현행법상 강간죄로 처벌받지는 않지만 성기 이외의 신체에 성기나 이물질 등을 삽입하는 성폭력행위다. 구강성교, 항문성교, 성기 혹은 항문에 이물질을 삽입하는 것이 포함된다. 또한 심한 추행은 비록 성교를 시도하지는 않았지만 상대방의 뜻을 무시하고 강제적인 추행을 하는 것으로 성적 키스, 성기 접촉, 성기 외 접촉, 성적 포옹 등이 포함된다. 반면에 가벼운 추행이란 고의로 상대방의 가슴, 엉덩이, 음부 등을 건드리거나 일부러 몸을 밀착시키는 행위를 말한다. 단, 신체의 한 부분을 슬쩍 건드리는 정도를 넘어서 여러 부분을 만지거나 지속적인 쾌감을 위해 신체의 특정 부분을 계속 만지는 행위는 심한 추행으로 분류한다.

3) 국내외 성폭력 정책

(1) 성폭력 방지

21세기 이후, 각국의 성폭력 범죄대응 패러다임은 사후통제 및 위기대처 중심에서 범죄 취약계층에 대한 예방정책으로 나아가고 있다. 특히 서양의 경우 국가 사법기관 중심에서 지역사회 중심의 다기관 협력체계 중심으로 전환되고 있다.

우리나라에서 성폭력에 대한 국가의 정책적 관심이 높아진 시점은 1980년대 말 이후다. 성폭력 및 피해자에 대한 높은 관심은 1994년 성폭력방지를 위한 법률적 토대인 「성폭력 범죄의 처벌 및 피해자보호 등에 관한 법률(이하 「성폭력특별법」)」이 제정되면서 시작되었다. 이 법은 「형법」에서 제한적으로 열거하였던 성폭력 범죄 규정의 문제점과 친고죄 규정의 한계 등을 지적하면서, 우리 사회에서 은폐되어 왔던 성폭력 범죄에 대한 사회적 인식을 새롭게 하는 계기를 마련하였다.

한편, 2000년대 이후 성폭력 범죄의 대상이 저연령화를 보이면서 2000년 「청소년성보호에 관한 법률(이하 「청소년성보호법」)」이 제정되면서, 특히 아동·청소년을 이용한 음란물 제작, 성매수 행위 등을 포함한 성폭력 범죄에 강력한 법적 제재를 가능하게 하였다. 또한 2000년대 이후 우리나라에 연쇄 아동 성폭력 및 학생 간 집단 성폭력 사건 등이 빈발하면서, 성폭력 범죄에 대한 보다 강력한 대응을 강구하려는 정책적 노력들이 다각도로 진행되었다.

2005년 「청소년성보호법」은 청소년 대상 성폭력 범죄의 고소기간을 2년으로 연장하고, 신상등록제도와 취업제한에 관한 규정을 신설하는 내용으로 개정되었다. 2006년에 개정된 「성폭력특별법」은 13세 미만 미성년자에 대한 강제추행 행위를 엄벌하기 위하여 유사강간 행위의 법정형을 가중하는 규정을 신설하였으며, 성폭력 범죄자 전자위치확인제도 도입방안으로서, 2007년 「특정성폭력범죄자에 대한 위치추적전자장치부착에 관한 법률」이 국회를 통과하였다. 이 법률들은 성폭력 범죄에 대하여 한층 강화된 형사법적 제재를 담고 있는 것이 공통점이다.

그 이후 친고죄를 폐지하려는 입법 변화가 나타났으며, 성폭력 사범에 대한 '전자감독제(일명 전자발찌)' 제도를 도입하기 위하여, 2007년 「특정성폭력범죄자에 대한 위치추적전자장치부착에 관한 법률」이 제정되었다. 한편, 법무부는 성폭력 범죄에 대하여 집행유예·벌금 등 경미한 형량의 선고를 막기 위하여 성폭력에 대한 엄중한 형선고가 가능하도록 양형기준제도 도입을 추진하고 있다.

아동의 성폭력 범죄에 대한 성범죄자의 사진 게시 및 최근에는 상습적인 성폭력 범죄자에 대하여 검찰이 화학적 거세를 요구하고 있다. 이러한 변화와 더불어 2010년에 제정된 「성폭력방지 및 피해자보호 등에 관한 법률」과 동법 시행령에 따라 학생들을 대상으로 성교육 및 성폭력 예방교육이 실시되고 있으며, 나아가 「학교보건법」, 「아동복지법」, 「아동복지법 시행령」, 「아동·청소년의 성보호에 관한 법률」, 「성매매방지 및 피해자보호 등에 관한 법률」, 「성매매방지 및 피해자보호 등에 관한 법률 시행령」을 통하여 성매매 예방을 위한 성교육을 실시하도록 규정하고 있다.

(2) 성폭력 피해자 구제

성범죄자에 대한 법률적 대응과 동시에 피해자에 대한 보호정책이 구체화되었다. 국내의 경우, 상담·의료·법률·수사 등 통합지원서비스를 강화하기 위하여 2004년부터 여성가족부(예산확보, 상담지원), 경찰청(수사지원 및 센터운영, 여경 상주), 병원(부지·건물 제공, 의료지원)이 3자 협약에 따라 연중무휴로 운영되는 원스톱 지원센터(2007년)를 설치하였다. 또한 긴급한 구조 및 보호를 필요로 하는 성폭력 피해자가 언제 어디서나 연락할 수 있는 핫라인인 여성긴급전화 1366을 설치·운영하고 있다.

원스톱 지원센터는 청소년·여성폭력 피해자에 대한 상담·의료·수사·법률지원 등 피해자 중심의 통합서비스를 24시간 365일 체제로 제공한다. 여성긴급전화 1366센터는 긴급 상황에 처한 피해자를 원스톱 지원센터 또는 인근 상담소, 보호시설 등에 인계하여 보호조치를 한다. 특히 2006년에는 언어소통이 어려운 이주여성 성폭력 피해자의 긴급구조 및 상담을 위한 '이주여성 1366센터'를 설치, 국번 없이 1577-1366을 누르면, 365일 24시간 중국어·베트남어·몽골어 등 6개 언어로 자국어 상담원과 연결되도록 지원시스템을 구축하였다.

무엇보다 국내에는 아동 성폭력 피해자를 돕기 위한 해바라기아동센터가 전국적으로 운영되고 있다. 이 센터는 24시간 아동 성폭력 접수, 법률지원, 건강회복, 부모지원, 아동 성폭력 예방교육 및 실태조사를 실시한다.

서양의 경우, 각국의 성폭력 정책에는 규범 및 문화 바꾸기의 중요성을 공통적으로 강조하면서 지역사회 중심의 예방정책을 중시한다. 그리고 성폭력과 관련된 형사·사법기관과의 연계를 통한 통합 수준의 관리 및 의료기관 중심의 다기관 협력체계를 중시한다. 그 뿐만 아니라 성과 성학대에 대한 교육을 보건체육 교육과정의 한 영역으로 학교에서 다루기도 한다.

4) 법적 조치와 금지 지침

(1) 법적 조치

△△시 ○○중학교 현직교사 ㄱ씨는 2009년 0학년 교실에서 체벌을 주면서 ㄷ양의 다리를 만지는 방법으로 추행하는 등 2010년까지 네 차례에 걸쳐 같은 학교의 제자를 성추행한 혐의로 기소되었다.

- 해석: 2012년 △△지방법원 형사 2부는 ㄱ씨에 대해 징역 2년을 선고하였다. 재판부는 판결문에서 피고인이 교사로 누구보다 윤리의식이 요구됨에도 불구하고 범행을 저지르고, 특히 범행일체를 부인하며 반성하지 않아 실형선고가 불가피하다고 밝혔다. 그러나 성폭력 범죄를 다시 범할 위험성이 적다고 판단하여 전자발찌 부착명령은 기각되었지만 법정 판결 이후, ㄱ씨는 교사의 지위를 잃게 되었다.

현행 「교육공무원법」 제10조의 4(결격사유)에 의하면 성폭력 범죄 행위로 파면·해임되거나 100만 원 이상의 벌금형이나 그 이상의 형을 선고받아 그 형이 확정된 사람은 교육공무원으로 임용될 수 없다고 되어 있다. 그러나 현행 「교육공무원법」 제10조의 3(채용의 제한)에서 '파면이나 해임을 당한 교사는 일반적으로 채용될 수 없지만, 교육공무원징계위원회에서 교원의 반성 정도 등을 고려하여 교원으로서 직무를 수행할 수 있다고 의결한 경우에는 그러하지 아니한다.'는 조항을 통해 성폭력 교사가 다시 임용될 수 있음을 보여 준다. 교육공무원징계양정 기준에 의하면 성희롱과 성폭력은 감봉 및 견책에서 최고 파면과 해임까지 가능하도록 되어 있다. 성적가해의 정도가 심하면 교육공무원으로서의 징계와 법정의 형사처벌을 동시에 받는다.

(2) 금지 지침

교사의 성폭력을 방지하기 위한 측면은 교사 자신, 학교 당국과 관할감독기관의 측면으로 구분해 볼 수 있다.

첫째, 교사는 학생들이 교사의 어떠한 행동에 대해 성적 수치심을 느끼고 이를 성폭력으로 보는지 알아 두어야 한다. 남녀 차별적인 언어, 외모에 대한 언급 등 성적 수치심을 줄 수 있는 언어 표현을 삼가야 한다. 지휘봉, 출석부 등에 의한 간접적인 신체 접촉도 성폭력으로 이어질 수 있음을 알아야 하며, 교사 자신의 성역할에 대한 고정관념이나 성차별적 사고에 대해 점검하고 자신의 성 가치관을 학생들에게 강요하지 말아야 한다.

둘째, 학교장은 성폭력 사건 발생 시 적법한 절차에 따라 사안 보고, 피해자 보호, 신고 등 신속하고 투명하게 사건처리를 서두르고 대처를 강화해야 한다. 성폭력 사건의 축소·은폐 등 관련법 미 준수 교원에 대해 조치를 강화해야 한다. 성폭력 사건은 기관장의 입장에 의해 문제 해결의 방향이 좌우되는 경향이 많다는 학부모의 지탄을 받고 있으므로, 성폭력 사건은 신고의무제를 준수해야 하며 교원들은 성폭력과 관련된 교육을 반드시 주기적으로 받아야 한다.

4 학생과 학부모의 교권침해

1) 교권침해

(1) 직접적 교권침해

교권이란 교원이 학습자를 대상으로 교육을 하는 데 필요한 권리와 권위를 통칭하는 용어다. 전국의 교육청이 각 교육청 나름대로 학생인권조례안을 공포하면서 학생들의 수업 방해, 학교 기물의 파손, 학부모 또는 소수의 학생이 교사에게 신체적 위협을 가하는 노골적 행위가 증가하고 있다. 이러한 폭력으로 교권이 실추되고 급기야 교사가 병가를 신청하여 후유증을 치료하는 행위가 늘어나고 있으며, 교직에 대한 교사의 회의로 대다수 학생의 학습권이 보호되지 못하고 있다. 한국교총(2012)에 접수된 2011년도 현장교사의 직접적인 교권침해 내용을 초·중·고등학교별로 구분하여 살펴본다.

[초등학교 사례: 학생인권조례안에 대한 아동 및 부모의 몰이해]

△△시 6학년 모반에서 자기주장이 강한 여자아이가 반 분위기를 주도하여 수업을 할 수 없는 분위기로 만들었다. 한두 번이 아니어서 매번 그 반 아이들이 어떻게 행동하고 있는지가 교무실의 화제가 되고 있는 실정이었다. 이 아이 때문에 담임선생님이 두 번을 울었다고 한다. 체벌 전면 금지가 시행된 후, 아이들은 자기들이 어떻게 행동하더라도 선생님이 자기들을 때릴 수 없다고 생각하고 맘대로 하고 있다. 권리와 의무를 채 알지도 못하는 소수의 아동들 때문에 생활지도가 힘들어지고, 학교수업도 제대로 이루어지지 않고 있는 사례가 날로 증가하고 있다. 부모에게 연락을 해도 학생과 같은 수준이거나, 자기 자식의 잘못을 인정하지 않고 감싸기에 급급하여 학생지도의 실효성을 거두지 못하고 있다.

[중학교 사례: 벌점제도의 무시]

학생지도 시 학생의 잘못에 벌점을 부과하여도 이에 반발하는 상황이 발생하고 그렇다고 간접체벌 등도 되지 않는다. 수업 중 교사의 수업을 듣지 않고 잠자는 학생을 깨워 수업에 참여할 수 있게 간단하고 쉬운 질문을 했는데, 자기가 자는 것을 방해했다고 오히려 짜증난다고 욕설을 한다. 이에 벌점을 주면 자기만 그런 것이 아니라며 교원평가 때 두고 보자고 협박한다.

[고등학교 사례: 교사에 대한 직접적 도전]

△△시 고등학교 학생으로 지각이 빈번하여 주의를 주었음에도 불구하고 습관적으로 지각하여 30분 일찍 등교시켰다. 그랬더니 학부모가 아침 7시에 전화하여 언성을 높이며 가만히 두지 않겠다고 했다. 출근 후 10시경에 학부모가 학교에 찾아왔다. 학교에

서 내버려 두면 되는데 일찍 등교시키는 벌을 준다면서 그 벌은 부모들한테 주는 것이라고 항의했다. 아침에 아버지가 학생을 태워서 등교를 시켜야 하기 때문에 술도 못 먹고 일찍 들어온다며 교사가 부모한테 벌을 주는 행위라는 것이다. 또한 수업시간에 휴대전화를 뺏겼는데 일주일간 보관 벌칙이 가혹하다고 하며 휴대전화 없이는 못사니까 당장 돌려달라고 했다. 그렇지 않을 경우에는 인터넷에 알리고 교육청에 민원을 넣거나 교장과 교감한테 말해서 가만히 두지 않겠다고 고함을 질렀다.

최근에는 자리이동, 잡담, 말대꾸, 수업준비 상태 불량 및 수업태도 불량, 지도에 불응하기, 무단이탈, 교사 노려보기, 불인정, 급기야 교사의 정당한 과제에 대해서도 민원을 제기한다. 자살하겠다고 위협하며, 체벌금지를 노래처럼 부르는 학생, 전학 갈 테니 간섭하지 말라는 학생, 교원능력개발평가(교원평가) 때 두고 보자는 학생과 부모, 법대로 해 보자는 학생, 벌점 주면 교육받을 권리를 침해했다고 욕설하는 학생, 밤길 조심하라는 위협, 민원제기 협박, 무단결석 및 무단조퇴, 학교 규정상의 복장위반, 거짓말 그리고 잘못을 먼저 반성하기보다는 무조건 신고하겠다는 태도다.

학생들의 이러한 태도에 신규 교사의 어려움이 많고, 특히 여자 교사의 어려움이 많다. 교사들의 견해를 좀 더 살펴보면, 요즘 교단은 학생들이 건방져도 눈감고 못 본 척해야 신상에 해가 없고 학부모들이 말도 안 되는 이유로 악을 쓰고 달려들어도 교사는 그저 참아야 하는 세상이 되었다. 자기의 자식이니 간섭 말고 학생이 하자는 대로 내버려 두라고 하며, 무단결석을 해서 전화하면 귀찮다고 한다. 그러나 무단결석으로 사고가 생기면 모두 선생님의 탓이라니 어이가 없다. 교사가 부모와 같은 심정으로 학생을 키우고 가르치던 시대는 지나가고 있다. 남의 자식 잘 가르치려다가 당신들이 궁지에 몰리는 어리석은 일은 하지 말라고 조언하고 있다. 학생과 학부모들의 비이성적 태도에 따른 교원의 사기저하로 문제행동이 잦은 고위험군 수준의 학생에 대한 생활지도의 방치현상을 불러올 가능성을 높이고 있어 대단히 위험스럽다. 이러다가 학교붕괴 현상이 일어나는 것은 아닌지 모르겠다.

(2) 간접적 교권침해

학교공동체는 물리적인 공간으로서의 학교를 말하는 것이 아니라 교사·학생·학부모의 의사소통체계로 넓게 규정된다. 학교는 학교 홈페이지를 학교 소개, 교직원 소개,

학교 행사와 활동, 문서 유통 시스템 등으로 활용하고 있다. 게시판에 올라오는 일반적인 글은 개개 학생들에 대한 담임교사의 편견, 성적처리에 대한 부적절한 오해, 학교의 예산집행에 대한 문제 등이 많은데, 학생체벌과 차별적인 학생지도를 제외한 기타 문제는 의사소통의 부재로 시간이 지나면 해소될 것이다. 문제는 사이버 공간에서 이루어지는 소통이다.

사이버 공간에서의 만남이 현실세계에서의 만남과 단절되어 있거나, 전혀 새로운 내용과 형식을 가진 것은 아니지만 사이버 공간에서의 상호작용은 대화 자체가 과장되고 감정 표현이 모욕적 표현, 비방, 욕설, 그리고 적대감을 나타내는 등의 지나친 표현이 많다는 점에서 현실세계의 상호작용과 차이가 크다. 게시판 혹은 이메일 등을 통해 올라오는 몇 마디의 욕설, 성희롱, 비난, 인신공격 등의 일회성 언급도 문제지만, 더욱 심각하고 중요한 것은 그런 행위들이 지속적이고 체계적으로 이루어짐으로써 사실무근의 행적 등이 마치 사실인 것처럼 포장되어 교사에 대한 집단적 매도행위로 확대된다는 점이다. 또한 이런 자료가 교사들 간의 이간질을 촉발하거나 학교 공간 이외의 자리로 이동하여 교사집단 전체에 대한 불신을 키우고 교육 조건을 악화시킨다. 최근에는 교원평가를 매개로 하여 선생님의 교수방법이나 태도, 또는 가르치는 능력을 비교하거나 문제점을 제시하면서 지속적인 방법으로 교사를 괴롭히는 경우도 생겨나고 있다.

2) 교권침해 실태

한국교총(2012)이 발표한 2011년도 교권회복 및 교직상담 활동 실적 보고서에 따르면, 2011년에 접수된 교권침해 사례는 총 287건으로, 2007년(204건) 대비 최근 5년간 1.5배 증가하는 등 꾸준히 상승 추세에 있으며, 실제 사례는 더 많을 것으로 추정한다([그림 10-3]).

2011년도 교권침해 실태를 유형별로 살펴보면, 총 287건의 접수 사례 중, 학생·학부모에 의한 부당행위(115건, 40%)가 가장 많았으며, 허위사실의 외부 공표로 인한 명예훼손(16건, 5.6%)도 나타났다([그림 10-4]). 학생·학부모에 의한 부당행위 총 115건 가운데 학생지도에 대한 학생·학부모의 폭행·폭언 등의 피해(65건, 56.52%), 경미한 체벌에 대한 담임교사의 교체 요구 및 과도한 폭언 등 피해(29건, 25.22%)가 80% 이상을 차지하였다. 특히 학생지도로 발생한 학생·학부모의 폭행·폭언의 경우 2010년 47건 대비 65건으로 38.3% 증가하였다. 이것은 학생인권조례안에 따른 체벌금지 조치 이후 학교현장의 교권 추락에 따른 학생들의 지도 불응이 교사와 학생 간 갈등으로 확대되고 있기 때문으로 분석된다고 하였다.

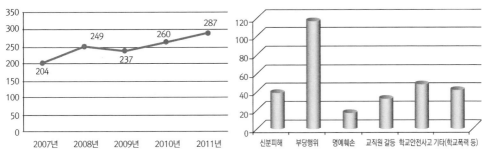

[그림 10-3] 최근 5년간 교권침해 상담사례 현황   [그림 10-4] 유형별 교권침해 상담사례 접수 건수

3) 교권침해 사례

[사례: △△도 ○○초등학교 인터넷에 의한 명예훼손 건]

2004년 교실에서 수업을 하던 중 초등학교 6학년 아동이 잘못하여 반성문을 쓰게 했으나, 담임교사에게 '즐(엿 먹어)!'이라고 욕을 하여 화가 난 나머지 학생의 뺨을 3~4대 때렸다. 이후 어머니와 상담하겠다고 하자, 학생이 사정을 하여 지켜보겠다고 했다. 그런데 관할 교육청 사이트에 소속과 학반, 이름까지 기재하여 항의성 글이 게시되었는데 사실 관계가 과장·날조되어 있었다.

- 대응: 한국교총이 사건의 진상을 확인하고 「형법」 제309조(출판물 등에 의한 명예훼손)에 따른 법적 조치를 취할 것을 고지하자, 양측이 오해를 풀고 학부모가 사과함과 동시에 인터넷 글을 삭제하였다.

[사례: △△도 ○○여자고등학교 ㄷ교사의 학생 체벌 건]

2004년 △△도 ○○여고 여학생이 사설 재즈학원을 다니던 중, 학원에서 학교장에게 조만간 주부가요열창, 청소년 예술제, 대학축제에 그 여학생이 출연할 수 있도록 비공식적으로 요청했다. 학교장은 학생의 신분을 벗어나는 대회인 주부가요열창과 대학축제의 출전을 금지했지만 청소년 예술제에는 참가하도록 허용하였다. 그러나 학생이 이를 어기고 출전하게 되자 학교 측에서는 교칙에 따라 징계하였으며, 그러면서 ㄷ교사가 지도하는 차원에서 막대기로 어깨 3대, 발로 다리를 1대 때리게 되었다. 이에 학생 부모가 멍든 부위의 사진 및 상해 진단서 3주를 끊어 경찰에 고소하고 방송사에 제보하였다.

- 대응: 한국교총은 체벌의 동기 또는 목적이 학생의 생활지도를 위한 교육적 행위였음을 확인하였으며, 체벌도구나 체벌 부위, 체벌 정도가 사회상규에 부합되도록 하였는지, 그리고 학교 내 규칙을 준수하였는지를 확인한 이후에 「초 · 중등교육법」 제18조 제1항, 「초 · 중등교육법 시행령」 제31조 제7항, 「형법」 제260조(폭행) 제1항, 「형법」 제257조(상해) 제1항, 「형법」 제20조(정당방위)에 대한 판례를 학부모에게 전달하자 학생은 자진하여 타 지역으로 전학하였으며, 학부모는 고소를 취하하였다.

4) 교원단체와 교권보호

한국교총의 최근 몇 년간 보고서에 의하면, 교권침해의 가장 큰 주체는 학부모(74.2%)로 대부분의 원인이 학생지도에 대한 불만이나 간섭(58.7%) 때문이었다. 그리고 교권침해의 형태는 주로 공갈 및 협박(53.0%)이었으며, 발생시간은 교내수업 중(36.8%)으로 대부분 교내에서 발생하고 있다. 학생인권조례안 제정에 따른 체벌 전면금지가 시행되면서 교사의 명예훼손 증가와 신분피해가 늘어나는 동시에 교원에 대한 치료비 요구 및 구상권 청구도 증가하고 있다.

또한 학내 및 학외에서 12세 미만 아동의 학교폭력 및 성폭력 가담 건수가 늘어나는 현실에 직면하여 촉법소년(12~14세)뿐만 아니라 12세 미만의 아동범죄에 대한 형사정책의 변화가 주목을 받고 있다. 이에 2007년 제4차 「소년법」 개정에서 형사처벌은 받지 않지만, 「소년법」상 보호처분 대상이 되는 촉법소년의 연령 하한을 12세 이상에서 10세 이상으로 낮추고, 연령 인하에 따라 보호처분으로서 사회봉사명령은 14세 이상, 수강명령은 12세 이상에게 명할 수 있도록 대상을 확대하였으며, 청소년단체의 상담교육, 인성교육 위주의 대안교육, 1개월 이내의 소년원 송치(쇼크구금) 등을 추가, 보호처분 유형과 내용의 다양화를 핵심으로 하는 형사미성년자 대책을 강화하고 있다. 저연령 아동의 교사에 대한 도전과 시비로 인한 학부모와 교사의 충돌, 수업권 방해, 명예훼손, 교사에 대한 직간접적 도전 등에 따른 갈등으로 교사들은 교권보호법의 제정과 함께 교권보호법의 내용에 정상적인 학교교육에 관한 정부 차원의 법적 보호 및 교권침해 사범에 대한 엄중한 사법조치를 요구하고 있다.

학교에서 교권의 존재 의의는 학생의 학습권 보장에 있으며, 한편으로 학부모의 자기 자녀에 대한 교육권의 실현에 있다. 따라서 교원의 교권보장은 근본적으로 교원이 어떠한 외부압력이나 권력의 간섭 없이 학생의 개성과 인격이 최대한 발휘될 수 있도록 교육할 수 있는 교육의 본질과 이념에 있다고 할 수 있다. 그러나 다수의 교원이 학생징계 및 체벌, 학부모와 학생에 의한 부당행위로 명예를 훼손당하고 있다. 지금은 체벌금지가 이루어진 시점이다. 현행 「초·중등교육법 시행령」 제31조 제7항에서 학교의 장이 학생을 지도할 때에는 교육상 불가피한 경우를 제외하고는 학생에게 신체적 고통을 가하지 아니하는 훈육, 훈계 등의 방법으로 지도하여야 한다고 규정하여, 교육상 불가피한 경우에 한하여 예외적으로 체벌을 인정하고 있다. 교육법이 조례보다 상위법이고 법원이 상위법을 먼저 존중하므로 앞으로 체벌과 관련된 법원 판례가 어떻게 나타나는지 지켜볼 필요가 있다.

또한 교사에게 폭언이나 폭행을 가하는 행위는 현행법을 위반하는 범죄행위에 해당된다. 폭언이나 욕설 등 경멸의 의사가 내포된 경우에는 「형법」 제311조(모욕)에 해당되며, 뺨을 때리거나 옷을 밀치고 잡아당기는 것 등의 유형력 행사는 「형법」 제260조 제1항(폭행)에 해당된다. 그리고 학교 또는 교실에 들어와서 학생과 교사에게 소동을 부리는 경우는 「형법」 제136조(공무집행방해)에 해당된다. 교원들은 현행 법률을 제외한 실정법상 「교원의 법적지위 및 규정」 제6조 학교교육분쟁조정위원회에 근거하거나 학교폭력사안이 발생할 경우 「학교폭력 예방 및 대책에 관한 법률」 제20조 학교폭력대책자치위원회를 개최하여 분쟁에 따른 조정의 도움을 받을 수 있다. 그러나 교원단체들은 학교교육분쟁조정위원회와 학교폭력대책자치위원회에 예시된 내용들이 선언적인 의미만 지니고 형식적인 규정들이 많아서 두 가지 위원회의 조정기능에 대하여 강한 의문을 제기한다.

현장의 교사들이 학부모, 학생, 자신의 문제로 고소·고발에 의하여 형사상 피해를 입게 되는 경우가 늘어나고 있다. 형사상의 약식명령인 벌금형에 대해서는 정식 재판 청구, 1심의 불리한 판결에 대해서는 항소심을 통하여 피해를 최소화해 나갈 수 있다. 그리고 폭행의 경우에는 진단서를 확보하여 경찰에 고소할 필요가 있다. 그 외에 허위사실을 유포하여 명예훼손을 한 경우에는 반박자료를 준비하여 형법상의 명예훼손으로 고소할 필요가 있으며, 관련 민·형사소송을 제기할 수 있다. 그러나 학교는 교육을 하는 장소이므로 교원들은 갈등을 최소화하기 위하여 교권보호법 속에 교육주체 간의 권리·의무·책임 등에 관한 기본적 한계 규정, 무고성 민원에 대한 제재 및 벌칙규정 마련, 교사 외 학교 출입의 분명한 한계 설정을 요구하는 외부인 출입 제한, 학교의 장이 「초·중등교육법」 제28조에 규정된 성격장애 등의 사유로 정상적인 학교활동을 하기 어려운 학생이 교원의 교육활동을 현저하게 방해하여 다른 학생의 학습권을 침해한다고 판단되는 경우 관할청(교육청)에 위탁교육 등 필요한 조치를 의뢰할 수 있도록 하며, 교권침해 사범에 대한 가중처벌의 필요성과 관련된 내용을 바탕으로 교권보호의 법제화를 요구하고 있다.

5 폭력 문화 근절과 교사 역할

1) 교육환경의 변화

현재, 한국의 학교는 시대의 변화에 맞는 새로운 학교의 모습으로 급격한 변화를 요구받고 있다. 소득 수준의 증가와 함께 민주화로 개인의 인격과 권리보호에 대한 요구가 높아지고 있는 시점이다. 체벌이 허용되었던 전통적인 교육환경에서 양성된 교사는 나라 세우기의 획일적인 경쟁지향 교육과 교사중심의 학교환경에서 공동체 중심으로 변화하는 새로운 교육환경을 맞이하면서 당황하고 있다.

수도권을 중심으로 전개된 학생인권조례안에 따른 체벌금지의 지침, 국가 및 사회단체들의 성폭력에 대한 민감성 요구는 전통적인 교육적 체벌허용과 성금기 중심의 학교문화에 영향을 주면서 교원의 사기저하와 긴장감을 유발하였다. 무엇보다 체벌금지는 체벌 외에는 특별한 학생지도의 대안이 없었던 학교 사회에 교사로서의 무력감과 교실붕괴의 위험성을 경고하도록 만들었다. 이로 인하여 교사의 명예퇴직이 급격하게 증가하면서 교권보호의 필요성을 더욱 자극하게 되었다. 학생인권조례안을 최초로 공포했던 교육청이 먼저 교권보호와 교육활동지원에 관한 조례안(서울시교육청, 2012)을 발표하는 상황을 맞이하고 있다. 이 조례안은 한국교총이 주장하는 구체적인 내용보다 훨씬 포괄적인 수준의 교권보호 내용을 담고 있다. 만일, 교권침해의 문제가 학교교육분쟁조정위원회를 통하여 조정되지 않을 경우, 학교장 또는 분쟁 당사자가 교육감에게 조정 신청한 사안 등을 교권보호위원회를 설치·운영하여 다루도록 하였다. 이 위원회에서 학생의 전학 또는 학교 재배정, 교육 분쟁의 원인이 학부모의 교권침해 때문이며 그 수준이 형사처벌의 대상이 된다고 판단될 경우에는 사법기관에 고발, 교권침해로 인한 교원의 심리적·육체적 치료를 도울 수 있도록 하였다. 이와 동시에 교원, 학부모, 학생의 책무 사항으로 학부모가 교권을 존중하고 학생 또한 교권을 존중하며, 학칙을 준수해야 한다는 상호 존중의 내용을 명시하였다.

미국, 영국, 독일, 일본은 오래전부터 체벌금지가 교육법에 명시된 국가다. 체벌금지가 정책이었지만 우리나라만큼 교권보호에 대한 필요성이 논란의 대상이 되지는 않았다. 이런 나라는 일정한 수준의 체벌이 필요하다고 교사가 판단한 학생들에 대하여 제도적으로 제어하는 시스템을 단위학교에서 확립해 두고 있다는 점에서 우리와 큰 차이가 있었다.

체벌금지와 교권보호의 갈등 속에서 수도권의 일부 학교에서는 '성찰교실'이라는 학생상담교실을 운영하여 좋은 성과를 거두고 있다는 보고가 늘어나고 있다. 또한 학생들 간의 폭력현상이 증가할수록 교권보호정책도 더욱더 강화되어야 할 필요성이 있다는 전제 아래, 학교폭력을 저지하려는 단위학교의 노력으로 변화의 조짐이 뚜렷하게 일어나고 있다. 서양의 제어시스템은 우리나라의 성찰교실, 상담교사의 배치, 교사와 학부모의 적극적인 노력, 정책적인 교원보호, 학생·교사·학부모의 상호 존중 및 협력체계 구축과 유사성이 많다. 이런 점에서 우리나라의 학교폭력 정책은 서양의 학교문화와 제도에 근접하였다고 말할 수 있으며, 이미 학생활동의 많은 부분이 법으로 명문화된 이상 교권침해 때문에 발생되는 분쟁들은 법정에서 시비를 가려야 하는 새로운 학교문화를 맞이할 것으로 예상된다.

그러나 한국적인 상황으로 볼 때, 교육장면에서 일어나는 다양한 갈등에 대하여 교사, 학생, 학부모 모두 법적 처벌보다는 교육적 조치를 원하므로 학교교육분쟁조정위원회와 학교폭력대책자치위원회의 구체적이고 현실적인 운영이 필요한 시점이다. 이 외에도 국가 수준에서 교원단체가 요구하는 가해학생 학부모 소환과 불응 시 과태료 부과 및 특별교육 이수의 의무화, 교원폭행에 따른 가중처벌, 교권보호를 위한 인프라 구축으로 시·도교권보호위원회의 설치, 교육기본법 등 법령의 대대적인 정비 등의 요구를 상당한 수준에서 수용할 것으로 예상되기 때문에 다양한 교권보호 정책이 나타날 것으로 예상된다.

교권보호와 학생인권조례안 간의 긴장 속에서 한국의 교육환경은 점차 선진화된 수준으로 나아가고 있다. 대표적인 예로, 체벌 없는 생활지도의 모형에 대한 단위학교 수준의 우수 사례가 계속적으로 나타나고 있다.

2) 공동체 문화의 활성화

학교폭력의 문제를 해결하기 위해서는 제도적 장치 못지않게 학생과 교사 등 학교 구성원과 학부모의 인식 전환을 위한 노력이 함께 이루어져야 한다.

인식 전환의 한 가지는 교사와 학생, 학생과 학생, 또는 교사와 학부모 사이에 비형식적으로 형성되어 있는 지배적인 관계 양식의 권력 구조를 해체하는 일이 될 것이다. 학교는 학업성적, 개인 성격, 교사와의 관계, 교우들과의 관계 또는 사회문화적으로 형성된 편견 때문에 특정 학생이 지목되거나 낙인되는 경우가 발생한다. 이와 같은 지목과 낙인현상에 대한 반작용의 과정에서 교사의 교권남용이 발생하고 학생 및 학부모의 교권침해 행위가 나타날 가능성이 크다. 이상적으로 기대하는 학교폭력대책위원회나 전문상담교사와 같은 전문가 집단에 학교폭력의 문제를 맡길 경우, 잘못하면 문화적 편견을 반영하는 낙인현상이 더욱 강하게 나타나는 부작용 현상도 예상된다. 따라서 학교 당국과 교사는 전문가들의 지식에만 의존할 것이 아니라 단위학교 수준에서의 폭력문제 해결을 위한 창의적인 대안 형성의 과정에 능동적으로 참여해야 한다. 왜냐하면 학교폭력은 총체적인 사회문화와 교육적 결함을 반영하는 구조적 문제에서 발생하기 때문에 전문가 집단의 해결책에 지나치게 의존하거나 몇 가지 대안적 제도만으로는 해결되지 않을 것이다.

최근에 부각된 문제 해결의 방향으로, 학교생활에서 누구나 공통으로 겪는 어려운 문제점에 대하여 학생·교사·학부모·지역사회가 공동으로 숙의하고 대처하는 새로운 시도를 제시함으로써 폭력문제 해결의 새로운 접근법이 등장하고 있다. 예방적 차원의 그리고 교육적 차원의 이와 같은 공동체적 접근을 '관심공동체'라는 용어로 정의하는 학자도 있다.

학교에서 폭력문화를 추방하기 위하여 설립할 만한 관심공동체로 '갈취행동 추방 프로그램', '성폭력 추방 캠페인', '약물 퇴치 프로그램' 등과 같은 관심공동체를 운영해 볼 수 있다. 이와 같은 공동체 운영의 방법은 지금까지 자주 배제되었던 학생, 학부모, 지역사회의 학내 참여를 수용하는 발전적인 방향의 모색인 동시에 교사중심의 학교운영에 따른 한계를 극복하는 새로운 방법이다. 각 주체들 간의 대립적 수직구조에서 쌍방향 의사소통이 확립되면서 각 주체들 간의 경험과 지식이 공유되고 나아가 실질적인 학교폭력의 감소로 이어지는 선순환 구조를 낳는 중요한 방법으로 평가되고 있다.

따라서 학교폭력의 해결책은 국가기관이나 각 시·도 교육청에서 공문으로 보내진 틀에 짜인 해결책의 제시를 따를 것이 아니라, 단위학교별로 각 학교에 맞는 교직자들의 창의적인 현장 해결 전략과 시도가 진정성을 가지고 이루어질 때 오히려 해결책을 찾을 수 있을 것이다.

📊 **연구 과제**

1️⃣ 체벌의 순기능과 역기능을 비교하고 체벌금지 지침과 관련된 교사의 관점을 설명하시오.

2️⃣ 학교 사회의 언어폭력 현상과 학교문화의 질적 관계를 설명하시오.

3️⃣ 아동기의 성적 학대 경험이 남긴 과제가 무엇인지 설명하시오.

4️⃣ 교권침해의 사례가 학교폭력에 미치는 영향을 분석하고 교권보호를 위해 학생·학부모·교사·행정기관이 해야 할 일을 설명하시오.

5️⃣ 학교의 폭력 문화를 근절하기 위해 교사가 취할 수 있는 구체적인 역할과 실행방안을 설명하시오.

📖 **참고문헌**

국가인권위원회(2012). 2011년 초·중·고등학교 인권교육 실태조사 결과 요약 자료집.

김선구(2004). 판례를 통해 본 교사의 학생체벌. 한국교원대학교 석사학위논문.

김은경(2000). 성의 상업화가 성의식 및 성폭력에 미치는 영향. 한국형사정책연구원 자료집.

문지영(2000). 초등학교 체벌규정 및 교사의 인식에 대한 연구. 인천교육대학교 석사학위논문.

서울여성의전화(1997). 교사, 교수에 의한 학생 성폭력의 실태와 대책 토론회 자료집.

서울특별시교육연구정보원(2011). 서울지역 학생인권 실태조사 분석 및 서울학생인권조례안 개발에 관한 연구. 2011 교육정책 연구과제 보고서.

서울특별시교육청(2012). 교권보호와 교육활동 지원에 관한 조례. 서울특별시조례 제5305호 자료집.

서울특별시교육청(2012). 서울특별시 학생인권조례. 서울특별시조례 제5247호 자료집.

서울특별시교육청(2012). 2012 학교보건교육 및 학생건강증진 계획. 서울특별시교육청 체육건강과 자료집.

여성가족부(2008). 2007년 전국 성폭력 실태조사. 연구보고 2008-03 보고서.

유우종(2005). 학생인권 침해 사례에 대한 연구: 교사들의 언어사용을 중심으로. 성공회대학교 석사학위논문.

이명희(2004). 교사의 긍정적·부정적 언어 사용실태와 초등학생의 학교적응 간의 관계. 창원대학교 석사학위논문.

이용호(2008). 학생체벌의 정당성에 관한 연구. 춘천교육대학교 석사학위논문.

정훈교(2010). 체벌금지 전면실시에 대비한 실태조사 분석과 문제점 탐색 및 개선방안. 제32회 교육연구논문 자료집.

한국교원단체총연합회(2000). 교육공동체신뢰회복토론회. 사이버폭력과 학교공동체 붕괴 자료집.

한국교원단체총연합회(2012). 한국교원단체총연합회 보도자료. 2012년 4월 9일자.

허종렬(2011). 헌법과 교육관계법의 이해: 법무·전문성향상과정. 서울특별시 교육연수원 자료집.

Benbenishty, R., & Astor, R. A. (2005). *School violence in context: Culture, neighborhood, family, school, and gender.* New York: Oxford University Press.

Coie, J. D., & Dodge, K. A. (1998). Aggression and antisocial behavior. In W. Damon & N. Eisenberg (Eds.), *Handbook of Child Psychology* (5th ed.) (pp. 779-862). New York: Wiley & Sons.

Hayman, I. A. (1990). *Reading, writing, and the hickory stick.* Lexington, MA.: Lexington Books.

Olweus, D. (1999). Norway. In P. K. Smith, Y. Morita, J. Junger-Tas, D. Olweus, R. F. Catalano, & P. Slee (Eds.), *The nature of school bullying: A cross-national perspective* (pp. 28-48). London: Routledge.

Wishniestsky, D. H. (1991). Reported and unreported teacher-students sexual harassment. *Journal of Educational Research, 84*(3). 164-169.

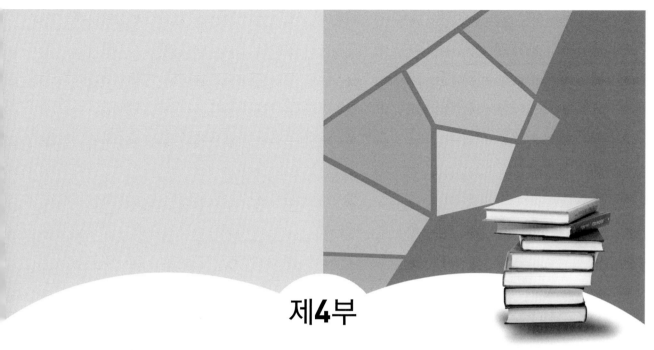

제4부

학교폭력의 대응 사례

제11장
국내의 학교폭력 대응 사례

이 장에서는 한국교육개발원(KEDI)이 범 정부 차원에서 개발하여 보급하고 있는 어울림 프로그램과 인천 연수초등학교, 구리중학교 등 학교 현장에서 학교폭력을 예방하기 위한 프로그램을 개발하여 운영하고 있는 성공적인 사례를 알아본다. 또한 학급 단위에서 학교폭력을 예방하기 위하여 나름대로 개별적 노력을 기울이고 있는 교사가 많다. 그중 대표적인 사례로 서준호 선생님과 김진경 선생님의 교육프로그램을 함께 소개한다.

1 어울림 프로그램

　　최근 정부 차원에서 학교폭력 예방과 대처의 일환으로 교사양성교육기관의 교육과정에 학교폭력 예방과 대처 관련 과목이 강화되었고 더불어 한국교육개발원을 중심으로 학교폭력 예방과 대처를 위한 '어울림 프로그램'이 개발·보급되었다. 어울림 프로그램은 학교폭력을 예방하고 안전한 학교 문화를 형성하기 위해 학생, 교사, 학부모를 대상으로 개발된 학교폭력예방 표준 프로그램으로 초등학교 저학년, 초등학교 고학년, 중학교, 고등학교의 4개 학교급별 프로그램으로 구성되어 있으며, 학교폭력 예방을 위해 필요한 핵심 역량인 공감, 의사소통, 갈등해결, 감정조절, 자기존중감, 학교폭력 인식 및 대처 모듈로 구성되었다. 각 모듈별 내용은 학교폭력 사례와 학교폭력 경향성 및 원인에 대한 분석을 통해 구성되어 있으며, 일반 학생을 대상으로 한 기본 프로그램과 학교폭력유형별 또는 학교폭력 고위험군 학생을 위한 심화 프로그램으로 구분되어 있다. 이 프로그램은 학교 교육과정에 반영되어 운영될 의도로 구성되었기에 학교의 특성 및 여건에 따라 모듈별 프로그램을 선택적으로 적용할 수 있다. 어울림 프로그램의 구성은 [그림 11-1]과 같으며 초등학생용 프로그램의 전체 내용은 〈표 11-1〉과 같다. 초등학교, 중학교, 고등학교용 프로그램 모두 한국교육개발원 홈페이지(http://www.kedi.re.kr) 학교폭력예방연구지원센터에서 다운받아 활용할 수 있다.

　　어울림 프로그램은 최근 전국적으로 교육부와 교육청 등의 주관으로 연수가 이루어

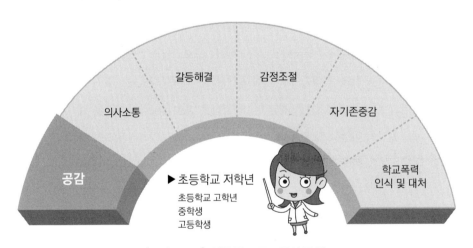

[그림 11-1] 어울림 프로그램의 구성

출처: 한국교육개발원 홈페이지(http://www.kedi.re.kr) 학교폭력예방연구지원센터.

지고 연수교사들을 통해 학교현장에서 활용되기를 기대하고 있다. 이 프로그램의 효과적인 적용을 위해서는 외부 운영기관이나 카운슬러보다는 문제 해결의 핵심역할을 하는 학교의 역할이 중요하며 학생들이 좀 더 적극적으로 참여할 수 있는 현장 맞춤형 적용이 필요하다. 또한 장애학생들이나 기타 소수자들의 참여를 잘 이끌어 내는 개입방안과 프로그램 진행 후 효과 평가를 통한 개선 노력이 지속될 필요가 있다(좋은교사운동, 2014).

표 11-1 어울림 프로그램의 내용(초등학교)

영역	학년	대상	프로그램 이름
공감	저학년	학생	1. 어, 나도 그래!
			2. 나보다 어린이 보살피기
			3. 말랑말랑 마음 만들기
			4. 포근포근 마음 나누기
		학부모	1. 엄마, 아빠! 저의 감정을 읽어 주세요.
			2. 딸아, 아들아! 네가 느끼는 그대로를 존중한단다.
		교사	1. 입장 바꿔 생각해 봐!
			2. 속마음 읽기
	고학년	학생	1. 다양한 모양의 마음
			2. 내 마음 보여 주기
			3. 친구의 마음 알아보기
			4. 내 마음속의 하얀 늑대 키우기
		학부모	1. 아는 만큼 보인다.
			2. 보는 만큼 느낀다.
		교사	1. 아는 만큼 보인다.
			2. 보는 만큼 느낀다.
의사 소통	저학년	학생	1. 이런 말들이?
			2. 말하기보다 귀한 것
			3. 마음을 부드럽게
			4. 같이 놀자!
		학부모	1. 귀 기울여 주세요.
			2. 우리 아이 잘 부탁해요.
		교사	1. 마음으로 듣기
			2. 교사와 학부모는 자전거의 두 바퀴

	고학년	학생	1. 잘 소통하고 있니?
			2. 이렇게 경청하자!
			3. 이렇게 말하자!
			4. 이렇게 표현하자!
		학부모	1. 네 생각은 어떠니?
			2. 든든한 동반자
		교사	1. 너를 존중해!
			2. 함께하는 협력자
갈등 해결	저학년	학생	1. 갈등과 친구가 되어 보아요.
			2. 갈등! 이렇게 해 봐요.
			3. 갈등! 이젠 문제 없어요!
			4. 모두 다 행복한 선택
		학부모	1. 이해해 주세요.
			2. 도와주세요.
		교사	1. 그래서 그랬군요.
			2. 가까워질 수 있어요.
	고학년	학생	1. 우리는 달라요.
			2. 갈등! 이렇게 해 봐요.
			3. 친구에게 고민을 털어놓아요.
			4. 친구의 도움으로 학교폭력을 예방해요.
		학부모	1. 내 아이의 갈등
			2. 갈등! 이렇게 해결해요.
		교사	1. 학생들 사이에 발생하는 갈등! 어떻게 해결할까?
			2. 교사와 학생 사이에 발생하는 갈등! 어떻게 해결할까?
감정 조절	저학년	학생	1. 감정은 내 친구!
			2. 이럴 때는 어떻게 할까요?
			3. 감정조절은 나에게 맡겨라.
			4. 상황에 따른 나의 대처법
		학부모	1. 내 아이 감정조절 돕기
			2. 감정조절 기술−자기감정 인식과 자기표현력 기르기
		교사	1. 감정이 어떻게 움직이나요?
			2. 감정조절 이렇게 도와 볼까요?

	고학년	학생	1. 나의 다양한 감정세계와 표현 방식 이해하기
			2. 불편한 감정에 틈새를 만들자!
			3. 불편한 감정, 이렇게 조절해 봐요!
			4. 불편한 감정, 이제 자신 있어요!
		학부모	1. 마음의 문이 활짝!
			2. 이럴 땐 어떻게?
		교사	1. 생각하기 나름!
			2. 이럴 땐 어떻게?
자기 존중감	저학년	학생	1. 자랑스러운 나
			2. 나와 어울리는 내 모습
			3. 사랑의 말로 치료해 주어요.
			4. 나의 소중함에서 너의 소중함까지
		학부모	1. 자녀의 미래가 바뀌는 자기존중감
			2. 자녀의 자기존중감 키우기
		교사	1. 학생의 미래가 바뀌는 자기존중감
			2. 자기존중감을 키우는 학급 활동
	고학년	학생	1. 나를 알GO! + 우리를 알GO! = 한 걸음
			2. 나의 Special! + 너의 Special! = 두 걸음
			3. 생각의 전환! + 자신감 UP! = 세 걸음
			4. 좋은 친구 + 배려 & 나눔 = 어깨 걸고 함께 걸음
		학부모	1. 아이를 비추는 거울, 부모
			2. 울퉁불퉁 아이들, 현명하게 대처하기
		교사	1. 너희들이 행복하면 나도 행복해!
			2. 선생님이 무엇을 도와줄까?
학교폭력 인식 및 대처 [기본]	저학년	학생	1. 폭력 vs 평화
			2. 이것도 폭력이구나!
			3. 내가 능력자
			4. 평화로운 우리 반
		학부모	1. 설마 우리 아이가?
			2. 우리 아이의 올곧은 성장을 위하여
		교사	1. 장난과 폭력
			2. 담임의 대처능력 개선

		학생	1. 장난이라구?
			2. 날 보호해 줘!
			3. 함께 "그만"이라고 말해요.
고학년			4. 평화로운 우리 교실
	학부모		1. 엄마, 아빠 요즘 초딩들은?
			2. 엄마는 해결사!
	교사		1. 학교폭력, 교사의 힘이 좌우한다!
			2. 학교폭력, 이럴 땐 어떻게 하나요?

영역	주제	학년	대상	프로그램 이름
학교폭력 인식 및 대처 [심화]	언어 폭력	초저	학생	1. 우리를 아프게 하는 말
				2. 우리를 기쁘게 하는 말
		초고	학생	1. 언어폭력 바로 알기
				2. 언어폭력 대처하기
	사이버 폭력	초저	학생	1. 이것도 폭력이에요.
				2. 사이버폭력 없는 세상 만들어요.
		초고	학생	1. 사이버폭력, 왜 위험한가요?
				2. 사이버폭력, 함께 탈출해요!
	집단 따돌림	초저	학생	1. 왕따, 어디까지 알고 있니?
				2. 똑똑, 닫힌 마음의 문을 열어 주세요!
				3. 위기탈출 따돌림, 행복이 시작돼요!
		초고	학생	1. Stop: 괴롭힘을 멈추고!
				2. Go: 친구의 마음을 이해하고!
				3. Go: 친구를 진심으로 도와주고!

출처: 한국교육개발원 홈페이지(http://www.kedi.re.kr) 학교폭력예방연구지원센터.

2 인천 연수초등학교의 '또래 조정을 통한 갈등 WIN-WIN PROJECT'

조정은 1970년대 후반 미국 사법제도에서 ADR(Alternative Dispute Resolution)이라는

재판 외 분쟁 해결 수단의 하나로 제도화된 것이다. 제3자가 둘 혹은 그 이상의 갈등 당사자 사이를 매개하여 원만한 합의에 이르도록 돕는 것으로 결정 내용이 강제성을 지니지 않으나 상대방의 입장을 충분히 이해한 상황에서 자율적으로 해결에 이르는 방식이기 때문에 재판이나 공식적 방법을 통한 해결보다 근본적인 차원에서 갈등을 해결하는 방법으로 활용된다.

이러한 조정을 학교에 도입하여 어른이나 교사의 개입 없이 학생들이 자율적으로 해결해 나가도록 하는 것이 또래 조정(peer mediation)이다. 여기서는 학교폭력 유발과 관련되는 또래 갈등 문제를 해결할 하나의 방안으로 활용된 '또래 조정 방안'의 운영 목표, 운영 방법, 운영의 실제를 살펴보고자 한다.

1) 운영 목표

학교에서 일어나는 여러 가지 갈등 상황을 또래 조정을 통해 제3의 관점에서 평화적인 방법으로 해결하도록 하는 것을 목적으로 한다. 두 친구가 상호 보완적 입장에서 서로의 갈등을 이해하고 해소하여 합의에 도달할 수 있게 함으로써 궁극적으로 긍정적이고 평화적인 학교문화를 창조하도록 하고, 합리적이고 합법적인 사고력을 육성하여 성인이 되어 책임 있는 개인으로서 사회적·정치적 활동을 할 수 있는 기회로 이어지도록 지도한다.

2) 운영 방법

(1) 또래 조정 모형의 진행 절차

또래 조정 모형의 진행 절차는 〈표 11-2〉와 같다.

(2) 또래 조정위원 선발 절차

또래 조정 각 단계에서 조정자가 맡아야 할 역할인 중립적 역할을 잘 수행할 수 있는 조정위원이 선정되어야 한다. 또래 조정 모형에서 핵심적 역할을 수행하는 또래 조정자 선발을 위한 절차는 장진관의 『학생 간의 분쟁해결을 위한 동료조정 프로그램 개발』(장진관, 2011)을 바탕으로 학교에 맞도록 재구성하였고 그 내용은 [그림 11-2]와 같다.

표 11-2 또래 조정 모형의 진행 절차

구분	또래 조정 내용
준비단계	또래 조정위원회를 구성하고 또래 조정 규칙을 제정한다.
1단계	또래 조정위원회에 갈등해결을 신청한다.
2단계	또래 조정위원회는 신청서를 접수하고 담당 조정위원을 정한 후 문제 해결을 위한 서명 또는 기록 조사를 실시한다(접수 1주일 이내).
3단계	또래 조정위원회 장소와 시간을 정하여 초청장을 작성하여 전달한다.
4단계	갈등 당사자들의 의견을 들어 본 후, 조정위원회에서는 정보를 정리·요약하고 쟁점을 분명하게 하기 위해 질문을 던진다.
5단계	조정위원회에서는 관련 학생들이 갈등해결책을 제안하도록 하고 이를 정리한다.
	또래 조정 실패 시 교사조정위원회를 발동한다.
6단계	갈등 상황에 합의가 되면 합의 내용을 문서로 작성하고 서명한다.

1차 선출
비밀 유지, 인내심, 공정성, 리더십, 긍정성 등의 항목을 묻는 질문지를 통해 학급 친구들이 선출

➡

2차 선출
학급에서 선출된 조정자 1차 후보 중 학급담임이 또래 조정자 선정 기준에 따른 점수 배분

➡

3차 선출
교사조정위원회에서 개인 면담 후 5, 6학년 각 6명 선정
* 반별·남녀별 배당 금지, 성적 지향 금지

[그림 11-2] 또래 조정위원의 선출 절차

출처: 장진관(2011).

또래 조정자 1차 후보 선출 또래 조정위원 1차 선출은 학생들 스스로 갈등해결 과정을 경험하면서 갈등해결에 필요한 자세와 방법 등을 체계화할 수 있는 5·6학년을 대상으로 하였다. 5·6학년 각 학급별로 1차 선출지를 배부한 후 10개 항목 중 5개 이상에 추천되고 5인(반별 약 20%의 지지율) 이상의 추천을 받은 학생 모두를 또래 조정자 1차 후보로 선출하였다.

또래 조정자 2차 후보 선출 또래 조정자 1차 후보로 선출된 학생을 대상으로 담임이 또래 조정자 선정 기준에 따른 점수 배분을 하는 2차 선출지-담임 추천서를 작성하였다. 1차 선출에 주요 항목이었던 또래 조정위원의 자세인 인내심과 자기 통제력, 편견과 선입견이 없는 공정성, 비밀 유지, 의견을 들어 주는 적극성, 긍정성, 또래 조정

에 대한 열정, 진행 규칙을 집행하는 리더십의 10개 항목을 담임의 입장에서 점수화하도록 하였다. 여기에 조정위원의 필수 기술인 정보수집 및 적극적 듣기 태도와 진술을 요약하고 명확히 하는 자질에 대한 질문을 추가하였다.

또래 조정자 3차 선출　또래 조정위원 2차 선출 후보자 중 본인이 희망한 후보자에 한하여 담임 추천서를 작성하였다. 담임 추천서를 기준으로 교사조정위원회에서 개인 면담을 하였다. 이때 반별 · 남녀별 배당을 금지하였으며, 성적 또한 참고하지 않았다.

임무 서약 및 위촉장 수여　또래 조정자 선출과 동시에 또래 조정위원으로서 역할 완수를 서약하였으며 방송 조회를 통해 위촉장을 수여하였다. 또래 조정위원의 자부심과 긍지를 심어 주기 위해 학교장이 조회 시간을 이용하여 또래 조정위원의 필요성을 강조하였으며, 학부형의 협조를 받고자 또래 조정자 선출 축하의 가정통신문을 내 보내어 또래 조정위원으로서의 자부심을 높였다.

(3) 또래 조정위원회 조직 및 조정 교육

교사 조정위원회 조직　5 · 6학년으로 구성된 또래 조정위원회를 조직하기 앞서 또래 조정자 3차 선출을 담당하고 또래 조정위원이 실패했을 경우 갈등을 해결하기 위한 교사 조정위원회를 조직하여 운영하였다. 교사 조정위원은 5 · 6학년 담임교사 중 희망 교사와 윤리부장으로 구성하였다.

또래 조정위원회 조직　또래 조정위원 선발 공고문을 일주일 전에 게시하고 또래 조정에 관한 안내 자료를 아침 시간에 배포하여 또래 조정에 대한 공감대를 형성하도록 하였다. 또래 조정에 관한 안내는 인천지방법원 부장판사 정○○ 판사가 제작하여 학교에 보내 준 자료를 활용하였다. 안내 내용은 조정에 대한 정의와 조정이 필요한 이유에 대한 것이었다.

또래 조정 운영 규정 및 조정 진행 절차 제정

[또래 조정 운영 규정]

또래 조정을 시작하기에 앞서 학교 내 갈등해결을 위한 또래 조정의 운영 규정을 제정하였다. 시민법 교육 프로그램(The Citizenship Law-Related Education Program: CLREP)에서 제시한 갈등해결 모형을 학교 현실에 맞게 재구성하였다.

[또래 조정 진행 절차]

또래 조정의 진행 절차 또한 시민법 교육 프로그램에서 운영하는 모형을 학교의 상황에 맞게 재조정하여 [그림 11-3]과 같은 구체적인 또래 조정의 절차 모형을 구성하였다.

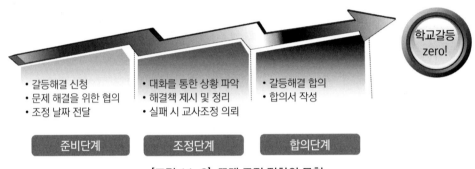

- 갈등해결 신청
- 문제 해결을 위한 협의
- 조정 날짜 전달

- 대화를 통한 상황 파악
- 해결책 제시 및 정리
- 실패 시 교사조정 의뢰

- 갈등해결 합의
- 합의서 작성

| 준비단계 | 조정단계 | 합의단계 |

학교갈등 zero!

[그림 11-3] 또래 조정 절차의 모형

- 1단계–또래 조정위원회 신청: 갈등 상황이 발생하면 담당 교사나 갈등 당사자가 또래 조정 신청서를 작성하여 제출한다. 또래 조정 신청서에서는 신청자의 신상정보와 갈등 내용을 자세히 적어 또래 조정 신청함에 넣는다. 또래 조정 신청서는 또래 조정 신청함 옆에 놓았으며, 또래 조정 신청함은 안을 들여다볼 수 없는 상자로 만들어 또래 조정위원이 매일 2번씩 수거하도록 하였다.
- 2~5단계–또래 조정 단계: 신청서를 접수받으면 가능한 한 빨리 접수(늦어도 1주일 이내)하여 조정위원회를 준비한다. 총 12명의 조정위원을 3인 1조씩 4팀으로 나누어 운영하였다(〈표 11-3〉 참조). 이때 1조는 모두 6학년으로 구성하여 6학년 전용 조정 팀을 두었다. 다른 조들은 5학년과 6학년, 남자와 여자가 골고루 배치될 수 있도록 구성하였다. 조정위원들의 역할은 조정 팀장, 신청자 조정위원, 상대자 조정위원이며, 이들은 접수 즉시 신청자를 면접하여 사건기록을 조사하고 또래 조정을 실시하도록 하였다. 조정하는 과정에서는 존댓말을 사용하도록 하였으며, 시간은 신청자와 상대자가 가장 편한 시간을 고를 수 있도록 하였다.

표 11-3 또래 조정위원 명단

조별	또래 조정위원
1조	김○○(남, 6학년) 허○○(남, 6학년), 김○○(여, 6학년)
2조	신○○(여, 6학년), 김○○(남, 5학년), 박○○(남, 5학년)
3조	김○○(여, 6학년), 김○○(남, 5학년), 김○○(남, 5학년)
4조	이○○(남, 6학년), 이○○(여, 5학년), 한○○(여, 5학년)

• 합의 단계-또래 조정 합의서: 또래 조정위원회를 통해 갈등 당사자 모두의 합의가 끝나면 [그림 11-4]와 같은 합의서를 작성하도록 하였다(서울시교육청, 2004, 69-74). 조정의 최종 단계인 합의서 작성은 갈등 당사자 간에 문제 해결 과정을 거쳐 가능한 대안 중 하나에 상호 합의하도록 하는 것이다. 조정을 통해 논쟁이 있더라도 공통적으로 동의한 부분에 관하여 이후 행동에 대한 약속을 문서화함으로써 일종의 공증의 효력을 지닐 수 있도록 하였다. 합의서가 작성된 후 합의서에 최종적으로 서명을 하면 조정위원들은 갈등을 해결하고 화해를 이룬 데 대해 서로 축하하고 격려해 줄 수 있도록 지도하였다. 또한 합의서는 복사해서 갈등 당사자들에게 나누어 주고 학교에 한 부 보관하였다. 이러한 일련의 행위를 통해 합의가 얼마나 소중한가를 깨닫게 하고 또다시 같은 행동을 되풀이 않도록 각성하고자 하는 것이다.

또래 조정 합의서

조정번호:
조정날짜: 년 월 일

합의자 1				합의자 2			
이름		소속		이름		소속	

합의자 1: _______는 다음의 내용에 합의합니다.
(나는 ○○가 오해할 수 있는 행동은 하지 않도록 조심하겠다.)

합의자 2: _______는 다음의 내용에 합의합니다.
(○○가 속상했었다는 것을 깨달았으며 앞으로는 이런 일이 없도록 조심하겠습니다.)

조정자는 두 사람이 조정에 합의 했음을 증명합니다.
조정자 ____________ (인)
조정자 ____________ (인)
조정자 ____________ (인)
조정자 ____________ (인)

[그림 11-4] 또래 조정 합의서

조정 교육 또래 조정은 이미 미국에서는 자리 잡은 갈등해결 방법이지만 우리나라에서는 아직 생소한 것으로 또래 조정을 시작하기에 앞서 가장 먼저 또래 조정위원들의 자질 교육이 절실했다. 이에 조정위원이 선출된 6월부터 매주 월요일 2시부터 4시까지 두 시간 동안 조정위원들의 조정 교육을 실시하였다.

[speech-듣기 훈련]

갈등 당사자들의 갈등 상황을 질문을 통해 이끌어 내어 이야기를 하게 해야 하며, 또한 갈등 상황을 모두 들어 주는 능력이 또래 조정위원들에게는 가장 필요한 자질이다. 이러한 자질을 함양하기 위해 [그림 11-5]와 같이 '이야기 엮기'(박준수, 2011)라는 speech 훈련과 더불어 듣기 훈련을 실시하였다.

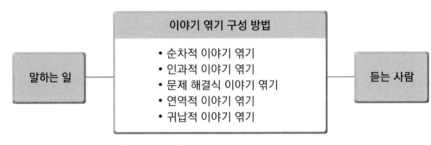

[그림 11-5] '이야기 엮기'의 구성 방법

이야기 엮기의 진행 방법은 12명의 조정위원을 4조로 나누어 한 명이 짧은 이야기를 읽어 주고 이야기 엮기 구성 방법에 하나를 선택하여 이야기를 전달하도록 하였다. 전달한 이야기를 들으면서 빠진 것 또는 덧붙인 것을 찾아내고 이를 첨부하거나 빼는 훈련을 통해 이야기를 간략하게 하고 요약하는 능력을 키워 주었다. 이야기를 듣고 필요한 부분만을 적거나 전달함으로써 이야기 구성 능력을 높일 수 있도록 지도하였으며, 특히 열심히 들어 주는 태도를 강조하였다.

[모의 조정 훈련]

• 지방 법원 참관: 조정은 아직 우리나라에는 낯선 분쟁 해결 활동이다. 이에 또래 조정위원들에게 무엇보다 조정에 대한 안내가 필요하였다. 또래 조정의 자문기관인 인천지방법원에 의뢰하여 법원을 참관하고 부장판사에게 직접 조정에 관한 전문

적 지도를 받을 수 있도록 하였다. 2011년 9월 9일 수요일 인천 남구 학익동에 소재지를 두고 있는 인천지방법원을 방문하여 법원을 둘러보고 실제 민사재판이 이루어지고 있는 법정을 참관하였다. 또한 부장판사가 직접 지도하는 조정 절차에 대한 강의를 40여 분 듣고 조정실과 배심원석에 앉아 보는 귀한 체험 시간을 가졌다.

• 모의 조정 훈련: 모의 조정이란 실제 또래 조정 상황을 체험하기 위하여 임의로 조정 신청서를 작성하고 조정 절차를 거치는 것이다. 팀별 순서를 정하여 순서대로 모의 조정을 한 후 조정 팀장과 조정위원의 입장을 바꾸어 덧붙여야 할 말, 해서는 안 될 말 등에 대한 토의를 하였다. 본교 39명의 선생님에게 사전에 학급 내에서 일어났던 갈등 상황을 일정 양식에 의거하여 제출해 달라고 한 후 이를 바탕으로 조정 신청서를 재구성하였다. 모의 조정을 통해 또래 조정위원들은 조정 절차를 습득하였으며, 서로의 의견을 교환함으로써 조정에 대한 자신감을 갖도록 하였다.

• 방학과제를 통한 조정 훈련: 본교 39명의 선생님이 사전에 제출한 갈등 상황 중 일부와 생활 속 토론 주제로 구성된 114쪽 분량의 〈또래 조정위원 방학과제물〉을 제시하여 갈등 상황 해결방안을 적어 보고 주제에 관한 근거 또는 이유를 논리적으로 들어 이야기할 수 있도록 하였다. 방학과제물은 방학이 끝난 후 조정 교육 시간에 각 사례에 대한 의견을 들어 보는 모의 조정 주제로 활용하였으며, 생활 속 토론에 제시한 의견을 바탕으로 말하기 훈련도 실시하였다.

3) 운영의 실제

(1) 또래 조정을 위한 환경 구축

상담실 정비　또래 조정을 위해서는 무엇보다 갈등 당사자들이 심도 깊게 이야기할 수 있는 공간이 필요하다. 본교 4층에 여유 공간을 확보하고 또래 조정 상담실을 구축하였다. 또래 조정 상담실에는 배움터 지킴이 선생님이 상주할 수 있도록 하여 또래 조정 외에도 일반적인 상담활동도 진행할 수 있도록 하였다.

또래 조정 상담실

또래 조정복

또래 조정복 구비　　사람이 입은 복장은 그 사람의 첫 인상을 좌우한다. 또래 조정위원회에서 가장 중요한 것은 또래 조정을 신청한 신청자들이 또래 조정위원들을 믿고 신뢰하여 가슴속의 말들을 꺼내어 놓는 것이다. 이러한 일련의 성과를 거두고자 또래 조정복을 구비하였다. 또래 조정복은 판사들이 입는 법복의 형태를 띠었지만 색깔을 환하게 하여 밝은 느낌을 줄 수 있도록 하였고 학교 마크를 가슴에 달아 학교에서의 위상도 확립시켜 주도록 하였다.

또래 조정을 위한 제반 사항 구축　　또래 조정을 시작하면 또래 조정위원들의 이름표를 걸도록 하여 또래 조정위원들의 위상을 높여 주었다. 또한 회의록을 준비하여 또래 조정위원들이 조정 신청서가 들어온 후 수집한 정보를 적게 하였으며, 또래 조정 시간 동안 나누었던 이야기들을 적게 하였다. 이 회의록은 신청서, 회의록, 합의문 순으로 묶어 학교에서 보관하였다.

(2) 운영 사례

또래 조정의 운영 사례를 예시하면 〈표 11-4〉와 같다.

(3) 또래 조정의 효과

인천 연수초등학교에서 3월부터 10월까지 또래 조정을 통한 WIN-WIN PROJECT를 실시한 결과 다음과 같은 효과를 얻을 수 있었다.

• 직접적인 폭력 사고나 사건을 갈등해결 교육을 통해 갈등 당사자 모두가 만족한 해결책을 얻을 수 있었다.
• 학교폭력을 유발하는 행동습관과 공격성을 줄일 수 있었다.
• 학교의 분위기를 개선하여 교육환경의 질을 높일 수 있었다.

하지만 또래 조정을 처음 도입하는 관계로 교과와 접목한 갈등 교육이 더 구체화되

고 매뉴얼화되어 적용되지 못하는 아쉬움이 있었다. 하지만 또래 조정은 분명히 학교
폭력과 같은 갈등 문제를 해결할 하나의 방안이 될 수 있음을 보여 주었다.

표 11-4 또래 조정의 운영 사례

신청인	성명	김○○ (남・여)
	소속	인천연수초등학교 5학년
분쟁 일시	일시	2011년 ○월 ○일
	장소	4층 복도
신청 사유		같은 반 5학년 이○○(여)가 다리를 걸어 넘어뜨리고 도망가면서 놀렸다. 쫓아갔더니 화장실에 숨어 버려서 화장실 앞에서 기다렸더니, 선생님에게 여자 화장실까지 쫓아 들어와 괴롭힌다고 고자질을 하였다.
조정 내용		왜 다리를 걸어 넘어뜨렸는지 이○○에게 질문을 한 후, 이전에 김○○에게 서운했던 점까지 모두 들어 보았다. 김○○에게 이○○가 그런 행동을 한 이유는 그전부터 있었던 감정이 쌓였기 때문이었음을 인식할 수 있도록 계속해서 입장 바꿔 생각해 볼 수 있는 질문을 하였다. 둘 사이의 이야기가 끊어지지 않도록 서운했던 점을 계속해서 이야기하도록 하여 속상했던 점을 모두 이야기할 수 있도록 하였다.
합의서		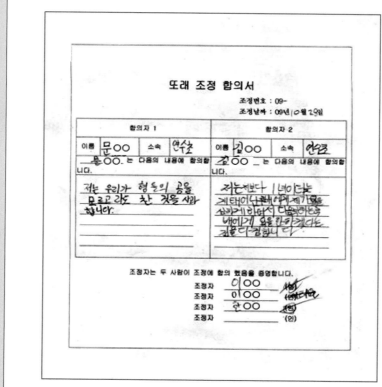

(4) 또래 조정 지원 방안

또래 조정을 효과적으로 운영하기 위해서 다음과 같은 지원이 필요하다.

첫째, 인천시 지방법원의 조정위원과 연결된 조정교육이 필요하다. 실례로 2009년 또래 조정 구축 당시 인천지방법원 부장판사의 지대한 관심이 있어서 지방법원을 견학하는 것으로 끝난 것이 아니라 시간을 할애하여 직접 조정 교육을 진행함으로써 조정위원들의 사기가 높아졌다. 그뿐만 아니라 학부모와 함께한 조정교육이었기 때문에 조정위원에 대한 학부모들의 이해를 도왔고 적극적인 협조가 있었다.

둘째, 조정을 위한 특별실 구축이 필요하다. 실질적이고 편안한 분위기의 조정을 위해서는 조정을 위한 특별실이 구비되어야 한다.

셋째, 조정위원을 위한 인센티브 부여가 필요하다. 학기 초 학급임원이 되려는 이유는 임명장 때문인 경우가 많다. 조정위원들은 꽤 많은 시간을 할애하여 조정을 하기 때문에 학급임원에 앞서는 대우와 격려가 필요하다.

넷째, 예산 지원이 필요하다. 조정위원들의 리더십 훈련을 위한 체험활동비와 리더십 교육을 위한 활동비가 필요하다.

3 구리중학교의 3C 프로젝트를 통한 Star House

경기도의 구리중학교는 남자중학교로 1지망 학생 수의 저조와 높은 빈도의 학생폭력에 대한 학교 교사들의 자각에 의해 분노조절 · 의사소통 · 배려라는 3C 프로젝트를 통하여 절제인 · 소통인 · 문화인을 공유하는 학생을 양성하여 폭력 없는 학교라는 목표를 달성하고자 하였다. 이 학교의 3C 프로젝트는 학생들의 요구조사를 바탕으로 목표를 설정하고 프로젝트의 운영을 교과목과 비교과활동에 적절하게 배분하여 운영의 실현 가능성을 높이는 동시에 학교 전체의 교사와 학생 및 학부모와 지역사회의 연계 방안을 구체적으로 계획하여 목표달성의 현실성을 보여 준다. 무엇보다 프로젝트의 장기적 운영에 바탕을 둠으로써 학교폭력 감소를 교육적 차원으로 확장시키고 있다.

이 학교의 프로젝트가 어떤 목표를 어떤 방법으로 조직화하여 운영하며, 어떻게 해서 현실적이고 교육적인지를 알아보기 위하여 프로젝트 활동의 내용을 살펴보기로 한다.

1) 운영 목표

이 학교는 3C(Control One's Anger, Communication Based on Nonviolence, Considerate for Each Other) 프로젝트를 바탕으로 절제 · 의사소통 · 문화인으로서의 소양을 겸비하여 행복(Happiness), 기회(Opportunity), 이해(Understanding), 자부심(Self-esteem), 격려(Encouraging)가 존재하는 가정(HOUSE) 같은 학교에서, 모든 학생을 나눔(Sharing), 신뢰성(Trust), 능력(Ability), 존중(Respect)을 실천하는 스타(STAR)로 키운다는 목표를 설정하였다. 이에 따라 학생들을 STAR House 인재로 양성하기 위한 1차 목표로 학교폭력을 예방하고 더불어 사는 행복한 학교를 만들기 위하여 다음의 목표를 설정하였다.

- 학교폭력 예방에 대한 학교 구성원들의 공감대를 조성하여 3C 프로젝트 운영을 위한 인프라를 구축한다.
- 3C 프로젝트를 중심으로 한 남학생 맞춤형 생활지도 프로그램을 구안 · 적용하여 실효성 있는 학교폭력 예방교육을 실천하려는 목표를 설정한다.

2) 운영 방법

(1) 프로그램 운영을 위한 인프라 구축

학부모 · 교사 · 지역사회 상담 협의체 구축

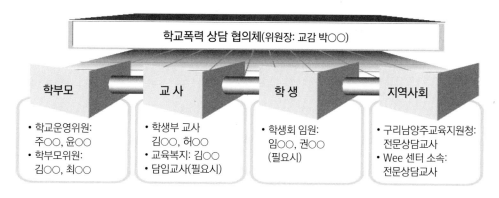

[그림 11-6] 학부모 · 교사 · 지역사회 상담 협의체 구축

학교 홈페이지 및 학교폭력(성고충)상담실 구축

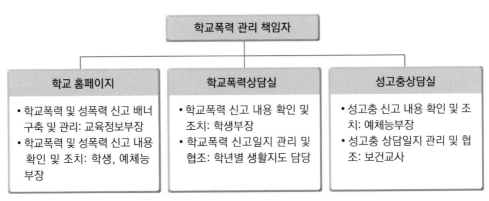

[그림 11-7] 학교폭력 예방을 위한 홈페이지 및 상담실 구축

(2) 상담실(도란도란) 설치 운영

상담실에 상담사가 상주하며 개인상담 공간을 제공하고, 간이 휴게실을 마련하여 학생들이 자유롭게 상담실을 방문할 수 있도록 항상 개방한다. 또한 이곳에서는 개인상담, 집단상담, 심리검사를 실시한다.

(3) 운영의 조직화 및 절차

3C 프로젝트를 효과적으로 운영하기 위하여 먼저 교사에 대한 연수를 실시하였다. 그리고 교과 교육과정과의 연계, 창의적 체험활동과의 연계, 아침 자기주도학습과의 연계활동 및 비교과 활동으로 구분하며, 교사 · 학생 · 학부모 · 지역사회의 기관과 연계하고 워크숍, 상담활동, 일반활동, 대회 등을 다각적으로 운영하는 1년 활동의 추진계획을 〈표 11-5〉와 같이 조직화하였다.

표 11-5 3C 프로젝트의 운영 조직화 및 절차

연차	단계	추진 내용	추진 일정													
			1	2	3	4	5	6	7	8	9	10	11	12	1	2
1년차 (2011)	계획	문헌연구 및 자료수집	■	■	■											
		연구주제 설정	■													
		운영과제 선정	■													
		연구학교 운영계획서 작성	■		■											
	준비	연구학교 운영 조직			■											
		실태조사 및 분석	■	■	■											
		교원연수		■	■											
		학부모 · 학생 연수 및 홍보				■					■		■			
	실행	3C 프로그램 구안	■	■	■											
		분노조절 프로그램 운영				■	■	■	■	■	■					
		의사소통 프로그램 운영				■	■	■	■	■	■					
		배려 프로그램 운영				■	■	■	■	■	■					
		학교폭력상담실 설치 운영	■	■	■	■	■	■	■	■	■					
		성고충상담실 설치 운영	■	■	■	■	■	■	■	■	■					
		교직원협의회, 분과협의회				■	■	■	■	■						
		실문조사(학생)	■								■					
		관찰보고서 작성(교사)				■					■					
		운영에 대한 자체평가			■											
	평가	지도기관의 조언				■	■	■	■	■						
		보고서 작성 · 제출									■	■				
		합동보고회 및 평가회									■	■				
		운영 결과에 대한 자체평가													■	■

3) 3C 프로젝트의 실제

(1) 프로그램의 내용

3C 프로젝트의 내용은 절제인 육성을 위한 분노조절 프로그램, 소통인 육성을 위한 의사소통 프로그램, 그리고 문화인 육성을 위한 배려 프로그램의 세 가지 주요 영역으로 구성되어 있다. 각 영역의 차시별 주제, 목표, 활동, 특징은 〈표 11-6〉∼〈표 11-8〉과 같다.

표 11-6 분노조절 프로그램을 통한 절제인 육성

1	주제	연극 · 놀이치료를 통한 분노조절 워크숍 운영	집단 상담
	목표	화를 다스리고 분노를 조절하는 능력 향상	
	활동	49명 대상, 연극 · 음악 · 미술치료 강사 초빙, 12회기	
	특징	심리검사의 결과 고위험군 학생 선발, 담임교사의 추천 학생	
2	주제	스포츠 동아리 활동	교내 집단 행사
	목표	운동을 통한 기본욕구 충족 및 규칙과 질서 준수 능력 향상	
	활동	축구 춘계리그 1학기, 축구 추계리그 2학기, 탁구 시합 2주	
	특징	전체 학생 대상, 운동을 통한 규칙과 질서교육, 애교심 함양	
3	주제	별빛누리 꿈을 찾아 떠나는 여행	집단 상담
	목표	소외된 답답함에서 미래를 향한 꿈의 설계	
	활동	전체 30명, 나눔, 신뢰, 능력, 존중을 바탕으로 프로그램 운영	
	특징	수업방해 학생, 학교부적응 학생 중심	
4	주제	토요 배움터	집단 체험 활동
	목표	문화체험, 감수성 계발, 인문학적 소양을 통한 문화감성 확대	
	활동	매월 2, 4주 토요일, 방학 때 외부 체험활동(구리 YMCA연계)	
	특징	토요일과 방학을 의미 있는 다양한 외부활동으로 연결함	
5	주제	벽화동아리 활동	봉사 활동
	목표	집단 구성원 간의 동질성 확대를 통한 폭력 및 집단 괴롭힘 감소	
	활동	20명, 매월 2, 4주 다른 학교와 협약하여 봉사활동	
	특징	벽화 그리기 등의 봉사활동을 통해 안정적인 친구관계 구축	
6	주제	TV-NET(Teenager Volunter-Net) 활동	봉사 활동
	목표	봉사활동을 통한 지역사회의 이해와 공동체 의식 함양	
	활동	매주 쉬는 토요일, 지역 내 봉사단체와 결연, 지역아동센터 방문	
	특징	타학교와 연합, 학교 · 기관 · 단체의 연계, 지역사회의 이해	
7	주제	푸르미 가족 주말농장	학교 전체 활동
	목표	취약 가족을 대상으로 가정의 화목에 대한 중요성 강조	
	활동	가족 주말농장 프로그램에 참가, 초보 농사꾼 교육을 받음	
	특징	여가 시간을 이용한 가족사랑에 대한 이해의 기회 제공	
8	주제	바른생활 푸르미 · 보람교사 · 배움터 지킴이 · 자율선도단 활동	학교 공동체 활동
	목표	교사 · 학생 · 학부모의 학교공동체 활동을 통한 애교심 함양	
	활동	교사 · 학생 · 학부모 연합의 총체적 학교지킴이 활동	
	특징	부모의 교사역할 이해(보람교사), 교사의 적극적 태도(자율선도단)	
9	주제	친구사랑 UCC 콘테스트	학교 전체 활동
	목표	UCC 공동제작 활동을 통한 공동체 의식과 협동심 증진	
	활동	UCC 공동제작, 학교 홈페이지에 게시, 상영 기회 제공	
	특징	체육관에서 학교 전 구성원이 함께 시청하여 축제이자 교육기회 공유	

1	주제	의사소통 워크숍	집단 상담
	목표	게슈탈트 상담기법을 이용한 자기자각과 미해결 과제의 해결	
	활동	12명의 학생 대상, 5회기 동안의 집단상담	
	특징	자기자각을 통한 바른 언어습성을 유도함	
2	주제	사제동행 프로젝트	창의 재량 활동
	목표	원만한 의사소통을 통한 학급문화 형성하기	
	활동	의사소통 중심의 자율활동으로 개개인의 특성 중시 체험활동	
	특징	효율적인 학급이 되기 위한 교사와의 협동 과정	
3	주제	푸르미 방송국 운영	학교 방송
	목표	학교폭력 예방교육	
	활동	학교폭력 예방 영상물 주 1회 방송 및 친구에게 보내는 편지 방송	
	특징	시청각 자료의 활용을 통한 메시지 전달하기	
4	주제	사과의 날(Apple Day)	학내 전체 활동
	목표	우정을 통한 폭력예방	
	활동	친구에게 감사편지, 사과편지, 등굣길에 전시함(2학기에 3회)	
	특징	감사와 사과편지를 모아 사과나무로 만들어 시각화 시도	
5	주제	친구사랑의 날	학급 학년 행사
	목표	친구 간의 우정이란 어떻게 형성되는지를 알게 함	
	활동	학급별 또는 학년별로 다채로운 친구사랑 행사 운영(1, 2학기 각 2회)	
	특징	친구사랑 관련 공모전 개최 및 우수 작품 시상	
6	주제	미소의 날(Smile Day)	학급 학년 행사
	목표	언어와 폭력 간의 관계성을 인식하도록 도움	
	활동	매달 13일을 지정하여 웃으며 고운말 나누기 운동	
	특징	미소왕 선발대회, 웃음과 관련된 재치 있는 아이디어 운영하기	
7	주제	칭찬 우편함, 칭찬 릴레이	학년 전체 활동
	목표	긍정적인 태도가 타인에게 미치는 영향력 인식하기	
	활동	방송을 통한 친구 칭찬, 학교소식지를 이용한 교사와 학생 간 칭찬릴레이	
	특징	긍정적인 피드백의 연속을 통한 강화, 교사의 자발적 교육 참가	

표 11-8 배려 프로그램을 통한 문화인 육성

1	주제	절친 튜터링	팀별 작업
	목표	낮은 학업성취도 학생의 학급 내 좌절행동 극복	
	활동	학습도우미 1:1결연(192개 팀 184명), 자율학습계약서 작성 및 이행	
	특징	짝학습의 과정을 상호 이해 및 마음 나누기	
2	주제	배려일기 릴레이	학급 활동
	목표	배려에 대한 이해와 배려의 실제행동 실천	
	활동	학교제작 배려일기장을 학급별로 사용(친구 · 부모 대상의 배려글쓰기 운동)	
	특징	배려의 연쇄행동을 유발하여 순환적 피드백 고리를 형성함	
3	주제	배려 타인 데이 운영	학급 활동
	목표	의식 없이 흔들리는 각종 데이의 날에 대한 자신의 가치관 확립	
	활동	매월 14일을 타인배려의 날로 지정함	
	특징	학급 내 장애인 및 다문화가정의 학생에 대한 배려와 존중	
4	주제	친친 배려 캠프	학교 전체 활동
	목표	공동체 활동을 통한 상호존중의 능력 개발	
	활동	2박 3일 학교 전체가 수련활동(심성계발 · 창작문화 · 전통문화학교) 및 체험	
	특징	체험활동 및 수련회 활동의 실제적인 활동 중심	
5	주제	배려와 존중문화 창작대회	학교 전체 활동
	목표	배려의 다양성에 대한 이해와 내면화 유도	
	활동	실천사례를 글짓기, 표어, 서예, 만화 그리기 등을 통해 표현. 우수작 시상	
	특징	실천사례를 중심으로 한 배려행동의 숙고 유도	
6	주제	친구사랑 페스티벌	학교 전체 활동
	목표	학생중심의 새로운 학교폭력 대안에 대한 실험	
	활동	2학기 이틀 동안 페스티벌 개최, 1년간의 친구사랑운동 결과 발표 및 점검	
	특징	학생들이 스스로 계획하고 자발적으로 참여하는 학생중심적 접근	

(2) 프로그램의 평가

경기도 구리중학교의 3C 프로젝트는 1년간에 걸친 장기프로젝트에 속한다. 이 프로젝트에 나타난 프로그램은 검사나 면접을 통하여 문제에 대응하는 방향으로 내용 구성이 이루어져야 한다는 점을 잘 보여 주었다. 프로젝트의 구성 내용과 운영은 교육과정을 설계하고 운영하듯이 이루어졌다. 〈표 11-5〉에서 보듯이 철저한 운영계획이 실현 가능성을 높인다. 3C 프로젝트는 토요일과 방학까지 연결되도록 설계되었다는 점이 큰 특징이며, 프로젝트의 영역은 학습까지 확대되었다. 이와 같이 종합적이고 포괄적인 프로젝트는 대개 학교장면에서 이루어진다. 운영과정에 학생·교사·학부모·사회의 기관과 단체까지 연계되고 자발적으로 참여하고 있음을 알 수 있다. 평가는 개선을 위해 필요한 것이다. 3C 프로젝트는 분노조절 프로그램을 통한 절제인, 의사소통을 통한 소통인, 배려를 통한 문화인 양성을 목표로 삼고 있는데 이러한 세 가지 프로그램의 내용과 운영 과정에 대한 자체평가 및 외부인 평가가 부족했지만, 학교폭력을 제어하려는 학교 전체 차원의 프로젝트 설계와 프로그램이 어떻게 구성되고 운영되며 평가되어야 하는지를 잘 보여 주었다.

④ 서준호 선생님의 '치유의 교실, 마음 흔들기'

불로초등학교의 서준호 선생님은 일탈과 비행을 하는 아이들을 효과적으로 지도하고자 교육자로서 반성과 공부, 다양한 활동의 개발과 적용을 거듭하며, 현재 아동과 학부모, 동료 교사들에게 커다란 감동을 주는 교사로 알려져 있다. 서준호 선생님의 다양한 교육활동은 2011년 EBS의 〈선생님, 선생님, 우리 선생님〉 제7편에 소개되기도 하였으며, 서준호 선생님의 블로그(http://blog.daum.net/teacher-junho)는 많은 사람들에게 유익한 정보를 제공하며 상호 소통의 장으로 활용되고 있다.

서준호 선생님의 다양한 교육활동은 아이들 스스로 자존감을 높이고, 아이들 서로 이해와 협력을 하는 것을 배우며, 부모-자녀 간에 깊은 이해와 사랑을 나누는 많은 활동을 통하여 학교폭력뿐만 아니라 아이들에게 있을 수 있는 다양한 문제를 예방한다. 서준호 선생님은 연극치료와 심리극 등을 활용하여 아이들의 마음을 어루만지는 작업을 많이 하기 때문에 이를 '치유의 교실'로 명명하고 소개하고자 한다.

1) 운영 목표

서준호 선생님은 처음에는 아이들이 행복해지면 여러 문제에서 자유로워지지 않을까 하여 '행복한 학급 만들기'에 관심을 가졌으나, 교육연극, 심리극, 연극치료 등을 공부하면서, 아이들의 문제행동에는 경직되고 응어리진 마음이 자리 잡고 있어서 이러한 마음을 풀어내는 것이 아이들을 행복하게 하는 데 앞서는 것으로 여겨 '마음 흔들기'라는 주제를 정하고, 경직되고 응어리진 아이들의 마음을 풀어내기 위한 활동들을 개발하기 시작하였다.

인간관계에서 받은 많은 상처는 그대로 경직된 응이로 남아 온전한 만남의 관계를 방해한다. 마음을 움직이고 흔들어 새로운 마음을 갖게 하고 더 나아가 새로운 관계를 만들어 가도록 도움으로써 아이들이 새로운 삶을 살고 스스로 즐겁고 행복하게 할 수 있다.

2) 운영 방법

교사와 학생, 학생과 학부모, 학부모와 교사의 관계 속에서 서로가 서로의 감정까지도 소통할 수 있도록 재미있는 교실 놀이, 체험 위주 수업활동, 교육연극활동, 학부모와의 의사소통활동 등을 운영한다.

(1) 재미있는 교실 놀이

학급경영의 일환으로 '책을 펼쳐라!', '돼지피구', '한걸음씩 앞으로!', '맨발의 트위스트', '너를 칭찬해!' 등 다양한 관계 형성 프로그램을 구성하여 관련 교과시간이나 재량 시간, 틈새 시간을 활용하여 아이들이 서로에 대한 이해와 관심을 표현할 수 있는 시간을 운영한다. 그 결과 학급 구성원 사이에 친밀감과 유대감이 형성되어 즐거운 학급분위기를 만들었다.

(2) 체험 위주 수업활동

지식전달 위주의 수업을 탈피하고 즐겁고 재미있는 활동성이 강한 프로그램과 국어과와 도덕과 수업을 중심으로 교과내용 중 관련 부분을 추출하여 주로 역할극으로 재구성하여 운영한다. 활동 후 감상과 평가는 구두 및 서술로 하고, 교과내용의 이해뿐 아니라 아이들의 생활 태도 변화에도 긍정적 영향을 미치고 있다.

(3) 교육연극활동

일반 수업시간 및 계발활동 시간을 확보하여 '최면술 놀이', '막대와 함께', '조각상 이어 가기' 등 다양한 연극기법을 활용하여 자기이해의 기회를 제공하고 상호 협력하는 태도를 기를 수 있도록 하고 있다. 또한 타인이 되어 보는 기회를 제공함으로써 역할과 위치에 따른 서로 다른 감정을 이해하여 함께 더불어 살아가는 것의 중요성을 알게 한다.

(4) 학부모와의 의사소통활동

학부모 교육아카데미 운영은 학부모와 함께 간단한 연극을 만들고 그 연극을 토대로 사회극이나 토론 연극을 접목시켜 문제에 대한 해결책을 찾아보거나 새로운 접근방식을 도출하는 활동과 학부모와 자녀들의 관계 개선 및 가족 세우기를 목적으로 한 가족조각과 심리극, 감정 만나기, 자녀와 자리 바꾸기 등의 활동을 실천한다.

3) 운영의 실제

서준호 선생님의 '치유의 교실, 마음 흔들기'에서 자주 사용하는 활동 중 몇 가지를 소개하면 다음과 같다. 더 다양한 활동은 서준호 선생님의 블로그(http://daum.net/teacher-junho)에서 만날 수 있다.

(1) 학생 이해 활동

스펙터클 내 인생 그래프   아이들이 자신의 과거와 미래를 그래프로 표현하게 하여, 아이들이 자신의 전체적인 삶을 조망하고 인생관을 이해하도록 하는 활동이다([그림 11-8]).

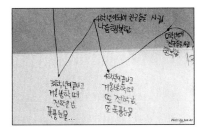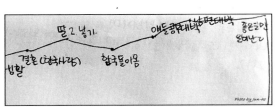

[그림 11-8] 스펙터클 내 인생그래프의 예(나의 과거 & 미래)

감정의 마인드맵   '감정'을 주제로 마인드맵을 작성하게 하는데, 감정과 관련된 사건, 인물을 마인드맵에 그린다. 완성된 마인드맵을 보며 나를 객관적으로 파악하는 시간을 갖는다.

(2) 몸을 일깨우기

내 모습 그리기 A   학생들에게 두 장의 종이를 주고, 한 장은 A, 다른 한 장은 B라고 약속을 한다. A에 자신의 모습을 머리끝에서부터 발끝까지 그려 보도록 한다. 미술 시간이 아니기 때문에 자유롭게 그리도록 하고, 만화나 아주 단순한 형태의 그림만 아니면 된다. 현재 내 몸 상태를 그려 보도록 하는 것도 좋은 방법이다.

내 몸의 자유로움 느끼기   몸을 움직이게 만드는 여러 활동이 있는데, 이곳에서는 연극놀이와 즉흥무용기법 몇 가지를 소개하고자 한다. 몸을 움직이는 것이 익숙하지 않는 학생들이나 교사에겐 동작을 모방하거나, 남을 움직이게 만들어 보는 활동이 부담감을 줄여 준다. 먼저 연극놀이 가운데 '최면술사'라는 활동으로 상대의 굳은 몸을 자연스럽게 풀어 주고, 다양한 동작으로 음악과 함께 움직이도록 만든다. 그리고 상대의 동작을 따라서 하는 '거울놀이'를 통해서 음악에 어울리는 자연스러운 동작을 즐겨 본다. 마지막으로 간단한 이름을 쓰는 행위만으로도 멋진 춤을 출 수 있는 '이름댄스' 활동으로 모두를 음악과 함께 신나게 몸을 움직이게 만들어 본다.

내 모습 그리기 B   움직임이 있는 활동이 끝나면 학생들은 몸에서 열이 나고, 얼굴에 미소가 생긴다. 그리고 숨을 깊게 몰아쉬는 모습을 발견한다. 아이들을 자연스럽고 차분하게 만들 수 있고, 자신의 몸을 알아차릴 수 있도록 'B'에 해당되는 종이에 현재 자신의 모습을 그려 보도록 한다. 그때 A는 보지 못하도록 미리 가려 둔다. 그림을 다 그리면 A와 B를 함께 놓고 무엇이 변화했는지 살펴보도록 한다. 그리고 그에 대해 모둠친구들과 이야기를 나눈다. 처음 그림과 비교해 보면, 전반적으로 자신의 몸과 색, 동작 등의 변화가 있다.

(3) 부모 – 자녀 이해하기

엄마 닭이 되어 알을 품다　부모가 나를 어떻게 낳았으며, 어떻게 보살폈는지에 대한 글이나 선생님의 말은 학생들 가슴 깊게 전달되지 않는다. 날달걀을 막 태어난 내 아이라고 생각하고 얼굴을 그리고 이름을 만든다. 우리 부모님이 갓난아이를 소중하게 다루었던 것처럼 반나절 동안 달걀을 정성껏 들고 다니면서 부모가 되어 본다. 활동은 미술, 국어, 도덕 통합수업이다.

마음으로 대화하기　부모와 함께 체험하고 느낄 수 있는 시간을 학교에서 갖기 위해 일상적인 대화가 아닌, 연극적인 대화 방법으로 대사를 주고받고, 몸을 조각해 보는 활동을 한다. 몸을 조각하는 활동에 적절한 주제를 주면, 주제에 맞는 조각을 하면서 각자의 생각이 투사되는 것을 볼 수 있다. 서로의 속마음을 볼 수 있고 알 수 있는 연극기법이다. 아이가 먼저 부모를 조각한 후 만들어진 조각상을 보면서 아이들의 전체적인 욕구는 무엇인지, 부모들의 조각을 보면서 일반적인 부모의 기대감 등을 정리한다.

(4) 자기 이해 활동: 내면과 외면의 만남

미술의 여러 기법은 아이들에게 예술적인 경험과 표현의 즐거움을 만들어 준다. 때론 어떻게 접근하느냐에 따라 학생들의 마음을 알 수 있는 도구나 마음의 변화를 만들어 내는 방법으로 사용할 수도 있다.

미래의 내 손은　손은 많은 것을 대변한다. 거칠고 투박하거나 부드러운 촉감이나 외면의 이미지를 벗어나 좀 더 의미를 생각해 보면 손은 곧 그 사람의 이미지다. 직업에 따라, 또는 갖고 있는 생각에 따라 손의 용도가 달라지기 때문이다. 사람을 어루만지거나 감싸 안는 따뜻한 손을 지니고 있는지, 남의 돈을 훔치거나 상처를 입히는 손을 지니고 있는지 생각해 보자. 고학년 학생들에겐 자신의 정체성에 대해 생각할 기회가 필요하다.

모둠별로 석고붕대를 하나씩 나눠 주고 적절하게 잘라 손의 모양을 만들어 보게 한다. 자른 석고붕대를 물에 살짝 적셔 손에 붙이고 손가락으로 살살 문지른다. 그 위에 석고 붕대를 덧대서 손을 본뜬다. 미래의 내 손은 어떤 일을 할지, 어떤 모양이 어울릴지를 생각하게 한 뒤, 손 모양을 완성하도록 하면 좋다. 그리고 손의 의미에 대해 이야기를 한다. 아이들의 손을 말리면서 한곳에 진열해 보면 같은 손은 하나도 없다.

다 마른 작품에 색을 칠하거나 미래의 나를 상징하는 디자인을 완성해 보도록 한다. 그리고 그 손을 바라보며 글을 쓰는 시간을 갖는다. 아이들의 꿈은 자꾸만 변한다. TV에서 유행하는 드라마 속의 직업을 따라가기도 하고 환상을 꿈꾸기도 한다.

내면과 외면　　앞의 석고붕대 활동의 발전이다. 연극치료 워크숍의 경험에선 풍선을 불고, 그 위에 석고붕대 조각을 붙여 가며 번데기를 만들었다. 그 안에서 내가 성장과정에서 만난 상처를 볼 수 있었고, 현재의 관계를 돌아볼 수 있는 멋진 경험이 있었다. 반 아이들에게 이야기를 들려주면서 각자의 내면과 외면에 무엇이 있는지 돌아보도록 한다. 관계 속에서 어떤 외면을 가꿔 가는지, 그리고 내 안에는 어떤 힘과 상처가 있고, 내가 듣고 싶은 말과 소원은 무엇인지를 꾸며 보는 활동이다. 단순하면서도 아이들의 많은 것을 이해할 수 있는 활동이다.

풍선을 작게 불고 그 위에 조각낸 석고붕대를 잘라 붙이기 시작한다. 세 겹 정도를 붙이면 작은 번데기 모양이 된다. 두 명이 하나의 번데기를 완성하면 된다. 다 만든 번데기는 교실 뒤편 또는 손이 닿지 않는 곳에서 하루 정도 말린다. 너무 크게 불면 활동하는 데 시간이 많이 걸리고, 잘라 낼 때 실수할 수 있으니 얼굴 절반 정도 되는 크기로 만들면 좋다.

다 마른 번데기를 둘로 잘라 한 명씩 갖는다. 안쪽은 내면이라 하고, 바깥쪽은 외면이라 약속한다. 각자가 가지고 온 도구와 재료를 들고 내면과 외면을 꾸며 본다. 완성된 작품을 들고 서로 이야기 나누고, 찾아온 통찰을 글로 적어 본다.

가면과 속마음　　앞의 내면과 외면의 응용 방법이다. 짧은 시간 동안 진행하기에 어울리고, 보다 쉽게 통찰을 찾아낼 수 있다. 관계 속에서 보다 좋은 이미지가 되고자, 사람들은 가끔 하회탈과도 같은 가면을 쓰고 살아가는데 내가 타인에게 보이고자 하는 이미지가 무엇인지, 하지만 가면 뒤에 자리 잡고 있는 진짜 이미지는 무엇인지를 알아보는 의미 있는 활동이다. 가면 겉은 '사람들에게 보이고 싶은 나(이미지)'를 적어 보고, 가면 안쪽은 '진짜 내 속마음 (정말 하고 싶은 말 등)'을 적어 보게 한다.

가면 겉에는 평소 자신이 사람들에게 보여 주려고 했던 이미지에 해당되는 단어들을 적는다. 시간이 좀 남는다면 탈을 꾸밀 수 있다. 주로 사용하는 단어도 좋고, 나를 상징하는 단어를 적어도 좋다.

가면 안쪽엔 사람들에게 절대 할 수 없었던 말들, 내 겉모습과 달리 속에 자리 잡고 있는 단어들을 적고, 색을 칠해 본다. 겉의 이미지와 반대됐던 것이 있으면 찾아보고 기록한다. 가면을 들고 서로 겉모습과 속마음을 보여 주고 비슷한 점은 없는지 이야기를 주고받는다. 겉모습에 해당되는 것은 친구들이 한두 가지를 찾아 주고, 속마음은 본인이 고른다. 타인이 생각하는 내 이미지를 찾을 수 있는 기회이면서 내 속마음과 비교해 볼 수 있는 통찰의 시간이다.

5 김진경 선생님의 '꿈틀거리는 미나리 프로젝트'

제주 오현중학교의 김진경 선생님은 학교 차원에서 소외 계층 청소년들의 동아리활동을 지원하여 그들의 숨겨진 재능과 꿈을 찾도록 도와줌으로써 진정한 의미의 평화로운 학교를 만드는 데 앞장서고 있다. 그는 ○○장학재단의 교육지원사업을 통해 '꿈틀거리는 미나리 프로젝트'를 전개하고 있다. '미나리'는 '미디어를 통해 나를 리더로 만들자.'는 의미를 내포하고 있으며, 이 프로젝트에 참여하는 학생들은 미디어 제작을 통해 자신들의 숨겨진 재능과 꿈을 찾을 뿐만 아니라 소외 지역의 청소년들을 찾아가 미디어교육 봉사활동을 전개함으로써 사회의 재능기부 활동에도 적극 동참하고 있다.

김진경 선생님의 프로젝트는 동아리 학생들이 미디어 제작을 위해 직접 시나리오를 작성하고 직접 연극을 연출할 뿐만 아니라 연기, 촬영, 편집 등 다양한 기술을 연마하고 협동심과 책임감을 함양하여 유능한 리더로서의 자질을 육성하기 때문에 이를 좀 더 구체적으로 소개하고자 한다.

1) 운영 목표

김진경 선생님의 꿈틀거리는 미나리 프로젝트가 추구하는 목표는 크게 세 가지다. 첫째는 저소득층 청소년을 위한 다양한 미디어 사용 및 제작 기술에 대한 체계적인 교육과 실습을 통해 현대사회가 요구하는 유망한 지역사회 인재를 양성하는 것이다. 올바른 미디어 사용, 인터넷 및 스마트폰 중독 예방, 미디어 윤리 등을 기초로 미디어를 주도적으로 이용하고 체험중심의 경험을 통해 콘텐츠 및 영상 제작과 관련된 다양한 지식과 기술을 익히며, 이를 통해 동아리 회원의 잠재력을 발굴하여 미래 진로를 개척하고 창의력과 도덕적 품성을 겸비한 인재로 성장할 수 있도록 지원한다. 둘째는 지역사회 유관기관과의 긴밀한 연계체계를 구축하여 지역사회의 적극적인 지원을 이끌어냄으로써 향후 청소년 영상제작 동아리 운영 사례를 지역사회에 정착시킨다. 단순히 교내의 청소년 영상 제작 동아리를 운영하는 것에서 탈피하여 제주의 다양한 문화 및 인물을 발굴하고 콘텐츠와 영상을 제작하여 지역사회에 소개하고, 나아가 초등학교 및 어린이집 아동, 노인 등 소외계층을 대상으로 미디어 교육봉사활동을 전개함으로써 사회적으로 이슈가 되고 있는 '재능기부'를 통해 자신들이 이룩한 학습 성과를 지역사회에 환원할 수 있도록 한다. 나아가 영상 제작과 관련하여 우수한 동아리 운영을 위한 교육프로그램 매뉴얼을 개발하여 전국적으로 보급한다.

2) 운영의 방향 및 내용

김진경 선생님의 '꿈틀거리는 미나리 프로젝트'는 다양한 프로그램으로 구성되어 있으며 그 내용은 다음과 같다.

(1) 도전! 서바이벌 영상 맛보기 오리엔테이션 캠프(학년 초, 1박 2일)

이 프로그램은 학년 초 동아리 회원의 선발과 단합을 도모하기 위해 실시하는 것으로, 오리엔테이션, 미디어의 개념적 이해와 제작을 위한 기초 이론에 관한 학습, 그리고 그동안 제작된 영상물에 대한 미니 시사회를 통해 미디어 제작에 대한 관심을 확대시킨다.

(2) 청소년 미디어 전문가 교육

매주 정기적인 모임을 갖고 미디어 제작을 위한 전문적인 지식과 기술을 연마하는 것으로 청소년 미디어 교육과 단계별 미디어 제작 실습을 병행한다. 청소년 미디어 교육에서는 미디어 속 청소년의 다양한 모습을 살펴보고 인터넷 윤리와 청소년 인터넷 중독 예방교육, 올바른 미디어 이용 교육 등을 통해 미디어를 비판적이고 윤리적으로 활용할 수 있는 능력을 습득한

다. 또한 미디어 제작 실습 과정은 기획단계, 제작단계, 편집단계로 나누어 진행된다. 기획단계는 사전 제작단계를 이해하기 위한 것으로 영상 제작에 필요한 아이디어를 발굴하고 대본을 작성하는 법을 습득하며, 제작단계에서는 영상 제작을 위한 실질적인 기본 교육이 이루어진다. 그리고 편집단계에서는 영상 제작의 후반부 작업에 필요한 편집 관련 기본 교육이 이루어진다.

(3) 'Film in 설上가上'(2박 3일)

이 프로그램은 1박 2일 과정으로 서울에 소재하고 있는 남양주 종합촬영지, 한국문화방송 등을 견학하여 방송, 영화 등 미디어 제작과 관련된 다양한 현장학습을 전개하고 낙산공원, 인사동, 동대문시장 등을 찾아다니면서 테마별 서울의 아름다움을 영상으로 담아내는 편집 과정을

통해 동아리 활동을 하면서 익힌 기술을 직접 적용한다. 설上가上의 '설'은 '서울'을 의미하고 '가'는 '가능성'을 의미하는 것으로 '서울에 올라가면 가능성도 함께 올라간다.'는 의미를 담고 있다. 이 프로그램은 지역사회에서 쉽게 접할 수 없는 다양한 영상매체의 견학 및 실습을 통해 청소년들에게 동아리 활동에 대한 긍지와 자부심을 심어 주고 좀 더 넓은 안목과 원대한 포부를 갖도록 만드는 계기가 된다.

(4) 꿈틀 미나리스쿨

이 프로그램에서는 여름방학을 이용하여 진행되는 분과활동을 통해 회원들 각자가 스스로 원하는 분야에서 좀 더 심층적인 학습과 실습을 할 수 있는 기회를 갖게 한다. 기획 및 스토리텔링, 연기 및 발성, DSLR 사진 등 3개 분과로 나뉘어 운영되며, 특히 지

역사회에 소재한 대학연구소와 업무협약을 체결
하여 지역사회의 역사 및 문화에 대한 스토리텔
링을 접목한 영상 제작을 지원하기로 협의하고
이를 바탕으로 '제주청소년소식'이라는 주제로
영상기자단을 운영할 계획도 수립해 놓고 있다.

(5) 미디어 교육봉사

매월 일정한 날을 정하여 초등학교, 중학교, 지
역아동센터 등을 찾아가서 미디어 제작을 처음
접하는 학생들에게 멘토 역할을 하면서 카메라
촬영 및 영상 제작법 등 자신들이 배운 지식과 기
술을 공유하고 있다. 특히 인근 연안의 도서지역
중학교를 찾아가서 그곳 학생들과 함께 도서의 아름다운 풍광을 배경으로 영상물을 직
접 제작하기도 하였다. 또한 동아리 회원들은 지역사회 BOOK 축제에 참가하여 촬영
스태프로 봉사하거나 외부 촬영 보조요원으로 학부모 영상 제작 프로그램을 지원하는
등 '재능기부' 활동에도 적극적으로 참여하고 있다.

(6) 미디어 페스티벌

지역사회 초 · 중 · 고등학교와 지역아동센터의 청소년 및 여타 관계자들을 초청하여
미디어 페스티벌을 직접 주관하여 그동안 동아리 활동을 통해 제작한 영상물의 상영
및 평가회를 겸한 시사회를 갖고, 클레이 애니메이션, 아나운서, 라디오 DJ, 카메라 작
동 및 음반 제작 등 영상 관련 다양한 부스를 만들어 미디어 체험의 기회를 제공한다.
또한 청소년의 성장에 도움이 될 만한 영화를 상영하고 명사 초청 특강 및 만남 등 다양
한 행사를 계획하고 있다.

3) 운영의 효과

김진경 선생님의 '꿈틀거리는 미나리 프로젝트'는 학교폭력 문제를 직접적으로 다루
고 있지는 않지만 자칫 학교폭력의 위험에 노출되기 쉬운 소외계층 청소년들에게 미디

어 제작활동을 지원하여 시나리오 구성, 카메라 작동, 연기 및 연출, 편집 등 다양한 분야의 잠재력을 발견하고 미래에 대한 꿈을 찾아 도전하도록 도와줌으로써 학교폭력과 같은 비인간적인 문화가 자라날 수 없는 건강하고 평화로운 학교환경을 구축하는 데 커다란 기여를 하고 있다. 그동안 이 미디어 제작 동아리 회원들은 총 22편의 영상물을 제작하여 각종 대회에서 우수한 성적으로 입상하였으며, 대한민국청소년영화제에서 4편이나 본선에 진출하는 쾌거를 이룩하였다. 특히 그들은 최근 지역사회 신문사에서 주최한 전국 UCC 공모전에서 대상을 수상하며 획득한 상금을 대부분 불우 청소년을 위한 성금으로 기탁하는 등 자신들이 받은 도움을 다른 이웃에게 되갚을 줄 아는 건강한 사회인으로 성장하고 있다. 또한 이 프로젝트를 통해 평소 말이 없고 무표정하며 매사에 소극적으로 임하던 학생들이 자신의 생각과 느낌을 적극적으로 표현하고 밝은 미소와 적극적인 행동으로 학교생활에 대한 자신감을 회복하고 미래의 꿈을 찾아 노력하는 꿈나무로 탈바꿈하고 있다. 이 프로젝트에 참여해 온 한 학생은 동아리 활동과 관련된 꿈 이야기를 수필로 구성하여 '초록우산 아동문예대전'에서 중·고등부 입상을 차지하였으며, 그 밖에도 많은 학생이 학업능력 향상은 물론 학생회 임원을 맡는 등 다양한 분야에서 남다른 소질과 리더십을 발휘하고 있다.

📊 연구 과제

1 학교폭력 예방을 위한 성공적인 사례를 조사하여 성공 요인을 분석하시오.

2 학교폭력 예방을 위한 효과적인 프로그램을 개발하여 시나리오를 작성하고, 그것을 토대로 UCC를 제작하시오.

 참고문헌

김준호 외(2000). 청소년비행론. 서울: 청록출판사.

김은영(1997). 학교폭력 피해학생들의 정신건강에 관한 연구. 석사학위논문, 숭실대학교 대학원.

거창중학교(2007). 학생자치활동 활성화를 통한 학교폭력 예방. 교육인적자원부 지정.

경남상담(생활)지도연구회(2005). 학교폭력 예방 집단상담 프로그램 구안. 경상남도교육청.

경남경원중학교(2007). 친구사랑 실천을 통한 학교폭력 줄이기 방안 연구. 교육인적자원부 지정.

광주광역시서부교육청(2006). 학교폭력 예방 이렇게 합시다. 광주광역시서부교육청.

대전공업고등학교(2005). 사회복지사를 활용한 학교폭력 예방과 학교생활 적응력 향상 방안. 대전광역시교육청지정 시범학교 운영 보고서.

대전광역시교육청(2005). 꿈과 희망을 주는 대전교육 생활지도 가이드북. 대전: 한일인쇄공사.

대구비산초등학교(2007). 학교사회복지사 활용을 통한 초등학생의 행복로딩 학교사회복지프로그램 구안·적용. 교육인적자원부 정책연구학교 지정.

문용린 외(2006). 학교폭력 예방과 상담. 서울: 학지사.

박준수(2001). 성공을 부르는 말, 실패를 부르는 말. 서울: 시간과 공간사.

박효정, 정미경, 박종효(2007). 학교폭력 예방 프로그램 개발 연구. 서울: 한국교육개발원.

서울시교육청(2004). 동료중재자 안내서.

신광초등학교(2008). 학교 상담 활동을 통한 학교폭력 예방. 교육과학부 정책연구학교 지정.

의동초등학교(2004). 체험 중심 교육활동을 통한 더불어 사는 생활습관 기르기. 교육인적자원부 정책연구학교 지정.

장진관(2011). 학생 간의 분쟁해결을 위한 동료조정 프로그램 개발. 한국교원대학교 교육대학원.

좋은교사운동(2014). 국가수준 학교폭력 예방 프로그램 '어울림 프로그램' 분석.

한국교육개발원(1996). 학교폭력 유발 및 증가 요인과 대책. 서울: 한국교육개발원.

한국교육개발원(2013). 어울림 프로그램. 서울: 한국교육개발원.

학교폭력대책국민협의회(2004). 학교폭력대책국민운동추진을 위한 단체전문가 Workshop. 국무총리 청소년보호위원회.

한상철(2002). 청소년폭력의 의미와 유형. 한국교육개발원. 청소년폭력 예방 및 지도대책. 서울: 한국교육개발원.

제12장
외국의 학교폭력 대응 사례

이 장에서는 외국에서 학교폭력에 대응하기 위해 개발된 프로그램 중 성공적으로 운영되고 있는 사례를 알아본다. 미국 뉴저지주의 HIB 프로그램을 비롯하여 일본 사이타마현의 '밝고 안심하고 배울 수 있는 학교 만들기', 노르웨이의 올베우스 프로그램, 독일의 학교심리센터, 그리고 호주의 PEACE Pack을 차례로 소개한다.

1) 정책적 배경

최근 들어 미국 내 학교폭력의 형태가 집단 따돌림(bullying)이나 사이버 괴롭힘 (cyber bully)의 형태로 많이 발생함에 따라, 뉴저지주에서는 2011년 1월 5일에 학교폭력에 관한 법률인 「집단 따돌림 방지법(Anti-Bullying Bill of Rights Act: ABR)」을 제정하고 2011년 9월부터 일선 학교에 이 법률을 시행하고 있다. 뉴저지주 교육부는 이 법률이 제정된 후 괴롭힘, 협박 및 집단 따돌림(Harassment, Intimidation, & Bullying: HIB) 예방 프로그램을 개발하여 일선 학교에서 이를 실행하게 하고 있다. HIB라는 이름에서 보듯 뉴저지주 교육부는 학교폭력의 의미를 신체적·정신적 폭력에서 집단 따돌림까지 포함하는 개념으로 확장하였다.

2) HIB 프로그램의 개요

(1) HIB 프로그램에서의 학교폭력 정의

HIB 예방 프로그램에서는 교내, 통학버스, 사이버 공간에서 발생한 성별, 인종, 종교, 국적, 성적 취향, 신체적·정신적 장애와 같은 개인의 특징을 이유로 물리적 폭력, 언어폭력, 문서에 의한 폭력, 혹은 인터넷이나 휴대전화와 같은 커뮤니케이션 기기를 사용한 폭력을 학교폭력으로 규정한다.

학교폭력은 학교의 질서를 파괴하고 다른 학생들의 권리를 방해하는 행동으로서, 다른 학생을 두렵게 하거나, 모욕하거나, 비하함으로써 신체적·정서적 피해를 주고 적대적인 교육환경을 만든다. 하지만 학생들 간에 일상적으로 발생하는 충돌이나 갈등은 발달 과정상 자연스럽게 일어날 수 있는 현상이므로 HIB에 포함하지 않는다.

(2) HIB 예방 및 대처 프로그램

뉴저지주의 「집단 따돌림 방지법」의 기본 골자는 학교안전팀을 꾸리고, 각 학교마다 괴롭힘 방지 전문가를 배치하고, 각 학군마다 괴롭힘 방지 코디네이터를 배치하여, 새로운 학교폭력 조사, 보고, 훈육, 항소 절차를 개발하는 것이다. 또한 학교폭력에 관한 새로운 보고체계를 확립하고, 각 학교와 학군에 대한 새로운 점수체계를 개발하도록 하고 있다. 그리고 교사와 학생들의 학교폭력에 관한 연수도 의무화하고 있다. HIB를 다룰 관계자들인 괴롭힘 방지 코디네이터, 괴롭힘 방지 전문가, 학교안전팀의 역할과 의무를 구체적으로 살펴보면 다음과 같다.

- 괴롭힘 방지 코디네이터는 교육감이 임명한다. 이들은 자신이 속한 학군의 HIB 정책인 학교폭력의 예방, 발견, 대처에 관여하며, 학교폭력 전문가들과 회의를 한다. 또한 교육부와 교육감에게 HIB 발생 현황을 보고해야 한다.
- 괴롭힘 방지 전문가는 주로 진로상담사나 학교심리치료사 또는 학교에서 괴롭힘 방지 전문가 훈련을 받은 관계자들이다. 이들은 학교안전팀을 이끌며, 일단 학교폭력이 보고되면 이 사건의 조사에 착수하고 조사팀을 이끌어야 한다.
- 학교안전팀은 교장, 교사, 학부모, 학교폭력전문가 등으로 구성되는데, 이들은 교육적 실제에 초점을 둠으로써 긍정적인 학교환경을 개발·조성·유지하는 데 힘을 쏟는다. 학교안전팀은 학교에서 학생들의 HIB와 관련된 문제를 확인하고 다루며, 학교폭력을 예방함으로써 학교가 밝고 안전한 교육환경이 되도록 한다. 또한 학생들의 HIB를 예방하기 위해서 학생, 교사, 관리자, 관계자, 학부모를 교육한다. 학교안전팀은 1년에 적어도 2번 이상의 회의를 진행하도록 한다.

HIB 예방 프로그램은 학생들의 연령에 적합한 학습을 제공해야 한다. 각 학군은 '존중의 주(week of respect)'라는 일정한 날을 정해 놓고 학생들의 수준에 맞게 HIB 예방 프로그램 내용을 전달한다. 뉴저지주에서는 매년 10월 첫째 월요일을 존중의 주로 정해 놓고 있다. 그뿐 아니라 각 학군은 매년 학생들과 HIB 정책에 대하여 토론하는 자리를 마련해야 한다. 학생들과의 토론은 가능한 한 소규모 그룹으로 조직하되, 학생들의 연령을 고려한다. 토론 내용은 주로 HIB 예방 기술에 집중하도록 하며, 학생들의 이해를 확실하게 하기 위해 질문할 기회를 충분하게 제공한다.

HIB 예방 프로그램의 효과를 높이기 위해서 정기적으로 괴롭힘 행동과 교육환경을 평가하는 일 역시 중요하다. 괴롭힘 행동은 상황과 집단에 따라 아주 다양한 규모와 빈도로 발생한다. 따라서 괴롭힘 행동에 대한 다양한 정보를 확보하고 또 그 배경이 되는 교육환경을 평가하는 일이 주기적으로 이루어져야 한다. 이 과정에서 학생들로부터 직접 얻은 정보가 중시되어야 한다.

HIB 예방 프로그램의 다음 단계는 개입 및 대처다. 효과적인 집단 따돌림 대처를 위한 핵심 요소를 살펴보면 다음과 같다.

첫째, 상황을 정리하고 안전을 보장해 주기 위해서 집단 따돌림이 일어나는 그 순간에 반응해야 한다. 즉시 괴롭힘을 멈추고, 관련된 학생들을 격리시킨다. 그 자리에서 집단 따돌림 사건에 대한 이유를 묻거나 논하지 않는다. 이 시점에서는 관련 요인들을 구분하려고 애쓰지 않는다.

둘째, 희생자의 안전을 확실하게 한다. 희생자가 신체적 · 정서적으로 상처 입지는 않았는지 살피고 안전에 대한 요구를 확인한다. 자리나 시간표를 바꾸는 것과 같은 단기적인 환경 정리를 한다. 집단 따돌림 사건이 일어날 만한 장소 부근에 어른의 감시를 늘린다.

셋째, 집단 따돌림의 목격자들을 가르칠 수 있는 순간으로 활용한다. 목격자들에게 목격자로서의 부적절한 행동을 포함하여 사건의 해로운 영향에 대해서 이해시킨 다음, 행동 목표를 재진술하고 분명하게 한다. 예를 들어, "우리는 서로를 존중하고, 보호하고, 보살펴야 한다!"라고 말할 수 있게 가르친다. 또한 학교 규칙을 언급하고, 가해자를 관련 사무실로 보낸다.

넷째, 목격자들이 다음에 괴롭힘 사건을 목격하게 되었을 때 행할 수 있는 구체적인 제안을 함으로써 바람직한 행동을 하도록 격려한다. 학교폭력이 발생했을 때 '그만!'이라고 말하고, 즉각 어른의 도움을 청하고, 집단 따돌림이나 사이버 괴롭힘 등 잠재적인 상황을 보고하도록 한다. 또한 피해자 학생들이 빠져나갈 수 있게 돕는다.

다섯째, 해당 학군의 보고 절차를 따라 보고한다.

여섯째, 적극적인 감시 전략을 사용하여 집단 따돌림 사건이 계속될 수 있는 가능성에 대해 경계심을 유지한다. 학생들이 정기적으로 교류하는 지역으로 범위를 넓혀 주변 지역을 감시하고, 일어날 수 있는 문제들과 사건들을 정기적으로 살펴본다. 라포를 형성하기 위해 정기적으로 학생들을 만나서 상호작용한다.

일곱째, 피해자에게 필요한 지원을 한다. 피해자의 관점을 더 잘 이해하고 적절히 개입하여 대처 효과를 개선하기 위하여 평가 과정을 개발한다. 또한 장기적으로 교육환경을 정비하고, 피해학생에게 사회적 기술을 교육한다. 멘토링을 제공하고, 미팅 시간을 정하여 어른과의 긍정적인 접촉을 증가시킨다. 적극적인 듣기 기술, 공감, 문제 해결, 연약하고 피해당하는 친구돕기와 같은 건강한 관계 세우기와 또래지원에 대해서도 알려 준다.

3) HIB 프로그램 사례

각 학교가 사용할 수 있는 HIB 예방 프로그램은 다양하기 때문에, 뉴저지주 교육부는 그중 연구를 통해 검증된 프로그램을 사용할 것을 권장하고 있다. 뉴저지주 교육부 공식 자료에서는 NREPP(SAMHSA National Registry of Evidence-based Programs and Practices, http://www.nrepp.samhsa.gov)에서 학교 실정에 맞는 HIB 예방 프로그램을 찾아서 사용할 것을 권장하고 있다.

HIB 예방 프로그램 중의 하나인 TSP(Teaching Students To Be Peacemakers)는 미취학 아동에서 고등학생까지 두루 사용할 수 있는 학교폭력 예방 프로그램이다. 이 프로그램에서는 갈등해결 과정과 또래중재를 가르친다. 이 프로그램은 네 단계로 구성되어 있는데, 첫 번째 단계에서는 갈등은 항상 발생할 수 있지만 중요한 것은 갈등을 잘 중재하는 것이라는 점을 인식시키기, 두 번째 단계는 서로를 충족시키면서 갈등을 중재할 수 있는 협상의 기술 가르치기, 세 번째 단계는 다른 학급 친구들의 갈등을 중재할 수 있는 중재자로서의 역할 가르치기, 마지막 단계는 사례연구, 역할놀이, 상황극에 실제로 참여시키기 등이 담겨 있다. NREPP에는 TSP 이외에도 다양한 프로그램이 소개되고 있으므로 교사들이나 HIB 전문가들은 자신의 학교와 학생들의 특성에 맞는 프로그램을 찾아 사용할 수 있다.

4) HIB 프로그램 실시에 대한 의무

교육감이나 HIB 관련 전문가들은 학생들의 연령에 맞는 HIB 예방교육 콘텐츠를 계속해서 개발하고 이를 각 학교에 제공해야 할 의무를 지닌다. 새 교육법안은 교사나 HIB 전문가, 교직원들이 계속해서 경력을 개발하고, HIB에 관련된 교육을 받도록 요구하고 있다. 구체적인 예로, 일반 교사들은 매년 2시간의 HIB 예방교육을 받도록 의무화하였으며, 더불어 자살예방교육도 함께 받아야 한다.

또한 모든 교사와 교직원은 학교폭력을 목격하거나 보고받은 즉시 보고서를 학교 교장에게 제출해야 하는 보고서 작성의 의무를 가진다. 보고받은 교장은 반드시 교육감에게 의무적으로 학교폭력 발생을 보고하여야 한다.

교육감은 학기마다(연 2회) 공청회에서 학교폭력과 관련된 모든 사건·사고를 교육위원회에 보고해야 한다. 이때 학교폭력 발생 횟수, 조사 현황, 조사자 명, 학교폭력의 형태와 발생 현황, 학교폭력을 줄이고자 실행한 연수 프로그램이나 훈련을 빠짐없이 다 보고해야 한다. 뉴저지주 교육부는 리포트 카드를 발행하여, 학교폭력의 발생 현황을 자세히 공문서화할 의무를 가진다.

5) HIB 프로그램의 효과

교사 인터뷰를 통해 확인한 HIB 예방 프로그램의 가장 큰 효과는 담임교사가 피해학생을 선별하고, 피해사건을 보고하고, 피해자와 가해자 사이의 관계를 중재해야 하는 역할을 분명하게 인식하게 되었다는 점이다. 더불어 HIB 예방 프로그램은 학교폭력 사건 발생 후 상담교사와 교장, 교육감 그리고 경찰의 개입도 분명하게 명시하고 있고, 학교폭력과 관련하여 피해학생과 가해학생에게 어떤 개입을 해야 할지 명확한 가이드라인을 제시하여 피해학생의 피해를 최소화할 수 있는 법적·제도적 장치를 마련하였다는 점도 큰 의미가 있다.

학교폭력에 대한 학생들의 인식을 높인 것도 큰 효과로 꼽는다. 초등학생들부터 학기 초에 상담교사와 담임교사로부터 학교폭력에 대한 구체적인 교육을 받고, 학교에서 다른 친구를 신체적·정신적으로 고통스럽게 만들었을 때 어떤 교육적·법적 결과가 뒤따르는지 철저하게 배우게 된다. 이는 간접적으로 학교폭력의 심각성을 학생들에게 자각하게 만들었고, 또 어떤 행동이 사회적으로 용납될 수 없는 행동인지 명확하게 선을 긋는 효과를 가져왔다. 이러한 학교폭력에 대한 학생들의 인식 증가는 HIB 예방 프로그램이 만들어 낸 긍정적인 측면이다.

HIB 예방 프로그램의 단점은 학교폭력 문제가 심각하지 않은 학군의 교사들까지 의무적으로 교사연수를 받아야 하기 때문에 교사들에게 한 가지 짐이 더해졌다는 점이다. 하지만 HIB 예방 프로그램은 교사와 학생, 학부모에 이르는, 교육과 관련된 주체들에게 학교폭력 문제에 대한 관심을 증대시키고, 더 나아가 사회 전체에 점진적인 인식 변화를 가져올 것으로 예상된다. 궁극적으로 이 프로그램의 실행은 뉴저지 학교현장에서 발생하는 학교폭력의 빈도를 줄이고 수위를 낮춰 줄 것으로 기대된다(Cerf et al., 2011).

일본은 1951년 전후에 학교폭력이 사회문제로 대두되기 시작하여 동경올림픽이 열리던 1964년에 증가하였으며, 1983년에는 가정 내 폭력, 자살, 이지메 등이 급증하였다. 또한 1980년대 중반부터는 등교거부와 중퇴 학생들이 많아졌으며, 1990년대 중반에는 원조교제와 약물남용 등 청소년 문제가 다양화되면서 심각한 수준에 이르게 되었다. 2000년대에 이르러서는 더욱 심각한 사회문제화가 되었으며, 특히 초등학생의 경우에는 2004년에 나가사키현에서 초등학교 6학년생이 같은 학년 학생을 살해한 사건이 발생하고, 니가타현에서도 초등학교 동급생 살인 사건이 발생하는 등 그 연령이 낮아지고 그 정도가 매우 심각해지고 있다(김미란, 2005). 따라서 일본은 각 현마다 자체적으로 학교폭력을 방지하기 위한 대책을 세워서 진행하고 있다.

여기에서는 사이타마현의 학교폭력 대응에 대한 주요 방향과 구체적인 내용을 요약·정리하여 제시한다. 사이타마현에서는 2009년부터 초등학교의 폭력행위 발생 건수가 대폭 증가하였으며, 중학교의 경우에는 전체 폭력 건수의 72.7%를 차지할 정도로 많이 발생하였다. 학교와 가정 및 지역사회 관점에서 대책을 세워야 할 필요가 있었으며, 초등학교와 중학교 간에 상호 연계된 프로그램이 필요하였다. 사이타마현 소속의 여러 학교에서 실시하고 있는 사례들을 모아서 다음과 같이 제시한다.

1) '밝고 안심하고 배울 수 있는 학교 만들기'의 기본 방향

사이타마현은 학교폭력을 예방하기 위한 주요 대책으로 '생활지도 연구추진모델 학교'를 지정하고, '밝고 안심하고 배울 수 있는 학교 만들기' 협력학교를 지정하였으며, 지원팀을 편성하여 실시하고, 생활지도부장 등 연구협의회를 만들고, '밝고 안심하고 배울 수 있는 학교 만들기' 연수회를 실시하였다. 학교폭력 예방의 중점 사항을 보면 다음과 같다.

---

1. 이 내용은 2011년 사이타마현 교육위원회가 작성하여 배포한 『밝고 안심하고 배울 수 있는 학교 만들기를 위해서』라는 폭력행위 방지의 대책과 사례를 요약·정리한 것으로 개별적인 인용을 표시하지 않는다.

첫째, 교내 지도체제다. 먼저 수업 규율을 확립하고, 매력 있는 수업을 하는 것은 폭력 예방의 기초다. 학교, 교과 등에서 학습상의 규율이 철저하게 지켜지는가를 확인할 필요가 있다. 그다음은 교원의 공통 이해와 공통 행동이다. 교원의 역할분담을 명확하게 하고, 대응 매뉴얼을 숙지하도록 한다. 마지막으로 초기 대응을 철저하게 한다. 사소한 문제라도 소홀히 대하지 않고, 복장이 흐트러지기 시작하거나, 시간을 지키지 않거나, 청소를 적당히 하기 시작하는 등에 대한 초기 대응이 중요하다.

둘째, 가정과 지역사회와의 연계다. 보호자와 지역 관계기관과의 연락을 긴밀히 한다. 그리고 정보를 개방하여 보호자가 지역의 순회교사나 지원팀의 협력을 얻을 수 있게 한다.

셋째, 초등학교와 중학교 간의 연계다. 초등학교와 중학교 간에 정보를 연계하여 지도를 하며, 다른 학교문화를 서로 이해할 수 있도록 해야 한다.

넷째, 학교폭력행위를 방지하기 위한 체크리스트의 작성과 활용이다. 학교폭력과 관련된 행동들을 수업 중, 교내 정비, 학생지도 등으로 나누어 체크리스트를 만들어 사용할 수 있다.

2) '밝고 안심하고 배울 수 있는 학교 만들기'의 구체적 사례

여기에서는 폭력행위가 감소되고 있는 학교로서 '생활지도 연구추진모델 학교', '밝고 안심하고 배울 수 있는 학교 만들기 협력학교', '지역 비행방지 네트워크 추진사업에 관계된 지원팀 편성학교'를 중점으로 13개의 대책과 사례들을 소개한다. 제시된 사례들 중에는 우리나라에서도 어느 정도 실시되고 있는 것도 있으며 시도되지 않은 사례들 또한 비교적 간단하여 적용할 수 있다.

(1) 아침인사 운동과 하교 시 순찰을 한다

아침인사 운동이나 하교 시 순찰을 통하여 학생들의 모습을 파악할 수 있으며, 복장 지도도 할 수 있다. 전교생이 모두 참여하기 때문에 인사를 하는 사람과 받는 사람이 '인사를 하면 기분이 좋다.'는 것을 실감하고, 폭력행위를 일으키지 않는 분위기를 형성할 수 있다. 또한 보호자나 지역사회와 연계하여 학교의 생활지도에 대한 이해와 협력을 높일 수 있다.

(2) 교직원과 보호자에 의한 학교순회체제를 세운다

교내 순찰뿐만 아니라 출석부의 보관 장소를 정해서 언제든지 교직원이 전 학년의 출석 상황을 파악할 수 있도록 노력하고 있는 학교도 있다. 수업 중 순찰 내용에는 수업 시작에서 5분 동안 중점적으로 순회하는 것에 초점을 두고 실시하고 있는 예도 있다. 이처럼 보호자가 지키는 활동을 실시함으로써 학교에 대한 이해가 깊어지고 더욱 협력을 얻을 수 있게 되었다. 기물파손이나 과도한 장난도 급감하게 되었다. 또한 활동 후 교장과의 미니 간담회를 실시하고 있는 예도 있다. 보호자 지킴이 활동을 실시하는 경우, 보호자에게 책임을 지게 했다는 오해를 하지 않도록 유의한다.

(3) 아름답고 안전한 교내환경을 정비한다

교내환경을 정비하는 것은 학생이 안정된 환경에서 학교생활을 보낼 수 있도록, 기물파손뿐만 아니라 학생 간 폭력이나 대 교사 폭력 예방에도 효과가 있으며, 많은 학교에서 중점을 두고 있다. 여기에는 교내 환경미화 및 안전점검을 정기적으로 실시하기, 청소활동을 철저히 하고, 교직원실·각종 교내 교육시설에 대한 정리·정돈을 철저히 하기 등이 포함된다. 또한 지역사회나 보호자와 연계하여 환경정비사업을 실시한다.

(4) 교직원들이 공통으로 이해하고, 행동하는 대처 방법을 개발·실시한다

문제행동 대응 매뉴얼을 작성하고, 연초에 집중적으로 지도하고, 생활지도위원회 등의 개최를 정례화하며, 폭력대응위원회를 설치한다. 학생은 학교생활의 대부분을 교실에서 보낸다. 수업규율이나 수업 중 교실환경이 조금씩 흐트러지고 있을 때 지도시기를 놓치게 되면, 결국 학교 전체의 질서가 흐트러져 폭력행위를 일으키기 쉬운 분위기를 만들 가능성이 있다. 그러므로 작은 문제행동을 놓치지 않는 것이 중요하다. 폭력행위가 발생한 학교의 대부분은 교내 지도체제를 재검토한다. 학교폭력이 재발하는 것을 방지하기 위해서는 교직원의 공통 이해와 공통 행동에 중점을 둔 시책을 추진해야 한다.

(5) 초등학교와 중학교를 연계하는 생활지도체제를 세운다

초·중학교의 연계 부족을 해소하고 9년을 바라보는 학생지도체제를 확립하는 것으로, 폭력행위 등의 학생지도 문제행동을 미연에 방지한다. 초·중학교의 연계는 초등학교 6학년과 중학교 1학년의 격차 해소나 학력 향상 등의 효과가 기대되기 때문에 추진하는 학교가 늘고 있다. 여기에는 교원 상호 교류, 학생들의 교류, 초등학교와 중학교의 동일보조의 지도방침 및 체제, 초등학교의 생활지도 교원의 정기적인 중학교 방문 등이 있을 수 있다.

(6) 학생의 실태 파악을 위해 노력한다

생활지도는 '우선 학생의 이해에서 시작한다.'는 말이 있다. 괴롭힘 문제에 대한 대응과 마찬가지로 폭력행위의 예방과 재발을 방지하기 위해서는 학생의 실태 파악에 노력을 경주하는 것이 중요하다. 이에 따라 정기적인 설문조사를 실시하고, 생활기록노트를 활용하며, 생활지도 관련 위원회를 활성화하고, 특정의 학생에 대해서는 파일을 작성하고 교직원 간에 공유한다. 어떤 초등학교에서는 학생들에게 좋아하는 것을 매월 조사하기도 한다. "학교는 날마다 변화하고 학생들도 날마다 변한다. 무엇보다 중요한 것은 날마다 바뀌는 변화를 제대로 파악하기 위한 노력이다."

(7) 하루의 학교시간 중에 정숙한 시간을 계획한다

전교 차원에서 아침에 15분 정도 독서를 계획하거나 말하지 않고 청소하기, 말하지 않는 모임 만들기 등을 계획하여 실행할 수 있다. 아침 독서가 정착되기 위해서는 학급 담임도 교실에서 학생들과 함께 독서를 하는 등 아침에 할 일을 계획하는 것이 중요하다. 이 활동을 시작하기 위해서는 충분히 교원들에게 이해를 구해야 하고 학생에게도 그 취지를 설명할 필요가 있다.

(8) 학생의 규범의식과 배려하는 마음을 육성한다

규율이 있는 태도의 육성에 초점을 두고, 학습이나 생활의 규칙 등을 정하고, 이를 교실에 배치하여 교직원이나 학생들이 공통적으로 이해하고 행동할 수 있도록 한다. 또한 도덕교육을 충실하게 하여 배려하는 마음을 기르도록 한다.

(9) 학생의 의사소통 능력을 높인다

폭력행위가 증가하는 요인 중의 하나인 "자신의 기분이 상대에게 잘 전달되지 않아 이성을 잃어버린다.", "자신의 감정을 컨트롤하지 못하고, 사람이나 물건에 화풀이한다." 등의 의사소통의 어려움을 호소하는 학생이 늘어났다. 따라서 폭력행위를 방지하기 위해 교육상담기법을 활용하여 학생의 의사소통 능력 향상에 중점을 두고 있는 학교도 있다. 여기에는 참만남 집단상담, 사회적 기술 훈련, 자기주장 훈련 등이 있을 수 있다. 연초 또는 학기 시작 등의 시기에 참만남 집단상담 프로그램을 도입함으로써 학생 상호뿐만 아니라 담임과 학생들 간의 인간관계 형성에 효과가 있으며, 폭력행위도 방지할 수 있다. 도입할 때에 의도적이고 계획적으로 실시하면 효과가 더 증대한다.

참만남 집단상담, 사회적 기술 훈련, 주장 훈련 방법은 학교상담연수회나 연찬회 등에서 많은 교사가 배우고 있다. 배움을 실천하게 됨으로써 교원으로서의 지도력 향상으로 이어진다. 사회적 기술 훈련 및 주장 훈련 프로그램 내용은 사이타마현 종합교육센터의 홈페이지(http://www.center.spec.ed.jp)에서 찾아볼 수 있다.

(10) 지원팀을 편성하여 비행방지를 위한 네트워크를 구축한다

폭력행위를 방지하기 위해서는 교원과 학생 간의 신뢰관계 구축뿐만 아니라 학부모와 지역, 관계기관의 이해와 협력을 구하고 그들과 신뢰관계를 쌓아 가는 것도 중요하다. 지역 비행방지 네트워크 추진 사업에 관한 지원팀을 편성하여 학교의 비행방지 네트워크를 구축함으로써 폭력행위의 방지를 도모한다.

학교가 학부모와 지역 교육위원회, 경찰, 아동상담소, 아동보호위원 등의 관계 기관과 연계하여 폭력행위의 예방지원팀을 편성한다. 중학교 단위로는 학군 내에 있는 초등학교와 연계하여 폭력행위 예방지원팀을 편성한다. 같은 지역의 유치원·보육원, 인근 고등학교와 연계하여 지원팀을 편성하고 있는 중학교도 있다.

폭력행위 등의 문제행동을 일으키고 있는 것은 학교의 일부 학생이다. 다른 많은 학생들은 성실하게 학교생활을 하고 있다. 그래서 지역의 자치회장(마을회장) 등과 연계하여 지역행사나 봉사활동 지원자를 학교가 모집하고 학교생활에만 전념하고 있는 학생을 적극적으로 참여시켜 활동할 수 있도록 해 준다.

(11) 문제행동의 실태에 맞는 지원팀을 형성한다

각 학교가 안고 있는 학생지도 과제는 각각 다르고, 그중에는 특별한 경우도 있다. 각 학교가 안고 있는 문제행동의 실태에 맞는 지원팀을 편성하여 폭력행위를 예방해야 한다. 새로 생긴 대형 쇼핑센터 인근 학교에서 지원팀을 편성하여 폭력행위를 포함한 문제행동의 예방을 위해 노력해야 한다. 문제행동을 반복하는 학생들이 인근 마을에 전출되고, 전출되어서도 비행그룹을 형성했기 때문에, 지역을 포괄하는 지원팀을 편성한다. 또한 특별한 배려를 필요로 하는 학생에 대한 전문적인 지식이 풍부한 특별지원 학교의 특별지원 교육 코디네이터를 회원으로 참여하게 하여 지원팀을 편성한다.

(12) 특정의 학생을 대상으로 하는 지원팀을 편성한다

학생지도에 응하지 않고 폭력행위 등을 반복적으로 일으키는 등 학교만으로는 대응이 곤란한 학생에 대해서는 관계기관 등으로 구성된 별도의 지원팀을 편성하여 지원한다. 범죄 사건이 발생한 학교에서는 폭력행위의 재발을 방지하기 위해 학교와 보호관찰 지원팀을 편성한다. 학생의 과제에 따라서 구성이 다른 복수의 개별지원팀을 편성해 지원한다.

- A팀 → 폭력행위, 흡연 등을 반복하는 남학생에 대한 대응
- B팀 → 문제행동을 반복하는 여학생에 대한 대응
- C팀 → 고아원 등과의 연계지원
- D팀 → 등교거부 학생에 대한 대응

지원팀 편성학교에 대한 설문조사 결과를 보면, 지원팀 편성학교의 97%가 "지원팀을 편성해 좋았다."고 답변하였으며, 다음과 같은 구체적인 효과가 있었다.

- 관계기관과의 연계가 원활하게 됐다.
- 지역사회 및 보호자와의 연계가 원활해지고 신뢰가 깊어졌다.
- 교직원의 학생지도에 대한 의식이 고양되었다.

결과적으로 폭력행위 등을 반복하고 있었던 학생이 학교생활을 차분하게 보낼 수 있

게 되었으며 이로 인해 학교 전체가 안정을 되찾았다.

(13) 폭력행위 방지를 위한 강연회를 실시한다

2009년도 생활지도 연구추진모델 학교 중에서 폭력행위의 방지에 중점을 두고 있는 학교 36개교를 선정하여 '밝고 안심하고 배울 수 있는 학교 만들기' 협력학교로 지정했다. 협력학교에서는 강연회를 실시하는 등 폭력행위 방지를 위한 대책을 추진한 결과 전년 대비 31.8%의 폭력행위가 감소하였다. 폭력행위 방지를 위한 강연회를 실시하는 구체적인 예로는 범죄피해자를 강사로 초빙하여, 학생, 교직원, 보호자를 대상으로 강의를 실시하며, 지역간담회 때 보호자 등을 대상으로 실시하였다.

지금은 가정의 교육기능이 감소된 것으로 알려져 있다. 따라서 학생, 교직원뿐만 아니라 많은 학부모를 대상으로 실시하여 효과가 높았다. 연 1회 실시뿐만 아니라 여러 번 실시하고 있는 학교도 있었으며, 주요 강사는 사이타마현 경찰본부 생활안전부 소년과 직원, 지역경찰서 생활안전과 직원, 청소년육성지도위원, 청소년보호사, 스쿨서포터, 교육사무소 지역 비행방지 네트워크 추진위원, 프로레슬러, 프로복서 등이었다.

③ 노르웨이의 학교폭력 대응 사례: 올베우스 프로그램

1) 프로그램 구축 배경

노르웨이에서는 1982년 학교폭력에 시달리던 청소년 세 명이 자살한 사건이 있었다. 이에 1983년 노르웨이 교육 연구부(Ministry of Education & Research)에서는 국가 차원에서 전국 규모의 설문조사를 실시하여 학교폭력 예방 및 대처 방안 관련 프로그램을 개발하였으며, 대표적인 것이 Olweus에 의해 개발된 올베우스 학교폭력 예방 프로그램(Olweus Bullying Prevention Programme: OBPP)이다(박효정 외, 2006).

올베우스 프로그램은 학교폭력 문제를 감소시킬 뿐 아니라 새로운 문제의 발달을 예방하는 프로그램이다. 이것은 집단 따돌림에만 초점을 둔 최초의 프로그램이며, 현재 전 세계 16개국 이상에서 실시하고 있는 프로그램으로 세계적으로 가장 널리 알려져 있다.

2) 올베우스 프로그램의 내용[2]

프로그램의 주요 목표는 '학교의 안팎에 존재하는 폭력학생과 희생자 문제를 최대한 줄이고 새로운 발생을 저지하는 것'이다. 따라서 이는 자연스럽게 '직접적 폭력'이라고 부르는 문제에 우선 주목하게 된다. 직접적 폭력은 다른 학생들에 대한 비교적 공개적인 공격에 관련되며, 말, 몸짓, 표정 또는 육체적 충돌을 포함할 수 있다. 그러나 '간접적 폭력'의 감소와 예방도 목표에 포함되어야 한다. 간접적 폭력에 노출된 학생은 동급생 그룹에서 소외되고, 학급 안에서 다른 학생과 우정을 맺는 데 지장을 받는다. 직접적 폭력의 목표물이 되는 학생들이 일반적으로 동급생에게서 소외와 배척을 받는다는 점에서 직접적 폭력과 간접적 폭력 사이에는 뚜렷한 연관성이 있다. 이렇게 눈에 잘 띄지 않는 형태의 희생자에 대해서도 개입 프로그램이 적용되어야 한다.

프로그램의 궁극적인 목적은 폭력학생과 희생자 문제의 감소, 제거, 예방이다. 따라서 목표를 '학교에서 동급생들 사이의 관계를 개선하는 것'이라고 설명할 수 있다. 희생자들에게는 이러한 목표가 학교에서 안전감의 증대, 자신감의 증대, 적어도 한두 명의 동급생이 자기를 좋아하고 받아들인다는 것을 의미한다. 폭력학생들에게는 '좀 더 원만하게 기능하는 것'이란 환경에 대한 공격적 반응의 감소로 좀 더 사회적으로 용납할 만한 방법으로 자기주장을 하는 것을 의미한다. 본질적으로는 이러한 목표가 폭력학생의 부정적이고 적대적인 반응을 완화시키는 한편, 그 학생들의 긍정적인 행동양식을 강화하는 것이다.

(1) 일반적인 필요조건

학교 수준에서 이 목표를 실현하기 위해서는 두 가지 일반조건이 대단히 중요하다. 첫 번째는 학교에서 어른들은, 그리고 집에 있는 어른들도 어느 정도는, '자기네' 학교에서 벌어지는 폭력학생과 희생자 문제의 내용을 인식하고 있어야 하며, 두 번째는 어른들이 사태의 변경을 위해서 어느 정도 심각하게 개입하기로 결정하여야 하는 것이다.

폭력문제를 구체적으로 다루기 위해서는 그 학교의 특수한 여건에 관해서 좀 더 상세한 자료를 수집할 필요가 있다. 이 목적에 가장 잘 맞는 방법은 폭력학생과 희생자

---

2. 이 글은 이동진 역(1999). 『바로보는 왕따, 대안은 있다: 학교에서 일어나는 폭력문제』의 내용을 요약·정리한 것으로 각 문장마다 개별적인 인용을 표시하지 않는다.

문제에 관한 무기명 설문지다. 설문지는 학교 내의 폭력학생과 희생자 문제의 수준, 교사들이 개입하고 관련 학생들과 상담하는 빈도수, 학부모가 자녀들이 학교 내에서 무슨 행동을 하고 무엇을 경험하는지 알고 있는 내용 등에 관해서 자료를 제공한다. 학교에 존재하는 폭력학생과 희생자 문제의 현황을 공개하면 학부모와 교사들이 눈을 뜨게 되고 조취를 취하려는 열의를 가지게 만든다. 폭력에 대처하는 어른들의 개입은 학교 수준의 개입 프로그램에서 핵심적인 필수조건이다. 그리고 어른들이 폭력을 학생들의 생활에서 불가피한 일부라고 보지 않는 것이 중요하다.

프로그램의 폭력에 대한 조치는 학교 수준, 학급 수준, 개인 수준에서 시행할 수 있다. 학교 수준의 조치는 학교의 폭력 수준을 전체적으로 감소시키는 것과 환경조성을 목표로 하여 조치를 취한다. 학급 수준의 조치는 학급 전체, 즉 학급의 학생 전체를 목표로 삼는다. 개인 수준의 조치는 개별 학생들의 태도나 상황을 변화시키는 데 목적이 있다. 여기서 표적 대상은 폭력학생 또는 희생자로 폭력문제에 개입되었다고 알려졌거나 의심받는 학생들이다.

(2) 학교 수준의 조치

학교 수준의 조치에는 설문조사, 폭력학생과 희생자 문제에 관한 학교 총회의 날, 휴식시간과 점심시간의 감독 강화, 상담전화, 교직원 및 학부모회의, 학교의 사회적 환경 개발을 위한 교사 그룹, 학부모 서클 등이 있다.

학교 총회의 날　학교가 폭력에 대해서 체계적인 조치를 취하기로 결정했다면, 그 문제에 관한 학교 총회의 날을 마련하는 것이 도움이 된다. 교장과 교사들뿐 아니라, 학교의 심리학자, 상담자, 간호사, 선별된 학부모와 학생들도 참가할 수 있다. 그러므로 참가자 전원이 올베우스 프로그램을 미리 읽어 두는 것이 이상적이다. 폭력학생과 희생자 문제에 관한 설문에 대한 학생들의 대답 결과가 나왔다면, 그것을 총회에 제출하여 어느 정도 상세하게 토론하는 것도 도움이 된다. 폭력에 관한 특별 비디오[예: 〈집단폭력〉(1983)]도 보여 줄 수 있다. 학교 총회의 날의 목적은 학교를 위한 총괄적 장기 행동계획을 만들어 내는 데 있어야 한다. 이 계획을 매우 구체적이고 상세하게 만들기 위해서는 특정 학교에서 실시하기 위해 선택해야 할 조치들에 관해서 충분한 토의시간을 가져야 한다.

감독과 교실 밖의 환경　　대부분의 폭력은 등하굣길이 아니라 학교에서 발생한다. 따라서 휴식시간에 교실 밖에 학생들과 더불어 적절한 숫자의 어른들이 있고, 학교가 학생들의 활동에 대해서 충분한 감독을 하고, 점심시간에도 학교가 충분히 감독하는 것이 중요하다. 휴식시간에 교사들과 어른들이 같이 있는 것만 가지고는 충분하지 않다. 폭력이 벌어지는 상황, 그리고 폭력이 벌어지고 있다고 의심되는 상황에 대해서도 재빨리, 그리고 단호하게 개입할 준비가 되어 있어야 한다. 조치의 기본 지침은 '너무 늦게'가 아니라 '아주 일찍' 개입해야 한다는 것이다.

　단호하고 지속적인 방법으로 어른이 개입한다는 것은 '우리는 폭력을 용납하지 않는다.'는 태도를 강조한다. 이러한 개입은 폭력학생과 폭력행위에 가담할지도 모르는 다른 학생들에게 분명한 신호를 보낸다. 어른의 개입은 잠재적 희생자에게 유리하도록 편을 들어 주는 것도 포함한다. 감독 교사가 휴식시간에 실내에 머물면서 폭력문제를 아예 피하려고 할 수도 있는데, 이런 모습은 힘이 약한 학생들을 폭력학생들이 멋대로 다루도록 내버려 두는 결과를 낳는다. 한편, 휴식시간에 교사가 교실 밖에서 학생들과 함께 있으면서도 개입하지 않는다고 한다면 이런 태도는 폭력을 '묵시적으로 인정'하는 것이 된다.

　학생들의 안전을 증대시키려면, 휴식시간에 일어나는 사건의 정보를 감독하는 어른들이 서로 교환해야 한다. 폭력이나 폭력시도를 관찰한 교사는 이에 개입하는 것은 물론이고, 그 사건을 관련 학생들의 담임교사에게 보고해야 한다. 이런 방식으로 폭력의 경향을 이른 단계에서 발견하고 그에 대처할 수 있다.

상담전화　　학교의 심리학자, 상담자, 교사 등이 학생이나 학부모가 익명으로 걸어오는 전화에 일주일에 몇 시간 정도 응답할 수 있다. 상담전화의 1차적 목적은 이야기를 들어 주고 지원해 주고 사태의 현황을 파악하려는 데 있다. 좀 더 자세한 논의가 필요하다고 상담자가 판단하는 경우에는 다시 한 번 전화를 걸도록 조심스럽게 권유한다. 많은 경우에는 통화자가 직접 상담자에게 찾아와서 의논하게 하는 것이 장기적인 관점의 목적이다. 그럴 경우에 상담자는 해당 교사와 관련되는 다른 사람들과 논의해야 한다. 상담자가 이런 경우의 상황을 계속 주시하고, 문제가 해결되었거나 해결되어 가는 중이라는 확실한 근거가 나오기 전에는 손을 떼지 말아야 한다는 점이 중요하다.

　학생 수가 얼마 안 되는 중소규모의 학교에서는 이러한 상담전화를 설치하기가 곤란할 것이다. 그러므로 같은 지역에 2개 이상의 학교가 공동으로 이런 제도를 만들 수도 있다. 만일 학교에서 상담전화를 설치하기로 결정했다면, 그 사실을 공시하고, 학생들에게 공개적으로 알리고, 학부모들에게는 편지로 알리는 것이 중요하다.

교사 및 학부모회 총회　　학교가 폭력에 대처하는 노력을 강화하기로 결정했다면, 학부모들에게 그 사실을 알리고 참여를 권유해야 한다. 교사 및 학부모회 총회에서 이 문제를 거론하는 것이 좋은 방법이다. 학생들이 폭력학생과 희생자 문제에 관한 설문서에 응답했다면, 학교별 및 학년별로 그 결과를 총회에 제출할 수도 있다. 학교의 심리학자나 관련 지식이 풍부한 다른 사람이 학교폭력의 현황, 구조, 원인 등에 관해 개략적으로 설명할 수 있다. 그다음에는 학교가 폭력에 대처하는 노력에 있어서 실시하고 강조하고 싶은 행동 계획과 특수조치에 관해서 총회의 참석자들이 토론한다.

학교는 교사들이 앞으로 비교적 가벼운 폭력과 사회적 소외에 대해서 주의를 집중할 것임을 학부모들에게 알려야 한다. 그 결과로 교사들이 학부모와 접촉이 더 많아질 수도 있다. 한편, 학부모들이 만일 자녀가 희생자이거나 폭력학생이라고 의심하는 경우에는 교사와 접촉하도록 학교는 격려해야 한다. 물론 학교 측에서 공개적이고 적극적인 태도로 학부모와 '불필요한' 접촉을 많이 하게 될지도 모른다. 교사들은 이런 결과를 추가부담으로 보겠지만, 다른 한편으로는 이러한 연락의 증가는 폭력뿐만 아니라 다른 중요한 문제에 관해서도 학교와 학부모 사이의 좀 더 밀접한 협력을 위해 자연스러운 출발점이다. 총회의 회의록과 폭력에 대처할 행동계획에 관한 정보는 총회가 끝난 뒤 모든 학부모에게 발송해야 한다.

학교의 사회적 환경 개발을 위한 교사그룹　　폭력 문제에 대처하는 적절한 방법에 관해서 교사들은 물론이고, 학부모와 학생들도 더 많은 지식을 반드시 얻어야 한다. 이런 목적에 이르는 한 가지 방법은 학교에서 교사가 '학교의 사회적 환경 개발을 위한 그룹'의 일원이 되도록 하는 것이다. 5~6명의 교사 그룹이 정기적으로 여러 주간에 걸쳐서 모임을 가지는 것이다. 그 모임은 학교의 각종 문제를 의논하고, 체험을 서로 교환하며, 각자의 성공과 실패에서 서로 배우는 자리가 된다.

교사들의 모임에서 나중에는 폭력 이외의 다른 문제를 논의하는 것도 유익할 것이다. 다른 형태의 규율 문제, 학부모와 학교 사이의 의사소통, 교사들의 일반적인 문제들이 고려할 영역의 몇 가지 예를 들어 이러한 주제를 한 가지 이상 토론한 다음에 다시 폭력문제로 돌아가기를 바란다. 그렇게 하면 학교의 현황, 즉 실시한 조치들이 얼마나 효과적인지, 추가로 어떤 노력을 해야 할지 등을 평가할 기회가 생길 것이다.

　사회적 환경 개발 그룹들은 학교에서 폭력과 맞서서 싸우는 중요한 도구가 될 수 있다. 귀중하고 새로운 경험을 제공하고 교사들이 계속해서 활발하게 개입하도록 해 준다. 학급의 여러 가지 문제를 스스로 해결해야 하는 경우가 잦은 교사들은 참여자가 거기서 배우고 자극받고 또 서로 지원하는 '집단적 지원그룹'의 일부임을 스스로 느낄 수 있다. 또한 사회적 환경 개발 그룹은 학교에서 '폭력에 대처하는 교사들 사이의 공동입장'을 추진할 수도 있다. 교사들 사이에서 철저하게 논의하고 공유하는 태도는 학교의 어른들이 폭력 상황에 대해 좀 더 일관된 태도를 가지도록 하는 데 크게 도움이 될 것이다. 공동의 행동계획은 교사에게 자신의 안전감도 증대시켜 줄 것이다.

　교사 및 학부모회 내의 연구그룹(학부모 서클)　폭력에 대한 공동 태도의 조성은 학교의 교직원뿐만 아니라 학부모들 사이에도 필수적이다. 교사들과 학부모가 폭력에 대해 상당히 유사한 방식으로 반응한다면, 바람직한 결과를 얻을 가능성이 상당히 증가할 것이다. 이 목적을 달성하는 방법은 우선 학부모도 폭력 문제, 그리고 그 문제에 관해서 무엇을 할 것인가에 관해서 좀 더 아는 것이 필요하다. 교사 및 학부모 회의는 이런 면에서 중요한 임무를 맡는다. 이 회의는 일련의 회의를 마련하고, 폭력문제에 관한 책들을 제시해서 토론하게 만들 수 있는, 교사들과 학교의 조치를 알리도록 할 수 있다. 사회적 환경 개발 그룹이 교사들에게 하는 기능과 마찬가지로, 이런 종류의 그룹 활동은 학부모들에게 같은 기능을 발휘할 수 있다.

(3) 학급 수준의 조치

　학급 수준의 조치에는 폭력에 대항하는 학급 규칙(확인, 칭찬, 처벌), 정기적인 학급회의, 역할의 연기, 문학, 협동학습, 공동의 적극적 학급활동, 교사 및 학부모·학생의 학급회의가 있다.

　폭력에 관한 학급의 규칙　폭력학생과 희생자 문제에 대처하고 학급의 사회적 분위기를 개선하기 위해서 중요하고 도움이 되는 사항은 교사와 학생들이 폭력에 관한 몇 가지 간단한 규칙에 합의하는 것이다. 일반적인 교칙이나 행동관리지침이 이미 있다고 해도, 직접적이든 간접적이든 모든 폭력을 특별히 겨냥한 일련의 규칙 설정이 대단히 중요하다. 규칙들은 가능한 한 구체적으로 표현되어야 한다. 관련 학생들이 규칙에 관해서 토론하도록 만드는 것이 중요하다. 토론을 거쳐서 학생들은 자기 자신이든 다른 학생들이든 규칙을 준수하는 것에 대한 책임감을 한층 더 느낄 수 있다. 학급에서 합의된 규칙들은 게시판이나 눈에 잘 띄는 곳에 붙여 둘 수 있다. 폭력문제를 학급에 제안하기에 앞서서 교사는 사회적 환경 개발 그룹에서 예비토론을 가질 수 있다.

학급규칙에 관한 토론은 학생들 사이의 폭력에 관련된 태도에도 영향을 미칠 수 있다. 무엇보다도 폭력에 대한 '수동적 참가'를 토론할 수 있다. 어떤 학생은 자기가 먼저 나서서 다른 학생을 괴롭히는 일은 거의 없지만, 다른 학생이 선두에 나서면 쉽게 폭력 행위에 가담한다. 이런 학생은 수동적인 참가자도 '공범'이며 발생한 결과에도 개인적인 책임을 져야 한다는 점을 깨달아야 한다. '다른 녀석들'에게 탓을 돌리면서 자기는 책임을 지지 않으려고 하는 태도를 용납해서는 안 된다. 자기나 다른 학생이 폭력에 시달린다고 교사나 학부모에게 알리면 그것이 '고자질'이 된다는 인상을 학생들이 받는 경우가 많다. 교사는 학급규칙을 근거로 하여 이러한 생각을 교정하거나 이에 대처하려고 노력해야 한다.

칭찬　교사의 칭찬과 친근한 주목은 학생의 태도에 영향을 미치는 주요 수단이다. 학생들 상호 간의 태도와 숙제와 관련하여 칭찬을 많이 해 주면, 학급 분위기 향상에 좋은 효과를 낸다고 기대할 수 있다. 그뿐 아니라 교사가 자기를 칭찬하고, 또 비교적 매우 좋아한다고 느끼는 학생은 바람직하지 않은 자기 행동에 대한 비판을 쉽게 받아들이고 행동을 고치려고 시도한다. 특히 다른 학생을 괴롭히는 학생의 경우 이런 경향이 강하다. 공격적이고 다루기 힘든 학생들도 역시 칭찬받을 만한 일을 많이 한다는 사실을 무시하기 쉽다. 공격적인 학생들, 그리고 다른 학생들에게서 쉽게 영향을 받는 학생들은 도전을 받는 조건에서 공격적으로 반응하지 않은 것에 대해, 그리고 폭력행위에 가담하지 않은 것에 대해 역시 칭찬을 받아야 한다.

제재　공격적 학생의 태도를 변화시키는 데는 교사 또는 다른 어른이 자상하게 이해해 주고 칭찬을 많이 하는 것만 가지고는 부족한 경우가 대부분이다. 바람직하지 않은 태도에 대해서 제재, 즉 부정적 결과의 몇 가지 형태를 활용해야 한다. 긍정적 활동에 대한 많은 칭찬과 공격적이고 규칙적인 행위에 대한 지속적 제재를 결합할 때 가장 좋은 결과가 나온다. 폭력에 대처하는 규칙을 학급에서 토론할 때, 위반에 대한 어떤 제재가 적절할 것인가 하는 문제가 자연스럽게 나온다. 교사가 이 문제에 대해서 학생들을 토론에 참여시키는 것은 필수적이다.

시행하기 쉬운 제재를 사용하는 것이 중요하며, 적대감을 일으키지 않으면서 불편을 주는 것이어야 한다. 가능하면 행동과 학생은 구별되어야 한다. 따라서 교사가 어떤 행동에 대해서 제재하는지 말로 분명하게 설명해 주어야 한다. 또한 숙제와 같은 학교의 일상적 활동을 추가로 부과하는 방법은 일반적인 제재수단으로 사용해서는 안 된다. 제재에는 개별적으로 진지한 훈계하기, 휴식시간에 교장실 앞에 앉아 있도록 하기, 한 시간 또는 그 이상을 다른 학급에서 보내도록 하기, 휴식시간에 여러 번 감독 교사 곁에서 떠나지 못하게 하기, 교장에게 진지한 훈계 듣도록 하기, 몇 가지 특혜를 박탈하기 등이 있다.

공격적 학생이 규칙체계에 대한 순응을 점차적으로 배우는 것이 중요하다. 공격적 학생은 대개 충동적이고 다른 학생에 대해서 전혀 개의치 않는다. 가정환경이 무질서하여 집에서 약속이나 규칙을 지키지 않아도 부모가 지속적인 부정적 반응을 보이는 적이 거의 없을 것이며, 어쩌다가 격분이나 체벌을 당한다. 이러한 여건에서 자란 공격적 학생들은 나중에 법률 및 사회 규범과 충돌할 위험이 상당히 크다. 이러한 배경에 비추어, 폭력에 대처하는 조치를 취하는 것은 희생자뿐만 아니라 폭력학생을 위해서도 바람직하다. 학교에서 지속적으로 적용되는 규칙체계는 공격적 학생들에게 실제로 도움이 될 수 있고, 다른 학생을 좀 더 존중하도록, 그리고 나중에는 사회의 법률에 대해서 좀 더 존중하도록 가르친다.

학급회의　학급회의의 대부분을 학급과 학교 내의 사회적 관계, 즉 학생들 상호작용의 여러 측면, 그리고 학생들과 어른들 사이의 상호작용에 관해서 시간을 배당할 수 있다. 친밀감의 증대와 서로 잘 보이게 하기 위해서 교사와 학생들이 원형 또는 반원형으로 앉는 것도 한 방법이다. 교사는 자연스럽게 지도자가 된다. 학급회의는 정기적으로 열어야 하고 최소한 일주일에 한 번으로 한다.

폭력에 관한 논의에는 처음 시작할 때 충분한 시간을 주는 것이 중요하다. 이것은 폭력문제에 대한 관심과 의식을 유지시키는 데 도움이 되고, 머지않아 태도와 행동을 규제하는 데 기여할 것이기 때문이다. 일주일간의 활동에 대한 정기적 검토는 특히 다른 학생을 괴롭히는 경향이 있는 학생들에게 그룹이 상당한 압력을 가할 것이다. 이런 종류의 사회적 통제, 특히 동료 학생과 교사가 같이 사용하는 통제는 공격적이고 반사회적인 학생의 행동에 영향력 있는 효과적인 방법이다. 때로는 학교의 심리학자나 학교

상담자를 학급회의에 참여시키는 것도 좋다.

협동학습   협동학습의 기본 특성은 교사가 과제를 제시하여 그룹 학생들 사이에 '적극적인 상호 의존성'이 조성되게 해 주는 데 있다. 이것은 여러 가지 다른 방법으로 달성할 수 있다. 예를 들면, 교사가 질문을 던지고 공동의 해답 또는 해답서를 제출하도록 할 수 있다. 그룹의 학생은 모두 각자 자기 이름을 그 해답서에 적어서 자신이 그룹의 결정에 참여하고 같이 책임을 진다는 것을 표시하게 하는 것이다. 이 경우 그룹의 각 학생이 그룹 전체의 결과에 대해서 책임을 져야 한다는 점을 강조하는 것이 특히 중요하다. 교사는 각 그룹의 학생 한 명을 임의로 선정해서 그 그룹이 어떻게 해답을 이끌어 냈는지 설명하도록 한다.

그룹을 설정할 때 잠재적인 폭력 경향에 비추어 학생들 사이의 사회적 관계에 대한 자기 지식을 활용하는 것이 중요하다. 학생들에게 같이 학습하기를 원하는 학생 세 명의 이름을 적어 내라고 할 수 있다. 이를 통해 어떤 학생에게서도 선택되지 않은 학생을 쉽게 확인할 수 있다. 그다음 교사는 고립된 학생 주위에 긍정적이고 우호적인 학생들을 배치할 수 있다. 그룹을 구성하는 학생들의 선택은 폭력학생에게도 중요하다. 폭력학생과 잠재적 희생자를 같은 그룹에 넣는 것은 좋지 않다. 그리고 여러 명의 폭력학생 또는 폭력학생 한 명과 수동적 폭력학생 추정자인 한 명이 같은 그룹에서 활동하는 것도 바람직하지 않다. 오히려 교사는 폭력학생 주위에 폭력을 용납하지 않을 안정적인 학생 두 명을 배치해야 한다. 교사는 그룹의 안팎에서 무슨 일이 일어나는지 자세히 추적해야 한다.

공동의 적극적 활동   폭력에 관한 토의는 자연스럽게 여러 문제, 잘못된 것에 집중된다. 학급 학생들이 서로 소개한 뒤에 그룹으로 놀이를 하는 것과 같은 공동의 적극적 활동은 학생들 사이에 유대감을 불러일으키는 데 중요한 영향을 미치기도 한다. 파티, 토요일 소풍, 캠핑, 댄스 등도 이러한 활동에 들어간다. 학부모들이 이러한 활동에 참여하는 것도 도움이 된다. 그러나 교사는 이러한 활동이 일부 학생에게 역효과가 날 수도 있다는 사실에 주의해야 한다. 이러한 활동에서 그룹으로부터 소외되거나 폭력에 시달리면 그 고통은 특히 심해진다. 따라서 모든 학생이 놀이에 참여하도록 전략적으로 실시하는 것이 중요하다.

학급의 교사 및 학부모회의　폭력학생과 희생자 문제, 그리고 긍정적인 학급환경 개발은 학급의 교사 및 학부모회의에서 자연스럽게 의제가 된다. 여기에는 학생들이 참여할 수도 있다. 그러나 토론은 매우 일반적인 방법으로 진행되어야 하고, 특히 폭력학생이나 희생자의 이름을 들먹여서는 안 된다. 교사는 학부모들을 회의에 초대할 때 이 점을 미리 확실하게 알려야 한다. 여기에서 폭력에 관한 설문조사 결과와 교사들의 관찰 결과가 의제가 될 수 있다. 그리고 비디오 상영에서 시작할 수도 있다. 폭력의 성격에 관한 논의에는 학부모, 교사, 학생들이 폭력문제에 대처하기 위해서 할 수 있는 일들이 자연스럽게 포함된다. 이와 관련해서 권고와 제안은 학부모 전체를 겨냥해야 하지 폭력학생의 학부모나 희생자의 학부모를 겨냥해서는 안 된다.

교사 및 학부모회의나 개별상담에서 교사는 학부모들이 자녀의 학교 체험을 논의하도록 격려하는 태도를 취한다. 회의에서 학부모는 자신의 자녀를 변호하기 위해 무엇보다도 그 자녀의 역할을 축소하고 다른 학생들의 역할을 과장할 것이다. 그리고 희생자의 태도를 공격적·도발적이며 입을 다물었다고 할 것이다. 또한 폭력학생은 자기가 참여를 '했을지도 모르는' 폭력이 희생자의 태도 때문이었다고 말할 것이다. 폭력학생 전원에 대한 개별 대화를 마친 뒤에는 전원을 한 자리에 모으는 것이 좋다. 그 이상 폭력을 용납하지 않을 것이고, 앞으로 폭력을 행사하면 제재를 받을 것임을 다시 한번 분명히 전원에게 통고해야 한다.

(4) 개인 수준의 조치

개인 수준의 조치에는 폭력학생과 희생자와 나누는 진지한 대화, 학부모와 관련 학생들과 나누는 진지한 대화, 교사와 학부모가 상상력을 활용하기, 폭력학생과 희생자의 부모들을 위한 토론그룹, 학급 이동 또는 전학이 있다.

폭력학생과 단호한 대화　학급 내에서 폭력이 진행되는 것을 알거나 의심되면 교사는 빨리 조치를 취해야 한다. 폭력학생을 다루는 1차적 목적은 폭력을 중지하도록 만드는 것이다. 폭력학생에게 던지는 메시지는 아주 분명해야 한다. 즉, "우리는 우리 학교나 학급에서 폭력을 용납하지 않고, 폭력이 끝나는 것을 확인할 것이다."라는 메시지다. 폭력에 가담한 학생이 여러 명인 경우에는 한 명씩 차례로 불러서 대화하는 것이 좋다.

폭력학생은 자기 역할을 축소하고 다른 학생들의 역할을 과장할 것이다. 그리고 희생자의 태도가 공격적·도발적이었고, 자기가 참여를 '했을지도 모르는' 폭력이 희생자의 태도 때문이었다고 말할 것이다. 교사는 폭력을 용납하지 않을 것이고, 앞으로 또 폭력을 행사하면 제재를 받을 것임을 다시 한번 분명히 통고해야 한다.

희생자와 대화　전형적인 희생자는 불안하고 불안정한 학생으로서 대개는 주목받기를 원하지 않는다. 이런 학생은 폭력학생의 행동을 어른들에게 알려서 자기를 괴롭히는 학생들이 곤경에 빠지는 것을 두려워한다. 고자질을 하면 한층 심한 폭력의 대상이 될 것이라는 위협도 자주 받는다. 이러한 위협 때문에 많은 희생자는 조용히 견디겠다고 결심한다. 그리고 희생자의 부모들은 학교와 접촉하지 말도록 자녀로부터 강한 압력을 받는 경우가 많다. 자녀에게 가장 유익한 일을 해 준다면서 많은 부모는 자녀의 소원과 간청을 응낙한다. 그러나 이런 결정이 실제로는 희생자인 자녀에게 심각한 손실을 초래한다. 그리고 장기적으로 보면, 문제를 공개하지 않는 것이 폭력학생들에게도 해로울 수 있다.

폭력 상황을 청산하려고 노력하는 데 있어서 희생자에게 효과적인 보호를 보장해 주기 위해 모든 노력을 기울여야 한다. 새로운 폭력시도의 위험이 완전히 또는 거의 제거될 때까지 문제를 철저히 추적해야 한다. 어른들이 자기에게 필요한 도움을 주기를 원하고 또 그렇게 할 수 있다는 것을 희생자 학생이 신뢰할 수 있어야만 한다. 희생자 학생에게 이러한 보호를 보장하기 위해, 학교와 희생자 가정 사이에 긴밀한 협조와 잦은 정보교환이 대개 필요하다.

문제를 추적하기 전에 희생자 학생의 동의를 교사나 학부모가 얻는 것이 도움이 된다. 동시에, 많은 희생자 학생이 부정적 결과를 너무 무서워하기 때문에 이 문제에 관하여 어른들의 충고를 따르려고 하지 않는다는 것도 명백하다. 이런 경우에는 어른들이 폭력문제를 드러내는 책임을 져야 한다. 그 이후로는 폭력문제가 드러났다는 데 대해 희생자 학생이 크게 안도감을 느끼게 되는 경우가 많다. 그러나 강조해야 할 점은 폭력문제에 개입하는 교사가 희생자를 보호하는 조치를 취하는 데 특별한 의무를 져야 한다는 것이다.

학부모들과의 대화　학급 내에 폭력학생이나 희생자가 있다는 것을 발견한 뒤에 교사는 관련되는 학부모들과 접촉해야 한다. 문제가 어느 정도 심각한 경우에는 접촉하지 않으면 안 된다. 이때 교사는 폭력학생, 희생자, 그리고 양쪽 학부모들이 참석하는 회의를 주선할 수 있다. 회의의 목적은 상황에 대해서 철저히 논의하고 문제 해결

계획을 세우는 데 있다. 한 가지 중요한 점은 폭력학생의 학부모들과 일정한 수준의 협력을 얻고, 그 학부모들이 자녀에 대해서 적절한 방법으로 영향력을 행사하도록 하기 위해서 노력하는 것이다. 희생자의 옷이나 소유물이 손상되었다면, 그것과 관련된 금전적 보상(예를 들면, 폭력학생들이 받는 용돈에서 지불하는 식)의 문제를 제기하는 것이 적절하다.

이런 종류의 회의들 때문에 교사와 관련 학생들의 학부모 사이의 전화 또는 직접 면담은 정보교환을 위한 상호 접촉을 한층 쉽게 할 것이다. 폭력학생 학부모와 희생자 학부모의 관계는 긍정적으로 발전할 수 있다. 이는 문제 해결을 향한 중요한 단계인 경우가 많다. 그러나 많은 경우, 회의가 시작되기도 전에 한 번에 한 가족씩 따로 만나는 것이 좋다. 교사가 판단하기에 합동회의가 다루기 어려울 것이라고 보인다면, 학교 심리학자나 상담자가 참석할 수 있다.

폭력학생의 학부모는 무엇을 할 수 있는가　학부모가 자녀에게 분명히 알려야 할 것은 부모로서 폭력문제를 심각하게 취급하고, 앞으로는 어떠한 폭력행동도 용납하지 않을 것이라는 점이다. 학교도 학부모도 학생의 폭력행위에 대해 지속적으로 부정적인 반응을 보인다면 폭력학생이 자기 행동을 고칠 가능성이 상당히 증가한다. 공격적 학생은 규칙 준수의 문제가 있는 경우가 많고, 가족관계가 원만하지 않고 무질서할지도 모른다. 이런 배경을 고려하여, 학부모는 가정의 몇 가지 단순한 생활규칙에 관해 자녀와 합의하도록 함께 노력하는 것이 필수다. 자녀가 합의된 규칙을 지킬 때 부모가 크게 칭찬하고 좋은 평가를 내려 주는 것이 중요하다. 어른들이 어느 정도 자기를 좋아하고 평가한다고 느낄 때, 그 자녀는 공격적인 태도를 고치기가 더 쉽다. 그러나 자녀가 합의된 규칙을 어겼을 때는 일정한 부정적 제재나 결과가 뒤따르는 것이 중요하다.

폭력과 기타 바람직하지 않은 행동은 어른들이 그 자리에 없거나 학생들이 무엇을 하는지 모르고 있을 때 일어난다. 따라서 자녀의 친구들이 누구인지, 자녀와 친구들이 무엇을 하는지 알아내려고 부모가 노력하는 것이 중요하다. 자녀와 함께 있는 것도 공동의 긍정적인 체험을 위해, 자녀의 성격과 반응에 대한 이해 증진을 위해 좋은 기회가 된다. 이런 식으로 한층 신뢰하는 관계가 서서히 발전하고, 자녀는 부모의 말에 더욱 귀를 기울이고 그 영향을 더 많이 받게 된다. 그러면 부모는 자녀가 덜 공격적이고 한층 타당한 반응양식을 발견하도록 도와줄 수도 있다.

희생자의 학부모는 무엇을 할 수 있는가　학부모는 만일 자신의 자녀가 폭력의 희생자라는 것을 알거나 의심이 되고, 학교에서 그 상황에 관해 알려 주지 않을 때, 가능한 빨리 자녀를 맡은 교사와 접촉해야 한다. 그 목적은 폭력문제에 관해서 학교와 협조하려는 데 있다.

전형적인 '수동적 희생자'는 불안하고 불안정하며 자신감도 낮고 친구가 거의 없거나 아주 없기 때문에, 학부모는 자녀에게 진행되고 있는 어떠한 폭력 상황에 대해서도 스스로 좀 더 잘 적응하도록 도와주려고 하는 것이 중요하다. 희생자의 자신감을 증진시키는 방법 가운데 한 가지는 부모가 자녀를 격려하여 그 잠재적 재능과 적극성을 발전시키도록 해 주는 것이다. 이 방법은 희생자 학생이 동료 학생들 사이에서도 자기주장을 하도록 도와줄 수 있다. 사회적으로 소외된 학생은 대개 접촉을 시도할 때 아주 미숙하므로, 학부모 또는 학교의 심리학자가 접촉을 개시하는 방법에 관해서 구체적이고 자세한 방안을 가르쳐 주는 것으로써 도와주는 것이 중요하다. 과거의 여러 가지 실패 때문에 희생자가 조그마한 문제가 생겨도 포기하려고 할 것이므로, 학부모는 지원과 격려를 아끼지 않는 태세를 갖추어야 한다. 자녀가 폭력에 시달리거나 동료 그룹에서 소외되어 있음을 학부모가 발견한 경우, 자녀를 지원하고 자녀가 실망하지 않도록 보호하려는 노력을 해야 한다.

'도전적인 희생자'의 태도는 폭력행위를 더욱 부채질할 수 있다. 이런 경우에 학부모의 중요한 임무는 환경에 자극을 덜 주는 반응형식을 자녀가 발견하도록 조심스러우면서도 단호하게 도와주는 것이다. 도전적 희생자가 친교기술을 발전시키고, 동료그룹의 비공식적인 친교 규칙을 좀 더 잘 이해한다면 크게 도움이 된다. 도전적 희생자와 수동적 희생자는 불안정성과 자신감의 부족 등의 공통점을 가지고 있다. 그러나 도전적 희생자는 대개 성미가 급하고 폭력학생과 마찬가지로 일련의 규칙에 복종하는 데 문제가 있다. 따라서 폭력학생의 행동을 변화시키는 것과 관련된 몇 가지 조치를 취하는 것도 도움이 된다. 도전적 희생자의 행동에는 과도한 활동의 요소들이 들어 있는 경우가 많다. 이런 경우가 좀 더 심해지면 이 방면의 전문적 지식을 갖춘 아동심리학자나 정신분석가의 추가 지원이 필요하다.

상상력의 활용　교사는 폭력학생이나 희생자가 좀 더 적절한 반응양식을 발견하도록 도와주기 위해 학생에 대한 자기 지식과 학교 상황을 여러 가지 방법으로 활용할 수 있다. 예를 들면, 교사는 희생자가 인기 있는 다른 학생 한 명과 더불어 학급 과제를 연구하고 그 결과를 학급에 보고하도록 할 수 있다. 이 방법은 인기가 없는 학생의 인기를 높일 수 있다. 그러나 교사는 희생자에게 과제를 선정해 줄 때, 그 희생자가 처리하지 못하는 상황에 처하지 않도록 주의해야 한다.

또 다른 방법은 폭력에 가담하지 않은, 우호적이고 유능한 학생들과 비공식적인 협력관계를 설정하는 것이다. 이러한 '핵심 학생들'이 희생자를 어느 정도 보호하거나, 폭력학생을 '중립화시키는' 일을 하는 등 폭력에 대해 적극적으로 배척하려고 한다면 대단히 큰 도움이 될 것이다.

희생자나 폭력학생들의 학부모들을 위한 토론그룹　폭력문제 수정이 많이 요구되는 학생들과 그 학부모들을 도와주기 위해 훈련받은 치료사나 그룹지도자가 지도하는 토론그룹에 희생자나 폭력학생의 학부모들을 참여시킬 수 있다. 폭력학생과 희생자는 그 범주가 서로 정반대이므로 양쪽의 학부모들은 서로 다른 그룹에 참여해야 한다. 그러나 상황에 따라 양쪽의 학부모가 서로 상대방의 입장에서 폭력문제를 바라볼 수 있도록 같은 그룹에서 만나게 할 수도 있다.

학급의 이동 또는 전학　확인된 폭력문제는 학교와 학급 수준에서 제시된 조치들에 따라 '그 자리에서' 해결하는 것이 바람직하다. 그러나 해결을 반복적으로 시도했음에도 불구하고 계속 문제가 남아 있다면 학급의 이동 또는 전학이 해결책이 된다. 공격적인 학생들이 한 학급에 몰려 있는 경우, 학교는 관련 학생들의 학부모들과 먼저 상의한 다음 그 학생들을 서로 다른 학급이나 다른 학교로 이동시켜야 한다. 폭력을 그만두지 않는다면 다른 곳으로 이동된다는 해결책은 변화를 위한 압력으로 작용할 수도 있다. 우선적으로는 희생자가 아니라 공격적인 학생을 이동시켜야 한다. 그러나 이런 해결책을 취할 수 없다고 보는 경우, 희생자를 이동시키는 방법도 유익한 결과가 예상된다면 그 가능성을 고려할 수 있다. 어떠한 경우에도 학급 이동이나 전학은 관련 교사들과 학부모들이 서로 상의하여 조심스럽게 계획하고 준비해야 한다.

3) 올베우스 프로그램의 효과

프로그램의 효과를 알아보기 위하여 프로그램 실시 후 4~8개월 후와 20개월 후를 측정한 결과 가해·피해 수준에 각각 뚜렷한 감소가 있었다. 가능성을 지닌 학생들의 백분율도 약 50% 이상씩 감소하였다. 그런데 등·하교 시의 괴롭힘은 변화가 없었다. 반면, 싸움질, 좀도둑질, 만취, 무단결석과 같은 일반적인 반사회적 행동에 있어서는 명확한 감소가 있었다. 학급의 '사회적 분위기'의 다양한 면(질서와 규율의 개선, 더 긍정적인 사회적 관계, 그리고 학업과 학교에 대한 더 긍정적인 태도)에서도 뚜렷한 개선이 보고되었다. '휴식시간이 좋음' 등 학교생활에 대한 만족도가 증진되었으며, 1년 프로그램보다 2년 프로그램이 더 뚜렷한 효과가 있었다(Olweus, 1989, 1992a). 따라서 이것은 이미 존재하는 가해자, 피해자에게 영향을 주었을 뿐 아니라 새로운 희생자의 수도 감소시켜, 1차/ 2차 예방 효과가 있는 것으로 나타났다(Olweus, 1994). 올베우스 프로그램의 성공 요인을 분석해 보면, 첫째, 가정과 학교의 의식 및 개입이 절대적인 필요조건이며, 둘째, 대상의 분류에 따라 프로그램을 진행하고, 셋째, 괴롭힘에 대한 이해와 괴롭힘을 금지하는 명확한 규칙의 설정과 개발로 나타났다(정진희, 2009).

4 독일의 학교폭력 대응 사례: 학교심리센터[3]

독일에는 학교와 관련된 모든 문제를 도와줄 수 있는 학교심리센터(Schul Psychologischer Dienst)가 있다. 한국의 각 시·도에 있는 청소년상담지원센터나 현재 교육부에서 주축이 되어 진행하고 있는 Wee 프로젝트의 Wee 센터와 같은 과제를 수행하는 공립기관이다.

1) 학교심리센터의 기본 이념

독일 학교심리센터의 기본 이념은 학생의 복지를 최우선으로 한다는 것이다. 교사와 학부모 그리고 교육행정기관 사이에 갈등이 발생하면, 교사와 학부모 그리고 교육행정기관 중에 누가 더 옳고 그르냐를 따지기보다 누구의 입장이 더 학생을 위한 것이냐에 중점을 두고 해결책을 모색한다. 즉, 교사와 학부모 그리고 교육행정기관이 추구하는 공동의 목표인 학생의 복지가 최우선이라는 방향에서 모든 갈등이 조정되고 서비스가

---

3. 이 글은 필자 중 한 명(홍종관)이 2010년 교과부에서 발행한 『꿈나래 21』 5월호에 기고한 글을 재편집한 것이다.

이루어진다. 그러나 이렇게 학생의 복지를 최우선으로 하면서도 간과하지 않는 것은 부모나 교사, 교육행정가 각자의 입장을 존중하고, 또 그들의 요구와 그들이 직면한 문제 해결을 위해 적극 지원하고 상담하고 정보를 제공한다. 그리하여 결국 학생의 복지가 제대로 이루어지게 한다는 방침이다.

2) 학교심리센터의 특징

학교심리센터의 특징은 다음과 같다.

(1) 개방성

학교상담서비스는 학교상담과 관련된 모든 사람과 기관에 개방되어 있다. 학교심리센터는 가정과 학교 그리고 교육행정기관에 있는 개인적이고 사회적인 문제를 해결해 주기 위해 개인(아동, 청소년, 부모, 교사, 교장, 교육공무원 등)과 집단 및 기관(가족, 교사집단, 교육기관)을 상담하고 지원하고 컨설팅한다.

(2) 중립성과 독립성

학교심리사들은 아동 · 청소년, 부모, 교사, 그리고 교육행정가 4자의 이해관계를 중립적으로 중재하기 위해 교육부나 교육청으로부터 그 어떤 압력도 받지 않는다. 학교상담센터는 법적, 행정적 틀을 전국과 주 정부의 교육부에서 제공받지만 실제 운영에 있어서는 주 정부 소속의 한 기관으로 교육행정당국으로부터 독립적으로 운영된다.

(3) 자유성

학교심리서비스는 내담자의 자유의지에 따라 제공된다. 즉, 학교상담기관에서 제공하는 서비스는 내담자나 도움을 받고자 하는 기관의 자유의지에 따라 시작되고 계속되며 종결된다.

(4) 비밀 유지

학교심리기관에서 이루어진 심리검사 결과와 상담 내용은 비밀 유지가 의무화되어 있다.

(5) 무료

학교상담센터는 공립이다. 즉, 학교심리센터의 운영은 주와 시의 행정적·재정적 지원을 받아 운영된다. 따라서 심리검사, 상담 및 치료, 상담컨설팅 등 모든 서비스 비용이 무료다.

3) 학교심리센터 서비스의 종류와 팀 구성

(1) 서비스의 종류

학교심리센터에서 제공되는 서비스의 종류는 다음과 같다.

- (학급 안팎에서, 학생들 간의, 학생집단과의) 사회적 갈등의 해결을 위한 교사상담, 부모상담, 학급 중재 및 조정
- (가정과 학교 그리고 직업에서의) 교육문제의 해결을 위한 교육상담, 가족상담, 정보제공, 진로상담
- (개인 내적인, 환경으로 인한) 개인적인 문제의 해결을 위한 상담과 중재
- (모든 과목에서, 일반적인 학교성적문제) 학교성적문제의 해결을 위한 심리진단, 학습기술 훈련, 지원체계의 수립
- 특별한 영재(부적절한 교육적 조치로 인한 영재의 문제행동, 학교 형태, 진학)를 위한 영재 판별, 지원체계 수립, 진로상담
- 학습 태도 문제(학습의 어려움, 주의집중 문제, 시험공포 등)의 해결을 위한 학습기술 훈련, 집중력 훈련
- 이해당사자 간의 갈등문제의 해결을 위한 갈등 관리, 위기 중재, 학급 중재
- 집단조직에 관한 문제의 해결을 위한 위기 상황에서의 집단 조정 및 중재
- 개인적인 교육적 행동에 대한 반성을 위한 코칭, 실습 안내 등

(2) 팀 구성

학교심리센터에는 앞의 여러 유형의 학교심리서비스를 위해 몇 개의 팀이 구성되어 있다. 각 팀의 구성은 지역별로 약간의 차이가 있지만 일반적으로 '학교부적응 문제 담당 서비스 팀', '영재학생 담당 서비스 팀', '약물치료 팀', '위기중재 서비스 팀', '예술치료 팀', '가족상담 팀', '교사 상담연수 및 슈퍼비전 팀' 등이 있다. 그리고 각 팀은 각 도시의 학생 수와 서비스의 필요에 따라 학교심리사의 인원이 달라진다. 각 팀 중심으로 학교상담 서비스가 실시되고 다른 팀의 도움이 필요한 경우 상호 간 협조한다. 상호 간 협조를 위해 상담 사례를 가지고 매주 있는 전체 팀장회의에 각 팀장이나 문제가 되는 사례 담당자가 참석하여 문제가 되는 학생을 다각도로 돕기 위한 토론과 협조가 이루어진다.

4) 학교심리센터 서비스의 실제

(1) 상담신청

학교심리센터 서비스는 상담신청으로 시작되는데 상담신청은 전화, 편지, 이메일, 방문 등을 통하여 이루어진다. 보호적인 차원에서 상담이 신청되면 먼저 비공식적인 대화를 하고, 필요하다고 판단되면 정식 상담을 시작한다. 미성년자를 위한 상담신청은 미성년자의 교육권이 있는 보호자의 동의를 얻어야 한다.

(2) 상담 과정

학교심리센터에서의 상담 과정은 일반적으로 다음과 같이 진행된다.

- **상담신청**: '더 이상 참을 수 없다.' 문제를 인식, 상담신청
- **첫 면접**: '누가 무엇을 어떻게 보는가?' 내담자 문제의 설명과 경청, 이해
- **진단**: '어떤 장점과 단점을 가지고 있는가?' 면담, 검사, 놀이, 학교방문, 관찰 등을 통하여 문제와 관련된 제반요인과 원인을 총체적이고 통합적으로 진단
- **상담 및 최선의 해결책 모색하기**: '어떤 가능성을 가지고 있는가?'
- **최선의 해결책 수행하기**: '누가 무엇을 언제까지 하는가?' 구체적인 변화 과정이 있

도록 한다.

- 상담 효과 유지하기: '더 나아졌는가?' 전개 과정과 효과 유지를 위한 전문적인 상담 서비스가 단기적으로 그리고 장기적으로 행해진다.

학교심리기관의 상담 과정이 일반적으로 앞에 제시된 것처럼 진행된다는 것이지 반드시 이렇게 진행되어야 한다는 것은 아니다. 상담이 시작되면 사례에 따른 여러 가지 변화요인을 고려하여 학교심리사가 개인적인 상담 역량을 가지고 융통성 있게 상담을 진행해야 한다.

5) 학교심리센터 서비스의 사례

(1) 사례 1: ADHD 학생으로 인한 학부모와 교사의 갈등상담 사례

초등학교 2학년인 ㄱ 학생은 수업시간에 ADHD 학생처럼 행동하였다. 그래서 담임교사는 학부모 상담을 요청했는데, ㄱ 학생의 아버지는 학생의 문제행동을 담임교사의 문제로 보고 담임 교체를 학교 당국에 요구했다. 담임교사의 입장에서는 억울한 일이었다. 그래서 이 문제의 해결을 학교심리센터에 의뢰하였다.

학교심리센터에서는 학교를 방문하여 ㄱ 학생의 수업장면을 직접 관찰하였다. 그리고 ㄱ 학생에게 부모의 동의하에 ADHD 검사를 실시했다. 그 결과 이 학생은 담임교사 때문이 아니라 본인 자신이 ADHD 요인을 가지고 있다는 판정이 나왔다. 그래서 학부모가 원하는 대로 담임교사를 교체하지 말아야 하지만, 학생의 복지 차원에서는, 담임교사가 그동안 아버지의 부당한 행동으로 상처를 입었고, 그로 인해 그 학생과도 불편한 관계가 되었다는 점이 고려되어, 학급 담임을 교체해 주었다. 그리고 그 학생에게는 ADHD 치료를 위한 상담 및 심리치료와 약물치료 서비스를 제공하였다.

(2) 사례 2: 진로상담 사례

독일의 초등학교 과정은 4년이다. 이 기간에 담임교사는 교체되지 않는다. 4년간 초등학교 교육과정을 마치면 학생들은 상급 학교로 진학을 하게 되는데, 상위 60% 안에 든 학생은 김나지움(Gymnasium)으로 가고 나머지는 레알학교(Realschule), 하우프트학교(Hauptschule)로 가게 된다. ㄴ 학생은 초등학교를 마칠 때의 성적이 상위 60%에 조금 못 미쳤다. 그래서 담임교사는 ㄴ 학생을 레알학교로 배정하였다. 이에 대해 학부모는 반발하였다. 김나지움을 가도록 해 달라고 학교 당국에 요청했다. 학교장은 담임교사의 의견을 존중하여 그렇게 할 수 없다고 학부모에게 말했다. 그러자 학부모는 이 문제를 학교심리센터에 의뢰하였고, 학교심리센터에서는 ㄴ 학생에게 지능검사와 수행평가를 실시하였다. 그 결과 ㄴ 학생의 학업성취는 김나지움으로 진학하기에는 조금 부족하여 레알학교로 진학하는 것이 맞았다. 그리고 학습능력인 지능검사 결과는 115였다. 즉, 학습부진이 있었던 것이다. 그래서 학교심리센터에서는 학생도 원하고 학부모도 김나지움을 원한다면 김나지움을 진학할 수 있도록 하였다. 그 대신 학년을 마치고 개학하기 전인 방학 동안 ㄴ 학생의 약간 부족한 학력을 보완해야 한다는 약속을 하도록 했다.

(3) 사례 3: 영재상담 사례

ㄷ 학생은 초등학교 3학년 때에 어머니가 돌아가셨다. ㄷ 학생은 초등학교 4학년 때 학교심리센터에 의뢰하여 실시한 개인 지능검사 결과가 137이었다. 특히 ㄷ 학생은 수학에 영재성이 있었다. 그는 김나지움에 진학하였다. 그는 새어머니와 관계가 좋지 않았다. 학교에서 자주 교사들에게 대들었다. 공부에 점점 흥미를 잃어 가고 며칠씩 결석하고 가출도 하였다. 점점 가출이 잦아지고 수업 일수가 모자라 김나지움 6학년 때에는 유급을 하게 되었다. 교사의 권유로 ㄷ 학생은 학교심리센터에서 학습부진과 정서불안에 대한 상담과 치료를 받았다. ㄷ 학생의 계속되는 가출로 학교심리센터에서의 상담과 치료가 중단되었다. 가출에서 돌아온 ㄷ 학생은 친구들과도 자주 싸웠다. 결국 김나지움에서 더 이상 학교를 다니지 못하게 되고 정서행동장애학교로 전학가게 되었다. 거기서도 ㄷ 학생은 자주 결석하고 가출을 계속하였다. 아버지의 권유로 ㄷ 학생은 학교심리센터에 의뢰되었다. ㄷ 학생은 영재서비스 팀에서 주관하는 수학영재 프로젝트에 참여하였다. ㄷ 학생은 학교심리센터의 추천으로 전국 수학경시대회에 나가게 되었고, 거기서 좋은 결과를 얻었다. ㄷ 학생은 김나지움 10학년으로 편입되었고 잘 적응하였다.

5 호주의 학교폭력 대응 사례: PEACE Pack 프로그램

PEACE Pack 프로그램은 호주의 대표적인 학교폭력 개입 프로그램이다. 호주 연방 정부는 학교폭력에 대한 국가 연구인 'Sticks and Stones'(1994)에서 호주 학교에서 학교 폭력은 심각한 문제라고 결론을 내렸다. 이 연구에서는 학교폭력을 줄이기 위한 개입 프로그램들의 개발, 실행 그리고 평가를 요구하였다. 이러한 요구에 부응하기 위해 플린더스대학교의 Slee 교수가 학교에서 괴롭힘과 같은 학교폭력을 감소시키기 위한 프로그램인 PEACE Pack이라는 개입 프로그램을 개발하였다.

1) PEACE Pack 프로그램의 기본 방향

PEACE Pack 프로그램은 학교의 정책, 고충처리 절차, 교육과정 계획, 학생 사회 지원 프로그램과 관련된 학교폭력 금지 정책의 수준을 평가하기 위해 각 학교에 체계적 기반 개입의 틀을 제공한다. 이들 요소들은 학교폭력을 감소시키는 프로그램을 계획하고 적용하고 평가하는 과정을 순서적 단계로 나타내는 준비(Preparation), 교육(Education), 실행(Action), 대처(Coping), 평가(Evaluation)라는 단계들로 조직되고 분류된다. 프로그램은 각 학교가 학교폭력 개입 프로그램을 발전시키기 위한 종합 패키지의 부분으로서 정책, 고충처리 절차, 학습 계획과 같은 실제적인 자료를 제공한다.

이론적으로는 학교폭력 문제가 관계들 속에서 존재하고 사회 구성주의자의 관점에서 이해되는 시스템 사고(system thinking)의 기본 원칙에 따른다. 통제와 변화가 필요한 '나쁜' 학생으로서의 가해자와 도움과 보호가 필요한 피해자가, 즉 함께 가해-피해 사이클에 휘말린 학생들이 몇 가지 새로운 기술을 습득해야 하는 '일차적' 변화를 포함할 수 있다. 만약 상황에 대한 관점이 정확하고 구체적이며 학생들이 단지 몇 가지 새로운 기술을 익히는 것이 필요하다면, '일차적' 개입은 프로그램에 포함되어야 할 것이다. 그러한 프로그램의 개입에 대한 효과는 Owens와 Slee 그리고 Shute(2002)의 연구에 의해 입증된 바 있다.

'이차적' 변화는 시스템이 변하기 시작할 때 일어날 것이다. 예를 들어, 학교는 현재 학교의 절차들이 어떻게 유지되고, 심지어는 학교폭력을 증폭시키고 조장하는지에 관한 정책과 실제를 검토함으로써 몇 가지 통찰을 얻을 수 있다. 태도, 인식, 신념을 수정하는 데 있어서 학교 공동체는 매우 다른 관점으로 학교폭력 문제에 접근하는 것을 선택할 수도 있다. 초점을 바꿔서 더 시스템적인 관점으로 생각하면, 변화는 학교 시스템 전체에 퍼질 것이다.

나쁘거나 괴롭히는 학생의 문제행동을 '변화시키는 것'과 희생자를 '돕는 것'에 집중하는 대신에 관계, 역할, 괴롭힘을 조장하는 시스템 안에서의 상호작용과 의사소통에 숙고하게 될 것이다. 시스템이 스스로 변화하거나 재구성되기 시작할 때, '이차적' 변화가 일어난다.

PEACE Pack 프로그램과 관련된 또 다른 중요한 요소는 사회적으로 구성되는 의미라는 것이다. 시스템 사고는 치료교육, 개인의 결점과 약점을 강조하는 전통적인 서구의 과학적 사고와 상충한다(Slee & Shute, 2003). '결점' 접근과 대조적으로, 시스템 사고는 능력, 성공 그리고 개인의 강점에 강하게 초점을 두는 사회 구성적인 의미에서 개인의 적극적인 역할을 강조한다. 그것은 의미관계, 상호작용, 의사소통에 의해 구성된다는 '사회적' 견해를 받아들인다.

2) PEACE Pack 프로그램의 내용

PEACE Pack 프로그램의 목적은 학교 기반 전략들을 통해 학교폭력을 줄이는 것이다. PEACE Pack은 학교가 학생들에게 안전한 학습과 놀이환경을 제공할 수 있는 체계적인 틀을 제공함으로써 학교폭력이 감소할 수 있도록 하는 학교 관계자들을 지원하기 위해서 만들어졌다.

PEACE Pack은 유치원생부터 고등학생까지 적용할 수 있으며, 자신의 학급이나 학교의 폭력행동 금지 프로그램들의 실행과 검토에 관심 있는 교사, 학교상담사, 학교 관리자가 사용할 수 있다. 또한 학교와 지역사회에서 프로그램을 소개하고 있는 사회복지사들이 관련 프로그램들과 PEACE Pack을 함께 사용할 수 있다. 학교가 괴롭힘과 폭력을 적절히 다룰 수 있도록 고안된 PEACE Pack 프로그램의 단계별 내용 및 구성 요소는 다음과 같다.

(1) 준비 단계

P(Preparation)는 학교폭력 문제에 대한 약간의 이해를 가지고 스스로 준비하는 단계

다. PEACE Pack에 있는 많은 아이디어, 재료, 자원들은 많은 초·중등학교 교사로 이루어진 포커스 그룹(focus group)이 포함되어 있는 2년 연구 프로그램의 부분으로 개발되었다. 이 교사들은 학교폭력을 줄이기 위한 아이디어를 개발하고, 공유하고, 실행하기 위해 정기적으로 회의를 하였다. 포커스 그룹은 학교에서 한 학기에 두세 번 모임을 가졌다. 모임은 관련 일 외에도 사회적인 요소들도 포함하려고 하였다. 각 회의마다 회의록을 작성하였고, 모든 구성원에게 유포하였다. 포커스 그룹은 특정 주제를 다루는 소규모 집단 토론도 포함한다. 또한 집단 조언, 새로운 아이디어 표현, 모두가 자신의 생각을 표현할 수 있는 기회를 장려하는 형식이다. 포커스 그룹 회의의 아이디어는 다음 각 단계에 그 윤곽을 제공한다.

포커스 그룹: 첫 번째 회의

아마도 포커스 그룹을 만들기 위해 다른 학교의 관련 동료에게 연락하는 것에 대해 생각할 것이다. 첫 번째 회의를 실행하기 위한 아이디어들은 PEACE 소책자의 자료들을 참조할 수 있다.

---

(2) 교육 단계

E(Education)는 교육 단계다. 이 단계에서는 교육이 개입하며 문제에 대한 이해를 하게 된다. 여기에서 강조하는 것은 학교에서의 폭력문제에 대해 관계자, 학생, 학부모를 교육하는 것이다. 교육은 학교폭력에 대한 정보를 수집하는 것과 학교 관계자들을 위해 세미나와 워크숍을 운영하는 것을 포함한다. 학교폭력 문제를 제기하는 것은 관계자들 속에서 일련의 신념, 태도, 견해를 끌어내는 것이다.

다음의 연습은 학교폭력에 대한 흔한 오해들을 논박하기 위한 기본 틀을 제공한다. 이러한 오해들은 관계자 회의나 워크숍에서 학교폭력 감소 프로그램에 대한 관계자들 간의 벽을 낮추기 위한 방법으로 표현되고, 논의되고, 논박될 수도 있다.

학교에서의 폭력을 이해하기 위해서는 학생, 학부모, 교사에게 질문하고, 다양한 방법을 사용하여 학교폭력을 알아내야 한다. 사용할 수 있는 방법에는 학교의 정학처분, 정학·퇴학 기록을 검토하기, 사유를 알아내기 위해 '타임아웃(time-out)' 중인 학생 조사하기, 학교폭력에 대한 학생·교사·학부모의 인식 인터뷰하기, 학교폭력이 자주 발생하는 '주요 장소'로 특별히 언급되는 학교 운동장 관찰하기, 학생들의 학교폭력 경험에 대한 익명의 설문조사를 고안하고 실시하기가 있다. 이러한 방법을 사용하여 수집된 자료는 관계자 회의에서 발표할 수 있다. 이는 문제에 대한 생각을 불러일으키게 하고, 사후 개입을 위한 기본 바탕을 제공한다.

표 12-1 오해 논박하기-관계자 연습

오해	오해에 대한 논박
학교폭력은 없다.	• 문헌, 통계 보기 • 학교 설문조사 결과 보기 • 학생들을 인터뷰하고 결과 보기
학교폭력이 있을 수 있지만, 해를 입히지 않는다.	• 문헌 보기 • 해를 입힌 영향에 대해 학생들과 이야기하기 • 학교폭력을 당해 본 어른과 이야기하기
학교폭력이 해로울 수 있지만, 학생들은 극복할 수 있다.	• 가해자들은 청소년과 성인에서 더 문제가 되기 쉽다. • 피해자들은 건강이 나빠지고 우울해지기 쉽다.
학교는 학교폭력을 다루기 위한 전문지식을 가지고 있지 않다.	• 학교폭력을 줄이기 위해 가장 효과적인 프로그램은 학교를 기반으로 하고, 학생, 관계자, 학부모의 전문지식을 활용하는 것이다.
학교가 학교폭력 문제를 다루게 하고, 나를 포함시키지는 마라.	• 학교폭력을 멈추는 것은 각각의 관계자들과 학생들이 개인적으로 책임감을 가지는 것에서 시작한다. • 학교폭력에 반대하는 행동은 학급 수준과 각각의 관계자, 학생, 학부모 개인 수준에서의 행동을 포함한다.
나는 학교폭력을 멈추는 것을 돕기 위해 무엇인가 할 수 없다.	• 각자 개인이 취할 수 있는 행동을 확인하기

포커스 그룹: 두 번째 회의

• 첫 번째 회의에서 각자 알게 되었다면, 학교폭력의 성격과 정도를 평가하기 위한 방법을 고안하라(예: 설문조사, 인터뷰, 관찰).
• 자료는 수집되고 그룹에게 보일 수 있다.
• 정보는 다음을 고려하여 수집될 수 있다.
 -괴롭힘의 빈도
 -학교폭력으로부터 학생들의 안전감
 -학교폭력에 반응하는 교사들에 대한 학생들의 인식

(3) 실행 단계

A(Action)는 행동을 취하는 실행 단계다. 만약 학교폭력에 대한 정보를 스스로 준비하고 교육을 향한 첫 번째 단계를 취했다면, PEACE Pack 프로그램의 세 번째 단계에서는 학교폭력을 줄이기 위한 행동을 실행에 옮기는 것을 포함한다. 이때는 학교폭력을 줄이기 위해 택한 행동과 전략을 개발하는데, 교직원 행동(Action for Staff)과 학생 행동(Action for Students)으로 나뉜다.

먼저 교직원 행동 단계에서 진행할 수 있는, 워크숍을 위한 아이디어를 제안하면 다음과 같다. 워크숍의 목표는, 첫째, 학교폭력에 대한 학교의 반응을 이해하도록 하는 것이고, 둘째, 학교폭력 줄이기에 교사가 개입되도록 장려하는 것이다. 이러한 목표를 달성하기 위해 워크숍에서의 목적은, 첫째, 학교폭력을 줄이기 위해 필요한 학교 자원을 확인하고, 둘째, 학교폭력을 줄이기 위해 필요한 정책과 개발해야 할 전략들을 확인하는 것이다. 워크숍은 〈표 12-2〉와 같이 진행할 수 있다.

호주의 연구는 학생들의 대부분이 학교폭력을 지지하지 않지만, 불행하게도 그들이 학교폭력을 예방하는 데 있어서 중요한 역할을 할 수 있다는 것은 알지 못한다고 분명하게 지적하고 있다. 학교폭력을 예방하기 위한 학생 행동으로는 교실에서 학교폭력 문제를 언어 예술(읽기), 드라마, 그림(포스터 디자인), 수학(설문조사 설계), 개인 발달(자존감, 갈등해결)과 같은 교육과정에서 다루는 것이다. 교실에서 사용할 수 있는 학교폭력 예방을 위한 학생 행동을 예시하면 [그림 12-1]과 같다.

포커스 그룹: 세 번째 회의

- 학교 정책의 다양한 사례를 보여 주고 의논할 수 있다.
- 관계자 회의를 위한 아이디어들이 윤곽을 나타낼 수 있다.
- 정책 개발에서 학부모 개입 문제를 의논할 수 있다.
- 학교폭력이 발생하는 '주요 장소(hot spot)'를 확인하기 위해 학교 지도를 사용하면서 운동장에서의 행동에 대한 설문조사를 계획할 수 있다.

표 12-2 워크숍의 진행 절차

시간(분)	행동
5분	발표자가 워크숍의 목표/목적을 확인할 것이다.
35분	학교의 설문조사와 관찰로 수집된 자료에 근거하여 학교폭력의 정의, 빈도, 영향에 대한 정보를 제공할 것이다.
15분	학교는 학교폭력과 같은 사건에 어떻게 반응해야 하는가에 초점을 두고, 전체 관계자 또는 소그룹에서 정보를 논의할 수 있다.
10분	휴식 시간
5분	워크숍 형식 설명: PEACE 절차 제시
30분	• 학교폭력에 반대하는 정책-어떤 학교정책이 준비되어 있거나 필요한지 결정하기 • 교실에서의 학교폭력-교실에서의 학교폭력 유형/그것을 예방하기 위한 전략/발생하는 방법/학교폭력을 멈추기 위해 교사가 할 수 있는 것을 확인하기 • 운동장에서의 학교폭력-운동장에서의 학교폭력/어떻게, 언제, 어디에서(hot spot) 발생하는지 그것을 예방하기 위한 전략/학교폭력을 멈추는 방법 확인하기 • 학생 개입-학교폭력을 줄이기 위한 정책과 전략에 학생들을 어떻게 개입시킬 것인지 고려하기 • 학부모 개입-학부모를 프로그램에 개입시키는 방법/학교 계획과 커뮤니케이션하는 방법/학교폭력에 개입된 학생들의 학부모를 상담하는 방법을 고려하기
15분	재소집, 그룹이 찾은 결과들을 발표하기, 다음에 요구되는 행동 결정하기, 가능하면 코디네이터 역할을 맡기 위해 개인 또는 소그룹과 교감하기

(4) 대처 단계

C(Coping)는 대처 단계로 교직원, 학생, 학부모를 위한 대처 전략들이 나타난다. 학교폭력 대처는 정신·태도 대처, 행동 대처, 교육과정 대처, 학부모 대처로 나눌 수 있다. 학교폭력 대처는 학교폭력이 용인되지 않는 환경을 만드는 것을 포함한다. 학교의 정신(ethos)은 미션·비전 진술과 학교정책을 통하여 가장 힘 있게 소통할 수 있다. 이 진술은 학교에 의해 지지되는 가치, 태도, 행동을 나타낸다. 또한 어떤 정책이 개발되고 운영되는지에 대한 틀(framework)을 제공한다. 진술의 예는 다음과 같다.

ⅰ. 공부하고 놀기에 안전한 학교환경을 만든다.
ⅱ. 우리 학교는
  • 복음의 가치를 증명하고   • 각자의 존엄성을 존중하며
  • 협동을 가치 있게 보며   • 우정의 정신을 기르는 곳이다.

iii. 우리는 우리 학교에서 모든 사람이 존중과 배려받을 권리가 있다는 것을 믿는다.

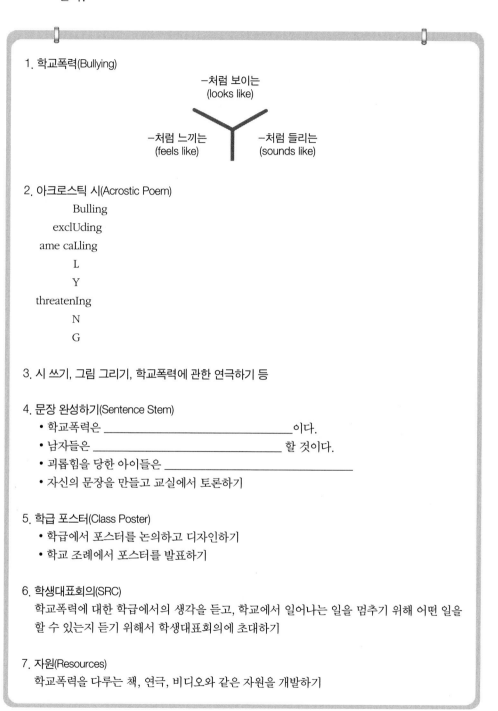

1. 학교폭력(Bullying)
   - ~처럼 보이는 (looks like)
   - ~처럼 느끼는 (feels like)
   - ~처럼 들리는 (sounds like)

2. 아크로스틱 시(Acrostic Poem)
   Bulling
   exclUding
   ame caLling
   L
   Y
   threatenIng
   N
   G

3. 시 쓰기, 그림 그리기, 학교폭력에 관한 연극하기 등

4. 문장 완성하기(Sentence Stem)
   • 학교폭력은 _____이다.
   • 남자들은 _____ 할 것이다.
   • 괴롭힘을 당한 아이들은 _____
   • 자신의 문장을 만들고 교실에서 토론하기

5. 학급 포스터(Class Poster)
   • 학급에서 포스터를 논의하고 디자인하기
   • 학교 조례에서 포스터를 발표하기

6. 학생대표회의(SRC)
   학교폭력에 대한 학급에서의 생각을 듣고, 학교에서 일어나는 일을 멈추기 위해 어떤 일을 할 수 있는지 듣기 위해서 학생대표회의에 초대하기

7. 자원(Resources)
   학교폭력을 다루는 책, 연극, 비디오와 같은 자원을 개발하기

[그림 12-1] 교실에서의 행동(Action in the classroom)

네 번째 회의에서 교사들은 다음을 발표할 수 있다.
- 자신들의 설문조사 결과
- 각자의 수업 계획 세부 사항들
- 정책 개발에 교수 관계자들(teaching staff)이 개입하는 방법에 대한 세부 사항들[예: 정책 논의를 위해 학생 없는 날(pupil free day) 사용하기]

그룹은 프로그램을 실행하는 데 있어서 발생할 수 있는 문제들을 논의할 수 있다.

대처의 두 번째 요소는 학교폭력을 줄이기 위한 행동 전략을 의미한다. 여기에는 고충처리 절차, 학교환경, 준비된 학교 프로그램을 제시한다. 고충처리 절차는 세 단계로 되어 있다. 이는 학교폭력 문제가 생기거나 반복될 때 교직원에게 가이드라인을 제시하는 것으로, 각 단계는 많은 학교가 참여하여 개발하였다. 이는 유용하게 활용할 수 있다. 고충처리 절차의 첫 번째 단계는 진지하게 보고서를 받아들이는 것이다. 만약 학교가 기록하는 방법을 가지고 있다면, 사건을 기록한다. 두 번째 단계에는 가해자와 피해자를 구분하여 회의를 소집한다. 만약 '심각한' 문제일 경우에는 세 번째 단계로 간다. 문제를 '내부적인(in-house)' 것으로 다루고, 가해자가 배상으로 할 수 있는 것을 확인한다. 추후 회의를 마련한다. 세 번째 단계에서는 가해자와 피해자의 부모에게 연락하고, 분리하여 회의를 마련하거나 또는 공동체 회의를 활용한다. 그리고 학교가 취할 수 있는 행동을 확인하고, 추후 회의 날짜를 정한다. 행동 대처에 대한 활동지에는 이 밖에도 학생들을 위한 자기주장 기술, '나-메시지', 학생들을 위한 고충처리 절차가 소개되어 있다. 이 중에서 학생들을 위한 고충처리 절차(S.A.F.E)를 소개하면 다음과 같다. 만약 학교폭력을 당하면 다음 네 단계를 따라 할 수 있다.

- **Solve**: 첫 번째 단계는 스스로 문제를 해결한다(Solve). 일어서서 상대의 눈을 보고 "그만해, 나는 네가 ⋯⋯하는 것이 싫어. 네가 그만했으면 좋겠어."라고 강하고 분명하게 말한다. 만약 한 번만에 효과가 없으면 여러 번 시도한다.
- **Ask**: 두 번째 단계에서는 친구에게 묻는다(Ask). 무슨 일이 일어났는지 친구에게 말하고 첫 번째 단계를 반복하는 동안에 함께 있어 줄 수 있는지 물어본다.
- **Find**: 세 번째 단계에서는 선생님을 찾는다(Find). 선생님을 찾아서 무슨 일이 있는지 이야기한다. 어떤 단계까지 했는지 선생님에게 이야기한다.

- **Explore**: 마지막 단계는 자신의 선택권을 탐색한다(Explore). 예를 들어, 부모님이나 다른 어른들에게 말할 수 있다. Kids-line이나 Life-line으로 전화를 할 수도 있다.

> **포커스 그룹: 다섯 번째 회의**
>
> 　그룹의 다섯 번째 회의에서 교사들은 학교정책과 고충처리 절차를 개발하기 위한 그들의 계획의 윤곽을 잡을 수 있었다.
> - 학교의 미션 진술
> - 설문조사 결과
> - 학생들과 학부모들의 피드백
> - 정책이 현재 존재하는 정책들에 잘 맞을 수 있는 방법

　대처의 세 번째 부분은 학교에서 학교폭력 금지 메시지를 강력하게 강화하는 교육과정을 활용하는 것이다. 학교폭력이 있는 책, 연극, 시, 영화, 비디오들을 사용할 수 있다. 이러한 자료들을 활용한 경우에는 다음과 같은 질문을 할 수 있다. '무엇이 여기에 나오는 주인공들로 하여금 괴롭히게 만들었는가?', '그들은 어떻게 괴롭혔는가?', '괴롭힘을 멈추기 위해서 무엇을 할 수 있는가?', '목격자는 무엇을 할 수 있는가?' 등등.
　학교폭력 문제를 토론하기에 앞서 학급에서 그룹을 만든 후에 다음과 같은 여섯 단계의 수업을 할 수 있다.

- 수업 1. 학교폭력이란: 학교폭력에 대한 정의를 그림을 그리거나 글로 쓴다.
- 수업 2. 책에 있는 학교폭력: 책에 있는 학교폭력을 확인하기 위해서 수업 1의 정의를 사용한다.
- 수업 3. 우리 학교: 우리 학교에 있는 학교폭력에 대한 정책들은 무엇이 있는지 안다. 학교폭력에 관해 토론하기 위해 학급회의를 하고, 학급이나 운동장에 게시할 포스터를 만든다.
- 수업 4. 학교정책: 학교 비전·미션 진술을 확인하고, 학생들의 권리와 책임을 확인한다. 학생대표회의·학급회의를 사용하거나 학생들을 인터뷰한다. 학교 정책을 개발하고 필요할 경우 현재 정책을 변경할 것을 제안한다.
- 수업 5. 학교에서 학교폭력 멈추기: 학교폭력 경험에 대해 학교에서 다른 학생들을 인

터뷰한다. 학교에서 고충처리 절차를 확인하고, 학교폭력을 멈추기 위해 성공적인 방법을 확인한다.

- 수업 6. 학교폭력에 대한 창의적인 반응: 학교폭력에 반응하기 위해 색다르고 창의적인 방법을 확인한다. 예를 들어, 쉬는 시간에 그룹으로 있기, 상황을 거절하기 위해 유머 사용하기 등이 있다.

포커스 그룹: 여섯 번째 회의

포커스 그룹 학교들 중 하나는 학교 전체에 일련의 수업을 개발할 수 있다.
- 수업 1. 학생들은 학교폭력을 설명하고 정의하기 위해 브레인스토밍을 할 수 있다.
- 수업 2. 그다음 주에 학생들은 적당히 더하거나 삭제함으로써 수업 1에서의 정의를 개괄할 수 있다. 학생들은 학교폭력을 당했거나 다른 사람이 당하는 것을 본 경험을 반성할 수 있다. 학생들은 자신의 경험과 학급에서 공유된 반응을 탐색하기 위해서 Y차트(들리는지, 보이는지, 느끼는지)를 사용할 수 있다. 학생들은 경험을 그리거나 역할극을 할 수 있다. 반응들은 학생대표회의(SRC)의 구성원들이 수집할 수 있다.
- 수업 3. 수업하는 동안에 학교폭력을 멈추는 방법에 대한 아이디어들이 나올 수 있다. 학생대표회의(SRC)는 수업의 결과를 모으고 학교회의에서 얻은 정보를 발표한다.

화해 과정에서 학부모의 개입은 PEACE 과정에서 중요한 부분이다. 만약 학교가 학교폭력에 개입된 학생의 부모를 부르기로 결정하였다면 학부모와 연락하는 것은 더 쉽게 이루어진다. 호주의 연구에 따르면 거의 80%의 부모가 만약 자신의 자녀가 학교폭력을 당한다면 그들에게 말할 것이라고 생각하는 반면, 실제로는 중학교 학생들의 1/3보다 적은 수가 그들의 부모에게 알리는 것으로 나타났다. 만약 부모들이 그들의 자녀가 괴롭힘을 당하는 것으로 의심되면, 다음과 같은 점들을 발견할 수 있을 것이다.

- 학교에 더 일찍 가는 것과 같이 자녀의 행동이 갑자기 변하게 된다.
- 기분이 오락가락하거나 자녀가 평상시보다 덜 행복해한다.
- 등교 거부를 하거나 복통이나 두통과 같이 신체적인 증상을 호소한다.
- 자녀가 친구와 의논하는 내용이 전혀 없는 전화통화를 한다거나, 갑자기 자녀에게 상처나 멍이 나타난다.
- 대처를 위한 가족회의는 가해자와 희생자 학부모를 나누어서 제시되는데 각 3단계로 되어 있다.

가해자 학부모와의 가족회의

- 1단계: 연락하기

  학교는 담임교사, 상담사, 교장 중에서 학부모와 연락하는 것이 누구의 역할인지를 결정한다.

- 2단계: 보살피기

  학부모는 화가 날 것이고, 학부모가 너무 두려움을 느끼지 않도록 보살피는 환경을 만드는 것이 중요하다.

- 3단계: 대처하기

  학교 비전에 대해 학부모가 관심을 갖도록 하고, 상황을 회복하기 위해 할 수 있는 것에 대해 재빨리 논의를 옮긴다. 다시 이야기하기 위해 시간을 정한다.

피해자 학부모와의 가족회의

- 1단계: 연락하기

  학부모는 교사, 상담사와 같이 학교에서 가장 적합한 사람과 연락이 되어야 한다.

- 2단계: 보살피기

  호주 연구에서 희생자 부모들은 자녀의 부당한 괴롭힘에 대해 화를 낸다고 나타났다. 그리고 자녀를 보호하고 싶어 하고, 만약에 학교가 이 역할을 해 줄 수 없다면 이것을 부모의 권리로 보는 것으로 나타났다.

- 3단계: 대처하기

  학생들의 안전에 대한 학교의 책임에 관하여 학부모를 안심시키는 것이 중요하다. 다음 회의 시간도 정해야 한다.

포커스 그룹: 일곱 번째 회의

포커스 그룹에 소속된 교사들은 그들의 개입의 성공을 평가할 수 있다.

평가는 다음과 같은 점에서 성공적이었는지에 초점을 둔다.

- 학교폭력이 감소된 양
- 학교폭력을 보고하는 방법과 멈추게 하는 방법에 대한 학생들 지식의 증대
- 학교에서 학교폭력으로부터의 안전감 증대

(5) 평가 단계

E(Evaluation)는 평가 단계로서 프로그램을 평가, 검토하고 축하행사를 하게 된다. 즉, 이 프로그램에서 주장하는 PEACE 과정의 부분으로 학교는 그들의 프로그램을 평가하고 축하할 것을 제안한다. 그다음 결과는 관계자 미팅을 통해 관계자들, 수업과 학교회의를 통해 학생들, 학교 신문 또는 학부모와 교사의 밤을 통해 학부모들에 의해 피드백할 수 있다. 평가의 부분으로서 수료증과 상을 수여한다.

개입 프로그램의 성공을 평가하는 데 있어서 다음과 같은 점을 고려한다.

첫째, 학교폭력에 관해 무엇을 하는지, 누구와 말하는지, 학교폭력으로부터 어떻게 안전감이 증대되어 왔는지에 대한 지식이 어떻게 향상되어 왔는지에 초점을 둔 학생, 관계자, 학부모 설문조사다.

둘째, 주의 깊은 프로그램 모니터링이다. 예를 들어, '수업은 학교 전체에서 실행되었는가?', '또래중재, 또래지원, 상담 프로그램은 어떻게 효과적이었는가?'라고 질문할 수 있다.

셋째, 학교 신문, 학교회의, 교실 편지 등을 통해 성공을 강조하고, 결과를 축하한다.

넷째, 학생들의 놀이 유형 관찰과 학생들에 의해 보고된 문제들을 고려한다.

다섯째, 사건과 갈등에 관해 교실에서 관찰한다.

여섯째, 학교폭력 금지 메시지가 교육과정의 방법으로 얼마나 잘 나타났는지를 고려하기 위한 수업 평가다.

일곱째, 학생들 개인이 프로그램이 얼마나 잘 운영되었는지 평가하는 방법을 이해하기 위해 학생들과 인터뷰한 이야기를 고려한다.

지금까지 학교폭력 예방 대처 프로그램인 PEACE Pack 프로그램에 대해 각 단계별로 살펴보았다. PEACE Pack의 과정을 도식적으로 표현하면 [그림 12-2]와 같다(Slee & Mohyla, 2007).

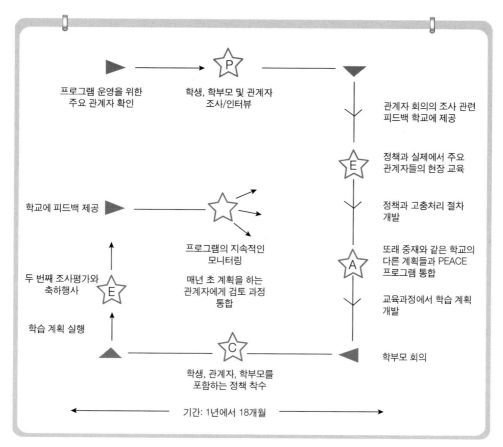

프로그램 운영을 위한
주요 관계자 확인

P

학생, 학부모 및 관계자
조사/인터뷰

관계자 회의의 조사 관련
피드백 학교에 제공

E

정책과 실제에서 주요
관계자들의 현장 교육

정책과 고충처리 절차
개발

A

또래 중재와 같은 학교의
다른 계획들과 PEACE
프로그램 통합

교육과정에서 학습 계획
개발

학교에 피드백 제공

프로그램의 지속적인
모니터링

매년 초 계획을 하는
관계자에게 검토 과정
통합

두 번째 조사평가와
축하행사

E

학습 계획 실행

C

학생, 관계자, 학부모를
포함하는 정책 착수

학부모 회의

기간: 1년에서 18개월

[그림 12-2] PEACE Pack의 과정

연구 과제

1 노르웨이의 올베우스 프로그램이 전 세계적으로 각광받고 있는 현황을 조사하고, 그 효과성에 대해 비판하시오.

2 호주의 학교폭력 개입 프로그램인 PEACE Pack의 다섯 단계를 고려하여 학교폭력 예방 및 대처 프로그램을 고안하시오.

3 이 장에서 소개된 각국의 학교폭력 예방 및 대처 프로그램이 우리나라 학교폭력 및 대처에 주는 시사점을 도출하시오.

![참고문헌]

김미란(2005). 일본: 학교와 가정, 지역사회가 학교폭력 예방에 적극대처. 교육개발, 통권 153호, 78-84. 서울: 한국교육개발원.

박효정, 정미경, 박종효(2006a). 학교폭력 대처를 위한 지원체제 구축 연구. 서울: 한국교육개발원.

박효정, 정미경, 박종효(2006b). 학교폭력 대처를 위한 국내·외 지원체제 구축 사례집. 서울: 한국교육개발원.

신희경(2005). 독일: 학교폭력에 어떻게 대처할 것인가?. 교육정책포럼, 제113호. 서울: 한국교육개발원.

장일순(1999). 독일의 학교폭력에 관한 연구. 사회과학논문집 17집, 255-274.

정수정(2012). 독일의 학교폭력 대처 방안. 독일통신원.

정진희(2009). 학교기반 학교폭력 예방 프로그램의 효과성 분석에 관한 연구. 한양대학교 석사학위논문.

한소은(2007). 학교폭력 예방을 위한 상담 프로그램 비교연구: 한국, 미국, 유럽, 일본을 중심으로. 경기대학교 석사학위논문.

홍종관(2010). 독일 학교심리서비스기관. 꿈나래 21, 5월호. 교육과학기술부.

埼玉県教育委員会(2011). 明るく安心して学べる学校づくりのために(暴力行為防止の対策と具体例).

Cerf, C., Hespe, D., Gantwerk, B., Martz, S., & Vermeire, G. (2011). *Guidance for Schools on Implementing the Anti-Bullying Bill of Rights Act*. Trenton, NJ: New Jersey Department of Education.

Kluge, K. J., & Kornblum, H. J. (1984). *Entwicklung im Heim*. Muenchen.

Nemours Foundation (2004). *What Kids Say about Bullying*. Kids Health.

Olweus, D. (1999). 바로보는 왕따, 대안은 있다: 학교에서 일어나는 폭력문제(*Bullying at school: What we know and what we can do*). (이동진 역). 서울: 삼신각. (원전은 1993년에 출판).

Owens, L., Slee, P. T., & Shute, R. (2002). Girls' views regarding interventions to reduce indirect harassment. In J. Juvonen & S. Graham(Eds.), *School-based peer harassment: The plight of the vulnerable and victimized* (pp. 215-242). New York: Guilford Press.

Seifried, K. (2010). 독일심리학회(BDP)의 학교심리보고서 2010. Bonn.

Slee, P. T. (2001). *The PEACE pack: A program for reducing bullying in our schools*(3rd ed.). Adelaide: Flinders University.

Slee, P. T., & Mohyla, J. (2007). The PEACE pack: An evaluation of interventions to reduce bullying in four Australian primary schools. *Educational Research, 49*(2), 103-114.

Slee, P. T., & Shute, R. (2003). *Child development: Thinking and theories*. London: Edward Arnold.

부록

학교폭력 조기 감지를 위한 척도

1. 아동/청소년 정신건강 체크리스트

아동 정서·행동특성검사지(CPSQ)

☑ 이 설문은 초등학생 학부모를 대상으로 자녀의 정서, 행동을 알아보는 문항입니다. 지난 한 달 동안 관찰하신 자녀의 행동에 대해 해당란에 ✔표 해 주십시오.

학년, 반, 번호: ___ / ___ / ___   성명: _____   성별: 남 / 여

	문항	전혀 없음 (0)	약간 있음 (1)	상당히 있음 (2)	아주 심함 (3)
1	너무 말랐거나 혹은 너무 뚱뚱하다.				
2	꼼지락거리거나 가만히 앉아 있지 못한다.				
3	도벽이 있거나 거짓말을 자주 한다.				
4	우울한 기분으로 생활하는 일이 많다.				
5	정신을 잃고 쓰러진 적이 있다.				
6	성질이 급하고 참을성이 부족하다.				
7	지능이 낮다.				
8	무단결석 혹은 가출을 한 적이 있다.				
9	매사에 의욕이 없어 보인다.				
10	다른 아이들과 주먹질을 하며 싸운다.				
11	술 혹은 담배로 인해 문제를 일으킨 적이 있다.				
12	어른(부모 혹은 교사)에게 반항적이거나 도전적이다.				
13	대소변 가리기에 문제가 있다.				
14	불만이 많고 쉽게 화를 낸다.				
15	양보심이 부족하다.				
16	불안하거나 긴장된 표정을 보인다.				
17	여기저기 자주 아프다(예: 두통, 복통 등).				

문항		전혀 없음 (0)	약간 있음 (1)	상당히 있음 (2)	아주 심함 (3)
18	또래에 비해 읽기, 쓰기, 셈하기를 잘 못한다.				
19	언어발달이 늦어 대화에 지장이 있다.				
20	자신감이 부족하다.				
21	잘 먹지 않는다.				
22	컴퓨터(혹은 인터넷)를 너무 사용하여 생활에 문제가 있다.				
23	집중력이 짧고 주의가 산만하다.				
24	다른 아이들과 잘 어울리지 못한다.				
25	신경이 날카롭고 신경질적이다.				
26	틱(눈 깜박거림, 쿵쿵 소리내기, 어깨 으쓱거리기 등)이 있다.				

폭력 피해	문항				
	1. 누군가로부터 신체적 · 언어적 폭력을 당한 적이 있다.				
	2. 친구들이 괴롭히거나 따돌림을 당한 적이 있다.				
	3. 나를 괴롭히는 친구가 있다.				

작성자: 학생의 _____

아동 정서 · 행동특성검사(CPSQ) 판정기준

하위척도	점수범위	문항	절단점
내재화 문제 척도	0~15	4, 9, 16, 20, 24	4점 이상
외현화 문제 척도	0~30	2, 3, 6, 8, 10, 12, 14, 15, 23, 25	9점 이상
1) ADHD	0~9	2, 6, 23	
2) ODD	0~12	12, 14, 15, 25	
3) CD	0~9	3, 8, 10	
폭력 피해	0~9	별도문항	3점 이상

판정기준	결과 판정	절단점
총 점	일반관리	13~14점
	우선관리	15점 이상
	폭력 피해	3점 이상

청소년 정서 · 행동특성검사지(AMPQ-II)

☑ 이 설문은 청소년들을 대상으로 하는 설문입니다. 각 문항들을 읽고 지난 한 달간 자기 자신에게 해당된다고 생각하는 문항번호에 ○표 해 주십시오. 이 검사에는 옳고 그른 답이 없으므로 자신의 의견 그대로를 대답하시면 됩니다. 이 검사는 비밀 유지가 되므로 솔직하고 성실한 답변 바랍니다.

학년, 반, 번호: ___ / ___ / ___ 　성별: 남 / 여 　연령: 만___세 　성명: _____

	문항	전혀 아니다	조금 그렇다	그렇다	매우 그렇다
1	집중을 해야 할 때(수업시간, 공부, 책 읽기) 집중을 못하고 딴 짓을 한다.	0	1	2	3
2	인터넷이나 게임으로 인해 일상생활에 어려움(부모와의 갈등, 학교생활에 지장 등)이 있다.	0	1	2	3
3	원치 않는 생각이나 장면이 자꾸 떠오른다.	0	1	2	3
4	잠들기 어렵거나 깊이 자지 못하고 자주 깬다.	0	1	2	3
5	화가 나면 참기 어렵다.	0	1	2	3
6	단식, 운동, 약물을 사용하여 단기간에 무리하게 체중을 줄이려 한 적이 있다.	0	1	2	3
7	지속적으로 자살을 생각하거나 구체적인 계획을 세운 적이 있다.	0	1	2	3
8	누군가로부터 신체적 · 언어적 폭력을 당한 적이 있다.	0	1	2	3
9	만사가 귀찮고 재미가 없다.	0	1	2	3
10	부모님이나 선생님의 지시에 거부감이 생겨 잘 따르지 않는 편이다.	0	1	2	3
11	친구들이 괴롭히거나 따돌림을 당한 적이 있다.	0	1	2	3
12	수업시간에 배우는 내용을 이해하기 어렵다.	0	1	2	3
13	사람들이 나를 감시하거나 해칠 것 같다.	0	1	2	3
14	성에 대하여 지나치게 많이 생각한다.	0	1	2	3
15	뚜렷한 이유 없이 자주 여기저기 아프고 불편하다(예: 두통, 복통, 구토, 메스꺼움, 어지러움 등).	0	1	2	3
16	학생에게 금지된 약물을 사용한다(예: 담배, 술, 본드, 엑스터시 등).	0	1	2	3
17	내 생각을 다른 사람들이 다 알고 있는 것 같다.	0	1	2	3
18	나를 괴롭히는 친구가 있다.	0	1	2	3
19	경련을 일으키거나 정신을 잃고 쓰러진 적이 있다.	0	1	2	3

문항		전혀 아니다	조금 그렇다	그렇다	매우 그렇다
20	나는 남보다 열등감이 많다.	0	1	2	3
21	우리 집은 가족 간의 갈등이 있다.	0	1	2	3
22	심각한 규칙 위반을 하게 된다(예: 무단결석, 가출, 유흥업소 출입 등).	0	1	2	3
23	이유 없이 기분이 며칠간 들뜬 적이 있거나 기분이 자주 변하는 편이다.	0	1	2	3
24	성적인 충동을 자제하기 어렵다(예: 자위행위, 야동, 야설 등).	0	1	2	3
25	기다리지 못하고 생각보다 행동이 앞선다.	0	1	2	3
26	다른 사람의 물건을 부수거나 빼앗거나 훔치게 된다.	0	1	2	3
27	다른 사람들이 나에 대해 수군거리는 것 같다.	0	1	2	3
28	가만히 앉아 있지 못하고 손이나 발을 계속 꼼지락거린다.	0	1	2	3
29	원치 않는 행동을 자꾸 반복하게 된다(예: 손 씻기, 확인하는 행동, 숫자 세기 등).	0	1	2	3
30	사람이나 동물을 괴롭히거나 폭력을 휘두른다.	0	1	2	3
31	이유 없이 일주일 이상 우울하거나 짜증이 난다.	0	1	2	3
32	친구 사귀기가 어렵거나 친한 친구가 없다.	0	1	2	3
33	다른 사람이 듣지 못하는 말소리 같은 것이 들린다.	0	1	2	3
34	사람들 앞에서 말하기가 두렵다.	0	1	2	3
35	누군가로 인해 성적 수치심을 느낀 적이 있다.	0	1	2	3
36	거짓말을 자주 한다.	0	1	2	3
37	토할 정도로 단시간에 폭식한 적이 있다.	0	1	2	3
38	쓸데없는 걱정을 한다.	0	1	2	3

청소년 정서 · 행동특성검사(AMPQ-II) 판정기준

가. 정서 · 행동 요인별(학생설문) 항목

유형		문항									
요인	1. 걱정 및 생각	No. 3	No.13	No.17	No.20	No.27	No.29	No.32	No.33	No.34	No.38
	2. 기분 및 자살	No. 5	No. 6	No. 7	No. 9	No.10	No.15	No.23	No.31	No.37	
	3. 학습과 인터넷	No. 1	No. 2	No.12	No.25	No.36					
	4. 친구문제	No. 8	No.11	No.18							
위험문항		No. 7									

나. AMPQ-II의 요인별 절단점

구분		요인 1 걱정 및 생각	요인 2 기분 및 자살	요인 3 학습과 인터넷	요인 4 친구문제
중학생	남	10점 이상	10점 이상	8점 이상	4점 이상
	여	11점 이상	12점 이상	7점 이상	3점 이상
고등학생	남	11점 이상	10점 이상	8점 이상	3점 이상
	여	12점 이상	13점 이상	7점 이상	3점 이상

판정기준	결과 판정			절단점
총 점	일반관리	중학교	남	28~32점
			여	31~35점
		고등학교	남	30~35점
			여	31~36점
	우선관리	중학교	남	33점 이상
			여	36점 이상
		고등학교	남	36점 이상
			여	37점 이상
NO. 7	우선관리 (자살생각)	중·고/남·여 전체		2점 이상
요인 4	폭력피해	중학교 남학생		4점 이상
		중학교 여/고등학교 남·여 전체		3점 이상

(제공: 한국교육개발원)

2. 학급 단위 중심 학교폭력 조기 감지 질문지

☑ 다음 질문 내용에 대해 해당하는 번호에 ✓하시오. (학교폭력 발생의 직접적 요인)

영역	내용	질문 내용	조금 ↔ 매우	개인	학급 평균	학년 평균	개인/ 평균
폭력 적인 학교 환경	신체 폭력	우리 반에는 친구를 때리는 아이가 있다.	①②③④⑤				
	따돌림	우리 반에는 왕따가 있다.	①②③④⑤				
	언어 폭력	나는 우리 반 친구에게 심한 욕이나 기분 나쁜 말을 한 적이 있다.	①②③④⑤				
		우리 반 친구가 듣기 싫어하는 별명을 부르거나 놀린 적이 있다.	①②③④⑤				
위험 행동 징후	불량 서클 가입 친구	친한 친구 중에 노는 아이가 있다.	①②③④⑤				
		다른 친구에게 돈을 뺏거나 괴롭히라고 시키는 친구가 있다.	①②③④⑤				
		약물(본드, 가스) 또는 담배나 술을 하는 친구가 있다.	①②③④⑤				
		무단결석을 하는 친구가 있다.	①②③④⑤				
	가해- 피해 경험	나는 친구를 때린 적이 있다.	①②③④⑤				
		나는 친구에게 맞은 적이 있다.	①②③④⑤				
		나는 다른 아이들을 따돌린 적이 있다.	①②③④⑤				
		나는 다른 아이에게서 따돌림을 받은 적이 있다.	①②③④⑤				
	인터넷 과다 사용	인터넷 때문에 숙제를 못한 적이 있다.	①②③④⑤				
		인터넷을 많이 해서 부모님께 혼난 적이 있다.	①②③④⑤				
		인터넷을 많이 해서 손, 목, 어깨, 허리가 아프다.	①②③④⑤				
		인터넷 사용 때문에 친구와 약속을 어긴 적이 있다.	①②③④⑤				
	폭력 매체 (영화 · 게임)	야한 영화, 동영상, 사진을 본 적이 있다.	①②③④⑤				
		내용이 좋은 영화보다 싸우고, 부수고, 스피드한 영화가 재미있다.	①②③④⑤				
성격 문제	공격성 충동성 성향	나는 흥분을 잘한다.	①②③④⑤				
		나는 고칠 점을 지적받으면 짜증이 난다.	①②③④⑤				
		내가 잘한 일에 대해 평가가 나쁘면 노발대발한다.	①②③④⑤				
		나는 몹시 속상할 때면 누군가를 때리고 싶어진다.	①②③④⑤				

영역	내용	질문 내용	조금↔매우	개인	학급 평균	학년 평균	개인/ 평균
	스트 레스	선생님에게 인정을 받지 못해서 스트레스를 받는다.	①②③④⑤				
		공부한 만큼 성적이 나오지 않아서 스트레스를 받는다.	①②③④⑤				
		학교에 있으면 스트레스를 받는다.	①②③④⑤				
		친구들의 인정을 받지 못해서 스트레스를 받는다.	①②③④⑤				
	합계 점수						/

☑ 다음 질문 내용에 대해 해당하는 번호에 ✔하시오. (학교폭력 발생의 간접적 요인)

영역	내용	질문 내용	조금↔매우	개인	학급 평균	학년 평균	개인/ 평균
자아	자아 존중감	나는 나 자신을 사랑한다.	①②③④⑤				
		나는 모든 일에 자신이 있는 편이다.	①②③④⑤				
		나는 내가 할 수 있는 일에 최선을 다한다.	①②③④⑤				
		나는 친구들에게 인기가 있다.	①②③④⑤				
교사 관계	교사의 지지도 및 교사 선호도	담임선생님이 나를 인정하고 신뢰한다고 느낀다.	①②③④⑤				
		나는 어려운 일을 당하면 선생님에게 말한다.	①②③④⑤				
		나는 담임선생님을 존경한다.	①②③④⑤				
		담임선생님은 우리 반 아이들을 차별 없이 공평하게 대해 주신다.	①②③④⑤				
가정	부모와의 관계	부모님은 나의 걱정이나 두려움을 함께 나누어 준다.	①②③④⑤				
		나는 부모님과 사소한 일이라도 이야기를 자주 한다.	①②③④⑤				
		부모님은 자신의 생각이나 느낌을 나에게 이야기 하신다.	①②③④⑤				
		나는 부모님을 존중한다.	①②③④⑤				
교우 관계	사회적 기술	내가 먼저 말을 꺼내서 나는 친구를 쉽게 사귄다.	①②③④⑤				
		나는 어려운 일이 있을 때 친구나 선생님에게 도움을 청한다.	①②③④⑤				
		책상을 깨끗하고 단정하게 유지한다.	①②③④⑤				
		학급회의에 적극적으로 참여한다.	①②③④⑤				
	학급 선호도	즐겁게 느낀다.	①②③④⑤				
		우리 반에 소속된 것을 만족하게 생각한다.	①②③④⑤				
		우리 반 친구들은 내 이야기를 잘 들어 준다.	①②③④⑤				
		우리 반 친구들은 어려운 친구를 잘 도와준다.	①②③④⑤				

친한 친구 수	과학시간에 3명씩 조를 편성한다면 함께 조가 되고 싶은 친구 이름을 쓰시오.	1. _____ 2. _____ 3. _____ 4. _____ 5. _____				
	내가 힘든 일을 당했을 때 말하고 싶은 친구는 몇 명인가?	_____ 명				
합계 점수						/

* 직접적인 요인과 간접적 요인의 합계를 구한다(직접적 요인 점수가 높을수록 위험 신호).
* 출처: 문용린 외(2006). pp. 327-328.

3. 학교폭력 조기 감지를 위한 자기진단 체크리스트(학생용)

❖ "나는 학교폭력에 대해 제대로 알고 있을까?"

[초등학생용]

〈1～5화 카툰〉

〈1화〉

Q 연두와 콩두의 싸움을 학교폭력으로 볼 수 있을까요?

A 네. 두 친구의 싸움은 학교폭력이 맞아요. 학교폭력은 학교 안팎에서 친구를 때려 몸을 다치게 하거나, 정신적으로 괴롭혀 마음에 상처 주는 모든 행위를 말해요. 연두와 콩두의 싸움은 처음에는 가벼운 다툼으로 시작했지만 결국 누군가가 다치는 상황에 이르렀기 때문에 학교폭력으로 볼 수 있어요. 어떤 경우에 학교폭력이 되는지는 「학교폭력 예방 및 대책에 관한 법률」에 잘 나타나 있답니다.

Q 피해자와 가해자는 누구일까요?

A 연두가 피해자이고, 콩두가 가해자입니다. 왜 그럴까요? 언뜻 생각하기에는 먼저 콩두를 바닥에 넘어뜨린 연두가 가해자일 것 같아요. 그렇지만 이때 콩두는 아무런 피해(상처)도 입지 않았기 때문에 연두를 가해자라 할 수는 없답니다. 오히려 이후에 뒤엉켜 싸우면서 연두의 다리를 다치게 한 콩두가 학교폭력의 가해자가 되는 것이지요. 즉, 실제로 친구에게 해를 끼친 사람이 가해자가 되는 것입니다.

〈2화〉

Q 녹두가 싸움에 끼어든 것도 학교폭력인가요? 만약 그렇다면 녹두는 가해자인가요? 피해자인가요?

A 안타깝지만 녹두는 학교폭력의 가해자예요. 「학교폭력 예방 및 대책에 관한 법률」은 학교폭력이냐 아니냐를 판단하는 기준을 원인이 아닌 결과에 두고 있어요. 따라서 녹두가 싸움을 말리기 위해 좋은 의도로 끼어들었다고 해도, 결과적으로는 연두를 다치게 했으므로 학교폭력을 일으킨 가해자가 됩니다. 그러나 학교폭력대책자치위원회 등에서 이러한 사건을 처리할 때는 그 원인도 살펴보기 때문에 녹두는 콩두에 비해 더 가벼운 처분을 받을 수 있어요.

Q 학교폭력이 일어나면 어디에 어떻게 신고해요?

A 학교폭력을 당했거나, 학교폭력을 저질렀거나, 학교폭력을 목격했거나, 학교폭력이 일어날 거라는 사실을 알게 된 사람은 이 사실을 즉시 신고할 의무가 있어요(「학교폭력 예방 및 대책에 관한 법률」 제20조 제1항). 학교폭력이 일어나면 학교의 선생님이나 학교폭력 관련 기관에 반드시 신고해야 해요. 신고할 때 직접 찾아가서 말하기 곤란하면 글이나 전화, 이메일 또는 홈페이지 게시판에 글을 남기는 등 다양한 방법으로 할 수 있어요.

〈3화〉

Q 여러분은 연두, 콩두, 녹두에게 어떤 처분을 내리고 싶은가요?

A 학교폭력은 아무리 가벼운 사건이라 하더라도 학교에 설치된 학교폭력대책자치위원회에서 담당하도록
   법으로 정해져 있어요. 자치위원회는 교사 대표, 학부모 대표, 법조인, 경찰, 의사 등으로 이루어지지요.
   자치위원회에서는 학교폭력이 어떻게 일어나게 되었는지 알아보고 심의를 통해 해결방안을 찾는 일을
   해요. 그런 다음 피해자를 어떻게 보호할 것인가 결정하고, 학교장에게 이를 이행할 것을 요청할 수 있어
   요. 또 가해자에게는 다음 같은 처분을 내리고, 학교장에게 이 처분을 이행할 것을 요청하지요. 자, 어린
   이 여러분도 연두, 콩두, 녹두에게 각각 어떤 처분을 내리면 좋을지 한번 생각해 보세요.

〈4화〉

Q 연두 치료비는 누가 내는 게 맞을까요?

A 분쟁조정은 의견 차이로 손해 배상을 어떻게 얼마나 할 것인지 정하기 어려울 때 피해자와 가해자 및 그
   보호자가 자치위원회에 신청해요. 피해에 대한 보상이 적거나 지나치게 큰 경우, 콩두와 녹두처럼 가해
   자가 다수여서 금액을 나누기 힘든 경우, 피해자에게도 일정 부분 책임이 있는 경우 등 피해자 측과 가해
   자 측의 합의가 잘 이루어지지 않을 때 필요하지요. 분쟁조정 신청을 받은 자치위원회는 사건 조사 결과
   를 바탕으로 피해자·가해자 및 그 보호자의 요구를 검토해서 양측이 합의할 수 있는 조건을 제시해 주
   어요. 자치위원회의 이러한 역할 덕분에 연두네는 치료비 전부를 빨리 보상받고, 콩두네와 녹두네는 적
   당한 비율로 금액을 부담할 수 있었어요.

〈5화〉

Q 어떤 행동이 학교폭력이 될 수 있는지 함께 생각해 볼까요?

A [학교폭력의 여러 가지 예]

  1. 흉기 등을 이용해 몸에 상처를 입히는 행동
  2. 일부러 때리거나 힘껏 미는 행동
  3. 겁을 주거나 협박하는 행동
  4. 돈이나 물건을 강제로 빼앗는 행동
  5. 싫어하는 데도 욕을 하거나 별명 등을 부르며 놀리거나 일부러 나쁜 소문을 퍼뜨리는 행동
  6. ○○ 셔틀 등 싫어하는 걸 알면서도 강제적으로 심부름을 시키는 행동
  7. 집단 활동에서 따돌리고 주변 친구들의 접근과 도움을 막는 행동
  8. 휴대전화 문자나 인터넷 카페를 이용해서 욕설을 하거나 따돌리는 행동
  9. 휴대전화나 이메일을 통해 협박, 비난, 위협을 하는 행동

출처: 스쿨로(http://schoolaw.lawinfo.or.kr).

Q 반에서 싸움을 가장 잘하는 아이가 쉬는 시간마다 일부러 저에게 와서 손가락으로 머리를 툭툭 칩니다. 아픈 건 둘째치고 기분이 상당히 나쁜데 이것도 학교폭력으로 볼 수 있나요?

A 학교폭력으로 볼 수 있습니다. 비록 신체에 상처를 입지 않았더라도 정신적으로 스트레스를 받는 등 피해를 끼치고 있는 것이 분명하네요. 법적으로 봐도 자신보다 약한 학생을 고의적으로 건드리거나 치는 등 시비를 거는 행위는 신체적 · 물리적 학교폭력이라 할 수 있습니다.

Q 친구들끼리 놀면서 장난삼아 머리를 몇 대 때렸어요. 전 살살 때린 것 같은데 그 친구가 갑자기 우니까 황당하고 어이없어요. 친구들이 전부 저한테 너무했다고 하던데, 설마 이게 말로만 듣던 학교폭력은 아니겠죠?

A 학교폭력으로 볼 수 있습니다. 본인은 대수롭지 않은 행동으로 여겼더라도 상대방이 아픔이나 수치심을 느꼈다면 말이죠. 장난은 서로가 즐겁고 유쾌해야 합니다. 한쪽만 일방적으로 장난으로 생각해 즐거워하고, 반대로 다른 친구는 이를 불쾌하게 여긴다면 장난이 아닌 괴롭힘으로 보아야 합니다.

Q 갑자기 교실이 소란스러워서 보니까 친구 A랑 B가 뒤엉켜서 싸우는 거예요. 친구들 말이 A가 자꾸 B의 머리를 때리니까 B가 감정이 격해져서 같이 머리를 때리는 바람에 싸움이 벌어졌다고 하더라고요. A가 평소에 약한 아이들을 괴롭혀 왔기 때문에 전 B의 편을 들어 싸움을 말렸어요. 그런데 싸움을 말리는 과정에서 제가 흥분해서 A를 미는 바람에 A의 다리가 부러졌어요. 저도 학교폭력의 가해자가 된 건가요?

A 어떤 사건이 학교폭력인지 아닌지를 판단할 때는 발생 원인이 아니라 그 행위의 결과를 기준으로 삼고 있습니다. 질문자가 좋은 의도로 싸움에 개입했더라도 결과적으로 상대방이 다쳤다면 학교폭력의 가해자가 됩니다. 그러나 학교폭력대책자치위원회에서는 학교폭력을 처리할 때 그 동기를 충분히 고려하고 있으니 너무 걱정하지 마세요.

Q 지난 학기까지 친하게 지내던 친구가 있는데 어느 순간부터 말을 걸어도 무시하고 제 험담을 하고 다니는 걸 들었어요. 점점 학교 가기가 싫어져요. 이런 경우에도 학교폭력으로 상담을 받을 수 있나요?

A 반드시 때리고 윽박지르는 것만이 학교폭력은 아닙니다. 말을 걸어도 무시하고 면박을 주거나 다른 사람에게 험담을 늘어놓는다면, 누구라도 스트레스를 받고 불안할 것입니다. 즉, 질문자의 경우에는 언어적 · 정신적 학교폭력 사례에 해당한다고 볼 수 있습니다.

Q 친구들이 서로 "이 XX야!"라고 욕을 하면서 즐거워하는데, 제가 볼 때는 별로 좋아 보이지 않아요. 욕설은 언어적 폭력이니까 학교폭력에 해당되는 것 맞죠?

A 욕설을 들은 친구가 기분 나빠 했다면 학교폭력으로 볼 수도 있겠지만 모두 즐거워했다면 그렇지 않을 수도 있습니다. 친구들이 욕을 하면서 기분 상하기는커녕 오히려 즐거워했다면 피해를 입은 당사자가 없으므로 학교폭력이라 보기 어렵습니다.

Q 등하교도 함께하고 학원도 같이 다닐 정도로 친한 친구들이 있는데, 어느 날 한 친구가 제가 자기 욕을 하고 다닌다고 들었다면서 말을 걸어도 무시하고 다른 친구들도 저와 어울리지 못하게 합니다. 등하교도 혼자하고 학원에 가도 왕따처럼 무시당하는데, 이것도 학교폭력인가요?

A 학교폭력으로 볼 수 있습니다. 피해자에게 심각한 정신적 충격을 일으키는 집단 따돌림은 학교폭력의 한 형태입니다.

Q 다섯 명이서 친하게 지내요. 그런데 그중 한 친구가 저와 제 부모님을 나쁘게 얘기하고 다닌다는 걸 알게 되었어요. 너무 화가 나서 그 친구가 말을 걸어도 대꾸하지 않고 같이 다니기 싫다고 얘기하니까 다른 친구들이 왜 그러냐고 물어보더라고요. 그래서 그 친구가 내 욕을 해서 같이 다니고 싶지 않다고 했더니 다른 친구들도 그 친구랑 안 놀아요. 그 친구가 잘못해서 같이 안 노는 것뿐인데 이게 나쁜 건가요?

A 한 명 또는 두 명 이상의 학생들이 한 학생을 대상으로 말을 걸어도 대답하지 않고 고의적으로 무시하는 행동은 '따돌림'이라고 할 수 있으며, 이는 학교폭력으로 볼 수 있습니다.

Q 학교 일진이 절 찍어서 날마다 빵을 자기 앞에 갖다 놓으라고 합니다. 한두 번이면 될 줄 알았는데 벌써 4개월이 넘어가고 있어요. 빵 가져오는 걸 잊으면 그 밑에 있는 일진이 학교 뒷골목으로 불러내서 머리를 잡아채며 빵을 가져오라고 협박을 해요. 이제 학교 가는 게 너무 스트레스인데, 학교폭력으로 상담해도 될까요?

A 자신보다 힘이 약하다고 괴롭히고 물건을 빼앗는 행동은 명백한 학교폭력입니다. 게다가 일시적인 행동으로 끝난 게 아니라 오랜 시간 동안 반복적으로 계속되어 왔다는 것은 더욱 큰 문제네요. 보복당할까 두려운 마음에 참는 것보다는 한시라도 빨리 부모님, 선생님 등과 상담하는 것이 필요합니다.

Q 같은 반 빵집 아들이 매일 빵이 남는다고 학교에 가져오기에 제가 친하게 지내는 다른 반 친구도 불러서 같이 나누어 먹었어요. 몇 번 빵을 가져오지 않은 적이 있는데 그때는 "왜 빵이 없어? 내일은 꼭 가져와라."라고 타이르기만 했지 협박하지는 않았어요. 그 빵집 아들 말이 제 친구들이 자기를 협박하고 때렸다고 주장하는데 그냥 장난으로 몇 대 친 거예요. 제가 와이파이가 안 잡힌다고 하면 다른 친구들에게서 스마트폰을 빌려서까지 핫스팟을 쓰게 해 주는 착한 친구들이에요. 그런데 학교폭력이라니요?

A 의도가 어찌 됐건 상대방 학생은 육체적 · 금전적 피해를 입었기 때문에 명백한 학교폭력으로 볼 수 있습니다. 빵을 매번 가져오라고 강요하기도 하고, 가져오지 않는다고 때리고, 자신의 휴대전화로 와이파이를 사용하기 위해 다른 친구의 스마트폰을 강제로 이용하는 행동 모두 상대방에게 신체 · 정신 또는 재산상의 피해를 입히는 학교폭력입니다.

출처: 스쿨로(http://schoolaw.lawinfo.or.kr).

4. 학교폭력 조기 감지를 위한 자기진단 체크리스트(교사용)

[학교폭력 피해학생의 징후]

- 수업시간에 특정 학생에 대한 야유나 험담이 많나요?
- 잘못했을 때 놀리거나 비웃거나 하나요?
- 체육시간이나 점심시간, 야외활동 시간에 집단에서 떨어져 따로 행동하는 학생이 있나요?
- 옷이 지저분하거나 단추가 떨어지고 구겨져 있나요?
- 안색이 안 좋고 평소보다 기운이 없나요?
- 친구가 시키는 대로 그대로 따르나요?
- 항상 완력 겨루기의 상대가 되나요?
- 친구의 심부름을 잘하나요?
- 혼자서만 하는 행동이 두드러지나요?
- 이름보다는 비하성 별명이나 욕으로 호칭이 불리나요?
- 주변 학생들한테 험담을 들어도 반발하지 않나요?
- 성적이 갑자기 혹은 서서히 떨어졌나요?
- 청소당번을 돌아가면서 하지 않고 항상 동일한 학생이 하나요?
- 특정 학생을 향해 다수가 눈치를 보는 것 같은 낌새가 있나요?
- 자주 지각을 하거나 몸이 아프다는 이유로 결석하는 학생이 있나요?
- 평소보다 어두운 얼굴 표정으로 수심이 있고 수업에 집중하지 못하나요?
- 특별한 볼일 없이 교무실(상담실, 양호실)이나 교사 주위를 배회하나요?

출처: 교과부, 법무부(2009). 『굿바이! 학교폭력』.
* 테스트 결과: YES 4개 이상 → 피해 징후가 있음 → 대처요령 제시

[학교폭력 가해학생의 징후]

- 교실에서 큰소리를 많이 치고 반 분위기를 주도하나요?
- 교사와 눈길을 자주 마주치며 수업 분위기를 독점하려 하나요?
- 교사가 질문 시 다른 학생의 이름을 대며 그 학생이 대답하게끔 유도하나요?
- 교사의 권위에 도전하는 행동을 종종 나타내요?
- 육체적 활동을 좋아하며 힘이 세나요?
- 화를 잘 내고 이유와 핑계가 많나요?
- 친구에게 받았다고 하면서 비싼 물건을 가지고 다니나요?
- 성미가 급하고 화를 잘 내나요?
- 자기 자신에 대한 자존심이 강하나요?

- 작은 칼 등 흉기를 소지하고 다니나요?
- 등하교 시 책가방을 들어주는 친구나 후배가 있나요?
- 손이나 팔 등에 종종 붕대를 감고 다니거나 문신 등이 있나요?

출처: 교과부, 법무부(2009). 『굿바이! 학교폭력』.
* 테스트 결과: YES 4개 이상 → 가해 징후가 있음 → 대처요령 제시

5. 학교폭력 조기 감지를 위한 자기진단 체크리스트(학부모용)

[자녀 학교폭력 피해 징후 테스트]

- 비싼 옷이나 운동화 등을 자주 잃어버리거나 망가뜨리나요?
- 몸에서 다친 상처나 멍자국을 자주 발견하며, 그냥 넘어졌다거나 운동하다가 다쳤다고 대답하는 경우가 많나요?
- 교과서, 공책, 일기장 등에 죽어라 또는 죽고 싶다와 같은 폭언이나 자포자기 표현이 쓰인 것을 본 적이 있나요?
- 용돈이 모자란다고 하거나 말없이 돈을 가져가는 경우가 있나요?
- 풀이 죽고 맥이 없거나 입맛이 없다면서 평소 좋아하던 음식에도 손을 안 대지 않나요?
- 두통, 복통 등 몸이 좋지 않다고 말하며 학교에 가기를 싫어하는 경우가 많나요?
- 자기 방에 틀어박혀 나오려 하지 않거나 친구에게 전화 오는 것을 싫어하나요?
- 친구, 선배들에게 전화가 자주 걸려 오거나 통화 후 불려나가는 경우를 본 적이 있나요?
- 갑자기 전학을 보내 달라고 자주 말하곤 하나요?
- 갑자기 짜증이 많아지고 엄마나 동생에게 폭력을 쓰거나 공격적으로 변할 때가 있나요?
- 학교생활, 교우관계 및 자신의 신변에 대해 가족과 대화를 회피하나요?
- 평소보다 갑자기 성적이 떨어졌나요?

출처: 「학교폭력: 학부모개입 지침서 5」(2009, 한국청소년상담원)
* 테스트 결과: YES 2개 이상 → 피해 징후가 있음 → 대처요령 제시

학교폭력 예방 및 대책에 관한 법률/시행령

1. 학교폭력 예방 및 대책에 관한 법률

[시행 2014. 11. 19.] [법률 제12844호, 2014. 11. 19., 타법개정]

교육부(학교폭력대책과) 044-203-6898

제1조(목적) 이 법은 학교폭력의 예방과 대책에 필요한 사항을 규정함으로써 피해학생의 보호, 가해학생의 선도·교육 및 피해학생과 가해학생 간의 분쟁조정을 통하여 학생의 인권을 보호하고 학생을 건전한 사회구성원으로 육성함을 목적으로 한다.

제2조(정의) 이 법에서 사용하는 용어의 정의는 다음 각 호와 같다. 〈개정 2009. 5. 8., 2012. 1. 26., 2012. 3. 21.〉

  1. "학교폭력"이란 학교 내외에서 학생을 대상으로 발생한 상해, 폭행, 감금, 협박, 약취·유인, 명예훼손·모욕, 공갈, 강요·강제적인 심부름 및 성폭력, 따돌림, 사이버 따돌림, 정보통신망을 이용한 음란·폭력 정보 등에 의하여 신체·정신 또는 재산상의 피해를 수반하는 행위를 말한다.

  1의2. "따돌림"이란 학교 내외에서 2명 이상의 학생들이 특정인이나 특정집단의 학생들을 대상으로 지속적이거나 반복적으로 신체적 또는 심리적 공격을 가하여 상대방이 고통을 느끼도록 하는 일체의 행위를 말한다.

  1의3. "사이버 따돌림"이란 인터넷, 휴대전화 등 정보통신기기를 이용하여 학생들이 특정 학생들을 대상으로 지속적, 반복적으로 심리적 공격을 가하거나, 특정 학생과 관련된 개인정보 또는 허위사실을 유포하여 상대방이 고통을 느끼도록 하는 일체의 행위를 말한다.

  2. "학교"란 「초·중등교육법」 제2조에 따른 초등학교·중학교·고등학교·특수학교 및 각종학교와 같은 법 제61조에 따라 운영하는 학교를 말한다.

  3. "가해학생"이란 가해자 중에서 학교폭력을 행사하거나 그 행위에 가담한 학생을 말한다.

  4. "피해학생"이란 학교폭력으로 인하여 피해를 입은 학생을 말한다.

  5. "장애학생"이란 신체적·정신적·지적 장애 등으로 「장애인 등에 대한 특수교육법」 제15조에서 규정하는 특수교육을 필요로 하는 학생을 말한다.

제3조(해석·적용의 주의의무) 이 법을 해석·적용함에 있어서 국민의 권리가 부당하게 침해되지 아니하도록 주의하여야 한다.

제4조(국가 및 지방자치단체의 책무) ① 국가 및 지방자치단체는 학교폭력을 예방하고 근절하기 위하여 조사·연구·교육·계도 등 필요한 법적·제도적 장치를 마련하여야 한다.

② 국가 및 지방자치단체는 청소년 관련 단체 등 민간의 자율적인 학교폭력 예방활동과 피해학생의 보호 및 가해학생의 선도·교육활동을 장려하여야 한다.

③ 국가 및 지방자치단체는 제2항에 따른 청소년 관련 단체 등 민간이 건의한 사항에 대하여는 관련 시책에 반영하도록 노력하여야 한다.

④ 국가 및 지방자치단체는 제1항부터 제3항까지의 규정에 따른 책무를 다하기 위하여 필요한 행정적·재정적 지원을 하여야 한다. 〈개정 2012. 3. 21.〉

제5조(다른 법률과의 관계) ① 학교폭력의 규제, 피해학생의 보호 및 가해학생에 대한 조치에 있어서 다른 법률에 특별한 규정이 있는 경우를 제외하고는 이 법을 적용한다.

② 제2조 제1호 중 성폭력은 다른 법률에 규정이 있는 경우에는 이 법을 적용하지 아니한다.

제6조(기본계획의 수립 등) ① 교육부장관은 이 법의 목적을 효율적으로 달성하기 위하여 학교폭력의 예방 및 대책에 관한 정책 목표·방향을 설정하고, 이에 따른 학교폭력의 예방 및 대책에 관한 기본계획(이하 "기본계획"이라 한다)을 제7조에 따른 학교폭력대책위원회의 심의를 거쳐 수립·시행하여야 한다. 〈개정 2012. 3. 21., 2013. 3. 23.〉

② 기본계획은 다음 각 호의 사항을 포함하여 5년마다 수립하여야 한다. 이 경우 교육부장관은 관계 중앙행정기관 등의 의견을 수렴하여야 한다. 〈개정 2012. 3. 21., 2013. 3. 23.〉

1. 학교폭력의 근절을 위한 조사·연구·교육 및 계도

2. 피해학생에 대한 치료·재활 등의 지원

3. 학교폭력 관련 행정기관 및 교육기관 상호 간의 협조·지원

4. 제14조 제1항에 따른 전문상담교사의 배치 및 이에 대한 행정적·재정적 지원

5. 학교폭력의 예방과 피해학생 및 가해학생의 치료·교육을 수행하는 청소년 관련 단체(이하 "전문단체"라 한다) 또는 전문가에 대한 행정적·재정적 지원

6. 그 밖에 학교폭력의 예방 및 대책을 위하여 필요한 사항

③ 교육부장관은 대통령령으로 정하는 바에 따라 특별시·광역시·특별자치시·도 및 특별자치도(이하 "시·도"라 한다) 교육청의 학교폭력 예방 및 대책과 그에 대한 성과를 평가하고, 이를 공표하여야 한다. 〈신설 2012. 1. 26., 2013. 3. 23.〉

제7조(학교폭력대책위원회의 설치·기능) 학교폭력의 예방 및 대책에 관한 다음 각 호의 사항을 심의하기 위하여 국무총리 소속으로 학교폭력대책위원회(이하 "대책위원회"라 한다)를 둔다. 〈개정 2012. 3. 21.〉

1. 학교폭력의 예방 및 대책에 관한 기본계획의 수립 및 시행에 대한 평가

2. 학교폭력과 관련하여 관계 중앙행정기관 및 지방자치단체의 장이 요청하는 사항

3. 학교폭력과 관련하여 교육청, 제9조에 따른 학교폭력대책지역위원회, 제10조의 2에 따른 학교폭력대책지역협의회, 제12조에 따른 학교폭력대책자치위원회, 전문단체 및 전문가가 요청하는 사항

제8조(대책위원회의 구성) ① 대책위원회는 위원장 2명을 포함하여 20명 이내의 위원으로 구성한다.

② 위원장은 국무총리와 학교폭력 대책에 관한 전문지식과 경험이 풍부한 전문가 중에서 대통령이 위촉하는 사람이 공동으로 되고, 위원장 모두가 부득이한 사유로 직무를 수행할 수 없을 때에는 국무총리가 지명한 위원이 그 직무를 대행한다.

③ 위원은 다음 각 호의 사람 중에서 대통령이 위촉하는 사람으로 한다. 다만, 제1호의 경우에는 당연직 위원으로 한다. 〈개정 2013. 3. 23., 2014. 11. 19.〉

1. 기획재정부장관, 교육부장관, 미래창조과학부장관, 법무부장관, 행정자치부장관, 문화체육관광부장관, 보건복지부장관, 여성가족부장관, 국민안전처장관, 방송통신위원회위원장, 경찰청장

2. 학교폭력 대책에 관한 전문지식과 경험이 풍부한 전문가 중에서 제1호의 위원이 각각 1명씩 추천하는 사람

3. 관계 중앙행정기관에 소속된 3급 공무원 또는 고위공무원단에 속하는 공무원으로서 청소년 또는 의료 관련 업무를 담당하는 사람

4. 대학이나 공인된 연구기관에서 조교수 이상 또는 이에 상당한 직에 있거나 있었던 사람으로서 학교폭력 문제 및 이에 따른 상담 또는 심리에 관하여 전문지식이 있는 사람

5. 판사 · 검사 · 변호사

6. 전문단체에서 청소년보호활동을 5년 이상 전문적으로 담당한 사람

7. 의사의 자격이 있는 사람

8. 학교운영위원회 활동 및 청소년보호활동 경험이 풍부한 학부모

④ 위원장을 포함한 위원의 임기는 2년으로 하되, 1차에 한하여 연임할 수 있다.

⑤ 위원회의 효율적 운영 및 지원을 위하여 간사 1명을 두되, 간사는 교육부장관이 된다. 〈개정 2013. 3. 23.〉

⑥ 위원회에 상정할 안건을 미리 검토하는 등 안건 심의를 지원하고, 위원회가 위임한 안건을 심의하기 위하여 대책위원회에 학교폭력대책실무위원회(이하 "실무위원회"라 한다)를 둔다.

⑦ 그 밖에 대책위원회의 운영과 실무위원회의 구성 · 운영에 필요한 사항은 대통령령으로 정한다.

[전문개정 2012. 3. 21.]

제9조(학교폭력대책지역위원회의 설치) ① 지역의 학교폭력 문제를 해결하기 위하여 시 · 도에 학교폭력대책지역위원회(이하 "지역위원회"라 한다)를 둔다. 〈개정 2012. 1. 26.〉

② 특별시장 · 광역시장 · 특별자치시장 · 도지사 및 특별자치도지사는 지역위원회의 운영 및 활동에 관하여 시 · 도의 교육감(이하 "교육감"이라 한다)과 협의하여야 하며, 그 효율적인 운영을 위하여 실무위원회를 둘 수 있다. 〈개정 2012. 1. 26.〉

③ 지역위원회는 위원장 1인을 포함한 11인 이내의 위원으로 구성한다.

④ 지역위원회 및 제2항에 따른 실무위원회의 구성·운영에 필요한 사항은 대통령령으로 정한다.

제10조(학교폭력대책지역위원회의 기능 등) ① 지역위원회는 기본계획에 따라 지역의 학교폭력 예방대책을 매년 수립한다.

② 지역위원회는 해당 지역에서 발생한 학교폭력에 대하여 교육감 및 지방경찰청장에게 관련 자료를 요청할 수 있다.

③ 교육감은 지역위원회의 의견을 들어 제16조 제1항 제1호부터 제3호까지나 제17조 제1항 제5호에 따른 상담·치료 및 교육을 담당할 상담·치료·교육 기관을 지정하여야 한다. 〈개정 2012. 1. 26.〉

④ 교육감은 제3항에 따른 상담·치료·교육 기관을 지정한 때에는 해당 기관의 명칭, 소재지, 업무를 인터넷 홈페이지에 게시하고, 그 밖에 다양한 방법으로 학부모에게 알릴 수 있도록 노력하여야 한다. 〈신설 2012. 1. 26.〉

[제목개정 2012. 1. 26.]

제10조의 2(학교폭력대책지역협의회의 설치·운영) ① 학교폭력예방 대책을 수립하고 기관별 추진계획 및 상호 협력·지원 방안 등을 협의하기 위하여 시·군·구에 학교폭력대책지역협의회(이하 "지역협의회"라 한다)를 둔다.

② 지역협의회는 위원장 1명을 포함한 20명 내외의 위원으로 구성한다.

③ 그 밖에 지역협의회의 구성·운영에 필요한 사항은 대통령령으로 정한다.

[본조신설 2012. 3. 21.]

제11조(교육감의 임무) ① 교육감은 시·도교육청에 학교폭력의 예방과 대책을 담당하는 전담 부서를 설치·운영하여야 한다.

② 교육감은 관할 구역 안에서 학교폭력이 발생한 때에는 해당 학교의 장 및 관련 학교의 장에게 그 경과 및 결과의 보고를 요구할 수 있다.

③ 교육감은 관할 구역 안의 학교폭력이 관할 구역 외의 학교폭력과 관련이 있는 때에는 그 관할 교육감과 협의하여 적절한 조치를 취하여야 한다.

④ 교육감은 학교의 장으로 하여금 학교폭력의 예방 및 대책에 관한 실시계획을 수립·시행하도록 하여야 한다.

⑤ 교육감은 제12조에 따른 자치위원회가 처리한 학교의 학교폭력빈도를 학교의 장에 대한 업무수행 평가에 부정적 자료로 사용하여서는 아니 된다.

⑥ 교육감은 제17조 제1항 제8호에 따른 전학의 경우 그 실현을 위하여 필요한 조치를 취하여야 하며, 제17조 제1항 제9호에 따른 퇴학처분의 경우 해당 학생의 건전한 성장을 위하여 다른 학교 재입학 등의 적절한 대책을 강구하여야 한다. 〈개정 2012. 1. 26., 2012. 3. 21.〉

⑦ 교육감은 대책위원회 및 지역위원회에 관할 구역 안의 학교폭력의 실태 및 대책에 관한 사항을 보고하고 공표하여야 한다. 관할 구역 밖의 학교폭력 관련 사항 중 관할 구역 안의

학교와 관련된 경우에도 또한 같다. 〈개정 2012. 1. 26., 2012. 3. 21.〉

⑧ 교육감은 학교폭력의 실태를 파악하고 학교폭력에 대한 효율적인 예방대책을 수립하기 위하여 학교폭력 실태조사를 연 2회 이상 실시하여야 한다. 〈신설 2012. 3. 21.〉

⑨ 교육감은 학교폭력 등에 관한 조사, 상담, 치유프로그램 운영 등을 위한 전문기관을 설치·운영할 수 있다. 〈신설 2012. 3. 21.〉

⑩ 교육감은 관할 구역에서 학교폭력이 발생한 때에 해당 학교의 장 또는 소속 교원이 그 경과 및 결과를 보고함에 있어 축소 및 은폐를 시도한 경우에는 「교육공무원법」 제50조 및 「사립학교법」 제62조에 따른 징계위원회에 징계의결을 요구하여야 한다. 〈신설 2012. 3. 21.〉

⑪ 교육감은 관할 구역에서 학교폭력의 예방 및 대책 마련에 기여한 바가 큰 학교 또는 소속 교원에게 상훈을 수여하거나 소속 교원의 근무성적 평정에 가산점을 부여할 수 있다. 〈신설 2012. 3. 21.〉

⑫ 제1항에 따라 설치되는 전담부서의 구성과 제8항에 따라 실시하는 학교폭력 실태조사 및 제9항에 따른 전문기관의 설치에 필요한 사항은 대통령령으로 정한다. 〈개정 2012. 3. 21.〉

제11조의2(학교폭력 조사·상담 등) ① 교육감은 학교폭력 예방과 사후조치 등을 위하여 다음 각 호의 조사·상담 등을 수행할 수 있다.

1. 학교폭력 피해학생 상담 및 가해학생 조사

2. 필요한 경우 가해학생 학부모 조사

3. 학교폭력 예방 및 대책에 관한 계획의 이행 지도

4. 관할 구역 학교폭력서클 단속

5. 학교폭력 예방을 위하여 민간 기관 및 업소 출입·검사

6. 그 밖에 학교폭력 등과 관련하여 필요로 하는 사항

② 교육감은 제1항의 조사·상담 등의 업무를 대통령령으로 정하는 기관 또는 단체에 위탁할 수 있다.

③ 교육감 및 제2항에 따른 위탁 기관 또는 단체의 장은 제1항에 따른 조사·상담 등의 업무를 수행함에 있어 필요한 경우 관계 기관의 장에게 협조를 요청할 수 있다.

④ 제1항에 따라 조사·상담 등을 하는 관계 직원은 그 권한을 표시하는 증표를 지니고 이를 관계인에게 보여 주어야 한다.

⑤ 제1항 제1호 및 제4호의 조사 등의 결과는 학교의 장 및 보호자에게 통보하여야 한다.

[본조신설 2012. 3. 21.]

제11조의3(관계 기관과의 협조 등) ① 교육부장관, 교육감, 지역 교육장, 학교의 장은 학교폭력과 관련한 개인정보 등을 경찰청장, 지방경찰청장, 관할 경찰서장 및 관계 기관의 장에게 요청할 수 있다. 〈개정 2013. 3. 23.〉

② 제1항에 따라 정보제공을 요청받은 경찰청장, 지방경찰청장, 관할 경찰서장 및 관계 기관의 장은 특별한 사정이 없으면 이에 응하여야 한다.

③ 제1항 및 제2항에 따른 관계 기관과의 협조 사항 및 절차 등에 필요한 사항은 대통령령

으로 정한다.

[본조신설 2012. 3. 21.]

제12조(학교폭력대책자치위원회의 설치 · 기능) ① 학교폭력의 예방 및 대책에 관련된 사항을 심의하기 위하여 학교에 학교폭력대책자치위원회(이하 "자치위원회"라 한다)를 둔다. 다만, 자치위원회 구성에 있어 대통령령으로 정하는 사유가 있는 경우에는 교육감의 보고를 거쳐 둘 이상의 학교가 공동으로 자치위원회를 구성할 수 있다. 〈개정 2012. 1. 26.〉

② 자치위원회는 학교폭력의 예방 및 대책 등을 위하여 다음 각 호의 사항을 심의한다. 〈개정 2012. 1. 26.〉

1. 학교폭력의 예방 및 대책수립을 위한 학교 체제 구축

2. 피해학생의 보호

3. 가해학생에 대한 선도 및 징계

4. 피해학생과 가해학생 간의 분쟁조정

5. 그 밖에 대통령령으로 정하는 사항

③ 자치위원회는 해당 지역에서 발생한 학교폭력에 대하여 학교장 및 관할 경찰서장에게 관련 자료를 요청할 수 있다. 〈신설 2012. 3. 21.〉

④ 자치위원회의 설치 · 운영 등에 필요한 사항은 지역 및 학교의 규모 등을 고려하여 대통령령으로 정한다. 〈개정 2012. 3. 21.〉

제13조(자치위원회의 구성 · 운영) ① 자치위원회는 위원장 1인을 포함하여 5인 이상 10인 이하의 위원으로 구성하되, 대통령령으로 정하는 바에 따라 전체위원의 과반수를 학부모전체회의에서 직접 선출된 학부모대표로 위촉하여야 한다. 다만, 학부모전체회의에서 학부모대표를 선출하기 곤란한 사유가 있는 경우에는 학급별 대표로 구성된 학부모대표회의에서 선출된 학부모대표로 위촉할 수 있다. 〈개정 2011. 5. 19.〉

② 자치위원회는 분기별 1회 이상 회의를 개최하고, 자치위원회의 위원장은 다음 각 호의 어느 하나에 해당하는 경우에 회의를 소집하여야 한다. 〈신설 2011. 5. 19., 2012. 1. 26., 2012. 3. 21.〉

1. 자치위원회 재적위원 4분의 1 이상이 요청하는 경우

2. 학교의 장이 요청하는 경우

3. 피해학생 또는 그 보호자가 요청하는 경우

4. 학교폭력이 발생한 사실을 신고받거나 보고받은 경우

5. 가해학생이 협박 또는 보복한 사실을 신고받거나 보고받은 경우

6. 그 밖에 위원장이 필요하다고 인정하는 경우

③ 자치위원회는 회의의 일시, 장소, 출석위원, 토의내용 및 의결사항 등이 기록된 회의록을 작성 · 보존하여야 한다. 〈신설 2011. 5. 19.〉

④ 그 밖에 자치위원회의 구성 · 운영에 필요한 사항은 대통령령으로 정한다. 〈개정 2011. 5. 19.〉

제14조(전문상담교사 배치 및 전담기구 구성) ① 학교의 장은 학교에 대통령령으로 정하는 바에 따라 상담실을 설치하고, 「초·중등교육법」 제19조의2에 따라 전문상담교사를 둔다.

② 전문상담교사는 학교의 장 및 자치위원회의 요구가 있는 때에는 학교폭력에 관련된 피해학생 및 가해학생과의 상담결과를 보고하여야 한다.

③ 학교의 장은 교감, 전문상담교사, 보건교사 및 책임교사(학교폭력문제를 담당하는 교사를 말한다) 등으로 학교폭력문제를 담당하는 전담기구(이하 "전담기구"라 한다)를 구성하며, 학교폭력 사태를 인지한 경우 지체 없이 전담기구 또는 소속 교원으로 하여금 가해 및 피해 사실 여부를 확인하도록 한다. 〈개정 2012. 3. 21.〉

④ 전담기구는 학교폭력에 대한 실태조사(이하 "실태조사"라 한다)와 학교폭력 예방 프로그램을 구성·실시하며, 학교의 장 및 자치위원회의 요구가 있는 때에는 학교폭력에 관련된 조사결과 등 활동결과를 보고하여야 한다. 〈개정 2012. 3. 21.〉

⑤ 피해학생 또는 피해학생의 보호자는 피해사실 확인을 위하여 전담기구에 실태조사를 요구할 수 있다. 〈신설 2009. 5. 8., 2012. 3. 21.〉

⑥ 국가 및 지방자치단체는 실태조사에 관한 예산을 지원하고, 관계 행정기관은 실태조사에 협조하여야 하며, 학교의 장은 전담기구에 행정적·재정적 지원을 할 수 있다. 〈개정 2009. 5. 8., 2012. 3. 21.〉

⑦ 전담기구는 성폭력 등 특수한 학교폭력사건에 대한 실태조사의 전문성을 확보하기 위하여 필요한 경우 전문기관에 그 실태조사를 의뢰할 수 있다. 이 경우 그 의뢰는 자치위원회 위원장의 심의를 거쳐 학교의 장 명의로 하여야 한다. 〈신설 2012. 1. 26., 2012. 3. 21.〉

⑧ 그 밖에 전담기구 운영 등에 필요한 사항은 대통령령으로 정한다. 〈신설 2012. 3. 21.〉

제15조(학교폭력 예방교육 등) ① 학교의 장은 학생의 육체적·정신적 보호와 학교폭력의 예방을 위한 학생들에 대한 교육(학교폭력의 개념·실태 및 대처방안 등을 포함하여야 한다)을 학기별로 1회 이상 실시하여야 한다. 〈개정 2012. 1. 26.〉

② 학교의 장은 학교폭력의 예방 및 대책 등을 위한 교직원 및 학부모에 대한 교육을 학기별로 1회 이상 실시하여야 한다. 〈개정 2012. 3. 21.〉

③ 학교의 장은 제1항에 따른 학교폭력 예방교육 프로그램의 구성 및 그 운용 등을 전담기구와 협의하여 전문단체 또는 전문가에게 위탁할 수 있다.

④ 교육장은 제1항부터 제3항까지의 규정에 따른 학교폭력 예방교육 프로그램의 구성과 운용계획을 학부모가 쉽게 확인할 수 있도록 인터넷 홈페이지에 게시하고, 그 밖에 다양한 방법으로 학부모에게 알릴 수 있도록 노력하여야 한다. 〈개정 2012. 1. 26.〉

⑤ 그 밖에 학교폭력 예방교육의 실시와 관련한 사항은 대통령령으로 정한다. 〈개정 2011. 5. 19.〉

[제목개정 2011. 5. 19.]

제16조(피해학생의 보호) ① 자치위원회는 피해학생의 보호를 위하여 필요하다고 인정하는 때

에는 피해학생에 대하여 다음 각 호의 어느 하나에 해당하는 조치(수 개의 조치를 병과하는 경우를 포함한다)를 할 것을 학교의 장에게 요청할 수 있다. 다만, 학교의 장은 피해학생의 보호를 위하여 긴급하다고 인정하거나 피해학생이 긴급보호의 요청을 하는 경우에는 자치위원회의 요청 전에 제1호, 제2호 및 제6호의 조치를 할 수 있다. 이 경우 자치위원회에 즉시 보고하여야 한다. 〈개정 2012. 3. 21.〉

1. 심리상담 및 조언

2. 일시보호

3. 치료 및 치료를 위한 요양

4. 학급교체

5. 삭제 〈2012. 3. 21.〉

6. 그 밖에 피해학생의 보호를 위하여 필요한 조치

② 자치위원회는 제1항에 따른 조치를 요청하기 전에 피해학생 및 그 보호자에게 의견진술의 기회를 부여하는 등 적정한 절차를 거쳐야 한다. 〈신설 2012. 3. 21.〉

③ 제1항에 따른 요청이 있는 때에는 학교의 장은 피해학생의 보호자의 동의를 받아 7일 이내에 해당 조치를 하여야 하고 이를 자치위원회에 보고하여야 한다. 〈개정 2012. 3. 21.〉

④ 제1항의 조치 등 보호가 필요한 학생에 대하여 학교의 장이 인정하는 경우 그 조치에 필요한 결석을 출석일수에 산입할 수 있다. 〈개정 2012. 3. 21.〉

⑤ 학교의 장은 성적 등을 평가함에 있어서 제3항에 따른 조치로 인하여 학생에게 불이익을 주지 아니하도록 노력하여야 한다. 〈개정 2012. 3. 21.〉

⑥ 피해학생이 전문단체나 전문가로부터 제1항제1호부터 제3호까지의 규정에 따른 상담 등을 받는 데에 사용되는 비용은 가해학생의 보호자가 부담하여야 한다. 다만, 피해학생의 신속한 치료를 위하여 학교의 장 또는 피해학생의 보호자가 원하는 경우에는 「학교안전사고 예방 및 보상에 관한 법률」 제15조에 따른 학교안전공제회 또는 시·도교육청이 부담하고 이에 대한 구상권을 행사할 수 있다. 〈개정 2012. 1. 26., 2012. 3. 21.〉

1. 삭제 〈2012. 3. 21.〉

2. 삭제 〈2012. 3. 21.〉

⑦ 학교의 장 또는 피해학생의 보호자는 필요한 경우 「학교안전사고 예방 및 보상에 관한 법률」 제34조의 공제급여를 학교안전공제회에 직접 청구할 수 있다. 〈신설 2012. 1. 26., 2012. 3. 21.〉

⑧ 피해학생의 보호 및 제6항에 따른 지원범위, 구상범위, 지급절차 등에 필요한 사항은 대통령령으로 정한다. 〈신설 2012. 3. 21.〉

제16조의2(장애학생의 보호) ① 누구든지 장애 등을 이유로 장애학생에게 학교폭력을 행사하여서는 아니 된다.

② 자치위원회는 학교폭력으로 피해를 입은 장애학생의 보호를 위하여 장애인전문 상담가의 상담 또는 장애인전문 치료기관의 요양 조치를 학교의 장에게 요청할 수 있다.

③ 제2항에 따른 요청이 있는 때에는 학교의 장은 해당 조치를 하여야 한다. 이 경우 제16조 제6항을 준용한다. 〈개정 2012. 3. 21.〉

[본조신설 2009. 5. 8.]

제17조(가해학생에 대한 조치) ① 자치위원회는 피해학생의 보호와 가해학생의 선도·교육을 위하여 가해학생에 대하여 다음 각 호의 어느 하나에 해당하는 조치(수 개의 조치를 병과하는 경우를 포함한다)를 할 것을 학교의 장에게 요청하여야 하며, 각 조치별 적용 기준은 대통령령으로 정한다. 다만, 퇴학처분은 의무교육과정에 있는 가해학생에 대하여는 적용하지 아니한다. 〈개정 2009. 5. 8., 2012. 1. 26., 2012. 3. 21.〉

1. 피해학생에 대한 서면사과
2. 피해학생 및 신고·고발 학생에 대한 접촉, 협박 및 보복행위의 금지
3. 학교에서의 봉사
4. 사회봉사
5. 학내외 전문가에 의한 특별 교육이수 또는 심리치료
6. 출석정지
7. 학급교체
8. 전학
9. 퇴학처분

② 제1항에 따라 자치위원회가 학교의 장에게 가해학생에 대한 조치를 요청할 때 그 이유가 피해학생이나 신고·고발 학생에 대한 협박 또는 보복 행위일 경우에는 같은 항 각 호의 조치를 병과하거나 조치 내용을 가중할 수 있다. 〈신설 2012. 3. 21.〉

③ 제1항 제2호부터 제4호까지 및 제6호부터 제8호까지의 처분을 받은 가해학생은 교육감이 정한 기관에서 특별교육을 이수하거나 심리치료를 받아야 하며, 그 기간은 자치위원회에서 정한다. 〈개정 2012. 1. 26., 2012. 3. 21.〉

④ 학교의 장은 가해학생에 대한 선도가 긴급하다고 인정할 경우 우선 제1항 제1호부터 제3호까지, 제5호 및 제6호의 조치를 할 수 있으며, 제5호와 제6호는 병과조치할 수 있다. 이 경우 자치위원회에 즉시 보고하여 추인을 받아야 한다. 〈개정 2012. 1. 26., 2012. 3. 21.〉

⑤ 자치위원회는 제1항 또는 제2항에 따른 조치를 요청하기 전에 가해학생 및 보호자에게 의견진술의 기회를 부여하는 등 적정한 절차를 거쳐야 한다. 〈개정 2012. 3. 21.〉

⑥ 제1항에 따른 요청이 있는 때에는 학교의 장은 14일 이내에 해당 조치를 하여야 한다. 〈개정 2012. 1. 26., 2012. 3. 21.〉

⑦ 학교의 장이 제4항에 따른 조치를 한 때에는 가해학생과 그 보호자에게 이를 통지하여야 하며, 가해학생이 이를 거부하거나 회피하는 때에는 「초·중등교육법」 제18조에 따라 징계하여야 한다. 〈개정 2012. 3. 21.〉

⑧ 가해학생이 제1항 제3호부터 제5호까지의 규정에 따른 조치를 받은 경우 이와 관련된 결석은 학교의 장이 인정하는 때에는 이를 출석일수에 산입할 수 있다. 〈개정 2012. 1.

26., 2012. 3. 21.〉

⑨ 자치위원회는 가해학생이 특별교육을 이수할 경우 해당 학생의 보호자도 함께 교육을
받게 하여야 한다. 〈개정 2012. 3. 21.〉

⑩ 가해학생이 다른 학교로 전학을 간 이후에는 전학 전의 피해학생 소속 학교로 다시 전
학올 수 없도록 하여야 한다. 〈신설 2012. 1. 26., 2012. 3. 21.〉

⑪ 제1항 제2호부터 제9호까지의 처분을 받은 학생이 해당 조치를 거부하거나 기피하는
경우 자치위원회는 제7항에도 불구하고 대통령령으로 정하는 바에 따라 추가로 다른 조치
를 할 것을 학교의 장에게 요청할 수 있다. 〈신설 2012. 3. 21.〉

⑫ 가해학생에 대한 조치 및 제11조 제6항에 따른 재입학 등에 관하여 필요한 사항은 대통
령령으로 정한다. 〈신설 2012. 3. 21.〉

제17조의 2(재심청구) ① 자치위원회 또는 학교의 장이 제16조 제1항 및 제17조 제1항에 따라
내린 조치에 대하여 이의가 있는 피해학생 또는 그 보호자는 그 조치를 받은 날부터 15일
이내, 그 조치가 있음을 안 날부터 10일 이내에 지역위원회에 재심을 청구할 수 있다. 〈신
설 2012. 3. 21.〉

② 자치위원회가 제17조 제1항 제8호와 제9호에 따라 내린 조치에 대하여 이의가 있는 학
생 또는 그 보호자는 그 조치를 받은 날부터 15일 이내, 그 조치가 있음을 안 날로부터
10일 이내에 「초·중등교육법」 제18조의 3에 따른 시·도학생징계조정위원회에 재심을
청구할 수 있다. 〈개정 2012. 3. 21.〉

③ 지역위원회가 제1항에 따른 재심청구를 받은 때에는 30일 이내에 이를 심사·결정하여
청구인에게 통보하여야 한다. 〈신설 2012. 3. 21.〉

④ 제3항의 결정에 이의가 있는 청구인은 그 통보를 받은 날부터 60일 이내에 행정심판을
제기할 수 있다. 〈신설 2012. 3. 21.〉

⑤ 제1항에 따른 재심청구, 제3항에 따른 심사 절차 및 결정 통보 등에 필요한 사항은 대통
령령으로 정한다. 〈신설 2012. 3. 21.〉

⑥ 제2항에 따른 재심청구, 심사절차, 결정통보 등은 「초·중등교육법」 제18조의 2 제2항
부터 제4항까지의 규정을 준용한다. 〈개정 2012. 3. 21.〉

[본조신설 2012. 1. 26.]

제18조(분쟁조정) ① 자치위원회는 학교폭력과 관련하여 분쟁이 있는 경우에는 그 분쟁을 조정
할 수 있다.

② 제1항에 따른 분쟁의 조정기간은 1개월을 넘지 못한다.

③ 학교폭력과 관련한 분쟁조정에는 다음 각 호의 사항을 포함한다.

1. 피해학생과 가해학생 간 또는 그 보호자 간의 손해배상에 관련된 합의조정

2. 그 밖에 자치위원회가 필요하다고 인정하는 사항

④ 자치위원회는 분쟁조정을 위하여 필요하다고 인정하는 때에는 관계 기관의 협조를 얻
어 학교폭력과 관련한 사항을 조사할 수 있다.

⑤ 자치위원회가 분쟁조정을 하고자 할 때에는 이를 피해학생·가해학생 및 그 보호자에게 통보하여야 한다.

⑥ 시·도교육청 관할 구역 안의 소속 학교가 다른 학생 간에 분쟁이 있는 경우에는 교육감이 해당 학교의 자치위원회위원장과의 협의를 거쳐 직접 분쟁을 조정한다. 이 경우 제2항부터 제5항까지의 규정을 준용한다.

⑦ 관할 구역을 달리하는 시·도교육청 소속 학교의 학생 간에 분쟁이 있는 경우에는 피해학생을 감독하는 교육감이 가해학생을 감독하는 교육감 및 관련 해당 학교의 자치위원회위원장과의 협의를 거쳐 직접 분쟁을 조정한다. 이 경우 제2항부터 제5항까지의 규정을 준용한다.

제19조(학교의 장의 의무) 학교의 장은 교육감에게 학교폭력이 발생한 사실 및 제16조, 제16조의 2, 제17조, 제17조의 2 및 제18조에 따른 조치 및 그 결과를 보고하고, 관계 기관과 협력하여 교내 학교폭력 단체의 결성예방 및 해체에 노력하여야 한다. 〈개정 2012. 3. 21.〉

제20조(학교폭력의 신고의무) ① 학교폭력 현장을 보거나 그 사실을 알게 된 자는 학교 등 관계 기관에 이를 즉시 신고하여야 한다.

② 제1항에 따라 신고를 받은 기관은 이를 가해학생 및 피해학생의 보호자와 소속 학교의 장에게 통보하여야 한다. 〈개정 2009. 5. 8.〉

③ 제2항에 따라 통보받은 소속 학교의 장은 이를 자치위원회에 지체 없이 통보하여야 한다. 〈신설 2009. 5. 8.〉

④ 누구라도 학교폭력의 예비·음모 등을 알게 된 자는 이를 학교의 장 또는 자치위원회에 고발할 수 있다. 다만, 교원이 이를 알게 되었을 경우에는 학교의 장에게 보고하고 해당 학부모에게 알려야 한다. 〈개정 2009. 5. 8., 2012. 1. 26.〉

⑤ 누구든지 제1항부터 제4항까지에 따라 학교폭력을 신고한 사람에게 그 신고행위를 이유로 불이익을 주어서는 아니 된다. 〈신설 2012. 3. 21.〉

제20조의 2(긴급전화의 설치 등) ① 국가 및 지방자치단체는 학교폭력을 수시로 신고받고 이에 대한 상담에 응할 수 있도록 긴급전화를 설치하여야 한다.

② 국가와 지방자치단체는 제1항에 따른 긴급전화의 설치·운영을 대통령령으로 정하는 기관 또는 단체에 위탁할 수 있다. 〈신설 2012. 1. 26.〉

③ 제1항과 제2항에 따른 긴급전화의 설치·운영·위탁에 필요한 사항은 대통령령으로 정한다. 〈개정 2012. 1. 26.〉

[본조신설 2009. 5. 8.]

제20조의 3(정보통신망에 의한 학교폭력 등) 제2조 제1호에 따른 정보통신망을 이용한 음란·폭력 정보 등에 의한 신체상·정신상 피해에 관하여 필요한 사항은 따로 법률로 정한다.

[본조신설 2012. 3. 21.]

제20조의 4(정보통신망의 이용 등) ① 국가·지방자치단체 또는 교육감은 학교폭력 예방 업무 등을 효과적으로 수행하기 위하여 필요한 경우 정보통신망을 이용할 수 있다.

② 국가 · 지방자치단체 또는 교육감은 제1항에 따라 정보통신망을 이용하여 학교 또는 학생(학부모를 포함한다)이 학교폭력 예방 업무 등을 수행하는 경우 다음 각 호의 어느 하나에 해당하는 비용의 전부 또는 일부를 지원할 수 있다.

1. 학교 또는 학생(학부모를 포함한다)이 전기통신설비를 구입하거나 이용하는 데 소요되는 비용

2. 학교 또는 학생(학부모를 포함한다)에게 부과되는 전기통신역무 요금

③ 그 밖에 정보통신망의 이용 등에 관하여 필요한 사항은 대통령령으로 정한다.

[본조신설 2012. 3. 21.]

제20조의 5(학생보호인력의 배치 등) ① 국가 · 지방자치단체 또는 학교의 장은 학교폭력을 예방하기 위하여 학교 내에 학생보호인력을 배치하여 활용할 수 있다.

② 다음 각 호의 어느 하나에 해당하는 사람은 학생보호인력이 될 수 없다. 〈신설 2013. 7. 30.〉

1. 「국가공무원법」 제33조 각 호의 어느 하나에 해당하는 사람

2. 「아동 · 청소년의 성보호에 관한 법률」에 따른 아동 · 청소년대상 성범죄 또는 「성폭력범죄의 처벌 등에 관한 특례법」에 따른 성폭력 범죄를 범하여 벌금형을 선고받고 그 형이 확정된 날부터 10년이 지나지 아니하였거나, 금고 이상의 형이나 치료감호를 선고받고 그 집행이 끝나거나 집행이 유예 · 면제된 날부터 10년이 지나지 아니한 사람

3. 「청소년 보호법」 제2조 제5호 가목3) 및 같은 목 7)부터 9)까지의 청소년 출입 · 고용금지업소의 업주나 종사자

③ 국가 · 지방자치단체 또는 학교의 장은 제1항에 따른 학생보호인력의 배치 및 활용 업무를 관련 전문기관 또는 단체에 위탁할 수 있다. 〈개정 2013. 7. 30.〉

④ 제3항에 따라 학생보호인력의 배치 및 활용 업무를 위탁받은 전문기관 또는 단체는 그 업무를 수행함에 있어 학교의 장과 충분히 협의하여야 한다. 〈개정 2013. 7. 30.〉

⑤ 국가 · 지방자치단체 또는 학교의 장은 학생보호인력으로 배치하고자 하는 사람의 동의를 받아 경찰청장에게 그 사람의 범죄경력을 조회할 수 있다. 〈신설 2013. 7. 30.〉

⑥ 제3항에 따라 학생보호인력의 배치 및 활용 업무를 위탁받은 전문기관 또는 단체는 해당 업무를 위탁한 국가 · 지방자치단체 또는 학교의 장에게 학생보호인력으로 배치하고자 하는 사람의 범죄경력을 조회할 것을 신청할 수 있다. 〈신설 2013. 7. 30.〉

⑦ 학생보호인력이 되려는 사람은 국가 · 지방자치단체 또는 학교의 장에게 제2항 각 호의 어느 하나에 해당하지 아니한다는 확인서를 제출하여야 한다. 〈신설 2013. 7. 30.〉

[본조신설 2012. 3. 21.]

제20조의 6(영상정보처리기기의 통합 관제) ① 국가 및 지방자치단체는 학교폭력 예방 업무를 효과적으로 수행하기 위하여 교육감과 협의하여 학교 내외에 설치된 영상정보처리기기(「개인정보 보호법」 제2조 제7호에 따른 영상정보처리기기를 말한다. 이하 이 조에서 같다)를 통합하여 관제할 수 있다. 이 경우 국가 및 지방자치단체는 통합 관제 목적에 필요한 범위에서 최소한의 개인정보만을 처리하여야 하며, 그 목적 외의 용도로 활용하여서는 아

니 된다.

② 제1항에 따라 영상정보처리기기를 통합 관제하려는 국가 및 지방자치단체는 공청회·설명회의 개최 등 대통령령으로 정하는 절차를 거쳐 관계 전문가 및 이해관계인의 의견을 수렴하여야 한다.

③ 제1항에 따라 학교 내외에 설치된 영상정보처리기기가 통합 관제되는 경우 해당 학교의 영상정보처리기기운영자는 「개인정보 보호법」 제25조 제4항에 따른 조치를 통하여 그 사실을 정보주체에게 알려야 한다.

④ 통합 관제에 관하여 이 법에서 규정한 것을 제외하고는 「개인정보 보호법」을 적용한다.

⑤ 그 밖에 영상정보처리기기의 통합 관제에 필요한 사항은 대통령령으로 정한다.

[본조신설 2012. 3. 21.]

제21조(비밀누설금지 등) ① 이 법에 따라 학교폭력의 예방 및 대책과 관련된 업무를 수행하거나 수행하였던 자는 그 직무로 인하여 알게 된 비밀 또는 가해학생·피해학생 및 제20조에 따른 신고자·고발자와 관련된 자료를 누설하여서는 아니 된다. 〈개정 2012. 1. 26.〉

② 제1항에 따른 비밀의 구체적인 범위는 대통령령으로 정한다.

③ 제16조, 제16조의 2, 제17조, 제17조의 2, 제18조에 따른 자치위원회의 회의는 공개하지 아니한다. 다만, 피해학생·가해학생 또는 그 보호자가 회의록의 열람·복사 등 회의록 공개를 신청한 때에는 학생과 그 가족의 성명, 주민등록번호 및 주소, 위원의 성명 등 개인정보에 관한 사항을 제외하고 공개하여야 한다. 〈개정 2011. 5. 19., 2012. 3. 21.〉

제22조(벌칙) ①제21조 제1항을 위반한 자는 300만 원 이하의 벌금에 처한다. 〈개정 2012. 3. 21.〉

② 제17조 제9항에 따른 자치위원회의 교육 이수 조치를 따르지 아니한 보호자에게는 300만 원 이하의 과태료를 부과한다. 〈신설 2012. 3. 21.〉

부칙 〈제12844호, 2014. 11. 19.〉 (정부조직법)

제1조(시행일) 이 법은 공포한 날부터 시행한다. 다만, 부칙 제6조에 따라 개정되는 법률 중 이 법 시행 전에 공포되었으나 시행일이 도래하지 아니한 법률을 개정한 부분은 각각 해당 법률의 시행일부터 시행한다.

제2조부터 제5조까지 생략

제6조(다른 법률의 개정) ①부터 〈33〉까지 생략

〈34〉 학교폭력예방 및 대책에 관한 법률 일부를 다음과 같이 개정한다.

제8조 제3항 제1호 중 "미래창조과학부장관, 교육부장관, 법무부장관, 안전행정부장관"을 "교육부장관, 미래창조과학부장관, 법무부장관, 행정자치부장관"으로, "여성가족부장관"을 "여성가족부장관, 국민안전처장관"으로 한다.

〈35〉부터 〈258〉까지 생략

제7조 생략

2. 학교폭력 예방 및 대책에 관한 법률 시행령

[시행 2015. 1. 1.] [대통령령 제25840호, 2014. 12. 9., 타법개정]
교육부(학교폭력대책과) 044-203-6898

제1조(목적) 이 영은 「학교폭력예방 및 대책에 관한 법률」에서 위임된 사항과 그 시행에 필요한 사항을 규정함을 목적으로 한다.

제2조(성과 평가 및 공표) 「학교폭력예방 및 대책에 관한 법률」(이하 "법"이라 한다) 제6조 제3항에 따른 학교폭력 예방 및 대책에 대한 성과는 「초·중등교육법」 제9조 제2항에 따른 지방교육행정기관에 대한 평가에 포함하여 평가하고, 이를 공표하여야 한다.

제3조(학교폭력대책위원회의 운영) ① 법 제7조에 따른 학교폭력대책위원회(이하 "대책위원회"라 한다)의 위원장은 회의를 소집하고, 그 의장이 된다.

② 대책위원회의 회의는 반기별로 1회 소집한다. 다만, 재적위원 3분의 1 이상이 요구하거나 위원장이 필요하다고 인정하는 경우에는 수시로 소집할 수 있다.

③ 대책위원회의 위원장이 회의를 소집할 때에는 회의 개최 5일 전까지 회의의 일시·장소 및 안건을 각 위원에게 알려야 한다. 다만, 긴급히 소집하여야 할 때에는 그러하지 아니하다.

④ 대책위원회의 회의는 재적위원 과반수의 출석으로 개의(開議)하고, 출석위원 과반수의 찬성으로 의결한다.

⑤ 대책위원회의 위원장은 필요하다고 인정할 때에는 학교폭력 예방 및 대책과 관련하여 전문가 등을 회의에 출석하여 발언하게 할 수 있다.

⑥ 회의에 출석한 위원과 전문가 등에게는 예산의 범위에서 수당과 여비를 지급할 수 있다. 다만, 공무원인 위원이 그 소관 업무와 직접적으로 관련하여 회의에 출석하는 경우에는 그러하지 아니하다.

제4조(학교폭력대책실무위원회의 구성·운영) ① 법 제8조 제6항에 따른 학교폭력대책실무위원회(이하 "실무위원회"라 한다)는 위원장(이하 "실무위원장"이라 한다) 1명을 포함한 12명 이내의 위원으로 구성한다. 〈개정 2013. 3. 23.〉

② 실무위원장은 교육부차관이 되고, 위원은 기획재정부, 교육부, 미래창조과학부, 법무부, 행정자치부, 문화체육관광부, 보건복지부, 여성가족부, 국민안전처, 국무조정실 및 방송통신위원회의 고위공무원단에 속하는 공무원과 경찰청의 치안감 또는 경무관 중에서 소속 기관의 장이 지명하는 사람 각 1명이 된다. 〈개정 2013. 3. 23., 2014. 11. 19.〉

③ 실무위원회의 사무를 처리하기 위하여 간사 1명을 두며, 간사는 교육부 소속 공무원 중에서 실무위원장이 지명하는 사람으로 한다. 〈개정 2013. 3. 23.〉

④ 실무위원장이 부득이한 사유로 직무를 수행할 수 없을 때에는 실무위원장이 미리 지명하는 위원이 그 직무를 대행한다.

⑤ 회의는 대책위원회 개최 전 또는 실무위원장이 필요하다고 인정할 때 소집한다.

⑥ 실무위원회는 대책위원회의 회의에 부칠 안건 검토와 심의 지원 및 그 밖의 업무수행을 위하여 필요한 경우에는 이해관계인 또는 관련 전문가를 출석하게 하여 의견을 듣거나 의견 제출을 요청할 수 있다.

⑦ 실무위원장은 회의를 소집할 때에는 회의 개최 7일 전까지 회의 일시·장소 및 안건을 각 위원에게 알려야 한다. 다만, 긴급히 소집하여야 할 때에는 그러하지 아니하다.

제5조(학교폭력대책지역위원회의 구성·운영) ① 법 제9조 제1항에 따른 학교폭력대책지역위원회(이하 "지역위원회"라 한다)의 위원장은 특별시·광역시·특별자치시·도·특별자치도(이하 "시·도"라 한다)의 부단체장(특별시의 경우에는 행정(1)부시장, 광역시 및 도의 경우에는 행정부시장 및 행정부지사를 말한다)으로 한다.

② 지역위원회의 위원장은 회의를 소집하고, 그 의장이 된다.

③ 지역위원회의 위원장이 부득이한 사유로 직무를 수행할 수 없을 때에는 지역위원회 위원장이 미리 지명하는 위원이 그 직무를 대행한다.

④ 지역위원회의 위원은 학식과 경험이 풍부하고 청소년보호에 투철한 사명감이 있는 사람으로서 다음 각 호의 어느 하나에 해당하는 사람 중에서 특별시장·광역시장·특별자치시장·도지사·특별자치도지사(이하 "시·도지사"라 한다)가 교육감과 협의하여 임명하거나 위촉한다.

1. 해당 시·도의 청소년보호 업무 담당 국장 및 시·도교육청 생활지도 담당 국장

2. 해당 시·도의회 의원 또는 교육위원회 위원

3. 시·도 지방경찰청 소속 경찰공무원

4. 학생생활지도 경력이 5년 이상인 교원

5. 판사·검사·변호사

6. 「고등교육법」 제2조에 따른 학교의 조교수 이상 또는 청소년 관련 연구기관에서 이에 상당하는 직위에 재직하고 있거나 재직하였던 사람으로서 학교폭력 문제에 대한 전문지식이 있는 사람

7. 청소년 선도 및 보호 단체에서 청소년보호활동을 5년 이상 전문적으로 담당한 사람

8. 「초·중등교육법」 제31조 제1항에 따른 학교운영위원회(이하 "학교운영위원회"라 한다)의 위원 또는 법 제12조 제1항에 따른 학교폭력대책자치위원회(이하 "자치위원회"라 한다) 위원으로 활동하고 있거나 활동한 경험이 있는 학부모 대표

9. 그 밖에 학교폭력 예방 및 청소년 보호에 대한 지식과 경험이 있는 사람

⑤ 지역위원회 위원의 임기는 2년으로 한다. 다만, 지역위원회 위원의 사임 등으로 새로 위촉되는 위원의 임기는 전임위원 임기의 남은 기간으로 한다.

⑥ 지역위원회의 사무를 처리하기 위하여 간사 1명을 두며, 지역위원회의 위원장과 교육감이 시·도 또는 시·도교육청 소속 공무원 중에서 협의하여 정하는 사람으로 한다.

⑦ 지역위원회 회의의 운영에 관하여는 제3조 제2항부터 제6항까지의 규정을 준용한다. 이 경우 "대책위원회"는 "지역위원회"로 본다.

제6조(학교폭력대책지역실무위원회의 구성·운영) 법 제9조 제2항에 따른 실무위원회는 7명 이내의 학교폭력 예방 및 대책에 관한 실무자 및 민간 전문가로 구성한다.

제7조(학교폭력대책지역협의회의 구성·운영) ① 법 제10조의 2에 따른 학교폭력대책지역협의회(이하 "지역협의회"라 한다)의 위원장은 시·군·구의 부단체장이 된다.

② 지역협의회의 위원장은 회의를 소집하고, 그 의장이 된다.

③ 지역협의회의 위원장이 부득이한 사유로 직무를 수행할 수 없을 때에는 위원장이 미리 지정하는 위원이 그 직무를 대행한다.

④ 지역협의회의 위원은 학식과 경험이 풍부하고 청소년보호에 투철한 사명감이 있는 사람으로서 다음 각 호의 어느 하나에 해당하는 사람 중에서 시장·군수·구청장이 해당 교육지원청의 교육장과 협의하여 임명하거나 위촉한다. 〈개정 2014. 6. 11.〉

1. 해당 시·군·구의 청소년보호 업무 담당 국장(국장이 없는 시·군·구는 과장을 말한다) 및 교육지원청의 생활지도 담당 국장(국장이 없는 교육지원청은 과장을 말한다)

2. 해당 시·군·구의회 의원

3. 해당 시·군·구를 관할하는 경찰서 소속 경찰공무원

4. 학생생활지도 경력이 5년 이상인 교원

5. 판사·검사·변호사

6. 「고등교육법」 제2조에 따른 학교의 조교수 이상 또는 청소년 관련 연구기관에서 이에 상당하는 직위에 재직하고 있거나 재직하였던 사람으로서 학교폭력 문제에 대하여 전문지식이 있는 사람

7. 청소년 선도 및 보호 단체에서 청소년보호활동을 5년 이상 전문적으로 담당한 사람

8. 학교운영위원회 위원 또는 자치위원회 위원으로 활동하거나 활동한 경험이 있는 학부모 대표

9. 그 밖에 학교폭력 예방 및 청소년보호에 대한 지식과 경험을 가진 사람

⑤ 지역협의회 위원의 임기는 2년으로 한다. 다만, 지역위원회 위원의 사임 등으로 새로 위촉되는 위원의 임기는 전임위원 임기의 남은 기간으로 한다.

⑥ 지역협의회에는 사무를 처리하기 위해 간사 1명을 두며, 간사는 지역협의회의 위원장과 교육장이 시·군·구 또는 교육지원청 소속 공무원 중에서 협의하여 정하는 사람으로 한다. 〈개정 2014. 6. 11.〉

제8조(전담부서의 구성 등) 법 제11조 제1항에 따라 다음 각 호의 업무를 수행하기 위하여 시·도교육청 및 교육지원청에 과·담당관 또는 팀을 둔다. 〈개정 2014. 6. 11.〉

1. 학교폭력 예방과 근절을 위한 대책의 수립과 추진에 관한 사항

2. 학교폭력 피해학생의 치료 및 가해학생에 대한 조치에 관한 사항

3. 그 밖에 학교폭력의 예방 및 대책과 관련하여 교육감이 정하는 사항

제9조(실태조사) ① 법 제11조 제8항에 따라 교육감이 실시하는 학교폭력 실태조사는 교육부장관과 협의하여 다른 교육감과 공동으로 실시할 수 있다. 〈개정 2013. 3. 23.〉

② 교육감은 학교폭력 실태조사를 교육 관련 연구 · 조사기관에 위탁할 수 있다.

제10조(전문기관의 설치 등) ① 교육감은 법 제11조 제9항에 따라 시 · 도교육청 또는 교육지원청에 다음 각 호의 업무를 수행하는 전문기관을 설치 · 운영할 수 있다. 〈개정 2014. 6. 11.〉

1. 법 제11조의 2 제1항에 따른 조사 · 상담 등의 업무

2. 학교폭력 피해학생 · 가해학생에 대한 치유프로그램 운영 업무

② 교육감은 제1항 제2호에 따른 치유프로그램 운영 업무를 다음 각 호의 어느 하나에 해당하는 기관 · 단체 · 시설에 위탁하여 수행하게 할 수 있다. 〈개정 2012. 7. 31., 2012. 9. 14.〉

1. 「청소년복지 지원법」 제31조 제1호에 따른 청소년쉼터, 「청소년 보호법」 제35조제1항에 따른 청소년 보호 · 재활센터 등 청소년을 보호하기 위하여 국가 · 지방자치단체가 운영하는 시설

2. 「청소년활동진흥법」 제10조에 따른 청소년활동시설

3. 학교폭력의 예방과 피해학생 및 가해학생의 치료 · 교육을 수행하는 청소년 관련 단체

4. 청소년 정신치료 전문인력이 배치된 병원

5. 학교폭력 피해학생 · 가해학생 및 학부모를 위한 프로그램을 운영 하는 종교기관 등의 기관

6. 그 밖에 교육감이 치유프로그램의 운영에 적합하다고 인정하는 기관

③ 제1항에 따른 전문기관의 설치 · 운영에 관한 세부사항은 교육감이 정한다.

제11조(학교폭력 조사 · 상담 업무의 위탁 등) 교육감은 법 제11조의 2 제2항에 따라 학교폭력 예방에 관한 사업을 3년 이상 수행한 기관 또는 단체 중에서 학교폭력의 예방 및 사후조치 등을 수행하는 데 적합하다고 인정하는 기관 또는 단체에 법 제11조의 2 제1항의 업무를 위탁할 수 있다.

제12조(관계 기관과의 협조 사항 등) 법 제11조의3에 따라 학교폭력과 관련한 개인정보 등을 협조를 요청할 때에는 문서로 하여야 한다.

제13조(자치위원회의 설치 및 심의사항) ① 법 제12조 제1항 단서에서 "대통령령으로 정하는 사유가 있는 경우"란 학교폭력 피해학생과 가해학생이 각각 다른 학교에 재학 중인 경우를 말한다.

② 법 제12조 제2항 제5호에서 "대통령령으로 정하는 사항"이란 학교폭력의 예방 및 대책과 관련하여 법 제14조 제3항에 따른 책임교사 또는 학생회의 대표가 건의하는 사항을 말한다.

제14조(자치위원회의 구성 · 운영) ① 법 제13조 제1항에 따른 자치위원회의 위원은 다음 각 호의 어느 하나에 해당하는 사람 중에서 해당 학교의 장이 임명하거나 위촉한다.

1. 해당 학교의 교감

2. 해당 학교의 교사 중 학생생활지도 경력이 있는 교사

3. 법 제13조 제1항에 따라 선출된 학부모대표

4. 판사 · 검사 · 변호사

5. 해당 학교를 관할하는 경찰서 소속 경찰공무원

6. 의사 자격이 있는 사람

7. 그 밖에 학교폭력 예방 및 청소년보호에 대한 지식과 경험이 풍부한 사람

② 자치위원회의 위원장은 위원 중에서 호선(互選)하며, 위원장이 부득이한 사유로 직무를 수행할 수 없을 때에는 위원장이 미리 지정하는 위원이 그 직무를 대행한다.

③ 자치위원회의 위원의 임기는 2년으로 한다. 다만, 자치위원회 위원의 사임 등으로 새로 위촉되는 위원의 임기는 전임위원 임기의 남은 기간으로 한다.

④ 자치위원회의 회의는 재적위원 과반수의 출석으로 개의하고, 출석위원 과반수의 찬성으로 의결한다.

⑤ 자치위원회의 위원장은 해당 학교의 교직원에서 자치위원회의 사무를 처리할 간사 1명을 지명한다.

⑥ 자치위원회의 회의에 출석한 위원에게는 예산의 범위에서 수당과 여비를 지급할 수 있다. 다만, 공무원인 위원이 그 소관 업무와 직접적으로 관련하여 회의에 출석한 경우에는 그러하지 아니하다.

⑦ 자치위원회의 위원장은 회의 일시를 정할 때에는 일과 후, 주말 등 위원들이 참석하기 편리한 시간으로 정하여야 한다.

제15조(상담실 설치) 법 제14조 제1항에 따른 상담실은 다음 각 호의 시설 · 장비를 갖추어 상담 활동이 편리한 장소에 설치하여야 한다.

1. 인터넷 이용시설, 전화 등 상담에 필요한 시설 및 장비

2. 상담을 받는 사람의 사생활 노출 방지를 위한 칸막이 및 방음시설

제16조(전담기구 운영 등) 법 제14조 제3항에 따른 전담기구는 가해 및 피해 사실 여부에 관하여 확인한 사항을 학교의 장 및 자치위원회(자치위원회의 요청이 있는 경우만을 말한다)에 보고하여야 한다.

제17조(학교폭력 예방교육) 학교의 장은 법 제15조 제5항에 따라 학생과 교직원 및 학부모에 대한 학교폭력 예방교육을 다음 각 호의 기준에 따라 실시한다.

1. 학기별로 1회 이상 실시하고, 교육 횟수 · 시간 및 강사 등 세부적인 사항은 학교 여건에 따라 학교의 장이 정한다.

2. 학생에 대한 학교폭력 예방교육은 학급 단위로 실시함을 원칙으로 하되, 학교 여건에 따라 전체 학생을 대상으로 한 장소에서 동시에 실시할 수 있다.

3. 학생과 교직원, 학부모를 따로 교육하는 것을 원칙으로 하되, 내용에 따라 함께 교육할 수 있다.

4. 강의, 토론 및 역할연기 등 다양한 방법으로 하고, 다양한 자료나 프로그램 등을 활용하여야 한다.

5. 교직원에 대한 학교폭력 예방교육은 학교폭력 관련 법령에 대한 내용, 학교폭력 발생 시 대응요령, 학생 대상 학교폭력예방 프로그램 운영 방법 등을 포함하여야 한다.

6. 학부모에 대한 학교폭력 예방교육은 학교폭력 징후 판별, 학교폭력 발생 시 대응요령, 가정에서의 인성교육에 관한 사항을 포함하여야 한다.

제18조(피해학생의 지원범위 등) ① 법 제16조 제6항 단서에 따른 학교안전공제회 또는 시·도교육청이 부담하는 피해학생의 지원범위는 다음 각 호와 같다.

1. 교육감이 정한 전문심리상담기관에서 심리상담 및 조언을 받는 데 드는 비용

2. 교육감이 정한 기관에서 일시보호를 받는 데 드는 비용

3. 「의료법」에 따라 개설된 의료기관, 「지역보건법」에 따라 설치된 보건소·보건의료원 및 보건지소, 「농어촌 등 보건의료를 위한 특별조치법」에 따라 설치된 보건진료소, 「약사법」에 따라 등록된 약국 및 같은 법 제91조에 따라 설립된 한국희귀의약품센터에서 치료 및 치료를 위한 요양을 받거나 의약품을 공급받는 데 드는 비용

② 제1항의 비용을 지원받으려는 피해학생 및 보호자가 학교안전공제회 또는 시·도교육청에 비용을 청구하는 절차와 학교안전공제회 또는 시·도교육청이 비용을 지급하는 절차는 「학교안전사고 예방 및 보상에 관한 법률」 제41조를 준용한다.

③ 학교안전공제회 또는 시·도교육청이 법 제16조 제6항에 따라 가해학생의 보호자에게 구상(求償)하는 범위는 제2항에 따라 피해학생에게 지급하는 모든 비용으로 한다.

제19조(가해학생에 대한 조치별 적용 기준) 법 제17조 제1항의 조치별 적용 기준은 다음 각 호의 사항을 고려하여 결정하고, 그 세부적인 기준은 교육부장관이 정하여 고시한다. 〈개정 2013. 3. 23.〉

1. 가해학생이 행사한 학교폭력의 심각성·지속성·고의성

2. 가해학생의 반성 정도

3. 해당 조치로 인한 가해학생의 선도 가능성

4. 가해학생 및 보호자와 피해학생 및 보호자 간의 화해의 정도

5. 피해학생이 장애학생인지 여부

제20조(가해학생에 대한 전학 조치) ① 초등학교·중학교·고등학교의 장은 자치위원회가 법 제17조 제1항에 따라 가해학생에 대한 전학 조치를 요청하는 경우에는 초등학교·중학교의 장은 교육장에게, 고등학교의 장은 교육감에게 해당 학생이 전학할 학교의 배정을 지체 없이 요청하여야 한다.

② 교육감 또는 교육장은 가해학생이 전학할 학교를 배정할 때 피해학생의 보호에 충분한 거리 등을 고려하여야 하며, 관할구역 외의 학교를 배정하려는 경우에는 해당 교육감 또는 교육장에게 이를 통보하여야 한다.

③ 제2항에 따른 통보를 받은 교육감 또는 교육장은 해당 가해학생이 전학할 학교를 배정하여야 한다.

④ 교육감 또는 교육장은 제2항과 제3항에 따라 전학 조치된 가해학생과 피해학생이 상급학교에 진학할 때에는 각각 다른 학교를 배정하여야 한다. 이 경우 피해학생이 입학할 학교를 우선적으로 배정한다.

제21조(가해학생에 대한 우선 출석정지 등) ① 법 제17조 제4항에 따라 학교의 장이 출석정지 조치를 할 수 있는 경우는 다음 각 호와 같다.

1. 2명 이상의 학생이 고의적·지속적으로 폭력을 행사한 경우

2. 학교폭력을 행사하여 전치 2주 이상의 상해를 입힌 경우

3. 학교폭력에 대한 신고, 진술, 자료제공 등에 대한 보복을 목적으로 폭력을 행사한 경우

4. 학교의 장이 피해학생을 가해학생으로부터 긴급하게 보호할 필요가 있다고 판단하는 경우

② 학교의 장은 제1항에 따라 출석정지 조치를 하려는 경우에는 해당 학생 또는 보호자의 의견을 들어야 한다. 다만, 학교의 장이 해당 학생 또는 보호자의 의견을 들으려 하였으나 이에 따르지 아니한 경우에는 그러하지 아니하다.

제22조(가해학생의 조치 거부·기피에 대한 추가 조치) 자치위원회는 법 제17조 제1항 제2호부터 제9호까지의 조치를 받은 학생이 해당 조치를 거부하거나 기피하는 경우에는 법 제17조 제11항에 따라 학교의 장으로부터 그 사실을 통보받은 날부터 7일 이내에 추가로 다른 조치를 할 것을 학교의 장에게 요청할 수 있다.

제23조(퇴학학생의 재입학 등) ① 교육감은 법 제17조 제1항 제9호에 따라 퇴학 처분을 받은 학생에 대하여 법 제17조 제12항에 따라 해당 학생의 선도의 정도, 교육 가능성 등을 종합적으로 고려하여 「초·중등교육법」 제60조의 3에 따른 대안학교로의 입학 등 해당 학생의 건전한 성장에 적합한 대책을 마련하여야 한다.

② 제1항에서 규정한 사항 외에 가해학생에 대한 조치 및 재입학 등에 필요한 세부사항은 교육감이 정한다.

제24조(피해학생 재심청구 및 심사 절차 및 결정 통보 등) ① 법 제17조의 2 제5항에 따라 피해학생 또는 보호자가 지역위원회에 재심을 청구할 때에는 다음 각 호의 사항을 적어 서면으로 하여야 한다.

1. 청구인의 이름, 주소 및 연락처

2. 가해학생

3. 청구의 대상이 되는 조치를 받은 날 및 조치가 있음을 안 날

4. 청구의 취지 및 이유

② 지역위원회는 청구인, 가해학생 및 보호자 또는 해당 학교에 심사에 필요한 자료 또는 정보의 제출을 요구할 수 있고, 청구인, 가해학생 또는 해당 학교는 특별한 사유가 없으면

이를 즉시 제출하여야 한다.

③ 지역위원회는 직권으로 또는 신청에 따라 청구인, 가해학생 및 보호자 또는 관련 교원 등을 지역위원회에 출석하여 진술하게 할 수 있다.

④ 지역위원회는 필요하다고 인정할 때에는 전문가 등 참고인을 출석하게 하거나 서면으로 의견을 들을 수 있다.

⑤ 지역위원회의 회의는 비공개를 원칙으로 한다.

⑥ 지역위원회는 재심사 결정 시 법 제16조 제1항 각 호와 제17조 제1항 각 호의 어느 하나에 해당하는 조치(수 개의 조치를 병과하는 경우를 포함한다)를 할 것을 해당 학교의 장에게 요청할 수 있다.

⑦ 지역위원회의 재심 결과는 결정의 취지와 내용을 적어 청구인과 가해학생에게 서면으로 통보한다.

제25조(분쟁조정의 신청) 피해학생, 가해학생 또는 그 보호자(이하 "분쟁당사자"라 한다) 중 어느 한 쪽은 법 제18조에 따라 해당 분쟁사건에 대한 조정권한이 있는 자치위원회 또는 교육감에게 다음 각 호의 사항을 적은 문서로 분쟁조정을 신청할 수 있다.

1. 분쟁조정 신청인의 성명 및 주소
2. 보호자의 성명 및 주소
3. 분쟁조정 신청의 사유

제26조(자치위원회 위원의 제척·기피 및 회피) ① 자치위원회의 위원은 법 제16조, 제17조 및 제18조에 따라 피해학생과 가해학생에 대한 조치를 요청하는 경우와 분쟁을 조정하는 경우 다음 각 호의 어느 하나에 해당하면 해당 사건에서 제척된다.

1. 위원이나 그 배우자 또는 그 배우자였던 사람이 해당 사건의 피해학생 또는 가해학생의 보호자인 경우 또는 보호자였던 경우
2. 위원이 해당 사건의 피해학생 또는 가해학생과 친족이거나 친족이었던 경우
3. 그 밖에 위원이 해당 사건의 피해학생 또는 가해학생과 친분이 있거나 관련이 있다고 인정하는 경우

② 학교폭력과 관련하여 자치위원회를 개최하는 경우 또는 분쟁이 발생한 경우 자치위원회의 위원에게 공정한 심의를 기대하기 어려운 사정이 있다고 인정할 만한 상당한 사유가 있을 때에는 분쟁당사자는 자치위원회에 그 사실을 서면으로 소명하고 기피신청을 할 수 있다.

③ 자치위원회는 제2항에 따른 기피신청을 받으면 의결로써 해당 위원의 기피 여부를 결정하여야 한다. 이 경우 기피신청 대상이 된 위원은 그 의결에 참여하지 못한다.

④ 자치위원회의 위원이 제1항 또는 제2항의 사유에 해당하는 경우에는 스스로 해당 사건을 회피할 수 있다.

제27조(분쟁조정의 개시) ① 자치위원회 또는 교육감은 제25조에 따라 분쟁조정의 신청을 받으

면 그 신청을 받은 날부터 5일 이내에 분쟁조정을 시작하여야 한다.

② 자치위원회 또는 교육감은 분쟁당사자에게 분쟁조정의 일시 및 장소를 통보하여야 한다.

③ 제2항에 따라 통지를 받은 분쟁당사자 중 어느 한 쪽이 불가피한 사유로 출석할 수 없는 경우에는 자치위원회 또는 교육감에게 분쟁조정의 연기를 요청할 수 있다. 이 경우 자치위원회 또는 교육감은 분쟁조정의 기일을 다시 정하여야 한다.

④ 자치위원회 또는 교육감은 자치위원회 위원 또는 지역위원회 위원 중에서 분쟁조정 담당자를 지정하거나, 외부 전문기관에 분쟁과 관련한 사항에 대한 자문 등을 할 수 있다.

제28조(분쟁조정의 거부·중지 및 종료) ① 자치위원회 또는 교육감은 다음 각 호의 어느 하나에 해당하는 사유가 발생한 경우에는 분쟁조정의 개시를 거부하거나 분쟁조정을 중지할 수 있다.

1. 분쟁당사자 중 어느 한 쪽이 분쟁조정을 거부한 경우
2. 피해학생 등이 관련된 학교폭력에 대하여 가해학생을 고소·고발하거나 민사상 소송을 제기한 경우
3. 분쟁조정의 신청내용이 거짓임이 명백하거나 정당한 이유가 없다고 인정되는 경우

② 자치위원회 또는 교육감은 다음 각 호의 어느 하나에 해당하는 사유가 발생한 경우에는 분쟁조정을 끝내야 한다.

1. 분쟁당사자 간에 합의가 이루어지거나 자치위원회 또는 교육감이 제시한 조정안을 분쟁당사자가 수락하는 등 분쟁조정이 성립한 경우
2. 분쟁조정 개시일부터 1개월이 지나도록 분쟁조정이 성립하지 아니한 경우

③ 자치위원회 또는 교육감은 제1항에 따라 분쟁조정의 개시를 거부하거나 분쟁조정을 중지한 경우 또는 제2항 제2호에 따라 분쟁조정을 끝낸 경우에는 그 사유를 분쟁당사자에게 각각 통보하여야 한다.

제29조(분쟁조정의 결과 처리) ① 자치위원회 또는 교육감은 분쟁조정이 성립하면 다음 각 호의 사항을 적은 합의서를 작성하여 자치위원회는 분쟁당사자에게, 교육감은 피해학생 및 가해학생 소속 학교 자치위원회와 분쟁당사자에게 각각 통보하여야 한다.

1. 분쟁당사자의 주소와 성명
2. 조정 대상 분쟁의 내용
   가. 분쟁의 경위
   나. 조정의 쟁점(분쟁당사자의 의견을 포함한다)
3. 조정의 결과

② 제1항에 따른 합의서에는 자치위원회가 조정한 경우에는 분쟁당사자와 조정에 참가한 위원이, 교육감이 조정한 경우에는 분쟁당사자와 교육감이 각각 서명날인하여야 한다.

③ 자치위원회의 위원장은 분쟁조정의 결과를 교육감에게 보고하여야 한다.

제30조(긴급전화의 설치·운영) 법 제20조의 2에 따른 긴급전화는 경찰청장과 지방경찰청장이

운영하는 학교폭력 관련 기구에 설치한다.

제31조(정보통신망의 이용 등) 법 제20조의 4 제3항에 따라 국가·지방자치단체 또는 교육감은 정보통신망을 이용한 학교폭력 예방 업무를 다음 각 호의 기관 및 단체에 위탁할 수 있다.

1. 「한국교육학술정보원법」에 따라 설립된 한국교육학술정보원
2. 공공기관의 위탁을 받아 정보통신망을 이용하여 교육사업을 수행한 실적이 있는 기업
3. 학교폭력 예방에 관한 사업을 3년 이상 수행한 기관 또는 단체

제32조(영상정보처리기기의 통합 관제) 법 제20조의 6 제1항에 따라 영상정보처리기기를 통합하여 관제하려는 국가 및 지방자치단체는 다음 각 호의 절차를 거쳐 관계 전문가와 이해관계인의 의견을 수렴하여야 한다.

1. 「행정절차법」에 따른 행정예고의 실시 또는 의견 청취
2. 학교운영위원회의 심의

제33조(비밀의 범위) 법 제21조 제1항에 따른 비밀의 범위는 다음 각 호와 같다.

1. 학교폭력 피해학생과 가해학생 개인 및 가족의 성명, 주민등록번호 및 주소 등 개인정보에 관한 사항
2. 학교폭력 피해학생과 가해학생에 대한 심의·의결과 관련된 개인별 발언 내용
3. 그 밖에 외부로 누설될 경우 분쟁당사자 간에 논란을 일으킬 우려가 있음이 명백한 사항

제34조(규제의 재검토) 교육부장관은 제15조에 따른 상담실 설치기준에 대하여 2015년 1월 1일을 기준으로 2년마다(매 2년이 되는 해의 1월 1일 전까지를 말한다) 그 타당성을 검토하여 개선 등의 조치를 하여야 한다.

[본조신설 2014. 12. 9.]

부칙 〈제25840호, 2014. 12. 9.〉 (규제 재검토기한 설정 등 규제정비를 위한 건축법 시행령 등 일부개정령)

제1조(시행일) 이 영은 2015년 1월 1일부터 시행한다.

제2조부터 제16조까지 생략

스쿨로(학교폭력 종합법령정보사이트)

교육과학기술부가 법제처 및 (재)법령정보관리원과 함께 학교폭력에 관한 다양한 법령정보를 제공하는 종합정보서비스 웹사이트이며, '정보광장' 사이트에는 법령정보는 물론 학교폭력과 관련된 정부정책 및 기관정보, 미디어 언론 정보(기사, 영상), 학술정보(논문, 보고서, 토론회, 단행본, 판례), 외국정보도 함께 탑재하고 있다.

※ 링크 주소: http://schoollaw.lawinfo.or.kr

학교폭력 예방 관련 주요 인터넷 사이트 안내

1. 스마트 어플 '굿바이 학교폭력!'

❖ 메인 화면

- 나만의 긴급번호
  - 긴급전화 · SOS 문자 발송

- 함께 확인해요
  - 가 · 피해징후 테스트 등

- 고민을 나눠요
  - 전화 · 문자 · 온라인 상담

- 미리 예방해요
  - 예방 교육자료, 매뉴얼 등

- 정보를 나눠요
  - 공지사항, 최신 소식 등

❖ 내용 화면

2. 포털 사이트 '스톱불링'의 페이스북과 홈페이지 화면

❖ 페이스북 화면

❖ 홈페이지 화면

3. 학교폭력 예방 누리집 '도란도란' 홈페이지

❖ 메인 화면

❖ 2012년도 학교폭력예방 UCC 공모전 수상작

[UCC공모전] 스마트협회장 금상

[UCC공모전] 스마트협회장 은상

[UCC공모전] 스마트협회장 은상

[UCC공모전] 스마트협회장 동상

[UCC공모전] 스마트협회장 동상

[UCC공모전] 스마트협회장 동상

[UCC공모전] 스마트협회장 동상

[UCC공모전] 스마트협회장 동상

❖ 2013년도 학교폭력예방 UCC 공모전 수상작

[UCC콘테스트] 2013 고등부 수상작_인천명신여자고등학교

[UCC콘테스트] 2013 중등부 수상작_전남대학교사범대학…

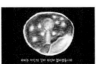
[UCC콘테스트] 2013 중등부 수상작_성남중학교

[UCC콘테스트] 2013 고등부 수상작_부산외국어고등학교

[UCC_콘테스트] 2013 중등부 수상작_감천중학교

[UCC콘테스트] 2013 고등부 수상작_대구 남산고등학교

[UCC콘테스트] 2013 고등부 수상작_부산영상예술고등학교

[UCC콘테스트] 2013 중등부 수상작_성남중학교

❖ 2014년도 학교폭력예방 UCC 공모전 수상작

[UCC콘테스트] 2014 중등부 수상작_현암중학교

[UCC콘테스트] 2014 중등부 수상작_부산진여자중학교

[UCC콘테스트] 2014 중등부 수상작_부여여자중학교

[UCC콘테스트] 2014 중등부 수상작_천안신방중학교

[UCC콘테스트] 2014 고등부 수상작_서울공연예술고

[UCC콘테스트] 2014 고등부 수상작_부산외국어고등학교

[UCC콘테스트] 2014 고등부 수상작_덕문여자고등학교

[UCC콘테스트] 2014 고등부 수상작_대구예담학교

4. 기타 학교폭력 예방 및 상담 관련 사이트

❖ 한국교육개발원 Wee프로젝트연구특임센터(http://study.wee.go.kr)

❖ 한국청소년상담복지개발원(https://www.kyci.or.kr/index.asp)

❖ 청예단(http://www.jikim.net)

❖ 학교폭력예방종합지원센터(http://www.jikimdg.net/main)

Espelage, D. L. 134, 136
Everett, S. A. 77, 83

Farrell, A. D. 83
Farringto 79
Farrington 82
Fizpatrick, K. M. 77
Flaherty, L. T. 44, 54
Flannery, D. J. 76, 222
Fraser, M. W. 77
Froschl, M. 65, 77
Furlong, M. J. 54
Furlong, M. J. 257

Gerardi, R. J. 54
Glasser, W. 152, 156, 164
Goldstein, A. 71
Gordon, T. 169, 181, 192
Gough, D. 217, 228
Greenberge 222
Greshman 76
Gropper, N. 65, 77
Grunwald, B. B. 142, 154 164
Guerra, N. G. 80
Günther Richard 134
Gysbers, N. C. 161, 164

Haapasalo, J. 80
Hartos, J. L. 200, 228
Hawkins, J. D. 81
Hayman, I. A. 328, 354
Haynie, D. L. 228
Hazler Richard 46
Hearn, L. 134
Hellman, D. A. 76
Henderson, P. 161, 164
Herrenkohl, T. I. 83
Hirschi 69
Hoffman, C. C. 76, 80
Horne 59
Huai, N. 130, 134
Hyman, I. 79

Iannotti, R. J. 102, 136

Janson Gregory 46
Jimenez, E. 80
Jimerson, S. R. 54, 134
Jimerson, S. R. 130, 134, 257

Joseph, S. 79
Junger-Tas 135, 136, 354

Kann, L. 77
Katz, J. 71
Keane, T. M. 54
Kemp, J. 136
Kim, M. J. 77
Klohnen, E. C. 189, 192
Kosteck-Bunch, L. 164
Kreiter, S. 77
Kupersmidt, J. B. 80

Lee, E. H. 77
Lenen 176
Lester, L. 134
Limber, S. 104, 136
Litz, B. T. 45, 54
Lochman 222
Logan, S. 217, 228
Long, J. D. 78
Lopez, S. J. 180, 193

Ma, X. 81
MacMullin, C. 78
Magnuson, C. S. 164
Mayer, M. J, 54
Mayer, M. J. 257
McGrath, H. 120, 135
Mchahon 222
Meyer, H. A. 56, 83
Michael, F. 56
Midthassel, U. V. 111, 112, 135
Mitton, J. 217, 228
Mohyla, J. 120, 136
Monks, H. 134
Morgan, K. A. 51, 54
Morgan, R. E. 136
Morganett, R. S. 166, 193
Morita, Y. 107, 135
Morita, Y. 135, 136, 354
Mulligan, J. 79
Murray, J. P. 83

Nabuzoka, D. 80
Nansel, T. R. 78, 102, 135, 136
Napolitano, S. A. 136
Newman-Carson, D. 59
Nickerson A. B. 54, 257

Olweus, D. 135, 136, 354
Olweus, D. 75, 76, 78, 79, 81, 82,
    109, 110, 111, 112, 135, 210, 213,
    228, 327, 354, 417
Osher, D. 76, 80
Overpeck, M. 135
Owens, L. 78, 423

Paquette, J. A. 65, 77
Pellegrini, A. D. 78
Pepper, F. C. 142, 154, 164
Peterson, D. 51, 54
Pettit, G. S. 83
Phillip 119
Pilla, R. S. 135
Powell 222
Price, J. H. 77, 83
Rakos, R. M. 174, 193
Rapp-Paglicci, L. A. 217, 227
Rathbun, A. 136
Richman, J. M. 76
Rigby, K. 76, 78, 79, 118, 119, 135,
    136
Robers, S. 103, 136
Roch 176
Roland, E. 110, 112, 134, 136
Ruan, W. J. 135
Rutter, M. 188, 193

Scheidt, P. 135
Schroeber, H. E. 174, 193
Segal 80
Seifried, K. 116, 136
Seligman, M. E. P. 180, 193, 225,
    228
Sells, S. P. 141, 164
Sharp, S. 76
Shaw, T. 134
Shields, A. 81
Shure 79
Shute, R. 78, 423, 424
Simons-Morton, B. G. 135, 228
Slee, P. 135, 136, 354
Slee, P. T. 78, 79, 118, 119, 120,
    423, 424, 135, 136
Smith, P. K. 76, 80, 81, 82
Smith, P. K. 135, 136, 354
Snowman, J. 79
Soeda, H. 135

저자 소개

송재홍 전북대학교 교육심리학 박사
현 제주대학교 교수

김광수 서울대학교 교육상담학 박사
현 서울교육대학교 교수

박성희 서울대학교 교육상담학 박사
현 청주교육대학교 교수

안이환 부산대학교 상담심리학 박사
현 부산교육대학교 교수

오익수 전남대학교 교육상담학 박사
현 광주교육대학교 교수

은혁기 성균관대학교 교육상담학 박사
현 전주교육대학교 교수

정종진 건국대학교 교육심리학 박사
현 대구교육대학교 교수

조붕환 홍익대학교 교육상담학 박사
현 공주교육대학교 교수

홍종관 독일 쾰른대학교 상담심리학 박사
현 대구교육대학교 교수

황매향 서울대학교 교육상담학 박사
현 경인교육대학교 교수

2판
학교폭력의 예방과 상담
-이론과 실제-

2013년 3월 15일 1판 1쇄 발행
2015년 8월 20일 1판 6쇄 발행
2016년 2월 25일 2판 1쇄 발행
2022년 8월 10일 2판 6쇄 발행

지은이 • 한국초등상담교육학회 편
　　　　　송재홍 · 김광수 · 박성희 · 안이환 · 오익수
　　　　　은혁기 · 정종진 · 조봉환 · 홍종관 · 황매향
펴낸이 • 김 진 환
펴낸곳 • **(주)학지사**
　　　　　04031 서울특별시 마포구 양화로 15길 20 마인드월드빌딩 5층

대표전화 • 02) 330-5114　　팩스 • 02) 324-2345

등록번호 • 제313-2006-000265호

홈페이지 • http://www.hakjisa.co.kr
페이스북 • https://www.facebook.com/hakjisabook

ISBN 978-89-997-0869-5 93370

정가 20,000원

이 도서의 국립중앙도서관 출판시도서목록(CIP)은 서지정보유통지원시스템
홈페이지(http://seoji.nl.go.kr)와 국가자료공동목록시스템(http://www.nl.go.kr/kolisnet)
에서 이용하실 수 있습니다.
(CIP제어번호: CIP2016001858)

출판미디어기업 학지사

간호보건의학출판 **학지사메디컬** www.hakjisamd.co.kr
심리검사연구소 **인싸이트** www.inpsyt.co.kr
학술논문서비스 **뉴논문** www.newnonmun.com
원격교육연수원 **카운피아** www.counpia.com